JUSTIÇA FISCAL

MISABEL ABREU MACHADO DERZI
JOÃO PAULO FANUCCHI DE ALMEIDA MELO
(COORDENADORES)

JUSTIÇA FISCAL

DelRey EDITORA
Belo Horizonte
2016

EDITORA DEL REY LTDA.
www.livrariadelrey.com.br

Editor: Arnaldo Oliveira

Editor Adjunto: Ricardo A. Malheiros Fiuza

Editora Assistente: Waneska Diniz

Coordenação Editorial: Wendell Campos Borges

Diagramação: Lucila Pangracio Azevedo

Revisão: RESPONSABILIDADE DOS AUTORES

Capa: CYB Comunicação

Editora / MG
Rua dos Goitacazes, 71 – Sala 709-C – Centro
Belo Horizonte – MG – CEP 30190-050
Tel: (31) 3284-5845
editora@delreyonline.com.br

J964 Justiça fiscal. / Coordenadores : Misabel Abreu Machado Derzi e João Paulo Fanucchi de Almeida Melo. Belo Horizonte: Del Rey, 2016.

xii + 660 p.

ISBN: 978-85-384-0429-3

1. Direito tributário. 2. Tributação. I. Derzi, Misabel Abreu Machado (Coord.). II. Almeida Melo, João Paulo Fanucchi de (Coord.).

CDU: 336.2

Nilcéia Lage de Medeiros
Bibliotecária – CRB6: 1545

SUMÁRIO

APRESENTAÇÃO ix

1 SOBRE A NECESSIDADE DE MAIOR TRIBUTAÇÃO DE HERANÇAS E DOAÇÕES NO BRASIL
Aluizio Porcaro Rausch *1*

2 A METODOLOGIA DO DIREITO TRIBUTÁRIO E O RACIOCÍNIO CONCEITUAL COMO PREMISSAS PARA GARANTIA DA SEGURANÇA JURÍDICA
André Mendes Moreira / Jamir Calili Ribeiro *55*

3 A VEDAÇÃO AO CONFISCO COMO LIMITADOR AO EXERCÍCIO DO PODER TRIBUTANTE
Antônio Roberto Winter Carvalho *79*

4 A SELETIVIDADE E A PROGRESSIVIDADE DAS ALÍQUOTAS DO IPVA COMO REALIZAÇÃO DA JUSTIÇA FISCAL
Bernardo Motta Moreira *97*

5 A CAPACIDADE CONTRIBUTIVA NO PLANEJAMENTO TRIBUTÁRIO: A NECESSÁRIA RELEITURA DA JUSTIÇA FISCAL A PARTIR DOS PRINCIPIOS DA PROTEÇÃO À CONFIANÇA LEGÍTIMA E BOA-FÉ OBJETIVA
Bianca Delgado Pinheiro *115*

6 A IMUNIDADE TRIBUTÁRIA DAS ENTIDADES ATEÍSTAS COMO MEDIDA DE JUSTIÇA FISCAL
Carlos Alexandre de Paula Moreira *129*

7 BENEFÍCIOS FISCAIS E REGRESSIVIDADE TRIBUTÁRIA

Frederico Menezes Breyner *155*

8 A IMUNIDADE TRIBUTÁRIA DAS INSTITUIÇÕES DE ASSISTÊNCIA SOCIAL E OS IMPOSTOS INDIRETOS: UMA ANÁLISE À LUZ DA HERMENÊUTICA CONSTITUCIONAL E DOS DITAMES DA JUSTIÇA FISCAL

Freitrich A. R. Heidenreich *177*

9 DESONERAÇÃO DA FOLHA DE PAGAMENTOS SOB A ÓTICA DA JUSTIÇA FISCAL

Gabriela Cabral Pires *199*

10 A JUSTIÇA DOS TRIBUTOS

Heleno Taveira Torres *217*

11 GUERRA FISCAL: UM ESPELHO DA CRISE DO FEDERALISMO BRASILEIRO E FATOR DE MITIGAÇÃO DA GARANTIA DE JUSTIÇA FISCAL

Hugo Reis Dias *255*

12 O NASCIMENTO DA TRIBUTAÇÃO E OS DIFERENTES FUNDAMENTOS PARA O SEU EXERCÍCIO NA HISTÓRIA E A IGUALDADE COMO ATUAL BALIZADORA NA JUSTA TRIBUTAÇÃO TENDO A CAPACIDADE CONTRIBUTIVA COMO SUA MEDIDA DE COMPARAÇÃO

João Paulo Fanucchi de Almeida Melo *279*

13 JUSTIÇA FISCAL, ESTABILIDADE FINANCEIRA E AS RECENTES ALTERAÇÕES DO SISTEMA FISCAL PORTUGUÊS

José Casalta Nabais *301*

14 DA AUTONOMIA TRIBUTÁRIA NA FEDERAÇÃO

José Tarcizio de Almeida Melo *343*

15 JUSTICIA TRIBUTARIA Y GENERALIDAD CONTRIBUTIVA EN EL CONTEXTO CONSTITUCIONAL BRASILEÑO (PONENCIA REALIZADA EN EL XI SEMINARIO DE DERECHO CONSTITUCIONAL TRIBUTARIO DE IBEROAMÉRICA – SUPREMA CORTE DE JUSTICIA DE LA NACIÓN DE MÉXICO – MÉXICO DF, 1 A 3 DE JULIO DE 2015)

Marciano Seabra de Godoi 363

16 O COMBATE À SONEGAÇÃO COMO MECANISMO PARA IMPLEMENTAÇÃO DA JUSTIÇA FISCAL

Marcílio Esteves Coimbra 369

17 A DISTORÇÃO DO SISTEMA TRIBUTÁRIO NACIONAL REFERENTE AO IMPOSTO DE RENDA DA PESSOA FÍSICA ASSALARIADA E DO PRESTADOR DE SERVIÇO

Misabel Abreu Machado Derzi

Cristiane Miranda Botelho

Regivano Fiorindo 391

18 O PREÇO PARA SE VIVER EM UM MUNDO CIVILIZADO

Onofre Alves Batista Júnior

Ludmila Mara Monteiro de Oliveira

Tarcísio Diniz Magalhães 445

19 DA CEGUEIRA COLETIVA: O PRINCÍPIO DA TRANSPARÊNCIA TRIBUTÁRIA E A TRIBUTAÇÃO EM CASCATA BRASILEIRA. COMENTÁRIOS SOBRE O AUMENTO DA TRIBUTAÇÃO SOBRE A GASOLINA

Pilar de Souza Paula Coutinho Elói

Alex Sander Silva de Jesus 493

20 A EFICIÊNCIA COMO POSTULADO PARA A JUSTIÇA FISCAL

Raphael Boëchat Alves Machado 523

21 CIDADANIA FISCAL: O PAGAMENTO DE TRIBUTOS E A JUSTIÇA FISCAL
Raphael Silva Rodrigues *541*

22 A PARTICIPAÇÃO DO CONTRIBUINTE NA FORMULAÇÃO DA POLÍTICA TRIBUTÁRIA DO ESTADO
Reinaldo Lage Rodrigues de Araújo *555*

23 JUSTIÇA TRIBUTÁRIA
Sacha Calmon *571*

24 A TRIBUTAÇÃO SOBRE HERANÇAS E DOAÇÕES E SUA JUSTIFICAÇÃO MORAL: PARÂMETROS INTRODUTÓRIOS PARA A SUA VALORAÇÃO E PARA MELHORAMENTOS NO SISTEMA JURÍDICO
Thomas da Rosa de Bustamante
Franklin Vinícius Marques Dutra *617*

25 CONTRIBUIÇÕES DESTINADAS AO CUSTEIO DA SEGURIDADE SOCIAL: DESTINAÇÃO ESPECÍFICA DAS RECEITAS E O DESVIO DE FINALIDADE NA JURISPRUDÊNCIA DO SUPREMO TRIBUNAL FEDERAL
Valter de Souza Lobato *631*

APRESENTAÇÃO

O presente livro, que tem como tema central a *Justiça Fiscal*, foi inspirado pelo Primeiro Seminário da Comissão de Direito Tributário da OAB/MG – gestão 2013/2015, realizado em agosto do ano de 2013.

Com aquele Seminário, teve início a trajetória das ações científicas da Comissão de Direito Tributário, com a extensão de suas principais funções, que são orientar e defender os interesses da OAB/MG, dos advogados, de suas sociedades profissionais e da comunidade, nos assuntos relativos ao Direito Tributário.

Ao longo dos últimos três anos, a Comissão de Direito Tributário da OAB/MG desenvolveu e concretizou projetos com grande repercussão profissional, econômica e social, dentre os quais:

- Organização de Congressos, Seminários, Palestras e outros eventos de Direito Tributário com presença de público superior a quatrocentos ouvintes;

- Co-organização de dezenas de eventos;

- Apoio em dezenas de eventos;

- Copatrocínio, com recursos próprios, de evento de Direito Tributário;

- Ingresso, como *Amicus Curiae*, na ADI 4917, defendendo a constitucionalidade da partilha entre os entes federados dos royalties do petróleo e luta pela revogação da liminar obtida pelo Estado do Rio de Janeiro, que suspende a nova lei que altera a partilha dos royalties;

- Ingresso, como *Amicus Curiae*, na ADI em que se discute a inconstitucionalidade na majoração do IPTU de Varginha, em Minas Gerais;

- Propositura de Mandado de Segurança visando o reconhecimento do direito de a OAB/MG não recolher contribuição de 15% sobre o valor das notas fiscais/faturas emitidas por serviços prestados por cooperativas em favor da Instituição, prevista no art. 22, IV, da Lei n. 8212/91, e do direito à compensação de valores pagos indevidamente nos últimos cinco anos, o que poderá proporcionar proveito econômico superior a R$ 1.000.000,00 em favor da Instituição;

- Elaboração de cartilha sobre a tributação da advocacia e posterior publicação de aditivo para tratar da novidade do SIMPLES Nacional para classe, a partir de 2015;

- Propositura de Mandado de Segurança objetivando garantir julgamento de impugnação administrativa, no âmbito de primeira instância da Receita Federal do Brasil, mediante publicação prévia de pauta, autorização para assistência e principalmente com a possibilidade de sustentação oral;

- Respostas às centenas de consultas de advogados em matéria tributária;

- Elaboração de dezenas de notas técnicas de conteúdo tributário.

Os resultados sem precedente só foram alcançados a partir da coesão de esforços.

Devem ser mencionadas as atitudes inclusivas da Comissão, que, no final do mandato, conta com mais de cinquenta membros devidamente nomeados e exercendo atividades voluntárias em benefício da Advocacia e da própria OAB.

Destacam-se as inestimáveis parcerias conseguidas com prestigiadas instituições, como Associação Brasileira de Direito Tributário – ABRADT, o Instituto de Estudos Fiscais – IEFi, a PUC/MG, a UFMG, Faculdade de Direito Milton Campos, a Faculdade Batista, a UNIVERSO, o Conselho de Contribuintes do Estado de Minas Gerais, o CART/BH, a PGFN, a AGE, PGMBH etc.

Professores e profissionais de Direito Tributário sempre foram receptivos às solicitações da Comissão e jamais mediram esforços para auxiliar de forma valiosa.

A inspiração inicial do ano de 2013 vem se concretizar no presente livro. A ideia surgida há dois anos, passou a ser objetivo e conclui o fecundo período da atual Administração da OAB/MG.

O encerramento da atual gestão não poderia ser diferente: efetiva-se com o lançamento do livro, ao final do primeiro dia de Congresso Internacional de Direito Tributário e com a efetiva participação dos membros da Comissão, professores e profissionais do Direito Tributário.

Note-se que, mais do que um livro da Comissão da OAB/MG, trata-se de trabalho conjunto com Professores e Advogados de renome.

O livro conta com treze artigos de membros da Comissão e de mais oito de professores convidados, que gentilmente colaboraram na concretização do projeto. Inclui também textos produzidos pelos autores desta Apresentação.

O livro é a síntese e o símbolo da dedicação atual da OAB a um Direito Tributário atualizado e democrático.

O tema em voga é Justiça Fiscal. A matéria vinha com extenso debate para a consecução do Estado comprometido com a igualdade e a solidariedade, tornando-se, neste ano, indispensável ao ajuste fiscal que é prometido a curto prazo.

Nas páginas que seguem, dentre outros, estão as seguintes matérias: (i) (des)necessidade de majorar a tributação sobre a herança; (ii) segurança jurídica; (iii) princípio da vedação ao confisco; (iv) seletividade, progressividade, regressividade e benefícios fiscais; (v) planejamento tributário; (vi) princípio da confiança; (vii) imunidade tributária; (viii) desoneração da folha de pagamento; (ix) guerra fiscal; (x) estabilidade financeira; (xi) autonomia tributária na Federação; (xii) combate à sonegação fiscal; (xiii) necessidade de participação do contribuinte na formulação da política tributária; (xiv) transparência.

Devemos registrar nossos agradecimentos à Editora Del Rey que confiou e deu suporte ao projeto.

Belo Horizonte, 05 de novembro de 2015.

Misabel Abreu Machado Derzi

João Paulo Fanucchi de Almeida Melo

1

SOBRE A NECESSIDADE DE MAIOR TRIBUTAÇÃO DE HERANÇAS E DOAÇÕES NO BRASIL

Aluizio Porcaro Rausch[1]

INTRODUÇÃO

A tragédia dos comuns (tradução livre do inglês the tragedy of the commons) é a denominação dada pelo biólogo Garret Hardin ao cenário fictício criado pelo matemático William Foster Lloyd, no qual um pasto de uso público é arruinado por sobrepastoreio quando pastores mantêm ali o maior número possível de animais próprios. Em raciocínio simplório de custo/benefício, os pastores assim se conduzem, porque cada um se apropria íntegra e individualmente dos lucros da venda posterior de seus animais, enquanto que o consumo do capim é suportado por todos[2].

Esse cenário não é espécie de ode à propriedade privada. Pelo contrário, a conclusão de Garret Hardin é que, em uma realidade em que os bens são finitos, o individualismo não leva ao progresso, como propagado por Adam Smith, mas sim à ruína de todos. Assim, seu cerne crítico refere-se aos malefícios que o egocentrismo relacionado aos bens materiais causa a toda uma coletividade, efetivamente um problema

---

1 Bacharel e Mestrando em Direito pela Universidade Federal de Minas Gerais. Membro da Comissão de Direito Tributário da Ordem dos Advogados do Brasil Seção Minas Gerais. Advogado.

2 GARRET, Hardin. *The Tragedy of the Commons*. Science (AAAS) 162 (3859): 1243–1248. Disponível em: http://www.sciencemag.org/content/162/3859/1243.full.pdf. Acesso em 12/01/2015.

moral de repercussões sociais negativas. Inclusive, o autor expressamente afirma que a propriedade privada, que serve à finalidade de preservação de inúmeros recursos, é o meio pelo qual a tragédia dos comuns se repete em cenários mais complexos, como a atual poluição do meio-ambiente[3].

Certo é que a matéria de fundo para a discussão do biólogo estado-unidense é o controle populacional. No entanto, seu raciocínio pode plenamente ser aplicado à tributação de heranças e doações no Brasil. A herança, como exercício do direito de propriedade privada, recebe todas as características e vicissitudes desta. Ademais, é, no Brasil, objeto de uma das menores tributações do mundo, e em patamar muito inferior ao da tributação da renda proveniente do trabalho no país.

Ocorre que a tributação da herança é componente de um sistema maior de distribuição de recursos materiais, logo seu baixo patamar contribui para a desigualdade econômica, a concentração excessiva de riqueza e de poder, além de romper com a lógica meritocrática em que supostamente se baseia o capitalismo. Posto de outra forma, a atual tributação de heranças e doações no Brasil permite a apropriação dos benefícios coletivamente produzidos por apenas alguns indivíduos, através de relações financeiras complexas, e a imposição dos malefícios ao restante dos brasileiros.

Assim, pretendo, nas próximas linhas, traçar o perfil da tributação de heranças e doações no Brasil, inclusive com breve abordagem de questões históricas e antropológicas relacionas (*1. A Tributação de Heranças e Doações no Brasil*). Em seguida, em viés mais abstrato, apresento razões filosóficas para maior tributação de heranças e doações no Brasil (*2. Razões Filosóficas para Maior Tributação de Heranças e Doações*), para, em seguida, trazer razões de cunho mais concreto (*3. Razões Práticas para Maior Tributação de Heranças e Doações*). Posteriormente, sugiro algumas modificações jurídicas do instituto, visando a redução de desigualdades (*4. Sugestões de Modificações Jurídicas da Tributação de Heranças e Doações no Brasil para Redução de Desigualdades*). Por fim, apresento minhas conclusões sobre a necessidade de maior tributação de heranças e doações no Brasil como meio de redução de desigualdades (*Conclusões*).

Importante se observar que, no presente trabalho, utilizo os termos "doação" e "doações" apenas em referência às tranferências gratuitas de bens e direitos entre vivos e cujos beneficiários sejam, em última

[3] Ibidem. Página 1.245.

instância, familiares do doador. Logo, este estudo não se aplica às transferências efetivamente beneméritas, que podem muito bem permanecer sujeitas a baixa tributação. Ademais, as ponderações e sugestões aqui apresentadas devem se submeter à crítica e a estudos mais aprofundados, bem como as últimas são insuficientes quando isoladas de políticas orçamentárias que promovam nivelamento por cima da redução de desigualdades econômicas, significando que não basta que todos se tornem menos desiguais na pobreza, pois que devam sê-lo, sim, na riqueza.

Por derradeiro, em momento algum neste trabalho pretendo a abolição da propriedade privada, da herança ou do sistema capitalista, ainda que essa possa ser a impressão causada pela leitura de algum trecho. O que pretendo é, sim, propor soluções parciais para o acúmulo excessivo de riqueza no Brasil. É verdade que este, em última análise, origina-se do egoísmo humano, questão atinente à moral. Contudo, com alguma sorte, alterando-se o sistema tributário neste aspecto específico, pode-se, indiretamente, contribuir para a alteração da origem do problema e, se não, pelo menos para a redução de seus efeitos negativos.

1. A TRIBUTAÇÃO DE HERANÇAS E DOAÇÕES NO BRASIL

Em 1809, foi criado, no Brasil, o imposto sobre heranças, tendo como veículo normativo o Alvará Régio de 17/06/1809. Inicialmente, esse imposto não se aplicava à sucessão em linha reta, ascendente ou descendente, vindo a sê-lo apenas a partir de 1869, à alíquota de 1 a 10%. Ademais, os valores arrecadados a esse título pertenciam às rendas gerais, passando às rendas das províncias em 1832 e, disso, para a dos Estados com a Constituição de 1891[4].

Sob a égide da Constituição da República Federativa do Brasil de 1988 (CR/1988), o direito de herança é uma garantia fundamental, portanto inabolível[5]. Ainda, apresenta-se o imposto sobre transmissão

---

4 FERNANDES, Regina Celi Pedrotti Vespero. *Imposto sobre Transmissão Causa Mortis e Doação – ITCMD*. 3ª edição. São Paulo: Revista dos Tribunais, 2013. Página 28 a 30.

5 *Constituição da República Federativa do Brasil de 1988*: "Art. 5º Todos são iguais perante a lei, sem distinção de qualquer natureza, garantindo-se aos brasileiros e aos estrangeiros residentes no País a inviolabilidade do direito à vida, à liberdade, à igualdade, à segurança e à propriedade, nos termos seguintes: (...)
XXX - é garantido o direito de herança".
"Art. 60. A Constituição poderá ser emendada mediante proposta: (...)

causa mortis (deflagrada pela morte) e doação (gratuita, por ato de vontade, entre vivos) de qualquer bem ou direito (ITCMD). Também por força da CR/1988, foi atribuído aos Estados e ao Distrito Federal a competência tributária para instituir, majorar, minorar ou extinguir esse imposto[6].

O Prof. Sacha Calmon Navarro Coêlho ensina que a competência específica para tributar heranças e doações é advento da CR/1988, uma vez que a Constituição de 1967 previa a competência única para se tributar a transferência de bens imóveis *causa mortis* ou *inter vivos*[7] (antigo ITBI). Assim, hoje, além de o atual ITBI ser de competência dos Municípios e do Distrito Federal e não abranger transferências *causa mortis*, o ITCMD alcança a transmissão de quaisquer bens e direitos, e não apenas dos relativos a bens imóveis[8].

Por outro lado, é extremamente necessário que se faça a distinção entre o acréscimo patrimonial gratuito, proveniente de heranças e doações, e aquele proveniente da renda, oneroso. O Código Tributário Nacional (CTN), tanto no *caput* quanto nos dois incisos do art. 43[9], não é específico o

---

§ 4º - Não será objeto de deliberação a proposta de emenda tendente a abolir: (...) IV - os direitos e garantias individuais". Disponível em: http://www.planalto.gov.br/ccivil_03/constituicao/constituicao.htm. Data de acesso: 24/07/2014.

6 Ibidem: "Art. 155. Compete aos Estados e ao Distrito Federal instituir impostos sobre: I - transmissão causa mortis e doação, de quaisquer bens ou direitos;". Disponível em: http://www.planalto.gov.br/ccivil_03/constituicao/constituicao.htm. Data de acesso: 24/07/2014.

7 Ibidem. "Art 24 - Compete aos Estados e ao Distrito Federal decretar impostos sobre: I - transmissão, a qualquer título, de bens imóveis por natureza e acessão física, e de direitos reais sobre imóveis, exceto os de garantia, bem como sobre direitos à aquisição de imóveis".

8 "A Constituição repartiu o antigo ITBI do estado em *causa mortis* e *inter vivos*, fixando as transmissões de bens imóveis por ato oneroso entre vivos, exceto doações, na competência do município. O *causa mortis* engordou para abranger não apenas as transmissões de bens imóveis por motivo de morte, mas de quaisquer bens ou direitos, concretos ou abstratos, mobiliários ou imobiliários. Tomou-se o monte na acepção de uma *universitas rerum* (universalidade de bens). E entregou-se a competência desse vero imposto sobre heranças e doações ao Estado-Membro (art. 155, I)". COÊLHO, Sacha Calmon Navarro. *Curso de Direito Tributário Brasileiro.* 11ª edição. Rio de Janeiro: Forense, 2011. Página 323.

9 *Código Tributário Nacional (Lei nº 5.172/1966)*: Art. 43. O imposto, de competência da União, sobre a renda e proventos de qualquer natureza tem como fato gerador a aquisição da disponibilidade econômica ou jurídica: I - de renda, assim entendido o produto do capital, do trabalho ou da combinação de ambos; II - de proventos de

suficiente para excluir do âmbito de incidência do imposto de renda (IR) o enriquecimento em razão de herança ou doação. Isso, porque ainda que esse enriquecimento não possa ser renda, por não ser proveniente do trabalho ou do capital, poder-se-ia caracterizá-lo, residualmente, como provento. Contudo, essa interpretação do CTN, à luz da CR/1988, levaria a claro conflito de competência entre a União[10], de um lado, e os Estados e o Distrito Federal, de outro, logo não é uma interpretação aceitável.

Não fossem as evidentes delimitações de competência acima mencionadas, o acréscimo patrimonial que aufere o herdeiro poderia se incluir no âmbito de incidência do IR. Como ensina o preclaro Aliomar Baleeiro, o conceito de renda na Economia, como acréscimo de valor, envolve heranças e doações. Por outro lado, juridicamente é comum o seu afastamento, uma vez que, da perspectiva do *de cujus*, a transferência leva ao empobrecimento da fonte, em razão de seu caráter gratuito, o que seria incompatível com a noção de renda[11]. Em adição, a Profa. Dra. Misabel Abreu Machado Derzi apresenta essa distinção conceitual de renda na Economia e no Direito como já pacífica na doutrina e na jurisprudência nacionais[12].

---

qualquer natureza, assim entendidos os acréscimos patrimoniais não compreendidos no inciso anterior. (...)". Disponível em: http://www.planalto.gov.br/ccivil_03/leis/l5172.htm. Data de acesso: 24/07/2014.

[10] *Constituição da República Federativa do Brasil de 1988*: "Art. 153. Compete à União instituir impostos sobre: (...) III - renda e proventos de qualquer natureza;". Disponível em: http://www.planalto.gov.br/ccivil_03/constituicao/constituicao.htm. Data de acesso: 24/07/2014.

[11] "O conceito de renda, como acréscimo de valor, na enunciação teórica dos economistas que o sustentam, envolve heranças, doações e os "rendimentos psíquicos" ou "imateriais" (gozo da casa própria, automóvel, obra d'arte, e até, na opinião de alguns, as horas de lazer).

As legislações acolhem o conceito de renda-acréscimo, que coincide com critérios de contabilidade e inclui os prêmios de loteria, mas exclui heranças e doações, sujeitas a impostos específicos, assim como os "rendimentos psicológicos", porque estes trazem dificuldades práticas de aplicação. (...)

A renda se destaca da fonte sem empobrecê-la. No caso de exploração racional de minas, pedreiras, florestas, areias e bens semelhantes, a venda dos produtos é feita a preço que cobre todas as despesas de extração, bem como a amortização proporcional do capital relativo ao valor da fonte, deixando ainda saldo, que será o rendimento líquido". BALEEIRO, Aliomar. *Direito Tributário Brasileiro*. Atualizadora Misabel Abreu Machado Derzi. 12ª edição. Rio de Janeiro: Forense, 2013. Página 384.

[12] "(...) O Código Tributário Nacional tem merecido a crítica de muitos pela confusão conceitual, mas são pontos pacíficos na doutrina e na jurisprudência que: renda é o

Mudando-se o enfoque, cabe ao Senado Federal, em razão de previsão expressa da CR/1988, a fixação da alíquota máxima de incidência do ITCMD[13]. Atualmente, essa alíquota é de 8% (oito por cento)[14]. Por sua vez, a atual alíquota máxima incidente sobre a renda anual da pessoa física é de 27,5% (vinte e sete e meio por cento) – para renda acima de R$53.565,72 (cinquenta e três mil, quinhentos e sessenta e cinco reais e setenta e dois centavos)[15] –; da pessoa jurídica, de 15% (quinze por cento), com adicional de 10% (dez por cento) da parcela do lucro que exceder R$20.000,00 (vinte mil reais) por mês[16]. Assim, a tributação de heranças e doações é significativamente inferior à da aquisição onerosa pelo trabalho, em termos absolutos.

---

produto, fluxo ou acréscimo patrimonial, inconfundível com o patrimônio de onde promana, assim entendido o capital, o trabalho ou a sua combinação; provento é forma específica de rendimento tributável, tecnicamente compreendida como o que é "*fruto não da realização imediata e simultânea de um patrimônio, mas, sim, do acréscimo patrimonial resultante de uma atividade que já cessou, mas que ainda produz rendimentos*", como os benefícios de origem previdenciária, pensões e aposentadoria (...); os acréscimos patrimoniais sempre pressupõem a disponibilidade econômica ou jurídica, sendo certo que, mesmo não havendo jurídica, a incorporação física e material ao patrimônio do contribuinte é sempre necessária; no Brasil, tradicionalmente, quer na Constituição, quer nas leis, tem-se feito a mesma diferenciação, e, somente a propósito da pessoa jurídica, fala-se em patrimônio fixo e circulante, capital próprio e alheio, a fim de distingui-los da renda tributável.". Ibidem. Página 393.

13 *Constituição da República Federativa do Brasil de 1988*: "Art. 155. Compete aos Estados e ao Distrito Federal instituir impostos sobre: I - transmissão causa mortis e doação, de quaisquer bens ou direitos; (...)§ 1.º O imposto previsto no inciso I: (...) IV - terá suas alíquotas máximas fixadas pelo Senado Federal;". Disponível em: http://www.planalto.gov.br/ccivil_03/constituicao/constituicao.htm. Data de acesso: 24/07/2014.

14 *Resolução n.º 09/1992 do Senado Federal*: "Art. 1º A alíquota máxima do Imposto de que trata a alínea a, inciso, I, do art. 155 da Constituição Federal será de oito por cento, a partir de 1º de janeiro de 1992". Disponível em: http://legis.senado.gov.br/legislacao/ListaPublicacoes.action?id=136383&tipoDocumento=RSF&tipoTexto=PUB. Data de acesso: 24/07/2014.

15 Receita Federal do Brasil. *Tabela Progressiva para o cálculo anual do Imposto sobre a Renda da Pessoa Física a partir do exercício de 2015, ano-calendário de 2014.* Disponível em http://www.receita.fazenda.gov.br/aliquotas/TabProgressiva2012a2015.htm. Acesso em 08/06/2014.

16 Receita Federal do Brasil. *Alíquotas do Imposto de Renda de Pessoas Jurídicas Tributadas pelo Lucro Real, Presumido ou Arbitrado*. Disponível em http://www.receita.fazenda.gov.br/aliquotas/contribpj.htm. Acesso em 08/06/2014.

Para facilitar a visualização, reproduzo tabela do imposto de renda da pessoa física – para os objetivos do presente trabalho a da pessoa jurídica não é relevante[17] –, disponibilizada pela Receita Federal do Brasil:

Tabela Progressiva para o cálculo anual do Imposto sobre a Renda da Pessoa Física a partir do exercício de 2015, ano-calendário de 2014.

Base de cálculo anual em R$	Alíquota %	Parcela a deduzir do imposto em R$
Até 21.453,24	-	
De 21.453,25 até 32.151,48	7,5	1.608,99
De 32.151,49 até 42.869,16	15,0	4.020,35
De 42.869,17 até 53.565,72	22,5	7.235,54
Acima de 53.565,72	27,5	9.913,83

http://www.receita.fazenda.gov.br/aliquotas/TabProgressiva2012a2015.htm

O legislador originário, responsável pela positivação da CR/1988, não estabeleceu expressamente a obrigatoriedade da tributação sobre heranças e doações ser inferior à da renda, ou vice-versa. Tampouco a doutrina nacional explica satisfatoriamente as razões que levariam a essa situação e, ainda mais impropriamente, a uma tributação sobre heranças e doações tão baixa no Brasil[18].

Em breve análise comparada, tem-se que a alíquota máxima do tributo sobre heranças é de 50% (cinquenta por cento) na Alemanha, 80% (oitenta por cento) na Bélgica, 36,25% (trinta e seis por cento e vinte e cinco centésimos) na Dinamarca, 34% (trinta e quatro por cento)

---

17 Principalmente, porque, no presente estudo, não abordarei o fenômeno da "pejotização", pelo qual empregados passam a exercer seu trabalho através de pessoas jurídicas e sob a rubrica de prestação de serviço, de maneira que os custos trabalhistas da contratante são reduzidos e o recolhimento de imposto de renda pela contratada também (pagamento pela pessoa jurídica; isenção na distribuição de lucros; benefícios, conforme o caso, do Simples Nacional), porém com evidente perda de direitos trabalhistas.

18 Exemplo disso é Regina Celi Pedrotti Vespero Fernandes, que realiza análise histórica das alíquotas de ITCMD, concluindo que sempre foram baixas, contudo sem a apresentação de qualquer justificativa que não seja vontade do legislador (FERNANDES, Regina Celi Pedrotti Vespero. *Imposto sobre Transmissão* Causa Mortis *e Doação – ITCMD*. 3ª edição. São Paulo: Revista dos Tribunais, 2013. Páginas 25 a 30).

na Espanha, 40% (quarenta por cento) nos Estados Unidos da América, 60% (sessenta por cento) na França, 55% (cinquenta e cinco por cento) no Japão e 40% (quarenta por cento) no Reino Unido[19]. Naturalmente, os dados acima são insuficientes para delinear a efetiva tributação de heranças nesses países, pois não abordam isenções, deduções, progressividade, entre outros aspectos importantes. De todo modo, corroboram a afirmação de que a tributação de heranças e doações, no Brasil, é bastante baixa.

Em razão dessa lacuna é que teço abaixo breves considerações históricas e antropológicas sobre a herança e sua tributação, em uma tentativa de trazer luzes sobre o tema.

1.1 Breves Considerações Históricas e Antropológicas sobre a Família, a Propriedade Privada e a Herança

Em qualquer contexto social, é natural que os indivíduos sobreviventes continuem a se valer dos bens materiais disponíveis antes do falecimento de um membro do grupo para a manutenção da própria vida e bem estar. Ainda que determinados objetos tenham sido e sejam empregados em rituais fúnebres, algo permanece para emprego pelos vivos. O sustento da vida, premência dada pela própria Natureza, impõe-se inevitavelmente.

Todavia, ao longo da História e em razão da Cultura, o quanto é herdado e quem herda variam. Para melhor se entender essas dinâmicas, é necessário que se analise a forma como as pessoas se relacionam com os bens materiais e as afinidades entre os membros de um grupo social ao longo das eras. É o que modestamente pretendo fazer nas linhas seguintes.

Na magistral obra *Der Ursprung der Familie, des Privateigentums und des Staats*[20], Friedrich Engels traz apontamentos interessantes sobre a evolução dos agrupamentos humanos e da própria organização familiar. Após brevemente abordar aspectos sobre as três principais fases da evolução social humana, o estado selvagem, a barbárie e a civilização, como definidas por Lewis H. Morgan em *Ancient Society, or Research in the Lines of Human Progress from Savagery, through Barbarism to*

---

19 *Worldwide Estate and Inheritance Tax Guide 2014*. EYGM Limited., 2014. Disponível em: http://www.ey.com/GL/en/Services/Tax/Global-tax-guide-archive. Acesso em: 13/01/2015.

20 ENGELS, Friedrich. *Der Ursprung der Familie, des Privateigentums und des Staats*. Hottingen-Zürich: Verlag der Schweizerischen Volksbuchhandlung, 1884.

Civilazation, Friedrich Engels passa a analisar as diferentes estruturas familiares supostamente correspondentes a cada uma dessas fases.

Insuficiente o presente trabalho para tangenciar todos os detalhes reportados pelo autor, é importante se observar que, já nas primeiras formas concebíveis de organização social humana, nas quais havia matrimônio coletivo e propriedade comum dos bens, a consaguineidade pela linha maternal, a única sobre a qual se poderia ter certeza à época, definia os direitos hereditários[21]. Vê-se, portanto, que logo no início dos agrupamentos humanos, a afinidade por consaguineidade prevalece, provavelmente como decorrência direta dos impositivos naturais de proteção da prole, comum aos mamíferos, que cria a tendência a maior proximidade física durante a vida e, instintivamente, maior legitimidade hereditária.

Posteriormente, Friedrich Engels relata que o indivíduo masculino, cuja função principal era relacionada à obtenção de alimentos pela caça, foi natural responsável pela domesticação de animais em razão de sua relação mais direta com eles. Ocorre que o emprego destes em atividades produtivas não apenas multiplicou os recursos então disponíveis, mas modificou profundamente as relações de poder.

A reprodução dos rebanhos, mais célere que a dos homens, inicialmente teria criado excesso de trabalho. Assim, para melhor controlar e cuidar dos diversos animais, os capturados nas guerras, que anteriormente eram mortos, libertos ou mesmo inseridos no grupo vencedor, passaram a ser empregados na lida com os bichos, em regime de escravidão.

Consequentemente, o homem passou da posição de mero caçador para a de senhor de vasta gama de outros seres humanos e animais. Ademais, tornou-se principal responsável pelo sustento do grupo e pelo aumento da riqueza disponível, crescendo em destaque social e suplantando a mulher, ainda afeita às suas antigas funções de coleta e plantio arcaico[22].

No entanto, esse suplantar não foi pacífico, nem mesmo para a mulher. A hereditariedade, em razão da agora maior notoriedade do homem, passou para a linha masculina. Ocorre que esse sistema, em uma época em que não havia tecnologia para análise genética e em uma sociedade em que não se tinha exclusividade de parceiros, é naturalmente mais incerto. De modo a aumentar o grau de certeza sobre a paternidade, implementou-se, então, a monogamia tão somente para as mulheres, cujo

---

21 Ibidem. Páginas 47 e 48.

22 Ibidem. Página 58 a 60.

isolamento sexual de outros homens que não o esposo era imposto através da força e da opressão. Ao homem continuou lícito a pluralidade de relacionamentos com mulheres, em várias culturas sendo-lhe inclusive possível desposar oficialmente mais de uma.

Como afirma Friedrich Engels, o fenômeno social de reversão dos pólos de poder entre os gêneros, que se iniciou com a domesticação de animais, culminou com a mulher compulsoriamente assumindo a condição de primeira entre os escravos do homem. Em adição, os direitos hereditários, passando para a linha masculina, continuaram, no entanto, relacionados à consanguineidade[23].

Sobre esse momento histórico, necessário se faz que me reporte também a Fustel de Coulanges, para alguns esclarecimentos sobre a hereditariedade helênica e romana à época. Apesar da ascendência do homem na hierarquia de poder, motivada pela domesticação de animais, ter se dado em diversas culturas, é a sua ocorrência nesses povos em especial que funda os institutos da propriedade privada e da sucessão hereditária em seus atuais contornos, no seio da própria religião doméstica dos povos arianos.

Segundo o autor, as antigas culturas grego e romana apresentam, desde o seu início, a religião doméstica, a família e o direito de propriedade solidamente instituídos e inseparáveis. Através do deus do lar, cujo altar era fixado ao solo, e dos antepassados, enterrados no campo familiar, a família estabelecia estreita ligação com a terra, em residência permanente. Prescrevendo a religião o dever de isolar e resguardar os locais e os objetos sagrados do contato com estranhos, por meio de demarcações como muros, cercas, etc., a propriedade privada é uma consequência necessária. Ademais, diante da perpetuação do culto doméstico ao longo das gerações, tendo como sacerdote único o *pater familias*, e da proibição de aquisição de propriedade dissociada da religião, a sucessão hereditária exclusivamente pela primogenitura masculina se impunha[24].

Retomando Friedrich Engels, é verdade que nas classes mais baixas, não obstante preconceitos culturais arraigados, mulher e homem sempre tiveram maior equiparação de poder. Uma vez que o descrito destaque do homem estava relacionado à exclusividade da propriedade dos meios de produção, quando nem o homem nem a mulher detêm esses bens, a

---

23 Ibidem. Página 61 a 69.

COULANGES, Fustel. *A Cidade Antiga – Estudo sobre o Culto, o Direito e Instituições da Grécia e de Roma*. Volume I. 9ª edição. Lisboa: Livraria Clássica Editora, 1957. Página 82 a 121.

distinção extrema de poder não ocorre. De toda forma, o reempoderamento generalizado da mulher deu-se apenas muitos séculos depois, com a Revolução Industrial e a sua reinclusão nas relações produtivas como decorrência da alta demanda por mão de obra proletária[25]. De maneira bastante bem humorada, Ha-Joon Chang afirma que teria sido a invenção da máquina de lavar roupa a verdadeira responsável por esse reempoderamento, pois reduziu imensamente as horas dispendidas com trabalhos domésticos e, com isso, permitiu à mulher o tempo para engajamento em atividades laborais remuneradas[26].

Em outro ponto de análise, a hereditariedade pela primogenitura masculina foi a regra nos países Ocidentais por muitos séculos, inclsuive nas aristocracias tradicionais. Thomas Piketty afirma que o filho mais velho não necessariamente herdava todo e qualquer bem de seus pais, mas sempre uma parte desproporcionalmente maior que a de seus irmãos e irmãs, de modo que a riqueza da família fosse preservada através dele. Normalmente, essa herança correspondia a bem imóvel e vinha atrelada a diversas limitações de disposição e fruição.

A França foi o primeiro país a abolir a regra de primogenitura e a instituir a equipartição entre irmãos de ambos os sexos, em 1804, através do Código Napoleônico, sendo seguida pelos Estados Unidos da América. Thomas Piketty assevera, ainda, que essa igual valorização de filhos não se deu apenas em razão do princípio da igualdade, mas principalmente por motivos econômicos, como possibilitar maior circulação de bens. Por fim, que a Alemanha e a Inglaterra instituíram a equipartição somente em 1919 e 1925, respectivamente[27].

Das considerações acima, é possível sintetizar que: o poder econômico é determinante da organização social; que a consanguineidade em linha reta descendente é a regra premente de hereditariedade no Ocidente, ainda que diferentes subsistemas tenham havido (linha feminina, linha masculina, primogenitura masculina); a herança é ferramenta eficaz de manutenção do *status quo*, como o foi em benefício do *pater familias*,

---

25 ENGELS, Friedrich. *Der Ursprung der Familie, des Privateigentums und des Staats*. Hottingen-Zürich: Verlag der Schweizerischen Volksbuchhandlung, 1884. Páginas 75 e 76.

26 CHANG, Ha-Joon. *Things They Don't Tell You About Capitalism*. New York: Bloomsbury Press, 2012. Página 31.

27 PIKETTY, Thomas. *Capital in the Twenty-First Century*. Tradução Arthur Goldhammer. Londres: Belknap Press of Harvard University Press, 2014. Páginas 433 e 434.

nas antigas Grécia e Roma, quando o caráter religioso da herança também contribuía para a concentração de riqueza, bem como das elites aristocráticas medievais e modernas.

Logo, tendo o Brasil recebido essa carga cultural desde a sua origem e sendo um país em que as elites oficialmente sempre mantiveram largas vantagens, é coerente, ainda que injusto, o fenômeno histórico da baixa tributação da herança.

1.2 Breves Considerações Jurídicas sobre a Família, a Propriedade Privada e a Herança na Atualidade Brasileira

Essa injustiça, no entanto, não tem motivo para se perpetuar. Ainda que forte a carga cultural e a opressão de classes, esses fatores não são exclusivamente determinísticos. As hoje observadas estruturas familiares e os institutos jurídicos da propriedade privada e da herança claramente demonstram uma mudança no comportamento dos indivíduos entre si e em relação aos bens materiais, mudança essa representativa, a meu ver, de verdadeiro anseio coletivo por redução de desigualdades.

A noção de família muito se alterarou ao longo dos séculos. Friedrich Engels ensina que o termo *família* deriva do latim *famulus*, escravo doméstico, pelo que o seu sentido original se relaciona ao conjunto desses indivíduos, reunidos sob o jugo do *pater familias*, meros objetos de seu poder. Em suas raízes linguísticas, portanto, não há qualquer denotação afetiva[28]. Émile Benveniste afirma essa mesma origem etimológica[29].

Atualmente, por outro lado, vê-se que a família patriarcal do passado deu lugar à família celular, cuja finalidade é a afetividade entre os familiares, a realização individual e o bem-estar, e não o controle sobre coisas e pessoas. A antiga áurea sagrada e os tabus sobre maternidade e paternidade caíram por terra. Convergentemente, o objetivo do Direito Civil não é mais tutelar interesses econômicos, e sim a concretização dos direitos fundamentais, que, em verdade, perpassam aqueles, mas também em muito lhes suplantam[30].

---

28 ENGELS, Friedrich. *Der Ursprung der Familie, des Privateigentums und des Staats*. Hottingen-Zürich: Verlag der Schweizerischen Volksbuchhandlung, 1884. Página 61.

29 BENVENISTE, Émile. *Le Vocabulaire des Institutions Indo-Europeennes*. Tomo I. Paris: Les Éditions des Minuits, 1969. Página 358.

30 MADALENO, Rolf. *Curso de Direito de Família*. 4ª edição. Rio de Janeiro: Forense, 2011. Página 36.

Como não poderia ser diferente, a sucessão hereditária teve suas feições modificadas. Ao contrário do que se via nas antigas Roma e Grécia, a sacralidade dessa instituição foi esvaziada. Os privilégios de primogenitura foram erradicados, com enormes benefícios para a coletividade. A própria consanguineidade, apesar de mais recorrente, não possui premência na hereditariedade, sendo a afeição entre os indivíduos o mecanismo regente. As diversas modificações por que passaram as regras de hereditariedade ao longo dos séculos, sem que a estrutura familiar fosse erradicada da experiência humana, demonstram a autonomia de ambos os institutos, bem como a elevação moral e afetiva do relacionamento entre familiares, com claras repercussões quanto ao regime de distribuição de bens materiais em um grupo social.

Logo, o que hoje informa a sucessão hereditária, nas palavras de Caio Mário da Silva Pereira, é o princípio da afeição real ou presumida, consectário *post mortem* do princípio da solidariedade (ou dever de assistência entre familiares), e ambos decorrentes da liberdade individual, que abrange também o direito de propriedade privada – prerrogativa de disposição dos bens em vida e por causa da morte. Em razão dessa nova realidade jurídica e social, o autor defende não o fim da herança, pois essa perdura enquanto perdurar a propriedade privada, e sim a correção dos seus excessos através de restrição da vocação hereditária, excluindo-se os ascendentes e os coletarais após o segundo grau, e de tributação progressiva, tanto por distanciamento em grau, quanto por valor transmitido[31].

Se o caráter absoluto e infragmentável da herança foi abolido, da mesma maneira a propriedade privada foi relativazada de inúmeras formas. Caio Mário da Silva Pereira também ensina que, a fim de se coibir abusos e que o seu exercício se transforme em instrumento de dominação, diversas limitações e restrições são impostas ao direito de propriedade, interna e externamente. Entre elas, aponta o princípio da função social da propriedade que, no Direito Brasileiro, aplicar-se-ia apenas aos bens imóveis urbanos e rurais[32].

Faço essas considerações com o intuito de evidenciar que o Brasil encontra-se em uma situação ideal para mudanças na tributação de heranças e doações que contribuam para a redução de desigualdades.

---

31 PEREIRA, Caio Mário da Silva. *Instituições de Direito Civil – Direito das Sucessões*. Volume VI. 19ª edição. Rio de Janeiro: Forense, 2012. Página 6 a 8.

32 ________________. *Instituições de Direito Civil – Direitos Reais*. Volume IV. 20ª edição. Rio de Janeiro: Forense, 2012. Páginas 70 e 71.

As atuais concepções jurídicas de família, propriedade privada e herança autorizam avanços a fim de implementação de sociedade mais igualitária, a qual somente é possível após a minimização dos privilégios hereditários.

2. *Razões Filosóficas para Maior Tributação de Heranças e Doações*

O poder econômico, ainda na atualidade, dita as circunstâncias da organização social. Mas, ao contrário do que tem sido a regra na História, os seres humanos não precisam reagir a esse fato aderindo a uma corrida, sem fim e sem excrúpulos, de acumulação de riqueza, motivada pela perspectiva ilusória de que o vencedor alcança a liberdade, com consequente opressão dos demais. A verdadeira liberdade, a ser desfrutada por todos, e não com exclusividade por alguns, existe tão somente quando há distribuição mais equânime dos recursos materiais, pois somente assim é possível se derrogar a opressão de um indivíduo pelo outro. Como pretendo demonstrar nas próximas linhas, a maior tributação de heranças e doações no Brasil apresenta-se contribuição expressiva para esse intuito.

É importante que se atente para o fato de que o cerne do problema efetivamente reside no egoísmo humano, sendo que as dinâmicas distributivas são apenas uma de suas exteriorizações. Assim, é pela filosofia que procuro, abaixo, alcançar esse cerne moral.

2.1. *Ronald Dworkin e a Tributação da Herança*

Publicada pela primeira vez no ano 2000, a obra *Sovereign Virtue – The Theory and Practice of Equality*, de Ronald Dworkin, foi motivada pela percepção do autor de ser a igualdade um ideal político em risco e, portanto, carente de defesa. Isso, em razão da disseminação do pensamento neoliberal, que rejeita o direito dos cidadãos em partilhar da riqueza de seu Estado.

Segundo Ronald Dworkin, um governo que ignora a igualdade rebaixa-se a uma tirania, pois, para ele, o igual interesse e respeito (tradução livre do inglês *equal concern*) do Estado por seus cidadãos é a maior das virtudes políticas. Ademais, a distribuição de riqueza, resultante do sistema jurídico e diretamente impactante na vida dos indivíduos, indica se determinado Estado, de fato, age com igual interesse e respeito. Assim, o autor busca definir essa virtude política como pressupondo uma igualdade de recursos entre os cidadãos e a responsabilização de cada um desses últimos em concretizar, utilizando-se dos recursos que lhes são disponíveis, seus ideais de vida, uma vez que igualdade e liberdade, para Ronald Dworkin, são indissociáveis[33].

2.1.1 Teorias da Igualdade: Bem-Estar e Recursos

Primeiramente, Ronald Dworkin analisa a teoria da igualdade de bem-estar, pela qual um sistema de distribuição de riqueza trata os indivíduos com igualdade quando promove transferências de bens entre eles até o ponto em que o máximo bem-estar é atingido[34]. Ele verifica, no entanto, que a teoria sobre igualdade de bem-estar falha na medida em que diferentes correntes desse pensamento divergem sobre a definição de bem-estar, tomando como exemplo (i) êxito/sucesso, que seria a realização de metas, ambições e planos de vida, (ii) estado consciente, relacionado a concepções utilitaristas, que sopesam prazer e dor, e (iii) objetividade, que seria a igualdade de disposição de determinados recursos considerados mais importantes, logo verdadeira teoria de igualdade de recursos[35]. Ademais, que internamente a todas essas correntes de igualdade de bem-estar também existe divergência conceitual, razão pela qual afirma que o atrativo da teoria persiste somente enquanto ela se mantém abstrata e abígua, sem especificações de conteúdo[36].

Em seguida, passa a tecer considerações sobre a teoria da igualdade de recursos, pela qual um sistema de distribuição de riqueza trata os indivíduos com igualdade quando promove transferências de bens entre eles até o ponto em que se atinge o ápice da igualdade de partilha. No entanto, Ronald Dworkin se preocupa em definir uma concepção pertinente de igualdade de recursos, uma vez que a mera distribuição equânime de recursos materiais é insuficiente, inclusive porque desconsidera a natureza sócio-política do direito de propriedade[37].

De maneira a melhor elucidar seu raciocínio, o autor apresenta uma situação hipotética em que um grupo de náufragos chega a uma ilha isolada e se vê constrito a promover divisão dos recursos disponíveis. Para

---

33 DWORKIN, Ronald. *Sovereign Virtue – The Theory and Practice of Equality*. 4ª edição. Cambridge: Harvard University Press, 2002. Página 1 a 4.

34 Ibidem. Página 14.

35 Ibidem. Página 16 a 21.

36 Ibidem. Página 285.

37 Ibidem Página 65.

tanto, propõe um leilão sem limite apriorísitico de rodadas, sendo o preço dos bens e o procedimento de realização previamente acordados entre os náufragos, e que apenas se finaliza quando todos ficam absolutamente satisfeitos com a sua parcela, sem qualquer réstia de inveja ou cobiça.

Findado o leilão, desigualdades tenderão a surgir em razão de sorte ou azar, nisso se incluindo diferenças genéticas, de habilidades e de aptidões, logo um mercado de seguros deverá ser estabelecido como mecanismo de compensação. Ademais, diferenças de renda provenientes da disposição que cada um faz de seus bens deverá ser periodicamente corrigida por meio de tributação e redistribuição, sem que com isso se interfira nas opções individuais de vida[38].

2.1.2. Indissociabilidade de Igualdade e Liberdade

Explicadas as diferentes teorias sobre igualdade, a de bem-estar e a de recursos, Ronald Dworkin afirma que, na segunda, liberdade e igualdade são indissociáveis, e não antagonistas. Isso, porque, diferentemente da igualdade de bem-estar, que se foca no simples resultado final do sistema de distribuição, a igualdade de recursos pressupõe um processo de decisões coordenadas, no qual os participantes assumem a responsabilidade por seus atos e escolhas, têm plena ciência de que vivem em sociedade de igual interesse e respeito por seus membros e, portanto, planejam-se coerentemente. Naturalmente, a liberdade, definida pelo autor como ausência de coação, é requisito desse processo de decisão[39].

Posteriormente, Ronald Dworkin apresenta seu princípio abstrato de igualdade, pelo qual o Estado deve agir de modo a melhorar a vida de seus cidadãos e deve demonstrar igual interesse e respeito por cada um deles. Não obstante a carência de especificação, o autor afirma que o princípio abstrato de igualdade possui larga aplicação nas comunidades políticas do tempo de publicação da obra, uma vez ser publicamente indefensável que o Estado deva se interessar e respeitar mais determinado grupo em detrimento de outro[40].

Logo, tomando esse princípio como ponto inicial, Ronald Dworkin liga-o à igualdade de recursos através do chamado princípio da abstração, pelo qual uma distribuição ideal somente é possível quando os

---

38 Ibidem. Capítulo 2: *Equality of Resources.*

39 Ibidem. Páginas 121 e 122.

40 Ibidem. Página 128 a 130.

indivíduos são legalmente livres até o limite em que a coação estatal se faz necessária para proteger a liberdade dos demais indivíduos, sua propriedade e para corrigir certas imperfeições do mercado. Desse modo, vincula igualdade e liberdade de maneira indissociável[41].

2.1.3 Considerações sobre Tributação das Heranças e Doações

Após as considerações acima, de caráter mais genérico e abstrato, Ronald Dworkin passa a abordar questões mais específicas. Apesar de tecer ponderações interessantíssimas sobre saúde pública, liberdade de expressão, manipulação genética e outros temas, eu me restringirei, no presente trabalho, a abordar os aspectos referentes à tributação da herança.

Ronald Dworkin toma a igualdade de recursos como a melhor teoria distributiva, porque encampa a liberdade e o igual interesse e respeito, como acima explicado. Todavia, afirma que a sua adoção depende da percepção de que os indivíduos de uma comunidade de fato estão integrados, logo, que o sucesso individual só é alcançado quando há justiça nas decisões políticas da comunidade em que se vive.

Isso dito, apresenta uma contradição comum entre dois ideais éticos praticados pela maioria das pessoas: o primeiro, relativo à vida privada, pelo qual é correto gastar mais tempo e recursos com as pessoas que nos são mais próximas, como parentes e amigos; o segundo, que domina a vida pública, estabelece que o cidadão justo deve agir com igual interesse e respeito pelos demais, sem usar de seu poder político para alcançar objetivos exclusivos. Ronald Dworkin entende que esses ideais éticos somente são contraditórios quando há distribuição injusta de recursos, uma vez que os indivíduos necessariamente entram em dilema nessa situação; logo, sua conciliação é apenas possível após haver distribuição justa.

Ademais, afirma que agir de maneira justa não é uma atividade passiva, mas também ativamente concorrer para a redução de injustiça, nos limites de sua capacidade e sem sacrificar os projetos individuais. Ou seja, abdicar de recursos que se sabe não lhe pertencerem, com base na teoria da igualdade de recursos, em favor dos que têm menos. Assim, conclui, a conciliação desses ideiais éticos pressupõe a dependência da vida privada justa à vida política justa[42].

---

41 Ibidem. Página 147 a 149.

42 Ibidem. Página 234 a 236.

Essa linha de raciocínio é base sólida para se repensar as instituições reais e o próprio sistema jurídico, inclusive a tributação. Sendo o sucesso individual uma construção coletiva, não é lógico que os benefícios decorrentes desse sucesso sejam apropriados com exclusivismo. Da mesma forma, supostamente alcançada a distribuição inicial justa e a redistribuição justa pela tributação da renda, não se pode parar aí, uma vez que o dinamismo das relações econômicas tampouco o faz. A prerrogativa de disposição dos bens materiais, inclusive após a morte de seu titular, deve sempre levar em consideração a construção coletiva da riqueza.

Assim, para Ronald Dworkin, pensar a tributação de heranças inclui-se em um raciocínio maior sobre o sistema justo de redistribuição de riqueza. Em razão disso, os argumentos conservadores de que a riqueza decorrente do talento é uma espécie de mérito que deve ser respeitada e, consequentemente, não tributada para fins redistributivos, bem como o desemprego é decorrência natural do ócio e de outras características negativas da personalidade, são ponderações isoladas sobre formas de aquisição e manutenção de bens materiais, logo totalmente refutáveis[43].

Em relação ao primeiro argumento conservador, o autor o rechaça pela afirmação de que possuir ou não determinado talento é meramente uma questão de sorte, não apenas por razões genéticas, mas também devido à valorização mercadológica de cada talento, esta circunstancial e coletivamente construída. Quanto ao segundo argumento conservador, Ronald Dworkin o repele basicamente em razão do excesso de presunções que o fundamenta – defeitos de caráter levam à pobreza, o assistencialismo cria a dependência insuperável, etc. –, pois consideram apenas a subjetividade dos indivíduos[44].

De modo a superar as falhas dos atuais sistemas de redistribuição de riqueza que, segundo Ronald Dworkin, baseiam-se nesses argumentos conservadores, ele propõe uma abordagem através de seguros fictícios que mitigariam os efeitos contra equalizantes da sorte em relação aos talentos. Para o autor, o benefício de semelhante abstração é a evidenciação de como uma comunidade com igual interesse e respeito se porta perante o risco, pois necessariamente os custos dos seguros individuais seriam suportados pela comunidade como consequência de uma decisão

---

[43] Ibidem. Página 325.

[44] Ibidem. Página 325 a 328.

coletiva, com base na coerente pressuposição de que todos são passíveis de serem atingidos pelos prejuízos da má-sorte[45].

De todo modo, esses seguros fictícios não impediriam desigualdades, que, aliás, tenderiam a se intensificar em razão das transferências intergeracionais de riqueza, logo, novo mercado de seguros deve ser implantado em relação às heranças e doações. Nele, o indivíduo adquire o seguro em vida, mas o prêmio somente vence quando do falecimento ou da doação, sendo quantificado com base no valor dos bens então transferidos.

Passando-se para a realidade, esse mercado fictício de seguros, segundo Ronald Dworkin, é traduzível em um sistema de tributação de heranças e doações com alta progressividade. O sentimento de preocupação com o bem-estar dos filhos é natural na maioria dos pais, inclusive levando, em diversos casos, ao sacrifício do próprio bem-estar. Logo, semelhante sistema de tributação não visa, absolutamente, suprimir esse sentimento. O indivíduo que opte por esse caminho apenas não conseguirá fazer de seus filhos tão mais ricos que seus contemporâneos; simultaneamente, os filhos de pais menos ricos não terão suas perspectivas de vida reduzidas por intensa estratificação econômico-social[46].

Em adição, Ronald Dworkin afirma que a herança tanto mais deve ser tributada, porque, ao contrário da disposição de bens, após a tributação da renda, para a finalidade de consumo (e.g. automóveis, viagens), aquela disposição cria injustiça na próxima geração. Uma vez que se considera a estrutura genética uma questão de sorte, da mesma maneira a riqueza familiar a ser herdada o é. Logo, é fundamentalmente contrário ao princípio da igualdade que determinado indivíduo tenha menos recursos a sua disposição apenas por causa de pura má-sorte, fazendo-se necessário certo nivelamento[47].

---

45 Ibidem. Página 340 a 346.

46 Ibidem. Página 346 a 349.

47 "*We want to say: people may be taxed on what they give or leave to others because this one formo f expenditure, unlike all others, produces injustice in the next generation. (...) It is a ruling principle of equality, we have decided, that it is unjust when some people lead their lives with less wealth available to them, or in otherwise less favorable circumstances, than others, not through some choice or gamble of their own but through brute bad luck. It is bad luck to be born into a relatively poor family or a family that is selfish or spendthrift. (...) Luck, for purposes of our analysis, includes what might be thought to be matters of identity as well as accidents that happen once identity is fixed, and the situation and properties of one's parents or*

Por fim, o autor sugere que a receita proveniente da tributação de heranças e doações seja empregada integralmente no financiamento de programas educacionais e técnicos. Isso, porque a finalidade dessa exação, da forma como Ronald Dworkin a apresenta, é reduzir as desigualdades. Uma vez que os talentos são fontes de desigualdades, podendo, porém, ser cultivados de tal maneira a minorá-las, é coerente a sugestão de que a riqueza assim arrecadada seja vertida para o cumprimento da finalidade do sistema em si. Em outros termos, a abordagem dos seguros fictícios visa a igualdade e a justiça, e não o bem-estar dos indivíduos, apesar de necessariamente ter como uma de suas consequências um maior bem-estar[48].

2.2. *Teorias de Justiça Distributiva*

As acima descritas ideias de Ronald Dworkin fazem parte de seu pensamento sobre a igualdade, sobre como essa é indissociável da liberdade e, logo, sobre como os recursos materiais devem ser distribuídos entre os indivíduos de uma sociedade. Disso, verifica-se que não obstante não se utilizar do termo "justiça distributiva", seu pensamento tangencia e penetra diversos aspectos desta. Assim, o que faço nas próximas linhas é analisar o conceito de "justiça distributiva", para tanto me valendo, principalmente, de Samuel Fleischacker e de John Rawls. Ao fim, é possível se observar que as conclusões de alguns dos autores sobre a tributação de heranças e doações, apesar de diferenças estruturais de raciocínio, são idênticas.

2.2.1. A Evolução Histórica do Conceito de Justiça Distributiva[49]

Segundo Samuel Fleischacker, o conceito moderno de justiça distributiva refere-se ao dever do Estado em garantir que a propriedade dos bens materiais seja distribuída entre os membros da sociedade, de modo que a todos seja fornecida determinada quantidade deles. Após analisar, desde Aristóteles, os diversos significados do termo "justiça distributiva" e afins, o autor afirma que Gracchus Babeuf foi o primeiro (em 1796) a afirmar que, por justiça, o Estado deve redistribuir bens aos pobres,

---

relatives are as much a matter of luck, in that sense, as one's own physical powers". Ibidem. Página 347.

48 Ibidem. Página 349.

49 FLEISCHACKER, Samuel. *A Short History of Distributive Justice*. Londres: Harvard University Press, 2004.

apesar de não ter se valido da rubrica "justiça distributiva". Ademais, que essa conceituação realizada por Gracchus Babeuf seria fruto de seu entendimento de que o estado de natureza de Rousseau estabeleceria o padrão de direitos humanos a serem exigidos em nome da justiça e que, portanto, todos têm o direito de desfrutarem os bens materiais da Terra.

Posteriormente a Gracchus Babeuf, o conceito moderno de justiça distributiva teria passado a fazer parte do discurso político, mas timidamente. Movimentos sociais pelo combate à pobreza foram surgindo à medida que a multidão marginalizada do século dezoito progressivamente se tornou a classe operária, muito mais organizada e politicamente consciente, do século dezenove. Em adição, a exemplo do Reino Unido, a renda necessária à subsistência passou a ser tida como direito dos indivíduos, especialmente em razão das mudanças sociais produzidas pela Lei dos Pobres, pelo sistema *Speenhamland* e pela Revolução Francesa.

Já em 1890, Alfred Marshall afirma que o maior objetivo do estudo da economia é verificar a possibilidade de se extinguir a pobreza e a ignorância, contagiado como de certo estava pela confiança, oriunda da Revolução Industrial, na possibilidade da Humanidade, através do conhecimento, emancipar-se das imposições mais básicas da natureza e alcançar uma vida mais confortável e plena. Posteriormente, com a Declaração Universal dos Direitos Humanos das Nações Unidas, em 1948, a seguridade social, a dignidade humana, a saúde, a alimentação, o vestuário, etc., são expressamente apresentados como direitos de cada indivíduo, a serem garantidos pelo Estado, de acordo com seus recursos, e também pela comunidade internacional.

Ainda que nenhuma dessas fontes tenha cunhado a expressão "justiça distributiva" em seu sentido moderno, é incontestável a mudança ideológica ocorrida a partir da Revolução Francesa e de Gracchus Babeuf. Segundo Samuel Fleischacker, essa mudança, encubada no ideal popular, pouco a pouco ganhou espaço entre filósofos e teóricos políticos, não sem vários opositores.

Samuel Fleischacker afirma que, logo quando a noção moderna de justiça distributiva foi engendrada, ideias reacionárias surgiram. Joseph Townsend, seguido por Patrick Colquhoun, Thomas Mal-thus e Edmund Burke, via a pobreza como uma qualidade inerente a determinados indivíduos e necessária para a ordem social, que dependeria de pessoas indolentes e vis para a realização das funções mais sórdidas da sociedade. Naturalmente, esses autores defendiam a abolição do assistencialismo pelo Estado, não obstante serem favoráveis à caridade (até porque eram todos ligados ao cristianismo).

Arthur Young, por sua vez, defendia a eliminação dos pobres na guerra, de modo que deixassem de ser um obstáculo para o avanço industrial. Já Mandeville via na fome um eficiente mecanismo para forçar os pobres ao trabalho, concluindo haver nessa relação uma finalidade social.

Esse darwinismo social, uma visão fria e indiferente ao sofrimento dos pobres, é apontado por Samuel Fleischacker como uma consequência do Iluminismo, que pretendia contemplar a realidade da forma como supostamente é, aliado à desigualdade e aos preconceitos arraigados do mundo cristão de então – em resumo, a Ciência totalmente distanciada dos sentimentos. O representante mais influente do darwinismo social, considerado o fundador do libertarianismo e da própria Sociologia, é Herbert Spencer. Sumarizando sua teoria, ele defendia que a seleção natural de Darwin, aplicando-se também à sociedade humana, levaria à criação do super homem e, consequentemente, levando à eliminação dos pobres, tidos por ele como erros da natureza, logo inaptos a sobreviver. Para Herbert Spencer, qualquer assistencialismo estatal é um prolongamento artificial de um processo natural de eliminação dos fracos, e que qualquer tentativa em controlar esse processo, além de inócua, coloca em risco toda a sociedade. Ademais, entende que o direito de propriedade é essencial para permitir o surgimento do "super" homem, logo a tributação somente pode ser usada para garantir a liberdade necessária ao desenvolvimento desse indivíduo superior (prevenir o mal e não realizar o bem).

Os positivistas, por outro lado, não se opunham à justiça distributiva porque a consideravam errônea, como os reacionários, mas sim porque entendiam que qualquer raciocínio sobre justiça é irrelevante, importando apenas fatos concretos. John Bates Clark, economista que pesquisava a distribuição de riqueza no final do século XIX, expressamente circunscreve seu trabalho a questões fáticas, afastando qualquer discussão, tida por ele como ética, em relação à propriedade dos bens materiais. Saint-Simon e Comte, considerados fundadores do socialismo, apoiavam a redistribuição de riqueza, mas não colocavam esse ideal sob uma imposição da justiça, pois viam com apreensão qualquer argumento moral.

Sem dúvida, Karl Marx percebia o indivíduo como produto da sociedade e esta como passível de modificações. Contudo, segundo Fleischacker, é um erro afirmar que Karl Marx defendia uma justiça distributiva. Para ele, a distribuição de bens é uma consequência da estrutura de produção e noções de justiça e igualdade não são capazes de determinar relações econômicas, e sim o contrário, chegando, inclusive, a afirmar que a exploração capitalista dos operários seria "justa" porque coerente com o sistema jurídico – "justiça" como sinônimo de "jurídico".

Ademais, pelo marxismo, a própria declaração de direitos em uma justiça distributiva significaria a compartimentalização de identidade humana e a sua submissão ao poder estatal, sendo ambas coisas que essencialmente impedem o indivíduo de alcançar a felicidade. Assim, qualquer solução para a desigualdade econômica e para a pobreza não passa pelo Estado, mas por uma reforma comportamental dos indivíduos que, no comunismo, naturalmente dedicam-se ao bem dos demais em cada mínimo ato.

Os utilitaristas, por sua vez, desde o início se preocupavam com o sofrimento dos pobres. Ao contrário da filosofia clássica, que pretendia apenas o autoconhecimento, Jeremy Bentham, estabelecendo um método objetivo de calcular a felicidade humana, a fim de promover mudanças concretas na sociedade, defendia a otimização do prazer e a prevenção da dor da coletividade, em simples somatória dos respectivos sentimentos individuais. Em razão disso, claramente se verifica, como afirma Samuel Fleischacker, que os utilitaristas não consideram as individualidades em sua plenitude, mas apenas como parcelas a comporem o todo e, portanto, substituíveis. Logo, para Jeremy Bentham, a ideia de direitos naturais, ou de justiça distributiva, é totalmente sem sentido, pois os indivíduos não têm direitos absolutos em relação ao Estado, sendo sempre possível o seu sacrifício em prol da coletividade.

2.2.2 A Justiça Distributiva em John Rawls e Ponderações sobre a Tributação de Heranças e Doações

Durante mais de dois séculos desde Gracchus Babeuf, discussões várias sobre justiça distributiva foram travadas, não necessariamente com a utilização expressa dessa rubrica ou qualquer tentativa de uma conceituação técnica. Ocorre que, na opinião de Samuel Fleischacker, John Rawls, através de sua obra *Theory of Justice*, reuniu o conhecimento produzido por seus antecessores e criou um sistema filosófico sobre justiça capaz de solucionar problemas concretos da vida humana, efetivamente criando o conceito moderno de justiça distributiva.

Para Rawls, a justiça distributiva deve se voltar tão somente para a distribuição de bens primários (bens de que todos precisam), sem se preocupar com qual a finalidade última intimamente almejada pelos seres humanos – uma vez que essa é uma decisão extremamente pessoal, ainda que amplamente moldada pela sociedade e circunstâncias. Ademais, a sociedade é apenas o meio para que os indivíduos possam alcançar seus objetivos, uma empreitada conjunta para benefícios mútuos.

Assim, apresenta dois princípios fundamentais da justiça: 1. Cada pessoa tem direito equânime de acesso ao sistema igualitário mais extensivo de garantias básicas, compatível com semelhante sistema de garantias para todos; 2. Desigualdades sociais e econômicas devem ser dispostas de modo que sejam ambas: a) para o maior benefício dos menos beneficiados, conforme o princípio da poupança justa, e b) vinculadas a posições e cargos abertos a todos em condição de igualdade de oportunidade[50].

Em relação à tributação das heranças e doações, é necessário que se retorne ao contexto abstrato proposto por John Rawls no qual os indivíduos elegeriam os dois princípios fundamentais da justiça acima abordados.

---

[50] John Rawls, ao longo de sua obra, apresenta diferentes versões dos princípios da justiça, sendo a final da seguinte forma: "*Having noted these cases of priority, I now wish to give the final statement of the two principles of justice for institutions. For the sake of completeness, I shall give a full statement including earlier formulations. First Principle: Each person is to have an equal right to the most extensive total system of equal basic liberties compatible with a similar system of liberty for all; Second Principle: Social and economic inequalities are to be arranged so that they are both: (a) to the greatest benefit of the least advantaged, consistent with the just savings principle, and (b) attached to offices and positions open to all under conditions of fair equality of opportunity*". RAWLS, John. *A Theory of Justice.* Edição revisada. Cambridge: Belknap Press of Harvard University Press, 1999. Página 266. Ademais, o *just savings principle* é assim delineado: "(...) *Thus imagining themselves to be fathers, say, they are to ascertain how much they should set aside for their sons and grandsons by noting what they would believe themselves entitled to claim of their fathers and grandfathers. When they arrive at the estimate that seems fair from both sides, with due allowance made for the improvement in circumstances, then the fair rate (or range of rates) for that stage is specified. Once this is done for all stages, the just savings principle is defined. Of course, the parties must throughout keep in mind the objective of the accumulation process, namely, a state of society with a material base sufficient to establish effective just institutions within which the basic liberties can all be realized. Assuming that the savings principle answers to these conditions, no generation can find fault with any other when it is followed, no matter how far removed they are in time).*
(...) ***The just savings principle can be regarded as an understanding between generations to carry their fair share of the burden of realizing and preserving a just society***". Ibidem. Página 256 e 257.

A fim de que os homens não pretendam explorar as circunstâncias sociais e naturais em proveito próprio, é necessário que desconheçam sua posição na sociedade e suas próprias potencialidades, bem como a dos demais. Isso significaria dizer que devem desconhecer tudo aquilo que distingue uma pessoa de outra, em todos os campos[51].

Sendo semelhante elucubração abstratamente possível, dela se poderia concluir que os indivíduos não concordariam com a criação de vantagens para apenas alguns, dentre elas a tributação da aquisição gratuita em patamar inferior à meritória, nem o incentivo ao acúmulo excessivo de riqueza. Em outros termos, o mérito não deve ser suplantado pela sorte, nem o benefício de uns se fundar na desvantagem absoluta dos demais.

2.2.3 Críticas a John Rawls

A crítica, no entanto, que Samuel Fleischacker faz a John Rawls é que este não apresenta um conceito perpétuo de justiça. Isso, porque

---

51 "*The idea of the original position is to set up a fair procedure so that any principles agreed to will be just. The aim is to use the notion of pure procedural justice as a basis of theory. Somehow we must nullify the effects of specific contingencies which put men at odds and tempt them to exploit social and natural circumstances to their own advantage. Now in order to do this I assume that the parties are situated behind a veil of ignorance. They do not know how the various alternatives will affect their own particular case and they are obliged to evaluate principles solely on the basis of general considerations.*
It is assumed, then, that the parties do not know certain kinds of particular facts. First of all, no one knows his place in society, his class position or social status; nor does he know his fortune in the distribution of natural assets and abilities, his intelligence and strength, and the like. Nor, again, does anyone know his conception of the good, the particulars of his rational plan of life, or even the special features of his psychology such as his aversion to risk or liability to optimism or pessimism. More than this, I assume that the parties do not know the particular circumstances of their own society. That is, they do not know its economic or political situation, or the level of civilization and culture it has been able to achieve. The persons in the original position have no information as to which generation they belong. These broader restrictions on knowledge are appropriate in part because questions of social justice arise between generations as well as within them, for example, the question of the appropriate rate of capital saving and of the conservation of natural re sources and the environment of nature. There is also, theoretically anyway, the question of a reasonable genetic policy. In these cases too, in order to carry through the idea of the original position, the parties must not know the contingencies that set them in opposition. They must choose principles the consequences of which they are prepared to live with whatever generation they turn out to belong to." Ibidem. Páginas 118 e 119.

apesar de John Rawls pretender aplicar seus princípios de justiça ilimitadamente, Samuel Fleischacker entende que o conceito moderno de justiça distributiva é uma conquista histórica, logo indissociável da História do Ocidente.

A obra de John Rawls é tão influente que, desde a sua publicação, diversos foram os autores que a estudaram e a criticaram, sob diferentes aspectos. Para Samuel Fleischacker, os principais pontos de discussão são os seguintes.

O objeto da distribuição. (i) Quanto de quais bens materiais. Rawlsianos de esquerda defendem uma igualdade plena na quantidade de bens, enquanto que os de direita defendem apenas um mínimo. Sobre a natureza dos bens, alguns defendem apenas a divisão de bens primários, enquanto que outros se voltam para uma distribuição utilitarista da felicidade (logo, bens primários e demais). Ainda, Amartya Sen vê um fetichismo de Rawls por dar elevada importância aos bens primários e não à relação entre pessoas e bens; (ii) Âmbito pessoal. Para Rawls, os deveres oriundos da justiça distributiva são do Estado para seus cidadãos, enquanto que outros autores entendem que esses deveres são essencialmente internacionais, e de cada ser-humano para com os demais.

Libertarianismo. Para Robert Nozik, o direito de propriedade, como decorrência da liberdade, é totalmente inviolável, inclusive em relação a tributos. Assim, o conceito moderno de justiça distributiva é um desrespeito à propriedade privada. Apesar de Nozik ser igualmente o maior porta-voz de uma corrente de pensamento antiga, ele falha em apresentar um argumento para a fundamental e absoluta importância do direito de propriedade.

Extensão da justiça distributiva. Sendo a finalidade da justiça distributiva garantir que os indivíduos tenham os meios para desenvolver suas aptidões, a distribuição de direitos e bens materiais é insuficiente. Educação, entretenimento, ambientes propícios para expressão de opções religiosas, sexuais, etnológicas, etc. (bens simbólicos), devem ser também distribuídos de maneira justa. Ademais, com o avanço da tecnologia, a manipulação genética para otimização de reprodução humana não pode ser negligenciada.

Por derradeiro, D. D. Raphael, em sua obra *Concepts of Justice*, faz breve análise das principais críticas à teoria de justiça de Rawls. Apresentando-a como uma teoria contratualista alternativa ao utilitarismo e motivada pela insatisfação em relação a este como uma teoria geral sobre a ética, D. D. Raphael afirma que existem nela diversas incoerências. Por exemplo, que o mérito também deve ser um valor fundamental; que os contratantes, na "posição inicial", podem entender que a liberdade não é o valor mais importante; que eles sejam imprudentes ou invejosos; ou que o "véu da ignorância" efetivamente retiraria sua capacidade de raciocinar os princípios de justiça aplicáveis a uma sociedade, por total descontextualização. De toda forma, Raphael sugere que o contratualismo rawlsiano cria um ambiente abstrato clarificador da dinâmica do interesse pessoal em uma sociedade[52].

3. RAZÕES PRÁTICAS PARA MAIOR TRIBUTAÇÃO DE HERANÇAS E DOAÇÕES

Como discorrido acima, fundamentos teóricos não faltam para uma maior tributação de heranças e doações no Brasil. Todavia, não obstante o primor do raciocínio teórico acima, não basta para convencer a muitos da necessidade dessa mudança, uma vez que diversos preconceitos e interesses pessoais colocam-se como obstáculos. Visando, portanto, o convencimento crítico, apresento dados e estudos práticos sobre a desigualdade, a pobreza e alguns de seus efeitos, no Brasil e no mundo.

3.1 Problemas Sociais, Econômicos e Políticos Decorrentes da Desigualdade

Joseph E. Stiglitz, ganhador do prêmio Nobel de Economia, relata com bastante clareza em sua obra *Globalization and Its Discontents* que, não obstante a globalização ter trazido inúmeros benefícios para a Humanidade, retirando grande número de indivíduos da pobreza e da miséria, para milhões de indivíduos foi extremamente prejudicial. Sua experiência como presidente do Conselho de Assessores Econômicos da gestão Bill Clinton e como Vice-Presidente e Economista Chefe do Banco Mundial permitiu-lhe concluir que diversas decisões do próprio Banco Mundial e do Fundo Monetário Internacional (FMI) foram baseadas em pura ideologia do livre mercado e influência política. Em contrapartida, os interesses das nações e dos cidadãos submetidos ao poder destas instituições internacionais foram e são completamente desconsiderados, mesmo após comprovação dos malefícios que a interferência internacional

52 RAPHAEL, D. D. *Concepts of Justice*. Oxford: Clarendon Press, 2001. Página 196 a 213.

traria. Sem entrar em minudências analisadas pelo autor, uma de suas conclusões é que, caso o capitalismo continue com as mesmas práticas, a geração de pobreza e de desigualdade só se agravará, causando enorme instabilidade política em todo o globo[53].

Essa instabilidade política, que o autor explica em diversos momentos, é decorrente do aumento de violência urbana, conflitos étnicos, motim, dissolução do tecido social, aumento da criminalidade em geral, insurreições e mesmo guerra civil, que podem eclodir em um ambiente de crise econômica[54]. E dessa instabilidade decorre a menor potencialidade de crescimento da economia mundial, pois mercados instáveis não são propícios a receber investimento e mesmo a gerar riqueza própria.

O que Joseph E. Stiglitz argumenta com base em sua experiência como economista renomado, a organização Oxfam International, com secretaria sediada em Oxford, Reino Unido, afirma com base em dados empíricos. Em seu estudo intitulado *Working for the Few – Political Capture and Economic Inequality*, a organização demonstra que, desde a crise financeira internacional de 2008, vem ocorrendo uma alarmante e progressiva concentração de riqueza pelas elites globais, com o consequente empobrecimento da população já pobre. Ademais, que esse aumento da desigualdade não é fenômeno exclusivo dos países em desenvolvimento, ocorrendo em grande escala nos países ditos desenvolvidos (inclusive Suécia e Noruega, considerados os países mais igualitários do globo). Felizmente, e não que isso signifique tranquilidade, como abaixo se verá, o Brasil é apontado como um dos poucos países que efetivamente conseguiu reduzir os seus níveis de pobreza e de desigualdade[55].

Mais adiante, o estudo apresenta conclusões de que grupos econômicos multinacionais valem-se, nos Estados Unidos da América, de seu poder financeiro para impor a aprovação de legislação que mantenha baixa a tributação progressiva da renda e dos ganhos de capital, bem como para que haja determinados vazios normativos na tributação de pessoas jurídicas e a manutenção de paraísos fiscais. Em adição, que a associação

---

[53] STIGLITZ, Joseph E. *Globalization and Its Discontents*. Nova Iorque: W. W. Norton, 2002. Páginas 248 e 249.

[54] Ibidem. Páginas 8, 36, 57, 78, 161 e 219.

[55] FUENTES-NIEVA, Ricardo; GALASSO, Nicholas. *Working for the Few – Political Capture and Economic Inequality*. Oxfam International. Disponível em: http://www.oxfam.org/sites/www.oxfam.org/files/bp-working-for-few-political-capture-economic-inequality-200114-en.pdf. Acesso em 06/05/2014. Páginas 5, 6, 9 e 25.

entre grandes executivos e os setores financeiro e bancário, desde 1980, promove a sistemática redução dos níveis de regulação estatal, montada a partir da Grande Depressão da década de 1930 justamente para impedir abusos[56].

A pobreza afasta os indivíduos do mercado de consumo, exclui-os da participação na produção de inovação e fomenta a criminalidade. E por mais vantajosa que a atual situação possa parecer para a elite, a Oxfam International apresenta a conclusão de que a concentração de riqueza é prejudicial para a economia mundial como um todo[57].

Por fim, a Oxfam International faz diversas recomendações sobre como combater a desigualdade e a pobreza a nível internacional, dentre

---

56 "*Since the late 1970s, weak regulation of the role of money in politics has permitted wealthy individuals and corporations to exert undue influence over government policy making. A pernicious result is the skewing of public policy to favor elite interests, which has coincided with the greatest concentration of wealth among the richest one percent since the eve of the Great Depression.*
As policies favoring corporations gained ascendancy, the bargaining power of labor unions plummeted and the real value of the minimum wage and other protections eroded. It is now harder for unions to organize, and easier for big businesses to suppress wages and erode workers' benefits. Wealthy interest groups have also used their financial might to influence legislators and the general public to keep downward pressure on top income tax rates and capital gains, and to create corporate tax loopholes. Because capital is taxed at lower rates than income, millions of average working Americans pay higher tax rates than the rich.
From the 1980s onwards, the financial and banking sectors pumped millions of dollars into undoing regulations put in place after the stock market crash and Great Depression of the 1930s. Deregulation has had two major ramifications: corporate executives associated with the banking and financial sectors have become exceptionally wealthy, and global markets have become much more risky, culminating in the global economic crisis that began in 2008. As Figure 4 demonstrates, there is a direct correlation between financial deregulation and economic inequality in the US". Ibidem. Página. 12.

57 "*The large and rising concentrations of income and wealth in many countries represent a global threat to stable, inclusive societies for one simple reason: the unbalanced distribution of wealth skews institutions and erodes the social contract between citizens and the state. The checks and balances in place to ensure that the majority of the population are heard tend to weaken. Concentration of income and wealth actually hampers the realization of equal rights and opportunities because it makes political representation harder for disadvantaged groups, to the benefit of affluent groups. It has happened in the past and unless we pay close attention to the worrying trends outlined here, it can happen again*". Ibidem. Página. 26.

elas a não utilização de paraísos fiscais, a implementação de um sistema progressivo de tributação da renda, a afetação da receita estatal para a concreção de um sistema universal de saúde, educação e assistência social, e o fim do sigilo fiscal e financeiro[58].

3.2 A Desigualdade no Brasil

Por sua vez, a Comissão Econômica para a América Latina e o Caribe das Nações Unidas (CEPAL), em recente relatório (*Pactos para a igualdade: rumo a um futuro sustentável*[59]) apresentado em seu 35º Período de Sessões (ocorrido entre 05 e 09 de maio de 2014), traz uma análise mais atual da situação da região em relação ao combate à pobreza e à desigualdade. A entidade assevera, em harmonia com o avaliado pela Oxfam Internacional, que a América Latina e o Caribe demonstraram grande capacidade em lidar com as dificuldades impostas pela crise de 2008, ainda que a reação dos países da região tenha se dado em diferentes graus e formas. Todavia, faz alerta de que a velocidade em que a pobreza e a desigualdade são reduzidas na região vem diminuindo, o que significaria a incapacidade das atuais políticas públicas, diante da mudança das circunstâncias socioeconômicas, em manterem seus mesmos níveis de efetividade[60].

Havendo promovido o crescimento da classe média, mas sem conseguir promover crescimento econômico sustentável, inclusive em razão da baixa diversificação da produção regional, a América Latina e o Caribe estão agora em uma verdadeira encruzilhada. As demandas da classe média por melhores condições de vida são cada vez maiores, o que significa

---

58 Ibidem. Páginas 26 e 27.

59 Comissão Econômica para a América Latina e o Caribe (CEPAL) das Nações Unidas. *Pactos para a igualdade: rumo a um futuro sustentável.* Disponível em: http://www.eclac.cl/publicaciones/xml/8/52728/SES35_Pactos_para_la_igualdade_Sintese.pdf. Acesso em: 10/05/2014.

60 "Hoje, a região da América Latina e do Caribe encontra-se numa encruzilhada. Os avanços estão encontrando limites, seja para sustentar ou expandi-los. Apresentam-se grandes desafios no intuito de manter a rota ascendente no caminho rumo à igualdade associada à plena titularidade de direitos e para ampliá-la aos diversos âmbitos em que esta igualdade tem um papel a cumprir. Enfrentam-se, também, importantes desafios em matéria de sustentabilidade econômica frente a uma fase menos dinâmica do ciclo e a atrasos profundos nos padrões produtivos. Em matéria de sustentabilidade ambiental se conjugam questões globais da mudança climática com dinâmicas de consumo e concentração urbana cujas acentuadas externalidades ambientais negativas impactam a economia e o bem-estar das pessoas". Ibidem. Página 09.

maior despesa pública. Todavia, a arrecadação mais significativa da região se dá sobre a tributação dos bens de consumo, uma vez que existe forte pressão política das elites pela baixa tributação da renda. Assim, são os pobres que pagam os custos do desenvolvimento, por tributos plurifásicos e cujo encargo vem embutido nos preços dos produtos que todos, ricos e pobres, consomem.

Especificamente em relação à distribuição de renda no Brasil, é evidente a desigualdade. O estudo *O topo da distribuição de renda no Brasil: primeiras estimativas com dados tributários e comparação com pesquisas domiciliares, 2006-2012*, publicado em agosto de 2014, apresenta conclusões relevantes sobre a apropriação da renda nacional pelas diferentes camadas econômicas. Verifica-se, por exemplo, que de 2006 a 2012 os 0,1% (um décimo por cento) mais ricos apropriaram-se de quase 11% (onze por cento) da renda nacional total, logo sua renda média foi quase 110 (cento e dez) vezes maior do que a média nacional; os 1% (um por cento) mais ricos apropriaram-se de 25% (vinte e cinco por cento); e os 5% (cinco por cento) mais ricos de 44% (quarenta e quatro por cento).

Ademais, que de acordo com dados tributários obtidos a partir das Declarações de Ajuste Anual da Pessoa Física, a concentração de renda entre os mais ricos é substancialmente maior do que a estimada pelos levantamentos domiciliares brasileiros, como a Pesquisa Nacional por Amostra de Domicílios (PNAD), a Pesquisa de Orçamentos Familiares (POF) e o Censo Demográfico, todas conduzidas pelo Instituto Brasileiro de Geografia e Estatística (IBGE), sem que tenha havido tendência de queda nos últimos anos[61]. Disso, é possível se concluir que as informações oficiais do governo federal, sobre as quais se baseiam as políticas públicas de combate à pobreza e de redistribuição de riqueza, são otimistas em relação à verdadeira situação do país.

3.3 O Acúmulo Excessivo de Riqueza

A meritocracia é a mais exaltada das falácias do capitalismo. Sempre que determinado indivíduo galga posição econômico-social superior,

---

61 MEDEIROS, Marcelo; SOUZA, Pedro H. G. F.; CASTRO, Fabio Avila. *O Topo da Distribuição de Renda no Brasil: primeiras estimativas com dados tributários e comparação com pesquisas domiciliares, 2006-2012*. (August 14, 2014). Available at SSRN: http://ssrn.com/abstract=2479685.

seus interesses econômicos, isoladamente analisados, levam-lhe a concluir que as regras de ascensão devem ser modificadas. Isso, porque a forma mais simples de manter seus privilégios adquiridos é através da redução do número de seus concorrentes, inclusive os em potencial. Nesta lógica, o acúmulo privado de riqueza é, sem dúvida, um dos elementos que mais contribuem para a desigualdade. A elevação sócio-econômica se torna uma justificativa em si mesma, pois é através da riqueza que se consegue mais riqueza. Aquele que não tem sucesso, por outro lado, progressivamente vai perdendo as armas de que necessita para continuar concorrendo.

Em obra bastante polêmica, Thomas Piketty sustenta que quando a taxa de retorno de investimentos financeiros excede a taxa de crescimento da produção e da renda, o capitalismo gera arbitrariedades que acabam com toda a lógica meritocrática sobre a qual, em tese, as democracias se baseiam, bem como o acúmulo de riqueza através da herança (acúmulo passado) é mais alto do que aquele proveniente da poupança sobre a própria renda (acúmulo presente)[62]. Interpretando-se o entendimento do autor, é possível dizer que quando a riqueza acumulada consegue se multiplicar sem que haja criação proporcional de riqueza nova na economia, isso significa que os proprietários do capital se apropriam da riqueza produzida por outros através de relações econômico-financeiras complexas. Logo, não é através do próprio trabalho que se dá o enriquecimento, mas das possibilidades que o sistema financeiro oferece somente a alguns.

Em adição, os efeitos negativos do acúmulo de riqueza não se dão apenas durante a vida de uma pessoa. Em verdade, as transferências entre gerações, legitimadas pelo direito de herança, rompem a lógica meritocrática de forma ainda mais drástica. Se o indivíduo que conseguiu, com seu trabalho, acumular riqueza e desse acúmulo aufere vantagens, o seu mérito inicial pode ser indiretamente verificado, ainda que isto não seja justo. O herdeiro, por outro lado, tem como única contribuição para o seu próprio enriquecimento o feito de ter nascido e permanecido vivo até o momento em que recebe a herança.

---

62 *"(...) When the rate of return on capital exceeds the rate of growth of output and income, as it did in the nineteenth century and seems quite likely to do again in the twenty-first, capitalism automatically generates arbitrary and unsustainable inequalities that radically undermine the meritocratic values on which democratic societies are based (...)"*. PIKETTY, Thomas. *Capital in the Twenty-First Century.* Tradução Arthur Goldhammer. Londres: Belknap Press of Harvard University Press, 2014. Página 10.

Em suma, o indivíduo que vence torna-se mais apto a continuar vencendo e, em muitos casos, transfere essa potencialidade aos seus herdeiros através do patrimônio acumulado. Após determinado patamar de acúmulo, a capacidade individual laborativa de qualquer cidadão, por mais qualificada que seja, mostra-se insuficiente para permitir o alcance das esferas mais altas da estratificação social. Nesse quadro, o acesso à riqueza, no capitalismo contemporâneo, torna-se progressivamente mais restrito. E, em determinado grau, favorece o ócio dos herdeiros abastados e a diminuição da circulação de riqueza. A desigualdade, pode-se também concluir, é, na atualidade, uma consequência direta do acúmulo de riqueza, principalmente entre as gerações. O capitalismo tende a criar uma sociedade plutocrática que se perpetua pela hereditariedade. Logo, as possibilidades de ascensão social através das vias dispostas pelo próprio sistema se tornam progressivamente menores. A semelhança com a nobreza do século XVIII, combatida pela burguesia da época, é gritante[63].

Esse quadro apresenta-se ainda mais grave quando se consideram os efeitos da desigualdade social sobre as oportunidades das novas gerações. Novamente Joseph E. Stiglitz, em recente trabalho sobre como o sistema tributário dos Estados Unidos da América deve ser reformado para auxiliar na promoção do crescimento econômico e igualdade, alerta que as perspectivas de vida dos jovens norte-americanos dependem amplamente do nível de renda e de educação de seus pais[64]. Ademais, que mesmo no país de maior expressividade econômica do mundo e que sempre se orgulhou de sua ampla classe média, a desigualdade aumentou significativamente, passando os 1% (um por cento) dos norte-americanos

63 POLMAN, Paul; DE ROTHSCHILD, Lynn Forester. *The Capitalist Threat to Capitalism*. Project Syndicate. Disponível em: http://www.project-syndicate.org/commentary/paul-polman-and-lynn-forester-de-rothschild-call-on-companies-and-governments-to-unite-in-the-search-for-an-inclusive-and-sustainable-economy. Data de acesso: 01/06/2014.

64 *"Perhaps the most disturbing aspect of America's outsized inequality is the inequality of opportunity. The American Dream is, in reality, a myth. The U.S. has some of the worst inequality across generations (social mobility) among wealthy nations. The life prospects of a young American are more dependent on the income and education of his parents than in other advanced countries"*. STIGLITZ, Joseph E. *Reforming Taxation to Promote Growth and Equity*. Roosevelt Institute. Publicação em 28/05/2014. Disponível em: http://rooseveltinstitute.org/sites/all/files/Stiglitz_Reforming_Taxation_White_Paper_Roosevelt_Institute.pdf. Data de acesso: 02/06/2014. Pág. 05.

mais ricos a deter 22,5% (vinte e dois porcento e cinco décimos) da renda nacional produzida anualmente[65].

O acúmulo excessivo de riqueza e a desigualdade levam, ademais, ao menor crescimento da economia e, consequentemente, à menor criação de riqueza nova. De acordo com o estudo *Trends in Income Inequality and its Impact on Economic Growth*, publicado pela Organização para a Cooperação e Desenvolvimento Econômico (OCDE), o efeito negativo que a desigualdade, medida pelo coeficiente de Gini, tem sobre o crescimento econômico é inclusive mensurável[66].

Por derradeiro, a desigualdade de riqueza, como vista na atualidade em diversos países do mundo, impede a existência concreta de qualquer democracia. Como se explica no artigo *Testing Theories of American Politics: Elites, Interest Groups, and Average Citizens*, por análise da influência política das diferentes classes sociais nos Estados Unidos da América, o poder político chamado direto (de aprovação das leis) é geralmente exercido pela elite econômica que, em termos populacionais, é a minoria. Em adição, não obstante o estudo não ter tido acesso a dados mais específicos, sugere que também os poderes políticos tidos como indiretos (estabelecer pauta de votação e influencia midiática) são amplamente dominados pelos indivíduos mais ricos[67].

4. SUGESTÕES DE MODIFICAÇÃO JURÍDICA DA TRIBUTAÇÃO DE HERANÇAS E DOAÇÕES NO BRASIL PARA A REDUÇÃO DE DESIGUALDADES

De todo o anteriormente analisado e discutido, é inevitável a conclusão de que a atual tributação de heranças e doações no Brasil, cuja alíquota máxima é 8% (oito por cento), é extremamente injusta e anacrônica. O acúmulo intergeracional de riqueza que ocasiona é, filosoficamente, contrário aos princípios da igualdade e da liberdade, e, pragmaticamente,

---

65 *"While those at the bottom or even the middle have not been participating in America's "success", those at the top have done very well indeed. The upper 1 percent of Americans takes home a staggering 22.5 percent of the county's income"*. Ibidem. Pág. 04.

66 CINGANO, F. (2014). *Trends in Income Inequality and its Impact on Economic Growth.* OECD Social, Employment and Migration Working Papers, No. 163, OECD Publishing. http://dx.doi.org/10.1787/5jxrjncwxv6j-en.

67 GILENS, Martin; PAGE, Benjamin I. *Testing Theories of American Politics: Elites, Interest Groups, and Average Citizens*. Disponível em: http://scholar.princeton.edu/sites/default/files/mgilens/files/gilens_and_page_2014_-testing_theories_of_american_politics.doc.pdf. Acesso em: 26/12/2014.

desestimula o trabalho, leva a menor desenvolvimento econômico e a maior pobreza, e ofende a democracia e a meritocracia. Ademais, verifica-se que os próprios institutos da família, da sucessão hereditrária e da propriedade privada não objetivam, na atualidade, a manutenção da riqueza e do poder, logo não são empecilhos a uma tributação de heranças e doações mais justa.

Desse modo, empenho-me, nas próximas linhas, a sugerir modificações jurídicas que promovam tributação de heranças e doações na redução de desigualdades no Brasil. Obviamente, não ignoro os obstáculos à efetivação dessas modificações, como ameaça de evasão fiscal, oposição política, pressão internacional e comoção popular contrárias baseadas em *lobby* privado, nem suponho que essas modificações, por si, eliminarão as excessivas acumulações de riqueza e desigualdade no Brasil. Minha intenção, de fato, é contribuir para a discussão do tema e, eventualmente, facilitar reforma tributária nesse sentido.

Como afirmado na *Introdução*, não pretendo, no presente trabalho, propor opção à propriedade privada, nem ao sistema capitalista. Assim, sem romper com as circunstâncias basilares de nossa sociedade, e sendo o meu âmbito de pesquisa eminentemente jurídico, proponho mudanças no sistema tributário, mera reestruturação parcial em busca de cumprimento mais eficiente dos fundamentos constitucionais do Estado Brasileiro.

4.1 Ampliação Interpretativa do Princípio da Função Social da Propriedade

Entendo que modificação jurídica da tributação de heranças e doações deve ser encabeçada por ampliação interpretativa do princípio da função social da propriedade, ainda que isso não importe alteração do sistema posto. Isso, porque como o objetivo é a redução de desigualdade econômica por maior redistribuição de riqueza, a linha de raciocínio tem como base a interferência que um indivíduo exerce sobre os demais, e sobre toda a sociedade, através da disposição dos bens materiais que, por convenção, cabem-lhe.

Como abordado anteriormente, segundo Caio Mário da Silva Pereira, o princípio da função social da propriedade, no Direito Brasileiro, aplica-se apenas aos bens imóveis urbanos e rurais. O termo "função social" aparece pela primeira vez na CR/1988 em seu artigo 5°, inciso XXIII[68],

68 *Constituição da República Federativa do Brasil de 1988*: "Art. 5°. (...) XXIII - a propriedade atenderá a sua função social".

porém sem especificação de seu conteúdo. Posteriormente, aparece no artigo 170, inciso III[69], como um dos princípios regentes da ordem econômica, e novamente sem especificação de conteúdo. Em seguida, consta do artigo 173, §1°, inciso I[70], que determina que a lei disporá sobre a função social da empresa pública, da sociedade de economia mista e de suas subsidiárias, logo sem grande aplicação para o presente estudo.

Apenas no artigo 182, §2°[71], a função social tem seu conteúdo especificado, sendo, para a propriedade urbana, o dever de cumprimento das exigências fundamentais de ordenação da cidade, conforme plano diretor. Por fim, consta dos artigos 184, *caput*, 185, parágrafo único, e 186[72], como requisito para a manutenção da propriedade agrária e a sua

---

69 Ibidem: "Art. 170. A ordem econômica, fundada na valorização do trabalho humano e na livre iniciativa, tem por fim assegurar a todos existência digna, conforme os ditames da justiça social, observados os seguintes princípios: (...) III - função social da propriedade".

70 Ibidem. "Art. 173. Ressalvados os casos previstos nesta Constituição, a exploração direta de atividade econômica pelo Estado só será permitida quando necessária aos imperativos da segurança nacional ou a relevante interesse coletivo, conforme definidos em lei. § 1° A lei estabelecerá o estatuto jurídico da empresa pública, da sociedade de economia mista e de suas subsidiárias que explorem atividade econômica de produção ou comercialização de bens ou de prestação de serviços, dispondo sobre: I - sua função social e formas de fiscalização pelo Estado e pela sociedade".

71 Ibidem. "Art. 182. A política de desenvolvimento urbano, executada pelo Poder Público municipal, conforme diretrizes gerais fixadas em lei, tem por objetivo ordenar o pleno desenvolvimento das funções sociais da cidade e garantir o bem- estar de seus habitantes. (...) § 2° - A propriedade urbana cumpre sua função social quando atende às exigências fundamentais de ordenação da cidade expressas no plano diretor".

72 Ibidem. "Art. 184. Compete à União desapropriar por interesse social, para fins de reforma agrária, o imóvel rural que não esteja cumprindo sua função social, mediante prévia e justa indenização em títulos da dívida agrária, com cláusula de preservação do valor real, resgatáveis no prazo de até vinte anos, a partir do segundo ano de sua emissão, e cuja utilização será definida em lei".
"Art. 185. São insuscetíveis de desapropriação para fins de reforma agrária: (...) Parágrafo único. A lei garantirá tratamento especial à propriedade produtiva e fixará normas para o cumprimento dos requisitos relativos a sua função social".
"Art. 186. A função social é cumprida quando a propriedade rural atende, simultaneamente, segundo critérios e graus de exigência estabelecidos em lei, aos seguintes requisitos: I - aproveitamento racional e adequado; II - utilização adequada dos recursos naturais disponíveis e preservação do meio ambiente; III - observância das disposições que regulam as relações de trabalho; IV - exploração que favoreça o bem-estar dos proprietários e dos trabalhadores".

não desapropriação, sendo aqui definido como o aproveitamento racional e adequado da propriedade agrária, a utilização adequada dos recursos naturais disponíveis, a preservação do meio ambiente, a observância das disposições que regulam as relações de trabalho e a exploração que favoreça o bem-estar dos proprietários e dos trabalhadores. Caio Mário da Silva Pereira, é certo, afirma também que a propriedade privada se submete aos princípios fundamentais do ordenamento jurídico, especificamente aos artigos 1º, 3º e 5º da CR/1988, mas não insere essa submissão no conceito de função social da propriedade[73].

Por sua vez, Orlando Gomes afirma que a função social da propriedade refere-se tanto a bens imóveis quanto a móveis. Baseando-se em Leon Duguit, o professor bahiano entende que o proprietário tem como obrigação empregar seus bens para o crescimento da riqueza social e para a interdependência social, bem como que a função social é princípio que informa e legitima o próprio direito da propriedade privada. Apesar de mais ampla, sua concepção de função social da propriedade possui alto grau de abstração – o que, aliás, não é negado por ele –, além de não tangenciar a redistribuição de riqueza[74].

Já na interpretação de Cristiano Chaves de Faria e Nelson Rosenvald, a função social da propriedade se aplica a todos os bens materiais. Invocando o artigo 1.228, §§1º e 2º, do Código Civil (CC)[75] para afirmar a incorporação da teoria do abuso de direito em nosso ordenamento, os autores explicam que o princípio da função social não estabelece limites externos e negativos à propriedade, mas sim internos e positivos à atuação

---

73 PEREIRA, Caio Mário da Silva. *Instituições de Direito Civil – Direitos Reais*. Volume IV. 20ª edição. Rio de Janeiro: Forense, 2012. Página 70 a 72.

74 GOMES, Orlando. *Direito Reais*. 21ª edição. Rio de Janeiro: Forense, 2012. Página 119 a 125.

75 *Código Civil (Lei nº 10.406/2002)*: "Art. 1.228. O proprietário tem a faculdade de usar, gozar e dispor da coisa, e o direito de reavê-la do poder de quem quer que injustamente a possua ou detenha.

§ 1º O direito de propriedade deve ser exercido em consonância com as suas finalidades econômicas e sociais e de modo que sejam preservados, de conformidade com o estabelecido em lei especial, a flora, a fauna, as belezas naturais, o equilíbrio ecológico e o patrimônio histórico e artístico, bem como evitada a poluição do ar e das águas.

§ 2º São defesos os atos que não trazem ao proprietário qualquer comodidade, ou utilidade, e sejam animados pela intenção de prejudicar outrem". Disponível em http://www.planalto.gov.br/ccivil_03/leis/2002/l10406.htm. Acesso em 20/01/2015.

do proprietário. Ademais, tecem conteúdos específicos para o princípio em discussão: cumprimento de marcos regulatórios da iniciativa privada; tutela dos direitos difusos e coletivos; os acima mencionados sobre propriedade imóvel urbana e rural; compartilhamento do conhecimento industrial e tecnológico; circulação de riqueza; difusão de informações via rádio e televisão; e o impacto positivo das empresas na co-construção do espaço público. Ainda, os autores afirmam que todo patrimônio individual está inserido em um contexto de solidariedade e redistribuição. No entanto, não abordam, de maneira mais detalhada, como isso poderia se dar, sugerindo apenas que o mínimo existencial deve ser garantido a todos. Por fim, analisam a função social como sendo diferente para cada tipo de bem, desconsiderando o impacto que a titularidade de um conjunto de bens exerce na sociedade[76].

Após essa breve análise doutrinária, concluo que o princípio da função social da propriedade é, no Direito Brasileiro, ainda bastante indefinido. Pode-se, inclusive, afirmar que essa indefinição é uma decorrência natural do caráter complexo e, por isso, mutável do direito de propriedade, uma vez que resulta de diversas relações (e.g.: do indivíduo com o bem; de terceiros com o bem; da coletividade com o bem; do indivíduo com a coletivade e/ou terceiros).

Arrimando-me também na doutrina internarcional, vê-se que Alastair Hudson, reportando-se a partir do sistema da *Common Law,* expressamente trata a propriedade como uma convenção humana constantemente passível de modificação, e não um direito natural e absoluto[77]. Da mesma maneira entendem Liam Murphy e Thomas Nagel, indo inclusive mais longe para afirmar que o direito de propriedade é moldado pelo sistema tributário, logo sendo este parte indissociável daquele, e não uma intervenção externa opressora[78].

De todo modo, este fato, para a finalidade do presente estudo, não é necessariamente negativo, pois implica a possibilidade de uma interpretação mais abrangente. Assim, sendo (i) o direito de propriedade uma construção social mutável, (ii) o princípio da função social da

---

[76] DE FARIAS, Cristiano Chaves; ROSENVALD, Nelson. *Direitos Reais*. 6ª edição. 2ª tiragem. Rio de Janeiro: Lumen Juris, 2009. Página 197 a 238.

[77] HUDSON, Alastair. *Equity and Trusts*. 7ª edição. New York: Routledge, 2013. Página 1.299.

[78] MURPHY, Liam; NAGEL, Thomas. *The Myth of Ownership: Taxes and Justice*. Nova Iorque: Oxford University Press, 2002.

propriedade, em seu caráter mais abstrato, diretriz legitimante que relativiza o direito de propriedade em prol da coletividade e (iii) o acúmulo excessivo de riqueza, especialmente quando transferido entre gerações, socialmente nocivo, (conclusão) proponho a seguinte ampliação interpretativa do princípio da função social da propriedade: é conteúdo específico do princípio da função social da propriedade o impedimento do acúmulo excessivo de riqueza, com o que maior tributação de heranças e doações tem muito a contribuir.

Naturalmente, a ampliação interpretativa proposta não é exauriente nem, a meu ver, incompatível com os conteúdos específicos já existentes da função social da propriedade. Ademais, não sou capaz de apresentar positivamente o que é acúmulo excessivo de riqueza, uma vez que este é sempre relativo, nem afirmo que maior tributação de heranças e doações pode, por si só, impedi-lo. De todo modo, em um sistema jurídico cuja Constituição expressamente estabelece como objetivos fundamentais da República a erradição da pobreza, da marginalização e a redução de desigualdades sociais e regionais[79], a ampliação interpretativa do princípio da função social da propriedade aqui proposto é, no mínimo, necessária.

4.2 Aumento da Alíquota Máxima

A alíquota máxima do ITCMD é, por ordem constitucional, fixada pelo Senado Federal[80], atualmente sendo da grandeza de 8% (oito por cento)[81]. Como visto anteriormente, é significativamente inferior à aquisição onerosa pelo trabalho, cuja alíquota máxima é de 27,5% (vinte e sete e meio por cento).

---

[79] *Constituição da República Federativa do Brasil de 1988*: "Art. 3º Constituem objetivos fundamentais da República Federativa do Brasil: (...) III - erradicar a pobreza e a marginalização e reduzir as desigualdades sociais e regionais".

[80] Ibidem: "Art. 155. Compete aos Estados e ao Distrito Federal instituir impostos sobre: I - transmissão causa mortis e doação, de quaisquer bens ou direitos; (...)§ 1.º O imposto previsto no inciso I: (...) IV - terá suas alíquotas máximas fixadas pelo Senado Federal;".

[81] *Resolução n.º 09/1992 do Senado Federal*: "Art. 1º A alíquota máxima do Imposto de que trata a alínea a, inciso, I, do art. 155 da Constituição Federal será de oito por cento, a partir de 1º de janeiro de 1992". Disponível em: http://legis.senado.gov.br/legislacao/ListaPublicacoes.action?id=136383&tipoDocumento=RSF&tipoTexto=PUB. Data de acesso: 24/07/2014.

Para que o Senado Federal aumente a alíquota máxima de ITCMD, a Comissão de Assuntos Econômicos deve propor, nos termos do artigo 394, inciso I e parágrafo único, inciso I, do Regimento Interno do Senado Federal, projeto de resolução nesse sentido. Esse projeto é então submetido a votação pelo Plenário, uma vez que não pode ser terminativamente deliberado pela própria comissão, nos termos do artigo 91, §1°, inciso V, alínea "a", do Regimento Interno do Senado Federal; e então aprovado por maioria dos votos, presente a maioria absoluta de seus membros, conforme artigo 288, *caput*, do Regimento Interno do Senado Federal[82].

Não pretendo sugerir, no presente trabalho, qual deve ser a alíquota máxima de ITCMD, uma vez que essa definição depende de estudos econômicos e financeiros mais complexos. No entanto, o aumento da alíquota máxima é necessário para que a tributação da aquisição gratuita não seja inferior à do trabalho e, consequentemente, haja maior justiça na aquisição de bens materiais.

4.3 Fixação de Alíquota Mínima

Ao contrário da alíquota máxima, não existe previsão para fixação de alíquota mínima do ITCMD. Consequentemente, a tributação efetiva das aquisições gratuitas, no Brasil, é inferior aos 8% (oito por cento) fixados pelo Senado Federal, logo ainda mais baixa que a da renda proveniente do trabalho.

A título de curiosidade, apresento tabela com as alíquotas de ITCMD atualmente vigentes nos ordenamentos parciais de Estados e Distrito Federal, indicando também seu embasamento legal. Como se pode observar, das 27 (vinte e sete) Unidades Federativas, apenas 4 (quatro) – Amapá, Bahia, Ceará e Santa Catarina – usam a alíquota máxima:

Veja tabela a seguir

[82] *Regimento Interno do Senado Federal.* Disponível em: http://www.senado.gov.br/legislacao/regsf/RegimentoInternoSF_alt_2014_versao_PLE.pdf. Acesso em 05/01/2015.

Tabela de Alíquotas de ITCMD (conforme legislação consolidada até 06 de janeiro de 2015)		
Unidade Federativa	**Alíquota**	**Embasamento Legal**
Acre	4% *causa mortis* 2% doação	Arts. 14 e 15 da Lei Complementar Estadual nº 271/2013
Alagoas	2% consaguineidade até 2º grau 4% demais hipóteses	Art. 168 da Lei Estadual nº 5.077/1989
Amapá	2-4-6-8% *causa mortis* 2-4% doação	Art. 10 da Lei Estadual nº 13.417/2003
Amazonas	2%	Art. 119 daLei Complementar Estadual nº 19/1997
Bahia	4-6-8% *causa mortis* (variação por valor e grau de parentesco) 2% doação	Art. 9º da Lei Estadual nº 4.826/1989
Ceará	2-4-6-8% *causa mortis* 2-4% doação	Art. 10 da Lei Estadual nº 13.417/2003
Distrito Federal	4%	Art. 9º da Lei Estadual nº 3.804/2006
Espírito Santo	4%	Art. 12 da Lei Estadual nº 10.011/2013
Goiás	2-3-4%	Art. 78 da Lei Estadual nº 11.651/1991
Maranhão	2% doação e usufruto 4% demais hipóteses	Art. 110 da Lei Estadual nº 7.799/2002
Mato Grosso	0-2-4%	Art. 19 da Lei Estadual nº 7.850/2002
Mato Grosso do Sul	4% *causa mortis* 2% doação	Art. 129 da Lei Estadual nº 1.810/1997
Minas Gerais	5%	Art. 10 da Lei Estadual nº 14.941/2003
Pará	4%	Art. 8º da Lei Estadual nº 5.529/1989
Paraíba	4%	Art. 6º da Lei Estadual nº 5.123/1989

Paraná	4%	Art. 12 da Lei Estadual nº 8.927/1988
Pernambuco	5% *causa mortis* 2% doação	Art. 8º da Lei Estadual nº 13.974/2009
Piauí	4%	Art. 15 da Lei Estadual nº 4.261/1989
Rio de Janeiro	4%	Art. 17 Lei Estadual nº 1.427/1989
Rio Grande do Norte	3%	Art. 7º da Lei Estadual nº 5.887/1989
Rio Grande do Sul	4% *causa mortis* 3% doação	Arts. 18 e 19 daLei Estadual nº 8.821/1989
Rondônia	2-3-4%	Art. 5º da Lei Estadual nº 959/2000
Roraima	4%	Art. 79 da Lei Estadual nº 59/1993
Santa Catarina	1-3-5-7% (herdeiro necessário e donatário ascendente ou descendente) 8% (demais casos)	Art. 9º da Lei Estadual nº 13.136/2004
São Paulo	4%	Art. 16 da Lei Estadual nº 10.705/2000
Sergipe	4%	Art. 14 da Lei Estadual nº 7.724/2013
Tocantins	2-3-4%	Art. 61 da Lei Estadual nº 1.287/2001

Assim, de modo a concretamente estabelecer tributação maior de heranças e doações no Brasil faz-se necessária a fixação de alíquota mínima, em patamar pelo menos superior à tributação da renda do trabalho. Para tanto, é necessário que se faça emenda à Constituição, que pode ser proposta por no mínimo um terço dos membros da Câmara dos Deputados ou do Senado Federal, pelo Presidente da República, ou pela maioria das Assembléias Legislativas Estaduais, em cada uma por maioria relativa de seus membros, nos termos do artigo 60 da CR/1988.

4.4 *Tripla Progressividade*

A progressividade de tributos é ferramenta jurídica útil para várias finalidades. Sob o ponto de vista arrecadatório, visa a incidência tributária mais compatível com a capacidade contributiva do sujeito passivo, verdadeira limitação ao poder de tributar (e.g. progressividade do imposto de renda – art. 153, inciso III e §2°, da CR/1988). Já pela vocação extrafiscal dos tributos, busca fomentar a produção de riqueza e a utilização da propriedade privada em favor da coletividade (e.g. progressividade do imposto territorial rural em razão da produtividade – art. 153, inciso VI e §4°, inciso I, da CR/1988). Por derradeiro, pode cumprir a finalidade de redistribuição de riqueza, como ensina Reuven S. Avi-Ionah[83].

Assim, proponho que a progressividade do ITCMD ocorra à razão de três variáveis: valor transmitido; patrimônio do herdeiro; e grau de parentesco. Todas as três para melhor cumprir finalidade redistributiva e, assim, reduzir o acúmulo execessivo de riqueza e seus efeitos negativos para a sociedade brasileira.

É importante se observar que a multiplicidade de razões de progressividade não é novidade no ordenamento jurídico brasileiro. Em verdade, existe há bastante número de anos, como é o exemplo do imposto predial territorial urbano, cuja progressividade é quadruplamente variável: valor do imóvel; localização do imóvel; uso do imóvel; e tempo – art. 156, §1°, incisos I e II, e art. 182, §4°, inciso II, ambos da CR/1988.

4.4.1 Progressividade em Razão do Valor Transmitido

O aqui proposto aumento da tributação de heranças e doações no Brasil visa, em última análise, a redução de desigualdades. Consequentemente, não se pode olvidar que as posições na escala de riqueza são amplamente variadas, pelo que demandam um escalonamento mais apurado de alíquotas. Assim, a progressividade não é apenas sugerida, mas uma necessidade para uma tributação mais justa.

Recentemente, o Plenário do Supremo Tribunal Federal (STF) declarou, no Recurso Extraordinário n° 562.045/RS (Relator Ministro Ricardo Lewandowski. Publicação em 27/11/2013) a constitucionalidade da progressividade de alíquotas do ITCMD, uma vez que entendeu ser a regra de gradação dos impostos conforme a capacidade contributiva, constante do artigo 145, §1°, da CR/1988, aplicável a toda essa espécie tributária. Também é importante que se observe que, com base na tabela acima, Amapá, Bahía, Ceará, Mato Grosso, Rondônia,

[83] AVI-YONAH, Reuven S.. *The Three Goals of Taxation*. N.Y.U. Tax Law Review. Volume 60. 2006.

Santa Catarina e Tocantins já adotam, em seus ordenamentos parciais, a progressividade em razão do valor transmitido. Logo, a instituição de progressividade pelos Estados e pelo Distrito Federal não depende de prévia emenda constitucional, podendo se operar por mera alteração de sua legislação.

Novamente, limito-me a sugerir a implementação do instituto da progressividade sem, no entanto, apontar faixas e alíquotas específicas. Isso, tanto porque se depende das alterações propostas de alíquotas máxima e mínima para haver progressividade eficiente, quanto porque são necessários estudos mais aprofundados a respeito.

4.4.2 Progressividade em Razão do Patrimônio do Herdeiro

Seguindo em mesma linha de raciocínio, verifica-se que deve também ser implementada tributação progressiva em razão do patrimônio do herdeiro anteriormente à sucessão. Tradicionalmente, a progressividade dos tributos leva em consideração apenas um dos polos da relação jurídica base, e.g. tributação da renda, em que se considera tão somente a condição daquele que aufere a renda, sem qualquer contemplação da riqueza daquele que a paga. Isso é bastante aceitável quando se trata de um negócio jurídico oneroso, pois o dispêndio de energia física, tempo, comprometimento, recursos financeiros, etc., precede a aquisição, havendo nesta, portanto, mérito aferível.

No entanto, as circuntâncias ontologicamente diversas do negócio jurídico gratuito exigem uma abordagem diferente. Como visto anteriormente, a transferência intergeracional de riqueza é uma das grandes responsáveis pela desigualdade econômica, justamente porque otimiza o acúmulo excessivo de bens materiais independentemente do mérito do titular. Logo, o que se pretende ora combater não é a transferência intergeracional em si, mas o seu efeito negativo de acúmulo excessivo.

Consequentemente, o patrimônio do herdeiro anteriormente à sucessão deve ser tomado em consideração como um dos fatores para a progressividade de alíquotas. Assim, caso o herdeiro seja titular de patrimônio próprio mais vasto, deve haver aplicação de alíquota mais alta, enquanto caso não disponha de muitos bens, aplica-se alíquota mais baixa.

Mais uma vez, abstenho-me de sugerir alíquotas e faixas específicas, por idênticas razões.

4.4.3 Progressividade em Razão Grau de Parentesco

Caio Mário da Silva Pereira, em brilhante análise, afirma que é o princípio da afeição real ou presumida que imediatamente informa a transmissão hereditária, como consequência natural e necessária da propriedade privada e da liberdade. Em razão disso, a transmissão aos descendentes e ao cônjuge sobrevivente é consectária normal. A transmissão aos ascendentes, no entanto, afata-se desse princípio da afeição e à própria lógica de conservação dos bens no grupo familiar, razão pela qual poderia ser tributada em patamar mais alto. Ademais, com exceção dos colaterais de segundo grau, todas as demais transmissões fugiriam a essa linha de raciocínio, logo deveriam ser tributadas em nível máximo ou mesmo extintas[84].

A progressividade em razão do grau de parentesco é essencialmente diferente da progressividade em razão do valor transmitido. Esta última visa a sistematização da tributação de heranças e doações em razão da capacidade contributiva do *de cujus* ou do doador. Aquela, por outro lado, gradua a tributação em razão da afinidade entre os sujeitos envolvidos na relação obrigacional civil. De todo modo, havendo o STF declarado a progressividade do ITCMD em razão do valor transmitido, é pertinente o entendimento de que também seria legítima a progressividade em razão do parentesco, inclusive porque os Estados da Bahía e Santa Catarina já a aplicam (favor consultar tabela imediatamente acima). Assim, da mesma maneira, simples alteração de legislação estadual e do Distrito Federal seria suficiente para a sua implementação.

4.4.4 Dosimetria da Tripla Progressividade

De modo a fechar o raciocínio acima, sugiro método para calcular a alíquota final para a incidência do ITCMD. Para tanto, baseio-me no raciocínio da dosimetria da pena do Direito Penal, com a vantagem de que, aqui, a quantificação é objetiva.

Em Direito Penal (artigos 59 e 68 do Código Penal), parte-se de uma pena base, fixada segundo determinados critérios. Esta, então, é atenuada e/ou agravada conforme preenchimento de certos requisitos. A resultante

---

[84] PEREIRA, Caio Mário da Silva. *Instituições de Direito Civil – Direito das Sucessões*. Volume VI. 19ª edição. Rio de Janeiro: Forense, 2012. Página 6 a 8.

é, em seguida, aumentada ou diminuída de acordo com certas causas genéricas ou especiais, pelo que se chega à pena final[85].

Tomando-se como base esse raciocínio, o que sugiro é que, aferida a base de cálculo (= valor transmitido – eventuais deduções), encontra-se a alíquota base correspondente, conforme os critérios legais (quanto maior a base de cálculo, maior a alíquota). Essa alíquota base é, então, aumentada ou diminuída em razão do patrimônio do herdeiro anteriormente à sucessão, novamente segundo previsões legais (quanto maior o patrimônio do herdeiro, maior a alíquota). Por fim, a alíquota resultante é reduzida ou majorada de acordo com o grau de parentesco (quanto mais distante o parentesco, maior a alíquota). Chegando-se à alíquota final, é ela então aplicada à base de cálculo para quantificação do tributo devido.

Obviamente, os números e tabelas exatos deverão ser melhor trabalhados, assim como as faixas de isenção. Ademais, outras razões de progressividade podem ser implementadas, como nível de escolaridade do herdeiro ou mesmo sua idade. De toda forma, não se deve esquecer que a tributação aqui é sobre aquisição gratuita, logo pode e deve se dar em patamar superior à tributação da renda proveniente do trabalho.

---

[85] *Código Penal* (Decreto-lei nº 2.848/1940):
"Fixação da pena
Art. 59 - O juiz, atendendo à culpabilidade, aos antecedentes, à conduta social, à personalidade do agente, aos motivos, às circunstâncias e conseqüências do crime, bem como ao comportamento da vítima, estabelecerá, conforme seja necessário e suficiente para reprovação e prevenção do crime:
I - as penas aplicáveis dentre as cominadas;
II - a quantidade de pena aplicável, dentro dos limites previstos;
III - o regime inicial de cumprimento da pena privativa de liberdade;
IV - a substituição da pena privativa da liberdade aplicada, por outra espécie de pena, se cabível".
"Cálculo da pena
Art. 68 - A pena-base será fixada atendendo-se ao critério do art. 59 deste Código; em seguida serão consideradas as circunstâncias atenuantes e agravantes; por último, as causas de diminuição e de aumento.
Parágrafo único - No concurso de causas de aumento ou de diminuição previstas na parte especial, pode o juiz limitar-se a um só aumento ou a uma só diminuição, prevalecendo, todavia, a causa que mais aumente ou diminua". Disponível em http://www.planalto.gov.br/ccivil_03/decreto-lei/del2848compilado.htm. Acesso em 20/01/2015.

4.5 Aferimento da Base de Cálculo

Tendo como finalidade a redução de desigualdade através do combate ao acúmulo excessivo de riqueza, a correta auferição da base de cálculo do ITCMD é essencial. A majoração que se sugere acima pode vir a ser nulificada caso haja grande defasagem na apuração do valor dos bens transmitidos.

Para tanto, os Estados e o Distrito Federal precisam ter acesso a informação patrimonial mais precisa. É certo que a transferência de titularidade de bens imóveis, vez que tabeliães, escrivães e serventuários cartoriais podem ser responsáveis tributários (artigo 134, VI, do CTN), e a homologação da partilha (artigos 1.031 e 1.036 do Código de Processo Civil – CPC) dependem de pagamento dos tributos incidentes. Todavia, muitos bens e direitos móveis, como dinheiro em espécie, joiás, etc., podem ser transferidos sem o pagamento do ITCMD, em ofensa à lei.

Forma de se evitar, ou, pelo menos, de se reduzir, essa forma de evasão é pela celebração de convênio com a Receita Federal do Brasil para troca de informações fiscais, autorizada pelo artigo 198 do CTN[86]. Isso, porque esse órgão da administração pública federal, em razão da obrigatoriedade de declaração anual de rendimentos, detém informações mais

---

[86] *Código Tributário Nacional* (Lei nº 5.172/1966): "Art. 198. Sem prejuízo do disposto na legislação criminal, é vedada a divulgação, por parte da Fazenda Pública ou de seus servidores, de informação obtida em razão do ofício sobre a situação econômica ou financeira do sujeito passivo ou de terceiros e sobre a natureza e o estado de seus negócios ou atividades.

§ 1º Excetuam-se do disposto neste artigo, além dos casos previstos no art. 199, os seguintes:

I – requisição de autoridade judiciária no interesse da justiça;

II – solicitações de autoridade administrativa no interesse da Administração Pública, desde que seja comprovada a instauração regular de processo administrativo, no órgão ou na entidade respectiva, com o objetivo de investigar o sujeito passivo a que se refere a informação, por prática de infração administrativa.

§ 2º O intercâmbio de informação sigilosa, no âmbito da Administração Pública, será realizado mediante processo regularmente instaurado, e a entrega será feita pessoalmente à autoridade solicitante, mediante recibo, que formalize a transferência e assegure a preservação do sigilo.

§ 3º Não é vedada a divulgação de informações relativas a:

I – representações fiscais para fins penais;

II – inscrições na Dívida Ativa da Fazenda Pública;

III – parcelamento ou moratória".

precisas sobre as oscilações patrimoniais dos indivíduos. Ademais, caso os Estados e Distrito Federal criassem semelhante obrigação acessória de declaração patrimonial, os custos fiscalizatórios provavelmente seriam excessivos, principalmente porque não há periodicidade do ITCMD.

O Convênio de Cooperação Técnica firmado entre a Secretaria de Estado da Fazenda de Minas Gerais e a Receita Federal do Brasil em 14/10/1998 (Diário Oficial da União, nº 198, de 16/11/1998; Jornal Minas Gerais de 13/11/1998), que objetiva o intercâmbio de informações econômico-fiscais e a prestação de mútua assistência da fiscalização de tributos administrados por esses órgãos, é exemplo perfeito desse tipo de acordo a ser celebrado.

4.6 Afetação de Receita

Como analisado anteriormente, Ronald Dworkin, ao abordar a tributação da herança, sugere que o produto de sua arrecadação seja integralmente revertido para programas educacionais e técnicos. Isso, porque a finalidade dessa exação, da forma como Ronald Dworkin a apresenta, é reduzir as desigualdades. Uma vez que os talentos são fontes de desigualdades, podendo, porém, ser cultivados de tal maneira a minorá-las, é coerente a sugestão de que a riqueza assim arrecadada seja vertida para o cumprimento da finalidade do sistema em si[87].

Em mesmo sentido, o alerta de Liam Murphy e Thomas Nagel sobre a perpetuação da desigualdade. De fato, não negam que o direito de herança é incompatível com a meritocracia quando promove a manutenção do acúmulo de riqueza através das gerações. Contudo, apontam que a interferência negativa que a transferência de bens materiais possui sobre a igualdade de oportunidades em um contexto social é pouco quando comparada ao que denominam de transferência de capital humano: as vantagens educacionais percebidas em casa e na escola durante a formação do indivíduo e que, em regra, se dão anteriormente ao recebimento da herança em si[88]. Logo, a afetação da receita da tributação de heranças a finalidades educacionais é uma excelente resposta a esse problema.

---

87 DWORKIN, Ronald. *Sovereign Virtue – The Theory and Practice of Equality*. 4ª edição. Cambridge: Harvard University Press, 2002. Página 349.

88 "*(...) Inherited wealth is not the only factor that prevents equality of opportunity in a capitalist economy. Arguably more important, particularly if we take a sufficiently complex view of what makes a human life go well, is the passing on of human capital*

No atual sistema tributário brasileiro, não há qualquer obstáculo a que isso seja feito. A vedação de vinculação de receita a despesa específica, constante do artigo 167, inciso IV, da CR/1988, não se aplica às finalidades de manutenção e desevolvimento do ensino. Ademais, a obrigatoriedade de Estados e do Distrito Federal em aplicar 25% (vinte e cinco por cento) da receita de impostos na educação, conforme artigo 212 da CR/1988, não impede vinculação total da receita proveniente de ITCMD a essa mesma finalidade, uma vez que essa obrigatoriedade estabelece apenas gasto mínimo.

CONCLUSÕES

A herança, direito fundamental por previsão constitucional, é tributada através do ITCMD, de competência dos Estados e Distrito Federal, e cuja alíquota máxima é fixada pelo Senado Federal, atualmente em 8% (oito por cento). Tradicionalmente, a tributação de heranças e doações no Brasil sempre foi muito baixa, entre as menores do mundo, e inferior à tributação da renda proveniente do trabalho, hoje em 27,5% (vinte e sete e meio por cento – alíquota máxima). Ademais, essa baixa tributação contribui enormente para o excessivo acúmulo intergeracional de riqueza e, consequentemente, para o aumento de desigualdades.

Possíveis causas para esse fato podem ser verificadas em análise histórica e antropológica. A herança é ferramenta eficaz de manutenção do *status quo*, como o foi em benefício do *pater familias*, nas antigas Grécia e Roma, quando o caráter religioso da herança também concorria para a concentração de riqueza, bem como das elites aristocráticas medievais e modernas. No entanto, observa-se que, hoje, as estruturas familiares e os institutos jurídicos da propriedade privada, da herança e da família claramente demonstram uma mudança no comportamento dos indivíduos entre si e em relação aos bens materiais, a meu ver havendo campo profícuo para alterações em prol da redução de desigualdades.

---

from parents to children, especially by way of educational advantages at home and at school. This source of inequality is probably impossible to eliminate – short of abolishing the Family – and it happens before the age at which people generally inherit. Such unequal advantages are the natural resulto f the most basic and valuable type of interpersonal concern. But a great deal more could be done to reduce the gap by providing adequate public educationfor all". MURPHY, Liam; NAGEL, Thomas. *The Myth of Ownership: Taxes and Justice*. Nova Iorque: Oxford University Press, 2002. Págs. 158 e 159.

Filosoficamente, o excessivo acúmulo intergeracional de riqueza, com o qual a baixa tributação de heranças e doações contribui enormemente, é contrário aos princípios da igualdade e da liberdade. Para Ronald Dworkin, sendo esses princípios indissociáveis, a melhor teoria sobre igualdade é a de recursos, pela qual os cidadãos se responsabilizam individualmente por concretizar seus ideais de vida através da utilização dos bens que lhes são coletivamente distribuídos. Nessa esteira lógica, as vantagens hereditárias materiais são obras da sorte e não do mérito, devendo, portanto, ser altamente tributadas, inclusive para se reduzir desigualdades nas gerações vindouras.

Avançado na justiça distributiva primeiramente pensada por Gracchus Babeuf, pela qual os cidadãos têm o direito de receber recursos do Estado e de partilhar a riqueza coletivamente produzida, John Rawls chega a conclusões similares às de Ronal Dworkin sobre a tributação de heranças e doações. Havendo John Rawls estabelecido os dois princípios fundamentais da justiça (1. Cada pessoa tem direito equânime de acesso ao sistema igualitário mais extensivo de garantias básicas, compatível com semelhante sistema de garantias para todos; 2. Desigualdades sociais e econômicas devem ser dispostas de modo que sejam ambas: *a.* para o maior benefício dos menos beneficiados, conforme o princípio da poupança justa, e *b.* vinculadas a posições e cargos abertos a todos em condição de igualdade de oportunidade), afirma que os indivíduos em "posição inicial", sob o "véu da ignorância", jamais concordariam com a criação de vantagens para apenas alguns, dentre elas a tributação da aquisição gratuita em patamar inferior à meritória (renda proveniente do trabalho), nem o incentivo ao acúmulo excessivo de riqueza, pois isso significaria que o mérito seria suplantado pela sorte, e que o benefício de uns se fundaria na desvantagem absoluta dos demais.

Em ponto de vista mais pragmático, o excessivo acúmulo intergeracional de riqueza desestimula o trabalho, leva a menor desenvolvimento econômico e a maior pobreza, e ofende a democracia e a meritocracia. Joseph E. Stiglitz e a entidade Oxfam International reportam sobre as mazelas das elites capitalistas em contexto global. A CEPAL verifica que o ritmo de redução de desigualdades vem caindo no Brasil, e Marcelo Medeiros, Pedro Souza e Fabio Castro afirmam que, entre 2006 e 2012, os 0,1% (um décimo por cento) dos brasileiros mais ricos apropriaram-se de quase 11% (onze por cento) da renda nacional total, logo sua renda média foi quase 110 (cento e dez) vezes maior do que a média nacional; os 1% (um por cento) mais ricos apropriaram-se de 25% (vinte e cinco por cento); e os 5% (cinco por cento) mais ricos de 44% (quarenta e quatro por cento). Ademais, Thomas Piketty sustenta que quando a taxa de retorno de investimentos financeiros excede a taxa de crescimento da produção e da renda, o capitalismo gera arbitrariedades que acabam com toda a lógica meritocrática sobre a qual, em tese, as democracias se baseiam, bem como o acúmulo de riqueza através da herança (acúmulo passado) é mais alto do que aquele proveniente da poupança sobre a própria renda (acúmulo presente), acentuando desigualdades.

Assim, de modo que o Brasil se torne um país mais justo, democrático e que consiga concretamente reduzir desigualdades, a tributação de heranças e doações precisa ser majorada para se impedir o excessivo acúmulo intergeracional de riqueza. Sugiro, então, as seguintes modificações jurídicas: ampliação interpretativa do princípio da função social da propriedade, de modo que seja de seu conteúdo o impedimento do acúmulo excessivo de riqueza (cunho doutrinário e não legislativo); o aumento da alíquota máxima de ITCMD, mediante nova resolução do Senado Federal; fixação de alíquota mínima de ITCMD, de modo que a aquisição gratuita não seja inferior à aquisição onerosa pelo trabalho, observando-se a necessidade de emenda constitucional; tripla progressividade, em razão do valor transmitido, do patrimônio do herdeiro antes da sucessão e do grau de parentesco, uma vez que o objetivo é combater o acúmulo excessivo e não o direito de herança em si; o correto aferimento da base de cálculo, fundada em informações atualizadas sobre o valor dos bens transferidos, o que poderia ser melhor alcançado mediante convênio para troca de informações com a Receita Federal do Brasil; afetação da integralidade da receita de ITCMD para finalidades educacionais, de modo que desigualdades econômicas residuais possam ser naturalmente reduzidas através da elevação do grau de instrução da população em geral.

As sugestões que apresento devem, porém, ser criticadas e analisadas mais detidamente, bem como delas não se pode esperar solução integral à desigualdade, especialmente se dissociadas de mudanças orçamentárias que levem a cabo a finalidade aqui defendida. Ademais, que a causa primeira do excessivo acúmulo intergeracional de riqueza, assim como do acúmulo excessivo de riqueza em geral, é o egoísmo humano, de cunho eminentemente moral e o qual nenhuma alteração de legislação ou de interpretação jurídica alcança diretamente modificar. De todo modo, encerro o presente artigo com a esperança de que, estando o Brasil pronto para galgar maiores patamares de igualdade, é possível influenciar beneficamente os brasileiros através da transformação do ordenamento jurídico.

BIBLIOGRAFIA

AVI-YONAH, Reuven S.. *The Three Goals of Taxation*. N.Y.U. Tax Law Review. Volume 60. 2006.

BALEEIRO, Aliomar. *Direito Tributário Brasileiro*. Atualizadora Misabel Abreu Machado Derzi. 12ª edição. Rio de Janeiro: Forense, 2013.

BENVENISTE, Émile. *Le Vocabulaire des Institutions Indo-Europeennes*. Tomo I. Paris: Les Éditions des Minuits, 1969.

CHANG, Ha-Joon. *Things They Don't Tell You About Capitalism*. New York: Bloomsbury Press, 2012.

CINGANO, F. (2014). *Trends in Income Inequality and its Impact on Economic Growth.* OECD Social, Employment and Migration Working Papers, No. 163, OECD Publishing. http://dx.doi.org/10.1787/5jxrjncwxv6j-en.

COÊLHO, Sacha Calmon Navarro. *Curso de Direito Tributário Brasileiro.* 11ª edição. Rio de Janeiro: Forense, 2011.

Código Civil (Lei nº 10.406/2002). Disponível em http://www.planalto.gov.br/ccivil_03/leis/2002/l10406.htm. Acesso em 20/01/2015.

Código Penal (Decreto-lei nº 2.848/1940). Disponível em http://www.planalto.gov.br/ccivil_03/decreto-lei/del2848compilado.htm. Acesso em 20/01/2015.

Código Tributário Nacional (Lei nº 5.172/1966). Disponível em: http://www.planalto.gov.br/ccivil_03/leis/l5172.htm. Data de acesso: 24/07/2014.

Comissão Econômica para a América Latina e o Caribe (CEPAL) das Nações Unidas. *Pactos para a igualdade: rumo a um futuro sustentável.* Disponível em: http://www.eclac.cl/publicaciones/xml/8/52728/SES35_Pactos_para_la_igualdade_Sintese.pdf. Acesso em: 10/05/2014.

Constituição da República Federativa do Brasil de 1988. Disponível em: http://www.planalto.gov.br/ccivil_03/constituicao/constituicao.htm. Data de acesso: 24/07/2014.

COULANGES, Fustel. *A Cidade Antiga – Estudo sobre o Culto, o Direito e Instituições da Grécia e de Roma.* Volume I. 9ª edição. Lisboa: Livraria Clássica Editora, 1957.

DE FARIAS, Cristiano Chaves; ROSENVALD, Nelson. *Direitos Reais*. 6ª edição. 2ª tiragem. Rio de Janeiro: Lumen Juris, 2009.

DWORKIN, Ronald. *Sovereign Virtue – The Theory and Practice of Equality*. 4ª edição. Cambridge: Harvard University Press, 2002.

ENGELS, Friedrich. *Der Ursprung der Familie, des Privateigentums und des Staats*. Hottingen-Zürich: Verlag der Schweizerischen Volksbuchhandlung, 1884.

FERNANDES, Regina Celi Pedrotti Vespero. *Imposto sobre Transmissão Causa Mortis e Doação* – ITCMD. 3ª edição. São Paulo: Revista dos Tribunais, 2013.

FLEISCHACKER, Samuel. *A Short History of Distributive Justice*. Londres: Harvard University Press, 2004.

FUENTES-NIEVA, Ricardo; GALASSO, Nicholas. *Working for the Few – Political Capture and Economic Inequality*. Oxfam International. Disponível em: http://www.oxfam.org/sites/www.oxfam.org/files/bp-working-for-few-political-capture-economic-inequality-200114-en.pdf. Acesso em 06/05/2014.

GARRET, Hardin. *The Tragedy of the Commons*. Science (AAAS) 162 (3859): 1243–1248. Disponível em: http://www.sciencemag.org/content/162/3859/1243.full.pdf. Acesso em 12/01/2015.

GILENS, Martin; PAGE, Benjamin I. *Testing Theories of American Politics: Elites, Interest Groups, and Average Citizens*. Disponível em: http://scholar.princeton.edu/sites/default/files/mgilens/files/gilens_and_page_2014_-testing_theories_of_american_politics.doc.pdf. Acesso em: 26/12/2014.

GOMES, Orlando. *Direito Reais*. 21ª edição. Rio de Janeiro: Forense, 2012.

HUDSON, Alastair. *Equity and Trusts*. 7ª edição. New York: Routledge, 2013.

MADALENO, Rolf. *Curso de Direito de Família*. 4ª edição. Rio de Janeiro: Forense, 2011.

MEDEIROS, Marcelo; SOUZA, Pedro H. G. F.; CASTRO, Fabio Avila. *O Topo da Distribuição de Renda no Brasil: primeiras estimativas com dados tributários e comparação com pesquisas domiciliares, 2006-2012*. (August 14, 2014). Available at SSRN: http://ssrn.com/abstract=2479685.

MURPHY, Liam; NAGEL, Thomas. *The Myth of Ownership: Taxes and Justice*. Nova Iorque: Oxford University Press, 2002.

PEREIRA, Caio Mário da Silva. *Instituições de Direito Civil – Direito das Sucessões*. Volume VI. 19ª edição. Rio de Janeiro: Forense, 2012.

______________. *Instituições de Direito Civil – Direitos Reais*. Volume IV. 20ª edição. Rio de Janeiro: Forense, 2012.

PIKETTY, Thomas. *Capital in the Twenty-First Century*. Tradução Arthur Goldhammer. Londres: Belknap Press of Harvard University Press, 2014.

POLMAN, Paul; DE ROTHSCHILD, Lynn Forester. *The Capitalist Threat to Capitalism*. Project Syndicate. Disponível em: http://www.project-syndicate.org/commentary/paul-polman-and-lynn-forester-de-rothschild-call-on-companies-and-governments-to-unite-in-the-search-for-an-inclusive-and-sustainable-economy. Data de acesso: 01/06/2014.

RAPHAEL, D. D. *Concepts of Justice*. Oxford: Clarendon Press, 2001.

RAWLS, John. *A Theory of Justice*. Edição revisada. Cambridge: Belknap Press of Harvard University Press, 1999.

Receita Federal do Brasil. *Alíquotas do Imposto de Renda de Pessoas Jurídicas Tributadas pelo Lucro Real, Presumido ou Arbitrado*. Disponível em http://www.receita.fazenda.gov.br/aliquotas/contribpj.htm. Acesso em 08/06/2014.

Receita Federal do Brasil. *Tabela Progressiva para o cálculo anual do Imposto sobre a Renda da Pessoa Física a partir do exercício de 2015, ano-calendário de 2014*. Disponível em http://www.receita.fazenda.gov.br/aliquotas/TabProgressiva2012a2015.htm. Acesso em 08/06/2014.

Regimento Interno do Senado Federal. Disponível em: http://www.senado.gov.br/legislacao/regsf/RegimentoInternoSF_alt_2014_versao_PLE.pdf. Acesso em 05/01/2015.

Resolução n.° 09/1992 do Senado Federal. Disponível em: http://legis.senado.gov.br/legislacao/ListaPublicacoes.action?id=136383&tipoDocumento=RSF&tipoTexto=PUB. Data de acesso: 24/07/2014.

STIGLITZ, Joseph E. *Globalization and Its Discontents*. Nova Iorque: W. W. Norton, 2002.

______________. *Reforming Taxation to Promote Growth and Equity*. Roosevelt Institute. Publicação em 28/05/2014. Disponível em: http://rooseveltinstitute.org/sites/all/files/Stiglitz_Reforming_Taxation_White_Paper_Roosevelt_Institute.pdf. Data de acesso: 02/06/2014.

2

A METODOLOGIA DO DIREITO TRIBUTÁRIO E O RACIOCÍNIO CONCEITUAL COMO PREMISSAS PARA GARANTIA DA SEGURANÇA JURÍDICA

André Mendes Moreira[1]

Jamir Calili Ribeiro[2]

Honrados com o gentil convite para integrar esta obra coletiva, em boa hora trazida a lume por iniciativa da competente e combativa Comissão de Direito Tributário da OAB/MG, liderada pelo Prof. João Paulo Fanucchi de Almeida Melo e integrada por ilustres e renomados profissionais da área, valemo-nos aqui de um tema que sempre foi caro à Prof. Misabel Abreu Machado Derzi, também organizadora da coletânea: o raciocínio conceitual aplicável ao Direito Tributário e a necessidade de sua observância em prol do resguardo das garantias do contribuinte.

---

1 Professor Adjunto de Direito Tributário da Faculdade de Direito da UFMG. Doutor em Direito Econômico e Financeiro pela USP. Mestre em Direito Tributário pela UFMG. Diretor da Associação Brasileira de Direito Tributário. Advogado.

2 Professor da Faculdade de Direito da UFJF, campus Governador Valadares. Doutor em Direito Público pela PUC/MG. Mestre pela Escola de Administração João Pinheiro. Advogado.

1. INTRÓITO

CARNELLUTI[3] afirmou, ainda em 1943, que as leis são muitas e, "no emaranhado de sua multidão, os homens se perdem como em um labirinto", assertiva que se aplica com sobras de razões à seara tributária brasileira, em que grassa a insegurança jurídica, decorrente do número excessivo de normas, de resto antinômicas, obscuras e contraditórias.

De fato, ao mesmo tempo em que nas sociedades pós-modernas o direito se assenta na praticidade e fluidez para acompanhar as complexas demandas sociais, faz-se também imperioso preservar os direitos individuais, especialmente no caso da tributação que, apesar dos influxos do Estado Democrático de Direito, continua sendo forma coativa de transferência do patrimônio privado para o público.

Por esses motivos o estudo da Metodologia do Direito Tributário se faz relevante, especialmente no que pertine à utilização de tipos e conceitos para o exercício do poder impositivo, do que decorrerá uma maior ou menor segurança para o contribuinte. Afinal, conforme LARENZ[4], a metodologia é a compreensão do objeto de estudo e dos limites de sua cognição. Assim, a depender dos pressupostos metodológicos adotados, a definição do objeto será distinta.

2. METODOLOGIA DA CIÊNCIA DO DIREITO.

2.1 *O Direito como Ciência e a sua segregação de outras áreas do conhecimento como pressuposto metodológico*

O estudo do Direito somente passou a ser considerado Ciência a partir da modernidade, que trouxe em si o positivismo jurídico.

Conforme HELENO TORRES[5], na Idade Média "a ciência jurídica (...) se identificava com o próprio direito, o 'direito comum', pela

---

3 CARNELUTTI, Francesco. *La Certeza Del Diritto*. OÑATE, Flávio Lopes de (coord.). *La Certezza del Diritto.* Milano: Giuffrè, 1943, p. 81.

4 LARENZ, Karl. *Metodologia da Ciência do Direito*, 3ª ed. Trad. José Lamego. Lisboa: Fundação Calouste Gulbenkian, 1989, p. LXV.

5 TORRES, Heleno Taveira. Direito Constitucional Tributário e Segurança Jurídica – Metódica da Segurança Jurídica do Sistema Constitucional Tributário. São Paulo: Revista dos Tribunais, 2011, p. 97.

interpretatio". O papel da doutrina era o mesmo do direito posto, ou seja, tinham, ambos, funções prescritivas.

Percebendo a inexistência de um método de investigação adequado para as ciências sociais, DESCARTES busca, já no século XVI, impingir-lhes a racionalidade e certeza que, até então, eram restritas às ciências exatas, afastando as influências religiosas e morais para fins de análise do fenômeno social à luz estritamente da racionalidade, perseguindo com isso a "neutralidade do conhecimento científico"[6].

Entretanto, a ideia de Ciência do Direito como concebida hoje, com função construtivo-descritiva de seu objeto, floresceu especialmente após as contribuições ofertadas pelo Normativismo Lógico de KELSEN[7], que parte da escola positivista e da crítica do conhecimento jurídico formulada por KANT[8] para desenvolver sua teoria do Direito. A obra kelseniana se volta especialmente contra o sincretismo dos métodos sociológico e jurídico, sendo marcada pela busca de uma Ciência do Direito autônoma e depurada[9].

Também MAX WEBER[10] se posicionou contra a fusão dos métodos sociológico e jurídico, formulando dois conceitos distintos de Direito: um como fato social, próprio da sociologia, e outro como fato normativo, objeto de estudo da Ciência do Direito[11].

Mais recentemente, NIKLAS LUHMANN[12] concebe o direito como um sistema autopoiético, operacionalmente fechado mas cognitivamente

---

6 OLIVEIRA, Felipe Faria de. *Direito Tributário e Direitos Fundamentais – uma revisão do princípio da tipicidade junto ao Estado Democrático de Direito*. Belo Horizonte: Arraes, 2010, p. 17.

7 KELSEN, Hans. *Teoria pura do direito,* 6ª ed. Coimbra: Armênio Amada, 1984.

8 KANT "revolucionou a filosofia então vigente para colocar a racionalidade individual humana como o ponto central da filosofia, separando, ainda, o Direito da Moral". (OLIVEIRA, Felipe Faria de. *Direito Tributário e Direitos Fundamentais – uma revisão do princípio da tipicidade junto ao Estado Democrático de Direito.* Belo Horizonte: Arraes, 2010, p. 16).

9 KELSEN afirma que a "dogmática jurídica é restrita ao mundo do dever ser e o seu fim é a compreensão das normas" (KELSEN, Hans. *Metodo Juridico e Sociologico.* Tradução de G. Calabró. Guida: Napoli, 1974, p. 40).

10 WEBER, Max. *Economia e Sociedade*, v. 1. Milano: P. Rossi, 1968, pp. 309-70.

11 Nessa perspectiva os objetos de ambas as ciências são heterogêneos, estão em planos diversos e, assim, não pode haver contato imediato entre eles. Quando se fala de Direito, de ordenamento jurídico, de princípio jurídico, alerta WEBER, é necessário diferenciar o ponto de vista jurídico do ponto de vista sociológico.

12 LUHMANN, Niklas. *Introducción a la Teoría de Sistemas*. Mexico D.F.: Anthropos, 1996.

aberto, que se desenvolve por seus próprios instrumentos e a partir de contatos com outros sistemas, como a política e a economia, mas preservando a sua unidade, orientando-se pelo código binário direito/não-direito.

Assim, no que tange às relações entre o saber jurídico e o saber político, econômico e sociológico, ou seja, entre o sistema jurídico e outros sistemas existentes no ambiente, podemos alinhar, de um lado, HANS KELSEN, MAX WEBER e NIKLAS LUHMANN, que, apesar de suas distintas premissas[13], propõem uma solução "separatista"[14] para o estudo do Direito, em contraste com posturas como a de THEODOR GEIGER[15], que preconiza a investigação do *output* do sistema como condição para a sua compreensão[16].

Assim, com esforço em KELSEN, WEBER e LUHMANN pode-se concluir que é possível estabelecer um modo de pensar próprio do Direito em comparação a outros ramos do conhecimento, como a economia, a sociologia, *et caterva.*

Saliente-se, contudo, que esses autores não visualizam o direito desconectado da realidade que o cerca, apenas propõem uma pureza metodológica em sua análise.

O próprio KELSEN[17] previa dois pontos (injustamente criticados por muitos), como sendo de contato com a realidade (conexões entre o mundo do ser e o do dever-ser), a saber:

---

13 HANS KELSEN e MAX WEBER definem-se por um sistema jurídico fechado em relação aos demais sistemas da sociedade por uma questão metodológica; já NIKLAS LUHMANN o faz por motivos funcionais. Segundo esta concepção, o juiz somente pode operar em obediência às determinações do próprio sistema (auto-referência), mas, por meio de cognição volitiva, extrai conceitos socialmente adequados, axiologicamente montados e abertos à realidade, sendo limitado, todavia, pelas normas veiculadas pelo legislador e pelos precedentes judiciais.

14 FEBRAJO, Alberto. *Prefácio.* LUHMANN, Niklas. *Sistema Giuridico e Dogmatica Giuridica.* Bologna: Il Mulino, 1978, p. 8.

15 GEIGER, Theodor. *Ideología y verdad.* Tradução de Margarita Jung. Buenos Aires: Amorrortu, 1972.

16 *Outputs* do sistema são aqueles fatores e códigos que não pertencem à dualidade lícito/ilícito, própria do Direito. Em outras palavras, THEODOR GEIGER propõe que questões como lucro, prejuízo, moral, imoral, sejam analisadas para se chegar à resposta correta (sincretismo de códigos binários). Nesses casos há uma desdiferenciação sistêmica, onde o Direito não mais seria um sistema autônomo, baseado no código direito/não direito. O grande problema é que o Direito torna-se altamente complexo nesses casos, dando margem a oportunismos econômicos, políticos, religiosos etc.

17 Cf. KELSEN, Hans. *Teoria pura do Direito*, 9ª ed. Trad. João Baptista Machado. Coimbra: Armenio Amado, 1976.

a) a norma fundamental, pressuposto fundante do sistema; e

b) a concepção de validade-eficácia social, pois a norma jurídica sem qualquer eficácia, ainda que mínima, medida por sua observância social, deixaria de ter validade.

Nessa mesma linha, KELSEN também visualizou o ato normativo (a lei, a sentença, o ato administrativo), tanto como ato de aplicação da norma superior como ato normativo produtivo do Direito, dentro dos espaços de sentido possíveis deixados ao operador.

Igualmente, NIKLAS LUHMANN[18] identifica o fechamento operacional do sistema, o seu funcionar recursivo e circular de forma autopoiética, como condição de independência, essencial ao Estado de Direito, mas, simultaneamente, abre-o do ponto de vista cognitivo.

O ato jurisdicional, centrado no sistema, lê as normas a partir do seu *input*, orientando-se pelos programas finalísticos do legislador, mas selecionados e filtrados pelos conversores internos, em operações fechadas às heterodeterminações externas.

Enfim, como esclarece LUHMANN, o direito constitui um sistema normativamente fechado, mas cognitivamente aberto. A abertura para o real possibilita o aperfeiçoamento da ordem positiva, através das correções feitas pelo legislador nas leis que alimentam o sistema; igualmente, viabiliza as mudanças nos conceitos, substituídos que são, com o evoluir do Direito, por outros conceitos socialmente mais adequados e, com isso, alteram-se os resultados das operações internas.

Adotando a premissa que segrega o mundo do ser do dever-ser na Metodologia da Ciência do Direito, PAULO DE BARROS CARVALHO[19], com arrimo em LOURIVAL VILANOVA[20], refere-se a dois sistemas relativos ao Direito:

a) um prescritivo, próprio do direito positivo, regido pela lógica deôntica (que trabalha, portanto, com condutas obrigatórias, proibidas e permitidas);

---

18 LUHMANN, Niklas. *Introducción a la Teoría de Sistemas*. Mexico D.F.: Anthropos, 1996.

19 CARVALHO, Paulo de Barros. *Direito Tributário: Linguagem e Método*. São Paulo: Noeses, 2011.

20 VILANOVA, Lourival. *As Estruturas Lógicas e o Sistema do Direito Positivo*. São Paulo: Revista dos Tribunais, 1977, pp. 112-3.

b) e outro cognoscitivo, relativo à Ciência do Direito, regido pela lógica apofântica (que irá basear-se na verdade ou falsidade de seus enunciados).

No mesmo sentido ensina TÁCIO LACERDA GAMA[21], para quem a Ciência do Direito traduz a mensagem prescritiva constante das normas positivadas, por meio de uma orientação metodológica.

Assim, é a Metodologia que guiará o jurista para a compreensão tanto das normas, ou seja, dos elementos do sistema jurídico, como da forma como esses elementos se organizam, é dizer, da sua estrutura[22].

2.2 *A crise da modernidade jurídica e seus reflexos na metodologia do Direito*

Nos tempos atuais, o direito passa por uma fase de mutação, que se convencionou nominar "crise da modernidade jurídica".

De fato, vivencia-se hodiernamente o questionamento da legitimidade da regra positivada pelo legislador como instrumento de controle social, fato que é agravado por uma dogmática cada vez mais desestruturada pelo pluralismo jurídico.

A pirâmide kelseniana cedeu lugar a uma rede entrelaçada de normas, representando o novo modelo do Direito, policêntrico e horizontal. O legislador formal continua desempenhando um papel essencial, mas não exclusivo, na produção normativa.

Disso decorre que princípios jurídicos até então sólidos, como a segurança jurídica, a especificidade conceitual fechada (impropriamente nominada "tipicidade") e até mesmo a legalidade sejam colocados em questão, o que levou MICHEL BOUVIER[23] a nominar o fenômeno como "retorno à Idade Média".

Em razão da nova e complexa realidade, surgem diversas alternativas metodológicas ao positivismo kelseniano, como a que propugna a aplicação do Direito conforme as suas consequências[24], que tem ganhado forma

---

21 GAMA, Tácio Lacerda. *Competência Tributária: Fundamentos para uma teoria da nulidade.* São Paulo: Noeses, 2009, p. XXXII.

22 Ver, também, sobre conceito e as funções do saber dogmático: FERRAZ JÚNIOR, Tércio Sampaio. *Função social da dogmática jurídica.* São Paulo: Atlas, 1998.

23 BOUVIER, Michel. *Introduction au Droit Fiscal General et à la Théorie de l'Impot*, 4ª ed. Paris: LGDJ, 2001, p. 225, *Apud*

24 O consequencialismo é essencialmente uma teoria segundo a qual a decisão jurídica deve se pautar em função daquilo que ela acarretará em termos fáticos.

pela chamada análise econômica do Direito[25] e atribuído aos magistrados verdadeiros poderes legislativos para tomar a decisão judicial somente após "all things considered", como sugere RICHARD POSNER[26].

Essa "crise da modernidade jurídica", entretanto, somente poderá ser debelada com a adoção de uma metodologia que possa, ao mesmo tempo, fazer justiça por meio dos valores positivados pelos textos jurídicos sem, todavia, desconstruir o direito positivo, solução que é proposta por HELENO TORRES[27], com seu positivismo metódico-axiológico.

Situando-se dentro da corrente do positivismo jurídico exclusivo tal como proposto por JOSEPH RAZ[28] (infenso às influências da moral externa ao direito, ao contrário do positivismo jurídico inclusivo), o positivismo metódico-axiológico não deixa de reconhecer a importância dos valores na construção do pensamento jurídico, desde que estes tenham sido positivados pelo texto constitucional, expressão máxima da soberania popular que o legitima.

2.3 *Conclusões sobre a metodologia da ciência do Direito*

Em breve síntese, pode-se afirmar que a metodologia não é uma mera linguagem sobre a ciência, mas sim uma escolha sobre a modalidade de raciocínio que determinada ciência comporta. Tanto é que MISABEL DERZI[29] afirma que a metodologia está no interior da ciência, pois o método depende do modo de ser de seu próprio objeto.

---

25 A análise econômica do direito é a aplicação de métodos econômicos a questões legais. No Direito Tributário trata-se de uma mudança de foco interpretativo para fins da cobrança de tributos. Toma-se como secundária a forma ou "roupagem" jurídica que os atos dos particulares assumem, buscando-se as consequências econômicas advindas do negócio jurídico, o que acaba por conferir uma conotação positiva a princípios como a capacidade contributiva e outros, antes utilizados somente como limitações constitucionais ao poder de tributar.

26 POSNER, Richard. *Law, Pragmatism and Democracy*. Cambridge: Harvard University Press, 2003, p. 65.

27 TORRES, Heleno Taveira. *Direito Constitucional Tributário e Segurança Jurídica – Metódica da Segurança Jurídica do Sistema Constitucional Tributário*. São Paulo: Revista dos Tribunais, 2011, pp. 15-120.

28 RAZ, Joseph. *The Authority of Law*. Oxford: Clarendon, 1979.

29 DERZI, Misabel Abreu Machado. *Direito Tributário, Direito Penal e Tipo*, 2ª ed. São Paulo: Revista dos Tribunais, 2007, p. 74.

Dentro dessa premissa, os tipos podem ser compreendidos como a nova metodologia contemporânea, em substituição aos conceitos classificatórios. Os tipos são fluidos e rejeitam a objetividade da subsunção conceitual, relativizando regras postas com espeque nos princípios, que assumem cada vez mais papel de relevo no método científico-jurídico.

Entretanto, tanto o método tipológico como o método conceitual somente poderão ser aplicados ao Direito na medida e extensão que o respectivo ramo jurídico comportar[30].

Busquemos, então, apreender a distinção entre o modo de pensar por conceitos e o modo de pensar por tipos, bem como sua função, finalidade e a prevalência de um ou outro no Direito Tributário.

3. O MODO DE RACIOCIONAR POR TIPO E POR CONCEITO[31]

3.1 O raciocínio conceitual classificatório

Na concepção realista, desenvolvida por Platão e Aristóteles, o conceito se identifica com a essência das coisas, tendo como função exatamente revelar essa essência.

Já na concepção nominalista (estóica), o conceito é identificado com o signo do objeto, prestando-se a organizar os dados da experiência de modo que entre eles se estabeleçam conexões lógicas.

Desde esse desenvolvimento inicial pelos antigos, a abstração conceitual, fenômeno que ocorre pela percepção sensível de um objeto concreto e a determinação genérica das suas características, tornou-se fortemente presente no pensamento jurídico ocidental.

O raciocínio conceitual é sempre operacionalmente fechado, tendendo à classificação e à axiomatização. Estabelecidas em abstrato as notas

---

30 Conforme leciona MISABEL DERZI, "onde o Direito tende a conceitos classificatórios, fechados, a aplicabilidade do método tipológico fica bastante reduzida, assim como se dilarga nos setores onde prosperarem os tipos propriamente ditos". (DERZI, Misabel Abreu Machado. *Direito Tributário, Direito Penal e Tipo*, 2ª ed. São Paulo: Revista dos Tribunais, 2007, p. 75).

31 As obras das quais foram extraídas as informações utilizadas no presente capítulo são de autoria da homenageada, a saber: DERZI, Misabel Abreu Machado. *Direito Tributário, Direito Penal e Tipo*, 2a ed. São Paulo: Revista dos Tribunais, 2008; DERZI, Misabel Abreu Machado. *Modificações da Jurisprudência no Direito Tributário*. São Paulo: Noeses, 2009 (especificamente o capítulo 2 desta última).

do conceito, poderá haver ou não a subsunção do objeto analisado à teorização formulada, o que leva à classificação em espécies.

O conceito, dessarte, se presta a organizar os dados por meio de conexões lógicas que levarão à inclusão ou exclusão dos objetos analisados à definição posta em abstrato, dada a sua rigidez característica.

3.2 *O raciocínio tipológico*

A palavra latina *typus* deriva do grego *tÚpoj*, que significava molde determinante de uma série de objetos que dele derivam, exemplo ou modelo.

Já no século XVIII, os dicionários franceses empregavam a palavra *type* como modelo, totalidade da forma básica.

No século XIX o termo é transposto para as ciências naturais, especialmente a zoologia e botânica. Até então fortemente marcadas pelo pensamento conceitual-classificatório aristotélico, que operava com divisões rígidas entre gêneros e espécies animais e vegetais, as ciências naturais passam a lidar com o pensamento tipológico para ordenar os diferentes tipos zoológicos e botânicos, em uma escala gradual, que admite transições fluidas.

Foi apenas no século XX, contudo, que as ciências sociais passaram a se valer do pensamento tipológico, em grande parte devido à crítica a ele feita por JOHN STUART MILL que, apesar de contrário à sua aplicação, propiciou, pela sua notoriedade, a disseminação do método tipológico e a sua aplicação à Lógica, Economia, Psicologia e História.

Por meio do pensamento tipológico selecionam-se traços que compõem o tipo, que, todavia, não são essenciais para sua caracterização. Como os traços componentes do tipo são renunciáveis, o objeto analisado passa a estar mais ou menos próximo do tipo, em uma escala de intensidade, e não dentro ou fora dele, como ocorre na classificação conceitual.

Conforme leciona MISABEL DERZI[32], "o método tipológico, através da comparação entre uma e outra nota de tipos diversos, descobre as formas mistas, aquelas que se aproximam mais de um do que de outro". Assim, "as notas características do tipo são: a abertura, a gradação, o sentido, a inteireza e a aproximação da realidade"[33].

---

32 DERZI, Misabel Abreu Machado. *Direito Tributário, Direito Penal e Tipo*, 2ª ed. São Paulo: Revista dos Tribunais, 2007, p. 76.

33 DERZI, Misabel Abreu Machado. *Direito Tributário, Direito Penal e Tipo*, 2ª ed. São Paulo: Revista dos Tribunais, 2007, p. 75.

O próprio WEBER[34] se utilizou do raciocínio tipológico para formar sua teoria do tipo ideal, segundo a qual a sociologia deve captar a "tipicidade" ou a "homogeneidade" dos fenômenos históricos, tendo como finalidade conferir-lhes tratamento científico. O tipo ideal seria a síntese entre o objetivo e o subjetivo, o particular e o geral, concepção que foi inclusive utilizada pela psicologia, área na qual CARL JUNG[35] se valeu dos tipos psicológicos ideais para seus estudos.

A maleabilidade do tipo disseminou sua utilização nas ciências sociais, produzindo vasta literatura sobre o tema. Sistematizando os diversos significados conferidos ao vocábulo, ERICH HEYDE[36] conclui que, na metodologia atual, "tipo" é utilizado no sentido de "forma básica" (*grundform*) ou essência[37].

3.3 O tipo na ciência jurídica

3.3.1 Advertência prévia: o equívoco de se tomar o tipo por conceito

Como se pode dessumir, do ponto de vista etimológico os tipos não são fechados como pressupõe a doutrina jurídica latina. Pelo contrário, sua forma de construção lhes acarreta uma abertura, que se revela na inesgotabilidade de suas notas, conforme leciona OLIVEIRA ASCENSÃO[38].

Dessarte, seria impróprio falar-se em tipos fechados, porquanto esses seriam, na verdade, os conceitos classificatórios. Ocorre que a palavra "tipo" foi impropriamente traduzida para as línguas latinas como sinônimo de *Tatbestand*, que remete a conceito fechado – exatamente o oposto do tipo, que é ontologicamente aberto.

---

34 WEBER, Max. *Economia e Sociedade*, vol. I. Milano: P. Rossi, 1968.

35 JUNG, Carl. *Tipos Psicológicos.* Petrópolis: Vozes, 2008, p.11.

36 HEYDE, Johs Erich. *Ein Beitrag zur Bedeutungsgeschichte dês Wortes Typus. Forschungen und Fortschritte,* 19/20, jul/1941, *Apud* DERZI, Misabel Abreu Machado. *Direito Tributário, Direito Penal e Tipo*, 2a ed. São Paulo: Revista dos Tribunais, 2007, p. 35.

37 HEYDE, Johs Erich. *Ein Beitrag zur Bedeutungsgeschichte dês Wortes Typus. Forschungen und Fortschritte,* 19/20, jul/1941, *Apud* DERZI, Misabel Abreu Machado. *Direito Tributário, Direito Penal e Tipo*, 2a ed. São Paulo: Revista dos Tribunais, 2007, p. 35.

38 ASCENSÃO, José de Oliveira. *A tipicidade dos Direitos Reais*. Lisboa: Minerva, 1968.

No presente trabalho, adotar-se-á a terminologia tecnicamente correta, tal como proposta por MISABEL DERZI[39], para se referir a tipos (abertos) e conceitos (fechados).

3.3.2 Tipo, Conceito e Direito

KARL LARENZ[40] foi um dos pioneiros a utilizar o raciocínio tipológico na Ciência do Direito, distinguindo os tipos entre abertos e fechados, ideia que todavia abandonou já na 3ª edição de sua "Metodologia da Ciência do Direito", a partir da qual passou a reconhecer que os tipos são sempre abertos[41]. Os nominados tipos fechados, em verdade, são os conceitos classificatórios.

Além desse autor, ARTHUR KAUFMANN[42], KLAUS TIPKE[43], PAUL KIRCHHOF[44], ALBERTO XAVIER[45] e MISABEL DERZI[46] também se debruçaram sobre o fenômeno tipológico na seara jurídica, que será aqui analisado sob duas perspectivas:

---

39 DERZI, Misabel Abreu Machado. *Direito Tributário, Direito Penal e Tipo*, 2ª ed. São Paulo: Revista dos Tribunais, 2007.

40 LARENZ, Karl. *Metodologia da Ciência do Direito*, 3a ed. Trad. José Lamego. Lisboa: Fundação Calouste Gulbenkian, 1989.

41 LARENZ faz ainda referência aos tipos empíricos, médios ou frequentes, assim como ao tipo jurídico total e estrutural. Os tipos médios e frequentes se evidenciam nas remissões feitas pela norma jurídica aos bons costumes ou à prática do comércio, tornando-se medidas móveis do comportamento social típico. Já o reconhecimento do tipo jurídico total depende do tipo empírico e da imagem total do fenômeno e não de notas isoladas do conjunto, tais como a figura do empregado-dirigente (*leitende Angestellte),* ou do representante comercial (*Handeslvertreter*). São, como se vê, tipos totais (reais normativos) e não conceitos gerais e abstratos. Já o tipo estrutural jurídico é colhido diretamente da vida social pelo legislador, tal como o contrato.

42 KAUFMANN, Arthur. *Analogia y naturaleza de las cosas*. Santiago: Jurídica de Chile, 1976.

43 TIPKE, Klaus. *Steuerrecht. Ein systematischer Grundriss*. Köln: Otto Schmidt KG, 1983.

44 KIRCHHOF, Paul. *Steuerungehung und Auslegungsmethoden.* StuW, 1983, *Apud* TORRES, Ricardo Lobo. *O Princípio da Tipicidade no Direito Brasileiro.* RIBEIRO, Ricardo Lodi; ROCHA, Sergio André (org.). Legalidade e Tipicidade no Direito Tributário. São Paulo: Quartier Latin, 2008, p. 156.

45 XAVIER, Alberto. *Os princípios da legalidade e da tipicidade da tributação.* São Paulo: RT, 1978.

46 DERZI, Misabel Abreu Machado. *Direito Tributário, Direito Penal e Tipo*, 2ª ed. São Paulo: Revista dos Tribunais, 2007.

a) a da hermenêutica jurídica, que cada vez mais vem adotando os tipos em contraposição aos conceitos classificatórios;

b) a do legislador, que, a depender da seara do direito, deve se valer ora de tipos, ora de conceitos classificatórios.

Confira-se.

3.3.2.1 O tipo na hermenêutica jurídica

A Teoria Geral e a Ciência do Direito foram fortemente influenciadas pelo conceito geral abstrato, classificatório, cujo momento de ápice se deu com a escola da exegese que, criticada por RECASÉNS SICHES[47], visualizava o magistrado como uma máquina com três ranhuras e um botão: na primeira ranhura inseriam-se os fatos, na segunda a norma, na sequência apertava-se o botão e, da terceira ranhura, saía a sentença, pela aplicação do método de subsunção dos fatos aos conceitos positivados na legislação.

O tipo surge, então, como uma reação ao pensamento limitador do conceito classificatório, como uma proposta que visa a captar as fluidas transições da vida, ligando-se ao movimento de distensão do positivismo exegético que se seguiu ao julgamento de Nuremberg.

A concepção tipológica, no sentido hermenêutico, é uma "abordagem de ordem" dos fatos a serem alcançados pela norma, distinguindo-se da "abordagem de classe", própria dos conceitos.

Em uma "abordagem de ordem", as propriedades são graduáveis, estando em diferentes graus de intensidade, maior ou menor, conforme a análise do caso isolado.

Segundo esclarece MISABEL DERZI[48], "em uma série assim ordenada, por comparação, escolhem-se certos fenômenos, especialmente pronunciados, que sejam formas representativas ou médias para servir de medida a outros fenômenos". Portanto, "ao contrário dos conceitos de classe, os tipos se interpenetram em ordenação gradativa, sem limites rigorosos"[49].

---

47 SICHES, Luis Recaséns. *Nueva Filosofía de la Interpretación del Derecho*, 2ª ed. Mexico: Porrúa, 1973, p. 202.

48 DERZI, Misabel Abreu Machado. *Direito Tributário, Direito Penal e Tipo*, 2ª ed. São Paulo: Revista dos Tribunais, 2007, p. 56.

49 DERZI, Misabel Abreu Machado. *Direito Tributário, Direito Penal e Tipo*, 2ª ed. São Paulo: Revista dos Tribunais, 2007, p. 56.

Já em uma "abordagem de classe", própria dos conceitos, opera-se um mecanismo de exclusão, "*ou ... ou*". Não há a possibilidade de graduação das notas características, sendo a classe definida segundo um número limitado e necessário delas.

Ao delimitar "espécies", atribuindo-lhes consequências jurídicas, não há a possibilidade de o intérprete graduar ou admitir transições fluidas e contínuas entre uma e outra. GUSTAV RADBRUCH[50] percebeu essa dinâmica a propósito do Direito Penal e afirmou que o relacional não poderia ser mais ou menos, mas sim uma excludente *ou*: ou há a espécie X ou a espécie Y.

Apesar de haver uma tendência tipológica nas correntes hermenêuticas mais recentes, especialmente as pós-positivistas, naquelas searas em que impera a segurança jurídica, como o Direito Penal, o Direito Tributário e os Direitos Reais, no âmbito do Direito Civil, a metodologia conceitual classificatória é a mais adequada para o estudo do objeto.

Afinal, não se poderia conceber um método dogmático-jurídico que se ocupasse de descrever, *v.g.*, as principais características do direito ao usufruto do bem imóvel, que, mesmo estando parcialmente ausentes em um ou outro caso, poderiam mesmo assim levar à caracterização do "tipo".

Isso levaria à conclusão, incompatível com o direito positivo vigente, de que se pode ser "mais ou menos" usufrutuário de um bem imóvel, assim como "mais ou menos" proprietário dele, teses que não se compatibilizam com a certeza e objetividade que o ordenamento jurídico positivo quis imprimir a essa espécie de direitos.

No Direito Tributário, ALFREDO AUGUSTO BECKER[51] é claro adepto da hermenêutica conceitual-classificatória. Segundo ele, "uma vez criado o tributo, os intérpretes da lei devem investigar sua verdadeira natureza jurídica" e "encontrar o critério objetivo que independa das flutuações subjetivas de cada intérprete".

---

50 RADBRUCH, Gustav. *Klassenbegriffe und Ordnungsbegriffe im Rechtsdenken.* Internationale Zeitscherift für Theorie dês Rechts, n. XII, 1936, pp. 166-75, *Apud* DERZI, Misabel Abreu Machado. *Direito Tributário, Direito Penal e Tipo*, 2a ed. São Paulo: Revista dos Tribunais, 2007, p. 95.

51 BECKER, Alfredo Augusto. *Teoria Geral do Direito Tributário.* São Paulo: Saraiva, 1972, pp. 332-3.

3.3.2.2 O uso do tipo pelo legislador

O segundo modo de utilização do tipo é pelo próprio legislador, que poderá positivar condutas mais ou menos rígidas, conferindo certa margem de liberdade ao aplicador da lei.

Trata-se de instrumento tipicamente utilizado pelo Direito Civil. Os contratos, por exemplo, são regidos por cláusulas supletivas, somente aplicáveis caso as partes não convencionem de modo diverso. Outrossim, a figura do contrato "atípico" é corrente nessa seara.

Outrossim, quando o art. 422 do Código Civil Brasileiro sustenta que "os contratantes são obrigados a guardar, assim na conclusão do contrato, como em sua execução, os princípios de probidade e boa-fé", tem-se a positivação do tipo, que positiva um valor a ser obrigatoriamente observado pelas partes e pelos intérpretes dos contratos.

Conforme MISABEL DERZI[52], com esforço em CLAUS-WILHELM CANARIS, os tipos são flexíveis, permitindo uma melhor adaptação do direito às demandas sociais, razão pela qual foram nominados "partes móveis" do sistema jurídico por CANARIS, que estarão mais ou menos presentes conforme a seara do direito, convivendo e se relacionando com as "partes fixas", que conferem estabilidade e certeza ao sistema.

O exemplo de CANARIS a esse respeito se baseia no artigo 245 do BGB alemão, pelo qual o dever de indenizar terceiros no direito civil dependerá das "circunstâncias". Surge, portanto, o quadro móvel, que dependerá de apuração do caso concreto, que será analisado não sob a ótica da subsunção ou não à norma (raciocínio "ou...ou") e sim conforme a gradação em que se deu na espécie sob análise[53].

Certos ramos do Direito Civil, contudo, também se valem eventualmente dos conceitos classificatórios, como é o caso dos Direitos Reais, conforme lembra OLIVEIRA ASCENSÃO[54], que são enumerados em rol *numerus clausus* pelo legislador, não sendo possível, por meio de contrato, criar direito real não positivado.

---

52 DERZI, Misabel Abreu Machado. *Modificações da Jurisprudência no Direito Tributário.* São Paulo: Quartier Latin, 2009, pp. 110-2.

53 DERZI, Misabel Abreu Machado. *Modificações da Jurisprudência no Direito Tributário.* São Paulo: Quartier Latin, 2009, pp. 163-4.

54 ASCENSÃO, José de Oliveira. *A tipicidade dos direitos reais.* Lisboa: Minerva, 1968.

Tanto em Direito Penal como no Tributário, a utilização pelo legislador dos conceitos classificatórios é imposta para fins de segurança jurídica, haja vista a invasão à liberdade e ao patrimônio individual que essas duas searas do direito viabilizam.

Não obstante, mesmo em seara na qual impera a atividade legislativa por conceitos, como a tributária, é possível identificar uma tipologia, destinada especialmente a conferir exequibilidade à norma.

Esse raciocínio por tipos está usualmente ligado à necessidade de aplicação da lei tributária em massa, adotando-se o tipo médio e ignorando-se eventuais diferenças individuais.

Exemplo disso é a substituição tributária progressiva, na qual o preço do produto final é considerado pela média do seu valor no mercado, aplicando-se margens de lucro pré-definidas sobre o preço de aquisição, pelo comerciante, dos bens a serem revendidos.

Outro exemplo é o das deduções legais com educação no Imposto de Renda, em que se atribui um valor padrão para todos os indivíduos, desconsiderando-se o grau de escolaridade, a necessidade de educação especial, dentre outros fatores.

Ao identificar a dificuldade que se terá na aplicação prática da lei, o legislador prescreve padrões de conduta, conforme os tipos observados na prática, viabilizando a atuação do Poder Executivo.

Trata-se de medida em prol do princípio da eficiência administrativa, que, consoante lembra ONOFRE BATISTA JUNIOR[55], está expressamente positivado na Constituição desde a EC n° 19/98. Ademais, vale lembrar que, segundo ADAM SMITH[56], ao lado da justiça se postam também a certeza, a praticidade e a economia na arrecadação como cânones para um sistema tributário ideal.

Nesses casos, todavia, é importante fazer um alerta: a utilização dos tipos se dá no momento pré-legislativo, com vistas a enformar a lei de modo que sua aplicação seja viável. Dessarte, no Direito Tributário, uma vez ocorrido o processo de positivação, a preponderância será do conceito e não do tipo.

---

[55] BATISTA JR., Onofre Alves. *Princípio Constitucional da Eficiência Administrativa*, 2a ed. Belo Horizonte: Fórum, 2012, pp. 109-63.

[56] Cf. BALEEIRO, Aliomar. *Uma Introdução à Ciência das Finanças*, 16a ed. Rio de Janeiro: Forense, 2006, p. 234.

3.4 *Conclusões sobre o modo de raciocinar por tipos e por conceitos*

Conforme ensina LEENEN[57] está-se mais próximo de um conceito se este possuir características necessárias e irrenunciáveis; em havendo características renunciáveis e graduáveis, está-se mais próximo do tipo.

Assim, a diferenciação entre o tipo e o conceito classificatório é uma questão de grau, podendo existir no direito várias combinações que marcam a transição entre uma ou outra forma de pensar.

Na prática, o modo de pensar por *tipos* e o modo de pensar por *conceitos* se complementam, ainda que haja preponderância de um ou outro conforme as especificidades do ramo do Direito.

4. A RELAÇÃO ENTRE O PRINCÍPIO DA LEGALIDADE E OS CONCEITOS CLASSIFICATÓRIOS

Sendo a legalidade a base da tributação e prevalecendo na seara tributária o pensamento conceitual classificatório, pode-se afirmar, com esforço em SACHA CALMON[58], que a lei formal deve especificar todos os elementos essenciais da obrigação tributária, do que decorre o princípio da especificidade conceitual fechada, impropriamente chamado princípio da tipicidade nos países de língua latina. Assim é que o conceito normativo tributário ("tipo fechado") deve corresponder a uma estrutura total de sentido, que se forma pelos dados descritivos da hipótese, bem como pela prescrição dos efeitos dela advindos[59].

Linha similar é seguida por CASALTA NABAIS[60], que se refere ao princípio da "determinabilidade", a exigir reserva formal e material de lei para instituição das obrigações tributárias, pensamento complementado

---

57 LEENEN, Detlev. *Typus und Rechtsfindung*. Berlin: Duncker e Humblot, 1971, pp. 53-4.

58 COELHO, Sacha Calmon Navarro. *Teoria Geral do Tributo e da exoneração tributária.* RT. São Paulo: 1982, p. 221.

59 No mesmo sentido de SACHA CALMON: HENSEL, Albert. *Diritto Tributario.* Trad. Dino Jarach. Milano: Giuffrè, 1956, p. 74; PINTO, Bilac. *Isenção Fiscal*, RDA n° 21, São Paulo, Jul.-Set./1950, p. 357.

60 CASALTA NABAIS, José. *O dever fundamental de pagar impostos – contributo para a compreensão constitucional do estado fiscal contemporâneo.* Dissertação de doutoramento em Ciências Jurídico-Políticas na Faculdade de Direito da Universidade de Coimbra. Coimbra: Almedina, 1998, p. 368.

por ALBERTO XAVIER[61], para quem o legislador não pode adotar conceitos tributários demasiadamente amplos.

Assentadas as bases teóricas do pensamento por tipos e por conceitos, passemos à análise de julgados do STF em matéria tributária, perquirindo o raciocínio prevalente em cada um deles: conceitual-classificatório ou tipológico.

5. A JURISPRUDÊNCIA E OS RACIOCÍNIOS TIPOLÓGICO E CONCEITUAL

5.1 O modo de pensar por conceitos no STF

5.1.1 A definição de "serviço": a locação de bens e o arrendamento mercantil (leasing)

Segundo MISABEL DERZI[62], as principais características da hipótese de incidência do ISSQN são:

> a) a prestação de serviços configura a execução de obrigação de "fazer" e não de "dar coisa";
>
> b) deve ser prestada a "terceiro";
>
> c) deve ser executada "sem vínculo de subordinação jurídica", em caráter independente, razão pela qual se excluem os serviços prestados pelos empregados a seus empregadores e pelos servidores públicos;
>
> d) deve ser "objeto de circulação econômica", excluindo-se os serviços gratuitos ou de cortesia; e
>
> d) o serviço deve ser prestado em "regime de direito privado" (por pessoa física ou jurídica, empresa pública ou sociedade de economia mista como atividade econômica).

A lei complementar – atualmente a de n° 116/03 – tem a função constitucional de definir os serviços potencialmente tributáveis por meio da

---

61 XAVIER, Alberto. *Tipicidade da Tributação, Simulação e Norma Antielisiva.* São Paulo: Dialética, 2001, p. 17.

62 BALEEIRO, Aliomar. *Direito Tributário Brasileiro*. Atualizado por MISABEL ABREU MACHADO DERZI. Rio de Janeiro: Forense, no prelo.

formulação de conceitos abstratos e determinados. Todavia, atividades que são serviços podem não estar nela incluídas (como é o caso do serviço prestado por restaurantes) e outras, que não o são (como as locações de bens móveis), podem dela constar por equívoco legislativo.

A incidência do ISSQN exclui a do ICMS, assim como a do IPI (embora haja situações nas quais atualmente se sustente a possibilidade de incidência conjunta de ISSQN e de IPI, como na industrialização por encomenda). De todo modo, o critério definidor é o fato de a atividade ser uma obrigação de fazer – serviço – ou uma obrigação de dar – ICMS e IPI – cabendo à lei complementar dirimir os conflitos de competência entre os entes políticos da federação.

A caracterização de uma determinada atividade como serviço, portanto, é realizada pelo modo de raciocinar conceitual, tendendo à classificação, à axiomatização. Estabelecidas em abstrato as notas do conceito, poderá haver ou não a subsunção do objeto analisado (item da lista da lei complementar) à teorização formulada. A relação é de inclusão ou exclusão, valendo-se do relacional "ou...ou".

Sob essa perspectiva, o Supremo Tribunal Federal declarou ser inconstitucional a incidência do ISSQN sobre a locação de bens móveis, sustentando que a atividade não se enquadra no conceito de "serviço", tendo a questão sido inclusive sumulada (Súmula Vinculante n° 31[63]).

Os argumentos vencedores pugnaram pela existência de um conceito de "serviço" no direito privado brasileiro, ao qual o legislador tributário estaria adstrito por ter sido utilizado em norma constitucional atributiva de competência.

O Min. MARCO AURÉLIO, citando o art. 110 do CTN, afirmou que "há de prevalecer a definição de cada instituto, e somente a prestação de serviços, envolvendo na via direta o esforço humano, é fato gerador do tributo em comento"[64].

No caso, o entendimento que predominou na Corte valeu-se do modo de raciocinar por meio de conceitos, pois não houve juízo de graduação entre a descrição dos fatos, excluindo-se da hipótese tributária os contratos de aluguéres.

---

63 Súmula Vinculante n° 31/STF: "É inconstitucional a incidência do Imposto sobre Serviços de Qualquer Natureza – ISS sobre operações de locação de bens móveis".

64 STF, Pleno, RE n° 116.121, p/ acórdão Min. MARCO AURÉLIO, DJ 25.05.2001.

Da mesma forma, nos RREE ns. 547.245 e 592.905[65], examinando a questão dos contratos de *leasing* e a possibilidade de incidência de ISSQN sobre essa operação, o STF manteve-se fiel ao raciocínio conceitual, em que pese estar a decisão repleta de argumentos de cunho econômico (verdadeiro consequencialismo), asseverando a existência de capacidade contributiva daqueles que fomentam esse tipo de relação contratual.

Vale destacar que o STF distinguiu três modalidades de *leasing:*

a) o *leasing operacional*;

b) o *leasing* financeiro; e

c) o *lease-back*.

No primeiro caso, entendeu a Corte que se tratava de negócio jurídico similar às locações, não podendo incidir o imposto municipal, conforme o teor da Súmula Vinculante nº 31.

Porém, no caso das duas outras modalidades de *leasing* o STF admitiu a incidência do ISSQN, ao argumento de que envolveriam a intermediação e o financiamento que, a seu turno, são serviços tributáveis pelo ISSQN.

Em suas ponderações, todavia, os Ministros JOAQUIM BARBOSA, RICARDO LEWANDOWSKI, CARLOS AYRES BRITTO e CEZAR PELUSO, fizeram diversas referências à necessidade de se analisar o caso sob novas luzes, sendo as antigas distinções oriundas do direito romano entre obrigações de dar, fazer e não-fazer inadequadas aos dias atuais. Em dado momento, RICARDO LEWANDOWSKI chega a afirmar que "os operadores de leasing estariam no melhor mundo possível, porque eles não pagam ISS, não pagam ICMS, não pagam IOF, qual seria o tributo, então, que incidiria sobre essa operação?"[66].

Entretanto, como somente estava em julgamento a incidência do ISSQN sobre o leasing financeiro – modalidade na qual o Relator reconheceu a incidência do imposto – todos os Ministros (salvo o Min. MARCO AURÉLIO) se puseram de acordo com a relatoria.

Dessarte, operou-se a lógica do modo de raciocinar por conceitos: não sendo serviço, não há ISSQN, caso do *leasing* operacional; havendo

---

[65] STF, Pleno, RE n° 547.245, Relator Min. EROS GRAU, DJe 04.03.2010; STF, Pleno, RE n° 592.905, Relator Min. EROS GRAU, DJe 04/03/2010.

[66] STF, Pleno, RE n° 547.245, Relator Min. EROS GRAU, DJe 04.03.2010.

prestação de serviços de intermediação e financiamento, há ISSQN, casos do *leasing* financeiro e do *lease-back*.

Assim, pode-se afirmar que, pelo menos até o momento, existe para o STF um conceito de prestação de serviços de qualquer natureza, do qual o legislador complementar não pode se afastar, devendo o item 15.09 do anexo da LC n° 116/03 ser interpretado restritivamente, de modo a excluir o *leasing* operacional.

Embora possamos identificar no caso inúmeros argumentos de cunho econômico – que podem indicar uma tendência de modificação jurisprudencial atributiva de conotação positiva (e não mais meramente protetiva do contribuinte) ao princípio da capacidade contributiva – predominou na ementa do julgado o raciocínio conceitual.

5.1.2 A Taxa de Fiscalização Ambiental e o conceito de "poluidor"

Outro exemplo em que o STF não permitiu a aplicação do modo tipológico de raciocinar para fins de tributação e que levou o legislador a fechar operacionalmente o conceito através da criação de uma lista *numerus clausus* de atividades tributáveis foi no caso da taxa ambiental devida ao IBAMA.

O art. 8º da Lei n° 9.960/00, modificando o art. 17 da Lei n° 6.938/81, estabeleceu como sujeitos passivos da taxa do IBAMA "as pessoas físicas e jurídicas obrigadas ao registro no Cadastro Técnico Federal de Atividades potencialmente Poluidoras ou Utilizadoras de Recursos Ambientais".

Porém, como a lei não enumerava as atividades potencialmente poluidoras ou utilizadoras de recursos ambientais (que ensejariam o cadastro administrativo dos contribuintes da taxa), e entendendo que "poluidor" não seria um conceito, mas sim um tipo, aberto a diversas interpretações, o STF declarou inconstitucional a referida lei.

No entender da Suprema Corte[67], a Lei n° 9.960/00 teria inobservado o princípio da especificidade conceitual fechada, que exige, como visto linhas atrás, a positivação legal de todos os aspectos do antecedente e do consequente da norma de tributação (legalidade no sentido material).

Em seu voto, o Relator, Ministro ILMAR GALVÃO deixa claro que a conceituação do sujeito passivo tal como operada de nada valia, visto não trazer a lei a necessária enumeração das referidas atividades.

67 STF, Pleno, ADI nº 2.178, Relator Min. ILMAR GALVÃO, DJ 12.05.2000.

Com razão o Ministro, pois, de fato, há grande dificuldade em determinar a figura do poluidor, já que nas sociedades contemporâneas todos poluem.

Após a declaração de inconstitucionalidade da Lei n° 9.960/00, foi editada a Lei n° 10.165/00, que instituiu a Taxa de Controle e Fiscalização Ambiental (TCFA), determinando como seu fato gerador o poder de polícia exercido pelo IBAMA e como sujeito passivo "todo aquele que exerça atividades constantes no anexo VIII". O aludido anexo trouxe não apenas a categoria de cada atividade potencialmente poluidora, como também sua respectiva descrição, observando de forma rígida a especificidade conceitual fechada[68].

Tal diploma normativo foi declarado constitucional[69], entendendo o STF que no caso foi observado o princípio da determinabilidade, já que os conceitos foram fechados pela técnica da enumeração taxativa, acompanhados inclusive de sua descrição pormenorizada, de forma a espancar quaisquer dúvidas quanto à sua extensão.

5.2 *O modo de pensar por tipos no STF*

5.2.1 A delegação legislativa e o modo de pensar por tipo

Em favor do modo de pensar tipológico no Direito Tributário e da ampla possibilidade de delegação legislativa ao Poder Executivo, pode-se citar como caso paradigmático o relativo ao Seguro de Acidentes de Trabalho, regulado pela Lei n° 8.212/91.

O aludido diploma normativo estabeleceu nas alíneas "a", "b" e "c" do inciso II do art. 22 que as contribuições teriam como alíquotas os valores de 1%, 2% e 3%, dependendo da atividade preponderante do contribuinte, as quais poderiam ser definidas conforme o risco de acidente do trabalho: leve, médio ou grave.

A lei, ao proceder desse modo, delegou ao Poder Executivo a determinação do que seria a atividade preponderante da empresa, assim como as atividades que encerrariam riscos leve, médio e grave.

---

68 A título de exemplo, confira-se a primeira atividade constante do Anexo VIII inserido pela Lei n° 10.165/00 na Lei n° 6.938/81: "Categoria: Extração e Tratamento de Minerais. Descrição: pesquisa mineral com guia de utilização; lavra a céu aberto, inclusive de aluvião, com ou sem beneficiamento; lavra subterrânea com ou sem beneficiamento, lavra garimpeira, perfuração de poços e produção de petróleo e gás natural".

69 STF, Pleno, RE n° 416.601, Relator Min. CARLOS VELLOSO, DJ 30.09.2005.

Os Decretos n°s 356/91, 612/92 e 2.173/97 complementaram a legislação, definindo o critério para caracterização da atividade preponderante das empresas e para definição do grau de risco de acidente do trabalho.

Analisando o diploma em questão, RICARDO LOBO TORRES[70] afirmou que "é legítima a lei que transfere ao regulamento a competência 'para preencher o tipo nela previsto', explicitando as suas diversas possibilidades".

Seguindo esse raciocínio, o STF[71] considerou constitucional a delegação legislativa ao Executivo para definição de "atividade preponderante" e das atividades enquadráveis nos graus de risco leve, médio e grave. Nesse sentido, para a Corte Suprema, não ofenderia a legalidade "o fato de a lei deixar para o regulamento a complementação dos conceitos de 'atividade preponderante'" e "grau de risco leve, médio e grave".

O relator do caso, Ministro CARLOS VELLOSO, justificou seu entendimento afirmando que estariam presentes na lei "todos os standards que deveriam ser observados pelo Poder delegatário"[72].

Como se vê, houve a legitimação para a produção de normas tributárias que aceitem o tipo, uma abertura da lei tributária a ser complementada, segundo parâmetros estabelecidos legalmente, pela delegação legislativa ao executivo. Este aferirá os dados, em concreto, justamente para uma melhor aplicação da norma aos casos por ela regidos.

Segundo os adeptos da corrente tipológica da tributação[73], a inclusão na norma de incidência tributária de conceitos e tipos, com a sua inerente generalização e indeterminação, serve para que "a norma não seja frustrada e ultrapassada pela própria vida", linha de pensamento que, neste caso, foi acolhida pelo STF, em que pese não haver nenhuma menção expressa na decisão da Suprema Corte ao pensamento tipológico, talvez pela sua pouca divulgação na doutrina pátria[74].

---

[70] TORRES, Ricardo Lobo. *Tratado de Direito Constitucional Financeiro e Tributário:*Valores e Princípios Constitucionais Tributários, 2005, p. 504.

[71] STF, Pleno, RE n° 343.446, Relator Min. CARLOS VELLOSO, DJ 04.04.2003.

[72] STF, Pleno, RE n° 343.446, Relator Min. CARLOS VELLOSO, DJ 04.04.2003.

[73] ROCHA, Sérgio André. *A deslegalização no Direito Tributário Brasileiro Contemporâneo: Segurança Jurídica, Legalidade, Conceitos Indeterminados, Tipicidade e Liberdade de Conformação da Administração Pública.* RIBEIRO, Ricardo Lodi; ROCHA, Sergio André (org.). Legalidade e Tipicidade no Direito Tributário. São Paulo: Quartier Latin, 2008, p. 250.

[74] Destaque-se, porém, que mesmo nesse caso o Poder Executivo deverá classificar e axiomatizar os critérios de atividade preponderante e o tipo de risco de cada uma, es-

6. CONSIDERAÇÕES FINAIS

Dentro do raciocínio jurídico-normativo existem dois modos de pensar, que, apesar de distintos, se complementam: o tipológico e o conceitual. Tanto um quanto outro têm sido utilizados a favor de alguma ideologia.

De fato, as três grandes divisões paradigmáticas do Estado de Direito – Liberal, Social e Democrático – influenciam fortemente a predominância de uma ou outra técnica. Se no Estado Liberal o forte apego ao positivismo não foi capaz de resolver o problema da igualdade, no Estado Social a preponderância do executivo trouxe fortes desajustes democráticos e econômicos para a sociedade.

GEORGES BURDEAU[75] afirma que dois elementos são tradicionais em toda ordem jurídica: a segurança e o progresso. Dependendo da corrente hermenêutica adotada, haverá sempre o privilégio de um em detrimento do outro, em maior ou menor grau, pois enquanto a segurança se liga à estabilidade e imutabilidade, o progresso se relaciona com mudanças contínuas e velozes.

No Estado Democrático de Direito a segurança jurídica demanda o raciocínio conceitual em matéria tributária: ou o fato está contido na norma ou não está.

O fato de a contemporaneidade ser complexa não confere à vontade individual do governante o poder de criar, ampliar ou extinguir tributos. Na seara tributária e na seara penal, a nosso ver, se determinado fato não encontra previsão expressa na hipótese de incidência legal, verifica-se a "norma geral exclusiva", no sentido apontado por BOBBIO[76], ou seja, não se dará o nascimento do tributo ou a "tipificação" da conduta criminosa.

MAURICE HAURIOU[77] afirma que "en matéria jurídica es preciso busca siempre garantias y seguridades. No basta que un derecho sea reconocido y declarado; es necesario garantizarlo, porque llegarán

tabelecendo em abstrato as notas do conceito e aplicando-se a inclusão ou exclusão do objeto analisado a essa definição. Se a legalidade restou frustrada, a conceituação determinada do fato mesmo assim poderá em momento posterior.

75 BURDEAU, GEORGES BURDEAU. *Essai sur l'èvolution de La Notion de Loi em Droit Français.* Arch. Phil. Dr. et Social Jur., 1939, p. 48.

76 BOBBIO, Norberto. *Teoria do Ordenamento Jurídico*. Brasília: UNB, 1999.

77 HAURIOU, Maurice. *Principios de Derecho* Público y Constitucional. Trad. Carlos Ruiz Del Castilho. Granada: Comares, 2003, p. 130.

ocasiones em que será discutido y violado". A segurança não é um requisito exclusivo do Direito Tributário, mas nele a fluidez e abertura semânticas deverão ser menores que em outros ramos jurídicos.

Seja no paradigma do positivismo clássico, onde há forte pretensão da veracidade, seja no paradigma que engloba o pós-positivismo, onde a abertura semântica predomina na técnica hermenêutica, Direito Tributário e Direito Penal devem ter carga mais forte de ostensividade e as mudanças não podem ter por base comportamentos sociais, mas apenas e tão-somente a lei.

Como já dizia EDGAR BODENHEIMER[78], o Direito é sempre a síntese entre a ordem e o justo: quanto mais ordem, menos justiça; quanto mais justiça, menos ordem. Se há uma seara jurídica na qual a ordem deve sempre prevalecer, esta seara é o Direito Tributário.

[78] BODENHEIMER, Edgar. *Ciência do Direito – Filosofia e Metodologia Jurídica*. Rio de Janeiro: Forense, 1966.

3

A VEDAÇÃO AO CONFISCO COMO LIMITADOR AO EXERCÍCIO DO PODER TRIBUTANTE

Antônio Roberto Winter Carvalho[1]

1. INTRODUÇÃO

A relação fisco-contribuinte é por, sua natureza, marcada por um "confronto" entre o contribuinte, que tende a ver o tributo como interferência estatal em seu patrimônio, não por outra razão Ives Gandra Martins (2003) conceitua tributo como uma "norma de rejeição social"; de outro lado, o tributo representa pilar fundamental para o funcionamento e funções do Estado.

A interferência estatal no patrimônio privado, manifesta-se, dentre outras formas, através do exercício do poder tributante, em que os princípios constitucionais, representados no presente caso pela vedação ao confisco, exercem a precípua função de instrumento limitador da ação estatal.

[1] Professor nos Cursos de MBA de Direito Tributário da Fundação Getúlio Vargas (FGV/RIO), Mestre em Direito Público com Ênfase em Direito Tributário pela Pontifícia Universidade Católica – PUC/MG, MBA em Auditoria, Finanças e Auditoria pela FGV e Especialista em Direito Tributário pelo IEC-PUC. Advogado. Membro da Comissão de Direito Tributário da Ordem dos Advogados do Brasil/MG.

2. DOS PRINCÍPIOS COMO LIMITADORES DO EXERCÍCIO DO PODER TRIBUTANTE

Nesta complexa relação em que o tributo representa a principal fonte de recursos para o desenvolvimento das atividades estatais e a propriedade privada é um direito garantido ao contribuinte, foi atribuída aos princípios constitucionais tributários a precípua finalidade de estabelecer limitações ao poder tributante, estabelecendo como ponto final um estado ideal a ser almejado na máxima medida.

Foi atribuído aos princípios o estabelecimento de garantias e disposições fundamentais e harmônicas dentro do ordenamento, conforme muito bem destaca Virgílio Afonso (2003) e Celso Antônio Bandeira de Melo (2002), para quem os "princípios são tradicionalmente definidos como mandamentos nucleares ou disposições fundamentais de um sistema, verdadeiro alicerce dele" (MELO, 2002, p.408).

O posicionamento sustentado pelo professor Ávila (2008), ao descrever princípios, ilustra com muita maestria como um norte limitador do poder tributante representa um interessante elo de parte da doutrina sustentada por Dworkin (1978), sem se distanciar dos sentidos apregoados por Bonavides (1999), Misabel Derzi (2010) e Carraza (2006), para quem:

> (...) um enunciado lógico, implícito ou explícito, que por sua grande generalidade, ocupa posição de preeminência nos vastos quadrantes do Direito e, por isto mesmo, vincula, de modo inexorável, o entendimento e a aplicação das normas jurídicas que com ela se conectam (CARRAZA, 2006, p.54).

Os nortes interpretativos dos princípios, providos de relativa positividade, são incontestavelmente um tipo de norma, em que se determina um estado ideal de condutas e/ou orientam a adequada interpretação de regras normativas ao caso concreto, estabelecendo uma direção dentro de um sentido axiológico e jurídico.

O estado ideal de condutas apregoadas nos princípios atua, dentre outras funções, como limitador do poder estatal de tributar, servindo de ponto de partida para a construção de norma *in concreto* (regras), influenciando a interpretação de textos normativos e delimitando a atuação das normas tributárias, em que o tributo passa a ser utilizado não só como ferramenta de arrecadação, mas também como mecanismo propulsor de desenvolvimento econômico e social, conforme previsto pelo legislador constitucional no texto da Carta de 1988, em que foi asseverada a defesa da livre economia, da preservação da propriedade e da redução das desigualdades sociais.

Nesta seara, o princípio da vedação ao confisco representa um limitador ao exercício do poder estatal como uma espécie de garantia do contribuinte em face do "poder do príncipe" como representante do ente estatal tributante.

3. DA VEDAÇÃO AO CONFISCO COMO UMA FORMA DE RESPEITO À PROPRIEDADE

O princípio da vedação ao confisco, materializado pelo respeito à propriedade, deve permear toda e qualquer atuação estatal. Independentemente da forma adotada, o princípio da propriedade sempre deverá ser um norte a ser observado, em respeito à regra inserida no art. 150, inciso IV, da Constituição Federal, de onde sobressai que "sem prejuízo de outras garantias asseguradas ao contribuinte, é vedado à União, aos Estados, ao Distrito Federal e aos Municípios utilizar tributo com efeito de confisco".

Os entendimentos preliminares acerca do não confisco ou de sua vedação, conduzem ao entendimento de que a tributação não pode ser uma penalidade, de tal maneira intransponível e onerosa que o sacrifício se torne insuportável, inviabilizando o elemento privado, destruindo sua fonte, tornando público seu patrimônio.

Dessa dissipação, o conceito de tributo não pode representar um sacrifício maior daquele compatível com a capacidade contributiva do contribuinte, bem como não pode ser confundido com a sanção ou penalidade tributária, institutos absolutamente diversos.

O direito à propriedade e o princípio da vedação ao confisco devem ser sopesados e equilibrados, com vistas à criação de uma equação em que nenhum destes ditames seja desprezado, conforme destaca Friedrich Klein:

> (...) o princípio da propriedade privada surge como importante guia para sua introdução. Com efeito, a própria compatibilidade entre a tributação e a propriedade privada não é tão imediata, já que a tributação implica, necessariamente, transferência patrimonial da esfera privada para a pública. Tal transferência jamais poderia ser considerada como ofensiva ao direito de propriedade, tendo em vista que foi o próprio constituinte que a autorizou, como forma de financiar o Estado. (KLEIN *apud* SCHOUERI, 2005, p.91).

Em igual sentido, SCHOUERI (2005, p.93) analisando a norma tributária e a propriedade privada destaca, "mais uma vez, a importância do estudo da compatibilidade da norma tributária com o direito a propriedade, desta feita para investigar se seu 'efeito' é, ou não, compatível com o direito de propriedade, assegurado pela Constituição".

O professor mineiro João Bosco Lepoldino da Fonseca (2000, p.89) destaca que "a propriedade econômica não é algo para ser tolerado pelo Estado, mas como um princípio de sua Ordem Econômica". Em sentido complementar, o Professor Schoueri (2005) defende que o princípio da vedação ao confisco exerce a preponderante função de implicar um teto para a tributação:

> O princípio da proibição de efeito confiscatório implica um limite máximo para a tributação. Embora se encontrem tentativas, no direito comparado, de se localizarem limites quantitativos à tributação, no direito brasileiro hodierno inexiste semelhante indicação, cabendo ao aplicador da lei, valendo-se da razoabilidade, encontrar seus limites, tendo em vistas os princípios da propriedade privada e da livre iniciativa. Enquanto o primeiro impede a desapropriação sem justa indenização, pelo último se encontra o corolário de que se devem distinguir as atividades licitas e ilícitas. Se ilícita, não há como admitir o legislador valer-se de subterfúgios para declará-la. Se ilícita, não há como o legislador tributário impedir seu exercício. (SHOUERI, 2005, p.325).

O efeito confiscatório do tributo fere o direito de propriedade, instituindo alíquotas excessivas, gerando perdas em alguns casos superiores aos eventuais benefícios auferidos. Desta feita, o confisco inaugura uma forma de sanção punitiva, que acaba por adjudicar em prol do fisco bens que antes pertenciam ao contribuinte, conforme destaca o ilustre professor Hugo de Brito Machado (2001):

> No exame do princípio da vedação ao tributo confiscatório tem-se de considerar qual o regime econômico consagrado pela Constituição. Se esta consagrou o regime da economia de livre iniciativa, isto é, o regime da livre empresa, ou empresa privada, a conclusão inevitável será a de que, mesmo não expressamente previsto, o uso de tributo com efeito de confisco está proibido.
>
> O Estado, ao adotar o regime da livre empresa, utiliza o tributo como instrumento através do qual as empresas privadas suprem os seus cofres dos recursos financeiros necessários ao desempenho de suas atividades. Assim, tributá-las até a exaustão seria uma atitude absurdamente incoerente. Seria matar a galinha dos ovos de ouro. Extinguir a fonte de onde se nutre de recursos financeiros. Inadmissível, portanto a interpretação de uma Constituição que consagra o regime da livre empresa, de sorte a concluir que ela, por ser omissa, permite o tributo confiscatório (MACHADO, 2001, p.103).

Os princípios constitucionais tributários instituem as limitações ao poder de tributar, cabendo ao princípio da vedação ao confisco a instituição da última e maior barreira contra a exclusão da propriedade privada do cenário privado produtivo, de modo que "veda que a incidência tributária seja sobremodo elevada a ponto de aproximar-se da desapropriação e do confisco" (BALEEIRO, 2003, p.572).

Aos tributos não é admissível a adoção de medidas confiscatórias, diferentemente do que acontece no caso das multas tributárias, em que sobreleva o caráter sancionador do direito, ilustrado pelo direito penal, sendo permitida a adoção de medidas de ordem punitiva, como o perdimento dos bens, conforme destaca Werther Spagnol (2004):

> A proibição constitucional da utilização de uma exação com efeitos confiscatórios pode ser entendida, em termos gerais, como uma reiteração do princípio de garantia da propriedade privada, sendo a utilização progressiva do tributo uma forma de possibilitar o exercício de sua função social. Assim temos, de um lado, a autorização para que as potencialidades econômicas sejam gravadas progressivamente e, de outro, a garantia de que ditas potencialidades não terão sua vitalidade comprometida em virtude de um gravame excessivo (SPAGNOL, 2004, p.129-30).

O princípio da vedação ao confisco exerce influência direta sobre o princípio da progressividade, delimitando sua atuação especialmente à medida em que a progressividade irradia seus efeitos.

A norma tributária não pode ser utilizada para produção de efeitos confiscatórios, sob pena de exclusão da categoria tributária e, porquanto, ainda que seja considerada na sua forma extrafiscal indutora, entendemos pela existência de um sistema único em que, independente da forma ou finalidade, a norma deve se ater à observância dos princípios constitucionais relativos à matéria, não se admitindo o confisco para quaisquer questões tributárias, sob o risco de ofensa aos demais princípios basilares presentes no direito tributário e à propriedade privada, ambos institutos protegidos com o manto da Constituição de 1988.

4. DA INTEGRAÇÃO DA VEDAÇÃO AO CONFISCO COM OS DEMAIS PRINCÍPIOS CONSTITUCIONAIS TRIBUTÁRIOS

O princípio da vedação ao efeito confiscatório do tributo se imbrica em uma harmônica combinação com os demais princípios constitucionais tributários, limitando o poder tributante do Estado.

A norma tributária é regida pelos ditames constitucionais, especialmente aqueles que exercem a precípua função de delimitar a ação estatal, destacando a importância da observância dos princípios constitucionais tributários, conforme assevera Carraza (2003, p.31), para quem:

> (...) o princípio é o começo, alicerce, ponto de partida. Pressupõe, sempre, a figura de um patamar privilegiado, que torna mais fácil a compreensão ou demonstração de algo. Nesta medida é a pedra angular de qualquer sistema (CARRAZA, 2003, p.31).

Os princípios constitucionais tributários, em especial a vedação ao efeito confiscatório do tributo, a capacidade contributiva e a isonomia, exercem a precípua função de criar limitações ao poder estatal de tributar, devendo ser desvendados em seus fundamentos ontológicos e principiológicos, eis que o "direito também possui princípios, porque não é possível haver ciência não fundada em pressupostos" (REALE, 1999, p.25).

A interpretação sistemática do Direito Tributário dentro do paradigma instituído pelo princípio da vedação ao confisco se imbrica com as demais formas do direito, criando a verdadeira harmonização do sistema jurídico, descrevendo e limitando o poder tributante, conforme destaca o Professor Humberto Ávila (2008):

> (...) a interpretação sistemática do Direito Tributário é marcada – com as conhecidas exceções – por duas características: primeiro, a descrição das limitações do poder de tributar é feita preponderantemente a partir de textos normativos cujo significado frontal é negativo e que são expressamente previstos na Constituição; segundo, ela é caracterizada pela falta entre princípios e bens jurídicos (ÁVILA, 2008, p.22).

A vedação ao confisco se imbrica com o princípio da capacidade contributiva como instituto limitador do poder de tributar, assegurando os direitos subjetivos do contribuinte, consubstanciando-se no potencial econômico do indivíduo para suportar os encargos provocados pelos tributos, sem que exista confisco e o ferimento da dignidade humana, conforme assevera Gouvêa (2006, p.53), para quem "é a medida que informa a fiscalidade, eis que impõe ao Estado cobrar tributos de seus súditos que tenham capacidade para ser tributados". Conforme destaca Augusto Becker:

> (...) as despesas públicas devem ser partilhadas entre os contribuintes conforme as respectivas possibilidades de suportar o peso do tributo é incorrer em tautologia: as palavras 'capacidade contributiva', sem alguma especificação, não constituem um conceito científico.

> Elas nem oferecem parâmetro para determinar a prestação do contribuinte e para adequá-la às prestações dos demais; nem dizem se existe e qual seja o limite dos tributos. Esta expressão, por si mesma, é recipiente vazio que pode ser preenchido pelos mais diversos conteúdos; trata-se de locução ambígua que se presta às mais variadas interpretações (BECKER, 1963, p.439).

O celebre pensador liberal Adam Smith (1776), autor da obra *Riqueza das nações*, defende que "todo imposto deve ser planejado de tal modo que retire e conserve fora do bolso das pessoas o mínimo possível, além da soma que ele carreia para os cofres do Estado".

A vedação ao confisco imbricada pelo princípio da capacidade contributiva dirige-se objetivamente ao legislador, atuando como agente dosador da obrigação tributária, de modo que o pagamento do tributo aconteça sem que incorra no perecimento da riqueza do contribuinte.

O texto da Constituição de 1988, por meio do artigo 145, §1°, destaca que "sempre que possível, os impostos terão caráter pessoal e serão graduados segundo a capacidade econômica do contribuinte", revelando que independente da pessoalidade do tributo, é inegável a importância da capacidade de contribuir, colaborando com o ditame apregoado pelo conteúdo jurídico proposto na vedação ao efeito confiscatório dos tributos.

Para a Professora Misabel Derzi (2003), a capacidade contributiva pode ser apresentada com desdobramentos:

> (...) capacidade contributiva absoluta (ou objetiva), segundo a qual o legislador deve escolher fatos jurígenos tributários e situações que revelem, em geral a capacidade de pagar tributos. De outro lado, a capacidade relativa (real ou subjetiva) é aquela que só seria verificada em cada caso concreto e específico (BALEEIRO, 2003, p.273)

A vedação ao confisco e a capacidade contributiva têm sua aplicação diretamente relacionada a todos os tributos, independente da atividade do Estado, tal como ocorre no caso das contribuições de melhoria, nas quais o valor retribuição ao erário não pode ser maior do que as despesas e nem o benefício auferido, atuando como uma referência quantitativa para a insurgência do ônus tributário.

A vedação ao confisco e a capacidade contributiva, analisados de forma conjunta, exercem a precípua função de atuar estabelecendo um signo dos ditames protegidos, eis que atuam como medida comparativa à medida ideal da relação entre o contribuinte e o poder tributante.

Nesta linha, a atuação estatal não pode exceder a capacidade de pagar do contribuinte, sob o risco de torna-se confiscatório determinado tributo. O professor Sacha Calmon (1990), ao analisar a capacidade contributiva, apregoa que não se pode admitir exceção em sua aplicação:

> Por ser do homem a capacidade de contribuir, a sua medição é pessoal, sendo absolutamente desimportante intrometer no assunto a natureza jurídica das espécies tributárias. É errado supor que, sendo a taxa um tributo que tem por fato jurígeno uma atuação do Estado, só por isso, em relação a ela há falar em capacidade contributiva. Ora, a atuação do Estado é importante para dimensionar a prestação, nunca para excluir a consideração da capacidade de pagar a prestação, atributo do sujeito passivo e não do fato jurígeno. O que ocorre é simples. Nos impostos, mais do que nas taxas e contribuições de melhoria, está o campo de eleição da capacidade contributiva (COELHO, 1990, p.83).

No caso dos impostos pessoais, a atuação do poder tributante está limitada à capacidade de contribuir, sendo explicito que aquilo que exceder essa limitação, confiscatório estará sendo, uma vez que não estarão sendo observadas as condições pessoais do contribuinte, de modo a preservar a relação da garantia do "mínimo vital" (indispensável) e do princípio da vedação ao confisco:

> Impostos e contribuições sociais deverão possuir fato gerador e base de cálculo que representem signo de riqueza e ser instituídos de forma igualitária para contribuintes que se encontrem em iguais situações (GOUVÊA, 2006, p.53).

Uma vez que a capacidade de contribuir preserva nexo direto com a vedação do efeito confiscatório do tributo, e, que esta primeira preserva nexo direto com o principio da isonomia, é mister concluir que este terceiro principio também se relaciona com o não confisco.

A relação entre a vedação do confisco, capacidade contributiva e o princípio da isonomia, pode ser vista por diversas óticas, de modo que o terceiro é apontado como um princípio maior. Outra corrente aponta o segundo princípio como um subprincípio deste terceiro.

O consenso em todos esses entendimentos é que ambos os princípios se imbricam de um modo indissolúvel, complementando-se, criando um norte de graduação e limite para a tributação, sendo vedado o efeito confiscatório dos tributos para indivíduos que se encontrem em situações semelhantes, irradiando seus efeitos em todos os setores do Direito Tributário e limitando o exercício do poder tributante.

Para Paulo Caliendo (2008) a igualdade se apresenta em uma hierarquia superior a diversos outros princípios:

> (....) o princípio da igualdade funciona com um princípio de natureza superior, na condição de um sobreprincípio do qual decorrem outros princípios , tais como da capacidade contributiva (CALIENDO, 2008, p.285).

Ao analisar a proporcionalidade e a vedação ao confisco como limitador do poder tributante, é observada a crescente importância da proporcionalidade nas aplicações jurisdicionais cotidianas e o corrente equívoco ao tratar deste princípio como se racionalidade fosse. Assim, nem sempre proporcionalidade é sinônimo do princípio da razoabilidade, cuja delimitação objetiva a relação meio-fim, sem cujo delineamento a proporcionalidade não pode ser racionalmente concebível, a não ser dentro do texto constitucional.

Nestes termos, será confiscatória a atuação tributária que exceder a proporcionalidade e a razoabilidade, retirando da sociedade parcela superior àquela admitida no texto constitucional. Estes princípios desenvolvem nesse contexto a precípua função de atuar na ponderação de bens, promovendo a vedação ao confisco, instituindo pesos a elementos que se entrelaçam. Neste aspecto, a concordância prática exige a realização máxima de valores que se imbricam; a proibição de excesso que restrinja de tal forma um direito fundamental que termine lhe retirando seu mínimo de eficácia dentro do sistema tributário.

A vedação ao confisco se desenvolve não só ao lado da proporcionalidade e razoabilidade, mas também irradia seus efeitos sobre a não cumulatividade, combatendo a cumulatividade sobre determinadas operações, gerador do aumento do ônus tributário.

A não cumulatividade e a seletividade são comumente empregadas em tributos indiretos, conforme se encontra previsto no texto da Constituição, no art. 152, IV, § 3°, I, e II (IPI), no art. 155, II, § 2°, inciso I, letras *a* e *b*, 155,e § 2°, III, e no artigo 195, § 9°, conforme esclarece o professor Hugo Machado de Brito:

> A não cumulatividade pode ser vista como princípio, e também como técnica. É um princípio, quando enunciada de forma genérica, como está na Constituição, em dispositivo a dizer que o "imposto será não cumulativo, compensando-se o que for devido em cada operação relativa à circulação de mercadorias ou prestação de serviços com o montante cobrado nas operações anteriores pelo mesmo ou outro

> Estado ou pelo Distrito Federal". Em tal enunciado não se estabelece exaustivamente o modo pelo qual será efetivada a não cumulatividade (MACHADO, 2001, p.110).

A doutrina considera por não cumulatividade a neutralização do tributo pago nas etapas anteriores, de modo que o tributo pago em operações anteriores do mesmo bem seja abatido do valor fiscal presente a ser pago. Nesses casos devem ser observadas as situações passíveis da não cumulatividade, decorrentes "da incidência, da mesma exação em etapas variadas da cadeia de produção e circulação de riquezas" (MOREIRA, 2010, p.60), melhor delineado abaixo:

> A não cumulatividade pertence à seara do Direito Tributário, em que pese ser também objeto de estudo de economistas. Sua função é atuar no cálculo do *quantum debeatur*. Trata-se de um mecanismo pelo qual se admitem abatimentos ou compensações no valor do tributo devido ou na base de cálculo — conforme se adotem, respectivamente, os métodos de apuração intitulados *tax on tax* (imposto contra imposto) ou *basis on basis* (base contra base). Com isto, busca-se gravar apenas a riqueza agregada pelo contribuinte ao bem ou serviço (MOREIRA, 2010, p.60).

Nessa dissipação, a existência de cumulatividade em que esteja prevista a não cumulatividade, institui uma forma de confisco obtido com base no produto da tributação, uma vez que passa a incidir o tributo em "cascata", ferindo a neutralidade fiscal deste tributo, conforme assevera Paulo Caliendo, para quem:

> O principio da neutralidade fiscal estabelece um valor ou fim, qual seja, diminuir legitimamente os efeitos da tributação sobre a decisão dos agentes econômicos, evitando distorções e consequente ineficiências no sistema econômico. (...) o principio da neutralidade fiscal atua como princípio-gênero de onde outros princípios irão derivar, tais como não cumulatividade, da seletividade, da uniformidade geográfica, liberdade de tráfego e tantos outros. O princípio da não cumulatividade será erigido como uma forma de preservar o ciclo econômico de distorções fiscais, especialmente do funesto efeito "cascata", ou seja, do efeito de tributação sobre fatos não econômicos (tributos). (CALIENDO, 2008, p.113-14).

O produto da equação do princípio da não cumulatividade à vedação ao confisco, resulta em uma forma de limitar a atuação do poder tributante, especialmente no caso de utilização extrafiscal indutora do tributo, eis que determinados comportamentos podem transpor a barreira da mera tributação, diante da pesada carga imputada a situações seletivas (princípio da seletividade) ou diante da ausência de não cumulatividade tributária, o que, por consequência, tornaria confiscatória a carga tributária em contraponto ao previsto no artigo 150, inciso V, do texto constitucional, em que se prescreve que é vedado "utilizar tributo com efeito de confisco".[2]

Assim, a aplicação do princípio da seletividade e da não cumulatividade permite o manejo da norma tributária, desonerando produtos tidos como essenciais e, por conseguinte, onera mais produtos tidos como supérfluos. Nesses casos, todavia, se faz necessária a estrita observância do efeito não confiscatório do tributo, sob risco de ofensa a outros ditames tributários, como a capacidade contributiva, por exemplo.

A vedação ao efeito confiscatório do tributo encontra igualmente assento junto aos princípios da progressividade, generalidade e universalidade, uma vez que ao tratar destes princípios, comumente encontramos situações que extrapolam a capacidade de contribuir dos contribuintes, denotando seu efeito de confisco.

Ao tratar dos impostos diretos, em especial o Imposto sobre a Renda (IR), a Constituição de 1988, por meio do artigo 153, inciso III, e §2º, inciso I, prescreveu "a obediência aos critérios da generalidade, da universalidade e da progressividade, com vistas em dar ao imposto maior vinculação ao princípio" (GOUVÊA, 2006, p.61). A progressividade desenvolve a precípua função de graduar de forma proporcional e gradual o tributo, dentro dos pilares estabelecidos pela vedação ao confisco, pela capacidade contributiva e pela seletividade, sem se distanciar dos demais princípios.

A progressividade implica o tratamento diferenciado de contribuintes que se encontrarem em condições econômicas diversas, estabelecendo a formação de camadas de tributação, instituídas levando-se em conta a capacidade contributiva, a razoabilidade da diferenciação e, por conseguinte a vedação do confisco.

A progressividade surgiu com a industrialização da economia, tendo como preceito a teoria do sacrifício, evoluiu para a teoria da justa participação dos contribuintes (Flume *apud* Schoueri, 2005, p.297) e posteriormente passa a ser explicada por critérios de justiça distributiva (Lobo Torres *apud* Schoueri, 2005, p.297).

---

[2] Constituição Federal de 1988, artigo 150, inciso IV.

A progressividade vem sofrendo, contudo, fortes distorções, passando a ser utilizada em alíquotas progressivas em impostos reais, desvirtuando sua aplicação originária exclusivamente direcionada aos chamados impostos pessoais, como no caso do imposto de renda, muitas vezes transformando tributos em institutos confiscatórios.

Com algumas distorções em relação ao previsto inicialmente no texto constitucional, a progressividade é manuseada com distintas finalidades: a primeira como justiça estrutural, atuando como instrumento de intervenção no domínio econômico, considerando a capacidade contributiva do contribuinte; a segunda, como progressividade estrutural, instituída com a finalidade de estimular determinados comportamentos estruturais, como a utilização e o aproveitamento do terreno urbano não edificado (IPTU) ou no caso de terras improdutivas (ITR).

O manejo indiscriminado da progressividade, seja ela na forma estrutural ou em razão da justiça distributiva, fere o espírito originário, uma vez que a indução comportamental comumente pode se tornar confiscatória, o que, via de regra, inaugura longos debates judiciais.

A generalidade e a universalidade estendem os efeitos da norma tributária aos destinatários da medida, afetando genericamente todo o objeto prescrito na lei (generalidade), recaindo quando necessário sobre aqueles que possuem maior signo de riqueza, não devendo, contudo, exceder a capacidade contributiva ou ferir a vedação ao confisco, conforme destaca Regina Costa (2003, p. 78-9), para quem "o tributo será confiscatório quando exceder a capacidade contributiva relativa ou subjetiva visada".

Dentro do princípio da vedação ao confisco, a progressividade de progressividade de alíquotas, não pode se distanciar da estrita razoabilidade e capacidade contributiva, criando um ambiente harmônico de graduação justificada por meio de rígidos critérios constitucionalmente compatíveis.

A atuação tributária estatal se encontra limitada e estrita ao princípio do não confisco e da legalidade, não sendo admitida a adoção de quaisquer procedimentos que não se encontrem previstos em lei, nos termos trazidos pela Constituição Federal de 1988 em seu artigo 5º, inciso II, e artigo 150, inciso I.

O principio da legalidade, tal como a vedação ao confisco, refletem uma das formas de limitar o exercício do poder tributante, legitimando o tributo e adequando sua aplicação para que não atue além da capacidade de contribuir do sujeito passivo.

A limitação instituída pela vedação ao confisco, somada ao princípio da legalidade, irradiam sobre efeitos limitando que o ente tributante surpreenda o contribuinte ou retroaja determinada obrigação tributária em relação a fatos já acontecidos, tornando os tributos muitas vezes confiscatórios.

A lei que institui o tributo deve ser consentida pelos contribuintes, por meio da aprovação do legislativo, obsevados os ditames constitucionais, dentre eles a vedação ao confisco, garantindo relativo grau de segurança nas relações jurídicas.

Neste sentido, a instituição do tributo representa também o estabelecimento de todos os indicativos (alíquotas, sujeito passivo, hipótese de incidência, fato gerador, descrição do fato temporal, dentre outros) necessários à efetivação da respectiva obrigação tributária.

Analisando o aspecto temporal dos tributos, alguns estudiosos do direito, apregoam que o principio da legalidade comporta exceções nos casos da majoração dos Impostos de Exportação, Importação e Operações Financeiras, apregoando que foi dado ao legislador constitucional a possibilidade de afastar a necessidade de lei para a majoração ou redução de alíquotas, matéria de regra reservada a lei em sentido formal.

Contudo, observando os ditames previstos nos princípios da vedação ao confisco, da legalidade e da anterioridade, ousamos a discordar destes, uma vez que a majoração a maior de operações já em andamento, acabaria por tornar estes tributos deveras confiscatórios.

A exação do principio da legalidade pelo ente público fere preceitos constitucionais, o que leva ao entendimento de que a permissibilidade concedida por lei em relação à majoração da alíquota só é possível quando realizada por meio de decreto legislativo, ou seja, por meio do cumprimento dos requisitos de legalidade formal e material, o que se consubstancia, portanto, no cumprimento do princípio da legalidade ainda que na forma de decretos. Nesse sentido, destaca Hugo de Brito Machado (2001), para quem:

> No que pertine à instituição de tributos, pode-se afirmar que o princípio da legalidade não admite exceção alguma. Todo e qualquer tributo há de ser instituído por lei. O imposto extraordinário de guerra pode, é certo, ser instituído através de medida provisória adotada pelo Presidente da República, com fundamento no art. 62 da Constituição, conforme já explicamos. Também assim o empréstimo compulsório para atender às despesas extraordinárias, decorrentes de guerra externa ou sua iminência. Isto, porém, não configura propriamente exceção ao princípio da legalidade, posto que as medidas provisórias, como o

> próprio nome está a indicar, são realmente provisórias, e devem ser transformadas em lei (...) (MACHADO, 2001, p.46).

O princípio da vedação ao confisco conjugado com a anterioridade atua em estrita relação com os princípios da legalidade e da não surpresa, como forma de garantir ao contribuinte prazos mínimos, para que possa ajustar-se ao cumprimento das novas obrigações tributárias (principal e acessória) que passaram a ser instituídas, permitindo inclusive ao sujeito passivo a avaliação mercadologia destas operações.

Em uma analise mais superficial, é possível inferir que o texto da constituição excepcionalmente assegurou ao Executivo federal a possibilidade de criar impostos extraordinários e empréstimos compulsórios em caso extraordinário de guerra e calamidade pública; possibilitou, ainda, à Constituição a majoração das alíquotas do Imposto sobre Produtos Industrializados (IPI), do Imposto sobre Importação (II), Imposto sobre Exportação (IE) e o Imposto sobre Operações Financeiras (IOF) sem que nesses casos fossenecessária a obediência ao princípio da anterioridade do exercício ou nonagesimal, desde que atendidas as condições e limites estabelecidos em lei.

Contudo, considerando o princípio da vedação ao confisco conjuntamente com o princípio da irretroatividade, é possível inferir que ocorre sua aplicação em todas as situações previstas no Direito Tributário, não admitindo quaisquer formas de exceção até por se tratar de clausula pétrea prevista no inciso XXXVI do artigo 5° da Constituição de 1988, em que foi assegurado que "a lei não prejudicará o direito adquirido, o ato jurídico perfeito e a coisa julgada em matéria tributária".

Em consonância com o exposto, em 2011 foi proposta a Medida Cautelar na Ação Direita de Constitucionalidade n.4.661, que foi impetrada no sentido de afastar o imediato aumento do IPI dos automóveis, em que restou vencedora a tese sustentada em prol dos contribuintes, no qual restou consignado que o princípio da anterioridade representa uma garantia no sentido de garantir a previsibilidade e segurança jurídica das relações jurídicas tributárias, de forma a permitir o lapso temporal necessário para que se possa elaborar um novo planejamento adequado às novas realidades tributárias.

> Ementa: AÇÃO DIRETA DE INCONSTITUCIONALIDADE – DECRETO – ADEQUAÇÃO. Surgindo do decreto normatividade abstrata e autônoma, tem-se a adequação do controle concentrado de constitucionalidade. TRIBUTO – IPI – ALÍQUOTA – MAJORAÇÃO –

> EXIGIBILIDADE. A majoração da alíquota do IPI, passível de ocorrer mediante ato do Poder Executivo – artigo 153, § 1° –, submete-se ao princípio da anterioridade nonagesimal previsto no artigo 150, inciso III, alínea "c", da Constituição Federal. AÇÃO DIRETA DE INCONSTITUCIONALIDADE – IPI – MAJORAÇÃO DA ALÍQUOTA – PRINCÍPIO DA ANTERIORIDADE NONAGESIMAL – LIMINAR – RELEVÂNCIA E RISCO CONFIGURADOS. Mostra-se relevante pedido de concessão de medida acauteladora objetivando afastar a exigibilidade da majoração do Imposto sobre Produtos Industrializados, promovida mediante decreto, antes de decorridos os noventa dias previstos no artigo 150, inciso III, alínea "c", da Carta da República. (STF, ADI 4661 MC / DF, Medida Cautelar na Ação Direta de Inconstitucionalidade, Relator(a): Min. Marco Aurélio, Julgamento: 20/10/2011, Órgão Julgador: Tribunal Pleno, DJe-060 de 22-03-2012, Publicado em 23/03/2012, RTJ VOL-00222-01 PP-00164).

Nesta seara, a garantia ao planejamento adequado às novas realidades tributárias denota não só o respeito à anterioridade nonagesimal, à não surpresa, à segurança juridica e ao não confisco da alteração mais gravosa, mas também revela uma garantia limitadora do contribuinte contra o poder de tributar em relação aos atos já praticados antes da vigência da norma.

5. CONCLUSÃO

A Constituição de 1988 estruturou uma nova forma de atuação do Estado, em que encontramos no exercício do poder tributante a principal forma de efetivar a manutenção das atividades estatais. A mesma tributação que atua de forma financiadora das atividades estatais é aquela também, muitas vezes, instituída com base nos preceitos apregoados no texto da Constituição, fazendo-se necessária a utilização de mecanismos para sua delimitação e controle.

Aos tributos, ainda que instituídos com finalidades nobres, não é admissível a adoção de medidas confiscatórias, diferentemente do que acontece no caso das multas tributárias, em que reconhecidamente não são tributos, eis que nesses casos sobreleva-se o caráter sancionador do direito, ilustrado pelo direito penal, em que lhe é permitido a adoção de medidas de ordem punitiva, como o perdimento dos bens.

Entre os instrumentos hábeis para limitar o poder tributante, surge o princípio da vedação ao confisco como mecanismo capaz de controlar a voracidade do ente tributante.

Nesse contexto, a vedação ao confisco, instituído em conjunto com os demais princípios, dentre os quais destacamos a capacidade contributiva, legalidade, seletividade e progressividade, revela sua primordial importância, especialmente quando contraposto às normas tributárias, assegurando direitos subjetivos e objetivos ao contribuinte, consubstanciados na dosimetria do potencial econômico do indivíduo para suportar os encargos provocados pelos tributos, sem que exista confisco, ferimento da dignidade humana ou perecimento da riqueza.

Em similar aplicabilidade à vedação ao confisco, atua a proporcionalidade e a razoabilidade em relação ao exercício do poder tributante, estabelecendo a ponderação e as proporções entre bens jurídicos exteriores e divisíveis, possuindo a função de estabelecer uma medida entre bens jurídicos concretamente correlacionados, proibindo eventuais excessos.

O princípio da vedação do efeito confiscatório do tributo, hodiernamente mencionado, encontra confortável assento como antídoto contra justificativas atentatórias ao patrimônio e aos direitos individuais, atuando como limitador ao exercício do poder tributante.

6. BIBLIOGRAFIA

ÁVILA, Humberto. **Sistema Constitucional Tributário**. 3. ed. Belo Horizonte: Saraiva 2008.

BALEEIRO, Aliomar. **Limitações constitucionais ao poder de tributar**. Atualizada por Misabel Abreu Machado Derzi. Rio de Janeiro: Forense, 2003.

BASTOS, Celso Ribeiro; MARTINS, Ives Gandra da Silva. **Comentários à Constituição do Brasil de 1988**: v. 1. São Paulo: Saraiva, 1988.

BECKER, Alfredo Augusto. **Teoria Geral do Direito Tributário.** São Paulo: Saraiva, 1963.

BONAVIDES, Paulo. **Curso de Direito Constitucional**. 8. ed. São Paulo: Malheiros, 1999.

CALIENDO, Paulo. **Direito Tributário e Análise Econômica do Direito.** 1°. ed. São Paulo: 2008.

CARRAZA, Roque Antônio. *Curso de Direito Constitucional Tributário*. 22. ed. São Paulo: Malheiros, 2006.

COELHO, Sacha Calmon Navarro. **Curso de direito tributário Brasileiro.** 2. ed. Rio de Janeiro: Forense, 1990.

COSTA, Regina Helena. **Princípio da Capacidade Contributiva.** 3. ed. São Paulo: Mandamentos, 2003.

DERZI, Misabel de Abreu Machado. **Limitações Constitucionais ao Poder de Tributar.** In: Ives Gandra da Silva Martins; Gilmar Ferreira Mendes; Carlos Valder do Nascimento. (Org.). Tratado de Direito Constitucional. 1 ed. São Paulo: Saraiva, 2010, v. 2, p. 121-257.

DWORKIN, Ronald. *In **Talking rights seriously.*** Cambridge: Harvard University Press, 1978.

GODOI, Marciano Seabra de. **Justiça, Igualdade e Direito Tributário.** São Paulo: Dialética, 1999.

GOUVÊA, Marcus de Freitas. **A Extrafiscalidade no Direito Tributário.** Belo Horizonte: Del Rey, 2006.

GRECO, Marco Aurélio. **Contribuições de intervenção no domínio econômico e figuras afins**. São Paulo: Dialética, 2001.

LEOPOLDINO DA FONSECA, João Bosco. **Direito Econômico.** 3°. Edição. Rio de Janeiro: Editora Forense, 2000.

MACHADO, Hugo de Brito. **Os princípios Jurídicos da Tributação na Constituição de 1988.** 4. ed. São Paulo: Dialética, 2001.

MARTINS, Ives Gandra da Silva. **As Contribuições no Sistema Tributário Brasileiro.** São Paulo: Dialética, 2003.

MELLO, Celso Antônio Bandeira de. **Curso de direito administrativo.** São Paulo: Malheiros, 2002.

SCHOUERI, Luis Eduardo. Normas Tributárias Indutoras e Intervenção Econômica. Rio de Janeiro: Forense 2005. *In:* GRECO, Marco Aurélio. **Contribuições de Intervenção no Domínio Econômico e Figuras Afins.** São Paulo: Editora Dialética, 2001.

SILVA, Virgílio Afonso da. Princípios e regras: mitos e equívocos acerca de uma distinção. **Revista Latino Americana de Estudos Constitucionais**, Belo Horizonte, ano 1, n. 1, 2003.

SPAGNOL, Werther Botelho Spagnol. **Curso de Direito Tributário.** Belo Horizonte: Del Rey, 2004.

SMITH, Adam. The Wealth of Nations. Edwin Cannan (Org.). New York: Modern Library 1994, escrito pela 1° vez em 1776. Edição brasileira: **A Riqueza das Nações.** São Paulo: Editora Martins Fontes, 1999.

4

A SELETIVIDADE E A PROGRESSIVIDADE DAS ALÍQUOTAS DO IPVA COMO REALIZAÇÃO DA JUSTIÇA FISCAL

Bernardo Motta Moreira[1]

1. INTRODUÇÃO

O Imposto sobre a Propriedade de Veículos Automotores – IPVA – possui fundamento constitucional de validade no art. 155, inciso III e § 6º da Constituição da República de 1988 – CR/88, que atribui aos Estados e ao Distrito Federal a competência para instituir imposto sobre a propriedade de veículos automotores, nos seguintes moldes:

> Art. 155 - Compete aos Estados e ao Distrito Federal instituir impostos sobre:
>
> [...]
>
> III - propriedade de veículos automotores;
>
> [...]

1 Membro da Comissão de Direito Tributário da OAB/MG. Conselheiro do Conselho de Contribuintes do Estado de Minas Gerais (CC/MG). Consultor jurídico efetivo da Assembleia Legislativa do Estado de Minas Gerais (ALMG). Professor do bacharelado em Direito do Centro Universitário UNA e da Pós-graduacão em Direito Tributário da Faculdade Milton Campos. Mestre (UFMG) e Especialista em Direito Tributário (PUC-MG). Advogado em Belo Horizonte.

§ 6º O imposto previsto no inciso III: (Incluído pela Emenda Constitucional nº 42, de 19.12.2003)

I - terá alíquotas mínimas fixadas pelo Senado Federal; (Incluído pela Emenda Constitucional nº 42, de 19.12.2003)

II - poderá ter alíquotas diferenciadas em função do tipo e utilização. (Incluído pela Emenda Constitucional nº 42, de 19.12.2003)

O legislador constituinte traçou como critério material da hipótese de incidência a propriedade de veículos automotores. Observe-se que a expressão "veículo automotor" refere-se, nos termos constitucionais, apenas aos veículos terrestres, eis que o Supremo Tribunal Federal, guardião da Constituição, cristalizou o entendimento de que as aeronaves e embarcações – mesmo que no sentido literal possam ser considerados veículos automotores – não se encontram no campo de incidência do IPVA.[2]

Nosso objetivo, com o presente artigo, é analisar um viés do aspecto quantitativo do IPVA, qual seja: o estabelecimento de suas alíquotas.

O aspecto quantitativo desse imposto consubstancia-se na base de cálculo, definida pelo valor venal do veículo automotor, e na alíquota – esse o foco do presente trabalho – que deverá incidir sobre a respectiva grandeza para efeito de cálculo do *quantum* de imposto devido.

A Emenda Constitucional nº 42/2003, ao acrescentar o § 6º ao art. 155 da CR/88, acima transcrito, estabeleceu duas importantes regras acerca da alíquota do IPVA, expressas nos incisos do referido parágrafo.

A primeira regra (inciso I) determina que o IPVA terá alíquotas mínimas fixadas pelo Senado Federal. Tal providência visa a combater a guerra fiscal entre os Estados, que insistem no estabelecimento de alíquotas reduzidas, com o intuito de atrair contribuintes para seu território. Apesar da importância dessa norma, a resolução senatorial ainda não foi editada, motivo pelo qual não merece aprofundamento o estudo desse ponto, nesse momento.

A seu turno, a regra do art. 155, § 6º, inciso II, é no sentido de que o IPVA poderá ter alíquotas diferenciadas em função do tipo e utilização do veículo automotor. É exatamente aqui que pretendemos nos debruçar.

---

2 EMENTA: IPVA - Imposto sobre Propriedade de Veículos Automotores (CF, art. 155, III; CF 69, art. 23, III e § 13, cf. EC 27/85): campo de incidência que não inclui embarcações e aeronaves (STF, Pleno, Recurso Extraordinário no 134.509/AM, rel. Min. Marco Aurélio, red. p/ acórdão Min. Sepúlveda Pertence, j. 29.05.2002, DJU 13.09.2002, p. 64).

A possibilidade do estabelecimento de alíquotas diferentes em razão das características do automóvel, isto é, de forma seletiva, tem por fim, induzir comportamentos do contribuinte e, em última análise, realizar a justiça fiscal, tributando de forma diferente (maior ou menor) de acordo com o tipo e utilização, conforme veremos a seguir.

Advirta-se, desde logo, que esta seletividade de alíquotas não se confunde com a progressividade.

Enquanto o princípio da seletividade se relaciona com a tributação diferenciada em relação ao grau de essencialidade ou forma de utilização do veículo automotor, o princípio da progressividade – este sim, instrumento efetivo de realização de justiça tributária – deve ser entendido como um aumento da alíquota incidente conforme se aumenta a base de cálculo, cumprindo a velha máxima de "quem pode mais, deve pagar mais",[3] em cumprimento do princípio constitucional da capacidade econômica.

2. A AUSÊNCIA DE LEI COMPLEMENTAR TRAÇANDO AS NORMAS GERAIS DO IPVA

O Código Tributário Nacional – CTN –, Lei nº 5.172, de 25 de outubro de 1966, não é completo ao definir tributo e suas espécies. Nos estritos termos da alínea "a", do inciso III, do art. 146, da Constituição da República de 1988,[4], deveria o CTN dar a "definição de tributos e de suas espécies, bem como, *em relação aos impostos discriminados n[a] Constituição*, a dos respectivos fatos geradores, bases de cálculo e contribuintes".

De fato, como o CTN veio a lume no momento em que prevalecia a classificação tripartite dos tributos, divididos em impostos, taxas e

3 Nesse norte, são clássicas as lições de Berliri no sentido de que "quem tem mais deve pagar mais porque tendo mais participa em maior medida nas vantagens da organização coletiva; ou bem: quem tem mais deve pagar mais porque ao ter mais pode pagar mais com menor sacrifício" (BERLIRI, Luigi Vittorio. *El Impuesto Justo.* Madrid: Instituto de Estudios Fiscales, 1986, p. 551. *Apud* OLIVEIRA, José Marcos Domingues. *Direito Tributário*: Capacidade Contributiva. Conteúdo e Eficácia do Princípio. 2ed., rev., atual., Rio de Janeiro: Renovar, 1998, p. 61).

4 Art. 146. Cabe à lei complementar: [...]
III - estabelecer normas gerais em matéria de legislação tributária, especialmente sobre:
a) definição de tributos e de suas espécies, bem como, em relação aos impostos discriminados nesta Constituição, a dos respectivos fatos geradores, bases de cálculo e contribuintes;

contribuições de melhoria, o Código não define as novas espécies tributárias previstas pela Constituição de 1988. Aliás, há dispositivos no CTN, como o art. 4º, II[5], que são inaplicáveis a certas espécies tributárias como o empréstimo compulsório e contribuições especiais, que são tributos finalísticos ou afetados.[6]

Por sua vez, o IPVA surgiu com a Emenda Constitucional nº 27, de 28 de novembro de 1985, que acrescentou o inciso III ao art. 23 da Emenda Constitucional 1/69, conferindo aos Estados e ao Distrito Federal a competência para tributar a "propriedade de veículos automotores, vedada a cobrança de impostos ou taxas incidentes sobre a utilização de veículos".

Assim, nem o fato gerador ou a base de cálculo, tampouco os contribuintes do IPVA estão previstos no CTN já que tal imposto somente surgiu no ordenamento jurídico em 1985. Todavia, com base no § 3º do art. 24 da Constituição, que dispõe que "inexistindo lei federal sobre normas gerais, os Estados exercerão a competência legislativa plena, para atender a suas peculiaridades", o STF admitiu a instituição do imposto diretamente pelos Estados. Confira-se:

> Imposto sobre Propriedade de Veículos Automotores – Disciplina. Mostra-se constitucional a disciplina do Imposto sobre Propriedade de Veículos Automotores mediante norma local. Deixando a União de editar normas gerais, exerce a unidade da federação a competência legislativa plena – § 3º do art. 24, do corpo permanente da Carta de 1988 –, sendo que, com a entrada em vigor do sistema tributário nacional, abriu-se à União, aos Estados, ao Distrito Federal e aos Municípios a via da edição de leis necessárias à respectiva aplicação – § 3º do art. 34 do ADCT da Carta de 1988." (AI 167.777-AgR, Rel. Min. Marco Aurélio, julgamento em 4-3-1997, Segunda Turma, DJ de 9-5-1997).

---

5 "Art. 4º. A natureza jurídica específica do tributo é determinada pelo fato gerador da respectiva obrigação, sendo irrelevantes para qualificá-la: (...) II - a destinação legal do produto da sua arrecadação".

6 O prof. Werther Botelho salienta que "não se pode, pois, à luz da teoria tributária, pretender que o fato gerador da obrigação seja o único critério de identificação de uma espécie tributária, nem tampouco desconsiderar, em face do Texto Maior, o destino dado ao produto da arrecadação tributária" (SPAGNOL, Werther Botelho. *Curso de direito tributário*: conforme a Emenda Constitucional nº 42/2003. Belo Horizonte: Del Rey, 2004, p. 17). Logo, por desconsiderar as funções constitucionais dos tributos, a teoria da classificação do tributo em espécies pela análise do fato gerador da exação, utilizada pelo Código Tributário Nacional, torna-se insubsistente.

De fato, nos parece incoerente com o próprio Federalismo que a paralisia do legislador complementar possa comprometer a instituição de imposto que a Constituição outorgou aos Estados membros.

Cumpre registrar que posição contrária já foi adotada pela própria Suprema Corte no caso da instituição do adicional do imposto de renda pelos Estados. Os julgados apontavam no sentido de se condicionar o exercício das normas de competência à edição de prévia lei complementar de normas gerais, em clara redução da autonomia dos Estados. Entendendo equivocado esse entendimento, a doutrina de Misabel Derzi[7] adverte que bastaria que "a superveniência eventual de conflitos pela omissão do legislador complementar federal, que não editara norma geral, [fosse] resolvida pelo Supremo Tribunal Federal", a exemplo do que fez a Corte Constitucional dos Estados Unidos, onde os Estados podem criar tributos sobre vendas, renda, patrimônio e receita bruta, sem nenhuma diretriz legal.

Fato é que, inexiste, até hoje, uma lei de normas gerais sobre o IPVA, que teria importante papel, principalmente para coibir conflitos de competência, comuns no caso do IPVA, sobretudo em relação ao aspecto espacial do seu fato gerador. O espaço é preenchido por normas dos Estados, que exercem competência legislativa plena sobre a exação, amparada pelo art. 24, § 3º da CF/88.

Foi por meio desse permissivo constitucional que o Estado de Minas Gerais, por exemplo, editou a Lei nº 14.937, de 23 de dezembro de 2003, para regulamentar o IPVA mineiro. É digno de nota que a legislação anterior do IPVA de Minas Gerais já havia sido, inclusive, questionada no STF, em razão de ausência de lei complementar pretérita, tendo o Tribunal firmado sua posição. Veja-se a ementa do julgado:

> EMENTA: Agravo regimental. Recurso extraordinário. IPVA. Estado de Minas Gerais. Legalidade da cobrança, independentemente de existência de pretérita lei complementar. Precedentes desta Corte. Agravo improvido. 1. A exação em tela se mostra perfeitamente legal, prescindindo da edição de lei complementar, bastando, para tanto, a lei estadual, ainda que editada anteriormente à vigência da Constituição Federal de 1988 . 2. Pacífica jurisprudência desta Corte. 3. Agravo regimental desprovido. (RE 262643 AgR, Relator(a): Min. DIAS TOFFOLI, Primeira Turma, julgado em 06/04/2010, DJe-081 DIVULG 06-05-2010 PUBLIC 07-05-2010 EMENT VOL-02400-04 PP-00839)

---

[7] BALEEIRO, Aliomar. *Direito Tributário Brasileiro*, atualizada por Misabel Abreu Machado Derzi. Rio de Janeiro: Forense, 2005, p. 44.

Deve se reconhecer que, cabendo à lei complementar de normas gerais a definição dos fatos geradores, das bases de cálculo e dos contribuintes dos impostos discriminados na Constituição, pouco espaço sobra para os entes tributantes. Mesmo que dentro de alguns limites, por força de dispositivos constitucionais, é no estabelecimento das alíquotas em que o legislador dos entes tributantes tem maior discricionariedade. Senão, vejamos.

3. A SELETIVIDADE DAS ALÍQUOTAS DO IPVA

Tradicional nos impostos de consumo, o princípio da seletividade orienta o intérprete das leis e o legislador sobre a necessidade do tributo recair sobre os bens na razão inversa de sua necessidade para o consumo popular e na razão direta de sua superfluidade. Vale dizer, conforme aduz Leandro Paulsen, ser seletivo implica ter alíquotas diferenciadas dependendo do produto (individualmente considerado) ou do tipo de produto (se alimentício, de higiene, têxtil etc.), sendo que o critério para tal seletividade é dado pelo próprio constituinte: o grau de essencialidade do produto.[8]

A essencialidade, como ensina Aliomar Baleeiro:

> refere-se à adequação do produto à vida do maior número dos habitantes do país. As mercadorias essenciais à existência civilizada deles devem ser tratadas mais suavemente ao passo que as maiores alíquotas devem ser reservadas aos produtos de consumo restrito, isto é, o supérfluo das classes de maior poder aquisitivo. Geralmente são os artigos mais raros e, por isso, mais caros.[9]

Assim, sobretudo porque há regras constitucionais impondo a observância da seletividade para o Imposto sobre Produtos Industrializados – IPI – e para o Imposto sobre Circulação de Mercadorias e Prestação de Serviços – ICMS – não há muita discussão sobre a obrigatoriedade de observância a esse princípio em se tratando desses impostos.[10]

---

8 PAULSEN, Leandro. *Direito Tributário*: Constituição e Código Tributário à Luz da Doutrina e da Jurisprudência. 11ed., Porto Alegre: Livraria dos Advogados, ESMAFE, 2007, p. 307.

9 BALEEIRO, Aliomar. *Direito Tributário Brasileiro*. 9ed., Rio de Janeiro: Forense, 1977, p. 90.

10 Art. 153 [...] § 3º - O imposto previsto no inciso IV [IPI]: I - será seletivo, em função da essencialidade do produto.
Art. 155 [...] § 2º - O imposto previsto no inciso II atenderá ao seguinte [ICMS]: [...]:

De qualquer forma, toda a doutrina parece convergir no sentido de que a seletividade é um refinamento do princípio da capacidade contributiva. Por todos, veja-se o magistério de Marciano Seabra de Godoi:

III - poderá ser seletivo, em função da essencialidade das mercadorias e dos serviços. Deve-se reconhecer a divergência do entendimento doutrinário em relação à imperatividade da regra da seletividade para o ICMS, uma vez que a Constituição, diferentemente do que fez para o IPI, apenas se refere que o primeiro "poderá" ser seletivo. Vale notar que, recentemente, o Procurador-Geral da República, Rodrigo Janot Monteiro de Barros, exarou parecer, nos autos do Recurso Extraordinário nº 714.139/SC, em sede de Repercussão Geral, considerando que lei estadual que impõe alíquota de ICMS para os serviços de energia elétrica e telecomunicações superior à geral é inconstitucional, por violar os princípios da seletividade e da essencialidade. Merece a transcrição do seguinte trecho de sua manifestação:
"Sabe-se que, embora a leitura literal do enunciado do art. 155, § 2º, III, da Constituição possa levar à conclusão de que os Estados e o Distrito Federal têm mera faculdade de adotar mecanismos de seletividade em função do nível de essencialidade das mercadorias e dos serviços tributados, a observação atenta do dispositivo conduz a conclusão diversa.
É que, por mais que, diferentemente do IPI, em que o imperativo da seletividade é mais evidente, não faria sentido tributar bens essenciais sem qualquer critério, quando se tem à disposição marco principiológico apresentado pelo próprio constituinte. No ponto, há previsão legal expressa acerca da essencialidade de energia elétrica e telecomunicações no art. 10 da Lei 7.883/1989.
Ademais, fosse o caso de fazer incidir sem qualquer discrímen a tributação do ICMS, seria despicienda a mudança operada pela Constituição de 1988 em face da Constituição de 1967/69, que se limitava a tratar da seletividade do IPI e, quanto ao ICMS, estabelecia apenas sua uniformidade pela aplicação de alíquota igual para todas as mercadorias (CF 1967/69, art. 24).
O reconhecimento da obrigatoriedade de aplicação da seletividade por critério de comparação é desdobramento do princípio da igualdade tributária (CF, art. 150, II), na perspectiva dos impostos reais e indiretos. O seu paralelo, no contexto dos impostos pessoais, é a progressividade, que, na dicção do art. 145, § 1º, da Carta Constitucional, será adotada sempre que possível nos impostos, de modo a compatibilizá-los com a capacidade econômica do contribuinte.
De mais a mais, ainda que fosse o caso de considerar-se facultativa a aplicação da seletividade ao ICMS, uma vez feita a opção do legislador estadual pelo princípio da seletividade, passará, por lógica, a ser obrigatória a utilização do critério de comparação em virtude da essencialidade dos bens e serviços. Os mais essenciais deverão ser submetidos a alíquotas menores do que as destinadas aos supérfluos. As alíquotas devem ser inversamente proporcionais à essencialidade, para impedir que sua definição seja permeada de subjetivismo.
Ao tomar de empréstimo do IPI a seletividade para colocá-la também no contexto do ICMS, o constituinte introduziu nesta exação, antes eminentemente fiscal, o componente de extrafiscalidade presente no Imposto de Importação, Imposto de Exportação, IOF e IPI".

> Esta questão da seletividade, que é afinal a aplicação (ainda que imperfeita) da capacidade contributiva nos impostos sobre o consumo, pode ser focalizada sob dois pontos de vista. O primeiro ponto de vista é aquele que enxerga no consumo um indicador dos mais "seguros" quanto à capacidade contributiva dos indivíduos. [...]
>
> Assim, há espeque jurídico-constitucional e econômico-financeiro para aplicar-se também nos impostos sobre o consumo o cânone da capacidade contributiva, pois esta também pode ser medida pelo consumo do indivíduo, além dos outros fatores *renda* e *patrimônio*. O cânone da capacidade contributiva aí não irá operar-se com a progressividade das alíquotas em função do aumento do valor transacionado, mas com a diferenciação de alíquotas em função da essencialidade (alíquotas reduzidas ou isenção total ou parcial) ou suntuosidade (alíquotas agravadas) dos produtos consumidos.
>
> Mas a questão da essencialidade pode refletir também uma política tributária extrafiscal, destinada não a implementar o princípio da capacidade contributiva, mas a incentivar ou desincentivar o consumo de determinado produto.[11]

Com efeito, uma vez que ambos (o IPI e o ICMS) são impostos reais e indiretos – isto é, a repercussão econômica do tributo não recai sobre aquele que recolhe o imposto aos cofres públicos (contribuinte direto), mas sobre terceiro denominado contribuinte de fato – por meio da seletividade, a tributação será tanto menos gravosa quanto maior for o grau de essencialidade do produto. Ou seja, os bens necessários a uma sobrevivência digna, geralmente consumidos por todas as classes sociais, serão tributados com base em alíquotas menores, enquanto que sobre aqueles bens supérfluos incidirão alíquotas maiores. Dessa forma, cumprir-se-ia o mandamento da capacidade contributiva ao adequar a tributação à disponibilidade econômica do sujeito passivo.

E em relação às alíquotas do IPVA? Podem ser criadas pelos Estados alíquotas seletivas, diferenciando-as de acordo com os tipos de veículos automotores?

Como transcrito acima, o Estado está autorizado pelo § 6º do art. 155 da Constituição a estabelecer alíquotas diferenciadas "em função do tipo e utilização", dispositivo cuja redação adveio com a Emenda Constitucional 42/2003.

---

[11] GODOI, Marciano Seabra de. *Justiça, Igualdade e Direito Tributário*. São Paulo: Dialética, 1999, p.203-204.

Mas, mesmo antes da mencionada emenda, segundo orientação já firmada pelo STF, "já era permitida a instituição de alíquotas de IPVA diferenciadas segundo critérios que não levem em conta a capacidade contributiva do sujeito passivo, por não ensejar a progressividade do tributo" (RE 601.247 AgR, Relator Min. Ricardo Lewandowski, Segunda Turma, julgado em 29/05/2012, publicado em 13/06/2012).

Vejam-se, a título de exemplo, as alíquotas previstas para o IPVA, segundo a legislação do Estado de Minas Gerais. Dispõe o art. 10 da Lei nº 14.937, de 2003, que as alíquotas do IPVA são de:

> I - 4% (quatro por cento) para automóvel, veículo de uso misto, veículo utilitário e outros não especificados neste artigo;
>
> II - 3% (três por cento) para caminhonete de carga picape e furgão;
>
> III - 1% (um por cento) para veículos destinados a locação, de propriedade de pessoa jurídica que preencha pelo menos um dos seguintes requisitos:
>
> a) exerça atividade exclusiva de locação devidamente comprovada nos termos da legislação tributária;
>
> b) aufira receita bruta com a atividade de locação de veículos que represente, no mínimo, 50% (cinqüenta por cento) de sua receita bruta total, mediante regime especial de tributação concedido pela Secretaria de Estado de Fazenda, na forma, nos prazos e nas demais condições estabelecidos em regulamento;
>
> c) utilize no mínimo 2.000 (dois mil) veículos registrados no Estado destinados exclusivamente a locação, mediante regime especial de tributação concedido pela Secretaria de Estado de Fazenda, na forma, nos prazos e nas demais condições estabelecidos em regulamento;
>
> IV - 1% (um por cento) para ônibus, microônibus, caminhão, caminhão-trator e aeronave;
>
> V - 2% (dois por cento) para motocicleta, motoneta, triciclo, quadriciclo e ciclomotor;
>
> VI - 3% (três por cento) para embarcação;
>
> VII - 2% (dois por cento) para automóvel, veículo de uso misto e veículo utilitário que possuam autorização para transporte público rodoviário de passageiros comprovada mediante registro no órgão de trânsito na categoria "aluguel";
>
> VIII - (vetado).

> IX - 0,5% (zero vírgula cinco por cento) para caminhões destinados a locação, de propriedade de pessoa jurídica que utilize no mínimo quinhentos veículos registrados no Estado destinados exclusivamente a locação, mediante regime especial de tributação concedido pela Secretaria de Estado de Fazenda, na forma, nos prazos e nas demais condições estabelecidos em regulamento.

Examinando-se a norma legal ver-se-á, com facilidade, que não se institui, nela, qualquer progressividade de alíquotas.

O princípio da seletividade não pode ser confundido com o princípio da progressividade, embora ambos sejam relacionados, intrinsecamente, com a capacidade contributiva. Isto porque enquanto a seletividade se relaciona com a tributação diferenciada ao grau de essencialidade de determinado bem – no caso do IPVA, em função do tipo ou utilização do veículo –, o princípio da progressividade deve ser entendido como um aumento da alíquota incidente conforme se aumenta a base de cálculo.

Desse modo, em relação à propriedade de mesmos modelos/tipos (leia-se, mesma posição de contribuintes, que tenham tipificados domínios de veículo automotor sob mesma especificação, dentre as que se discriminam nos incisos I a IX do art. 10, da Lei nº 14.937/03) não há qualquer diferenciação de alíquotas, ou programação de progressividade atrelada a aumento de bases de cálculo (valor venal dos veículos).

Não há, portanto, no citado dispositivo da lei mineira, progressividade de alíquotas do IPVA, que prossegue, respeitadas as diferentes categorias do fato que o autoriza, submetido a uma mesma alíquota, cuja base de cálculo se faz pré-definida e insuscetível de alargamento diferenciador dos respectivos contribuintes.

Analisando-se o art. 10 da Lei nº 14.937/03 sob o enfoque da justiça tributária, pode-se dizer que, ainda que de forma tímida, há um tratamento favorecido a veículos que podem ser utilizados para o trabalho e para o transporte público, por exemplo.

Consideramos louvável a preocupação do legislador, mas entendemos que ele poderia ir além, aperfeiçoando a diferenciação entre o tipo e uso dos veículos automotores, preocupando-se, ainda mais, com a capacidade contributiva do proprietário. Ademais, também sob o viés da extrafiscalidade, a diferenciação de alíquotas poderia ser usada para induzir comportamentos dos contribuintes, privilegiando, por exemplo, a tributação dos veículos automotores que utilizam combustíveis com menor impacto ambiental, híbridos ou elétricos.[12]

4. A PROGRESSIVIDADE DE ALÍQUOTAS DO IPVA

O IPVA é um imposto real, uma vez que incide objetivamente sobre uma coisa, no caso, sobre a propriedade de um veículo automotor. Diferentemente, o imposto pessoal, cujo exemplo clássico é o Imposto de Renda, leva em conta a característica do sujeito passivo, ou seja, sua capacidade econômica.

Ainda que fortemente questionável essa classificação dos impostos entre pessoais e reais,[13] certo é que ela foi utilizada como fundamento pelo Supremo Tribunal Federal quando do julgamento da constitucionalidade da progressividade de alíquotas de impostos, para negar essa possibilidade nos impostos ditos reais.

Tal se deu, primeiramente, na análise da progressividade do IPTU em função do valor do imóvel. Entre outros argumentos, parte da doutrina, no que foi acatada pelo STF, considera que o art. 145, § 1º, da Constituição, veda a aplicação do princípio da capacidade contributiva aos impostos reais, razão pela qual a progressividade, como instrumento de realização de tal princípio, não se aplicaria a este tipo de imposto, mas apenas aos impostos pessoais. Desta forma, o IPTU, por tratar-se de imposto real, só admitiria a progressividade de forma extrafiscal, com o escopo de resguardar a função social da propriedade, nos moldes do art. 182 da própria Carta Maior.

Aires Fernandino Barreto, partidário dessa tese, afirma que o princípio da capacidade contributiva, previsto pelo art. 145, § 1º, da CR/88, apresenta duas facetas, uma positiva e outra negativa: "positivamente,

---

12 Interessante observar que a lei mineira diferencia a tributação de certos combustíveis na base de cálculo. Segundo o art. 7º, § 6º, "tratando-se de veículo movido exclusivamente a álcool etílico hidratado combustível, a base de cálculo fica reduzida em 30% (trinta por cento)".

13 Disse com propriedade Carrió que "as classificações não são verdadeiras, nem falsas, são úteis ou inúteis" (CARRIÓ, Genaro R. *Notas sobre derecho y lenguaje*. 3.ed., Buenos Aires: Abeledo-Perrot, 1986, p. 99). A distinção entre impostos reais e impostos pessoais é inútil e desnecessária, na medida em que a incidência tributária e seus efeitos sempre recairão sobre um contribuinte, ou seja, sobre uma pessoa, em face da exteriorização de sinais de riqueza. Em última análise, todo o imposto é pessoal.

tal princípio só se aplica a impostos pessoais; negativamente, não pode alcançar os impostos reais."[14]

Ainda com fulcro no referido dispositivo, Barreto aduz que:

> Visto da perspectiva positiva, o princípio (da capacidade contributiva) contém autorização para a criação de impostos progressivos, desde que estes sejam pessoais. Examinada da perspectiva negativa, o princípio veda a instituição da progressividade quanto a impostos de natureza real.[15]

Destarte, na opinião do professor, o IPTU não se prestaria à progressão segundo a presumida capacidade contributiva do proprietário de imóvel urbano, por tratar-se de imposto real.

A título de ilustração, vale trazer à baila trecho do acórdão proferido no RE nº 204.817-5/SP, publicado em 20/09/1996, no qual o STF declarou a inconstitucionalidade de lei promulgada pelo Município de São Paulo com o escopo de instituir a cobrança progressiva do IPTU na forma precitada:

> Com efeito, simples leitura da nova redação introduzida pela referida Lei nº 10.921/90 ao texto do art. 7º da Lei nº 6.989/66, mostra que, ao revés, é ele inteiramente incompatível com a Constituição, ao estabelecer alíquotas progressivas em função do valor do imóvel, quando a Carta da República, no art. 182, § 4º, II, prevê tão-somente imposto progressivo no tempo.

Tal entendimento foi cristalizado também em relação ao ITBI, conforme se verifica do teor da Súmula nº 656, aprovada na sessão plenária do STF de 24/09/2003, *in verbis*: "é inconstitucional a lei que estabelece alíquotas progressivas para o imposto de transmissão 'inter vivos' de bens imóveis – ITBI – com base no valor venal do imóvel".

No entanto, após a edição da Emenda Constitucional nº 29/2000 e a consequente alteração do art. 156, § 1º, da CR/88,[16] que expressamente

---

[14] BARRETO, Aires Fernandino. "IPTU: Progressividade e Diferenciação". *Revista Dialética de Direito Tributário,* n. 76, São Paulo: Oliveira Rocha, 2002, p. 9.

[15] BARRETO, Aires Fernandino. "IPTU: Progressividade e Diferenciação". *Revista Dialética de Direito Tributário,* n. 76, São Paulo: Oliveira Rocha, 2002. p. 8.

[16] Art. 156. Compete aos Municípios instituir impostos sobre: [...]
§ 1º Sem prejuízo da progressividade no tempo a que se refere o art. 182, § 4º, inciso II, o imposto previsto no inciso I poderá: (Redação dada pela Emenda Constitucional nº 29, de 2000)
I - ser progressivo em razão do valor do imóvel; e (Incluído pela Emenda Constitucional nº 29, de 2000)

passou a admitir a progressividade de alíquotas do IPTU em razão do valor do imóvel, a Suprema Corte adotou o entendimento de que os municípios podem instituir o IPTU progressivo, desde que por meio de lei posterior à referida emenda constitucional.

É o que se infere da ementa do acórdão proferido pela mencionada Corte no julgamento do AI nº 353.180 AgR/RS, publicado em 27/09/2002:

> Antes da edição da EC nº 29/2000, este Supremo Tribunal decidiu que é inconstitucional qualquer progressividade do IPTU, que não atenda exclusivamente ao disposto no artigo 156, § 1º, aplicado com as limitações expressamente constantes dos §§ 2º e 4º do artigo 182, ambos da Constituição Federal. O Tribunal 'a quo' não divergiu desta posição. Agravo Regimental a que se nega provimento.

Dessa forma, após proferir inúmeros julgados neste mesmo sentido, o Supremo Tribunal Federal, também na sessão plenária ocorrida em 24/09/2003, aprovou uma nova redação para a **Súmula** nº 668. Veja-se:

> Súmula 668 – É inconstitucional a lei municipal que tenha estabelecido, antes da Emenda Constitucional 29/2000, alíquotas progressivas para o IPTU, salvo se destinada a assegurar o cumprimento da função social da propriedade urbana.

Voltando ao tema em estudo, seguindo esse raciocínio, portanto, sendo o IPVA um imposto de natureza real e, inexistindo regra expressa na Constituição da República autorizando a progressividade de suas alíquotas de acordo com o valor do veículo automotor, seríamos levados a crer que seria inconstitucional e inválido tal tipo de previsão nas leis estaduais.

No entanto, e aqui vale chamar a atenção do leitor, o Supremo Tribunal Federal mudou sua interpretação. A reviravolta jurisprudencial ocorreu quando do julgamento da possibilidade de progressividade de alíquotas de outro imposto real, qual seja: o Imposto sobre a Transmissão Causa Mortis e Doação – ITCMD.

O Supremo Tribunal Federal, por meio do seu Órgão Plenário, no julgamento do RE 562.045/RS (rel. orig. Min. Ricardo Lewandowski, red. p/ o acórdão Min. Cármen Lúcia, 6/2/2013), deu provimento, por maioria, ao apelo do Estado do Rio Grande do Sul para que fosse reconhecida a constitucionalidade do art. 18 da Lei Estadual nº 8.821/89, que estabelecia alíquotas progressivas para o ITCMD.

II - ter alíquotas diferentes de acordo com a localização e o uso do imóvel. (Incluído pela Emenda Constitucional nº 29, de 2000)

A Corte passou a entender que a lei pode prever a técnica da progressividade tanto para os impostos pessoais como também para os reais. Segundo o Tribunal, em sua nova orientação, o § 1º do art. 145 da CF/88 não proíbe que os impostos reais sejam progressivos. Todos os impostos estão sujeitos ao princípio da capacidade contributiva, mesmo os que não tenham caráter pessoal, e o que esse dispositivo estabelece é que os impostos, sempre que possível, deverão ter caráter pessoal.

De fato, não existe na Constituição nenhuma vedação ao princípio da capacidade contributiva em relação aos impostos reais. O ITCMD (que é um imposto real, assim como o IPVA) pode ser progressivo mesmo sem que esta progressividade não esteja expressamente prevista. Isto é, ao contrário do que ocorreu com o IPTU, mediante a previsão da EC 29/2000, não é necessária a alteração do texto constitucional para autorizar que o ITCMD seja progressivo.

Portanto, segundo o novo entendimento da maioria dos Ministros da Suprema Corte, a progressividade é medida da capacidade contributiva, sendo que todos os impostos, independente de sua classificação como de caráter real ou pessoal, devem guardar relação com a capacidade econômica do sujeito passivo.

Quer dizer, então, que o IPVA pode ter alíquotas progressivas em razão do valor venal do veículo automotor?

Em primeiro lugar, cumpre dispor que consideramos equivocada a jurisprudência antiga do STF, no sentido de que não seria aplicável a progressividade de alíquotas para os impostos reais. Felizmente, foi um amadurecimento positivo do entendimento do Tribunal.

Ora, se é verdade que a capacidade contributiva é aplicável de forma "plena" no imposto de renda das pessoas físicas e jurídicas (imposto pessoal), isso não significa que o princípio não tenha aplicabilidade nos demais impostos do nosso Sistema Tributário Nacional.

O simples fato de a maioria dos impostos serem proporcionais, isto é, tenham alíquotas em percentuais, deixa claro que há e sempre houve uma preocupação do legislador em gravar quem "pode mais". É dizer, o indivíduo que é proprietário de um automóvel popular já paga menos do que aquele indivíduo que é proprietário de um veículo de um milhão de reais, eis que a alíquota em percentual (4%, em MG) recairá sobre bases de cálculo diferentes (valor venal do veículo). Corroborando nosso raciocínio:

> É certo que a capacidade econômica encontra seu campo ideal de aplicação num imposto sobre os rendimentos globais de uma pessoa

> física ou jurídica. Mas disso não resulta que num imposto real como o IPTU [ou, no caso, como o IPVA] não se possa ou não se deva levar em conta a capacidade econômica do contribuinte. [...] Vale dizer, o próprio fato de o IPTU ter por base de cálculo o valor venal do imóvel [no caso do IPVA, o valor venal do veículo automotor] (sobre o qual se aplica uma alíquota) é uma evidência de que a obrigação tributária foi estipulada levando-se em conta a capacidade econômica.
>
> Porque consideramos perfeitamente válido e ajustado à Constituição um imposto sobre a propriedade imobiliária ou sobre a propriedade de um veículo automotor que tome por base de cálculo o valor dos bens, mas reputaríamos completamente inválido e mesmo estapafúrdio um imposto calculado sobre o número de pintas que uma pessoa tem no rosto [...]? Porque no caso do IPTU [e também do IPVA] temos um imposto que grava uma clara manifestação de capacidade econômica (ainda que tomada em seu aspecto objetivo), e nos outros casos temos um imposto cujo fato gerador em nada pode fazer presumir qualquer tipo de capacidade econômica de quem é chamado a pagar o tributo.[17]

Assim, seguindo a nova orientação do STF vista acima, e como uma forma de tornar o sistema tributário ainda mais justo e isonômico, é imperioso que os Estados da federação instituam a progressividade de alíquotas do IPVA, de acordo com o valor venal de cada veículo automotor.[18] Tal medida seria plenamente válida e constitucional e parte da doutrina já se manifestou a esse respeito:

> A postura que a maioria da nova composição do Tribunal vai tomando quanto ao art. 145, parágrafo 1°, da Constituição nos parece bem

[17] FERRAZ, Luciano; GODOI, Marciano Seabra de; SPAGNOL, Werther Botelho. *Curso de direito financeiro e tributário*. Belo Horizonte: Fórum, 2014, p. 260.

[18] É digno de nota que a tributação "progressiva" de veículos importados em relação aos nacionais já foi declarada, com acerto, inconstitucional pelo STF:
"IPVA E TRIBUTAÇÃO MAIS GRAVOSA PARA VEÍCULOS PROCEDENTES DO EXTERIOR – Se o artigo 152 da Constituição Federal estabelece a isonomia tributária, impedindo tratamento diferenciado dos contribuintes em razão da procedência e destino de bens e serviços, vinculando Estados e Municípios, não se pode conceber que a alíquota do IPVA seja uma para os veículos de procedência nacional e outra, maior, para os importados. Na verdade, o tratamento desigual apenas significa uma nova tributação pelo fato gerador do imposto de importação, já que nenhuma diferença se pode admitir em relação aos atos de conservação de vias entre veículos de nacionalidades distintas." (STF, Agravo 203.845, Rel. Min. Néri da Silveira, decisão monocrática publicada no DJ de 07/12/1998, mantida por acórdão publicado no DJ de 03/12/1999). No mesmo sentido: STF, AI 340.688/RJ, Rel. Min. Sepúlveda Pertence, DJ de 2/5/2002; RE 293.957/RJ, Rel. Min. Carlos Velloso, DJ de 27/6/2003, p. 85).

> clara: a capacidade econômica é sim levada em conta nos impostos reais. Esses impostos, mesmo não apresentando condições de serem estabelecidos de acordo com as circunstâncias pessoais do contribuinte (caráter pessoal), baseiam-se em fatos econômicos objetivos capazes de revelar uma capacidade econômica. O aumento de alíquotas em função do aumento da base de cálculo não desnatura ou desvirtua o imposto real, não se tratando, a rigor, de personalização de um imposto real, já que na progressividade de alíquotas em razão do valor dos bens, o critério de diferenciação é algo imanente ao bem tributado e não um fator externo ou estranho a esse bem [...].
>
> Essa postura [...] abre espaço a que o legislador ordinário imprima alíquotas progressivas também ao ITBI e ao IPVA, ficando totalmente prejudicado o argumento formalista de que a progressividade exige autorização expressa e explícita no texto constitucional.[19]

5. CONCLUSÕES

A escolha do tema de fundo da obra conjunta coordenada pela presidência da comissão de direito tributário da OAB/MG e pela professora de todos os tributaristas, Misabel Derzi, que tivemos a honra de participar e contribuir com essas singelas linhas, merece nosso aplauso. É sabido e ressabido que o nosso sistema tributário é muito injusto, sendo um caso evidente e até mesmo pedagógico de regressividade, e é sempre importante que a comunidade jurídica escreva, debata e procure soluções para nosso sistema.

Os impostos indiretos, incidentes sobre o consumo, embutidos nos preços dos produtos adquiridos pela população brasileira, representam mais de 60% do que se recolhe. Essa regressividade acaba por implicar em uma tributação desigual, taxando mais os pobres do que os ricos.

Um possível caminho para promoção da justiça fiscal seria voltar os olhos para a tributação sobre o patrimônio dos brasileiros. Como vimos, apesar de ser uma importante forma de atingir a capacidade econômica dos cidadãos – agora com reconhecimento do próprio Supremo Tribunal Federal –, a tributação patrimonial não chega a 3,5% da arrecadação total no Brasil. Apenas para ilustrar, nos Estados Unidos, ela passa de 12%.

No caso do IPVA, que recai sobre a propriedade de veículos automotores, é possível construir uma tributação mais justa e isonômica, valendo-se dos instrumentos da seletividade e progressividade. É muito fácil perceber

---

[19] GODOI, Marciano Seabra de. *Crítica à jurisprudência atual do STF em matéria tributária*. São Paulo: Dialética, 2011, p. 115

a diferença entre proprietários de veículos destinados ao trabalho ou transporte público em relação àqueles para uso particular. Salta aos olhos ainda a diferença entre os valores dos veículos populares se comparados a veículos caríssimos, com valores de mercado acima do milhão de reais.

É mister, portanto, uma atenção especial na previsão do aliquotamento do IPVA, de forma a tornar menos injusta a tributação nacional. Isto é, também na tributação patrimonial dos veículos automotores é possível aliviar a carga dos mais pobres e onerar aqueles contribuintes que têm maior capacidade econômica.

Cabe, ao final, uma ressalva: cobrança progressiva não importa necessariamente em aumento de imposto, mas sim na redistribuição da carga tributária entre os contribuintes de forma a se alcançar justiça tributária!

5

A CAPACIDADE CONTRIBUTIVA NO PLANEJAMENTO TRIBUTÁRIO: A NECESSÁRIA RELEITURA DA JUSTIÇA FISCAL A PARTIR DOS PRINCIPIOS DA PROTEÇÃO À CONFIANÇA LEGÍTIMA E BOA-FÉ OBJETIVA

Bianca Delgado Pinheiro[1]

---

1. INTRODUÇÃO

O tema ora trazido à baila propõe que a análise do planejamento tributário sob a ótica da capacidade contributiva se realize mediante a releitura da justiça fiscal, com a valoração do princípio da proteção à confiança legítima e da boa-fé objetiva, afastando as restrições abusivas impostas pela fiscalização ao planejamento tributário.

---

1 Advogada Tributarista. Pós Graduada em Gestão Corporativa de Tributos. Graduada em Direito em 1999. Professora em Pós-graduação. Conselheira Representante dos Contribuintes no Conselho Administrativo de Recursos Fiscais – CARF/MF (2011/2014). Membro da Comissão de Direito Tributário da OAB/MG.

Deparamo-nos com autuações fiscais fundamentadas na (des)consideração do planejamento tributário sob a ótica da capacidade contributiva, prevalecendo o entendimento pela maior tributação, independentemente de atos e negócios lícitos e da boa-fé objetiva. Tal situação se respalda na prevalência da capacidade contributiva como mecanismo de alcance da justiça fiscal, afastando o planejamento tributário fundado em atos lícitos, com base em critérios subjetivos, inclusive, para se afirmar a inexistência de propósito negocial das operações que redundaram a redução da carga tributária.

Percebe-se, portanto, que o subjetivismo na avaliação fiscal das operações e negócios jurídicos, com base na capacidade contributiva e com pressuposto da inexistência de propósito negocial, afasta a segurança jurídica, especialmente a confiança legítima garantida ao contribuinte, sendo defensável que a justiça fiscal, sob a ótica da capacidade contributiva apenas, não deve superar a validade das demais normas e estabelecer critérios absolutamente subjetivos para fins de exigência fiscal.

O princípio da proteção à confiança legítima deve ser garantido ao contribuinte, assegurando as relações construídas com base na boa-fé objetiva, que se prolongam no tempo. E, nesse sentido, não deve ser afastado tal princípio, ainda que na hipótese de aplicação da justiça fiscal fundada na capacidade contributiva empresarial.

2. DEFINIÇÃO DE PLANEJAMENTO TRIBUTÁRIO

Marco Aurélio Greco conceitua planejamento tributário como o "conjunto de condutas que o contribuinte pode realizar visando buscar a menor carga tributária legalmente possível" (GRECO, 2008, p. 117).

Hugo de Brito Machado Segundo conceitua o instituto como "a economia lícita de tributos obtida através da organização das atividades do contribuinte, de sorte que sobre elas recai o menor ônus possível" (MACHADO, 2007, p. 360).

Segundo Chaves, o planejamento tributário é: "o processo de ação, não simulada, anterior à ocorrência do fato gerador, visando direta ou indiretamente à economia de tributos" (CHAVES, 2008, p. 5).

Assim, para Chaves, o planejamento tributário deve ocorrer antes do fato gerador, ou seja, antes da concretização do evento que gera a obrigação tributária principal, que é dar dinheiro aos cofres públicos, justificando desta forma o termo planejamento (CHAVES, 2008).

Para Ching, o planejamento tributário é "o planejamento do negócio objetivando carga tributária adequada aos negócios e observando os limites legais. Ele se fundamenta na esfera mínima de liberdade que tem o empresário para planejar seus negócios" (CHING, 2010, p. 170).

É certo que o planejamento tributário tem como fundamento os princípios da livre iniciativa (art. 1°, IV e 170 *caput* da CF/88), livre concorrência (art. 170, IV CF/88), além de princípios como o princípio da legalidade e a garantia do direito de propriedade.

Não é demais lembrar que nem todos os atos que implicam em redução da carga tributária para o contribuinte se caracterizam como planejamento tributário, podendo ter sido beneficiados pela extrafiscalidade, incentivos e benefícios fiscais, além da prática de atos ilícitos, que não são objeto de estudo no momento.

Prosseguindo, na visão clássica do planejamento tributário, consideravam-se dois requisitos para que se configurasse o instituto: cronologia (atos realizados anteriormente à incidência tributária) e licitude.

Na visão moderna, tem-se ainda que avaliar a eficácia dos atos perante a Fiscalização. Ou seja, configura-se planejamento tributário atos realizados antes do fato gerador do tributo, lícitos e passíveis de serem oponíveis ao Fisco. Pergunta-se, de imediato, por que os atos ou negócios jurídicos lícitos ainda teriam que ser oponíveis, ou seja, defensáveis perante o Fisco.

Por incrível que possa parecer, essa é a realidade atual, o contribuinte, embora tenha realizado atos e negócios jurídicos lícitos, que tenham gerado econômica tributária, deverá também evidenciar que o intuito não teria sido apenas de redução da carga tributária, que há um propósito negocial nos atos realizados, e outros aspectos mais que acabam sendo trazidos pelo Fisco, o que acarreta uma discussão absolutamente subjetiva com a fiscalização, a qual se fundamenta, para fins de exigência fiscal, inclusive, na capacidade contributiva do contribuinte.

Sobre o assunto, Marco Aurélio Greco afirma: "em suma, o núcleo central do tema é a eficácia fiscal dos atos ou negócios jurídicos realizados, vale dizer "não basta ser lícito, é preciso ser eficaz perante o Fisco" (GRECO, 2008, p. 114).

3. PLANEJAMENTO TRIBUTÁRIO: POR QUE SE ATENTAR PARA TANTO?

E por que a empresa deve sempre se atentar para o planejamento tributário?

Diferentes razões podem justificar o planejamento tributário, sabendo-se, sem dúvida alguma, que os principais motivos são de ordem econômica e as circunstâncias invocadas envolvem o regramento do sistema tributário brasileiro e a crescente carga tributária do país. O impacto negativo da tributação, que é visto pelos agentes econômicos como um custo no processo produtivo e na geração de riqueza, ocasiona a reação à tributação, utilizando-se, como opção legal, o planejamento tributário.

Argumenta-se, em defesa do planejamento tributário, a complexidade do sistema tributário, superposição de incidências, grande número de tributos, etc.

E deve-se ter em vista, sempre, que o planejamento tributário, como meio para a busca da redução da carga tributária e, assim, por um melhor resultado para o desenvolvimento da empresa, é legal e ético, e também representa uma ferramenta para o desenvolvimento sustentável da empresa.

4. CONCEPÇÃO FISCAL: ACEITABILIDADE DO PLANEJAMENTO TRIBUTÁRIO EM CONFORMIDADE COM A CAPACIDADE CONTRIBUTIVA

Ao longo dos anos, o planejamento tributário foi visto de diversas formas. GRECO (2008) divide em três as fases do debate sobre o planejamento tributário:

> 1) liberdade, salvo simulação ("tudo o proibido é permitido que não é");
>
> 2) liberdade, salvo patologias dos negócios jurídicos (ampliam-se os limites, considerando o abuso de direito e a fraude à lei elementos que restringem o planejamento tributário imponível perante o Fisco);
>
> 3) liberdade, com capacidade contributiva (princípio da capacidade contributiva como limitador do planejamento tributário).

Referindo-se especialmente à terceira fase da concepção do planejamento tributário, destaca-se que a sua essência se encontra no princípio da capacidade contributiva, firmando-se a interpretação de que ainda que os atos praticados sejam lícitos, não se aferindo qualquer situação que leve à sua invalidade, os atos devem ser onerados conforme a capacidade contributiva do contribuinte.

Não é demais relembrar que o princípio da capacidade contributiva está previsto no art. Art. 145, § 1° da CF, nos seguintes termos:

> Art. 145, § 1° Sempre que possível, os impostos terão caráter pessoal e serão graduados segundo a capacidade econômica do contribuinte, facultado à administração tributária, especialmente para conferir efetividade a esses objetivos, identificar, respeitados os direitos individuais e nos termos da lei, o patrimônio, os rendimentos e as atividades econômicas do contribuinte.

Ou seja, cada contribuinte será onerado na medida de sua capacidade contributiva, aplicando-se, assim, a chamada justiça fiscal, leia-se "quem pode mais, pagará mais" e vice-versa.

Sobre este princípio da capacidade contributiva, Ricardo Lobo Torres afirma que:

> "A capacidade contributiva se subordina à ideia de justiça distributiva. Manda que cada qual pague o imposto de acordo com a sua riqueza, atribuindo conteúdo ao vetusto critério de que a justiça consiste em dar a cada um o que é seu *(suum cuique tribuere)* e que se tornou uma das "regras de ouro" para se obter a verdadeira justiça distributiva. Existe igualdade no tributar cada qual de acordo com a sua capacidade contributiva, mas essa tributação produz resultados desiguais por se desigualarem as capacidades contributivas individuais.
>
> Capacidade contributiva é capacidade econômica do contribuinte, como, aliás, prefere a CF/88, mantendo a tradição da CF/46 e coincidindo, também, com a da Espanha. É capacidade de pagar *(ability to pay)* como dizem os povos de língua inglesa. Significa que cada um deve contribuir na proporção de suas rendas e haveres, independentemente de sua eventual disponibilidade financeira." (TORRES, 2005, p. 93-94)

Assim, o planejamento tributário sob a ótica da capacidade contributiva significa interpretar os atos e negócios jurídicos com a visão de que todos com a mesma capacidade contributiva devem ser tributados da mesma forma, independentemente da licitude de atos e do negócio que diferenciariam o tratamento tributário.

Não há dúvidas que, sob esta ótica, cada vez mais se opera a restrição do planejamento tributário, uma vez que imperará a capacidade contributiva e, dessa forma, a tributação mais onerosa da operação, afastando a possibilidade de realização de outra opção de negócio lícito, sem abuso de direito, de forma ou fraude à lei. E, prevalecendo o princípio da isonomia e da capacidade contributiva, o indivíduo será tributado indistintamente.

Marco Aurélio Greco (GRECO, 2008) afirma que o princípio da capacidade contributiva teria se consagrado no Brasil pela Constituição de 1946 (artigo 202) e, na Itália, pela Constituição de 1947 (artigo 53), citando que:

> "Até o início da década de 60, o tema não apresentava maiores repercussões no campo prático, tendo permanecido como objeto de estudos doutrinários, mas raras foram as manifestações jurisprudenciais a respeito, tanto aqui, como na Itália. A partir desse período, Brasil e Itália passaram a viver experiências distintas. No Brasil, ao ensejo da reforma introduzida ao sistema constitucional tributário e por força do artigo 25 da Emenda nº 18/65, o artigo 202 foi expressamente revogado, o que abriu espaço a vários debates a respeito da permanência, ou não, do princípio no novo sistema tributário; alguns sustentando que teria sido suprimida, outros afirmando que ela permanecia como desdobramento de isonomia. Depois de cerca de vinte anos de poucos debates a respeito da capacidade contributiva, o Brasil decidiu suprimir da Constituição o dispositivo, enquanto a Itália passou a buscar sua aplicabilidade."

Esclarece Marco Aurélio Greco que, na Itália, a capacidade contributiva não é um contraponto à proteção ao patrimônio. Já no Brasil, a capacidade contributiva seria desdobramento do princípio da solidariedade social elemento essencial na busca da justiça fiscal (GRECO, 2008).

A liberdade individual perde a sua força com a aplicação do princípio da capacidade contributiva na Constituição de 1988, como condutora da justiça fiscal, na medida em que a opção do contribuinte na escolha de determinados atos que gerem economia tributária (com previsão normativa) deve respeitar, ainda, a sua capacidade contributiva.

Tem-se, assim, que a liberdade de escolha encontra limites principiológicos, na medida em que não se permite ao contribuinte se desonerar de encargos fiscais, dada a sua capacidade contributiva.

A ideia de justiça fiscal, nesse caso, se guia conforme a capacidade econômica do contribuinte.

Marco Aurélio Greco sustenta que:

> "Ao falar em capacidade contributiva, é preciso estar atento para não instaurar uma discussão de caráter meramente subjetivo. Para alguns, isto seria inevitável, pois a figura é impossível de definir e, portanto, deveria haver uma avaliação de capacidade contributiva individual, o que tornaria o conceito totalmente não operativo. Outros sustentam ser um conceito vazio por ser impossível identificar o que seja capacidade contributiva em si, posto não ter substância própria. É fato

que se pode identificar a capacidade financeira de alguém, no sentido de saber se possui recursos financeiros disponíveis em montante suficiente para pagar o imposto. Isto é possível identificar. Porém, sua aptidão para contribuir, antes de passar pelo crivo da aptidão financeira, não seria possível aferir. Por isso, alguns dizem ser um conceito vazio de impossível mensuração. Pode-se mensurar concretamente o patrimônio, a renda, mas não esta "capacidade" que, por isso, seria um conceito vazio.". (GRECO, 2008, p.317)

Impera nesse entendimento fiscal que o princípio da capacidade contributiva deverá ser observado no planejamento tributário lícito, devendo o contribuinte optar entre meios menos onerosos de tributação, mas atentando-se para a sua obrigação de contribuir com valores condizentes com sua situação econômica ou com a natureza do negócio efetuado.

Daí surge a arguição, ainda, de que a ausência de propósito negocial nos atos realizados pelo contribuinte, em um cenário de capacidade contributiva da empresa na hipótese de adoção de outra forma de negócio que geraria maior carga tributária, invalidaria o planejamento tributário, reagindo a fiscalização com a desconsideração das operações, atos, negócios e contratos, requalificação de atos e presunções subjetivas, ocasionando, ao final, autuações fiscais.

Este cenário, indubitavelmente, gera insegurança procedimental e jurídica ao contribuinte.

E o que vê, na prática, são situações em que mesmo existindo previsão legal que permita o planejamento tributário adotado pela empresa, a fiscalização lavra Autos de Infração, sem uniformidade de critérios para a desconsideração dos atos jurídicos, utilizando-se, inclusive, de conceitos diferentes para justificar (i) propósito negocial; (ii) negócio atípico; (iii) fraude à lei; (iv) abuso de forma; (v) abuso de direito; (vi) gestão anormal do negócio; (vii) empresa veículo ou fictícia; e (viii) fraude, abuso e simulação.

Nesse caso, o que importa ao Fisco é o resultado econômico do fato e não a sua forma jurídica, utilizando do critério de que, para que a tributação ocorra, basta a igualdade econômica existente nos fatos. Por essa interpretação econômica, a fiscalização pretende tributar duas situações jurídicas distintas, ao fundamento de que o conteúdo econômico da operação seria o mesmo, revelando igual capacidade contributiva. Ou seja, a fiscalização daria igual tratamento fiscal a situações de igual conteúdo econômico, mas de evidente natureza jurídica diversa.

A teoria do propósito negocial ou *business purpose* tem o mesmo efeito da interpretação econômica, pois, na hipótese, a fiscalização desconsidera o negócio jurídico adotado pelo contribuinte, adequando-a ao conteúdo econômico.

Hugo de Brito Machado condena a prática da interpretação econômica:

> "Dir-se-á que a norma geral antielisão constitui simplesmente uma diretriz hermenêutica. Apenas aponta um caminho para o intérprete, que deve dar maior importância à realidade econômica do que à forma jurídica. Essa norma simplesmente deixaria expressamente autorizada a denominada interpretação econômica, que já foi objeto de inúmeras divergências na doutrina dos tributaristas, no Brasil como em outros países. Sem pretendermos reabrir tais controvérsias, registramos aqui advertência de Bilac Pinto, que se faz atual e oportuna na citação de Hermes Marcelo Huck, segundo a qual "trocar o jurídico pelo econômico significaria uma inaceitável troca do princípio da legalidade por cânones de insegurança e de arbítrio" (MACHADO, 2011, p. 110).

A (des)consideração do planejamento tributário, sob a ótica da capacidade contributiva, como mecanismo para o alcance da justiça fiscal, sob o fundamento ainda, muitas vezes, subjetivo, da inexistência de propósito negocial, afasta a segurança jurídica e especialmente a proteção à confiança legítima, sendo defensável que a pretendida justiça fiscal não possa superar a validade das normas e estabelecer critérios que acabem por se utilizar de avaliações premissas subjetivas.

5. PRINCÍPIOS DA PROTEÇÃO À CONFIANÇA LEGÍTIMA E BOA-FÉ OBJETIVA COMO NORTEADORES DA ANÁLISE DO PLANEJAMENTO TRIBUTÁRIO SOB A ÓTICA DA CAPACIDADE CONTRIBUTIVA

De pronto, cumpre firmar que o planejamento tributário deve ser tido como imprescindível ao negócio, ao se ter em vista a necessidade permanente de redução de custos para a manutenção da empresa, primando por sua solidez.

A desconsideração do planejamento tributário, sob o fundamento da eficácia positiva do princípio da capacidade contributiva ou mesmo por força da ausência de um propósito negocial, na busca, pela fiscalização, da justiça fiscal, evidencia a absoluta ofensa aos princípios da proteção à confiança legítima e a boa-fé objetiva.

Instalou-se a insegurança jurídica, diante da imprevisibilidade dos limites de estruturação dos negócios com o intuito de obter a maior economia fiscal. O tratamento fiscal acaba não sendo uniforme, lastreando-se na capacidade contributiva da empresa e fundamentando-se no princípio da solidariedade social, sob o entendimento, ainda, de que um planejamento tributário só se legitima se estiver presente o propósito negocial.

Nesse contexto, torna-se necessária a releitura da justiça fiscal, desta vez sob a ótica do princípio da proteção à confiança legítima, afastando o subjetivismo na análise do negócio, para fins arrecadatórios, que acaba se respaldando, unicamente, na capacidade contributiva do contribuinte.

O princípio da capacidade contributiva não pode limitar a liberdade de atuação lícita do contribuinte.

Descabe, no ordenamento jurídico pátrio, uma intelecção do princípio da capacidade contributiva que autorize a fiscalização a desconsiderar atos jurídicos perfeitos e promover lançamentos tributários. Ora, a mesma capacidade contributiva de duas empresas jamais poderá autorizar a invocação desse princípio como fundamento para fins arrecadatórios.

A tese da necessidade de propósito negocial no planejamento tributário também se fundamenta em critérios absolutamente subjetivos. Reitere-se que tal interpretação se atém ao princípio da solidariedade social e desconsidera a licitude dos atos praticados.

Resta patente duas questões importantes que emergem da (des)consideração do planejamento tributário sob a ótica da capacidade contributiva. Primeiramente, o propósito de economizar tributos se qualificaria como abuso, ainda que se utilize o contribuinte de meios lícitos na busca da redução de sua carga tributária. E vê-se que a busca pela economia tributária não poderia se qualificar como ofensa à boa-fé na estruturação das operações, nem sequer como violação ao fim econômico ou social do exercício de um direito. A segunda questão a ser destacada parte da invocação do princípio da capacidade contributiva para a invalidade de atos jurídicos perfeitos, o que acaba, ainda que se fundamente na supremacia do interesse público em face do privado, por legitimar arbitrariedades em matéria tributária.

Cada vez mais fortalecida a consciência de que a norma não se resume ao seu texto, se concretizada conforme realidade social que pretende regular. Contudo, a previsão da certeza da lei, garantida pelo princípio da legalidade, merece atenção, de forma a limitar a tutela ao valor da segurança jurídica.

A proteção à confiança legítima ampara-se na regra do art. 146 do Código Tributário Nacional, que protege o contribuinte contra a mudança de critério jurídico adotado pela Administração Pública, que acarrete o agravamento da situação.

Além disso, para Ricardo Lobo Torres:

> "O princípio da proteção da confiança do contribuinte, construído principalmente pelo Tribunal Constitucional da Alemanha, aproxima-se do princípio da boa-fé e, como este, ingressa no direito administrativo e no tributário, mas é indefinível. Em linhas gerais significa que o Estado deve respeitar a segurança dos direitos fundamentais do contribuinte, agindo segundo a moralidade e a equidade. Aparece amalgamado aos princípios da legalidade, irretroatividade e proibição de analogia. Mas também se consubstancia em inúmeros subprincípios e normas de proteção da expectativa do contribuinte, e em deveres da Administração, como sejam: irrevisibilidade do lançamento por erro de direito ou de valoração do fato, inalterabilidade do critério jurídico do lançamento e da resposta à consulta, irrevogabilidade das isenções condicionadas a encargo, do beneficiário, dever de assistência ao contribuinte e exclusão ou limitação de multas." (TORRES, 2003)

Ricardo Lodi Ribeiro afirma, com propriedade, que: "O princípio da proteção da confiança legítima vai além da tutela oferecida ao contribuinte pelo art. 146 do CTN quanto à mudança de critério de interpretação da norma, protegendo o seu direito em relação a qualquer posicionamento da Administração Pública que lhe traga benefícios, mesmo que fora dos sentidos possíveis oferecidos pela literalidade do texto legal, ou baseados em erros de fato não provocados pelo sujeito passivo" (RIBEIRO, 2008 p. 244).

Nesse sentido, impõe-se consignar que a pretensão fiscal em aplicar o princípio da capacidade contributiva no planejamento tributário deve ser conciliada com o respeito ao princípio da proteção à confiança legítima, concretizado a partir de sua ponderação com o princípio da legalidade e da boa-fé objetiva.

Acrescenta Ricardo Lodi Ribeiro que:

> "a dignidade da confiança vai se revelar pelos prejuízos advindos para o contribuinte em caso de preda de incentivos fiscais relacionados a investimento financeiros por ele já efetivados. Assim, uma maior proteção se dará aos benefícios fiscais condicionados, onde a dignidade da proteção se faz mais intensa, em razão das obrigações que o contribuinte teve que cumprir para ter direito ao favor legislativo.

> É que estes possuem uma natureza bilateral que não pode ser desconsiderada. Não seria lícito que a Administração atraísse o particular para que investisse em projeto no qual está presente também o interesse público e, num momento seguinte, cumpridas as condições pelo particular, considerasse ilegítima a concessão do favor fiscal, motivador da atuação do contribuinte." (RIBEIRO, 2008, p. 245)

Correlacionando-se o princípio da confiança e a segurança jurídica, vale destacar os ensinamentos de CANOTILHO:

> "O princípio geral da segurança jurídica em sentido amplo (abrangendo, pois, a ideia de protecção da confiança) pode formular-se do seguinte modo: o indivíduo têm do direito poder confiar em que aos seus actos ou às decisões públicas incidentes sobre os seus direito, posições ou relações jurídicas alicerçados em normas jurídicas vigentes e válidas por esses actos jurídicos deixado pelas autoridades com base nessas normas se ligam os efeitos jurídico previstos e prescritos no ordenamento." (CANOTILHO, 2008)

Evoca-se, ainda, o ensinamento do professor Couto e Silva:

> "Modernamente, no direito comparado, a doutrina prefere admitir a existência de dois princípios distintos, apesar das estreitas correlações existentes entre eles. Falam os autores, assim, em princípio da segurança jurídica quando designam o que prestigia o aspecto objetivo da estabilidade das relações jurídicas, e em princípio da proteção à confiança, quando aludem ao que atenta para o aspecto subjetivo." (COUTO E SILVA, Almiro do, 2005)

Conforme Wagner Serpa Junior, a confiança "é um sentimento de superação de incerteza e da imprevisibilidade, mediante a assunção de certo grau de risco, em relação ao comportamento de terceiros, de tal modo que não se espera algo distinto da expectativa que tenha criado" (JUNIOR, 2010, p. 26).

A confiança legítima é uma garantia do contribuinte (administrado), "que planeja sua atuação conforme declarações e comportamentos do Estado, diante do poder da Administração Pública em criar normas ou em anular atos inválidos e revogar atos que se tornam inconvenientes ou inoportunos" (FONSECA, 2011, p. 110).

Veríssimo Tarrago da Silva sustenta que "o princípio da proteção à confiança legítima tem a pretensão, justamente, de resguardar o indivíduo (ou as expectativas deste indivíduo) destes novos comportamentos, mas, nunca, de tornar o Estado inerte e ocioso" (SILVA, 2009, p.11).

A par de todo o articulado acima, cumpre ressaltar que a (des)consideração do planejamento tributário e, via de consequência, a onerosidade da tributação incidente na espécie, sob o fundamento da capacidade contributiva, não pode ser admitida, sob pena de afastar o princípio da proteção à confiança legitima, sendo, inclusive, arbitrário, o entendimento pela invalidade de atos jurídicos lícitos e perfeitos, em flagrante violação à proteção à confiança legítima do contribuinte.

6. CONSIDERAÇÕES FINAIS

Diante das considerações esboçadas ao longo deste artigo, é possível afirmar, primeiramente, que a análise do planejamento tributário deve ser atentar para a sua necessidade, à luz, inclusive, do desenvolvimento sustentável no âmbito econômico. Ou seja, é possível (re)pensar o planejamento tributário como uma ferramenta para o desenvolvimento sustentável econômico, social e ambiental.

Não há enunciado normativo que permita a (des)consideração do planejamento tributário sob a ótica da capacidade contributiva, não se admitindo a eficácia positiva do princípio da capacidade contributiva para fins de invalidade ou requalificação de negócios ou atos jurídicos decorrentes de operações absolutamente lícitas.

O princípio da proteção à confiança legítima, atrelado à boa-fé objetiva, deve assumir papel relevante na análise fiscal das operações.

Os efeitos no tratamento do planejamento, fundado em critérios subjetivos, em evidente desconsideração da perfeição e licitude dos atos e negócios jurídicos respectivos, são nefastos, devendo ser garantida ao contribuinte a proteção à confiança legítima e à boa-fé objetiva.

A aplicação do princípio da proteção da confiança legítima para a tutela da expectativa do contribuinte fica evidenciada na necessidade de preservação de atos jurídicos que se mantém por vários anos, com investimentos patrimoniais e pessoais. A certeza do direito gera a expectativa de confiabilidade no Sistema Tributário, bem como a previsibilidade do direito, o que permite ao contribuinte planejar seus negócios.

A fiscalização, no exercício de seu papel, deve se utilizar de um juízo de ponderação, atentando-se para a proporcionalidade e razoabilidade, evitando, inclusive, de outra feita, a finalidade arrecadatória exacerbada, na busca pela realização da justiça social.

O que se vê é a busca pela chamada justiça fiscal, confundindo-se com a busca por maior resultado financeiro, às custas de insegurança jurídica e em flagrante violação do princípio da proteção à confiança legitima, tudo isso condenável em um Estado Democrático de Direito.

A justiça fiscal invocada no princípio da capacidade contributiva merece uma releitura quando se trata de planejamento tributário envolvido por atos e negócios lícitos, tornando-se necessária a proteção à confiança legítima e à boa-fé objetiva. A consagração da proteção da segurança jurídica, confiança legítima e da boa-fé objetiva é fundamental para o aperfeiçoamento das relações jurídicas e sociais e de investimentos internos e de estrangeiros na economia do país.

7. REFERÊNCIAS BIBLIOGRÁFICAS

BRITO, Edvaldo. Interpretação econômica da norma tributária e o planejamento tributário IN ROCHA Valdir de Oliveira (coord.). O Planejamento Tributário e a Lei Complementar 104. Revista Dialética. São Paulo: 2002, p. 53.

CANOTILHO, José Joaquim Gomes. Direito Constitucional. 7 ed. Coimbra: Livraria Almedina, 2000.

CHAVES, Francisco Coutinho. Planejamento Tributário na Prática: gestão tributária aplicada. -1ª ed.- 2ª. reimpr. - São Paulo: Atlas, 2008.

CHING, Hong Yuh; MARQUES, Fernando; PRADO, Lucilene. Contabilidade e Finanças para não especialistas. 3ª ed. São Paulo: Pearson Prentice Hall, 2010.

GRECO, Marco Aurélio. Planejamento Tributário. São Paulo: Dialética, 2008, p.81-111.

COÊLHO, Sacha Calmon Navarro. "Curso de Direito Tributário". Rio de Janeiro: Forense, 2003.

COUTO E SILVA, Almiro do. O Princípio da Segurança Jurídica (Proteção à Confiança) no Direito Público Brasileiro e o Direito da Administração Pública de Anular seus Próprios Atos Administrativos: o prazo decadencial do art. 54 da lei do processo administrativo da União (Lei nº 9.784/99). Revista Eletrônica de Direito do Estado, Salvador, Instituto de Direito Público da Bahia, nº. 2, abril/maio/junho, 2005.

Disponível na Internet: <http://www.direitodoestado.com.br>. Acesso em 10 de março de 2008.

FONSECA, Tiago da Silva. A afirmação da previsibilidade no Direito Tributário. Disponível em: < http://www.bibliotecadigital.ufmg.br>. Acesso em 09 set 2014.

MACHADO, Hugo de Brito. A norma antielisão e o Princípio da Legalidade – Análise crítica do parágrafo único do Art. 116 do CTN. IN ROCHA Valdir de Oliveira (coord.). O Planejamento Tributário e a Lei Complementar 104. Revista Dialética. São Paulo: 2002, p. 110.

MACHADO, Hugo de Brito. Curso de Direito Tributário. 21ª ed. rev. atual. e amp. São Paulo: Malheiros, 2011.

RIBEIRO, Ricardo Lodi. A Segurança Jurídica do Contribuinte – Legalidade, Não-surpresa e Proteção à Confiança Legítima. 1ª ed. Rio de Janeiro: Editora Lumen Juris, 2008.

SERPA JUNIOR. Wagner. Princípio da proteção à confiança legítima em matéria tributária e modulação dos efeitos das decisões judiciais. Disponível em: <http://www.mackenzie.br>. Acesso em: 15 set 2014.

SILVA, Veríssimo Tarrago da. O princípio da proteção à confiança no âmbito de Direito Tributário. Disponível em: < http://www.pucrs.br>. Acesso em: 15 ago 2014.

TORRES, Ricardo Lobo. Curso de Direito Tributário. 12ª ed. atual. Rio de Janeiro: Renovar, 2005.

TORRES, Ricardo Lobo. O princípio da Proteção da Confiança do Contribuinte. Revista Forum de Direito Tributário 6:9, 2003.

6

A IMUNIDADE TRIBUTÁRIA DAS ENTIDADES ATEÍSTAS COMO MEDIDA DE JUSTIÇA FISCAL

Carlos Alexandre de Paula Moreira[1]

Ao meu pequeno Xande, razão de tudo.

1. INTRODUÇÃO

O tema a ser analisado neste estudo trata da questão da desigualdade de tratamento tributário que recebem os indivíduos e entidades ateístas na divulgação e realização de suas ideias e projetos, ao contrário das entidades religiosas que gozam de imunidade tributária prevista na Constituição Federal.

A questão passa pela identidade de fundo que permeia os seguimentos, que embora diametralmente opostos no que toca à crença professada,

---

[1] Jurista, Empresário e Consultor. Estudioso das Ciências Jurídicas de interesse das Empresas em geral, aprofundou seu foco em questões que atingem diretamente a vida e a rotina empresarial, nos aspectos societário, tributário, contratual, trabalhista, consumerista, ambiental, falimentar, previdenciário, financeiro, dentre outros, trabalhando na prevenção de problemas recorrentes no âmbito empresarial. É especialista em Direito Tributário e Direito Processual Civil pela Universidade Gama Filho e Consultor empresarial. Membro do Conselho de Assuntos Jurídicos da Associação Comercial de Minas - ACMinas, da Comissão de Direito Tributário da Ordem dos Advogados do Brasil - Seção do Estado de Minas Gerais, e do Instituto dos Advogados de Minas Gerais, e Advogado militante. Sócio proprietário da empresa Horizonte Consultores Associados e da empresa Cursos Carlos Alexandre Moreira, e do Escritório Jurídico Carlos Alexandre Moreira. Ministra cursos, seminários, workshops e palestras há mais de 25 anos. www.juscalex.adv.br.

atuam de modo igual no seio da sociedade, compondo faces opostas de uma mesma moeda, e que se diferenciam apenas pelo fato de que uma prega a existência de uma entidade divina e as formas de vivência humana segundo os dogmas da religiosidade, enquanto a outra divulga a inexistência de qualquer entidade superior, vendo o homem como centro de tudo e senhor único de seus desígnios, buscando demonstrar as melhores formas de conviver em sociedade, segundo esse entendimento.

Ora, sendo o Estado laico como é, e considerando que o religioso e o ateu, em última e fria análise estão a tratar do mesmo assunto, guardadas as devidas proporções, o problema que se verifica é: devem os indivíduos e entidades ateístas gozar da mesma imunidade tributária que as entidades religiosas; ou devem estas ter revogada a referida imunidade Constitucional ante a laicização do Estado na atual Ordem Constitucional e considerando a obrigatoriedade de tratamento igualitário tanto tributário quanto nas liberdades de exercício de crença e de manifestação do pensamento?

A opção pelo presente estudo se deve a interessante questão, de difícil compreensão *ab initio,* porque o pleito das entidades ateístas, ao contrário do que seria lógico pensar, não é obter a igualdade no tratamento Constitucional, mas, ao contrário, é sua luta o pensamento cidadão de que tal imunidade é absurda e que seria, na verdade, passiva de banimento do texto Constitucional, ante a ausência de conexão com as bases, princípios e prioridades da sociedade Brasileira, aliada principalmente ao fato de que muitas "Igrejas" são, na verdade, grandes empresas, inobstante os projetos sociais que desenvolvem, sendo certo que tais projetos em nada diferem daqueles propiciados por entidades privadas que não gozam de qualquer imunidade tributária.

Aliado ao debate, deve ser levada em consideração a concepção história das entidades religiosas no Brasil, bem como o conforto espiritual que propiciam àqueles que nele creem e, portanto, necessitam. Tal questão é considerada como fundamental, eis que a religiosidade se apresenta, para muitos, como sustentáculo da moral, na sua moderna concepção, e a fé o elemento formador do caráter do cidadão, presente na formação da família, eternamente vista como célula *mater.* da sociedade.

Não é necessário muito esforço para ver que isto é uma realidade, posto que crianças com pouco tempo de vida são batizadas aos milhares diariamente, assim como casamentos religiosos são celebrados na mesma proporção, e não falta, seja qual for a religião do *de cujus*, ou mesmo que este não a tenha, um representante de entidade religiosa presente no seu velório, para "encomendar" o corpo, como celebra o jargão popular.

No plano acadêmico a questão, abordada cientificamente, aprofunda o contra-ponto entre a necessária igualdade tributária e a consequente arrecadação para os avanços sociais dos quais todos somos tão carentes, e a questão das imunidades tributárias, ainda polêmicas sob vários aspectos mas, principalmente neste, posto que o que se observa é a existência de um benefício assegurado a entidades com extremada capacidade tributária, dada a percepção de quantitativos expressivos de modo rápido e frequente.

Mas tão importante quanto este aspecto, é o de se verificar se o tratamento tributário é realmente igualitário, como a própria Constituição determina para que, considerada a liberdade de expressão assegurada pelo mesmo texto Constitucional, bem como a liberdade de crença, seja possível entender que as entidades ateístas se equivalem às entidades religiosas por tratarem do mesmo enfoque, espiritual, embora com pensamento diametralmente oposto.

De se indagar, então, se a ausência de imunidade tributária para as entidades ateístas, nos contornos dados às entidades religiosas, não fere, em um primeiro aspecto a liberdade de crença, posto que a atividade religiosa tem maior facilidade de ser exercida plenamente, gozando, em razão da imunidade, da possibilidade de se valer de maior número de ferramentas e veículos para assim abranger um maior número de adeptos e se apresentar a um enorme número de pessoas que têm potencial para aderir, ao passo que as entidades ateístas precisam pagar o principal e os encargos tributários para realizar as mesmas atividades, o que lhes reduz, drasticamente, o leque de possibilidades pela lógica do custo, em muitas vezes, muito mais caro.

Vê-se, portanto, que a mesma ferramenta ou o mesmo veículo será muito mais caro para a entidade ateísta do que para a entidade religiosa.

Há quem veja na expressão "liberdade de crença", apenas a segurança dada pela Constituição Federal para que o cidadão possa se filiar a esta ou aquela religião ou denominação Cristã. Pensamento limitado. A Constituição quer falar mais. E trata a liberdade de crença como a liberdade total, inclusive a de não ter crença alguma e combater as que existem por entender erradas e limitadoras da evolução do homem enquanto ser pensante, detentor de seus desígnios.

Entender diversamente é mutilar o instituto. Os termos "liberdade" e "crença" não podem receber interpretação meramente gramatical. É preciso que seja assegurado ao cidadão que vê, por exemplo, o culto ao "Diabo", como uma crença errada, e lhe garanta a necessária liberdade para assim orientar seus iguais. É nesse aspecto que o instituto da liberdade de crença deve ser interpretado. É a evolução do pensamento Constitucional na garantia das liberdades individuais e sociais.

É, portanto, neste ângulo de visão, apresentado de modo eminentemente científico, que se compreende a expressão "liberdade de crença", o que certamente vem a abranger as entidades ateístas, exigindo, portanto, tratamento igualitário com as demais entidades que gozam de imunidade tributária para tratar, em última análise, da mesma questão.

Em um segundo aspecto, temos a liberdade de expressão, assegurada constitucionalmente, e que permite que os dogmas da religiosidade sejam plenamente expostos, nas suas mais variadas concepções, dada a diversidade de Igrejas, e da mesma forma podendo se utilizar de ferramentas e veículos, os mais variados, posto que, aliada à liberdade de crença e à imunidade tributária de que gozam, possuem recursos muito mais baratos para o exercício de tal liberdade Constitucional. *A contrario sensu,* as entidades ateístas pagam, para exercer a mesma liberdade, o custo de tais ferramentas e veículos, mais os encargos tributários existentes, não dispondo, portanto, da mesma variedade, dada a limitação de recursos.

Tal constatação demonstra claramente que a expressão do pensamento e a liberdade de crença, direitos protegidos Constitucionalmente, caminham juntos, atrelados um ao outro, sendo certo que inexiste a necessária igualdade entre as entidades que se encontram no cerne do presente estudo, gerando, portanto, desigualdade entre entidades que tratam *data máxima vênia,* do mesmo tema.

Considerando que são iguais, retornamos à questão principal: devem as entidades ateístas gozar da mesma imunidade que as entidades religiosas; ou deve a Constituição da República ser emendada para suprimir a imunidade ora conferida às entidades religiosas, promovendo assim, verdadeiramente, igualdade tributária, igualdade na liberdade de expressão e igualdade na liberdade de crença?

Para os defensores da espiritualidade como bem social, a lógica levaria a pensar que, na defesa da igualdade estabelecida pela Constituição, o certo seria estender às entidades ateístas à mesma imunidade tributária que hoje beneficia as entidades religiosas.

Para aqueles que veem a espiritualidade como uma opção a ser exercida individualmente, podendo, portanto, ser inclusive abandonada, a lógica leva a se entender pela eliminação de tal imunidade do texto Constitucional.

A questão é infinitamente mais profunda do que aparenta.

2. PRIORIDADES NO CONTEXTO SOCIAL

O presente tema é abordado porque diante de uma Constituição jovem como a Brasileira, e considerando a evolução do pensamento humano, torna-se cada dia mais clara diferenciação de tratamento dado, não pela Constituição Federal, que tem em seu texto o suficiente para promover a igualdade, mas pelos operadores do direito, legisladores e governantes, que afastam por completo o sentido Constitucional das liberdades e imunidades, promovendo desigualdade que beneficia injustamente aqueles que dela menos precisam e limitando o pleno exercício do pensamento e a plena liberdade de crença através do sistema tributário.

Temos, portanto, que o problema em questão é o instituto Constitucional da imunidade tributária, mormente aquela destinada às entidades religiosas como meio de promoção de desigualdade no que toca especificamente às entidades ateístas que cuidam, em última análise, do mesmo tema que aquelas entidades beneficiadas pela imunidade em questão, inviabilizando a livre expressão do pensamento e a liberdade de crença, e a sua consideração no contexto social, da proteção da questão à espiritualidade a ponto de receber do Constituinte originário imunidade tributária em contraposição às necessidades sociais a serem custeadas pela arrecadação fiscal, considerando a enorme capacidade tributária revelada pelas entidades religiosas, tributariamente imunes.

É a problematização da prioridade a ser protegida a nível tributário no Estado laico. Se a intangibilidade da espiritualidade, opção íntima e individual do cidadão, ou a concretude da fragilidade da saúde, da segurança e da educação, entre tantos outros direitos de todos, Constitucionalmente protegidos, e dever do Estado que tem para sua concretização o sistema tributário.

É a análise do tributo como meio de fomentação desnecessária de práticas individualistas em detrimento das necessidades sociais constitucionalmente protegidas.

Busca-se, portanto, em uma análise setorial, e pelo exercício do raciocínio jurídico-científico, no plano tributário-Constitucional, a verificação da real existência do problema acima apontado e, em se confirmando, as possíveis soluções para que o sistema tributário possa, de fato, promover a igualdade e garantir a livre expressão do pensamento e a liberdade de crença, efetivamente, como determina a Constituição Federal.

Tem o presente estudo, portanto, como objetivo a análise do instituto da imunidade tributária no contexto social, considerando a igualdade

Constitucional assegurada, e a sua interferência na plena liberdade de expressão e liberdade de crença, uma vez que cuida de um benefício que coloca pessoas e entidades que, na essência estão no mesmo plano de igualdade, em situações diametralmente opostas, beneficiando umas e limitando outras.

E beneficia algumas a ponto de promover engrandecimento e enriquecimento ilimitados, permitindo, dessa forma, que interfiram nos meios de comunicação, no cenário político nacional, na economia e geração de empregos, posto que são conhecidos em nosso País casos de Igrejas que detém, em seu nome ou em nome de seus constituintes, concessões de rádio e televisão, jornais periódicos, e templos enormes, cada vez maiores, alguns possuindo, inclusive, heliporto.

Também é pública e notória a existência de bancadas parlamentares pertencentes exclusivamente a Partidos Políticos de cunho religioso, com membros em número cada vez maior presentes nos legislativos Municipais e Estaduais, sem falar no próprio Congresso Nacional.

Para alguns tal situação é plenamente correta, posto que as Igrejas desempenham papel não somente apaziguador, mas também agregador no seio da sociedade, fomentando a moral e os bons costumes, além do aprofundamento espiritual do indivíduo, segundo cada crença. Tal pensamento justificaria, portanto, a imunidade tributária, ainda que esta termine por criar situação de desigualdade não só em relação a outras entidades não religiosas, mas que também tratam da espiritualidade ainda que por outro enfoque, como é o caso das entidades ateístas, mas também promove desigualdade social por beneficiar entidades que revelam capacidade tributária, cuja arrecadação promoveria e implementaria, efetivamente, os avanços e necessidades sociais, realizando, em última análise, a vontade Constitucional.

Todavia, é evidente que a imunidade tributária, para tais entidades religiosas, não somente lhes oferece situações a custo muito inferior, pela ausência de tributo, criando enorme vantagem econômica sobre entidades iguais, como as ateístas, como permite, com a desnecessidade desse dispêndio, a realização de diversas outras atividades e aquisição de diversos outros bens, ao contrário de seus pares, que qualquer pessoa, natural ou jurídica, não teria as mesmas condições de adquirir. Basta que se verifique a enormidade e o alto luxo de vários Templos, assim como canais de televisão, emissoras de rádio, jornais, sítios na Internet, além de várias outras situações que uma entidade que arca com sua carga tributária normalmente, não consegue alcançar.

Em um País em que o índice de mortalidade infantil ainda é um dos maiores do mundo, em que pessoas morrem diuturnamente nas filas dos hospitais, em que nem mesmo os hospitais destinados a atender os servidores públicos de determinado ente estatal dispõem de profissionais e leitos em número suficiente para atender sua demanda, é no mínimo questionável o extremado luxo que se verifica em determinados Templos religiosos, para quem considera a religião uma opção individual.

A ausência de tributação permite, em tese, uma série de ilícitos, posto que se tais entidades fossem tributadas em todas as suas atividades, certamente existiriam mecanismos de controle que atingiriam até mesmo aquelas poucas moedas que os fiéis colocam nas caixas localizadas aos pés de algumas imagens religiosas pelas várias Igrejas em todo o Brasil.

Mas o mais importante é que se sabe que com a entrada de recursos nas entidades religiosas, se estas fossem normalmente tributadas, diante de sua enormidade, o Estado promoveria, com toda a certeza, muitos e muitos avanços sociais, todos desejados pela vigente Carta Mãe.

Portanto, o objetivo do presente estudo é verificar, de modo comparativo, se o instituto da imunidade tributária, mais especificamente aquele que incide sobre as entidades religiosas, pode tomar do povo os enormes avanços sociais que sua plena tributação proporcionaria. É buscar entender o que é mais importante, se a espiritualidade enquanto um bem de opção íntima e individual, a ponto de ensejar imunidade tributária para aqueles que dela vivem, ou se as necessidades sociais do povo brasileiro, coletivamente considerado e tão carente de Justiça, Educação, Saúde, Segurança, etc.

Mas, acima de tudo, buscamos implementar uma análise científica sobre o tema, buscando posicionar a questão da imunidade sob comento e sua concretude no contexto social, à luz do sistema tributário que, com sua finalidade, sustenta o Estado e promove os avanços e melhorias não só de necessidade das populações nos Municípios, nos Estados e no País como um todo, se considerarmos todos os tributos que a imunidade em estudo alcança, bem como aqueles direitos básicos que o Constituinte originário cuidou de estabelecer como prioridades, verdadeiro dever do Estado, assim como o papel nas instituições nesse contexto.

3. DUAS FACES DE UMA MESMA MOEDA

O presente estudo tem, ainda, por objetivos específicos, verificar a questão de se saber se as entidades ateístas estariam teoricamente em igualdade tributária com as entidades religiosas, a ponto de também gozarem da imunidade em estudo; debater, do modo mais abrangente possível, se a imunidade em questão lesiona, ou não, a liberdade de expressão Constitucionalmente protegida; de igual modo, discutir se essa imunidade lesiona, ou não, a liberdade de crença Constitucionalmente protegida; verificar, ainda, e do modo mais abrangente possível, o que seria possível de ser realizado com a receita que a imunidade em questão impede de arrecadar; e, por fim, mas não menos importante, verificar, em debate jurídico-científico, e do modo mais completo possível, os avanços que o Estado Democrático de Direito, no caso específico de nossa Nação, pode auferir, com o fim da imunidade de objeto do estudo que, ainda que de modo modesto, buscamos aprofundar.

Veja-se que, ainda que superficialmente, a sociedade vê o ateu como alguém que não acredita em "Deus". Mas, sob um ponto de vista mais aprofundado, podemos observar que o ateu e as entidades que professam, divulgam e debatem, com objetivo específico, o ateísmo, exercem, de igual modo que as entidades religiosas com sua liberdade de culto, as mesmas atividades, posto que estas professam, divulgam e procuram viver segundo a religiosidade a que aderiram, ao passo que aqueles, se dedicam a fazer rigorosamente as mesmas coisas, mas com objeto diametralmente oposto, que é a inexistência de qualquer espécie de divindade, sendo o homem, ser pensante, detentor único de seus desígnios.

Interessante observar a enorme variedade de religiões, denominações Cristãs e Igrejas que existem em todo o Mundo. E todas, praticamente todas, têm ao menos um Templo que seja, no Brasil.

Sem querer entrar em debate religioso, é impossível não observar tal circunstância sem que se indague se todas estão certas ou se todas estão erradas em relação ao que professam, ou seja, em relação à divindade central que buscam seguir. Um simplório exercício de pensamento levaria a concluir que ao menos uma delas deve estar certa no que professa, posto que é ilógico imaginar que existam várias divindades superiores distintas coexistindo e a todas se atribuindo a criação do Universo e tudo o que ele contém. Ou ainda, que uma mesma divindade celeste tenha, para uma determinada denominação Cristã, um conjunto de dogmas e comportamentos a serem impostos aos seus seguidores, enquanto para outra denominação cristã essa mesma divindade determina outro conjunto de dogmas e comportamentos. Incompatibilidade de difícil compreensão, até mesmo para os fiéis que seguem os referidos dogmas e comportamentos, exceto se para eles não for possível considerar que sua religião está correta e as demais estão erradas. Pensamento corriqueiro em cada fiel, em cada Templo de qualquer religião ou denominação Cristã.

E, apenas para melhor ilustrar o que aqui se apresenta, chamamos atenção para o fato de que existem grupos que cultuam adoração ao "Diabo". Logo, podemos concluir que a opção de crença é definitivamente íntima e individual.

No mesmo patamar de igualdade se encontram, portanto, as entidades ateístas. E por assim ser, e por ter como cerne exclusivo de suas atividades a divulgação da inexistência de qualquer divindade superior, enquadra-se na mesma categoria, embora receba, não da Constituição Federal, mas das instituições que a interpretam e aplicam as normas Constitucionais, gerando assim tratamento diferenciado em um ambiente Constitucional de isonomia.

Neste aspecto, de se indagar se seriam as entidades ateístas que deveriam ser contempladas pelas instituições, porque já o são pela Constituição Federal, com a imunidade tributária de que ora são beneficiadas as entidades religiosas, ou se estas é que deveriam perder a referida imunidade, posto que como cada cidadão é livre para ter a crença que bem entender, inclusive no "Diabo", podendo construir um Templo para tanto, fica claro que essa opção íntima retira do cidadão os direitos garantidos no texto Constitucional, auferíveis por meio do sistema tributário, eis que se impõe a imunidade em comento.

Certo é que muitas entidades religiosas, com suas estruturas enormes, poderiam, por meio do sistema tributário, dada a capacidade tributária que revelam, incrementar a receita do Estado, fortalecendo assim a busca pelas soluções das necessidades que nossa sociedade apresenta, em todos os aspectos, sem que com isso diminuam suas atividades.

Sob um segundo enfoque, podemos analisar se a imunidade em estudo, considerando a existência das entidades ateístas, no tocante à liberdade de expressão Constitucionalmente protegida, promove ou não a desigualdade, contrariando, assim o espírito do Constituinte originário que, segundo consenso, desejava conceder tratamento igualitário entre os cidadãos, entre as empresas e entre as instituições.

O que se busca levar à reflexão é se a livre divulgação de ideias é realmente livre, do ponto de vista econômico, se considerarmos que a incidência tributária que existe sobre as atividades exercidas por entidades não religiosas, não limitaria o pleno exercício de tais atividades, em contraponto àqueles que gozam da imunidade tributária, como as entidades religiosas, que exercem rigorosamente as mesmas atividades.

Em outras palavras, buscamos resposta para a indagação que emerge do tratamento igualitário que o espírito do Constitucionalista remete, de questionar se as entidades ateístas que não gozam de imunidade tributária, não estariam limitadas no exercício da liberdade de pensamento quando comparadas com as entidades religiosas, iguais no que fazem, em razão da imunidade tributária que contempla estas últimas.

Em um primeiro pensamento podemos entender que não, posto que as entidades ateístas não estão impedidas de divulgar suas ideias. Mas o que está em estudo neste trabalho é a comparação entre as entidades, se ateístas ou se religiosas, posto que tratam do mesmo tema, a espiritualidade, ainda que sob enfoques diametralmente opostos, como expressão da liberdade de pensamento e manifestação, se considerarmos que embora iguais, as ateístas pagam impostos, enquanto as religiosas, não.

E, neste aspecto, temos que o sistema tributário promove desigualdade.

É certo que a proteção à liberdade de expressão encontra, em uma interpretação gramatical, uma ideia que se encerra na própria expressão, de que todos podem livremente manifestar seu pensamento e se expressar segundo este. Mas esta seria uma interpretação limitada.

É preciso que se faça uma interpretação sistemática, para que seja possível comparar, no plano da liberdade de expressão, as diversas pessoas individualmente consideradas, e as diversas entidades que tratam do mesmo tema, para que seja possível verificar, ainda, se, tomando emprestado um termo do Processo Civil Constitucional, com "paridade de armas", podem todas as entidades realmente utilizar da liberdade de expressão garantida Constitucionalmente.

Se considerarmos que entidades ateístas e entidades religiosas pertencem a um mesmo grupo de entidades que expressam seu pensamento no campo da espiritualidade, e se considerarmos que a adesão a tais formas de pensar é livre, veremos que a imunidade tributária termina por beneficiar as entidades religiosas que gastam muito menos que as entidades ateístas para exercer a liberdade de expressão. E sob tal ponto de vista, econômico, há uma limitação da liberdade de expressão das entidades ateístas que compõem com as entidades religiosas as duas faces de uma mesma moeda.

Conclui-se, portanto, que a imunidade tributária das entidades religiosas cria desigualdade na liberdade de expressão. E liberdade limitada, não é liberdade.

Mas qual seria a solução democrática, cidadã? Igualá-las no plano tributário positiva ou negativamente? Ou deixar como está?

Partindo do mesmo eixo de raciocínio, ou seja, de que as entidades ateístas pertencem ao mesmo grupo das entidades religiosas, por tratarem do mesmo tema, apenas em sentido diametralmente oposto, podemos de igual modo, discutir se a imunidade que contempla as entidades religiosas lesionaria também o ideal de igualdade que a Constituição Federal deseja, atingindo pela via reflexa a liberdade de crença, também Constitucionalmente protegida.

A linha de pensamento é a mesma para o debate acerca da liberdade de expressão.

Em um primeiro exercício de pensamento, podemos, através de uma interpretação gramatical, depreender que o Constituinte originário desejava que qualquer pessoa tivesse plena liberdade para professar este ou aquele credo. Mas este instituto demanda também uma interpretação histórica, que nos remete aos primórdios do Brasil e a épocas escuras da história da humanidade, que geraram a intolerância religiosa e a imposição de religiões oficiais. Ainda hoje, não no Brasil, temos exemplos dessas práticas.

Mas o tema demanda uma interpretação sistemática, para observar o instituto da imunidade tributária no plano do tratamento da igualdade no exercício da liberdade de credo, posto que, conforme já explanamos, não é possível ficar preso à gramática, como ficam as instituições. É preciso uma análise moderna, arrojada, de vanguarda mesmo, capaz de observar em sua plenitude o espectro de abrangência da irradiação indireta da norma Constitucional.

A figura Constitucionalmente protegida da liberdade de crença vai além de apenas assegurar a liberdade para seguir ou professar determinado credo, mas tem também o dever cidadão e democrático de, através da liberdade, proteger aqueles potencialmente passíveis de aderir a crenças que buscam enriquecimento ilícito, ou que preguem práticas imorais, e outras que de modo geral também são contrárias ao ordenamento.

A liberdade de crença é também o direito de não ter crença alguma ou, dito com outras palavras, de acreditar que nada de divino existe além do próprio homem, senhor absoluto de seus desígnios, visão adotada pelos ateístas acerca da questão da espiritualidade.

É dentro dos dogmas das Igrejas que se inserem os modelos de comportamento e moral a serem seguidos segundo cada crença. Exercer a liberdade de crença é também, portanto, combater as crenças, no sentido místico ou religioso do termo, que levam a práticas imorais ou ilícitas, posto que nem tudo que é imoral é ilícito. Seria possível até mesmo lançar mão de pensamento de outras culturas para dizer que existem práticas religiosas que são politicamente incorretas.

Tivemos, no Brasil, casos recentes de crianças com agulhas inseridas no corpo, em nome de rituais macabros. Isto é uma crença, no sentido místico ou religioso do termo, sem a menor dúvida.

Retomando a questão das entidades ateístas, de se indagar: quem exerce com maior liberdade sua crença? O ateu ou o religioso? Considerando o mesmo raciocínio já apresentado neste trabalho, com as reservas econômicas que auferem, protegidas pela imunidade tributária, as entidades religiosas praticamente não encontram limites para o exercício desse direito Constitucionalmente protegido, ao passo que as entidades ateístas, embora encontrem a referida liberdade na interpretação gramatical do texto Constitucional, no plano da igualdade encontram limitações de ordem econômica para o seu exercício, o que seria, em tese, inconstitucional, do ponto de vista do tratamento desigual para entidades que são iguais.

Com a proliferação cada vez maior de religiões pelo Brasil, além do crescente aumento do número de Templos das que já existem, podemos ponderar, ainda, e do modo mais abrangente possível, sobre o que seria possível ser realizado com a receita que a imunidade em questão impede de arrecadar. Tomemos como primeiro exemplo o IR.

As igrejas, de qualquer linha, são imunes do recolhimento do Imposto de Renda. Ou seja, elas não têm que pagar Imposto de Renda sobre o valor obtido com doações, mesmo se envolverem imóveis, veículos ou jóias. Essa isenção acontece porque os templos religiosos são considerados entidades isentas ou imunes.

Apesar dessa imunidade, as igrejas são obrigadas a apresentar anualmente a DIPJ (Declaração de Informações Econômico-Fiscais da Pessoa Jurídica) para a Receita Federal. As igrejas têm que ter contabilidade. A diferença é que elas são imunes do IR.

Há alguns anos o então deputado João Batista (PFL-SP) foi detido carregando sete malas com pelo menos R$ 6 milhões. Segundo a Receita Federal, o transporte de dinheiro em moeda nacional é liberado independentemente da quantia, mas pode ser objeto de contestação se houver suspeita sobre sua origem, como aconteceu naquele episódio.

Nesse caso, o portador alvo da suspeita deverá comprovar sua origem. O mesmo não acontece para movimentações financeiras de grandes valores, que devem ser todas identificadas nos bancos. Já para moeda estrangeira, os valores transportados não podem passar de R$ 10 mil.

Em nota oficial, a Igreja Universal do Reino de Deus informou que o dinheiro apreendido era "resultado de doações de fiéis".

Em alguns Estados, como São Paulo, as igrejas também são isentas de alguns tributos estaduais, como o IPVA (Imposto sobre Propriedade de Veículos Automotores). Nesse caso, é preciso requerer a isenção do tributo. No caso de IPTU, algumas cidades tentam cobrar imposto das igrejas, mas a quase totalidade delas contesta e derrota a cobrança na Justiça.

Com estes rápidos exemplos podemos, agora, ter uma ideia aproximada da movimentação financeira que as entidades religiosas promovem, e sobre ela imaginar o montante do valor que o fisco, de modo geral, deixa de arrecadar.

Em um País em que as empresas possuem a maior carga tributária do planeta, e em que o cidadão é privado de obrigações do Estado dispostas pontualmente no texto Constitucional e em muitos casos, em razão de corrupção, questões como saúde, educação, segurança pública, entre outras não menos importantes seriam amplamente melhoradas, ampliadas e levadas ao grau máximo da excelência se as atividades das entidades religiosas fossem plenamente tributadas, como são as empresas no Brasil.

De se chamar atenção para o fato de que a liberdade de crença, na qual o indivíduo faria sua opção por aderir a determinada Religião ou denominação Cristã, e assim seguir seus dogmas, cultos e modelos de comportamento, não seria, em hipótese alguma, alterada pela revogação da imunidade objeto do presente estudo.

Por fim, mas não menos importante, procuramos verificar, e do modo mais completo possível, os avanços que o Estado Democrático de Direito, no caso específico de nossa Nação, pode auferir, com o fim da imunidade de objeto do presente estudo.

De plano, e pelo que restou demonstrado acima, já teríamos a inviabilização da utilização desses recursos passíveis de não-contabilização para fins ilícitos, como lavagem de dinheiro, corrupção política e administrativa, suporte ao crime organizado e sonegação fiscal, entre outros ilícitos, em razão da entrada massiva de numerário sem controle, face à impossibilidade atual de se quantificar o que é colocado pelos fiéis nas caixas de coleta de donativos por todo o Brasil e exterior.

E como consequência direta dessas mudanças, haveria que se criar figuras jurídicas para registro e realização de fiscalização tributária das atividades para tais entidades, visando assim com que a fé alheia deixasse de se tornar alvo de fraudes e de enriquecimento ilícito por parte de pessoas que se valem da espiritualidade com o intuito exclusivo de enriquecer, realizando assim a vontade Constitucional de que a liberdade de credo seja exercida, agora, não somente com o intuito de se alcançar a espiritualidade plena e a comunhão com a divindade cultuada, mas que isso possa ser feito com visão solidária e com cidadania.

A tributação, neste aspecto, é mais que sistema de custeio do Estado. É mais que garantia de realização dos serviços públicos e direitos fundamentais. É também instrumento de balizamento para neutralizar a deturpação da atividade religiosa, patrimônio popular de opção íntima e individual, buscada por aqueles que procuram conforto espiritual.

Desta forma, as instituições se veriam fortalecidas e a igualdade, espírito Constitucional conquistado após muitos anos de luta de nosso povo, e consagrada pela muito jovem Constituição Federal em vigor, seria efetivamente implantada, permitindo que entidades como as ateístas pudessem exercer sua liberdade de manifestação do pensamento e sua liberdade de crença, com o sentido que a interpretação sistemática do texto constitucional lhes empresta, plenamente e demonstrar seu ponto de vista com a mesma "paridade de armas", sem precisar pagar a mais em relação a seus pares.

Esta solução parece conter muito mais justiça, ser mais democrática e mais cidadã, do que estender a imunidade tributária às entidades ateístas. Aliais, conforme dissemos no começo desta explanação, as próprias entidades ateístas não desejam a imunidade tributária conferida atualmente às entidades religiosas, mas entendem que referida imunidade deve ser revogada por meio de emenda Constitucional.

É a consciência de cidadania de nosso povo evoluindo e promovendo modificações profundas no seio da sociedade, democraticamente.

4. OS ATEUS

Organizações ateístas são grupos formados por ateus, ou seja, pessoas que em sentido corrente, não crêem na existência de um ser superior, tal como o concebem as religiões teológicas, ou seja, no que se chama de "Deus", ser superior divino, onipotente (ele pode tudo quanto quer), onisciente (ele sabe tudo), onipresente (ele acha-se em toda a parte), onimisericordioso (é dotada de infinita bondade) e criador do universo e do ser humano.

Quando é citada a imunidade religiosa, as organizações ateístas se encontram em um grupo que levanta polêmica. Devem eles ter o mesmo direito que as organizações religiosas? Se por um lado não é uma organização religiosa, por outro, também é um grupo formado pela união de pessoas com a mesma (ausência de) crença, que se por assim ser, se converte em uma filosofia que como todas as demais, inclusive as religiosas, apresenta seus fundamentos e ensinamentos.

São, portanto, associações de direito privado, constituídas por tempo indeterminado, sem fins econômicos, de caráter organizacional, filantrópico, assistencial, promocional, recreativo e educacional, sem cunho político ou partidário, com a finalidade de desenvolver atividades no campo da ordem social que busquem promover o ateísmo, o agnosticismo e a Laicidade do Estado, principalmente no que toca ao desenvolvimento de políticas públicas.

Logo, a observância dos princípios constitucionais leva ao raciocínio de que, no que toca às atividades religiosas, o Estado entende que suas atividades geram a socialização por meio de seus ensinamentos, fundamentos e dogmas, a ponto de lhes conceder imunidades tributárias. Logo, seu contraponto, fundado na mesma filosofia, todavia em sentido contrário, mas buscando também o mesmo fim social, seja por questão de analogia, seja por questão de democracia, deve também obter o mesmo privilégio constitucional as entidades ateístas. Mas não é isto que essas entidades querem.

5. IMUNIDADES TRIBUTÁRIAS – DEFINIÇÕES DOUTRINÁRIAS

O conceito de Imunidade Tributária Constitucional conforme veteranamente ministrado por Aliomar Baleeiro, é tido como vago na doutrina, posto que a Legislação em vigência apresenta outras limitações além das sobreditas imunidades, como a repartição da competência tributária entre as pessoas políticas, os princípios constitucionais, como os da legalidade, anterioridade e interatividade da lei tributária, igualdade, capacidade contributiva e vedação ao confisco. Por decorrência lógica desse raciocínio, conclui-se que limitar o poder de tributar consiste em um dos efeitos da norma imunizante.

Há Doutrina que vê o instituto como princípio constitucional. É o pensamento de Bernardo Ribeiro de Moraes. Todavia esse entendimento encontra resistência na própria natureza da norma, posto que o instituto da imunidade, por definição é uma norma específica. Os princípios são marcados pelos atributos da generalidade. Ademais os princípios são normas positivas, enquanto o instituto em estudo se formula através de preceitos negativos, impedindo seu exercício a determinadas pessoas e situações.

Para Ives Granda da Silva "O direito brasileiro conhece seis formas de extinção da obrigação de pagar tributos, com consequência idêntica (desoneração da obrigação de pagar), mas com perfilação jurídica diversa, a saber: imunidade, isenção, não-incidência, remissão, anistia e alíquota zero. A sua aplicabilidade ao fato potencialmente tributário gera a desoneração, mas os fundamentos de cada uma das referidas figuras são diversos.".

Portanto, das formas previstas no nosso ordenamento jurídico de extinção da obrigação de pagar tributos, a imunidade é a única originada da Constituição, definida por André Elali, como uma "determinação constitucional impeditiva da imposição tributária". Que vai além, ministrando que as outras formas de desoneração tributária "são consequências das prescrições normativas de cada ente federativo que detém competência tributária.".

Diante de tais informações, verifica-se que a Constituição Federal, ao prever condição impeditiva de imposição tributária, buscava proteção para livre existência de determinada entidade ou atividade, considerando seus aspectos sociais, econômicos ou políticos, de modo a garantir, com a evolução histórica que revelou a importância para a sociedade, sua livre continuidade e liberdade de exercício.

Regina Helena Costa define imunidade como exoneração prescrita na Constituição, utilizada como incentivo para o desenvolvimento de atividades consideradas de interesse público. A autora complementa seu ministério ensinando que "a imunidade tributária, então, pode ser definida como a exoneração, fixada constitucionalmente, traduzida em norma expressa impeditiva da atribuição de competência tributária ou extraível, necessariamente, de um ou mais princípios constitucionais, que confere direito público subjetivo a certas pessoas, nos termos por ela delimitados, de não se sujeitarem à tributação."

As normas infraconstitucionais não podem violar as normas imunizantes, estas estão no campo das regras negativas de competência tributária. Logo, as pessoas políticas têm o dever de se privarem de tributar sempre que a Constituição estabelecer uma imunidade.

6. TEORIA DA IRRADIAÇÃO INDIRETA DA NORMA CONSTITUCIONAL

Rogando *venia* a todos os Mestres, valho-me do presente estudo para apresentar meu entendimento acerca do cerne da questão ora apresentada, que ouso chamar de Teoria da Irradiação Indireta à Norma Constitucional, para demonstrar como o direito à liberdade de culto, que culmina na imunidade tributária dos templos de qualquer culto, abrange também os ateus e as entidades ateístas.

Na contramão de todos que interpretam as normas constitucionais e as aplicam, entendemos que as expressões "liberdade de crença" e "templos de qualquer culto" são conceitos abertos, e não apenas conceitos ligados à religiosidade. Entendemos que crença e culto se referem a todas as facetas que envolvam crer em algo ou em alguém e cultuá-lo.

Com essa visão passamos a entender que a crença, como elemento íntimo de opção individual do cidadão, em toda a extensão de seu significado, compreende também a descrença, que não é apenas a ausência de crença, mas é também o crer firmemente que não existe aquilo ou aquele que o outro crê que exista.

Para cunhar o presente estudo procurei ler bastante material produzido pelas entidades ateístas, e em muitos deles observei que uma das suas fortes convicções baseia-se no esclarecimento àqueles que são explorados em razão de sua fé, como frequentemente vemos casos nos noticiários. De quem mais seria essa tarefa? Do Estado laico?

Como se vê, eles têm efetivamente um trabalho que lhes propicia uma razão para existir enquanto entidade no meio social. Essa existência os habilita a gozar de todo o espectro de abrangência dos direitos e garantias fundamentais estabelecidos na Carta da República, e a participar ativamente da sociedade atuando no plano da livre expressão das ideias e dos pensamentos.

Ocorre que eles atuam exatamente no campo da liberdade de crença. Essa liberdade vai desde o crer em tudo até o crer em nada, lados opostos de uma mesma moeda: a crença.

Temos, portanto, que a existência e a atividade das entidades ateístas se funda exatamente no mesmo plano de existência das entidades religiosas: a liberdade de crença e a liberdade de culto a essa crença.

Essas liberdades estão inseridas no âmbito de conceituação da norma Constitucional, embora o texto não fale em liberdade de não crer como muitos aplicadores entendem, de modo a subtrair as entidades ateístas desse círculo de entidades imunes e, consequentemente, não atribuir às mesmas os efeitos da imunidade.

Todavia, olhando do ponto de vista da irradiação indireta da norma, vemos claramente sua inclusão, se considerarmos que a liberdade de crença consiste também em não crer, texto que não consta da norma, mas de sua irradiação indireta, porque direta seria crer em tudo.

O templo de uma entidade ateísta é o local onde esta tem sua sede e onde seus adeptos se reúnem para tratar exatamente da liberdade de não crer, construindo assim seus dogmas e seu conjunto de posturas, cultuando dessa forma suas convicções, no gozo pleno do exercício da liberdade de pensamento e da liberdade de expressão, Constitucionalmente protegidas. Essa entidade tem sua movimentação econômica, vindo a constituir patrimônio, a ter renda e a prestar os serviços relacionados com as finalidades essenciais da entidade, da mesma forma que as entidades religiosas.

É nesse lugar que são criados textos acerca de suas crenças, e trabalhados os meios para sua divulgação na busca de mais e mais adeptos. Mas não é exatamente isto que fazem as entidades religiosas.

Esse lugar deveria ser tributado? Não faz ele a mesma coisa que as entidades religiosas fazem no plano do crer, amparados que estão pelo texto direto da norma?

Lado outro, ao fazer a mesma coisa que sua contraparte tributada faz, não estaria a entidade religiosa submetida a tributos de igual modo? O que as separa? Já respondo: a interpretação e a aplicação dada pelos operadores do Direito.

É possível que esse fenômeno ocorra em outros institutos jurídicos Constitucionais e infraconstitucionais. Não é o caso de enumerá-los, mas aqui temos um claro exemplo de afronta ao princípio da isonomia, do tratamento isonômico.

Para existir, entidades ateístas e religiosas precisam realizar as mesmas formalidades previstas em Lei, e precisam ter inscrição no CNPJ. Porque entender que facetas opostas de uma mesma figura jurídica, revelados pela irradiação indireta da norma Constitucional, não podem receber o mesmo tratamento tributário?

E para entender a completa extensão das consequências dessa injusta distinção, vamos analisar alguns aspectos da imunidade sob estudo.

7. A IMUNIDADE DOS TEMPLOS

Incide sobre os templos de qualquer culto, o instituto jurídico da imunidade tributaria prevista no artigo 150, inciso VI, letra b da Constituição Federal. O templo é, então, o local onde funciona a pessoa jurídica que atua no campo da religiosidade, fazendo acontecer a celebração do culto a determinada divindade que acreditam existir, ou para nenhuma no caso dos ateus que celebram a inexistência de divindade superior e a plenitude do homem como senhor único de seus próprios desígnios. É assim para os cristãos das variadas denominações, para os espíritas, para os hindus, para os muçulmanos, para os hare krishnas, para os budistas, para os índios, para os gregos, para os satanistas, enfim, para todos os que cultuam determinada divindade, e é assim também para aqueles, que cultuam o homem como centro de todas as coisas.

Nosso objetivo até aqui, é demonstrar a essência da imunidade tributária sob comento que, conforme é interpretada acaba por atuar em sentido diametralmente oposto ao da liberdade de expressão e de culto, se observarmos democraticamente que a ideia de culto pode e deve ser estendida à divulgação da ausência de crença. A liberdade de crença e de culto, a liberdade de propagação da temática religiosa ou ateísta, e a igualdade entre todos os homens, são decorrentes do efeito da irradiação indireta da norma Constitucional e decorrência da lógica de que nenhuma religião pode invocar para si a verdade divina sem que com isso interfira no mesmo direito que as outras religiões e os ateus têm de invocar para si essa mesma verdade.

É notório que apesar de o instituto da imunidade tributária encontrar-se amparado Constitucionalmente, na pratica ocorre uma nítida violação, demonstrando desrespeito a princípios constitucionais, tais como o da igualdade e da liberdade, evidenciando a existência do preconceito no Brasil, quando não se observa a irradiação indireta da norma Constitucional que coloca as entidades ateístas no mesmo grupo das entidades religiosas.

Como já foi dito o art. 150, VI, "b", da Constituição de 1988 prescreve ser vedado às pessoas políticas instituir impostos sobre os templos de qualquer culto, e o seu § 4º esclarece que tal vedação compreende somente o patrimônio, a renda e os serviços relacionados com as finalidades essenciais da entidade. Essa evolução legislativa decorre da separação entre a Igreja e o Estado, consumada com a proclamação da República.

A Constituição de 1891 vedava a tributação (art. 11, § 2a), e tal vedação foi mantida na Constituição de 1934 (art. 17, II) e na Carta de 1937 (art. 32, "b").

O mesmo se deu na Constituição de 1946, que tornou imunes os templos de qualquer culto (art. 31, V, "b"), comando reprisado nas Constituições que se seguiram (1967, art. 20, III, "b"; e 1969, art. 19, III, "b").

A inovação veio com a Constituição de 1988, passando a abranger o patrimônio, a renda e os serviços relacionados com as finalidades essenciais da entidade beneficiada (art. 150, § 4a). Serviços esses de cunho religioso ou ateu.

Roque Carrazza ensina que tal imunidade, em rigor, não alcança o templo propriamente dito, mas sim a entidade mantenedora do templo, a entidade religiosa.

Na lição autorizada de Ricardo Lobo Torres, a imunidade em tela se subjetiva na pessoa jurídica, regularmente constituída, que promova a prática de culto ou mantenha atividades religiosas; desse modo, titular da imunidade é a instituição religiosa, e não o templo considerado objetivamente. Mas alerta que essa instituição religiosa somente será imune "na dimensão correspondente ao templo e ao culto".

Os templos não possuem patrimônio, renda e serviços, mas sim a pessoa jurídica que lhe dá utilidade, que lhe dá vida com o culto que se celebra naquele lugar. Se a imunidade vincula-se ao patrimônio, à renda e aos serviços relacionados com as finalidades essenciais da entidade religiosa, esta, sim, é que se encontra sob o manto da imunidade Constitucional. Deve, em razão da irradiação indireta do comando, ser estendida tal imunidade às entidades ateístas.

Para Roque Carraza e Ricardo Lobo Torres, a imunidade atinge a entidade mantenedora do templo, ou seja, aquela que promove a prática de culto ou mantém atividades religiosas. Ressaltando que quem possui patrimônio, renda e serviços, onde os impostos não irão incidir, é a pessoa jurídica, o ente mantenedor dos templos, a Igreja. Vemos aqui mais um aspecto da completa inexistência de diferença entre a entidade religiosa e a entidade ateísta, que em tudo e por tudo existe para a propagação de sua liberdade de não crer ou crer que não existe nenhuma das divindades cultuadas pelas religiões, celebrando o homem como ser supremo.

O STF vem dando uma interpretação mais extensiva ao instituto da imunidade. O entendimento que vem se consolidando é no sentido de que a imunidade se estende também a atividades não essenciais da entidade religiosa. É necessário analisar a destinação dos recursos obtidos pelo templo, ou seja, havendo relação entre a renda e as finalidades essenciais, deve-se aplicar o dispositivo Constitucional.

E a relação é aquela de indicar que a atividade foi, é ou será empregada para atividades correlatas ao culto que a entidade celebra. O mesmo se diga então, pela irradiação indireta, que tudo aquilo que a entidade ateísta empregue como meio de levar a todos as ideias de inexistência de divindades e de ser o homem o detentor único de seus próprios desígnios, deve também estar abarcado sob o manto da imunidade tributária.

O patrimônio das instituições religiosas abrange seus bens imóveis e móveis, desde que afetados a essas finalidades. A renda considerada imune é aquela que decorre da prática do culto religioso, compreendidas as doações dos fiéis, e o resultado das aplicações financeiras, pois estas visam à preservação do patrimônio da entidade.

Por derradeiro, os serviços religiosos são imunes, gratuitos ou não, mesmo que envolvam o fornecimento de mercadorias, como ocorre na assistência aos pobres.

Temos portanto que a imunidade em questão incidirá no IPTU, no ISSQN, no IR, no ITBI, no IPVA, no II, enfim, em todos os impostos que decorram de algo cujo fato gerador ocorre em função do culto à divindade eleita, ou do culto ao homem, ou ser humano.

Não temos aqui a missão de entrar no debate acerca da maior ou menor extensão das atividades das Igrejas, nem sobre o destino do produto daquilo que as mesmas comercializam, para aferição da incidência ou da imunidade. Nosso foco é outro.

Mas apenas a título de curiosidade e ilustração trazemos um belo exemplo do embate entre a sanha arrecadatória do Estado e a imunidade objeto da presente análise, que resultou em interessante julgado do Primeiro Tribunal de Alçada Civil de São Paulo, que decidiu que quando as casas, salões paroquiais e centros sociais são pertenças do templo, ficam dentro do campo da imunidade, *litteris*:

> "EMENTA: Imposto – Predial e Territorial Urbano – Templo Religioso – Lançamento sobre casas, salões paróquias e centros sociais – Consideração como pertenças do templo, relacionados com a atividade do culto – Recurso parcialmente provido para anularem-se os lançamentos - Voto vencido (Processo 00473733-2/00.5ª Câm. Rel. Maurício Vidigal, j, em 16.10.91, MF 1071/71 JTZ. Jurisprudência Informatizada Saraiva nº16)." Ficam excluídos do campo da imunidade

os bens utilizados com finalidades econômicas ou comerciais, como as mercadorias vendidas a terceiros, as terras improdutivas e os terrenos isolados da igreja. Nesse sentido, já decidiu o Supremo Tribunal Federal - STF, no regime da Constituição de 1946, *in verbis*: "imunidade estatuída no art. 31, 5, letra b da Constituição é limitada, restrita, sendo vedado à entidade tributante lançar impostos sobre os templos de qualquer culto, assim entendidos a Igreja, o seu edifico e dependências. Um lote de terreno, isolado, não se pode considerar o solo do edifício do templo." (RE21.826, Ac da 2ª T., de 2.7.53,Rel. Min.Ribeiro da Costa, DJ 31.12.53).

Como já dissemos, a imunidade só alcança os impostos, não abrangendo outras espécies tributárias como as taxas, as contribuições de melhoria, CIDES's e os empréstimos compulsórios.

8. CONCLUSÃO

O instituto da imunidade tributária surgiu com o fito de proteger valores maiores contidos em Princípios Constitucionais, como o da livre divulgação de ideias, de conhecimentos, da proteção da cultura e da propagação da religião. É devido a isso que os templos de qualquer culto são imunes a toda e qualquer espécie de imposto. Logo, as imunidades tributárias, por serem protetoras de bens maiores, devem ser interpretadas extensivamente. É nesse sentido que vem entendendo o STF, como se observa em seus julgados.

Seguindo a mesma intenção Constitucional, o legislador inseriu no texto máximo os institutos da liberdade de expressão e da liberdade de crença, de modo a garantir ao exercício democrático da cidadania a plenitude da divulgação não só do pensamento acerca de nossa própria origem, de nossa própria natureza, mas de todo o conhecimento desenvolvido ao longo da história da humanidade.

Ao não permitir que raciocinassem por eles, alguns homens passaram a questionar a lógica da religiosidade e a concluir que a existência de "Deus" é a maior mentira da existência humana, e entenderam que revelar o que guardam como verdade, ou seja, que inexiste divindade suprema e que o homem é senhor absoluto de seus desígnios, estariam democraticamente exercendo os direitos de liberdade de expressão e de liberdade de crença, Constitucionalmente garantidos, e sistematicamente interpretados, em um contexto não apenas legal, mas Constitucional, segundo o espírito que o texto do Diploma Máximo pretende abranger.

Na contramão da maioria esmagadora das entidades variadas que exercem atividades em geral em nosso País, as entidades ateístas, embora estejam juridicamente no mesmo plano de igualdade, pela sua natureza, com as entidades religiosas, e em certos aspectos, com outras entidades como as educacionais e as sem fins lucrativos, não desejam para si, como ideal máximo de cidadania, qualquer espécie de imunidade tributária. Ao contrário, condenam veementemente a imunidade dos Templos de qualquer culto, que acabam por incidir sobre as entidades que lhes dão efetividade, em todas as suas atividades.

Em um momento em que a fé vem sendo comercializada não só em nosso País, e em que em nome da religião atividades imorais e mesmo criminosas são realizadas, passa-se a questionar a referida imunidade, dada a evolutiva perda do ideário Constitucional e o uso da religião para justificar a criação e crescimento de redes de rádio e de televisão e de comércios em geral, além de justificar as mais variadas candidaturas políticas e consequente margem potencial de corrupção, com a confusão dos valores arrecadados pelas atividades religiosas que não sofrem controle adequado, pela falta de tributação, passivo de apontar desvios de finalidade.

Os problemas pelos quais atravessa a nossa sociedade, diuturnamente denunciados pela mídia, passivos de solução pela correta aplicação dos recursos arrecadados pelo sistema tributário, seriam extintos, ceifados do seio da sociedade, se os valores massivamente arrecadados pelas inúmeras entidades religiosas existentes em nosso País fossem tributados, nos idênticos índices das atividades realizadas pelas entidades privadas.

A adesão à atividade religiosa é opção íntima e individual do cidadão, que tem plena liberdade para mudar de Templo segundo seu credo ou segundo o seu endereço, não sendo a tributação capaz de lhe ceifar a liberdade de credo e o pleno exercício da manifestação do pensamento.

As entidades ateístas estão enquadradas no gênero de atividades que lhes garante a imunidade tributária em estudo.

Mas a atividade religiosa segundo o ideário Constitucional será novamente resgatada se for tributada, de modo a exercer duplamente seu papel cidadão, já que o saldo líquido remanescente, como eles mesmos sempre justificam, continuará sendo empregado em atividades sociais.

Por fim, segundo esse modelo, as Igrejas e o Estado, ainda que separados, poderão solucionar muitos dos problemas do nosso Brasil.

9. BIBLIOGRAFIA

AMARO, Luciano, *Direito Tributário Brasileiro*, São Paulo: Saraiva 10° ed. 2004.

BALEEIRO, Aliomar. *Limitações Constitucionais ao Poder de Tributar*. Rio de Janeiro: Forense, 1970.

BALEEIRO, Aliomar. *Direito Tributário Brasileiro*. Rio de Janeiro: Forense 11° ed. Atualizadora Misabel Machado Derzi. 2000.

BONAVIDES, Paulo. *Curso de Direito Constitucional*, São Paulo: Malheiros 13° ed. 2003.

CARRAZZA, Roque Antonio, *Curso de Direito Constitucional Tributário*, São Paulo, Malheiros, 20° ed. 2004.

COSTA, Regina Helena, *Imunidades Tributárias Teoria e Análise da Jurisprudência do STF*, São Paulo, Malheiros, 2° ed. 2006.

ELALI, André. *Revista Tributária e de Finanças Públicas*, São Paulo, RT. N° 70 , 2007.

MACHADO, Hugo de Brito, *Curso Tributário*, São Paulo, Malheiros, 27° ed. 2006.

BARRETO, Aires F.; BARRETO, Paulo Ayres. *Imunidades Tributárias: Limitações Constitucionais ao Poder de Tributar*. 2. ed. São Paulo: Dialética, 2001.

SILVA, José Manoel da. *Imunidade dos Templos de Qualquer Culto*. Revista Dialética de Direito Tributário, São Paulo, n.14, nov., 1996.

FARIA, Maria Cristina Neubern de. *A interpretação das Normas de Imunidade Tributária: Conteúdo e Alcance*. Revista Tributária. São Paulo: Revista dos Tribunais, ano 9, n° 36, Coordenação Dejalma Campos.

FERREIRA. Aurélio Buarque de Holanda Ferreira. *Dicionário Aurélio Eletrônico- Século XXI*. Versão 3.0. Lexikon Informática Ltda, 1999.

FOLHA DE PERNAMBUCO DIGITAL. Disponível em http://www.folhape.com.br. Acesso em 29 de outubro de 2007.

HAIDAR. Raul. *Será que o Leão não Perdoa nem Mesmo os Mortos?* Disponível em www.conjur.com.br. Acesso em: 15 de outubro de 2007.

NOGUEIRA. Roberto Wagner Lima. *Imunidade Tributária*. Editora MP, 2005.

SABBAG, Eduardo de Moraes. *Direito Tributário*. 8° Edição – São Paulo. Editora Premier Máxima, 2006.

Repertorio de Jurisprudência de Direito Tributário. 3° Edição – São Paulo. Editora Premier Máxima, 2006.

ROCHA. João Marcelo. *Direito Tributário*. 2ª Edição. Editora Ferreira, Rio de Janeiro, 2002.

http://www.ateismo.net/

http://www.aateistaportuguesa.org/

http://www.portalateu.com/

7

BENEFÍCIOS FISCAIS E REGRESSIVIDADE TRIBUTÁRIA

Frederico Menezes Breyner[1]

1. BENEFÍCIOS FISCAIS

A expressão "benefícios fiscais" é comumente empregada, inclusive em linguagem não jurídica, para designar regimes tributários favoráveis, ou seja, menos onerosos do que aqueles atribuídos de forma genérica aos demais sujeitos passivos do tributo.

Contudo, em linguagem técnica, é necessário explicitar em que sentido a expressão será aqui utilizada. Como leciona DERZI[2], os nomes são criações linguísticas que não contêm em si o objeto ao qual se referem, mas apenas o indicam, sem descrever-lhe as características. Logo, para possibilitar a boa comunicação, deve ser escolhido o nome que permita identificar assertivas compreensíveis e claras a respeito do objeto, recomendando-se a adjetivação para que seja possível separar realidades diferentes.

Primeiramente, deveremos esclarecer o sentido do adjetivo "fiscal". Em nossa Constituição, o termo "fiscal" não corresponde apenas ao fenômeno tributário, mas é utilizado em referência à atividade financeira do Estado como um todo, tanto na regulamentação da receita quanto da despesa, incluindo também elementos do Direito Financeiro[3].

---

1 Professor de Direito Tributário das Faculdades Milton Campos. Mestre e Doutorando em Direito Tributário pela UFMG. Advogado.

2 DERZI, Misabel Abreu Machado. Notas de atualização à obra de BALEEIRO, Aliomar. *Direito tributário brasileiro.* 11ª. ed. Rio de Janeiro: Forense, 2003, p. 705.

3 DERZI, Misabel Abreu Machado. Notas de atualização à obra de BALEEIRO, Aliomar. *Direito tributário brasileiro.* 11ª. ed. Rio de Janeiro: Forense, 2003, p. 82.

O que individualiza o Direito Tributário nesse campo é o conceito de tributo previsto no art. 3° do CTN, caracterizado pelo dever compulsório de prestação pecuniária existente no bojo de uma relação obrigacional. O adjetivo "tributário" somente pode acompanhar aquelas exonerações que atuem em momento anterior ao pagamento do tributo, ou seja, que possam obstar a imposição legislativa ou o nascimento do dever tributário, reduzi-lo em situações específicas ou eliminar o dever de pagar o tributo devido.

Após o pagamento, não há mais que se falar em tributo, pois extinta a relação jurídica tributária pelo cumprimento do dever e satisfação do direito que a compõem[4].

Nesse contexto, portanto, enquanto os benefícios especificamente tributários situam-se no âmbito da receita pública, benefícios fiscais podem ser implementados também no âmbito da despesa pública, por meio de subvenções, subsídios e devoluções de tributo legitimamente pago.

Portanto, a nomenclatura ideal ao presente escrito seria a de "benefícios tributários". Contudo, a expressão "benefícios fiscais" é tradicional e largamente utilizada, motivo pelo qual optamos por manter sua utilização, desde já esclarecendo que trataremos aqui apenas do fenômeno estritamente tributário.

Dentro desse limite formulado para fins metodológicos, os benefícios fiscais consistem em qualquer enunciado normativo introduzido por lei (CF; art. 150, §6º) que elimine ou reduza o montante da obrigação tributária principal decorrente de outro conjunto de enunciados.

Nosso estudo, portanto, pressupõe a competência tributária, que é a faculdade do ente federativo de instituir tributos, ou seja, de especificar os fatos tributáveis[5] contidos nas regras de competência tributária e a eles ligar a consequência consistente no dever de pagar dinheiro ao sujeito ativo da obrigação tributária.

Essa competência tributária só é identificada após sua conjugação com as imunidades tributárias.

---

4 BORGES, José Souto Maior. Subvenção financeira, isenção e deduções tributárias. *Revista de Direito Público*. São Paulo, n° 41/42, 1978, p. 50.

5 AMARO, Luciano. *Direito tributário brasileiro*. São Paulo: Saraiva, 2008, p. 260. BARRETO também utiliza o termo tributável para qualificar o fato descrito na Constituição para a demarcação da competência tributária, na qual poderá o legislador tributário atuar, afirmando quanto ao ISS que a Constituição define o serviço tributável (BARRETO, Aires F. *ISS na Constituição e na lei*. 2ª. ed. São Paulo: Dialética, 2005, p. 33).

As imunidades são enunciados constitucionais que qualificam expressamente alguns fatos[6] como intributáveis, o que torna inválida a lei tributária que eleja tais fatos como hipóteses de incidência tributária ou o lançamento tributário que pretenda aplicar a norma tributária a esses fatos para exigir o tributo, tendo a eficácia jurídica de investir a pessoa inserida no âmbito da imunidade em direito subjetivo de não ter contra si exigências tributárias[7].

Não é possível visualizar uma cronologia entre o enunciado que confere competência e o enunciado que estabelece a imunidade, como se aquele tivesse precedência, outorgando a competência que seria posteriormente retirada pela imunidade[8].

A imunidade atua conjuntamente com o enunciado atributivo de competência tributária para delimitar-lhe negativamente, apenas adquirindo sentido jurídico em função daquele, e não quando analisada isoladamente, sendo então endógena[9] à norma de competência tributária.

Mesmo dentro do campo demarcado para o exercício da competência tributária, o Poder Legislativo poderá ou não tributar tais fatos, sendo que sua simples omissão em definir determinado fato como gerador de uma obrigação tributária configura não-incidência.

---

6 A afirmativa guarda relação com a lição de CARRAZZA, para quem "[...] a imunidade é sempre subjetiva, já que invariavelmente beneficia pessoas, quer por sua natureza jurídica, quer pela relação que guardam com determinados fatos, bens ou situações" (CARRAZZA. *Curso de Direito Constitucional Tributário*. 22ª. ed. São Paulo: Malheiros, 2006, p. 683). A imunidade, mesmo quando se refira a pessoas, reduz a faculdade do legislador e do aplicador da lei, respectivamente, em compor a hipótese de incidência tributária e qualificar o fato gerador, que não podem conter a pessoa abrangida pela imunidade no seu aspecto pessoal (sobre o aspecto pessoal da hipótese de incidência tributária ver: COÊLHO, Sacha Calmon Navarro. *Teoria geral do tributo, da interpretação e da exoneração tributária*. 3ª. ed. São Paulo: Dialética, 2003, p. 95-6). Logo, a imunidade, ainda que pelo aspecto pessoal, estará qualificando um fato de intributável.

7 COSTA, Regina Helena. Imunidades tributárias: teoria e análise da jurisprudência do STF. São Paulo: Malheiros, 2001, p. 54.

8 DERZI, Misabel Abreu Machado. Notas de atualização à obra de BALEEIRO, Aliomar. *Limitações constitucionais ao poder de tributar*. 7. ed. Rio de Janeiro: Forense, 1997, p. 230.

9 DERZI, Misabel Abreu Machado. Notas de atualização à obra de BALEEIRO, Aliomar. *Limitações constitucionais ao poder de tributar*. 7. ed. Rio de Janeiro: Forense, 1997, p. 231.

No entanto, mesmo declarando em um enunciado legislativo a tributabilidade de um fato, pode o Poder Legislativo editar outro enunciado retirando tal tributabilidade, criar disposições especiais que eliminam ou reduzam o dever tributário que seria devido em face da regra geral de tributação[10], ou que eliminem o dever tributário estabelecido na norma tributária.

Tratam-se das exonerações tributárias, geralmente denominadas benefícios fiscais, que são as isenções, as reduções de tributo e a remissão[11].

São essas as figuras que aqui tratamos como benefícios fiscais, e que constituem o objeto de nossa análise.

2. OS OBJETIVOS DA TRIBUTAÇÃO E OS BENEFÍCIOS FISCAIS

2.1 *Arrecadação e distribuição: a determinação constitucional de progressividade do sistema tributário*

AVI-YONAH[12] identifica, ao lado da regulação (que veremos em seguida), a arrecadação e a redistribuição como objetivos da tributação.

O primeiro representa a atividade estatal destinada a obter recursos para o desempenho das funções atribuídas pela Constituição e pelas leis. O último consiste em um esforço estatal de, por meio da tributação, repartir a renda e a riqueza concentradas pela economia de mercado.

A função arrecadatória nos dias atuais pode ser concebida como inerente à própria função do Estado de garantir e proteger direitos. Como atestam HOLMES e SUNSTEIN[13], um Estado sem receita não pode proteger direitos, sejam aqueles considerados negativos (liberdades contra

---

[10] Nas palavras de DERZI, "[...] a isenção, aliás, é conceito que se tem por comparação, dependente de uma norma de tributação. [...] Inexistindo a norma de tributação, a isenção não tem sentido" (DERZI, Misabel Abreu Machado. *Direito Tributário, direito penal e tipo.* 2ª ed. São Paulo: Editora Revista dos Tribunais, 2008, p. 305)

[11] Como não pretendemos aqui inovar conceitos já estabelecidos em obras consagradas, vamos nos remeter aos conceitos de isenção, reduções e remissão elaborados por COÊLHO, para cuja obra se remete (COÊLHO, Sacha Calmon Navarro. Teoria geral do tributo, da interpretação e da exoneração tributária. 3ª. ed. São Paulo: Dialética, 2003).

[12] AVI-YONAH, Reuven S. The Three Goals of Taxation. University of Michigan Tax Law Review. 60, no. 1. Michigan, 2006, p. 3.

[13] HOLMES, Stephen e SUNSTEIN, Cass. The cost of rights. Why liberty depends on taxes. New York: Norton, 1999.

o Estado) ou os positivos (que demandam prestações do Estado)[14], uma vez que toda atividade estatal representa custos e demanda o respectivo suporte financeiro. Nesse mesmo contexto, KATO[15] afirma, após análise dos Estados Sociais no período pós-guerra, que a promoção da igualdade por meio de prestações sociais está em relação direta com a instauração de uma capacidade de financiamento por parte dos Estados.

A arrecadação de tributos passa a ser mais importante no contexto histórico de redução das receitas originárias, em que o Estado deixa de atuar ordinariamente como agente econômico produtor de bens e prestador de serviços de caráter privado e lucrativo.

Na medida em que a atividade econômica é deixada à livre iniciativa privada, o Estado deixa de concorrer com ela na economia[16]. Passa então a depender das receitas derivadas, dentre as quais se destaca a tributação, para cumprir uma série de deveres estatais relativos à tutela das liberdades, promoção de bem-estar social, econômico, ambiental, dentre outros.

Com base na exposição de AVI-YONAH, o objetivo de redistribuição refere-se ao alvo da tributação, que deve se dirigir à capacidade econômica[17] dos membros mais ricos de uma sociedade, de forma a transferir a riqueza assim captada às camadas mais necessitadas.

Ao considerarmos esse objetivo da tributação, de nada adianta um sistema tributário no qual o financiamento das despesas públicas com as camadas mais necessitadas seja extraído de bases tributárias que atingem mais fortemente essas mesmas camadas.

---

14 Distinção inclusive contestada pelos autores, na medida em que se um direito de liberdade "negativo" for violado por um agente do Estado, ele só será um direito se houver outro agente do Estado (principalmente do Poder Judiciário) para coibir a violação, e este último também demanda recursos públicos para seu adequado funcionamento e, em última análise, para a adequada proteção dos direitos negativos.

15 KATO, Junko. Regressive taxation and the Welfare State: path dependence and policy diffusion. Kindle edition. Cambridge: Cambridge University Press, 2003, posição 77.

16 É nesse sentido que, para alguns, "o tributo é o preço da liberdade", cf. TORRES, Ricardo Lobo. Tratado de Direito Constitucional Financeiro e Tributário: Os direitos humanos e a tributação: imunidades e isonomia. Rio de Janeiro: Renovar, 1999, v. III, p. 4.

17 Sem ignorar a disputa na literatura jurídica sobre os termos "capacidade contributiva" e "capacidade econômica", utilizaremos aqui o último, na esteira de DERZI (DERZI, Misabel Abreu Machado. Notas de atualização à obra de BALEEIRO, Aliomar. *Limitações constitucionais ao poder de tributar.* 7. ed. Rio de Janeiro: Forense, 1997, p. 690). Ao determinar a obediência à capacidade econômica, a Constituição impede a tributação de fatos e pessoas que não estejam "assentados em realidades econômicas", evitando "ficções e falseamentos".

Na melhor das hipóteses, estariam elas auto-financiando as despesas do Estado Social das quais deveriam ser destinatárias. Tal situação contraria a determinação de solidariedade na tributação, alcançada por meio da capacidade econômica. Trata-se de um retorno ao ideal egoístico do imposto-troca, na qual a tributação é fundamentada naquilo que o Estado faz em prol do indivíduo, enquanto, como leciona TIPKE, a tributação pautada pela capacidade econômica indaga o que o cidadão "é capaz de fazer pelo Estado"[18]. Não há, nesse caso, a transferência de riqueza dos ricos para os necessitados, ou seja, não há redistribuição.

A redistribuição deve ser analisada ainda a partir da constatação de que os Estados Sociais atualmente preferem a adoção de uma rede de seguridade social universal[19], e não apenas direcionadas aos mais pobres. Se a base de financiamento do Estado é regressiva, isso significa que as camadas mais pobres oferecem sua renda em maior medida para manter um sistema disponível a todos.

Nesse contexto, nos parece que a função redistributiva do sistema tributário brasileiro é imposição constitucional, que determina a tributação conforme a capacidade econômica (art. 145, §1º) e a equidade (art. 194, parágrafo único, V), ao mesmo tempo em que estabelece como objetivo da República "erradicar a pobreza e a marginalização e reduzir as desigualdades sociais e regionais" (art. 3º, III).

Nesse sentido, DERZI aponta a progressividade ("elevação de alíquotas à medida que cresce o montante de riqueza demonstrada ou a capacidade econômica do contribuinte"[20]) como um instrumento geral de concretização da igualdade substancial, não restrita ao imposto sobre a renda, onde é mandamento expresso (art. 153, §2º, I da Constituição), mas aplicável ao sistema tributário como um todo[21].

A tributação meramente proporcional obedeceria a um princípio de neutralidade, segundo o qual a incidência tributária não deveria alterar

---

18 TIPKE, Klaus. Moral Tributaria del Estado y de los Contribuyentes. Trad. Pedro M. Herrera Molina. Madrid: Marcial Pons, 2002, p. 34

19 PIKETTY, Thomas. O capital do Século XXI. Kindle edition. Rio de Janeiro: Intrínseca, 2013, pos. 9384

20 DERZI, Misabel Abreu Machado. Notas de atualização à obra de BALEEIRO, Aliomar. *Limitações constitucionais ao poder de tributar*. 7. ed. Rio de Janeiro: Forense, 1997, p. 540.

21 DERZI, Misabel Abreu Machado. Notas de atualização à obra de BALEEIRO, Aliomar. *Limitações constitucionais ao poder de tributar*. 7. ed. Rio de Janeiro: Forense, 1997, p. 541.

o *status quo* econômico e social, mantendo inalterada a situação dos cidadãos. Segundo a autora, essa ideia é contrária ao ideal transformador da Constituição brasileira, que "obriga o legislador a medidas mais socializantes"[22], consistindo a progressividade em "um instrumento dentre tantos outros à disposição do Estado (Democrático de Direito) para a construção de uma sociedade mais livre, justa e solidária"[23].

Daí concluirmos que a progressividade do sistema tributário é imposição constitucional, e toda a produção de normas tributárias no direito brasileiro deve ser direcionada para atingir de forma mais agressiva a capacidade econômica da ínfima parcela componente da camada mais rica da população, e não o aumento da pressão tributária sobre as camadas componentes das classes de média e baixa renda. A ideia central é de que, após a tributação, a diminuição da renda disponível dos mais ricos seja progressivamente superior à diminuição da renda disponível das camadas mais pobres.

Em interessante estudo, KAMIN[24] conclui que a progressividade pode ser aferida, em termos quantitativos, por diversas medidas de comparação de como as camadas superiores e inferiores da sociedade são afetadas. Essas medidas podem consistir na mudança no percentual de tributos pagos, na divisão percentual do total da carga tributária, na alteração na alíquota efetiva, no crescimento ou diminuição da renda disponível após a tributação, e na quantidade de unidades monetárias pagas. Em razão disso, afirma que a escolha da medida mais adequada depende da teoria de justiça à qual se filia, mas aponta que a única medida capaz de satisfazer as principais teorias de justiça existentes é a da renda disponível após a tributação.

Podemos então qualificar de regressiva uma medida de introdução de benefícios fiscais que permita com que pessoas que demonstrem capacidade econômica deixem de oferecer sua riqueza à tributação, sem que benefício equivalente seja concedido às camadas mais pobres da população.

---

[22] DERZI, Misabel Abreu Machado. Notas de atualização à obra de BALEEIRO, Aliomar. *Limitações constitucionais ao poder de tributar*. 7. ed. Rio de Janeiro: Forense, 1997, p. 541.

[23] DERZI, Misabel Abreu Machado. Notas de atualização à obra de BALEEIRO, Aliomar. *Limitações constitucionais ao poder de tributar*. 7. ed. Rio de Janeiro: Forense, 1997, p. 540.

[24] KAMIN, David. What Is a Progressive Tax Change?: Unmasking Hidden Values in Distributional Debates. New York University Law Review, Vol. 83, No. 1, 2008.

Como exemplo, sob o prisma da teoria da justiça que prima pela igualdade de recursos, a regressividade consistiria, segundo KAMIN, "*na concessão de grandes benefícios fiscais àqueles com alta renda*[25]". Sobre o prisma da teoria da igualdade de sacrifícios, a introdução de benefícios fiscais que diminuam o sacrifício daqueles para quem o dinheiro tem menor utilidade (mais ricos) representa uma medida regressiva[26].

Cumpre então indagar quando essas medidas serão compatíveis com a Constituição, o que supõe analisar a relação do objetivo regulatório da tributação.

2.2 *Regulação: a extrafiscalidade*

A função regulatória, na acepção que lhe dá AVI-YONAH[27], refere-se ao fenômeno que nossa doutrina tradicionalmente conhece como extrafiscalidade, que muito se aproximou da noção de estímulos e desestímulos induzidos, respectivamente, a partir da desoneração ou agravamento da tributação sobre condutas desejadas ou indesejadas.

SCHOUERI afirma ser um dos aspectos da extrafiscalidade, caracterizado pelas normas tributárias indutoras, nas quais "o legislador vincula a determinado comportamento um consequente, que poderá consistir em uma vantagem (estímulo) ou agravamento de natureza tributária"[28].

Dentro desse objetivo da tributação, os benefícios fiscais assumem a forma de incentivos fiscais, e podem se apresentar, como visto acima, como fatores de regressividade da tributação.

Analisando o texto Constitucional, o termo "incentivo" é utilizado sempre para indicar uma atitude do Poder Público para induzir os particulares a um determinado comportamento para alcançar uma finalidade posta pela Constituição, mediante a instituição de um regime jurídico favorecido.

---

25 "(...) a regressive tax change will lead to greater disparity, by giving larger tax breaks to those with high incomes" (KAMIN, David. What Is a Progressive Tax Change?: Unmasking Hidden Values in Distributional Debates. New York University Law Review, Vol. 83, No. 1, 2008, p. 268)

26 KAMIN, David. What Is a Progressive Tax Change?: Unmasking Hidden Values in Distributional Debates. New York University Law Review, Vol. 83, No. 1, 2008, p. 278.

27 AVI-YONAH, Reuven S. The Three Goals of Taxation. University of Michigan Tax Law Review. 60, no. 1. Michigan, 2006, p. 12.

28 SCHOUERI, Luís Eduardo. Normas tributárias indutoras e intervenção econômica. Rio de Janeiro: Forense, 2005, p. 30

Por exemplo, podemos identificar nos dispositivos constitucionais que o Poder Público deverá: incentivar os agentes econômicos a proteger o mercado de trabalho da mulher (CF; art. 7º, XX), a reinvestir o capital estrangeiro em nome do interesse nacional (CF; art. 172), a agir no sentido do planejamento econômico elaborado em sua função regulatória da economia tendo em vista o desenvolvimento econômico (CF; art. 174); favorecer, mediante financiamento com juros favorecidos, as atividades prioritárias para o desenvolvimento e redução de desigualdade entre regiões (CF; art. 43, §2º, II); criar incentivos para o desenvolvimento do turismo como fator de desenvolvimento social e econômico (CF; art. 180); incentivar a pesquisa e a tecnologia como medida de política agrícola (CF; art. 187, III); incentivar o acesso à educação visando ao pleno desenvolvimento da pessoa, seu preparo para o exercício da cidadania e sua qualificação para o trabalho (CF; art. 205); incentivar a valorização e a difusão das manifestações culturais (CF; art. 215), o esporte (CF; art. 217, IV), o desenvolvimento científico, a pesquisa e a capacitação tecnológicas (CF; art. 218).

No âmbito estritamente tributário, a Constituição prevê os incentivos também como instrumentos jurídicos para alcance dessas finalidades. Prevê o art. 43, §2º, III que "isenções, reduções ou diferimento temporário de tributos federais devidos por pessoas físicas ou jurídicas" serão utilizados como incentivos, visando à redução das desigualdades regionais.

O art. 151, I permite à União, como exceção à uniformidade da tributação, instituir "incentivos fiscais destinados a promover o equilíbrio do desenvolvimento sócio-econômico entre as diferentes regiões do País".

O art. 179 prevê a instituição de tratamento tributário diferenciado e simplificado às microempresas e às empresas de pequeno porte para incentivar sua constituição e funcionamento.

O art. 227, §3º, VI prevê que o Poder Público deverá incentivar o "acolhimento, sob a forma de guarda, de criança ou adolescente órfão ou abandonado", mediante incentivos fiscais.

Podemos então concluir que os incentivos fiscais são espécies de benefícios fiscais que não se caracterizam por sua estrutura normativa. Os benefícios fiscais serão incentivos quando caracterizarem-se pela finalidade de servir como instrumento para induzir e favorecer determinados comportamentos que, segundo orientação do Estado, os agentes econômicos e sociais não tomariam na ausência da norma indutora.

2.3 *Benefícios fiscais e a simplificação da tributação*

Por fim, podemos identificar benefícios fiscais que se pautam pela simplificação do regime tributário de seus destinatários.

Alguns benefícios fiscais dessa espécie se qualificam pela atribuição de maior facilidade e comodidade no cumprimento das obrigações tributárias, viabilizando maior fluxo de arrecadação espontânea.

São regimes opcionais, que na maioria das vezes se distanciam da tributação conforme a capacidade econômica em prol de bases de cálculo presumidas. Viabilizam ao mesmo tempo um fluxo de receitas mais cômodo e com menos custos fiscalizatórios ao Fisco, e uma tributação mais amena aos contribuintes quando comparada com o regime legal aplicável caso não houvesse possibilidade de opção.

São exemplos disso o regime de lucro presumido no imposto sobre a renda da pessoa jurídica, o regime de declaração simplificada no imposto sobre a renda da pessoa física, regimes de estimativa concedidos no âmbito do ISS ou do ICMS, etc.

Mas a classificação desses regimes tributários opcionais como benefícios fiscais que objetivam maior simplificação e facilidade de arrecadação nem sempre é fácil, pois podemos ao mesmo tempo identificar neles finalidades extrafiscais.

O SIMPLES Nacional (Lei Complementar nº 123/2006) é bom exemplo disso. Como visto acima, há mandamento constitucional para a instituição de regime simplificado para que as micro e pequenas empresas sejam incentivadas (art. 179). Portanto, simplificação e incentivo atuam em conjunto como fundamento do regime tributário favorável.

Sob outra ótica, o "simplificar para incentivar" não apresenta por si só um objetivo para o regime. Deve ser incentivada a constituição de micro e pequenas empresas, de forma a retirar tais agentes econômicos da informalidade, ou incentivar seu crescimento para que um dia deixem de ser micro e pequenas empresas[29]?

---

[29] Nesse caso, seria ainda de se indagar sobre a existência de imposição constitucional implícita da necessidade de um regime transitório, para que a ex-micro ou ex-pequena empresa se adapte às condições de concorrência com empresas maiores já estabelecidas no mercado, impedindo que retornem à condição anterior apenas para escapar dessa concorrência .

A resposta positiva à primeira pergunta permitiria enquadrar o SIMPLES Nacional no objetivo arrecadatório da tributação, pois as micro e pequenas empresas formalizadas se tornariam fonte de receitas que não existiriam caso permanecessem na informalidade. Já a resposta positiva à segunda questão permitiria o enquadramento do SIMPLES como nítido incentivo fiscal no âmbito da extrafiscalidade.

Outra questão que se coloca no âmbito das normas simplificadoras é que sua característica de benefício fiscal muitas vezes não pode ser aferida em abstrato.

A substituição tributária progressiva no ICMS é exemplo dessa dificuldade.

Esse regime de tributação pode se apresentar como uma tributação em montante superior ao regime de tributação pelo débito e crédito junto ao contribuinte substituído, bem como, a depender da forma como manipulada a base de cálculo presumida, apresentar-se como verdadeiro benefício fiscal.

Nessa modalidade de sujeição passiva, o remetente ou alienante da mercadoria (responsável substituto) é responsável pelo pagamento do imposto que será devido quando da futura operação subsequente a ser realizada pelo adquirente (contribuinte substituído).

Como leciona SILVA[30], existem duas presunções. A primeira relativa ao fato gerador, pela qual o legislador, a partir de uma situação (remessa da mercadoria para contribuinte do imposto), presume que posteriormente haverá outra operação tributada. A segunda relativa à base de cálculo, pois o valor a ser pago pelo substituto será calculado em razão de uma base de cálculo presumida para a operação seguinte, motivo pelo qual ao valor da sua operação própria é adicionada uma margem presumida de lucro praticada pelo substituído, comumente chamada de margem de valor agregado.

A medida pode ainda ser adotada quando os contribuintes recebem mercadorias de outros Estados, desde que entre Estado de origem e destino exista acordo específico, nos termos do art. 9º da LC 87/96, pelo qual o remetente fica submetido ao pagamento do imposto antecipado ao Estado de destino.

---

30 SILVA, Paulo Roberto Coimbra. A substituição progressiva nos impostos plurifásicos e não-cumulativos. Belo Horizonte: Del Rey, 2001, p. 69.

Mesmo na ausência desse acordo, o regime é viabilizado pela antecipação do fato gerador, muitas vezes instituída sob a rubrica da substituição tributária. Nesses casos é dever do adquirente recolher o ICMS quando da entrada do bem em seu estabelecimento pela presunção de futura saída tributada. O contribuinte apenas antecipa, na entrada de seu estabelecimento, o imposto que seria por ele mesmo devido quando da realização da operação subsequente. Não havendo substituído, não há substituição tributária propriamente dita, mas mera antecipação de fato gerador, uma vez que aquele que paga o imposto antecipadamente e aquele que realiza a operação presumida se confundem na pessoa de um mesmo contribuinte[31]. A lógica, contudo, continua semelhante, ou seja, o fato gerador a se realizar posteriormente é presumido, juntamente com sua base de cálculo, à qual é adicionada a margem de valor agregado.

Podemos exemplificar a situação com a legislação do Estado de Minas Gerais, que lista as mercadorias sujeitas à substituição tributária na Parte 2 do Anexo XV do RICMS. Caso essas mercadorias sejam provenientes de outros Estados com os quais Minas Gerais não tenha acordo específico, deve o contribuinte mineiro recolher antecipadamente o imposto na entrada da mercadoria em seu estabelecimento, ocorrendo o mesmo quando, ainda que exista tal acordo, o remetente da outra unidade da Federação se omita quanto ao destaque e recolhimento do ICMS

---

[31] Duas questões tangenciam a antecipação do fato gerador, embora não sejam objeto específico de nossa análise. A primeira delas é a ausência de conformação ao art. 150, §7º da Constituição, segundo o qual "a lei poderá atribuir a sujeito passivo de obrigação tributária a condição de responsável pelo pagamento de imposto ou contribuição, cujo fato gerador deva ocorrer posteriormente". O dispositivo refere-se a responsável que, como vimos, é pessoa distinta daquela que realiza o fato gerador, que é o contribuinte (art. 121 do CTN). Logo, inexistindo a distinção entre as pessoas, o dispositivo não contemplaria a simples antecipação do fato gerador. Em segundo lugar, a controvérsia sobre a necessidade da lei complementar para regular a antecipação de fato gerador, tal como previsto para a substituição tributária no art. 155, §2º, XII, b da Constituição. No entanto, o STJ caminha para admitir a validade da antecipação com base direta no art. 150, §7º da Constituição ao fundamento de que "1. O instituto da antecipação tributária, prevista no artigo 150, § 7º, da CF, encerra duas modalidades: com substituição e sem substituição. 2. A antecipação com substituição exige previsão em lei complementar, como determinado no art. 155, § 2º, "b", da Carta da República.3. A antecipação sem substituição, espécie de que tratam os autos, não exige lei complementar [...]" (BRASIL. Superior Tribunal de Justiça, 2ª Turma. REsp 1.092.631/RS, Rel. Ministra Eliana Calmon. Julgado em 19/03/2009, DJe 16/04/2009).

devido antecipadamente por substituição. È o que decorre dos arts. 14 e 15 do Anexo XV do RICMS de Minas Gerais (Decreto nº 43.080/2002):

> Art. 14 - O contribuinte mineiro, inclusive o varejista, destinatário de mercadoria relacionada na Parte 2 deste Anexo, em operação interestadual, é responsável pela apuração e pelo recolhimento do imposto devido a este Estado, a título de substituição tributária, no momento da entrada da mercadoria em território mineiro, quando a responsabilidade não for atribuída ao alienante ou ao remetente.
>
> Art. 15 - O estabelecimento destinatário de mercadoria relacionada na Parte 2 deste Anexo, inclusive o varejista, é responsável pelo imposto devido a este Estado a título de substituição tributária, quando o alienante ou o remetente, sujeito passivo por substituição, não efetuar a retenção ou efetuar retenção a menor do imposto.
>
> Parágrafo único - A responsabilidade prevista neste artigo aplica-se também ao destinatário de mercadoria desacompanhada do comprovante de recolhimento, na hipótese em que o imposto deveria ter sido recolhido por ocasião da saída da mercadoria, por meio de Guia Nacional de Recolhimento de Tributos Estaduais.

A substituição tributária progressiva foi legitimada pelo STF[32] mesmo antes da Emenda à Constituição nº 03, de 1993, que inseriu o §7º ao art. 150 da Constituição. Após a EC 03/1993, o STF novamente admitiu a validade do regime, fundamentando-se na sua característica de mecanismo de praticidade e simplificação da tributação[33], pois exoneraria a Fazenda Pública da fiscalização de inúmeros contribuintes em mercados difusos por meio da tributação antecipada na etapa anterior de circulação (saída da indústria ou do importador).

No entanto, mesmo com a previsão constitucional, as opiniões variam desde a sua absoluta inconstitucionalidade[34] até sua legitimidade irrestrita[35], passando pelo entendimento exposto por SILVA ao afirmar que, mesmo que se parta da constitucionalidade da substituição tributária,

---

[32] BRASIL. Supremo Tribunal Federal, 1ª Turma. RE 213.396/SP. Relator Min. Ilmar Galvão. Julgado em 02/08/1999, DJ 01/12/2000, p. 97.

[33] STF, Pleno, ADI 1851, Relator(a): Min. Ilmar Galvão, Tribunal Pleno, julgado em 08/05/2002, DJ 22/11/2002, p. 55.

[34] MELO, José Eduardo Soares de. *ICMS: teoria e prática.* 7ª ed. São Paulo: Dialética, 2004, p. 158-165.

[35] Consagrada na legislação de alguns Estados, que não admitem a restituição da diferença entre a base de cálculo presumida e a base de cálculo efetivamente praticada na operação seguinte, quando esta é menor que aquela.

deve ela ser compreendida de forma constitucionalmente adequada[36], respeitando as limitações ao poder de tributar, motivo pelo qual o autor enumera várias balizas que devem ser obedecidas para torná-la juridicamente viável[37].

Nota-se então que a discussão que permeia a substituição tributária progressiva, principalmente no ICMS, geralmente tem como pressuposto a violação a direitos do contribuinte: a invalidade, em face do princípio da legalidade, da imposição de obrigação tributária antes da ocorrência da materialidade prevista na Constituição como possível hipótese de incidência tributária; a violação aos princípios da igualdade, capacidade econômica e não-confisco pela definitividade da base de cálculo presumida quando a base efetivamente praticada for menor; a violação da natureza plurifásica do ICMS e da não-cumulatividade pela concentração da tributação.

Nesse contexto, e no que interessa ao presente trabalho, é de se indagar: poderia a substituição tributária progressiva configurar benefício fiscal?

A nosso ver, a resposta será positiva, a depender de como o Estado estime a margem de valor agregado que vai compor a base de cálculo para a operação subsequente.

Ao instituir a substituição tributária progressiva e imputar a condição de responsável por substituição pelas futuras operações internas, poderá haver um benefício fiscal aos substituídos[38] se a margem de valor agregado for prevista em montante sabidamente inferior à margem de lucro praticado no mercado no qual atuam. Esta é, sem dúvida, uma forma jurídica de beneficiar o comércio interno do Estado que, se estivesse submetido ao regime normal de débito e crédito, teria que oferecer à tributação o valor total da operação, que incluiria uma margem de lucro superior à presumida.

Nesse caso, a caracterização do benefício fiscal também se dá no mencionado regime de antecipação do fato gerador. O mesmo

---

[36] SILVA, Paulo Roberto Coimbra. A substituição progressiva nos impostos plurifásicos e não-cumulativos. Belo Horizonte: Del Rey, 2001, p. 89.

[37] SILVA, Paulo Roberto Coimbra. A substituição progressiva nos impostos plurifásicos e não-cumulativos. Belo Horizonte: Del Rey, 2001, p. 89-120.

[38] A redução da carga tributária pode alcançar indiretamente o substituto, quando ele e substituído forem de um mesmo grupo econômico, embora tal análise não seja estritamente jurídica.

contribuinte que pagará o ICMS antecipadamente pela operação presumida a realizará no futuro, usufruindo assim do benefício de ter uma base de cálculo reduzida, pois pagou definitivamente o ICMS calculado sobre valor inferior ao valor da operação realizada.

Em conclusão, em ambas hipóteses (substituição tributária progressiva ou antecipação de fato gerador) haverá o benefício fiscal de redução de base de cálculo quanto for adotada, de forma deliberada pelo Estado, uma margem de valor agregada de valor inferior à margem sistematicamente praticada pelos substituídos, o que demandaria a sua aprovação por convênio no âmbito do ICMS.

Ao contrário, não haverá benefício fiscal quando a presunção da margem de valor agregado for equivalente à realidade dos preços praticados no mercado, ou seja, quando seguidos os ditames do art. 8º, §4º da LC 87/96:

> Art. 8º A base de cálculo, para fins de substituição tributária, será:
>
> II - em relação às operações ou prestações subseqüentes, obtida pelo somatório das parcelas seguintes:
>
> a) o valor da operação ou prestação própria realizada pelo substituto tributário ou pelo substituído intermediário;
>
> b) o montante dos valores de seguro, de frete e de outros encargos cobrados ou transferíveis aos adquirentes ou tomadores de serviço;
>
> c) a margem de valor agregado, inclusive lucro, relativa às operações ou prestações subseqüentes.
>
> § 4º A margem a que se refere a alínea c do inciso II do caput será estabelecida com base em preços usualmente praticados no mercado considerado, obtidos por levantamento, ainda que por amostragem ou através de informações e outros elementos fornecidos por entidades representativas dos respectivos setores, adotando-se a média ponderada dos preços coletados, devendo os critérios para sua fixação ser previstos em lei.

Ao instituir a margem de valor agregado mediante estudo do mercado dos substituídos, aferindo o valor usualmente praticado e adotando-o como parâmetro, não haverá benefício fiscal. A eventual prática de base de cálculo com margem inferior à presumida decorrente de estratégia comercial ou de influxos do mercado não terão o condão de transformar em benefício fiscal a presunção construída em atenção à realidade econômica do mercado que sofrerá a tributação antecipada.

Com isso, chegamos à conclusão de que a verificação do benefício fiscal nesses casos dependerá do exame do caso concreto, ou seja, deverá ser analisado se foram levantados os preços usuais nos termos do art. 8º, §4º da LC 87/96.

O que interessa para o presente estudo, contudo, é assentar a existência de regimes tributários qualificados pela existência de benefícios fiscais utilizados com objetivo simplificador da tributação, diminuindo os custos com fiscalizações onerosas ou propiciando um maior fluxo de arrecadação espontânea pela facilitação do cumprimento das obrigações tributárias.

3. BENEFÍCIOS FISCAIS: FUNDAMENTAÇÃO CONSTITUCIONAL E REGRESSIVIDADE

Dos tópicos anteriores podemos verificar que benefícios fiscais podem se pautar em objetivos extrafiscais e simplificadores e se distanciar da capacidade econômica.

Aqui, verificaremos que esse distanciamento é causa de regressividade da tributação, contrariando a determinação de progressividade vista acima. Isso demanda indagar a existência de fundamentos constitucionais para esse distanciamento, e em quais limites eles são admitidos.

Nossa análise da literatura jurídica demonstra que os autores tendem a atribuir maior importância ao princípio da capacidade econômica, pelo fato de ser o critério de aferição da igualdade tributária e parâmetro de justiça distributiva, sendo os demais fundamentos sempre balizados pela capacidade econômica e carentes de uma maior justificação.

No que toca aos benefícios fiscais atrelados à simplificação do sistema tributário, há forte tendência de implicarem subtributação dos beneficiados, que deixam de oferecer sua real capacidade econômica à incidência tributária.

Para TIPKE, a capacidade econômica é o princípio preferencial e fundamento de um direito tributário justo[39], possuindo um peso real e não apenas nominal[40]. Por isso, o autor entende que regimes opcionais como a apuração de bases presumidas são inconstitucionais, pois impedem

---

[39] TIPKE, Klaus e YAHASHITA, Douglas. Justiça fiscal e princípio da capacidade contributiva. São Paulo: Malheiros, 2002, p. 28-9.

[40] TIPKE, Klaus e YAHASHITA, Douglas. Justiça fiscal e princípio da capacidade contributiva. São Paulo: Malheiros, 2002, p. 33.

que a tributação seja distribuída entre os contribuintes de acordo com a capacidade econômica.

GALLO[41] também repudia o uso indiscriminado de mecanismos de apuração da base tributária por meio de presunções. Segundo ele, isso é reflexo de um sistema tributário que, afetado pela mundialização do capital e pela ideologia neoliberal, se utiliza desses mecanismos como meio de proporcionar uma tributação fácil, simples e cômoda, mas distante da capacidade econômica.

Em aproximação do tema no Brasil, DERZI afirma que "a praticidade não tem primazia sobre a justiça"[42]. Segundo TIPKE, "o ganho em praticabilidade não pode ter por consequência um excessivo prejuízo da justiça no caso concreto"[43].

DERZI analisa casos do direito brasileiro em que a lei se vale de presunções e generalizações, desconsiderando a manifestação de capacidade econômica dos casos concretos, como a pauta de valores no IPTU e a substituição progressiva no ICMS, assumindo que mesmo que essas medidas beneficiem financeiramente o contribuinte, atuam em prejuízo da justiça tributária:

> Beneficiando ou não o proprietário do imóvel sob o aspecto financeiro, o modo de raciocinar padronizante da Administração que simplifica a execução da lei fiscal criando presunções, por meio de valores e somatórios fiscais, ofende os princípios da legalidade, indelegabilidade de funções e justiça tributária individual. Praticabilidade e justiça fiscal são princípios incompatíveis, como lembra Arndt[44].

Podemos, portanto, afirmar que benefícios fiscais com objetivo de simplificação, ainda que cumpram seu objetivo e forneçam um fluxo mais cômodo de receitas para os cofres públicos, estão em tensão permanente com a capacidade econômica e com a justiça tributária, principalmente na sua função redistributiva. As medidas simplificadoras generalizam e presumem a riqueza tributável, impedindo a incidência da norma tributária que se aproxima da real capacidade econômica demonstrada, sendo

---

41 GALLO, Franco. Le ragioni del fisco. 2ª ed. Bolonha: Mulino, 2011, p. 28 e ss.

42 DERZI, Misabel Abreu Machado. Direito tributário, direito penal e tipo. 2ª ed. São Paulo: Editora Revista dos Tribunais, 2008, p. 362.

43 TIPKE, Klaus e YAHASHITA, Douglas. Justiça fiscal e princípio da capacidade contributiva. São Paulo: Malheiros, 2002, p. 39.

44 DERZI, Misabel Abreu Machado. Direito tributário, direito penal e tipo. 2ª ed. São Paulo: Editora Revista dos Tribunais, 2008, p. 355.

admitidas apenas quando reflitam a maioria dos casos individuais e não se distanciem de forma radical da realidade econômica[45].

Nesses termos, a presunção simplificadora que pressiona a incidência tributária para um nível inferior de riqueza que poderia ser captado termina por resultar em tributação regressiva. Quanto mais a riqueza do contribuinte se distancia da riqueza presumida maior será a regressividade, pois tanto o contribuinte que supera a presunção quanto aquele que apresenta uma riqueza próxima daquela presumida terão a mesma carga tributária decorrente da medida simplificadora.

Portanto, apesar de admitidos os benefícios fiscais simplificadores, não há espaço em nosso ordenamento jurídico para afirmar que, enquanto parâmetro de validade da tributação, a praticidade esteja sempre à disposição do Estado para que se abandone a capacidade econômica, pois não tem primazia sobre esta última.

Deve haver um motivo real e demonstrado de que, na ausência do benefício fiscal de cunho simplificador, o fluxo de arrecadação seria seriamente afetado e os custos fiscalizatórios aumentados. A simples possibilidade de adesão a benefícios fiscais apresenta-se em tensão permanente com a capacidade econômica, e demanda reavaliação constante por parte do legislador.

O mesmo se diga dos incentivos fiscais, que são válidos se suportados por uma finalidade constitucional que o Estado tem o dever de alcançar. Nesse sentido a lição de ÁVILA:

> Quando os impostos tiverem uma justificação e uma finalidade extrafiscal, enquanto instituídos com o propósito prevalente de atingir fins econômicos ou sociais, já não mais será o princípio da capacidade contributiva a medida de diferenciação entre os contribuintes. Recorde-se: justificações diversas levam à utilização de critérios distintos. Ora bem: ao Estado cumpre não só garantir e estimular a realização dos princípios fundamentais (arts. 1o a 5o) ou gerais da tributação (arts. 145 a 149); ao Estado incumbe também estimular e realizar os princípios gerais da atividade econômica (arts. 170 e ss.), bem como zelar pela concretização de outros tantos fins, como a manutenção do Estado Federativo (art. 18), a preservação da eficiência administrativa (art. 37), a garantia da segurança pública (art. 144), a implementação da política urbana (arts. 182 e 183), a garantia da função social da propriedade (arts. 184 a 191), a preservação da ordem social

---

45 RIBEIRO, Ricardo Lodi. Temas de Direito Constitucional Tributário. Rio de Janeiro: Lumen Juris, 2009, p. 225

(arts. 193 a 231), a evolução da ciência e da tecnologia (arts. 218 a 224), a proteção do meio ambiente (art. 225) e da famíllia (arts. 231 e 232), a fiscalização e o controle sobre o comércio exterior (art. 237)[46].

Nesses casos, a norma tributária se afasta da capacidade econômica, pois a tributação passa a se pautar no alcance de outra finalidade constitucional que não a repartição do encargo tributário:

> O que importa é que todos esses fins (ou tarefas) podem justificar o modo instituição de impostos. E — eis o decisivo — ao justificar a instituição de um imposto em algum fim estatal o legislador afastar-se-á do direito fundamental à igualdade segundo a capacidade econômica dos contribuintes.[47]

Mesmo quando a lei tributária pretenda induzir comportamentos por meio de incentivos fiscais, a capacidade econômica não é abandonada. Ainda que não seja utilizada para justificar a graduar o tributo, permanece ela como parâmetro de validade, uma vez que só se justifica seu abandono enquanto a finalidade pretendida com a indução é alcançada. Essa a conclusão de ÁVILA:

> Importa notar que o dever de observância da capacidade contributiva ainda permanece, não mais como finalidade da repartição do encargo, mas como *ponto de referência* da ponderação a ser feita: a realização da finalidade extrafiscal não poderá restringir de forma excessiva o direito fundamental à igualdade segundo a capacidade contributiva. O princípio da capacidade contributiva deixa de ser finalidade para ser *contraponto* e *parâmetro* do processo de ponderação entre finalidades e bens dialeticamente implicados. Mesmo havendo outra finalidade, a igualdade ainda funcionará como instrumento de controle da realização isonômica daquela finalidade.[48]

---

[46] ÁVILA, Humberto. Estatuto do Contribuinte: conteúdo e alcance. **Revista Diálogo Jurídico**, Salvador, CAJ - Centro de Atualização Jurídica, v. I, no. 3, junho, 2001. Disponível em: <http://www.direitopublico.com.br>. Acesso em 10 de novembro de 2009. Página 15-6.

[47] ÁVILA, Humberto. Estatuto do Contribuinte: conteúdo e alcance. **Revista Diálogo Jurídico**, Salvador, CAJ - Centro de Atualização Jurídica, v. I, no. 3, junho, 2001. Disponível em: <http://www.direitopublico.com.br>. Acesso em 10 de novembro de 2009. Página 16.

[48] ÁVILA, Humberto. Estatuto do Contribuinte: conteúdo e alcance. **Revista Diálogo Jurídico**, Salvador, CAJ - Centro de Atualização Jurídica, v. I, no. 3, junho, 2001. Disponível em: <http://www.direitopublico.com.br>. Acesso em 10 de novembro de 2009. Página 18.

Portanto, também no que toca aos incentivos fiscais, não se pode afirmar que as diversas finalidades estatais justificam sua primazia sobre a capacidade econômica enquanto parâmetro para justificar e graduar a tributação.

O que se admite é que, enquanto os incentivos fiscais sejam compatíveis com a finalidade, encontrarão fundamento de validade. Fora desse estrito parâmetro, constituem unicamente fonte de regressividade tributária, uma vez que, impotentes para provocar a indução, servirão como fator de maior redução para aqueles que apresentam maior capacidade contributiva.

DERZI, por sua vez, afirma que esses incentivos fiscais "somente se justificam na medida em que geram empregos, propiciam a capacitação de mão-de-obra, enfim, são aptas a redistribuir renda entre grupos e regiões do País. Servem, assim, mediatamente à justiça social e apenas nessa medida se justificam"[49]. DERZI critica a concessão de incentivos fiscais "sem o conhecimento preciso de sua eficiência"[50] e ainda aponta a existência de um dever de verificação da promoção dessas finalidades a partir da concessão de incentivos fiscais, para impedir que eles se transformem em simples instrumentos de regressividade tributária, afirmando que "concebida a isenção para o desenvolvimento e implementada, seus resultados deveriam ter sido criteriosamente seguidos para revisão, retificação ou cancelamento, o que raramente ocorreu"[51].

Nesse mesmo sentido, CHANG se opõe ao que chama de "teoria do trickle-down" (teoria do gotejamento), que pode ser resumida no sentido de que o enriquecimento dos mais ricos faria com que parte da riqueza acabe por respingar sobre os mais pobres, gerando melhorias para todos. Daí sua oposição a incentivar essa situação por meio de exonerações tributárias aos ricos sem que seja exigida como contrapartida condutas que levam a uma melhor redistribuição da riqueza:

---

[49] DERZI, Misabel Abreu Machado. Notas de atualização à obra de BALEEIRO, Aliomar. *Limitações constitucionais ao poder de tributar*. 7. ed. Rio de Janeiro: Forense, 1997, p. 553.

[50] DERZI, Misabel Abreu Machado. Notas de atualização à obra de BALEEIRO, Aliomar. *Limitações constitucionais ao poder de tributar*. 7. ed. Rio de Janeiro: Forense, 1997, p. 395.

[51] DERZI, Misabel Abreu Machado. Notas de atualização à obra de BALEEIRO, Aliomar. *Limitações constitucionais ao poder de tributar*. 7. ed. Rio de Janeiro: Forense, 1997, p. 396.

> Quando você compreender que a economia trickle-down não funciona, você enxergará as reduções excessivas de impostos para os ricos pelo que elas são - uma mera redistribuição ascendente de renda, em vez de uma maneira de fazer com que todos nós fiquemos mais ricos, como nos disseram que iria acontecer[52].

Em termos jurídicos, podemos dizer que, sem a demonstração da existência de resposta dos contribuintes beneficiados à indução pretendida pela lei, a permanência desses incentivos fiscais apenas permite com que aqueles de maior capacidade econômica destinatários da exoneração aumentem sua riqueza pela ausência de tributação, o que acarreta a regressividade tributária.

6. CONCLUSÃO

Os benefícios fiscais podem ser introduzidos como forma de simplificar a tributação, ou torná-la instrumento de indução pelo estímulo a condutas que, ao ver do Estado, os agentes econômicos não realizariam na ausência da exoneração.

Verificamos, contudo, que nem sempre essas normas, apesar de aparentemente buscarem um fundamento de validade, cumprem com a determinação de obediência da capacidade econômica e de progressividade do sistema tributário.

A redução da tributação sobre manifestações de riqueza por meio de presunções ou incentivos fiscais apresentam-se em tensão permanente com essas normas constitucionais, o que demanda que sejam permanentemente confrontadas para verificação de sua compatibilidade com a Constituição.

---

52 CHANG, Ha-Joo. 23 coisas que não nos contaram sobre o capitalismo. Tradução: Claudia Gerpe Duarte. Edição Kindle. São Paulo: Cultrix, 2013, pos. 222.

8

A IMUNIDADE TRIBUTÁRIA DAS INSTITUIÇÕES DE ASSISTÊNCIA SOCIAL E OS IMPOSTOS INDIRETOS: UMA ANÁLISE À LUZ DA HERMENÊUTICA CONSTITUCIONAL E DOS DITAMES DA JUSTIÇA FISCAL

Freitrich A. R. Heidenreich[1]

---

1. INTRODUÇÃO

As transformações políticas e negociais na história da civilização promoveram profundas alterações no modo de ver o Direito e a Sociedade. Depois de superadas as experiências do Estado Absolutista, do Estado Liberal, e até mesmo o modelo do "*WelfareState*", busca-se, hodiernamente, a efetivação do Estado Democrático de Direito[2].

---

1 *Pós-graduando em Direito Tributário pelo Programa Master ofLaws (LL.M) pela Pontifícia Universidade Católica de Minas Gerais; Pós-graduando em Direito Tributário pela Faculdade Milton Campos; Bacharel em Direito e acadêmico de Ciências Contábeis pela Pontifícia Universidade Católica de Minas Gerais; Membro da Comissão de Direito Tributário da Ordem dos Advogados do Brasil Secção Minas Gerais – OAB/MG, Membro da Diretoria da Associação Brasileira de Direito Tributário Jovem – ABRADT Jovem, Associado ao Instituto de Estudos Fiscais. Consultor e advogado.*

2 Adotou-se neste trabalho o conceito de Estado Democrático de Direito delineado pelo Professor José Luiz Borges Horta, apresentado na obra "História do

Em especial, no Brasil, com o advento da Constituição da República de1988 – CRFB/88 – profundas modificações se fizeram necessárias para a transição do regime ditatorial anterior para a consolidação dos novos princípios da "Constituição Cidadã".

Apesar dos esforços em, no menor tempo possível, proceder com a reestruturação normativa a fim de se adequar à nova conjectura jurídica e social, ainda hoje, em especial no Direito Tributário[3], é possível perceber vestígios dos regimes não democráticos anteriores.

Em razão dessas vicissitudes, deve-se sempre ter em vista que o Código Tributário Nacional, quando da sua aplicação, deve ser interpretado à égide dos Princípios gerais de Direito positivados na Constituição, e jamais em sentido contrário.

Essa temática, por sua relevância e alcance, encontra-se em permanente discussão nos âmbitos doutrinário, legislativo e jurisdicional, tendo sido objeto de estudo por grandes estudiosos do Direito Tributário como Aliomar Baleeiro, Misabel Abreu Machado Derzi, Onofre Batista Júnior, dentre muitos outros autores.

Ressalte-se, portanto, diante dessas considerações inicias, que toda a construção teórica deste trabalho pautou-se por uma visão "Constitucional do Direito Tributário"[4], atenta não só aos Princípios próprios do Direito Tributário mas também aos Princípios gerais de Direito.

Estado de Direito", como o Estado em que os direitos de primeira, segunda e terceira gerações são amplamente reconhecidos constitucionalmente, pautado essencialmente pela plenitude dos ideais humanos, tendo sempre em perspectiva o Princípio da Dignidade da Pessoa Humana. (HORTA, José Luiz Borges. História do Estado de Direito. São Paulo: Editora Alameda, 2011)

3 As bases fundantes para o Direito Tributário hodierno encontram suas origens no Código Tributário Nacional, sobretudo, em virtude da Constituição de 1988 ter reproduzido em seu texto alguns dispositivos daquele diploma legal, cuja promulgação se deu ainda no Regime Militar, em 1966. É possível perceber que traços próprios da ordem jurídica anterior ainda permanecem em vigor, razão pela qual sempre se fará necessária uma visão constitucional do Direito Tributário. (BRASIL, Código Tributário Nacional. Lei nº 5.172, de 25 de outubro de 1966. Dispõe sobre o Sistema Tributário Nacional e institui normas gerais de direito tributário aplicáveis à União, Estados e Municípios. Disponível em: <http://www.planalto.gov.br/ccivil_03/leis/l5172.htm>. Acesso em 20 de junho de 2014.)

4 Nesse sentido, adotamos as compreensões de CARRAZZA sobre a necessidade de se ler e interpretar o Direito Tributário à luz da Constituição, abandonando a

Apresentadas as bases teóricas sobre as quais se funda o presente artigo, passa-se ao estudo e compreensão do instituto da imunidade tributária, para que, posteriormente, possam ser analisadas a sua amplitude e abrangência face às instituições de assistência social, sem fins lucrativos.

2. ACEPÇÕES DO CONCEITO DE IMUNIDADE TRIBUTÁRIA

Imunidade Tributária "*designa as vedações ao princípio jurídico da tributação obrigatória, oriundas de expressos e inextensivos preceitos constitucionais*" (PLÁCIDO E SILVA, 2010, p. 720)[5]. Ressalte-se, no entanto, que o mais adequado conceito jurídico do referido instituto encontramos nas notas de atualização da Professora Misabel Abreu Machado Derzi ao livro do Professor Aliomar Baleeiro, o autor clássico das imunidades, que "*define-as, por seus efeitos, como limitações constitucionais ao poder de tributar.*" (BALEEIRO; DERZI, 2010, p. 114).[6]

Outros conceitos também foram formulados por juristas como Pontes de Miranda, que definiu o instituto da imunidade como *"regra jurídica, com sede constitucional; é regra de incompetência; distingue-se da isenção*[7]*, que se dá no plano infraconstitucional da lei ordinária ou*

---

compreensão de que somente os princípios diretamente relacionados à atividade tributante seriam aplicados. Há que se ter em perspectiva que os princípios gerais de direito, tais como a igualdade, justiça social e o princípio da dignidade da pessoa humana são essenciais para se extrair o conteúdo de qualquer norma. (CARRAZZA, Roque Antônio. *Curso de Direito Constitucional Tributário.* São Paulo: Malheiros, 2012)

5 PLACIDO; SILVA. Vocabulário Jurídico. 30ª edição, Rio de Janeiro: Editora Forense, 2013, p.720.

6 BALEEIRO, Aliomar; DERZI, Misabel Abreu Machado. Direito Tributário Brasileiro. Atualização da obra de Aliomar Baleeiro, Rio de Janeiro, Forense, 2010.

7 Importante ter clareza quanto à diferença entre imunidade tributária e isenções: "A imunidade não se confunde com a chamada 'não-incidência pura e simples', que diz respeito a situações onde a competência é constitucionalmente outorgada, mas a pessoa política não a exerce, ou exerce parcialmente, ou seja, a situação não é referida pela lei. Da mesma forma, não se confunde com a isenção, que se coloca no plano da delimitação da incidência do tributo a ser marcada pela lei (que institui o tributo e exerce a competência tributária constitucionalmente outorgada ao ente da federação)" (BATISTA Jr; Onofre A. Imunidade e os Impostos Circulatórios. (p. 285-319) in SILVA, Paulo R. C; BERNARDES, Flávio C; FONSECA; Maria J (coord.). Tributação sobre o Consumo. São Paulo: QuartierLatin, 2008, p. 287)

complementar" (Op. Cit., p. 114)[8]. Assim como Paulo de Barros Carvalho, que definiu as imunidades tributárias como:

> classe finita e imediatamente determinável de normas jurídicas, contidas no texto da Constituição Federal, e que estabelecem, de modo expresso, a incompetência das pessoas políticas de direito constitucional interno para expedir regras instituidoras de tributos que alcancem situações específicas e suficientemente caracterizadas. (CARVALHO *apud* BALEEIRO; DERZI, 2010, p. 115)[9]

No entanto, contrapondo-se, em parte, aos conceitos apresentados pelos doutrinadores supracitados, a Professora Misabel Abreu Machado Derzi (2010), com a perspicácia habitual, ressalva que certas imunidades não careceriam sequer de previsão constitucional, haja vista a prévia existência de princípios que já as amparam. São exemplos: a imunidade recíproca e a imunidade das instituições de assistência social sem fins lucrativos, validadas pelos princípios da indissolubilidade do vínculo federativo[10] e da capacidade contributiva respectivamente.

Desta feita, é possível compreender que as imunidades são a expressão da vontade do constituinte em restringir, ou mesmo limitar o poder de tributar dos entes políticos, delimitando negativamente a competência dos entes federados, dotadas de eficácia plena[11], que por sua vez criam

---

8 BALEEIRO, Aliomar; DERZI, Misabel Abreu Machado. Direito Tributário Brasileiro. Atualização da obra de Aliomar Baleeiro, Rio de Janeiro, Forense, 2010.

9 *Op. Cit.*, p. 114

10 Terminologia adotada por Alexandre de Moraes para se referir ao princípio do "Pacto Federativo" consagrado no artigo 1° da Constituição da República de 1988. (MORAES, Alexandre de. *Direito Constitucional.* 9° ed., São Paulo: Atlas, 2011, p.288)

11 Para a caracterização das normas quanto à sua eficácia adota-se neste trabalho a nomenclatura proposta por José Afonso da Silva: *"Temos que partir, aqui, daquela premissa já tantas vezes enunciada: não há norma constitucional alguma destituída de eficácia. Todas elas irradiam efeitos jurídicos, importando sempre uma inovação da ordem jurídica preexistente à entrada em vigor da constituição a que aderem e a nova ordenação instaurada (...). Se todas têm eficácia, sua distinção, sob esse aspecto, deve ressaltar essa característica básica e ater-se à circunstância de que se diferenciam tão só quanto ao grau de seus efeitos jurídicos. É insuficiente, a nosso ver, separá-las em dois grupos, como insinuam certos autores: a) normas constitucionais de eficácia plena, que seriam aquelas de imediata aplicação; b) normas constitucionais de eficácia limitada, distinguindo-se estas, ainda, em: 1) normas de legislação e 2) normas programáticas (...) Em vez, pois, de dividir as normas constitucionais, quanto à eficácia e aplicabilidade, em dois grupos, achamos mais adequado considerá-las sob tríplice característica, discriminando-as em três categorias: I – normas constitucionais de eficácia plena;*

direitos em favor daquelas pessoas, constitucionalmente e taxativamente determinadas imunes.

3. ORIGENS HISTÓRICAS DO INSTITUTO DA IMUNIDADE TRIBUTÁRIA

Inicialmente, a imunidade tributária não se destinava aos mesmos fins que lhe são atribuídos atualmente. Na verdade, conforme assevera Ari Timóteo Reis Júnior (2010), procurador da Fazenda Nacional, sua finalidade era precipuamente oposta, tratava-se de um "benefício fiscal" concedido a poucos privilegiados.[12]

Suas origens remontam à Idade Antiga[13], quando ainda era considerada como espécie de desoneração tributária. Em nações como a China, a Babilônia e a Pérsia, a aristocracia era dispensada dos pagamentos de tributos, segundo o sistema de castas em que os mais "privilegiados" pagavam menos enquanto que os "desprivilegiados" pagavam mais.

Posteriormente, com o advento do Império Romano, apesar dos avanços em direção a uma organização de um sistema tributário mais sólido e complexo, a finalidade original das imunidades permaneceu a mesma, tornando-se verdadeira benesse em prol dos ricos e poderosos.

Já na Idade Média[14], a tributação acompanhou a sistemática do sistema feudal que se instalou em toda a Europa. Enquanto que o clero e a nobreza gozavam de imunidade tributária, sob a plebe recaíam altas taxas tributárias que, na maioria das vezes, eram pagas com trabalho ou mediante entrega de produtos, uma vez que a utilização de moeda era usualmente encontrada nas feiras e nos burgos.

Os paradigmas até então estabelecidos somente foram desconstituídos quando da Revolução Francesa, inspirada pelos ideais iluministas de igualdade, fraternidade e liberdade, e que destituiu os privilégios do clero e da nobreza. Nesse momento, uma nova concepção de imunidade tributária se estabelece. Talvez o marco para o surgimento da imunidade

---

II – normas constitucionais de eficácia contida; III – normas de eficácia limitada ou reduzida" (SILVA, José Afonso da. *Aplicabilidade das Normas* Constitucionais. São Paulo, Malheiros Editores, 1998, págs. 81 e 82)

12 REIS JÚNIOR, Ari Timóteo dos. Imunidade tributária.**Jus Navigandi,** Teresina,ano 15,n. 2613,27agosto de 2010. Disponível em:<http://jus.com.br/artigos/17284>. Acesso em:20de julho de 2014.

13 REIS JÚNIOR. Op. cit. 2010

14 REIS JÚNIOR. Op. cit. 2010

tributária tal como a conhecemos hoje tenha encontrado suas raízes nas teorias de Rousseau[15] e Locke[16].

No Brasil, o instituto da imunidade tributária existe desde a República velha, estando prevista na Constituição da República dos Estados Unidos do Brasil de 1891, em seu artigo 10, segundo o teor: "É proibido aos Estados tributar bens e rendas federais ou serviços a cargo da União, e reciprocamente." (BRASIL, 1891)[17]

Apesar de a imunidade tributária estar prevista já na primeira Constituição da República, nesse momento, apenas se reconhecia a imunidade recíproca entre a União e os Estados, excluindo-se os Municípios. Somente com o advento da Constituição de 1946, a imunidade tributária das entidades de assistência social foi contemplada no texto magno. *Ipsis literis*:

> Art 31 – A União, aos Estados, ao Distrito Federal e aos Municípios é vedado:
>
> V – lançar impostos sobre:
>
> [...]
>
> b) templos de qualquer culto bens e serviços de Partidos Políticos, instituições de educação e de assistência social, desde que as suas rendas sejam aplicadas integralmente no País para os respectivos fins;(BRASIL, 1946)[18]

A partir da Constituição de 1946, as demais cartas constitucionais guardavam previsão constitucional sobre a imunidade tributária das entidades de assistência social sem fins lucrativos, trazendo o instituto aos dias atuais através do art. 150, inciso VI, alínea "c" da Constituição da República de 1988, norma constitucional que será objeto de análise no título seguinte.

---

15 ROUSSEAU, Jean-Jacques. Do Contrato Social. São Paulo, Martins Fontes, 1999)

16 LOCKE, John. Segundo Tratado sobre o Governo Civil. São Paulo: Martin Claret, 2004

17 BRASIL, 1891. Constituição da República dos Estados Unidos do Brasil de 1891. 24 de fevereiro de 1981.Disponível em: <http://www.planalto.gov.br/ccivil_03/constituicao/constituicao91.htm>. Acesso em 23 de maio de 2014.

18 BRASIL, Constituição da República dos Estados Unidos do Brasil de 18 de setembro de 1946. Disponível em: < http://www.planalto.gov.br/ccivil_03/constituicao /constituicao46.htm>. Acesso em 04 de maio de 2014.

4. A IMUNIDADE TRIBUTÁRIA DAS ENTIDADES DE ASSISTÊNCIA SOCIAL NA CONSTITUIÇÃO DA REPÚBLICA DE 1988

A "Constituição Cidadã", assim como as Cartas Constitucionais de 1946 e 1967, trouxe em seu conteúdo um rol de limitações ao poder de tributar no que tange às entidades de assistência social, e parte delas está prevista no artigo 150, inciso VI, alínea "c" da CRFB/88, que assim dispõe:

> Art. 150. Sem prejuízo de outras garantias asseguradas ao contribuinte, é vedado à União, aos Estados, ao Distrito Federal e aos Municípios:
>
> VI – instituir impostos sobre:
>
> [...]
>
> c) patrimônio, renda ou serviços dos partidos políticos, inclusive suas fundações, das entidades sindicais dos trabalhadores, das instituições de educação e de assistência social, sem fins lucrativos, atendidos os requisitos da lei; (BRASIL, 1988)[19]

Da literalidade do dispositivo é possível a obtenção de valiosas informações acerca dos "limites aos limites" do poder de tributar em se tratando das entidades de assistência social sem fins lucrativos, quais sejam:

> a. A imunidade tributária somente alcança os impostos, conforme o texto do inciso VI, do artigo 150 da CRFB/88. Logo, outras espécies tributárias, tais como taxas e empréstimos compulsórios, não estariam contidas em seu rol de imunidades; e
>
> b. A imunidade tributária alcançaria, segundo o texto da alínea "c", do referido dispositivo constitucional, somente os impostos incidentes sobre "patrimônio, renda ou serviços".

Ressalte-se ainda que, ao alvedrio do pensamento leigo, não somente o artigo 150, inciso VI, alínea "c" da CRFB/1988 contempla as hipóteses em que a Constituição limitou o poder de tributar do Estado sobre as entidades de assistência social sem fins lucrativos. No capítulo II, da CRFB/1988, intitulado "Da Seguridade Social" está presente o §7º, do artigo 195, que assim dispõe:

---

19 BRASIL. Constituição da República Federativa do Brasil de 1988. Disponível em: <http://www.planalto.gov.br/ccivil_03/constituicao/constituicao.htm>. Acesso em 27 de agosto de 2013.

> Art. 195. A seguridade social será financiada por toda a sociedade, de forma direta e indireta, nos termos da lei, mediante recursos provenientes dos orçamentos da União, dos Estados, do Distrito Federal e dos Municípios, e das seguintes contribuições sociais:
>
> [...]
>
> § 7° – São isentas de contribuição para a seguridade social as entidades beneficentes de assistência social que atendam às exigências estabelecidas em lei. (BRASIL, 1988)[20]

Como é possível constatar, apesar da imunidade sobre as contribuições para a seguridade social não estar inclusa no artigo 150, inciso VI, alínea "c" da CRFB/1988, o legislador o fez no artigo 195 da mesma "Carta Magna".

Importante observar que o legislador, ao se referir às contribuições no §7°, do artigo 195 da CRFB/88 empregou a palavra "isentas". Ressalte-se, no entanto, que conforme já discutido nas notas de rodapé deste trabalho, a isenção e a imunidade não se confundem, como bem leciona o Professor Onofre Batista Júnior (2008).[21]

As imunidades são limitações à própria competência tributária dos entes políticos, enquanto que as isenções são hipóteses de exclusão da incidência do tributo, dispostas pela lei. Desta feita, é de se compreender que o legislador incorreu em erro ao utilizar a expressão "isentas" quando na verdade, claramente se trata de uma hipótese de não incidência, não competência e por isso mesmo de uma hipótese de imunidade tributária.

Destaque-se, por fim, que o texto constitucional faz ressalva ao reconhecimento da imunidade tributária, condicionando-o ao atendimento às "exigências estabelecidas em lei", que por sua vez estão previstas no artigo 14 do Código Tributário Nacional[22].

---

[20] BRASIL. Constituição da República Federativa do Brasil de 1988. Disponível em: <http://www.planalto.gov.br/ccivil_03/constituicao/constituicao.htm>. Acesso em 27 de agosto de 2013.

[21] BATISTA Jr; Onofre A. Imunidade e os Impostos Circulatórios. (pp 285-319) in SILVA, Paulo R. C; BERNARDES, Flávio C; FONSECA; Maria J (coord.). Tributação sobre o Consumo. São Paulo: Quartier Latin, 2008.

[22] BRASIL, Código Tributário Nacional. Lei n° 5.172, de 25 de outubro de 1966. Dispõe sobre o Sistema Tributário Nacional e institui normas gerais de direito tributário aplicáveis à União, Estados e Municípios. Disponível em: <http://www.planalto.gov.br/ccivil_03/leis/l5172.htm>. Acesso em 20 de junho de 2014.

5. DA CONTROVERTIDA QUESTÃO ACERCA DA IMUNIDADE TRIBUTÁRIA DAS INSTITUIÇÕES DE ASSISTÊNCIA SOCIAL E OS IMPOSTOS INDIRETOS

O reconhecimento da imunidade tributária dos impostos indiretos incidentes sobre os produtos e/ou serviços adquiridos pelas instituições de assistência social, sem fins lucrativos não é questão pacífica na doutrina, ou mesmo na jurisprudência.

A título de exemplo, podemos citar os entendimentos contrários apresentados por julgados dos Tribunais de Justiça do Estado de Minas Gerais e do Estado do Rio Grande do Sul, conforme vejamos:

> MÉRITO – ICMS – IMUNIDADE – ASSOCIAÇÃO DE ASSISTÊNCIA SOCIALSEM FINS LUCRATIVOS – MATÉRIAS-PRIMAS ADQUIRIDAS PARA A PRODUÇÃO DE MASSAS CASEIRAS E TELAS PARA CERCAS – CONTRIBUINTE DE FATO – AUSÊNCIA DE DIREITO AO BENEFÍCIO – VIOLAÇÃO AO PRINCÍPIO DA LIVRE CONCORRÊNCIA – RECURSO NÃO PROVIDO. 1. A imunidade tributária pressupõe a instituição de imposto sobre serviço, patrimônio ou renda da própria entidade beneficiada, o que não se verifica quando esta é contribuinte de fato, adquirindo insumos a serem empreendidos na produção de novas mercadorias. Precedentes do STF. 2. Quando as entidades imunes suportam o custo do tributo pelo repasse feito pelo contribuinte obrigado tributário no preço da mercadoria, a imunidade não as alcança. A imunidade tributária não impede a incidência dos chamados impostos indiretos, que não oneram o patrimônio, a renda ou os serviços desses entes. 3. Impossibilidade de incidência da imunidade na comercialização dos produtos fabricados pela apelante, sob pena de risco à livre concorrência. 4. Recurso a que se dá parcial provimento, para afastar a ilegitimidade ativa ad causam reconhecida em primeira instância e, nos termos do art. 515, § 3°, do CPC, julgar improcedente o pedido inicial. (TJMG, Apelação Cível n° 1.0024.07.792559-2/002, Desa. Áurea Brasil, DJe 29/11/2012)

Em sentido contrário compreendeu o Tribunal de Justiça do Rio Grande do Sul, conforme vejamos:

> APELAÇÃO. MANDADO DE SEGURANÇA. ICMS. IMUNIDADE TRIBUTÁRIA. IMPORTAÇÃO DE EQUIPAMENTO. ENTIDADE DE ASSISTÊNCIA SOCIAL. Na importação de bens destinados à finalidade de entidade beneficente e de assistência social e que passa a integrar o seu ativo fixo, incide a regra da imunidade constitucional relativa ao ICMS. A distinção entre impostos diretos

> e indiretos é irrelevante para a correta interpretação do art. 150, inciso VI, alínea "c", da Constituição. Precedentes. Tratando-se de hipótese de imunidade constitucional subjetiva, a alteração promovida pela EC 31/2001 ao art. 155, § 2°, inciso IX, alínea «a», da CRFB é irrelevante. RECURSO A QUE SE DÁ PROVIMENTO. DECISÃO MONOCRÁTICA. (TJRS, Apelação Cível n° 70059014738, Vigésima Segunda Câmara Cível, Relator: Denise Oliveira Cezar, Julgado em 30/05/2014).

Ressalte-se, ainda, que nem mesmo entre as Câmaras do Tribunal de Justiça de Minas Gerais há consenso sobre a matéria, conforme acórdão colacionado abaixo, que exara entendimento favorável ao reconhecimento da imunidade tributária sobre os produtos ou serviços adquiridos por entidades de assistência social sem fins lucrativos, conforme vejamos:

> EMENTA: APELAÇÃO CÍVEL – TRIBUTÁRIO – AÇÃO DECLARATÓRIA – ICMS – CONTRIBUINTE DE FATO – POSSIBILIDADE – IMUNIDADE TRIBUTÁRIA – ARTIGO 150, VI, 'C', DA CONSTITUIÇÃO FEDERAL – CONDENAÇÃO GENÉRICA – IMUNIDADE TRIBUTÁRIA PARA TODAS AS OPERAÇÕES DE COMPRA DE VEÍCULOS FUTURAS – IMPOSSIBILIDADE – SENTENÇA CONFIRMADA. Sendo o ICMS tributo indireto, gera a possibilidade de o contribuinte de fato vir a juízo defender sua imunidade. As entidades assistenciais são imunes ao recolhimento de qualquer imposto que repercute economicamente sobre seu patrimônio, renda ou serviços necessários à realização de suas atividades filantrópicas. É inviável a condenação genérica do Poder Público em se abster de exigir o ICMS sobre todas as operações de compra de veículos realizadas pela autora, sob pena de suprimir da Administração Pública o direito de analisar cada situação concreta, o que, por via, indireta, acaba por também lhe suprimir o direito de defesa em caso de abuso ou de aquisição do veículo para utilização desligada da atividade fim da entidade. (TJMG, Apelação Cível n° 1.0024.11.065222-9/001, Des.(a) Edilson Fernandes, Dje 28/01/2014)

Interessante destacar ainda que a discussão sobre o reconhecimento da imunidade tributária aos produtos e/ou serviços adquiridos por entidades de assistência social encontra-se pendente de julgamento pelo Supremo Tribunal Federal, uma vez já reconhecida a repercussão geral do tema, conforme colacionado a seguir:

> EMENTA Tributário – Imunidade – Entidades de assistência social – ICMS – Aquisição no mercado interno – Contribuinte de fato. 1. A controvérsia relativa à abrangência da imunidade prevista no art. 150,

> inciso VI, "c", da Constituição Federal a instituição de assistência social, quando da aquisição de bens no mercado interno, na qualidade de contribuinte de fato, ultrapassa os limites subjetivos das partes. 2. Repercussão geral reconhecida. (STF – RE 608872 RG / MG, Relator Ministro Dias Toffoli, DJe-146, 29/07/2011)

Demonstradas as divergências jurisprudenciais sobre o tema em questão, importante se faz a análise dos argumentos favoráveis e desfavoráveis ao reconhecimento da imunidade tributária aos produtos adquiridos e/ou serviços tomados pelas entidades de assistência social sem fins lucrativos.

6. A LITERALIDADE DO ARTIGO 150, INCISO VI, ALÍNEA "C" DA CONSTITUIÇÃO DA REPÚBLICA FEDERATIVA DO BRASIL DE 1988

O primeiro argumento contrário ao reconhecimento da imunidade aos impostos incidentes sobre os produtos ou serviços adquiridos pelas entidades de assistência social advém de uma interpretação literal do artigo 150, inciso VI, alínea "c" da Constituição da República Federativa do Brasil de 1988.

Nesse contexto interpretativo sustenta-se que a Constituição da República de 1988 conferiu imunidade apenas ao "patrimônio, renda ou serviços das entidades de assistência social, sem fins lucrativos" e que por essa literalidade a imunidade não se estenderia aos impostos indiretos.

Por outro lado, aqueles que possuem entendimento contrário sustentam que a própria Constituição não estabelece qualquer restrição em relação à diferenciação entre impostos indiretos e diretos:

> Não persiste na Constituição nenhuma disposição que autorize excluir da imunidade do art. 150, VI, "c" e §4º, da CF os chamados "tributos indiretos", pela distinção entre "contribuinte de direito" e "contribuinte de fato", unicamente para afastar a imunidade das entidades por serem estas "contribuintes de fato". Ora, é justamente esse o motivo, a assunção do custo do "tributo" na operação que justifica a exclusão da incidência tributária. A imunidade não se limita ao "contribuinte de direito", e não há nada na Constituição que justifique essa restrição. (TÔRRES, Heleno T; 2014, p. 256-257)[23]

[23] TÔRRES, Heleno T. Imunidade Tributária e Tributos "indiretos": o caso das entidades de saúde, 2014, p. 258. In: PARISI, Fernanda; TÔRRES, Heleno e; MELO, José Eduardo. Estudos de Direito Tributário: Em homenagem ao Professor Roque Antônio Carrazza. Volume 1. São Paulo: Editora Malheiros, 2014.

Ademais, ressalte-se que todos os tributos, em última análise, recaem sobre a renda ou patrimônio dos contribuintes, quer seja de forma direta ou indireta, o que legitimaria, em alguma medida, através da interpretação literal da Constituição, a imunidade tributária sobre os produtos e serviços adquiridos pelas entidades de assistência social sem fins lucrativos.

Portanto, o emprego da interpretação literal da Constituição não se mostra viável para o deslinde da questão, haja vista que o método hermenêutico empregado dá origem a entendimentos bem fundamentados e antagônicos, quais sejam: a. Não deve ser reconhecida a imunidade porque não há previsão constitucional para tanto; e b. Deve ser reconhecida a imunidade em virtude de não se destacar na Constituição qualquer dispositivo que vede a extensão da referida imunidade aos impostos indiretos.

Portanto, a melhor compreensão do tema é alcançada quando abandonada a interpretação literal e adotada a interpretação teleológica ou conforme da Constituição, conforme será exposto nos títulos seguintes.

7. A INTERPRETAÇÃO TELEOLÓGICA DO SISTEMA TRIBUTÁRIO NACIONAL: A FUNÇÃO DISTRIBUTIVA DOS IMPOSTOS

O Professor Onofre Batista Júnior (2008) assevera que o grande viés para o entendimento das normas da imunidade reside exatamente na forma com que se procede à interpretação dos dispositivos constitucionais, devendo-se a essa a dificuldade de se firmar um 'resultado' adequado para interpretação.

Nesse ínterim, em atendimento aos preceitos do Estado Democrático de Direito, a aplicação e interpretação de toda e qualquer norma deve ser realizada à luz dos princípios constitucionais e dos Princípios gerais do Direito. É nesse contexto que a interpretação teleológica ou conforme da Constituição se apresenta como melhor alternativa.

Conforme determina o artigo 16 do Código Tributário Nacional – CTN: "Imposto é o tributo cuja obrigação tem por fato gerador uma situação independente de qualquer atividade estatal específica, relativa ao contribuinte" (BRASIL, 1966)[24]

---

[24] BRASIL. Código Tributário Nacional. Lei 5172, de 25 de outubro de 1966. Dispõe sobre o Sistema Tributário Nacional e institui normas gerais de direito tributário aplicáveis à União, Estados e Municípios. Disponível em: <http://www.planalto.gov.br/ccivil_03/leis/l5172.htm>. Acesso em 27 de março de 2015

Desse conteúdo pode-se compreender que o recurso proveniente da arrecadação dos impostos trata-se de uma receita não vinculada, livre para aplicação conforme os fins do Estado, que, segundo uma interpretação conforme da Constituição, podem ser: a. assegurar a Dignidade da pessoa humana (Art. 3°, inciso III da CRFB/88); b. construção de "uma sociedade livre, justa e solidária" (Art.3°, inciso I, da CRFB/88); c. o financiamento da seguridade social através de programas de assistência social (Art. 195, *caput*, da CRFB/88) dentre inúmeras outras.

O que se pretende demonstrar é que os impostos, diferentemente das taxas que possuem nitidamente caráter "contraprestacional" (MACHADO, Hugo B., 2014), se prezam à realização do bem comum. Portanto, conferir imunidade tributária aos impostos que eventualmente recaíssem sobre as entidades de assistência social sem fins lucrativos, é garantir que a finalidade para a qual foram criados os impostos seja alcançada mesmo diante da competência negativa imposta ao legislador.

Conforme já exposto nesse artigo e bem salientado por Heleno Taveira Tôrres: "há julgados que conferem à imunidade uma interpretação em consonância com sua finalidade, de modo a alcançar tributos indiretos, pela prevalência das finalidades essenciais"[25]. E complementa:

> "É, pois absolutamente inconstitucional a distinção, de há muito combatida, entre tributos "direitos" e "indiretos" para negar a extensão da imunidade tributária a todos os bens e mercadorias adquiridos no mercado interno com esse mesmo destino apenas pela distinção entre "contribuinte de direito" e contribuinte de fato". (TÔRRES, Heleno T; 2014, p. 257)

Nesse mesmo sentido o Professor Roque Antônio Carrazza (2012, p. 888) afirma que "a imunidade das instituições de assistência social, sem fins lucrativos, caracteriza-se como uma concretização normativa do direito fundamental da dignidade da pessoa humana (art. 1°, III, da CF)". E continua:

> Neste sentido, as instituições de assistência social, sem fins lucrativos, prestam um favor à sociedade, realizando o que o Estado tinha a obrigação de fazer e, por falta de estrutura adequada e recursos, infelizmente não faz. A imunidade a impostos, no caso, é uma pequena

[25] TÔRRES, Heleno T. Imunidade Tributária e Tributos "indiretos": o caso das entidades de saúde, 2014, p. 258. In: PARISI, Fernanda; TÔRRES, Heleno e; MELO, José Eduardo. Estudos de Direito Tributário: Em homenagem ao Professor Roque Antônio Carrazza. Volume 1. São Paulo: Editora Malheiros, 2014.

compensação do muito que estas entidades altruisticamente fazem em favor dos mais necessitados. (CARRAZZA, 2012, p. 888)[26]

É justamente pelas razões supramencionadas que o reconhecimento da imunidade tributária às instituições de assistência social foi concedido pelo constituinte, e é por essa mesma razão que não se encontra sentido na incidência dos ditos impostos indiretos sobre os produtos e/ou serviços adquiridos pelas referidas instituições.

8. A (I)LEGITIMIDADE PASSIVA DAS INSTITUIÇÕES DE ASSISTÊNCIA SOCIAL FACE OS IMPOSTOS INDIRETOS INCIDENTES SOBRE OS PRODUTOS E SERVIÇOS ADQUIRIDOS OU POR ELA TOMADOS

O primeiro argumento contrário ao reconhecimento da imunidade tributária aos produtos ou serviços adquiridos pela instituição de assistência social é o de que a referida instituição adquirente não é sujeito da relação tributária, por não se tratar de contribuinte dos impostos indiretos, mas enquadra-se na verdade como consumidora final ou "contribuinte de fato"[27] de bens ou serviços.

De fato, as instituições de assistência social, nos termos apresentados no parágrafo anterior, não se tratam de contribuintes de direito dos impostos incidentes sobre o consumo (impostos indiretos). Todavia, é sabido que os contribuintes de fato (sujeitos passivos diretos) suportam integralmente o ônus tributário, uma vez que o valor dos impostos sempre está incluso no valor da mercadoria vendida ou do serviço prestado.

Esse foi o fundamento para que o Superior Tribunal de Justiça reconhecesse a legitimidade dos "contribuintes de fato" para pleitear em juízo repetição de indébito por tributos incidentes sobre o consumo, cobrados indevidamente pelo poder público, conforme vejamos:

---

[26] CARRAZZA, Roque Antônio. *Curso de Direito Constitucional Tributário*. São Paulo: Malheiros, 2012.

[27] Contribuinte de fato é a pessoa física ou jurídica que arca com o ônus tributário, ainda que a lei estabeleça que pessoa diversa pague e recolha o tributo. É o que Hugo de Brito Machado, denomina de sujeito passivo direto, conforme vejamos: "O sujeito passivo direto (ou contribuinte) é aquele que tem relação de fato com o fato tributável, que é na verdade uma forma de manifestação de sua capacidade contributiva. Assim, no imposto de renda, o sujeito passivo direto é aquele que aufere renda. No imposto sobre o consumo, o sujeito passivo direto é o consumidor" (MACHADO, Hugo de Brito, 2014, p. 145).

PROCESSUAL CIVIL. AGRAVO REGIMENTAL NO RECURSO ESPECIAL. TRIBUTÁRIO. ICMS. REPETIÇÃO DE INDÉBITO. TRIBUTO INDIRETO. TRANSFERÊNCIA DO ENCARGO FINANCEIRO. ART. 166 DO CTN. APLICABILIDADE. PROVA DA REPERCUSSÃO FINANCEIRA. QUESTÃO ATRELADA A MATÉRIA FÁTICA. ÓBICE DA SÚMULA 7/STJ. AGRAVO NÃO PROVIDO. 1. Tratando-se de tributo indireto, a exemplo do ICMS, a legitimidade ativa para a ação de repetição de indébito pertence, em regra, ao contribuinte de fato. Permitir o ressarcimento do imposto por aquele que não arcou com o respectivo ônus financeiro caracteriza enriquecimento ilícito desse último. Para que a empresa possa pleitear a restituição, deve preencher os requisitos do art. 166 do CTN, quais sejam, comprovar que assumiu o encargo financeiro do tributo ou que, transferindo-o a terceiro, possua autorização expressa para tanto. 2. No caso, a Corte de origem concluiu que não houve a comprovação de que o autor da demanda arcou com o encargo financeiro do tributo, o que impossibilita o pedido de restituição. Rever esse posicionamento da instância ordinária requer a análise do contexto fático-probatório da lide, o que está obstado pela Súmula 07/STJ. 3. Agravo regimental não provido. (AgRg no REsp 1237418 / RS; Rel. Ministro Mauro Campbell Marques; T2 – Segunda Turma; DJe 12/02/2015)[28]

Importante ressaltar ainda que o fundamento doutrinário para a consolidação do entendimento do Superior Tribunal de Justiça encontrou suas bases conceituais na teoria da repercussão econômica do ônus tributário[29], idealizada por Enno Becker, na Alemanha (BATISTA Jr., Onofre A., 2008)[30],que propõe a predominância do conteúdo econômico sobre

[28] No mesmo sentido os julgados AgRg no REsp 1473551/RS; AgRg no REsp 1430493/ SC; REsp1.299.303/SC.

[29] Esta teoria contrapõe-se a ideia de que a interpretação necessariamente deva se dar restritivamente, propondo a predominância do conteúdo econômico sobre o formalismo jurídico, privilegiando claramente o Princípio da capacidade contributiva e da justiça fiscal em detrimento do Princípio da segurança jurídica ou da legalidade estrita. A referida teoria voltava-se contra o entendimento de que o Direito Tributário é um "mal necessário a ser combatido". (BATISTA JR, Onofre, 2008). A doutrina que encontrou fundamentos no art. 134 da Constituição de Weimar, que introduziu o princípio da tributação com suporte na capacidade econômica, afirmava, de maneira insofismável, a necessidade de se considerar, na compreensão da lei tributária, o objetivo do preceito, seu alcance econômico e as suas relações com o desenvolvimento das situações da vida prática. (BATISTA JR, Onofre, p. 287)

[30] BATISTA Jr; Onofre A. Imunidade e os Impostos Circulatórios. (pp 285-319) in SILVA, Paulo R. C; BERNARDES, Flávio C; FONSECA; Maria J (coord.). Tributação sobre o Consumo. São Paulo: QuartierLatin, 2008.

o formalismo jurídico e, nas palavras de Onofre Batista Júnior (2008, p. 290) "nada mais é do que uma expressão especial da "interpretação teleológica" aplicada ao direito tributário".

9. CRÍTICA À TEORIA DA REPERCUSSÃO ECONÔMICA DO ÔNUS TRIBUTÁRIO: CONFLITO ENTRE OS PRINCÍPIOS DA CAPACIDADE CONTRIBUTIVA E DA LEGALIDADE ESTRITA

Engana-se quem à primeira vista compreendeu estar definitivamente resolvida a discussão à luz da teoria da repercussão econômica do ônus tributário. Isso, porque haverá aqueles que sustentarão as seguintes indagações: "Porque apenas os impostos incidentes sobre o consumo seriam suportados pelo consumidor final"? "E quanto aos tributos diretos, tais como o Imposto de Renda e a Contribuição Social sobre o Lucro Líquido, suportados pelo prestador de serviço, pelo comerciante ou pelo industrial, não estariam em algum percentual inclusos no preço da mercadoria ou do serviço prestado?"

Por óbvio a resposta à questão será sim, contudo, caberão algumas ressalvas que serão abordadas no decorrer deste título. Ato contínuo, surgiria a seguinte questão: "Por que então reconhecer a imunidade tributária apenas aos impostos indiretos e deixar de reconhecer imunidade à parcela do valor correspondente ao Imposto de renda suportado pelo comerciante incluso no preço do produto vendido, por exemplo?" "Isso não importaria em excessiva relativização da legalidade, imunizar determinados impostos e outros não?" "Qual seria o critério utilizado"?

Inicialmente, ressalte-se que, quanto maior for a desoneração conferida às instituições de assistência social, dentro dos limites e contornos estabelecidos pela Constituição da República de 1988, em melhor consonância estaria a aplicação do Direito ao "espírito da norma" ou a "*volutas legis*".

Contudo, o reconhecimento da imunidade tributária aos impostos incidentes sobre os produtos e/ou serviços adquiridos pelas entidades de assistência social não se estende a parcela dos impostos diretos que recaem sobre os produtos e ou serviços adquiridos em razão da complexidade que seria a aferição e a fiscalização deste sistema[31].

---

[31] As ciências contábeis orientam no sentido de que "os benefícios decorrentes da informação [contábil] devem exceder o custo de produzi-la". (MARION, José Carlos. Contabilidade Básica. 10 ed. São Paulo: Editora Atlas, 2009, p. 34.)

Conforme melhor leciona a Professora Misabel Derzi (2014)[32], o Direito Tributário deve estar atento ao princípio da praticabilidade ou simplicidade, segundo o qual a arrecadação e a fiscalização dos tributos deve ser simples, evitando possíveis equívocos e incorreções. Acerca do Princípio da praticabilidade:

> [...] o princípio da praticabilidade, isto é, os comandos jurídicos hão de ter como pressuposto a possibilidade de serem cumpridos, cumpridos de uma forma razoável e de uma forma racional. A simplicidade, portanto, e a praticabilidade por ela implicada, são pressupostos de qualquer norma tributária. (DERZI, 2014, p. 56)

Portanto, em resposta à questão formulada, não haveria qualquer incoerência na fundamentação e nas conclusões alcançadas até então, haja vista que as bases nas quais se fundaram todos os argumentos são uníssonas: a interpretação conforme a Constituição segundo a justiça fiscal.[33]

10. O RECONHECIMENTO DA IMUNIDADE TRIBUTÁRIA SOBRE OS IMPOSTOS "INDIRETOS": EMBATE IDEOLÓGICO ENTRE OS PRECEITOS DA JUSTIÇA FISCAL E DA SEGURANÇA JURÍDICA?

Conforme demonstrado no decorrer deste trabalho, a interpretação teleológica do disposto no art. 150, inciso VI, alínea "c" da CRFB/88 permitiu o entendimento de que a imunidade tributária das entidades de assistência social se estende aos produtos e/ou serviços por ela adquiridos. Contudo, com ela, impõe-se a seguinte questão: uma interpretação mais elástica e extensiva dos dispositivos constitucionais pode estabelecer um cenário propício para excessos, através do ativismo judicial, prejudicando a segurança jurídica[34]?

---

[32] DERZI, Misabel. O Princípio da Praticidade no Direito Tributário. In: Revista de Direito Tributário, volume 01, nº02, p.51-72, jul/dez de 2014.

[33] Outras questões de menor rigor teórico também poderiam ser suscitadas, tais como: Caso seja reconhecida a imunidade aos produtos e serviços adquiridos pelas entidades de assistência social o que garantiria que o valor dos produtos não seria aumentado, beneficiando o prestador de serviço, industrial ou comerciante em detrimento da entidade imune? A resposta é simples: Todo produto ou serviço possui um valor justo, um valor de mercado, de forma que necessariamente o produto vendido ou serviço prestado dever-se-ia ser ofertado em valor equivalente ao valor de mercado subtraído o valor dos impostos indiretos incidentes sobre a operação. Trata-se de questão de ordem fática e natural.

[34] Hugo de Brito Machado é um dos autores adeptos a esse entendimento, conforme vejamos: "A tese que coloca o princípio da solidariedade como fundamental na atividade de tributação é extremamente sedutora e perigosa. É sedutora

À primeira vista, é compreensível o entendimento de que uma interpretação mais elástica da Constituição seria capaz de desencadear certo ativismo judicial, ferindo os ditames da segurança jurídica. No entanto, após uma análise mais detida da questão, é possível compreender que privilegiar o princípio da capacidade contributiva[35] em face do princípio da legalidade estrita, no caso em tela, não importa em ofensa à segurança jurídica.

Isso porque toda a interpretação desenvolvida encontra, em última instância, respaldo nos princípios gerais de direito, dentre eles, o princípio da dignidade da pessoa humana (Art. 1°, inciso III). Desta forma, não há que se falar em violação ou ofensa à segurança jurídica ou mesmo ao princípio da legalidade em alguma medida, haja vista que os princípios anteriormente mencionados compõem o ordenamento jurídico e estão positivados nele.

Assim, é possível concluir que privilegiar o princípio da capacidade contributiva, buscando a Justiça Fiscal e observando os limites constitucionais, não importa em ofensa à legalidade ou perigo à segurança jurídica. Na verdade, é a própria legalidade, se entendidos os Princípios como normas, que ampara as conclusões deste trabalho.

11. CONCLUSÃO

A partir de uma visão constitucional do Direito Tributário, à luz da interpretação hermenêutica, foi possível que se chegasse às seguintes conclusões:

> i) As instituições de assistência social, sem fins lucrativos, assim como quaisquer outras instituições, quando da aquisição de produtos ou serviços, tratam-se de contribuintes de fato dos impostos sobre

---

porque apresenta a solidariedade como algo moderno e a legalidade como algo antiquado e inseparável do individualismo. É perigosa porque tende a destruir as mais importantes conquistas da humanidade no controle do exercício do poder estatal." (MACHADO, Hugo, 2014, p.46)

35 Interessante ressaltar que as entidades de assistência social possuem capacidade econômica, porém não apresentam capacidade contributiva. Isso quer dizer, em breve análise, que as instituições de assistência social possui patrimônio e dispõe,em alguma medida, de ativos financeiros. Nesse sentido: "Pode-se dizer que a classificação de Moschetti entre a capacidade econômica e a capacidade contributiva é útil e funcional na medida em que permite conciliar o respeito à capacidade contributiva com a implementação de políticas extrafiscais através da lei tributária." (GODOI, Marciano. Justiça, igualdade e Direito Tributário. São Paulo: Dialética, 1999, p. 197)

o consumo, arcando, portanto, com o ônus tributário dos impostos indiretos.

ii) O reconhecimento da imunidade dos impostos sobre o consumo incidente sobre os produtos adquiridos pelas instituições de assistência social não se expande aos impostos diretos (IR) repercutidos no valor desses mesmos produtos, em razão do princípio da simplicidade. Isso porque os gastos para fiscalização e mensuração do valor do imposto direto repercutido no preço do produto inviabilizariam a sua imunidade;

iii) A finalidade dos impostos é nítida e positivada no sentido de promover a distribuição de renda e auxílio dos menos favorecidos. Assim, reconhecer a imunidade sobre os produtos e serviços adquiridos pelas entidades de assistência social cumpre com exemplaridade a finalidade para a qual os impostos foram criados.

iv) Ademais, ressalte-se que no artigo 150, inciso VI, alínea "c" não se vislumbra a separação entre impostos diretos e indiretos. Distinção idealizada apenas para fins acadêmicos e teóricos, conforme críticas já apresentadas neste trabalho.

Diante das considerações e fundamentos apresentados neste artigo, conclui-se que reconhecer a imunidade aos produtos e serviços, adquiridos ou tomados respectivamente, pelas instituições de assistência social, sem fins lucrativos, que comprovem o atendimento aos requisitos do artigo 14 do Código Tributário Nacional, importa em uma leitura "Constitucional do Direito Tributário", atendendo ao princípio da capacidade contributiva, representando verdadeira consubstanciação da Justiça Fiscal.

12. REFERÊNCIAS

BALEEIRO, Aliomar; DERZI, Misabel Abreu Machado. Direito Tributário Brasileiro. Atualização da obra de Aliomar Baleeiro, Rio de Janeiro, Forense, 2010.

BATISTA Jr; Onofre A. Imunidade e os Impostos Circulatórios (p. 285-319) in SILVA, Paulo R. C; BERNARDES, Flávio C; FONSECA; Maria J (coord.). Tributação sobre o Consumo. São Paulo: QuartierLatin, 2008.

BRASIL, 1891. Constituição da República dos Estados Unidos do Brasil de 1891. 24 de fevereiro de 1981. Disponível em: <http://www.planalto.gov.br/ccivil_03/ constituicao/constituicao91 .htm>. Acesso em 23 de maio de 2014.

BRASIL, Código Tributário Nacional. Lei nº 5.172, de 25 de outubro de 1966. Dispõe sobre o Sistema Tributário Nacional e institui normas gerais de direito tributário aplicáveis à União, Estados e Municípios. Disponível em: <http://www.planalto.gov.br/ccivil_03/leis/l5172.htm>. Acesso em 20 de junho de 2014

BRASIL, Constituição da República dos Estados Unidos do Brasil de 18 de setembro de 1946. Disponível em: < http://www.planalto.gov.br/ccivil_03/ constituicao /constituicao46.htm>. Acesso em 04 de maio de 2014.

BRASIL. Constituição da República Federativa do Brasil de 1988. Disponível em: <http://www.planalto.gov.br/ccivil_03/constituicao/constituicao.htm>. Acesso em 27 de agosto de 2013.

CARRAZZA, Roque Antônio. *Curso de Direito Constitucional Tributário*. São Paulo: Malheiros, 1997

DERZI, Misabel. O Princípio da Praticidade no Direito Tributário. In: Revista de Direito Tributário, volume 01, nº02, p.51-72, jul/dez de 2014.

GODOI, Marciano. Justiça, igualdade e Direito Tributário. São Paulo: Dialética, 1999.

HORTA, José Luiz Borges. História do Estado de Direito. São Paulo: Editora Alameda, 2011

LOCKE, John. Segundo Tratado sobre o Governo Civil. São Paulo: Martin Claret, 2004.

MACHADO, Hugo de B. Curso de Direito Tributário. 35ª edição. São Paulo: Malheiros, 2014

MORAES, Alexandre de. *Direito Constitucional*. 9° ed., São Paulo: Atlas, 2011.

MARION, José Carlos. Contabilidade Básica. 10 ed. São Paulo: Editora Atlas, 2009.

PLACIDO; SILVA. Vocabulário Jurídico. 30ª edição, Rio de Janeiro: Editora Forense, 2013.

REIS JÚNIOR, Ari Timóteo dos. Imunidade tributária. *Jus Navigandi*, Teresina,ano 15,n. 2613,27agosto de 2010. Disponível em:<http://jus.com.br/artigos/17284>. Acesso em: 20 de julho de 2014.

ROUSSEAU, Jean-Jacques. Do Contrato Social. São Paulo, Martins Fontes, 1999)

SILVA, José Afonso da. *Aplicabilidade das Normas* Constitucionais. São Paulo, Malheiros Editores, 1998.

STF – RE 608872 RG / MG, Relator Ministro Dias Toffoli, DJe-146, 29/07/2011. Disponível em: <http://www.stf.jus.br>. Acesso em 20 de março de 2015.

TJMG, Apelação Cível nº 1.0024.07.792559-2/002, Desa. Áurea Brasil, DJe 29/11/2012. Disponível em: <http://www.tjmg.jus.br>. Acesso em 22 de março de 2015.

TJMG, Apelação Cível nº 1.0024.11.065222-9/001, Des.(a) Edilson Fernandes, Dje 28/01/2014. Disponível em: <http://www.tjmg.jus.br>. Acesso em 22 de março de 2015.

TJRS, Apelação Cível nº 70059014738, Vigésima Segunda Câmara Cível, Relator: Denise Oliveira Cezar, Julgado em 30/05/2014. Disponível em: <http://www.tjrs.jus.br>. Acesso em 22 de março de 2015.

TÔRRES, Heleno T. Imunidade Tributária e Tributos "indiretos": o caso das entidades de saúde, 2014, p. 258. In: PARISI, Fernanda; TÔRRES, Heleno e; MELO, José Eduardo. Estudos de Direito Tributário: Em homenagem ao Professor Roque Antônio Carrazza. Volume 1. São Paulo: Editora Malheiros, 2014.

9

DESONERAÇÃO DA FOLHA DE PAGAMENTOS SOB A ÓTICA DA JUSTIÇA FISCAL

Gabriela Cabral Pires[1]

> "Leis fiscais sem relação alguma com a justiça não fundamentam Direito Tributário algum, mas criam apenas uma coisa tributária – ou melhor, um tumulto tributário." [2]

I. INTRODUÇÃO

A Constituição da República declara expressamente que a República Federativa do Brasil tem por objetivo fundamental a construção de uma sociedade livre, justa e solidária (art. 3o, inciso I), consagrando os princípios da igualdade, da isonomia e da segurança jurídica. A justiça deve ser compreendida amplamente, o que abrange a justiça tributária e, por isso, apresenta-se como direito fundamental do contribuinte à tributação justa.

Ao analisarmos o ordenamento jurídico pátrio, percebemos facilmente que a Constituição de 1988, com o modelo do Estado Democrático de Direito, busca estruturar o sistema tributário nacional, o qual serve de

---

1 Gabriela Cabral Pires é membro da Comissão de Direito Tributário da OAB/MG, advogada, graduada pela Universidade Federal de Minas Gerais – UFMG. Possui pós-graduação em Direito Tributário pelo CEAJFE, curso de Direito Societário pelo IBMEC Business School, pós-graduação em Gestão Empresarial com ênfase em Finanças pela Fundação Dom Cabral e especialização em Direito Tributário Internacional pela International Tax Center – Leiden, na Holanda

2 TIPKE, Klaus e YAMASHITA, Douglas. Justiça Fiscal e Princípio da Capacidade Contributiva. São Paulo: Malheiros, 2002. Pág. 28.

instrumento para se alcançar a justiça e a igualdade social. Esse sistema se destina a organizar normativamente a obtenção da receita tributária e, em alguns casos, ainda determina a destinação dos valores arrecadados.

Além disso, as metas estabelecidas para o sistema tributário ainda podem ser alcançadas a partir da chamada extrafiscalidade, isto é, a própria dinâmica de incidência e cobrança dos tributos age como instrumento de intervenção e consecução de metas sociais e econômicas. A tributação extrafiscal somente pode ser utilizada se tiver por finalidade última o alcance de valores constitucionais que a fundamentam, conforme leciona Heloísa Estellita[3]:

> "(a extrafiscalidade) somente poderá ter lugar quando estiver envolvida a construção de uma sociedade livre, justa e solidária, a consecução do desenvolvimento nacional, da erradicação da pobreza, da redução das desigualdades sociais e regionais (art. 3° da CF), da função social da propriedade (art. 5°, XXIII) e de outros valores constitucionalmente reconhecidos, como a educação, a cultura, a instituição familiar."

Desta forma, é evidente que o sistema tributário nacional se fundamenta em valores que estabelecem a relação de instrumentalidade entre a arrecadação tributária e a proteção da dignidade humana, os quais devem ser avaliados sob a ótica da justiça fiscal.

Admite-se a quebra da isonomia – para tratamento desigual aos desiguais – em determinadas situações, mas o princípio da igualdade seria ofendido se um grupo de cidadãos fosse tratado de forma desigual apesar de não apresentar diferenças que justificassem esse tratamento. Quando a Constituição não definir os critérios de diferenciação entre os grupos que confiram autenticidade ao tratamento desigual, esse critério deve ser obtido por meio da análise da lei, sob o espeque dos princípios.

No seio da economia de mercado, o Direito Tributário se depara com as desigualdades econômicas e o princípio da igualdade orienta a distribuição igualitária da carga tributária total entre os cidadãos. Em contrapartida, a observância à justiça resulta na contribuição maior pelos ricos do que pelos pobres e o princípio da liberdade impõe limites à oneração do contribuinte.

Nesse contexto, no intuito de minimizar desigualdades econômicas, incentivar a modernização de determinados setores da economia, reduzir

---

3 SALOMÃO, Heloísa Estellita. *A tutela penal e as obrigações tributárias na Constituição Federal.* São Paulo: Editora Revista dos Tribunais, 2001. P. 182

o custo de produção e ainda reduzir os encargos incidentes sobre a folha de pagamentos, com vistas a estimular o aumento dos empregos e evitar a contratação de empresas terceirizadas, foi instituída a chamada "desoneração da folha de pagamentos", objeto do presente estudo.

II. A JUSTIÇA FISCAL E OS SEUS PRINCÍPIOS ORIENTADORES

Exatamente por ser o conceito fundamental do Direito, a justiça é definida de forma extremamente abstrata pela doutrina. Segundo Tipke, o Direito justo pressupõe princípios a serem aplicados no intuito de repartir direitos e obrigações entre os membros da sociedade, evitando, assim, a arbitrariedade[4]. Os princípios buscam tratamentos isonômicos e imparciais para todos os sujeitos a eles submetidos, criando a justiça formal.

A justiça material, por sua vez, depende da regulamentação do ramo do Direito, a ser orientada pelos princípios. Caso as leis não sejam orientadas pelos princípios adequados, os casos concretos demonstrarão injustiças, desigualdades e a possibilidade de oportunismos políticos, inadmissíveis em um Estado de Direito.

Segundo Tipke[5], não existe um critério de justiça único para todo o Direito, sendo necessário identificar qual princípio ou critério é adequado para que cada ramo do Direito seja considerado justo. No Direito Tributário, o princípio da capacidade contributiva serve de direção – a não ser nos casos de normas extrafiscais – e só pode ser sacrificado por princípios considerados do mesmo valor.

O princípio da capacidade contributiva está presente em Constituições de diversos países e é aplicado por todo o mundo. Ele não fere nenhum direito fundamental e é corolário da justiça fiscal. Todavia, esse princípio aplica-se somente aos tributos que apresentam finalidade arrecadatória.

Segundo Regina Helena Costa, a justiça consiste na meta a ser atingida por meio de diversos princípios que se desdobram a partir do conceito de isonomia, tais como a capacidade contributiva, a universalidade da tributação, a generalidade e a vedação ao confisco.

A renomada jurista ainda complementa:

---

4 TIPKE, Klaus e YAMASHITA, Douglas. *Justiça Fiscal e Princípio da Capacidade Contributiva.* São Paulo: Malheiros, 2002. Pág. 19.

5 TIPKE, Klaus e YAMASHITA, Douglas. *Justiça Fiscal e Princípio da Capacidade Contributiva.* São Paulo: Malheiros, 2002. Pág. 21.

> "a justiça tributária impõe uma tributação de boa qualidade, exercida mediante uma legislação clara e um sistema de tributos simples, eficientes e que dificultem a sonegação. Não parece demasiado pensar, como objetivo último, na qualidade de vida do cidadão-contribuinte, impositiva do respeito a seus direitos."[6]

Relembrando os ensinamentos de Ricardo Lobo Torres, a doutrinadora ainda leciona que a justiça tributária é "uma das possibilidades mais concretas de justiça política", a ser positivada por meio de princípios constitucionais, quais sejam: a capacidade contributiva, o princípio da equivalência, a solidariedade do grupo e a distribuição de renda.

III. A CONTRIBUIÇÃO PREVIDENCIÁRIA PATRONAL E A DESONERAÇÃO DA FOLHA DE PAGAMENTOS

III.1 Contribuição Previdenciária Patronal – CPP

No título que trata sobre tributação, a Constituição da República prevê a competência exclusiva da União para instituição de contribuições sociais desde que seja observado o disposto nos arts. 146, III, 150, I e III, e 195, § 6º. Por sua vez, estes dispositivos determinam a necessidade de lei complementar para estabelecer normas gerais em matéria de legislação tributária, além da observância às limitações ao poder de tributar, consagradas pelos princípios da isonomia, legalidade, irretroatividade e o intertempo de noventa dias.

Com o advento da Constituição de 1988, desapareceram as dúvidas quanto à natureza tributária das contribuições sociais, passando a ser expressa a aplicação dos princípios tributários a elas[7].

A respeito das contribuições, leciona Sacha Calmon que:

> "As (contribuições) sociais, em prol dos diversificados escopos do Sistema de Seguridade Social, são as mais importantes, numerosas, e as que mais se aparentam com o feitio ontológico e jurídico-normativo

---

6 COSTA, Regina Helena. *Praticidade e Justiça Tributária – Exequibilidade de Lei Tributária e Direitos do Contribuinte*. São Paulo: Malheiros Editores Ltda., 2007. Págs. 377 a 379.

7 MELO, José Eduardo Soares de. *Contribuições Sociais no Sistema Tributário*. 6ª ed. São Paulo: Malheiros Editores Ltda., 2010. Pág. 87.

dos impostos. Por causa disso a elas se aplicam com maior intensidade os princípios constitucionais regentes da tributação."[8]

Destarte, para o financiamento da Seguridade Social, a sociedade contribui indiretamente, por meio de recursos provenientes dos orçamentos da União, dos Estados, do Distrito Federal e dos Municípios, e ainda diretamente, pelas contribuições sociais. Essas contribuições, ao contrário de outras existentes no ordenamento jurídico brasileiro, caracterizam-se pela "parafiscalidade necessária" e, por isso, não podem integrar o orçamento fiscal da União.

A Carta Magna prevê a existência de algumas contribuições sociais com essa afetação de receita, dentre as quais se encontram aquelas pagas pelo empregador, empresa ou entidade a ela equiparada na forma da lei, cuja incidência pode ser dar sobre (i) a folha de salários e demais rendimentos do trabalho, (ii) a receita ou o faturamento, ou (iii) o lucro.

Especificamente quanto à contribuição incidente sobre a folha de salários, conhecida como contribuição patronal, o art. 167, XI é claro ao enfatizar que é vedada a utilização dos recursos dela provenientes para a realização de despesas distintas do pagamento de benefícios do Regime Geral de Previdência Social.

Conforme prevê o § 1º do art. 2º da Lei 11.457/2007, o produto da arrecadação das contribuições em questão será destinado "em caráter exclusivo, ao pagamento de benefícios do Regime Geral de Previdência Social" e creditado "diretamente ao Fundo do Regime Geral de Previdência Social".

III.II Hipótese de incidência e comando normativo da CPP

As normas tributárias possuem uma estrutura comum, a qual se ramifica em duas partes: a hipótese de incidência e o comando normativo. Conceitua-se a hipótese de incidência como sendo descrição abstrata do fato juridicamente relevante para o Direito Tributário, enquanto entende-se por comando normativo a obrigação tributária também abstrata e seus elementos essenciais[9].

---

8 COELHO, Sacha Calmon Navarro. *Comentários à Constituição de 1988 – Sistema Tributário.* 3ª ed. Rio de Janeiro: Ed. Forense, 1991. – Pág. 37.

9 Para estudo mais aprofundado da matéria, recomenda-se a leitura das seguintes obras: ATALIBA, Geraldo. *Hipótese de Incidência Tributária.* 6a ed. São Paulo: Malheiros Editores, 2000. CARVALHO, Paulo de Barros. *Teoria da Norma Tributária.* São Paulo: Lael, 1974.

De forma geral, define-se a hipótese de incidência tributária segregando-a em quatro aspectos essenciais, quais sejam: o pessoal, o temporal, o espacial e o material.

A doutrina ainda divide o comando normativo da norma tributária em critérios, conhecidos como quantitativo, subjetivo e operacional (este último subdividido em temporal, espacial e modal), os quais determinam qual a quantia de tributo devido, quem deverá recolhê-lo (sujeito passivo), quem poderá exigi-lo (sujeito ativo) e em que condições o tributo deverá ser pago.

A base de cálculo, integrante do critério quantitativo do comando normativo, junto à alíquota, tem a finalidade de quantificar a prestação do sujeito passivo, dimensionando a intensidade do comportamento juridicamente relevante, e de confirmar a natureza jurídica do tributo. Por este motivo, deve, obrigatoriamente, ser conexa ao aspecto material da hipótese de incidência, cujos contornos são estabelecidos constitucionalmente.

O constituinte, ao determinar a competência tributária às pessoas políticas, reporta-se a situações específicas, a partir das quais o legislador definirá a estrutura da hipótese de incidência e de seu consequente comando normativo. Em outros termos, o contorno genérico do fato jurígeno é delineado pelo constituinte, cabendo ao ente detentor da competência tributária esclarecer as características da hipótese de incidência e qual critério econômico relacionado ao evento constitucionalmente previsto servirá de base para a mensuração da obrigação tributária.

Assim, o legislador de cada ente tributante deve buscar as manifestações exteriores que possam servir para avaliação da materialidade do fato gerador.

No caso das contribuições sociais destinadas ao financiamento da Seguridade Social, previstas no inciso I do art. 195 da CR, o aspecto material da hipótese de incidência pode ser (i) o pagamento de salários, (ii) a existência de faturamento ou receita ou mesmo (iii) a apuração de lucros, sendo que, em nosso ordenamento, cada um desses aspectos caracteriza um tributo distinto.

Desta forma, coube ao legislador infraconstitucional definir as demais características desses tributos. Quanto à contribuição previdenciária patronal – CPP (alínea 'a' do inciso I do art. 195 da CR), a base de cálculo foi definida pelo art. 28 da Lei nº 8.212/91 e chamada de "salário-de-contribuição", que abrange os pagamentos aos empregados,

empregados domésticos, trabalhadores avulsos, contribuintes individuais e segurados facultativos. A alíquota aplicada na apuração da CPP é de 20% (inciso I do art. 22 da Lei 8212/91[10]).

Leciona o professor Américo Lacombe[11] ser imperativa a correlação lógica entre os aspectos do antecedente normativo (hipótese de incidência) e os aspectos do consequente (comando normativo), sob pena de invalidade da norma. O doutrinador ainda relembra os ensinamentos dos juristas Geraldo Ataliba e Paulo de Barros Carvalho no que diz respeito à imprescindibilidade dessa conexão, tendo a base imponível o objetivo de confirmar o critério material da hipótese.

Verifica-se, portanto, ser a base de cálculo original do tributo perfeitamente conexa ao aspecto material da hipótese de incidência, constitucionalmente estabelecido, qual seja, "*a folha de salários e demais rendimentos do trabalho pagos ou creditados, a qualquer título, à pessoa física que (...) preste serviço, mesmo sem vínculo empregatício*".

III.III A Desoneração da Folha de Pagamentos

A chamada desoneração da folha de pagamentos, instituída no final de 2011 por meio da Lei 12.546 e alterada diversas vezes por normas subsequentes, consiste na substituição do pagamento da contribuição previdenciária patronal pela nova contribuição incidente sobre a receita bruta ou, por outro ponto de vista, a mudança da base de cálculo de uma mesma contribuição. Restou, dessa forma, alterada a conexão entre a base de cálculo original do tributo e o aspecto material da hipótese de incidência.

Assim, as empresas atuantes dos setores econômicos previstos na legislação em questão deixaram de aplicar a alíquota de 20% sobre a folha de salários e remunerações de contribuintes individuais para aplicar as alíquotas que, inicialmente, seriam de 1% ou 2% sobre sua receita bruta.

A Medida Provisória 540 e a Lei 12.546/11 tratam especificamente da desoneração para as empresas do setor da Tecnologia da Informação e Tecnologia da Informação e Comunicação. Em novembro de 2014,

---

[10] A mesma norma ainda estabelece a contribuição para o RAT, prevista no inciso II do artigo 22, que é a contribuição destinada a financiar os benefícios previdenciários decorrentes do grau de incidência de incapacidade laborativa. Todavia, ela não é objeto do presente estudo.

[11] LACOMBE. Américo Lourenço Masset. *Princípios Constitucionais Tributários*. São Paulo: Malheiros Editores, 1996. Pág. 31.

foi sancionada a Lei 13.043/2014 que, dentre disposições de outras matérias, tornou definitivo o novo regime de desoneração da folha de pagamentos, já estendido para diversos outros setores da economia.

A Lei 12.546 afirma, nos artigos 7º e 8º, que o novo modelo se trata de "substituição às contribuições previstas nos incisos I e III do *caput* do art. 22 da Lei n. 8.212". Na medida em que a norma não esgotou todos os critérios do comando normativo da contribuição, entende-se que, no que ela for omissa, permanecem inalterados os preceitos da Lei 8.212.

Nessa linha de raciocínio, constata-se que foram redefinidas apenas a base de cálculo e a alíquota da dita contribuição, restando mantidos todos os demais aspectos da hipótese de incidência e critérios do comando normativo.

Importante lembrar que a destinação da receita proveniente da contribuição continuaria sendo a Previdência Social, como se subentende do inciso IV do art. 9º da Lei 12.546, segundo o qual:

> "a União compensará o Fundo do Regime Geral de Previdência Social, (...), no valor correspondente à estimativa de renúncia previdenciária decorrente da desoneração, de forma a não afetar a apuração do resultado financeiro do Regime Geral de Previdência Social (RGPS)".

Em outros termos, caso a alteração resulte em redução da receita previdenciária, a União arcará com o prejuízo compensando a Previdência.

No que diz respeito ao sujeito passivo, a norma não esclareceu se ele continuaria sendo o empregador ou se seria qualquer empresa enquadrada nas atividades e setores arrolados, mesmo que não possua empregados. A princípio, ele não teria sido alterado, vez que aquele que não fosse empregador não teria contribuição patronal alguma a ser substituída.

Dúvida semelhante surgiu quanto ao fato gerador, pois se pode entender que tiveram o tributo substituído somente aquelas pessoas que praticaram o ato de remunerar empregados ou contribuintes individuais, ou que foi criado novo fato gerador, consistente no ato de faturar, praticado por empresas que atuam nas áreas discriminadas na lei.

Ressalte-se que, até o presente momento, não houve definição pelo Governo de qual será a formatação definitiva das alterações na contribuição, haja vista o fato de que tanto as suas alíquotas, quanto a obrigatoriedade de recolhimento pelo novo modelo têm sido objeto de discussões entre os membros dos Poderes Executivo e Legislativo, além da sociedade civil.

IV ANÁLISE DA DESONERAÇÃO DA FOLHA DE PAGAMENTOS SOB A ÓTICA DA JUSTIÇA FISCAL

O *imbróglio* legislativo gerado principalmente pela situação política atual do Brasil, por si só, seria uma afronta ao conceito de justiça tributária defendido pela jurista Regina Helena Costa, anteriormente transcrito. Isso porque a ausência de definição quanto à forma definitiva de tributação das empresas é caracterizada pela legislação confusa e um sistema de tributos extremamente complexo, que em nada se assemelha ao ideal de respeito ao contribuinte e à sua segurança jurídica.

Ademais, não obstante sejam inúmeras as teses passíveis de discussão do Poder Judiciário a respeito da legalidade e constitucionalidade das medidas de desoneração da folha de pagamentos, ainda é imprescindível sua análise individual sob a ótica da justiça fiscal.

Explicita a "exposição de motivos" da MP 540/2011 os fundamentos pelos quais a desoneração da folha de pagamentos deveria ser implantada, quais sejam:

> "18. Além das medidas expostas, propõe-se substituir pela receita bruta a remuneração paga aos segurados empregados, avulsos e contribuintes individuais contratados, como base de cálculo da contribuição previdenciária devida pelas empresas que atuem nos setores contemplados.
>
> 19. <u>Nos últimos anos, em virtude da busca pela redução do custo da mão de obra, as empresas passaram a substituir os seus funcionários empregados pela prestação de serviços realizada por empresas subcontratadas ou terceirizadas. Muitas vezes, as empresas subcontratadas são compostas por uma única pessoa, evidenciando que se trata apenas de uma máscara para afastar a relação de trabalho.</u>
>
> 20. Em virtude dessa nova relação contratual, os trabalhadores ficam sem os direitos sociais do trabalho (férias, 13° salário, seguro desemprego, hora extra, etc.), pois se trata de uma relação jurídica entre iguais (empresa-empresa) e não entre trabalhador e empresa. <u>Essa prática deixa os trabalhadores sem qualquer proteção social e permite que as empresas reduzam os gastos com encargos sociais.</u>
>
> 21. Apesar da melhora do cenário econômico após a crise de 2008/2009, as empresas que prestam serviços de tecnologia da informação – TI e tecnologia da informação e comunicação – TIC, bem como as indústrias moveleiras, de confecções e de artefatos de couro têm enfrentado maiores dificuldades em retomar seu nível de atividade. <u>Nesse contexto, a medida proposta favorece a recuperação do</u>

> setor, bem como incentiva a implantação e a modernização de empresas com redução dos custos de produção.
>
> 22. A importância e a urgência da medida são facilmente percebidas em razão do planejamento tributário nocivo que tem ocorrido mediante a constituição de pessoas jurídicas de fachada com o único objetivo de reduzir a carga tributária, prática que tem conduzido a uma crescente precarização das relações de trabalho; bem como, em razão do risco de estagnação na produção industrial e na prestação de serviços nos setores contemplados.
>
> 23. No que se refere ao impacto na arrecadação, estima-se perda de receita da ordem de R$ 214 milhões (duzentos e catorze milhões de reais) para o ano de 2011 e R$ 1.430 milhões (um bilhão quatrocentos e trinta milhões de reais) para o ano de 2012.
>
> 24. Quanto à observância da Lei Complementar nº 101, de 4 de maio de 2000 – Lei de Responsabilidade Fiscal, cabe informar que perda de receita será compensada com as receitas provenientes do saldo da arrecadação obtido por meio do Decreto nº 7.458, de 7 de abril de 2011." (EM Interministerial nº 122 – MF/MCT/MDIC) – grifamos

De fato, a promessa governamental de reduzir os encargos incidentes sobre a folha de pagamentos foi cumprida, na medida em que um dos tributos cobrados com base na folha foi extinto para empresas de determinados setores da economia. Todavia, criou-se uma nova forma de tributação sobre a receita que pode se mostrar, em alguns casos, mais onerosa do que a anterior, deixando de ser observado o objetivo de estimular a modernização de empresas.

Nesse contexto, constata-se que ao tributo em estudo fora atribuída a função extrafiscal de estimular determinado comportamento da sociedade, qual seja, aumentar a contratação de empregados em detrimento da contratação de empresas terceirizadas. A tributação extrafiscal apresenta, pois, finalidade diversa da arrecadação, servindo como instrumento de implementação de políticas públicas.

Por esse prisma, é possível realizar a primeira análise do ponto de vista da justiça fiscal. Como anteriormente mencionado, a justiça fiscal é "uma das possibilidades mais concretas de justiça política", a ser positivada por meio de princípios constitucionais.

O professor Sacha Calmon, brilhantemente, ensina que o princípio da capacidade contributiva é utilizado como parâmetro para análise do maior ou menor teor de injustiça fiscal. Esse princípio seria, contudo, "incompossível com a tributação extrafiscal", mas "junto com outros, tais como o da igualdade e o da generalidade, podem atuar para o controle político e jurisdicional da tributação pervertida ou das perversões da extrafiscalidade"[12].

Ainda nesse sentido, o ilustre jurista ainda relembra[13] as lições de Bilac Pinto ao afirmar que:

> "há, indubitavelmente, supressão, quebra ou depressão das garantias constitucionais referidas (direito de propriedade e liberdade), quando se cobra um imposto que, por sua elevação ou desproporção, torna impossível ou quase impossível o desenvolvimento de uma atividade lícita, matando estímulos legítimos de realizar lucros que constituem o necessário incentivo de toda iniciativa industrial ou comercial, já que, como algumas vezes tem dito esta Corte, não é crível que um homem equilibrado empreenda um negócio para perder ou para não ganhar..."

Como muito bem lembrado por Tipke, o filósofo John Rawls esclarece que:

> "(...) nem todos têm, contudo, direito à distribuição igualitária dos bens materiais (renda, patrimônio). O livre desenvolvimento econômico permite, no interesse desta liberdade, levar as desigualdades na distribuição de renda e patrimônio. Contudo, também os menos privilegiados precisam, com isso, alcançar uma posição econômica mais favorável (ainda que seja mediante redistribuição) que na igualdade restrita. Somente então a desigualdade está justificada, quando esta for vantajosa para todos, ainda que em diferentes medidas. (...) O favorecimento de um grupo (concessão de privilégios) não pode compensar o desfavorecimento (discriminação) de outro grupo."[14]

Portanto, é de se avaliar se a justiça fiscal está presente ou não nas medidas de desoneração da folha de pagamentos, mesmo diante de sua finalidade extrafiscal. A análise merece ser realizada do ponto de vista do impacto nas empresas afetadas pelas mudanças, pois não haveria justiça em se impor um tributo que onerasse o contribuinte empresário de forma tal que sua atividade se tornasse inviável financeiramente. Importante, assim, avaliar qual é o limite aceitável de intervenção do Estado na

---

[12] COÊLHO, Sacha Calmon Navarro. *Curso de direito tributário brasileiro.* 9ª ed. Rio de Janeiro: Forense, 2007. Pág. 89.

[13] COÊLHO, Sacha Calmon Navarro. *Curso de direito tributário brasileiro.* 9ª ed. Rio de Janeiro: Forense, 2007. Pág 91.

[14] TIPKE, Klaus e YAMASHITA, Douglas. *Justiça Fiscal e Princípio da Capacidade Contributiva.* São Paulo: Malheiros, 2002. Pág. 18.

atividade privada, sempre sob a ótica dos princípios da liberdade, da segurança, da igualdade e do direito à propriedade privada.

Em entendimento que se enquadra na presente análise, Misabel Derzi, citada por José Eduardo Soares de Melo[15], brilhantemente assinala que:

> "O espírito da Constituição é de buscar equilíbrio entre os fatores capital e trabalho e a igualdade entre as empresas, no custeio da Seguridade. Quanto maior o lucro ou faturamento, frente ao baixo valor da folha de salários, mais elevada poderá ser a alíquota incidente sobre o capital. Em contrapartida, se a mão-de-obra é onerosa em uma empresa de baixos lucros ou faturamento proporcionalmente menos expressivo, menor a alíquota. Portanto, as alíquotas podem variar em uma contribuição única que leve em conta a equidade entre salários, o lucro ou faturamento. Mas de forma integrada e relacional, nunca em contribuições desconexas e múltiplas."

Ocorre que, nos moldes em que foi criada, a desoneração da folha de pagamentos não trouxe o protótipo de contribuição mencionado pela nobre jurista, já que não traz, nas regras de enquadramento das empresas no novo modelo, critério algum que apresente a proporcionalidade entre o faturamento e a despesa com mão de obra. Assim, não há que se falar em equidade entre salários, faturamento e lucro, mas apenas em desigualdade de tratamento considerando o setor da economia em que a empresa atua, caracterizando uma contribuição exatamente desconexa e múltipla.

A discriminação de pessoas jurídicas submetidas ou não ao modelo de desoneração segundo critérios relacionados à área de atuação da empresa pode, ainda, encontrar óbice no entendimento exposto por Geraldo Ataliba em análise ao art. 195, inciso I, da então recém promulgada Constituição de 1988[16].

De acordo com o jurista, o inciso I do art. 195 trata tão somente de uma única contribuição. Seu entendimento se baseia exatamente no fato de que a justiça fiscal e o tratamento isonômico somente seriam alcançados por meio de um tributo cuja base de cálculo fosse resultante da combinação dos salários, do faturamento e do lucro. Somente assim

---

[15] MELO, José Eduardo Soares de. *Contribuições Sociais no Sistema Tributário*. 6ª ed. São Paulo: Malheiros Editores Ltda., 2010. Pág. 351.

[16] ATALIBA, Geraldo. FINSOCIAL, contribuições sociais. *Jornal Folha de São Paulo*, São Paulo, 27.10.1992. Disponível em: <http://acervo.folha.com.br/fsp/1992/10/27/73>. Data de acesso: 08.04.2015.

seria equânime a distribuição de encargos entre os mais diversos contribuintes e ainda seriam alcançados os objetivos constitucionais de criação de empregos, incentivo ao desenvolvimento, redução da desigualdade, solidariedade, função social da propriedade e equidade na forma de participação no custeio da Seguridade Social.

Geraldo Ataliba exemplifica sua tese de violação da igualdade por meio de simples situações, tais como a comparação entre empresas que possuem folhas de salários totalmente distintas, mas capacidade econômica proporcionalmente semelhante, ou ainda empresas com o mesmo faturamento e folhas de salários diametralmente opostas.

Considerando que, no atual cenário, já existem contribuições cuja base de cálculo consiste no lucro e no faturamento ou receita, é possível entender que a conjugação dessas contribuições com aquela incidente sobre a folha de salários resultaria na tributação idealizada pelo doutrinador, considerando o resultado econômico de todas elas em conjunto. Sendo assim, a injustiça passa a ser verificada no fato de a contribuição sobre a folha de salários ser extinta para alguns contribuintes que passaram a recolher mais um tributo sobre a receita e o mesmo não ocorrer para outros.

Como anteriormente frisado, as mudanças na contribuição patronal podem ser, em alguns casos, mais onerosas do que o modelo anterior, deixando de ser observado o objetivo de estimular a modernização de empresas. A oneração excessiva da atividade empresarial pode resultar até mesmo nas consequências opostas àquelas que fundamentaram a alteração da legislação tributária, vez que a extinção de empresas devido ao aumento excessivo das despesas tributárias gera a redução do número de empregos formais.

A distorção das consequências e a afronta ao princípio da igualdade são resultantes do fato de que o critério utilizado pelo legislador para definir quem estaria submetido ao novo modelo de tributação se limitou aos setores da economia que, teoricamente, estariam em dificuldades financeiras e que se utilizariam mais da mão de obra terceirizada, método de gestão que o Governo buscou enfrentar.

Um critério mais justo trataria da combinação e equilíbrio dos fatores salário, faturamento e lucro, que abarcaria a situação das empresas como um todo e permitiria a tributação diferenciada. A análise atuarial desses fatores permitiria ao Estado, por exemplo, apurar quais atividades econômicas apresentam as mesmas condições e, assim, justificar a aplicação do §9º do art. 195[17] da Constituição sem que os princípios constitucionais restassem afrontados. Ressalte-se que o dispositivo constitucional em questão não pode ser aplicado com arbitrariedade e em desrespeito aos princípios constitucionais, especialmente devido ao fato de que nele são utilizados conceitos genéricos e imprecisos.

Ainda que a opção pelo novo modelo de tributação passe a ser facultativa, o fenômeno a ser observado será que cada empresário optará pelo modelo de tributação mais benéfico para sua atividade e a criação de vagas de emprego será estimulada somente por aqueles que se beneficiarem do novo modelo.

Apesar de essa possibilidade resultar em tranquilidade para as empresas contribuintes, que escolherão o modelo menos oneroso em cada caso, o princípio da igualdade continuará a ser inobservado, haja vista o fato de que podem ser injustamente beneficiadas sociedades que apresentam a conjugação dos fatores faturamento, lucros e folha de salários muito superiores a outras que não tiveram redução na tributação por não atuarem nos setores econômicos previstos nas leis de desoneração.

Noutro lado, é importante observar que a finalidade do tributo, definida constitucionalmente, fora alterada ou, ao menos, expandida. Isso porque, originalmente, a contribuição patronal consiste em tributo de função parafiscal, ou seja, os recursos dela provenientes destinam-se, exclusivamente, ao pagamento de benefícios do regime geral de previdência social (art. 167, IX da CR/88). Ainda a esse respeito, o artigo 149 da Carta Magna é expresso ao estabelecer que as contribuições sociais são utilizadas pela União "como instrumento de sua atuação" na área a que se refere, *in casu*, a Seguridade Social. Vê-se, pois, que a atuação na Seguridade Social seria o objetivo final das contribuições sociais em questão.

Pode-se afirmar, todavia, que o tributo parafiscal tornou-se também extrafiscal. Somente esse fato já pode ser considerado inconstitucional, pois a afetação da receita prevista constitucionalmente impede a renúncia extrafiscal (estimada pelo Governo), que consistiria em desvio de receita[18]. Nessa situação específica, o mesmo tributo apresenta duas

---

[17] "Art. 195 (...)§ 9º As contribuições sociais previstas no inciso I do caput deste artigo poderão ter alíquotas ou bases de cálculo diferenciadas, em razão da atividade econômica, da utilização intensiva de mão-de-obra, do porte da empresa ou da condição estrutural do mercado de trabalho."

[18] TIPKE, Klaus e YAMASHITA, Douglas. *Justiça Fiscal e Princípio da Capacidade Contributiva.* São Paulo: Malheiros, 2002. Pág. 65.

finalidades distintas e não convergentes: financiar a Seguridade Social e ainda estimular um comportamento da sociedade.

Apesar da menção à observância da Lei de Responsabilidade Fiscal pela exposição de motivos da MP 540/11, não há garantias de que o Fundo do Regime Geral de Previdência Social será recompensado pelas perdas que vier a ter pela redução da receita advinda da contribuição. Isso porque o item 24 dessa exposição de motivos trata da compensação por meio do saldo de arrecadação obtido pela majoração das alíquotas do Imposto sobre Operações de Crédito, Câmbio e Seguro, ou relativas a Títulos ou Valores Mobiliários – IOF, efetivada por meio do Decreto 7.458/11.

Contudo, a receita decorrente da arrecadação do IOF não pode ser afetada às despesas previdenciárias, por disposição do art. 167, inciso IV, que veda a vinculação de receita de impostos a órgão, fundo ou despesa[19]. Além do mais, a receita tributária decorrente da arrecadação do IOF é inconstante, já que o caráter extrafiscal desse imposto permite a alteração das suas alíquotas por meio de decretos presidenciais cuja vigência pode ser imediata, no intuito de equalizar o mercado financeiro.

Exatamente por esses motivos, a alteração em tela pode vir a ser perigosa do ponto de vista financeiro, pois receitas da União originalmente destinadas à Seguridade Social, outrora garantidas pela arrecadação por meio da contribuição, são reduzidas (conforme estimativa mencionada na Exposição de Motivos da MP 540/2011) em prol de objetivo social diverso e passam a depender da complementação derivada de outras fontes, cujas receitas não são afetadas ao Fundo do Regime Geral de Previdência Social.

V. CONCLUSÃO

A Constituição de 1988 é enfática ao determinar, já em seu preâmbulo, que o Estado Democrático então instituído destina-se a assegurar a justiça como um dos valores supremos de uma sociedade fraterna, pluralista e sem preconceitos.

---

19 Sacha Calmon ainda exemplifica a impossibilidade de vinculação de receita de impostos com base no caso da CPMF, que foi criada porque o antigo IPMF não poderia ter predeterminação quanto ao destino da arrecadação. A respeito, ver COÊLHO, Sacha Calmon Navarro. *Curso de direito tributário brasileiro*. 9ª ed. Rio de Janeiro: Forense, 2007. Pág. 448.

O Brasil, todavia, é historicamente um país composto de grandes desigualdades sociais, fato que gera ao Estado a pesada responsabilidade de buscar reduzir tamanha desigualdade. O sistema tributário consiste em um dos principais instrumentos de que dispõe o Estado para combater tal mazela, mas não raramente sofre denúncias de ser injusto e estimular ainda mais a concentração de renda, principalmente porque a tributação sobre o consumo normalmente não é foco das medidas chamadas de desoneradoras.

Certo é que a tributação pode e deve servir de meio para redução das desigualdades, mas de nada adianta instituir (ou modificar) um tributo isolado se ele distribui renda em determinado setor (por exemplo, aumentando os empregos formais) e, no contexto prático geral, estimula ainda mais o tratamento desigual.

Lembra-nos Henrique Napoleão Alves que "a justiça fiscal, enquanto densificação do princípio da justiça social, também gera, logicamente, um direito subjetivo a uma ordem tributária que seja, no todo, redutora de desigualdades sociais. Se o Estado legisla em sentido contrário, viola esse direito."[20] Ele ensina ainda que um país com tamanha desigualdade social deve apresentar uma base tributável patrimonializada pequena, em contraposto à tributação sobre o consumo mais elevada. Isso porque tributar o consumo com pouca seletividade, assim como aumentar a tributação sobre o patrimônio, representa quebra da expectativa de justiça social.

Exatamente com o objetivo de resguardar as garantias dos contribuintes, a alteração da lei tributária merece atenção especial do legislador. Os professores João Ricardo Catarino e José Sérgio Cristóvam ensinam que:

> "a revisão da lei tributária comum pela via de iniciativas legislativas avulsas reflete a oscilação que na atuação prática dos órgãos de poder sempre se verifica entre o Estado de Poder e o Estado de Direito. Seja como for, ela modifica o conteúdo das garantias processuais e substantivas dos contribuintes, retirando-lhes conteúdo prático." [21]

---

[20] ALVES, Henrique Napoleão. Segurança Jurídica e Teoria do Direito Subjetivo à Justiça Fiscal. In.: DERZI, Misabel Abreu Machado (coord.). *Separação de Poderes e Efetividade do Sistema Tributário*. Belo Horizonte: Del Rey, 2010. Pág. 528.

[21] CATARINO, João Ricardo e CRISTÓVAM, José Sérgio da Silva. Garantias dos contribuintes na relação tributária: uma proposta para sua estabilidade em Portugal e no Brasil. In.: FUX, Luiz, QUEIROZ, Luiz e ABRAHAM, Marcus. *Tributação e Justiça Fiscal*. Rio de Janeiro: LMJ Mundo, 2014. Pág. 56

Os dois juristas ressaltam que a iniciativa de revisão da lei tributária deveria ser cuidadosamente avaliada por tecnocratas do Governo, não somente por servidores ou mesmo políticos que não possuem conhecimentos técnicos acerca da matéria. Muitas vezes, as alterações tributárias são consideradas medidas de urgência para atendimento a necessidades do Governo e, por isso, não são devidamente estruturadas. A partir daí, o resultado prático são perdas das garantias materiais e processuais dos contribuintes, sem fundamento nos valores e princípios que sustentam o sistema jurídico, mas com foco somente nas necessidades imediatas da Administração Pública.

Especificamente no novo regime de tributação da contribuição previdenciária patronal, verifica-se a subversão dos valores que estavam presentes na configuração original do tributo, deixando o contribuinte diante de uma norma de baixa coerência face às garantias constitucionais, que não realiza a justiça material nem mesmo a equidade inerente ao Estado Democrático.

Desta forma, a desoneração da folha de pagamentos, da forma como foi instituída, não parece ser a medida ideal para combater o desemprego e estimular o desenvolvimento das empresas, pelo contrário, pode vir a ser mais um meio de aumento das desigualdades no país, enfraquecimento de garantias dos contribuintes e ainda de geração de insegurança quanto ao financiamento da Seguridade Social.

REFERÊNCIAS BIBLIOGRÁFICAS

ALVES, Henrique Napoleão. Segurança Jurídica e Teoria do Direito Subjetivo à Justiça Fiscal. In.: DERZI, Misabel Abreu Machado (coord.). *Separação de Poderes e Efetividade do Sistema Tributário.* Belo Horizonte: Del Rey, 2010.

ATALIBA, Geraldo. FINSOCIAL, contribuições sociais. *Jornal Folha de São Paulo*, São Paulo, p. 2/2. 27.10.1992. Disponível em: <http://acervo.folha.com.br/fsp/1992/10/27/73>. Data de acesso: 08.04.2015.

ATALIBA, Geraldo. *Hipótese de Incidência Tributária.* 6a ed. São Paulo: Malheiros Editores, 2000.

CARVALHO, Paulo de Barros. *Teoria da Norma Tributária.* São Paulo: Lael, 1974.

CATARINO, João Ricardo e CRISTÓVAM, José Sérgio da Silva. Garantias dos contribuintes na relação tributária: uma proposta para sua estabilidade em Portugal e no Brasil. In.: FUX, Luiz, QUEIROZ, Luiz e ABRAHAM, Marcus. *Tributação e Justiça Fiscal.* Rio de Janeiro: LMJ Mundo, 2014.

COÊLHO, Sacha Calmon Navarro. *Comentários à Constituição de 1988 – Sistema Tributário.*3ª ed. Rio de Janeiro: Ed. Forense, 1991.

COÊLHO, Sacha Calmon Navarro. *Curso de direito tributário brasileiro.* 9ª ed. Rio de Janeiro: Forense, 2007.

COSTA, Regina Helena. *Praticidade e Justiça Tributária – Exequibilidade de Lei Tributária e Direitos do Contribuinte.* São Paulo: Malheiros Editores Ltda., 2007.

LACOMBE. Américo Lourenço Masset. *Princípios Constitucionais Tributários.* São Paulo: Malheiros Editores, 1996.

MELO, José Eduardo Soares de. *Contribuições Sociais no Sistema Tributário.* 6ª ed. São Paulo: Malheiros Editores Ltda., 2010.

SALOMÃO, Heloísa Estellita. *A tutela penal e as obrigações tributárias na Constituição Federal.* São Paulo: Editora Revista dos Tribunais, 2001

TIPKE, Klaus e YAMASHITA, Douglas. *Justiça Fiscal e Princípio da Capacidade Contributiva.* São Paulo: Malheiros, 2002.

10

A JUSTIÇA DOS TRIBUTOS

Heleno Taveira Torres[1]

1. A FUNÇÃO JUSTIÇA NO SISTEMA CONSTITUCIONAL TRIBUTÁRIO

A noção de justiça tributária variou segundo as épocas e as formas de tributação. No passado o patrimônio individual e a produção agrícola foram os índices principais de aferição de capacidade econômica e, como justo, na Idade Média, predominava o destino das receitas justificado pelo "bem comum"; mais tarde, passou-se para os fatos signos presuntivos de riqueza e para os fatos com demonstração de capacidade contributiva, tendo-se a destinação da arrecadação dos tributos dirigida para atender à despesa pública e aos custos dos direitos fundamentais. Como se percebe, a justiça tributária é substantiva, por ser materialmente qualificada segundo certos critérios.

Adolf Wagner inicia seu capítulo sobre justiça tributária com uma desafiadora indagação: "*che cosa è il giusto?*".[2] É certo que a aplicação justa dos tributos, individualmente, não se pode bastar com conjecturas de cunho filosófico, à guisa de uma utópica *justiça distributiva*, em uma correlação entre meios e fins, sempre aleatórios e variáveis no tempo e nas concepções teóricas. Essa constatação, porém, não deve desanimar o jurista na busca dos critérios de justiça do sistema tributário e dos tributos, isoladamente considerados.

---

1 Professor Titular de Direito Financeiro da Faculdade de Direito da USP. Advogado.

2 WAGNER, Adolfo. *La scienza delle finanze.* Trad. Maggiorino Ferraris; Giovanni Bistolfi. Torino: Unione Tipografico, 1891, p. 884. Para um exame da relação entre segurança jurídica e justiça tributária, veja-se ainda: GUTMANN, Daniel. Du droit à la philosophie de l'impôt. *Archives de philosophie du droit.* Paris: Dalloz, 2002. p. 7-14.

A "segurança", *per se*, ao lado da "justiça" e da "liberdade", formam os valores clássicos do direito de qualquer sociedade livre, justa e igualitária. Para Gustav Radbruch, ainda que numa concepção ontológica, a *segurança* seria um *subprincípio da justiça*,[3] porque, dada a dificuldade para se fixar o "justo", ao menos deve-se procurar fixar aquilo que é "jurídico", como equivalente a "seguro". Em face dessa necessária complementação, diz, então, Radbruch: "Ainsi le bien commun, la justice, la sécurité se révèlent comme les buts suprêmes du droit".[4] Ainda que esta seja uma assertiva coerente sob a égide de um modelo metafísico, de valores absolutos, na atualidade, ainda que esses valores tenham uma escala de preferibilidade diferenciada, todos os valores[5] (*pluralismo axiológico*) informam a produção legislativa ou perpassam a hermenêutica nos múltiplos atos de "aplicação do Direito".[6]

Essa *segurança jurídica substantiva* do Sistema Constitucional Tributário, como não poderia deixar de ser, abrange a concretização dos critérios e valores de *justiça*,[7] como é o caso daqueles de determinação da capacidade contributiva, da generalidade, da não discriminação e da vedação de privilégios. Como observa Michel Bouvier: "*La légitimité du pouvoir fiscal est aujourd'hui principalement liée à la* sécurité fiscale *qu'il peut assurer aux contribuables*".[8] Em matéria tributária, deveras,

---

3 Eduardo Garcia Maynez fazia preponderar o valor justiça, cf.: GARCIA MAYNEZ, Eduardo. Justice and legal security. *Philosophy and Phenomenological Research.* vol. 9, n. 3, p. 496-503, New York: Wiley Higher, 1949.

4 RADBRUCH, Gustav. Le but du droit. In: L'Institut International de Philosophie du Droit et de Sociologie Juridique. *Le but du droit:* bien commun, justice, sécurité. Paris: Sirey, 1938. t. 3. p. 48. Outros, como Coing, preferem ver na "paz" o fim precípuo do direito, o que evoca necessariamente a "segurança", por esta condição necessária daquela. *In verbis*: "La paz y el derecho son coetáneos y simultáneos; el derecho aporta la paz, y la paz es el presupuesto del desarrollo del derecho" (COING, Helmut. *Fundamentos de filosofia del derecho.* Trad. Juan Manuel Mauri. Barcelona: Ediciones Ariel, 1961. p. 34).

5 Seguindo o subjetivismo de Müller-Freienfels, cf.: STERN, Alfred. *Filosofía de los valores.* 2. ed. Buenos Aires: Fabril, 1960. p. 134.

6 ELST, Raymon Vander. Justice et sécurité juridique. *Justice et argumentation.* Essais à la mémoire de chaïm Perelman, Bruxelles: Bruylant, 1986. p. 21.

7 Como bem observou Hegel, o sistema dos impostos vive o paradoxo de que ele deve ser absolutamente justo, ao mesmo tempo em que cada qual deve contribuir na proporção da grandeza da sua posse, o que nem sempre pode ser calculado com justeza e precisão. HEGEL, George Wilhelm Friedrich. *O sistema da vida ética.* Trad. Arthur Morão. Lisboa: Edições 70, 1991. p. 81.

8 BOUVIER, Michel. La question de l'impôt ideal. *Archives de philosophie du droit.* Paris: Dalloz, 2002, p. 20; cf. ainda: BERLIRI, Luigi Vittorio. *El impuesto*

não basta a legalidade e a isonomia, é preciso adicionar requisitos de aferição da justiça individual e sistêmica, não importa quão perfeito seja o sistema tributário.

Dentre outros requisitos, os tributos devem ser distribuídos uniformemente entre os indivíduos (princípios da *pessoalidade*, *generalidade* e *universalidade*), e, "*pour être juste, l'impôt doit être uniforme*",[9] nas palavras de Gaston Jèze, a existência de *privilégios* parece ser algo injustificável (princípio da *não discriminação* tributária), e a tributação mais gravosa conforme a demonstração de riqueza um lugar-comum (princípios de *proporcionalidade*, *capacidade contributiva*, *progressividade* e *vedação ao efeito de confisco*). Como afirma Tipke: "Um tributo injusto não se justifica em um Estado de Direito, mesmo se quanto ao mais preenche otimizadamente todas as máximas tributárias".[10] Daí falar-se em uma *Ciência da Justiça Tributária*, como modelo de análise sistêmica com fins de justiça.

Cabe-nos examinar os pressupostos materiais do âmbito normativo e o conteúdo essencial dos princípios e garantias da função justiça do Sistema Constitucional Tributário, para os fins de sua concretização, em conformidade com o *positivismo jurídico metódico-axiológico*.

2. JUSTIÇA TRIBUTÁRIA DA LEGITIMIDADE DO TRIBUTO PELA DESTINAÇÃO: A TEORIA DA *CAUSA IMPOSITIONIS* E A DESTINAÇÃO AO *BEM COMUM*

Não se adere aqui ao coro da doutrina que só admite o surgimento das limitações ao poder de tributar e proteção das pessoas e seus bens contra a ação impositiva, com a chegada do *Estado de Direito*. É certo que em algumas fases prevalecia o poder de império e a discricionariedade,

---

justo. Trad. Fernando Vicente-Arche Domingo. Madrid: Instituto de Estudios Fiscales, 1986.

9 JÈZE, Gaston. *Cours de finances publiques*. Paris: LGDJ, 1935. p. 80.

10 E prosseguem: "A máxima da justiça tributária está vinculada ao postulado de Estado de Direito da *igualdade fiscal* e inclui imposição uniforme segundo a capacidade contributiva econômica. Justiça fiscal em sentido jurídico é a *execução sistematicamente consequente* da igualdade tributária e dos princípios, que concretizam o princípio da igualdade" (TIPKE, Klaus; LANG, Joachim. *Direito tributário*. Trad. Luiz Dória Furquim. Porto Alegre: Fabris, 2008. vol. 1. p. 394). Para Luigi Einaudi, porém, "la igualdad es axiomática. En una sociedad de hombres iguales, quién se atreveria a mantener la desigualdad del impuesto?" (EINAUDI, Luigi. *Mitos y paradojas de la justicia tributaria*. Trad. Gabriel Solé Villalonga. Barcelona: Ariel, 1959. p. 234).

como marcas indeléveis do sistema de arrecadação de tributos, como se houve no Império Romano, onde as garantias jurídicas eram limitadas.

O tributo era imposto (*imperatum*), não consentido ou aprovado pelos representantes dos destinatários, logo, aplicado como típico ato de império, e, em seguida, fixado e arrecadado com ampla discricionariedade.

Em termos jurídicos, o conceito antigo de tributo não encontra qualquer similaridade com o que se conhece na atualidade,[11] não obstante seus aspectos econômico e social possuírem alguma aproximação. Naqueles tempos o *tributo*, já qualificado como *prestação periódica*, devido por determinados indivíduos ao Estado, justificava-se mais como uma espécie de sujeição política, como se via nos casos de vencidos de guerras, correspondendo ao preço devido para permanecer nas terras dominadas pelos vencedores, do que propriamente por uma obrigação *ex lege*.[12] O estigma da servidão o caracterizava.

Esse era o motivo pelo qual a maioria dos povos conquistadores não cobrava "impostos" dos seus cidadãos livres (Grécia antiga), salvo como medida extraordinária e excepcional ou como custo de algum serviço público prestado (Roma).

Sabe-se que as monarquias absolutas do Antigo Oriente, a exemplo da Babilônia e do Egito, conheceram práticas financeiras fundadas na partilha de despesas, como guerras, despesas da corte, construções ou medidas de interesse comum, além das contribuições pessoais, com serviços militares e outros.

No antigo Egito a Administração dos tributos quedava-se confiada aos templos religiosos, o que, mais tarde, com seu aperfeiçoamento, passou a ser centralizado e ampliado em um corpo dedicado à contabilidade e à cobrança, ao que confluíam os bens arrecadados, geralmente em espécie. Surgiram nesta época as práticas de registros fiscais.[13]

---

[11] Cf.: ARDANT, Gabriel. *Historie de l'impôt: du XVIII au XXI siècle.* Paris: Fayard, 1972.; VANONI, Ezio. *Natureza e interpretação das leis tributárias.* Trad. Rubens Gomes de Sousa. Rio de Janeiro: Edições Financeiras, [s.d.]. p. 13 e ss.

[12] Veja-se: SAINZ DE BUJANDA, Fernando. Organización política y derecho financiero (origen y evolución del principio de legalidad). *Hacienda y derecho.* Madrid: IEP, 1975. vol. 1, p. 119-311.

[13] "El germen de la Hacienda Pública se encuentra ya en el primitivo derecho de botín del clan y de la aldea; siempre que existan comunidades que hayan de satisfacer necesidades propias, existirán también métodos para hacer que los miembros de la comunidad presten su contribución material a la satisfacción de esas necesidades

Em Roma as receitas públicas[14] provinham do uso do patrimônio público, das penalidades pecuniárias (multas e confiscos) e impostos patrimoniais cobrados dos povos dominados, de impostos indiretos e rendas de monopólios (salinas). Ao longo dos tempos foram priorizadas as explorações dos vencidos de guerras e residentes dos territórios conquistados, ao mesmo tempo em que a aplicação de impostos para os cidadãos romanos via-se cada vez mais reduzida ou inexistente. O "tributum", então cobrado dos cidadãos para custear edificações ou festas, foi-se reduzindo até o seu pleno desaparecimento em 167 a.C. A tributação em Roma, porém, progrediria com a expansão do Império e dos gastos que sua manutenção reclamava. Augusto reformou o tributo provincial, mas não foi bastante. Em seguida, introduziu alguns impostos sobre o comércio (*centesima mercatorum*), venda de escravos[15] e sobre as sucessões *causa mortis*. Calígula ampliou-os em dimensões financeiras, alegando que *nullum rerum aut hominum genere omisso cui nom tributi aliquid imponeret*. Em seguida, Caracalla reduziu os privilégios fiscais dos cidadãos romanos, em um primeiro esforço para unificar o sistema tributário que se aplicava aos provincianos. Porém, a partir de Diocleciano, a Fazenda é reformada e superam-se limites de classes sociais, passando os cidadãos romanos a suportarem o custo do Estado, tendo em vista as guerras e outras despesas extraordinárias e crescentes. Assim, passaram, os cidadãos romanos, dantes apenas cobrados pelo uso de serviços públicos, a suportarem alguns tributos sobre a propriedade, o que depois se alargaria. Surge um sistema tributário com impostos sobre o patrimônio

---

comunes" (SCHMOLDERS, Günter. *Teoria general del impuesto*. Trad. Luis A. Martín Merino. Madrid: Editorial de Derecho Financiero, 1962. p. 3).

14 Cf. POMINI, Renzo. *La "causa impositionis" nello svolgimento storico della dottrina finanziaria*. Milano: Giuffrè, 1951.

15 Em Roma a progressividade já era conhecida. Recordemos que a centésima *rerum venalium* era um tributo a 1% sobre todas as vendas e subia a 4% no caso dos escravos, reputados objeto de luxo. Para maiores considerações sobre o regime dos tributos entre os romanos: CERAMI, Pietro. Il rapporto giuridico d'imposta nell'esperienza tributaria romana: obligazione e condono. *IVRA. Rivista Internazionale di Diritto Romano Antico*, vol. 37, p. 34-58, Napoli: Jovene, 1989; D'AMATI, Nicola. Storicità ed attualità del diritto fiscale. *Diritto e Pratica Tributaria*, a. 81, v. LII, p. I, p. 5-25, Padova: Cedam; BLANCH NOUGUÉS, Juan Manuel. Principios básicos de justicia tributaria en la fiscalidad romana. *Derecho Financiero y de Hacienda Publica*, p. 53-84, Madrid: Reunidas, oct.-dic., 1989; MEIRA, Sílvio. *Direito tributário romano*. São Paulo: Ed. RT, 1978; TITO LÍVIO. *História de Roma*. São Paulo: Paumape, 1989-1990. 6 v.; CORRÊA, Alexandre A. Notas sobre a história dos impostos em direito romano. *Revista de Direito Público*, n. 15, p. 354-358, São Paulo: Ed. RT, jan.-mar. 1971.

(sobre a terra e a produção). Além dessas reformas, muitos outros motivos concorriam para a insatisfação do povo contra os tributos, como a arbitrariedade, as formas de solidariedade e de antecipação adotadas para a respectiva aplicação. Todas estas circunstâncias levavam o súdito a considerar o tributo em Roma uma forma de opressão, o que em muito contribuiu para o declínio do sistema tributário romano. Seguem-se, assim, as distintas fases que se sucederam na história daquela civilização, como foi o período dos bárbaros (séc. VI a IX), o feudalismo (IX a XI) e a época das comunas (XI a XV), todas caracterizadas pela forma patrimonialista das finanças públicas.

Na Idade Média as formas de cobrança de tributos eram muito variadas. Dado o caráter predominantemente agrícola e de subsistência da economia, prevaleciam as exigências de tributos *in natura*, como a concessão de bens ou de serviços militares, obras, uso de propriedades, sobre qualquer outra.[16] Como sabido, os impostos em serviços e em gêneros representavam mais servidão ao poder dos estamentos (e, mais tarde, ao Estado absoluto) do que contribuição ao *bem comum*.[17] A verdade é que a definição de tributo não estava muito clara. Em geral, a Igreja cobrava o dízimo; os nobres, normalmente, tributos sobre uso da terra ou percentual sobre a renda; e os Estados, impostos para substituir o serviço militar e prestações de guerra, impostos indiretos e impostos sobre a renda como instrumento de confisco.

No direito medieval não havia uma clara separação entre direito público e direito privado. Como nos diz Fleiner: "En este sistema jurídico único, uniforme, la orden de la autoridad pública daba al súbdito en

[16] "L'ordinamento giuridico moderno conosce imposte solo nella forma di *prestazione in denaro*, mentre nel médio evo erano prelevate anche delle prestazioni in natura (decime)" (Blumenstein, Ernst. *Sistema di diritto delle imposte*. Trad. Irene Blumenstein e Francesco Forte. Milano: Giuffrè, 1954. p. 4). No Brasil usou-se falar em dízimos para os tributos em gêneros, como foram os impostos do gado, vigentes nos Estados da Paraíba, do Piauí, Rio Grande do Norte e Alagoas. As derrama ou finta foram exemplos de impostos sobre a riqueza individual. Cf. Deodato, Alberto. *Manual de ciências das finanças*. 20. ed. São Paulo: Saraiva, 1984. p. 101 e ss.

[17] Em que pese seja duvidoso falar de "soberania" na Idade Média, os pressupostos do tributo entre os escolásticos vêem-se bem descritos por Griziotti: "Gli scolastici poi precisarono che l'imposta deve essere fondata sulla sovranità *(causa efficiens)* e giustificata da uno scopo di utilità general e *(causa finalis)*, da un giusto rapporto tra onere e risultato utile *(causa formalis)* e da un'equa scelta delle persone e delle cose colpite *(causa materialis)*" (Griziotti, Benvenuto. *Saggi sul rinnovamento dello studio della scienza delle finanze e del diritto finanziario*. Milano: Giuffrè, 1953. p. 348 e 295).

virtud de su soberanía y las acciones del súbdito contra el Poder Público, fundado en un derecho adquirido (ius quaesitum), resultaban pretensiones equivalentes".[18] Contudo, as normas impositivas geralmente eram de *direito das gentes*, como de resto eram assumidas todas as relações entre autoridades e súditos, logo, alheadas da ação do príncipe, a quem era defeso dispor dos direitos qualificados como *direitos das gentes*. Como se evidencia, ainda que as regras fossem muito diversificadas, a cada reino ou demais unidades estamentais, a *causa* última do tributo equivalia a dispor de recursos úteis ao atingimento do *bem comum*, aos quais todos os integrantes, por viverem socialmente, seriam chamados, na proporção das próprias forças e dentro dos limites requeridos.[19] Essa construção atendia em plenitude ao fracionamento dos polos de poder dos estamentos (clero, nobreza e principados), os quais se reconheciam detentores do direito de exigir tributos dos seus súditos, fundados na moral comum. Uma justificativa ética e racional, suficiente para ordenar tanto a esfera de atuação dos soberanos ou dos estamentos quanto as obrigações de consciência em favor do cumprimento espontâneo e de obediência aos comandos tributários. Esta justificativa ética denominava-se, então, *causa impositionis* ou *radix obligationis*.

A teoria da *causa do tributo* tem origem na doutrina teológica medieval, como esclarece Pomini,[20] com obrigações de consciência e critério da justiça (*bem comum*), pois somente seriam obrigatórias aquelas consideradas como *peccatum*. O campo do tributo era fértil para esse fim e foi justamente no campo da obrigação de pagar tributos, admitido como dever de consciência, que a *teoria da causa do tributo*, a um só tempo, acomodou-se à ideia de justiça tributária, no que o cumprimento espontâneo das obrigações tributárias era visto entre justo agir e o pecado que adviria do seu não cumprimento (evasão ao tributo).

A justificação moral das leis e dos tributos[21] apresentava-se, assim, como critério das leis justas o *bonum commune*. Esta era a medida de

---

18 FLEINER, Fritz. *Instituciones*... cit., p. 26.

19 POMINI, Renzo. *La "causa impositionis"*... cit., p. 26.

20 Idem, ibidem, p. 1; GORINI, Bruno. La causa giuridica dell'obbligazione tributaria. *Rivista italiana di diritto finanziario*, Milano, 1940. p. 161-195; CORTESE, Enio. Intorno alla "causa impositionis" e a taluni aspetti privatistici delle finanze mediaevali. *Studi in onore di Achille Donato Giannini*. Milano: Giuffrè, 1961. p. 315-94.

21 Ricardo Lobo Torres não concorda com a existência de tributos na Idade Média, ao afirmar que "na Idade Antiga e na Idade Média, havia, além dos rendimentos dominicais do Príncipe, algumas prestações públicas, que tributo não eram, pois

segurança jurídica substantiva e que motivaria a verificação da legitimidade das leis e dos tributos exigidos. O que não estivesse fundado no bem comum era lei ou tributo injustos e não precisavam ser cumpridos, além da absolvição do "pecado", pois só seria admissível como imposições devidas as que fossem justas, porque fundadas no bem comum. Esse postulado de legitimidade aplicado em matéria de tributos consubstanciava-se na teoria da *causa do tributo*, derivada da noção aristotélica. Este critério serviria para distinguir os tributos justos daqueles considerados como *angaria* (do verbo *angariare*, que significava exigir pela força), e dos deveres injustos, ou *parangaria*, que seriam aqueles não só injustos quanto excessivos. É que as leis injustas[22] seriam desprovidas da *virtus obligandi*, por isso não seria dado observá-las, por serem *magis violentiae quam leggis* (violência seria sinônimo de angaria). O pecado, desse modo, via-se afastado na cobrança de *angaria* ou de *parangaria*, admitida a resistência ou não pagamento.

Tomás de Aquino ensinava que ciência é conhecimento das coisas pelas suas causas.[23] Para ele era necessário que se afirmasse uma doutrina de justiça para a exigência de tributos (*est impositum legitima ex causa*), pela concepção orientada pela *ordinatio legis ad bonun commune* (*causa finalis*), na elaboração de leis pela autoridade legítima, nos limites do seu poder (*causa efficiens*), ao impor aos súditos obrigações proporcionais[24] (*causa formalis*). Ou seja, "*solo le imposte giuste potevano obbligare nel foro interno ed esterno*".[25] Assim, no sentido demarcado pela doutrina da *causa impositionis*, na época medieval, um tributo, para

resultavam de mera relação de vassalagem" (Torres, Ricardo Lobo. *Tratado de direito constitucional financeiro e tributário.* Os tributos na Constituição. Rio de Janeiro: Renovar, 2007. vol. 4. p. 22).

22 Para um exame amplo sobre a resistência à lei injusta, veja-se: Lafer, Celso. *A reconstrução dos direitos humanos*: um diálogo com o pensamento de Hannah Arendt. São Paulo: Companhia das Letras, 1988. p. 187 e ss.

23 TOMÁS DE AQUINO, Santo. *Suma teológica*: A bem aventurança, os atos humanos, as paixões da alma. São Paulo: Loyola, 2003. vol. 3. Tomás de Aquino, Santo. *Suma teológica*: Teologia, Deus, Trindade. São Paulo: Loyola, 2001. vol. 1; Aquinas, Thomas. Summa theologiae. In: Schauer, Frederick. *The philosophy of law: classic and contemporary readings with commentary.* New York: Oxford University Press, 1996. p. 12-14.

24 A causa permitiria distinguir os casos de dupla tributação: "dicitur duplex onus quando exiguntur duae collectae ex eadem causa (...) autduae praestationes personales etiam ex eadem causa".

25 Passim, Pomini, Renzo. *La "causa impositionis"*... cit., p. 19-20.

ser justo, deveria ser uma prestação material (*causa material*), consentida pela autoridade, nos limites do poder (divino) a esta conferido (*causa eficiente*), exigida em favor do "bem comum" (*causa final*), para adimplir despesas voltadas a este bem e proporcional na medida da imposição (*causa formal*). Essa *tetracotomia* causal da escolástica, de caráter lógico e deontológico, serviria para legitimar o tributo, com o fim de obrigar os súditos ao seu cumprimento, excetuados no caso dos tributos injustos, quando não seria pecado suportar sua cobrança, cabendo-lhe decidir sobre a aceitação ou sua resistência. Eis como a justificação dos tributos encontra em Tomás de Aquino um defensor, ao tratar do título: "Pode haver furto sem pecado (...)". Nas suas palavras: "Se os príncipes exigem dos súditos o que segundo a justiça se lhes deve pagar para conservar o bem comum, ainda que empreguem a violência, não é furto".[26] Não quer dizer que a arrecadação dos príncipes da Idade Média fosse pacífica. Porém, com o surgimento das autonomias locais, os senhores feudais exercitavam poderes equivalentes em seus territórios, ainda que nominalmente pudessem estar sujeitos a alguma autoridade central, a quem devessem tributos. Nestas hipóteses, a causa final era a defesa da vila, o pagamento de resgate do príncipe, a despesa de viagem do senhor, as despesas de casamento das filhas do senhor ou do príncipe, a aquisição de um novo feudo.[27] E como essas despesas seriam favoráveis a todos, responderiam aos interesses de "bem comum" e, portanto, autorizariam a respectiva cobrança do tributo. Exigia-se, assim, a *virtus obligandi* (o fim da tributação e sua vinculação com uma despesa justificada). A utilidade e a necessidade dos tributos dependeriam da utilidade e necessidade

[26] TOMÁS DE AQUINO, Santo. *Suma teológica*: A bem aventurança... cit.

[27] Como explica Gilberto Bercovici: "A tributação pública e os impostos, por exemplo, eram sempre eventos extraordinários. Os recursos ordinários eram provenientes do domínio real. Os impostos eram considerados recursos extraordinários, com o objetivo de financiar a defesa do reino e a guerra. Por isso a necessidade do consentimento dos súditos ressaltada pelos autores medievais. O que vai se modificar a partir do século XII é o fato de a emergência pública, o *casus necessitatis*, ir, aos poucos, se tornando permanente. Sempre com a justificativa da necessidade, ao final dos séculos XIII e XIV, a cobrança de impostos se torna anual. A *necessitas* mudou de sentido, passando da defesa e guerra para as necessidades ordinárias da administração, tornando-se *perpetua necessitas* ou *necessitas in habituo*. Como bem destacou Kantorowicz, o Estado, ao se tornar uma estrutura político-administrativa permanente, criava emergências e necessidades permanentes" (BERCOVICI, Gilberto. *Soberania e Constituição*: para uma crítica do constitucionalismo. São Paulo: Quartier Latin, 2008. p. 23).

dos serviços ou despesas em favor do "bem comum" (*potestas obligandi membra societatis ut suis actibus in finem communem cooperentur*).[28] Para Tomás de Aquino a lei deveria dirigir-se a um fim específico a ser atingido (*quod est propter finem, necesse est quod sit fini proportionatum*), como uma obrigação certa e possível (*unicuique secundum suam possibilitatem*), proporcionalmente justa e igualitária (*secundum aequalitatem proportionis*). Neste passo, o *tributo* deveria ser proporcional ao *fim* a ser alcançado e às condições econômicas dos contribuintes, segundo a causa final e material.[29] A exemplo da expropriação, em que o príncipe, o senhor ou o clero não poderiam expropriar bens dos particulares sem causa; também os tributos não poderiam ser cobrados sem *causa*. Esta justa causa dos tributos seria a utilidade para o bem comum, em prevalência sobre o interesse individual, como medida de certeza e segurança jurídica. Por conseguinte, a lei que não tivesse como fim o bem comum não poderia obrigar. Esta viria a tornar-se a máxima central do pensamento tomista (*principes suis subditis aliqua exigere pro utilitati communi*) e observada ao longo de vários séculos e Estados nacionais.

O tributo, em Tomás de Aquino, como visto, tinha um sentido ético e jurídico. A *causa* é de direito *substancial*, não se confunde com o preceito legislativo, que responde a exigências de *racionalidade* (direito natural ou positivo). Vale, assim, antes que ser um fato ordenado por autoridade, como manifestação de justiça. É nesta visão da *causa final* que são delineados os limites do poder de tributar do soberano e do relativo dever de obediência dos súditos, como critérios de segurança jurídica da tributação para todos os envolvidos. A *causa finalis* era a própria legitimação do tributo[30] (*bem comum*), que não se apoiava em qualquer ideia de autoridade ou de soberania, até porque a suprema competência dos impérios encontrava-se fragmentada e enfraquecida. Como se percebe, com Tomás de Aquino surge, pela primeira vez, a vinculação entre justiça legal, justiça distributiva e justiça comutativa, com nítida conexão entre entrada tributária, despesa pública e limites à tributação.[31]

Destarte, o tributo deveria ser justificado como condição inderrogável para a conservação da *liberdade* do súdito (condição subjetiva) e desde que destinado ao interesse do *bem comum* (condição finalística).

---

[28] Passim, POMINI, Renzo. *La "causa impositionis"*... cit., p. 27.

[29] Passim, p. 34.

[30] Idem, p. 5.

[31] Passim, p. 35.

Daí o dever de pagamento pelo súdito advir da necessidade de manutenção do reino ou da própria necessidade de liberdade ou de manutenção da sua terra e seus bens, sob pena de confisco. Contudo, ante a exação, havia um espaço de resistência aceitável, pela cobrança de algum tributo considerado "injusto", o que se verificaria quando não viesse justificado pelo vago conceito de "bem comum". Era o caso de guerras indevidas, forjadas em querelas pessoais do príncipe. Seriam, estas, as *necessidades imaginárias*, de que falaria Montesquieu.[32] Injustas seriam também as cobranças excessivas. Daí que qualquer excedente "injusto" se deveria qualificar como "furto" do príncipe, cabendo-lhe o dever de restituição (em virtude da exigência de justiça distributiva para justificar a permanência dos tributos no seu patrimônio). A determinação da medida do tributo segundo o *bem comum* era o limite objetivo da tributação, além da proporcionalidade. Não duraria muito, porém.

Mais adiante essa teoria da *causa impositionis* daria lugar, no absolutismo nascente, à "razão de Estado", como justificativa para a cobrança de tributos.

Na doutrina do jusnaturalismo, para teóricos como Pufendorf e outros, o tributo foi admitido sob a égide da *teoria da equivalência*, como contraprestação econômica pelos serviços e prestações estatais. Ao entender-se que as forças políticas e econômicas se encontram submetidas a uma ordem natural, os impostos deveriam causar perturbações mínimas. Nesta etapa, o tributo passa a ser justificado não só pela condição de súdito de quem o paga, mas também pela fruição dos serviços do Estado nascente, entendendo-se o tributo como o preço por esses serviços e prestações. Com isso, a tributação exigiria individualização e, ademais, um componente ético, de justiça, os nascentes critérios da generalidade[33]

32 "Necessidades imaginárias são as exigidas pelas paixões e fraquezas dos que governam, a atração de um projeto extraordinário, o desejo doentio de uma glória inútil e uma certa impotência do espírito contra os caprichos. Amiúde, os que, com um espírito inquieto, estavam na direção dos negócios sob o governo do príncipe, julgaram que as necessidades do Estado eram as necessidades de suas almas insignificantes" (MONTESQUIEU. *Do espírito das leis*. São Paulo: Nova Cultural, 2000. vol. 2).

33 Para explicitar o significado da generalidade, diz Gaston Jéze: "Dire que l'impôt doit être général, universel, semble signifier que tout le monde doit payer l'impôt, sans exception d'aucune sorte. Il est certain que les constitutions modernes ont entendu, en formulant le principe de la généralité de l'impôt, supprimer les anciens priviléges, si nombreux et si impopulaires" (JÈZE, Gaston. *Cours de finances publiques*. Paris: LGDJ, 1935. p. 75).

(contra os privilégios da nobreza e do clero) e da capacidade de contribuir – "o preço da liberdade".[34]

Para Pufendorf, ao considerar que ficaria sob a vontade dos governantes supremos determinar em quais limites e restrições os seus súditos teriam poder sobre os próprios bens, segundo ele, esses governantes teriam um tríplice direito, resultante da natureza, inerente à comunidade. O primeiro seria o de prescrever leis para os súditos sobre a medida e a qualidade de suas posses ou de como transferi-las; O segundo seria o confisco de bens de algum súdito para uso público extraordinário, quando urgente e necessário ao Estado, para uso público. E o terceiro, como destinar para si porção dos bens dos súditos, sob o nome de tributos e tarifas.[35] Além dessas três pretensões sobre a propriedade privada, existiria ainda a *propriedade pública*, dividida geralmente em *Fisco* (Tesouro) e *Patrimônio* pessoal do príncipe, que serviria para sua manutenção e de sua família. O Tesouro se prestaria às necessidades públicas do Reino, ainda que sob administração e gestão do príncipe. Nenhum dos dois, porém, poderiam ser alienados pelo príncipe sem o consentimento do povo. "Muito menos pode todo um reino (que não é possuído patrimonialmente), ou alguma parte dele, sofrer alienação sem o consentimento do povo para isso."[36] Essa distinção permanecerá ao longo dos tempos.

Na passagem ao absolutismo, o "direito das gentes" submetia-se mais e mais ao direito do Estado, ou seja, do soberano, que concentrava cada vez mais poder, segundo o "direito de suprema necessidade" e as

---

[34] SCHMOLDERS, Günter. *Teoría general del impuesto*. Trad. Luis A. Martín Merino. Madrid: Editorial de Derecho Financiero, 1962, p. 29.

[35] Como diz Pufendorf a respeito: "E é simplesmente razoável que, uma vez que a vida e as posses de todos os membros são defendidas pela comunidade, os custos necessários dessa comunidade sejam cobertos por uma contribuição geral. Pois deve ser de fato muito sem-vergonha quem desfruta da proteção e dos privilégios de um local e, no entanto, nada contribui em bens ou serviços para sua preservação. (...) e eles que se esforcem por arrecadar o dinheiro do modo mais indolor que puderem: observando primeiro uma igualdade para com todos, e depois aplicando mais impostos sobre os artigos menores de tipos variados do que sobre os principais, de um modo mais uniforme." PUFENDORF, Samuel. *Os deveres do homem e do cidadão de acordo com as leis do direito natural*. Trad. Ian Hunter. Rio de Janeiro: Topbooks, 2007. p. 249-250; sobre as exigências de tributos nesse período de passagem, veja-se: SORIA, Melchior de. *Tratado de la justificación y conveniencia de la tassa de el pan* (1633). Madrid: Fundación Banco Exterior, 1992, p. 79 e ss.

[36] PUFENDORF, Samuel. *Os deveres do homem*... cit., p. 351.

"razões de Estado" (doutrina fortemente influenciada por Bodin),[37] o que nada tem que ver com a "prevalência dos interesses públicos sobre os privados", como se conhece na atualidade. A "razão de Estado" passaria a servir de justificativa para que a propriedade pudesse ser confiscada, contratos pudessem ser desfeitos, tributos pudessem ser cobrados sem relação com o "bem comum" como interesse de todos.

Para Hobbes a legitimidade da tributação adviria de uma "lei da natureza", a qual obrigaria os governantes a dividirem os encargos da república entre os súditos, na forma de tributo. A preferência ao direito natural sobre o direito positivo era evidente, dado o caráter de "absoluto" daquele, pelas razões metafísicas da qualificação dos princípios, como o da *justiça*. Pela "lei natural" o súdito do Reino estaria sujeito à obrigação de direito natural de pagar tributos, protegido por valores de justiça e de igualdade.

A assunção do dever de pagamento dos tributos, para Hobbes, era algo ético (baseado em valores de justiça) e equivaleria a um dever de todos aqueles que se comprometem com a República. Esse dever natural, contudo, deveria vir acompanhado de critérios de justiça na sua distribuição, conforme os *benefícios* auferidos do Reino. Dado que geralmente os indivíduos são desigualmente tributados, esta seria a solução adequada.

O outro aspecto com o qual Hobbes se preocupa é com a divisibilidade do tributo entre todos, pois, nas suas palavras, aquilo que é dividido por todos tem um peso mais leve; contudo, quando muitos retiram-se desse dever para com a República, torna-se bastante pesado e até intolerável para os que ficam. Tudo isso tinha como propósito resolver o problema da evasão fiscal e garantir o financiamento do Reino, mas com tratamento justo e igualitário, pois Hobbes estava consciente de que, "com muita diligência, portanto, os homens lutam para escapar aos impostos; e, neste conflito, os menos felizes, por perderem, sentem inveja dos mais afortunados".[38] A justiça tributária assumia, assim, cada vez

---

37 Na atualidade, só haveria justificativa em caso de guerra, e mesmo sob a égide de todos os critérios de proteção dos direitos humanitários. Em um Estado Democrático de Direito não cabe mais falar em razão de Estado. Para um exame desta categoria, veja-se a obra de F. Meinecke, um dos mais importantes historiadores da Alemanha, que publicou sua obra na época de Weimar, para concluir que a razão de Estado se apresentava em evidente crise (MEINECKE, Friedrich. *La idea de la razón de Estado en la edad moderna*. Madrid: Centro de Estudios Políticos y Constitucionales, 1997. p. 435)..

38 HOBBES, Thomas. *Do cidadão* cit.; cf.: HOBBES, Thomas. *Leviatã ou matéria...* cit., p. 225.

mais relevo, mas também complexidade, na construção do conceito de tributo e sua técnica.

3. A TRIBUTAÇÃO LEGITIMADA PELA SOBERANIA: ENTRE RAZÃO DE ESTADO E O BEM COMUM

Com o absolutismo, o "bem comum" legitimador do tributo cede passo às "razões de Estado", ainda que não se veja integralmente excluído do papel de controle da justiça tributária. Surg, então, a história do "tributo" como expressão da soberania, como obrigação exigida em função do *jus imperii* do Estado. Em virtude de outros interesses, a *razão de estado* foi empregada e apoiada pela burguesia nascente, admitida como modo de garantir a autoridade do soberano e a efetividade de suas ordens. E assim prosseguiu, como prática de Estado, inclusive quando já prosperava o Estado de Direito ou o Estado Constitucional de Direito, dentro dos limites cabíveis e sob renovadas formulações. Até mesmo nos dias que correm, por cândida ignorância ou saudoso autoritarismo, vozes há que a defendem.

Na tributação, não tardou para que a *razão de Estado* viesse a se converter em permissão para que funcionários do príncipe atuassem dando prevalência aos interesses do Estado sobre o direito dos contribuintes, com suas ações convalidadas pelo soberano. Tributos criados *ex absoluta potestate*, como expressão do *jus imperii* e devidos como signo de suditância, pagos sem a possibilidade de se indagar sua justiça, esta foi a marca indelével da razão de Estado aplicada em matéria tributária.

Para a *razão de Estado* bastaria vir demonstrada a conexão entre os *fins* a serem atendidos pelo Estado e o uso do poder como *meio* para atingi-los. Uma proporcionalidade baseada na prevalência das restrições sobre quaisquer direitos, portanto. Do poder, sabemos, exsurge sempre a maldição das tentativas de abusos e ações contra a ética e a ordem jurídica. O propósito da *razão de Estado* era aquele de conferir poderes para garantir que o Estado pudesse atingir seus fins de autoconservação, garantia de bem-estar e segurança a qualquer custo, sem importar os meios.[39] Como diria Voltaire, "razão de estado não passa de expressão

[39] Como observa Gilberto Bercovici, em densas páginas de análise histórica a respeito: "A razão de Estado foi concebida como um discurso da sobrevivência e conservação do Estado, consideradas como condição de civilização. Hobbes tem a mesma visão, embora filosoficamente seja mais refinado: o problema fundamental é a sobrevivência e, sem o Estado, a civilização é impossível. As teorias do contrato social vão

inventada para servir de desculpa aos tiranos. A verdadeira razão de estado consiste em precaver-se contra os crimes dos inimigos, e não em cometê-los".[40] Por isso, a ideia de *razão de Estado*, no lugar de desaparecer, em vista do desenvolvimento do Estado, adaptou-se às feições do novo modelo de Estado, seja o legal ou o constitucional, e segue convivendo com ele, como bem argumenta Eusebio Férnandez García.[41]

No período absolutista do Estado de Polícia muito se escreveu sobre os limites e os fins do Estado. Coube a Humboldt, o fundador da Universidade de Berlim, um dos estudos mais significativos sobre o tema, *Os limites da ação do Estado*[42] (publicação póstuma, de 1852), com o objetivo de examinar "para qual finalidade as instituições do Estado devem estar direcionadas e quais os limites que devem ser estabelecidos para suas atividades". Os limites seriam postos, assim, conforme a finalidade do Estado como *instituição*. E estas finalidades seriam as garantias de segurança e de bem-estar físico e moral da nação, "animado pelo mais profundo respeito pela dignidade do homem",[43] conforme os anseios de liberdade típicos do liberalismo. Restaria, o Estado, limitado apenas pelo que fosse necessário para garantir seu exercício em favor daquelas finalidades, por leis que só poderiam ser editadas para o atendimento das *necessidades do homem*. O princípio da *necessidade*,[44] apurado segundo a natureza do homem, serviria como justificativa para ação do poder e para assegurar a autoridade das leis. Nas suas palavras: "No que diz respeito aos limites de sua atividade, o Estado deve se esforçar por manter a condição real das coisas tão próxima quanto possível

---

reconhecer o conflito pela sobrevivência e tentar estabelecer um *locus* (o Estado) em que diferentes práticas de sobrevivência possam se tornar relevantes" (Bercovici, Gilberto. *Soberania e Constituição*: para uma crítica do constitucionalismo. São Paulo: Quartier Latin, 2008. p. 85).

40 VOLTAIRE. *O preço da justiça* (1778). Trad. Ivone Castilho Benedetti. São Paulo: Martins Fontes, 2001. p. 80.

41 GARCÍA, Eusebio Fernández. *Entre la razón de Estado y el Estado de derecho:* la racionalidad política. Madrid: Dykinson, 1997. p. 1.

42 Humboldt, Wilhelm von. *Os limites da ação do Estado:* ideias para um ensaio a fim de determinar as fronteiras da eficácia do Estado. Trad. Jesualdo Correia. Rio de Janeiro: Topbooks, 2004, p. 131.

43 Idem, p. 358.

44 Para uma análise dos fins do Estado confundidos com a vontade do governo e em favor da autonomia da liberdade individual, tendo o Estado por propósito atender ao conjunto de necessidades comuns da vida, cf.: Laski, Harold J. *El Estado moderno.* Trad. Teodoro González Garcia. Barcelona: Bosch, 1932. vol. 1, p. 19.

daquelas prescritas pela verdade e pela teoria justa, e desde que não esteja em oposição às razões da verdadeira necessidade".[45] Nesta delimitação de espaço rígido da liberdade, nos limites da *necessidade*, o direito natural constituiria a "única base verdadeira de todo o direito positivo".[46] A segurança, por sua vez, seria inalcançável pelo homem, individualmente, o que justificaria sua proteção pelo Estado. Quanto aos custos do atendimento às necessidades e à concretização da liberdade, Humboldt labora em capítulo próprio (*XV*) para tratar do financiamento do Estado e do custo daqueles direitos. Diz ele: "Não supomos a existência de um Estado cujos objetivos sejam determinados pela extensão da eficiência dos meios que ele talvez possua, mas sim de um Estado em que os últimos são subordinados e determinados pelos anteriores".[47] Esse era um pensamento muito próprio ao chamado Estado de Polícia, que admitia o poder do Estado como permitido apenas para servir às necessidades de segurança e necessidades do homem. Humboldt pregava o Estado mínimo, conforme ao liberalismo que reinava à época. E a tal ponto que sua noção de financiamento público limitava-se ao necessário para garantir uma nação segura e livre. A atividade do Estado resumir-se-ia à segurança, e sintetiza seu pensamento ao dizer que deve ser retirado do Estado "todo aquele objeto que não estiver imediatamente relacionado com a segurança interna e externa dos cidadãos. (...) tendo-se em conta que sua esfera de ação há de estar confinada à preservação da segurança".[48] Segundo Humboldt, "*segurança*" dever-se-ia entender como a *certeza da liberdade legal*,[49] e os cidadãos, nesses termos, estariam seguros quando, "vivendo juntos no pleno gozo dos seus direitos de pessoa e da propriedade, encontram-se fora do alcance de qualquer perturbação externa que possa representar a usurpação por parte de outros".[50] Vê-se, pois, que a licença para o exercício de razões de Estado, sem dúvida, teria o mesmo efeito perturbador suscitado por Humboldt, sob a influência de princípios laborados segundo a doutrina jusnaturalista.

Ao tratar dos limites do poder do Estado, Gerber salienta que este não pode ser uma força de vontade absoluta, mas deve servir aos *fins do Estado*, que são os seus limites de eficácia. O âmbito da vontade

---

45 Humboldt, Wilhelm von. *Os limites da ação do Estado*... cit., p. 355.

46 Idem, p. 354.

47 Idem, p. 337.

48 Idem, ibidem, p. 259.

49 Idem, p. 269.

50 Idem, p. 262.

estatal deveria voltar-se ao cumprimento ético da vida coletiva.[51] Ao lado dessa limitação "geral" haveria, igualmente, limitações especiais, como a preservação da liberdade religiosa, de associação ou reunião, de manifestação de pensamentos e de formação, direito ao juiz natural e independência do judiciário, com acesso livre para todos, ou qualquer outra medida contrária à liberdade individual garantida pelo ordenamento e igualmente ao direito adquirido.[52]

Ao final do século XIX substitui-se a proteção contra a natureza e a insegurança pela preservação da liberdade contra o arbítrio do poder político do próprio Estado. Nessa etapa a racionalização do poder exigiria que governantes e legisladores se curvassem à "*obra objetivada da razão*".[53] Nesse contexto, o princípio da segurança jurídica seria o modo incontornável de se buscar a realização do Estado de Direito.

A *razão de Estado* via-se, assim, progressivamente superada pela necessidade de uma justiça material, quando o tributo passa a ser justificado não mais por uma simples formulação ética ou uma imposição fundada em necessidades contraprestacionais, mas como imperativo da vida social baseado no *consentimento* do contribuinte. Chega-se, assim, ao Estado de legalidade e de igualdade do Estado de Direito, no qual *bem comum*[54] e *razão de estado*, em certo modo, se encontram. Para a tributação, pois, não basta a soberania ou o poder de autoridades competentes.

---

[51] GERBER, C. F. v. *Diritto pubblico*. Milano: Giuffrè, 1971. p. 218.

[52] Idem, ibidem, p. 121-123; cf. NIGRO, Mario. Il "segreto" di Gerber. *Quaderni fiorentini per la storia del pensiero giuridico moderno*. Milano: Giuffrè, 1973. n. 2, p. 293-333.

[53] VILANOVA, Lourival. *O problema do objeto da teoria geral do Estado*. Tese (cátedra de Teoria Geral do Estado). Recife: UFPE, 1953. p. 49.

[54] O *bem comum* continuará por muito tempo a compor o espaço do chamado "fim" do Estado. Para Alfredo Augusto Becker, a relação constitucional não contempla o Estado como polo. Em ambos, estão os indivíduos humanos, como sujeitos ativo e passivo da relação constitucional, cujo agrupamento se denomina público. A realidade estado consiste nesta relação constitucional em cujos polos negativo (sujeito passivo) e positivo (sujeito ativo) estão os indivíduos humanos criadores do Estado. "Por sua vez, esta relação constitucional compõe-se de um IR e VIR continuado, ligando todos os indivíduos a um e cada um a todos". O centro único de gravidade é o *bem comum* ou o bem público temporal. "Este IR (partindo de cada um dos indivíduos criadores do Estado) conduz um feixe de deveres convergentes (centrípetos) sobre um centro único de gravidade: o bem comum". E conclui: "O VIR (irradiando-se do centro único de gravidade: o Bem Comum) conduz um feixe de direitos irradiantes (centrífugos que alcançam a cada um dos indivíduos criadores do Estado" (BECKER, Alfredo Augusto. *Teoria geral do direito tributário*. 3. ed. São Paulo: Lejus, 1998. p. 173-178, passim).

A justiça da tributação não se exclui, pois só é possível usar do poder de tributar *ad publicam utilitatem pertinent*.

Nos dias atuais, tem sido comum certa confusão entre "interesse público" e "razões de Estado". Entretanto, a "razão de Estado" já não pode ser arguida no âmbito da aplicação ou exigibilidade de tributos, e sequer a soberania ou o *ius imperii* são, por si só, suficiente para tanto.[55] A tributação adquire sua legitimidade na Constituição e no regime de princípios da segurança jurídica material. Isso não quer dizer que o *interesse público* não seja encontrável em diversos casos, ainda que sob condicionamentos e limitações recíprocas.[56]

O *interesse público* manifesta-se segundo uma gradação de conteúdos e, quanto maior for a regulação constitucional, menor sua intensidade (por ser menor a discricionariedade legislativa, a vagueza ou ambiguidade dos textos). É indiscutível que a segurança jurídica do constitucionalismo do Estado Democrático de Direito recusa qualquer valia à fundamentação da exigência de tributos com base na *razão de Estado*.

Como se vê a *razão de Estado* dista da noção de *interesse público*, que será sempre o que concerne aos valores do coletivo.[57] O *princípio do*

---

55 Esta matéria encontra-se muito bem examinada pelo Min. Celso de Mello no seguinte julgamento: "(...). *Razões de Estado não podem ser invocadas para justificar o descumprimento da constituição.* – É preciso advertir que as razões de Estado – quando invocadas como argumento de sustentação da pretensão jurídica do Poder Público ou de qualquer outra instituição – representam expressão de um perigoso ensaio destinado a submeter, à vontade do Príncipe (o que é intolerável), a autoridade hierárquico-normativa da própria Constituição da República, comprometendo, desse modo, a ideia de que o exercício do poder estatal, quando praticado sob a égide de um regime democrático, está permanentemente exposto ao controle social dos cidadãos e à fiscalização de ordem jurídico-constitucional dos magistrados e Tribunais" (STF, AI 241397 AgRg, 2.ª T., rel. Min. Celso de Mello, j. 10.08.1999).

56 CANOTILHO, José Joaquim Gomes. *Constituição dirigente e vinculação do legislador*: contributo para a compreensão das normas constitucionais programáticas. 2. ed. Coimbra: Coimbra Ed., 2001. p. 252. Cf. ainda o excelente estudo: MACHADO, Raquel Cavalcanti Ramos. *Interesse público e direitos do contribuinte*. São Paulo: Dialética, 2007.

57 Hegel deixa uma pista sobre seus fundamentos, ao cuidado da sociedade como um somar-se de "eus" (*o eu empírico da relação existe como toda a multidão dos Eus*): "Esta multidão segundo a abstracção da sua quantidade é o poder público, e o poder público enquanto pensante, consciente, é aqui o governo enquanto *jurisdição.* (...) Como jurisdição, o governo é a totalidade de todos os direitos, mas com plena indiferença quanto à relação da coisa com a necessidade deste indivíduo determinado. Semelhante indivíduo é para ele uma pessoa universal inteiramente indiferente"

interesse público é relativo (advém da relação entre o individual e o coletivo), e sua natureza normativa, essencialmente principiológica, pode levar o intérprete à ponderação entre interesses individuais e interesses coletivos unicamente nos casos em que a Constituição não o fez previamente, de forma objetiva e vinculante, quanto aos resultados.

Frequentemente o Estado alega a *necessidade* de recorrer ao fundamento do interesse público como meio excepcional para garantir a paz, a segurança, a ordem pública e a harmonia social, a exemplo das interceptações telefônicas, produções ilícitas de provas, quebras de sigilo bancário sem motivo justificado, exigências gravosas de garantias, exposições públicas de presos e outros males. A título de segurança dos interesses do Estado, porém, nenhuma medida gravosa de constrangimento pode ser empregada sob o pálio de uma *razão de Estado*, em detrimento da segurança jurídica do cidadão ou do contribuinte, dada a violação dos princípios de direitos e liberdades fundamentais. No Estado Democrático de Direito não há espaço para tal escusa. Neste, a única *razão de Estado* legítima que a Constituição alberga consiste em efetivar direitos fundamentais, preservar a democracia e garantir a dignidade da pessoa humana, com medidas que respeitem e assegurem estes e outros valores, observada sempre a proporcionalidade de qualquer restrição infraconstitucional a esses direitos. Não se deve, pois, confundir "interesse público" com "razões de Estado" no Estado Democrático de Direito.[58]

4. A JUSTIÇA TRIBUTÁRIA A PARTIR DAS TEORIAS DO BENEFÍCIO E DO SACRIFÍCIO DOS TRIBUTOS: A COLABORAÇÃO DAS ESCOLAS ECONÔMICAS E DAS CIÊNCIAS DAS FINANÇAS

Ao jurista não cabem especulações sobre quais modelos de tributação poderiam ser, economicamente, mais *eficientes*, por ser este critério objeto de análises estranhas ao método da dogmática jurídica. Ao jurista compete a hermenêutica e aplicação do direito tributário. Contudo, o estudo do princípio de capacidade contributiva não pode ser feito sem uma prévia aproximação das doutrinas que o fundamentaram desde a origem,

---

(HEGEL, George Wilhelm Friedrich. *O sistema da vida ética*. Trad. Arthur Morão. Lisboa: Edições 70, 1991, p. 82).

58 CLAVERO, Bartolomé. *Razón de Estado, razón de individuo, razón de historia*. Madrid: Centro de Estudios Constitucionales, 1991; FÉRNANDEZ GARCÍA, Eusebio. *Entre la razón de Estado...* cit.

bem assim a forma de divisão dos tributos e os modelos de definição dos critérios de apuração da justiça tributária em cada caso. E este é precisamente o caso da justiça tributária, incialmente elaborada pelos autores de economia política e que passou aos compêndios de direito financeiro até assumir sua autonomia jurídica, como conteúdo específico do direito tributário.

No Estado de Direito, do então denominado "Estado de Liberdade", a justiça tributária via-se justificada pelo *consentimento ao tributo*, quando o "povo" decidiria sobre quem deveria pagar o tributo (i) e de que forma este caberia ser apurado e pago (ii). Afirmava-se, assim, a prevalência da igualdade e da vedação de privilégios na cobrança dos tributos, ao se assegurar uma tributação baseada na repartição do custo das despesas públicas e na proporção das riquezas disponíveis. Esta foi a grande conquista do século XIX em matéria de tributos, a *uniformidade dos critérios* de justiça tributária, segundo a *igualdade*, a *generalidade* e a *capacidade contributiva.*

A *concepção do imposto como* "preço", ou melhor, como "preço da segurança" e, igualmente, como "preço" dos serviços prestados pelo Estado, vê-se reforçada na segunda metade do século XVIII (pela noção de "necessidade", do Estado de Polícia), conservando-se no século XIX, e até mesmo no século XX. Adam Smith e Proudhon, com variações, não destoaram desse entendimento. Partiam do pressuposto de um embrionário "consentimento" popular do imposto ou, ao menos, da aprovação pelos representantes da nação, e alinhavam-se com a finalidade do tributo na cobertura dos gastos públicos, em favor do *bem comum.* A ideia do "imposto" como "preço" dos serviços estatais foi também compartilhada pelos fisiocratas e por todos os liberais, o que é compreensível e coerente com a redução da intervenção do Estado sobre a economia (*laissez faire, laissez passer*).

Por todo o século XIX e até meados do século XX o estudo dos tributos continuou a ser versado por economistas (ramo da Economia Política) e estudiosos das ciências das finanças. Até mesmo o valor fundamental da *igualdade* foi longamente debatido por economistas, especialmente com o advento do liberalismo econômico e, mais tarde, com a política do *welfare state.*[59] Nessa fase o direito tributário não era muito mais do que

---

[59] Com uma visão atual dessas polêmicas, vide: BENTLEY, Duncan. *Taxpayers' Rights*: theory, origin and implementation. Netherlands: Kluwer Law, 2007. p. 33 e ss.; para o debate sobre a crise do Estado "liberal", veja-se: SCHUMPETER, Joseph A. *The crisis of the tax state*. In: *International Economic Papers*. New York: MacMillan, 1954. n. 4, p. 25. Cf. MUSGRAVE, R. A. Schumpeter's crisis of the tax state: an essay in fiscal

um capítulo relevante do direito financeiro, que só tardiamente adquiriu autonomia científica.

Deve-se a Adam Smith, ainda que outros já manifestassem semelhantes entendimentos,[60] a elaboração dos critérios técnicos para uma justa tributação, com prevalência da apuração segundo a *capacidade contributiva*, e não mais o *bem comum* ou a *razão de Estado*. Para ele, o pagamento dos tributos *proporcionalmente às respectivas capacidades dos contribuintes* justificava-se pela vinculação ao "fim" do tributo, que seria "a conservação do governo e seus gastos com os indivíduos", porquanto o rendimento que cada um usufrui só seria possível "sob a proteção do Estado".[61] Com isso, Adam Smith, ao mesmo tempo em que consagra a *capacidade contributiva* como fundamento de justiça individual, mantém a destinação para o "bem comum" e financiamento do Estado como critérios de justiça geral ou coletiva.

Foi assim que Adam Smith,[62] em 1776, no seu fundamental *A riqueza das nações*, estabeleceu as quatro máximas relativas à justiça (igualdade

---

sociology. *Journal of Evolutionary Economics*, p. 89-113, Berlin: Springer-Verlag, 1992. Cf. NEUMARK, Fritz. *Principios de la imposición*. 2. ed. Madrid: Instituto de Estudios Fiscales, 1994; GIARDINA, Emilio. The crisis of the fiscal state. In: *Scritti scelti*. Milano: Franco Angeli, 2008. p. 162-171.

60 Este é o caso de Montesquieu, para quem "a sabedoria e a prudência devem regulamentar tão bem como a porção que se retira e a porção que se deixa aos súditos. (...) Não é pelo que o povo pode dar que se deve medir as rendas públicas, mas sim pelo que ele deve dar; e, se as medimos pelo que ele pode dar, é mister que isto seja, pelo menos, segundo o que o povo pode sempre dar" (MONTESQUIEU. *Do espírito das leis*. São Paulo: Nova Cultural, 2000. vol. 2; cf. AYALA, José Luis Pérez de. *Montesquieu y el derecho tributario moderno*. Madrid: Dykinson, 2001; cf. ANTIGÜEDAD, José Maria Merino. *Maestro es lícito pagar tributos al César?* Madrid: Dykinson, 2002).

61 Versão contemporânea desse entendimento pode ser visto em: KIRCHHOF, Paul. La influencia de la constitución Alemana en su legislación tributaria. In: ____ et al. *Garantías constitucionales del contribuyente*. 2. ed. Valencia: Tirant lo Blanch, 1998. p. 25-49.

62 SMITH, Adam. *A riqueza das nações*. São Paulo: Martins Fontes, 2003. vol. 2, p. 1046-1049; e como ressalta Ricardo Lobo Torres: "O princípio da capacidade contributiva se consolida no pensamento ocidental através da obra de Adam Smith, eis que até o advento do Estado Fiscal os tributos eram cobrados com fundamento na necessidade do Príncipe e na Razão de Estado. Aquele princípio, apoiado na ideia de *benefício*, indicava que os impostos deveriam corresponder, no plano ideal, ao benefício que cada qual receberia do Estado com a sua contribuição, o que dava relevo ao subprincípio da *proporcionalidade*" (TORRES, Ricardo Lobo. *Tratado de direito constitucional financeiro e tributário*. Os tributos na Constituição. Rio de Janeiro: Renovar, 2007. vol. 4. p. 46); para um exame historiográfico da doutrina do

e proporcionalidade), certeza, comodidade e economia dos *tributos*, que passariam a ser seguidas por numerosos estudiosos, com ou sem adaptações, a saber:

> "I) *Igualdade* – É necessário que os súditos de todos os Estados contribuam o mais possível para a conservação do governo, *proporcionalmente às suas respectivas capacidades*, isto é, em proporção ao rendimento que cada um usufrui sob a proteção do Estado. Os gastos do governo para com os indivíduos de uma grande nação são semelhantes a despesas relativas à administração de uma associação de rendeiros de uma grande propriedade fundiária, os quais são obrigados a contribuir proporcionalmente a seus respectivos interesses que têm na propriedade. É na observação ou negligência dessa máxima que consiste a chamada igualdade ou desigualdade de impostos. (...)
>
> II) *Certeza* – É preciso que o tributo que todo indivíduo está obrigado a pagar seja fixo, e não arbitrário. A data de pagamento, o modo de pagamento, a quantidade a ser recolhida devem ser claros e evidentes para o contribuinte, bem como para qualquer outra pessoa. Caso contrário, toda pessoa sujeita ao imposto fica, em maior ou menor grau, à mercê do coletor, que pode ou aumentar o imposto de um contribuinte que odeie, ou extorquir, mediante a ameaça de aumentar o imposto, algum presente ou alguma gratificação para si mesmo. (...) Na tributação, a certeza sobre aquilo que todo indivíduo precisa pagar é uma questão de tal relevância, que, segundo mostra a experiência de todas as nações, creio não haver mal tão grande como a existência de um grau mínimo de incerteza.
>
> III) *Comodidade* – É necessário que todos os impostos sejam arrecadados na data e do modo em que provavelmente forem mais convenientes para o contribuinte. (...)
>
> IV) *Economia* – É necessário que todo imposto seja planejado de tal modo que as pessoas paguem ou desembolsem o mínimo possível além do que se recolhe ao tesouro público do Estado. (...)"

Distribuir equitativamente o ônus da despesa pública entre os particulares foi sempre uma grande preocupação de juristas e economistas. Daí formaram-se as teorias sobre como distribuir, equitativamente, o custo com a despesa pública, ao lado da isonomia perante a lei e aquela da igualdade na lei, de cunho material. Afastadas estas, ao menos por enquanto, interessa-nos a distinção entre a "teoria do benefício" e a "teoria do sacríficio".

---

tributo, veja-se: MORSELLI, Emanuele. *La dottrina del tributo*: presupposti scientifici della finanza pubblica. Padova: Cedam, 1965.

O surgimento das chamadas "teoria do benefício" (ou da equivalência) e "teoria do sacríficio", que passariam a disputar preeminência na definição da "igualdade tributária", sobre a proporção que seria devida por cada indivíduo ao Estado, foi fundamental para que o princípio de capacidade contributiva adquirisse autonomia como critério de justiça tributária. Em qualquer uma destas, porém, na origem, a capacidade contributiva via-se avaliada em combinação com a "causa final", as vantagens dos serviços do Estado (Adam Smith). É que dada a dificuldade do critério do benefício, para a repartição justa do total dos tributos entre os indivíduos, viu-se o Estado obrigado a buscar apoio em outro princípio, o da capacidade econômica do sujeito passivo.[63] As disputas entre a teoria do benefício e a teoria do sacrifício (opção de Adam Smith) ainda prosperam, e sobre a capacidade contributiva justificar os tributos pela proporcionalidade ou progressividade, além das preocupações finalísticas com a despesa pública.[64]

---

[63] Como acentua Musgrave, a teoria da tributação conhece de longa data o conceito de "boa estrutura fiscal", desenvolvido segundo duas linhas fundamentais: 1) princípio do sacrifício ou da capacidade contributiva; e 2) princípio do benefício. No primeiro, só interessa a tributação e não entra em discussão a oferta de bens e serviços pelo Estado. É nesse modelo que a igualdade tributária incorpora o princípio de tributação optimal (Musgrave, Richard A. *Finanza pubblica, equità, democrazia*. Bologna: Il Mulino, 1995, p. 193; cf. Simons, H. C. *Personal income taxation*: the definition of income as a problem of fiscal policy. Chicago: University of Chicago Press. 1938, p. 30. Para um resumo mais atual: Murphy, Liam; Nagel, Thomas. *O mito da propriedade*. São Paulo: Martins Fontes, 2005. p. 16-48; para diversos estudos fundamentais: Musgrave, Richard A.; Shoup, Carl S. (org.). *Ensayos sobre economía impositiva*. México: Fondo de Cultura Económica, 1964; vejam-se ainda os estudos sobre limites constitucionais ao poder fiscal do Estado e limites éticos da tributação em: Buchanan, James M. *Economía y política*. Escritos seleccionados. Valencia: Universidad de Valencia, 1988).

[64] De certo modo, a Déclaration des Droits de l'Homme et du Citoyen, de 1789, proclama este princípio, no seu art. XIII: "Pour l'entretien de la force publique, et pour les dépenses d'administration, une contribution commune est indispensable. Elle doit être également répartie entre tous les Citoyens, en raison de leurs facultés". E no art. XIV: "Tous les Citoyens ont le droit de constater, par eux-mêmes ou par leurs Représentants, la nécessité de la contribution publique, de la consentir librement, d'en suivre l'emploi et d'en déterminer la quotité, l'assiette, le recouvrement et la durée". Cf. "La thèse de l'impôt solidarieté se présente d'abord comme un procédé équitable d'imposition dans un système politique fondé sur l'État. Bien évidemment, la hauter di sacrifice fiscal y dépend étroitment des politiques menées et notamment des politiques sociales". Mais adiante, outras constituições proclamaram princípios semelhantes, a saber: Constituição do Brasil, de 1824: "XV. Ninguem será exempto

Stuart Mill, influenciado pelas teorias de Locke, mas aberto para os ideais de justiça distributiva, aprimora o modelo de tributação fundado na *igualdade de sacrifício*, ao considerar que somente haveria igualdade na partilha dos gastos públicos entre os indivíduos caso esta se realizasse proporcionalmente às rendas superiores ao nível de subsistência. Seu grande mérito foi aquele de colocar a *igualdade* como valor central da tributação, medido a partir da igualdade de sacrifício, e de introduzir a igualdade vertical, como garantia de maior justiça tributária.[65]

A *teoria do benefício* consistia em uma *equivalência* entre os impostos pagos pelo contribuinte e as prestações recebidas do Estado. Nesta, os tributos deveriam ser cobrados de acordo com os benefícios recebidos do produto da arrecadação. Taxas,[66] pedágios, contribuições previdenciárias são exemplos. Seria o preço pago para cobrir os custos que a economia estatal suporta para adimplir a prestação dos serviços públicos.

---

de contribuir para as despezas do Estado em proporção dos seus haveres". Constituição de Weimar, art. 134 – "todos os cidadãos sem distinção contribuirão na proporção dos seus meios à totalidade dos gastos públicos estabelecidos nas leis". E mesmo nas constituições mais recentes a redação não destoa dessas experiências anteriores, sempre baseadas na repartição dos "gastos públicos", por exemplo: Constituição Italiana de 1947, art. 53 – "*Tutti sono tenuti a concorrere alle spese pubbliche in ragione della loro capacità contributiva*". Constituição de Portugal: art. 103, 1 – "O sistema fiscal será estruturado por lei, com vista à repartição igualitária da riqueza e dos rendimentos e à satisfação das necessidades financeiras do Estado". Constituição da Espanha, art. 31, 1 – "Todos contribuirán al sostenimiento de los gastos públicos de acuerdo con su capacidad económica mediante un sistema tributario justo inspirado en los principios de igualdad y progresividad que, en ningún caso, tendrá alcance confiscatorio" (Bouvier, Michel; Esclassan, Marie-Christine; Lassale, Jean-Pierre. *Finances publiques*. 6. ed. Paris: LGDJ, 2002. p. 601; Baleeiro, Aliomar. *Uma introdução à ciência das finanças*. 14. ed. Rio de Janeiro: Forense, 1992; Birk, Dieter. *Diritto tributario tedesco*. Trad. Enrico de Mita. Milano: Giuffrè, 2006, p. 12 e ss.).

65 Mill, John Stuart. *Principios de economía política*: con algunas de sus aplicaciones a la filosofía social (1848). Trad. Teodoro Ortiz. México: Fondo de Cultura Económica, 2001; para uma ampla abordagem das distintas escolas, ver: Blum, Walter J.; Kalven Junior, Harry. *El impuesto progresivo*: un tema dificil. Madrid: Instituto de Estudios Fiscales, 1972.

66 A correspondência entre o custo do serviço e o valor da taxa não deve ser efetiva. Para Wagner são taxas: "Quei tributi che i cittadini o gruppi di citadini pagano, in una certa forma determinata esclusivamente dallo Stato e in un ammontare determinato, come corrispettivo speciale per un servizio che essi ricevono dallo Stato o per la spesa che essi hanno cagionato allo Stato in conseguenza dell'esercizio di un'attività dello Stato" (Wagner, Adolfo. *La scienza delle finanze*. Trad. Maggiorino Ferraris e Giovanni Bistolfi. Torino: Unione Tipografico, 1891. p. 628-30).

Outra teoria que logrou êxito foi a do tributo como seguro, como espécie de prêmio de um "seguro social" para proteção da vida e propriedade, pela proteção que o Estado deve destinar aos cidadãos,[67] como variante da teoria da *equivalência*, a exemplo daquela do tributo como "troca".

A "teoria do benefício" baseava-se na contraprestação ou benefício, ou no princípio "econômico-privado", nas palavras de Wagner,[68] e fundava a igualdade dos contribuintes na repartição dos tributos segundo a proporção de valores relativos aos serviços públicos prestados pelo Estado. Este viria a ser o princípio que informaria as taxas, por excelência. O segundo princípio seria aquele do "sacrifício", segundo o qual "il contribuente in ragione della sua capacità di produzione economica è atto a suportare una data imposta, ossia, secondo la sua capacità contributiva".[69] Neste caso, o contribuinte suportaria um *ônus*, uma *privação*, sentida como um *peso*, pela divisão do sacrifício para o custeio dos gastos públicos, o que se deveria limitar segundo os haveres individuais, e cuja cobrança somente poderia ocorrer em presença de algum fato com demonstração efetiva de capacidade econômica. De se ver, a primeira, é mais uma teoria da motivação do tributo, pela repartição dos custos de viver em uma coletividade; enquanto que a segunda preocupa-se fortemente com a justiça individual, individualmente. E como a *igualdade horizontal*[70] seria insuficiente, pois as demonstrações de capacidade contributiva não são semelhantes, Adolf Wagner, na linha de Stuart Mill, propõe, então, ao final do século XIX, uma tributação com *progressividade*,[71]

---

67 Montesquieu, em 1748, evidencia sua preferência por essa opção, ao dizer: "As *rendas do Estado são uma parcela que cada cidadão dá de seu bem para ter a segurança da outra ou para fruí-la agradavelmente.* Para fixar corretamente essas rendas, cumpre considerar as *necessidades do Estado e as necessidades dos cidadãos.* Não se deve tirar das necessidades reais do povo para suprir as necessidades imaginárias do Estado" (MONTESQUIEU. *Do espírito das leis.* São Paulo: Nova Cultural, 2000. vol. 2; cf.: AYALA, José Luis Pérez de. *Montesquieu y el derecho tributario moderno.* Madrid: Dykinson, 2001).

68 WAGNER, Adolfo. *La scienza delle finanze* cit., p. 927.

69 Idem, p. 929.

70 Para maiores aprofundamentos a respeito dessa noção nos dias atuais, em relação com o princípio de eficiência e sua relação com os princípios da ordem econômica, cf. ELKINS, David. Horizontal equity as a principle of tax theory. *Yale Law & Policy Review*, vol. 24, p. 43-90, Connecticut: Yale Law School, 2006.

71 Veja-se o estudo de Cohen Stuart sobre a teoria pura da progressividade, com análise das teses de Stuart Mill, Wagner, Pierson e Van Den Linde, além de inovações sobre os princípios de igualdade, capacidade contributiva e as teorias do benefício e

para respeitar os casos de *igualdade vertical*, para assegurar a justiça fiscal "no" imposto, como dirá mais tarde Paul Hugon.[72]

No exame da tributação baseada na capacidade individual de pagamento, surgiram três interpretações do *sacrifício*, atendidos os seguintes pressupostos: a) a utilidade marginal da renda diminui à medida que a renda aumenta; b) a renda carece de utilidade significativa abaixo do nível de subsistência; c) o Estado tem necessidade de entradas financeiras; d) as rendas são oferecidas antes do imposto; e e) os critérios fundamentais de um sistema tributário são os princípios de capacidade contributiva, generalidade e progressividade.[73] São as seguintes: (i) *Sacrifício absoluto igual* (*equal sacrifices*, de Stuart Mill), pelo qual se requer que todos percam a mesma quantidade de ganhos; (ii) *Sacrifício proporcional igual*[74] (*minimum sacrifices*), cujo mote consiste em pagar mais quem tem uma perda maior em quantidade absoluta de utilidade; e (iii) *Sacrifício marginal igual ou sacrifício global mínimo* (*marginal sacrifices*, de Cohen Stuart), por entender que quem tem mais pagará mais impostos, quando tenha reduzida sua quantidade absoluta de lucros.[75]

Contudo, como percebe Musgrave, nenhum desses critérios de determinação da capacidade contributiva (benefício ou sacrifício) é operacionalmente fácil de interpretar e concretizar. O *princípio do benefício* só se aplica quando os beneficiários podem ser identificados claramente. Para Otto Eckstein, porém, isso não ocorre com a maioria dos serviços públicos. Por isso, este princípio proporciona uma solução parcial ao

---

do sacrifício: COHEN STUART, Arnold Jacob. Contributo alla teoria della imposta progressiva sul reddito (1889). Torino: Utet, 1920, p. 413-580. Cf ainda: STAMP, Josiah. *I principi fondamentali dell'imposizione in rapporto ai moderni sviluppi*. Torino: Utet, 1934. p 390-514.

[72] HUGON, Paul. *O imposto*. Teoria moderna e principais sistemas. São Paulo: Renascença, 1945. p. 74.

[73] Sobre a progressividade e teoria do sacrifício: UCKMAR, Victor. *Principi comuni di diritto costituzionale tributario*. 2. ed. Padova: Cedam, 1999. p. 78 e ss. Cf. CARRAZZA, Roque. *Curso de direito constitucional tributário*. 25. ed. São Paulo: Malheiros, 2009.

[74] EDGEWORTH, Francis Y. The pure theory of taxation. *Economic Journal*, n. 7, p. 550-571, 1897.

[75] ALLAN, Charles M. *La teoría de la tributación*. Madrid: Alianza, 1974. p.149-151. Cf. MUSGRAVE, Richard A. *Teoria das finanças públicas*: Um estudo de economia governamental. Brasília: Atlas, 1910. vol. 2. MUSGRAVE, Richard A. *Finanza pubblica, equità, democrazia*. Bologna: Il Mulino, 1995; BARONE, Enrico (1859-1924). *Principi di economia finanziaria*. Bologna: Zanichelli, 1937.

problema da justiça tributária.[76] Exemplos são os serviços com pedágios, contribuições de melhoria,[77] contribuições sindicais e outros.

Estes modelos, ao longo dos anos, foram mitigados na sua importância, em grande parte, pela dificuldade de determinar critérios adequados de igualdade na proporção dos gastos públicos e pela própria eliminação de vinculação do produto da arrecadação da maioria dos tributos a órgão, fundo ou despesa.[78] Isso não quer dizer, porém, que foram abandonados.[79] Sabe-se perfeitamente que tributos podem ser cobrados pela efetiva prestação de serviços públicos, como é o caso das taxas e contribuição de melhoria. Ocorre, porém, que sequer para as taxas ou contribuições, tributos típicos da *teoria do benefício*,[80] pode-se falar em sinalagma das prestações de serviços públicos ou vinculação obrigatória entre receitas e despesas efetivas.[81] As taxas são devidas com base em uma espécie de *interesse de continuidade do serviço*, sem que haja obrigatoriedade de

76 ECKSTEIN, Otto. *Economia financeira:* introdução à política fiscal. Trad. Luciano Miral. Rio de Janeiro: Zahar, 1964. p. 92.

77 "L'imposición que tiene en cuenta el beneficio particular que deriva al contribuyente de una obra o de una actividad pública, da lugar a las contribuciones, que evidencian una correlación directa entre el interés del Estado en el gasto público, alimentado por la contribución, y el interés privado favorecido por el mismo gasto" (GRIZIOTTI, Benvenuto. *Principios de ciencia de las finanzas.* Trad. Dino Jarach. Buenos Aires: Depalma, 1949. p. 218).

78 HICKS, Ursula Kathieen. *Finanças públicas.* Trad. Leopoldo C. Fontenele. Rio de Janeiro: Zahar, 1961. p. 161.

79 A melhor expressão disso é a excelente obra: VASQUES, Sérgio. *O princípio da equivalência como critério de igualdade tributária.* Coimbra: Almedina, 2008. p. 251 e ss.

80 A norma tributária é *bilateral* porque a onerosidade da obrigação decorre de um direito de crédito seguido do dever de cumprimento pelo sujeito passivo. Dessa bilateralidade não decorre qualquer vinculação com a teoria do benefício. Mesmo assim, perdurou por largo tempo a doutrina segundo a qual o *tributo justo* seria aquele fundado no *benefício* a partir de prestações de serviços públicos, em virtude da necessária *bilateralidade* do conteúdo da norma tributária.

81 "Non è invece concepibile, nemmeno sul piano economico, un sistema tributario statale fondato su criteri sinallagmatici e, quindi, su tributi poco utilizzabili quali strumenti di redistribuzione. Si è visto infatti che, almeno nella realtà dello stato sociale, i tributi generali hanno la funzione minima – incompatibile con la logica del beneficio – di finanziare, nel rispetto del principio di giustizia distributiva, la produzione dei beni pubblici indivisibili e, in genere, i livelli essenziali dei diritti civili e sociali da garantire con carattere di universalità a ogni cittadino" (GALLO, Franco. *Le ragioni del fisco*: ética e giustizia nella tassazione. Bologna: Il Mulino, 2007. p. 117).

coincidência entre o serviço público e o valor pago. Até porque, como bem observa Lello Gangemi, "si può affermare che, generalmente, la *tassa* è *un prezzo inferiore alle spese* di *produzione*."[82] Quanto aos impostos e contribuições, aparentemente, seria aplicável a chamada *teoria do sacrifício*. Contudo, isso também já foi superado. O tributo não é um "sacrifício", pois a Constituição assume o tributo como o modelo essencial de repartição das despesas públicas entre os indivíduos, segundo sua capacidade econômica. A tributação deve ser legitimada a partir da capacidade econômica, tutelada a reserva do mínimo vital, e, quando cabível, a progressividade, como medida de pessoalidade (ou individualização) da tributação.[83]

Para um sistema tributário como o brasileiro, de múltiplas competências tributárias e diversas garantias de direitos fundamentais, a relação causal entre receitas tributárias e despesas públicas já está pressuposta em todas as regras de discriminação de rendas; e a capacidade de prestação dos tributos (ou capacidade de suportar economicamente a exigência tributária), individualmente considerada. De qualquer modo, as distinções teóricas entre equidade vertical e horizontal e entre a *teoria do sacrifício* e a *teoria do benefício* são ainda úteis para exame dos critérios de concretização da justiça tributária e, especialmente, para a delimitação do conteúdo e efetividade do princípio de capacidade contributiva, ainda que desprovidas do caráter determinante havido no passado.

A teoria que marcou a passagem entre o domínio dos financistas e a nova ordem do Estado Constitucional de Direito dos idos da década de 20 do século passado, e se ocupou do teste de legitimação do tributo por critérios jurídicos, foi aquela da "causa jurídica", da Escola de Pavia (Pugliese, Jarach, Vanoni), liderada por Benvenuto Griziotti, fundada no princípio de capacidade contributiva. Cabe, pois, entender os seus pressupostos, para daí avançar aos fundamentos atuais.

---

[82] GANGEMI, Lello. *Finanza pubblica*. Napoli: Liguori, 1965. vol. 1, p. 296.

[83] Huhg Dalton, ao considerar que a capacidade tributária individual requer modelos para medir a distribuição da carga da tributação, então discute as teorias do sacrifício igual, proporcional e a do menor sacrifício. Ao final lança dúvidas sobre todas e sugere não avançar nesse estudo (DALTON, Hugh. *Princípios de finanças públicas*. Trad. Maria de Lourdes Modiano. Rev. Aliomar Baleeiro. 3. ed. Rio de Janeiro: FGV, 1977. p. 95-99).

5. O PRINCÍPIO DE CAPACIDADE CONTRIBUTIVA: DA TEORIA DA CAUSA DO TRIBUTO À SUA CONSAGRAÇÃO COMO PRINCÍPIO CONSTITUCIONAL AUTÔNOMO

A doutrina da capacidade contributiva como "causa" do tributo foi largamente difundida por Benvenuto Griziotti e seus discípulos da chamada "Escola de Pavia", tanto para determinação do que poderia servir como fato tributável (hipótese de incidência) como para a graduação da prestação tributária.[84]

Segundo a orientação adotada pela teoria da "causa", para que fatos jurídicos pudessem ser colhidos como fundamento da incidência tributária estes deveriam ser reveladores de capacidade contributiva (objetiva), como ocorre na propriedade de bens imóveis, na transferência *causa mortis*, na prestação de serviços e outros. Somente os fatos econômicos reveladores de capacidade contributiva poderiam ensejar a cobrança de tributos. Diante disso, o *destino* ou *finalidade* do tributo (atender o bem comum, suprir as necessidades do príncipe ou a razão de Estado *et caterva*) deixaria de ser o móvel principal para justificar a criação e cobrança de tributos e, no seu lugar, a capacidade contributiva assumiria a função de princípio fundamental.[85]

Segundo Griziotti, haveria um vínculo indireto entre capacidade contributiva e serviços públicos, pelo qual a manifestação da capacidade econômica deveria ser considerada como índice das vantagens gerais ou particulares proporcionadas aos contribuintes pelos gastos e os serviços públicos,[86] na medida em que "la contribución con arreglo a la capacidad económica es una manifestación del *principio de solidariedad*".[87] Essa vinculação entre solidariedade e capacidade contributiva seria o *leitmotiv* da legitimação do tributo na ordem jurídica.[88]

---

[84] Contrário à teoria causalista: Flores Zavala, Ernesto. *Elementos de finanzas públicas mexicanas*: los impuestos. 20. ed. México: Porrúa, 1978. p. 129.

[85] "L'imposizione fiscale deve essere generale e deve tener conto della capacità economica di ogni singolo contribuente" (Blumenstein, Ernst. *Sistema di diritto delle imposte*. Trad. Irene Blumenstein; Francesco Forte. Milano: Giuffrè, 1954. p. 117; HENSEL, Albert. *Diritto tributario*. Trad. Dino Jarach. Milano: Giuffrè, 1956. p. 50).

[86] "El círculo lógico es completo y se cierra exactamente: el gasto público; éste aumenta inmediata o paulatinamente la capacidad contributiva; la capacidad contributiva da lugar a la recaudación de los impuestos; los impuestos alimentan el gasto público" (Griziotti, Benvenuto. *Principios de ciencia*... cit., p. 215-216).

[87] HERRERA MOLINA, Pedro M. *Metodología del derecho financiero y tributario*. México: Porrúa, 2004. p. 154.

[88] "La capacidad contributiva, cuya determinación costituye la obligación al pago del impuesto, es el indicio o la manifestación de esta correspondencia indirecta entre

Para o nascimento da obrigação tributária, além dos seus elementos constitutivos, esta deveria atender a outros critérios (não sem as críticas de Cocivera[89] e de Giannini a respeito), adicionalmente, deveria estar presente a *causa jurídica*, que consistiria na integração do contribuinte às atividades estatais, do que derivaria a capacidade contributiva como indício indireto daquilo que ele aufere como riqueza, renda ou patrimônio, em virtude das condições que o Estado lhe oferece como sociedade juridicamente organizada (estabilidade, segurança e outros).

Para Grizziotti[90] o princípio político da capacidade contributiva seria o critério diretivo do imposto. Por pertencerem a um dado Estado, os indivíduos gozam de uma potencialidade de contribuir aos gastos públicos, pelas condições para lograr o êxito econômico pretendido. Como se vê, o oposto de uma teoria do "bem comum" ou da "razão do Estado". O fundamento jurídico é a capacidade contributiva; mas o tributo vê-se justificado porque se não fosse a atuação do Estado, o contribuinte não colheria a vantagem econômica manifestada pela capacidade contributiva. Cabível, pois, a exigência de tributos (a) a partir de fatos econômicos reveladores de riqueza e (b) graduados segundo critérios coerentes com a capacidade contributiva.

Dino Jarach, por outro lado, preferiu examinar a teoria da causa como elemento característico do *pressuposto de fato da obrigação* (hipótese de incidência do tributo),[91] por entender que esta seria uma decorrência de manifestação de riqueza verificada no momento do fato jurídico tributário. Esta orientação rendeu-lhe críticas de Griziotti, pela importância que o critério de legitimação do tributo exerceria sobre a capacidade contributiva.

Como se pode ver, a teoria da "*causa impositionis*", da Escola de Pavia, é uma teoria ética do tributo, ao procurar adicionar um elemento

---

el interés público en el cumplimiento de los servicios públicos mediante la recaudación del impuesto, y el interés privado, para que los servicios sean prestados por las ventajas generales o particulares, presentes o futuras, que derivan a favor del contribuyente" (GRIZIOTTI, Benvenuto. *Principios de ciencia*... cit., p. 217).

89 "La tesi, che secondo una felice espressione de A. D. Giannini, è dettata dall'aspirazione altretanto generosa quanto fertile di pericolose illusioni, è destituita di qualsiasi fondamento e meraviglia perfino che giuristi della forza di Pugliese, Vanoni e Jarach l'abbiano potuta sostenere" (COCIVERA, Benedetto. *Corso di diritto tributario*. Bari: Dott. Francesco Cacucci, 1965. p. 394).

90 GRIZIOTTI, Benvenuto. *Principios de ciencia*... cit., p. 215.

91 GRIZIOTTI, Benvenuto. *Saggi sul rinnovamento dello studio della scienza delle finanze e del diritto finanziario*. Milano: Giuffrè, 1953. p. 364.

de avaliação legitimadora para distinguir arrecadação de tributos de extorsões arbitrárias do poder público. Contudo, merece reservas inequívocas. Como examina Cocivera: "*Ora, se atraverso la causa giuridica si vogliono realizzare i postulati della giustizia tributaria al di là dei limiti della norma, si ha un atto viziato per eccesso di potere*".[92] Cabe ao legislador realizar o postulado dos tributos ótimos com adequação destes à capacidade contributiva; não ao jurista. Para este, a causa jurídica do tributo não é a capacidade contributiva, mas a "fonte" da obrigação, entendida esta como a ocorrência da situação abstratamente prevista na lei. Levada às suas últimas circunstâncias, a teoria da causa nem se poderia aplicar àqueles tributos fundados no princípio da "contraprestação", como a taxa ou as contribuições, já que não dependem de algum esforço em favor de causas econômicas.[93] Por todos esses motivos, a teoria da causa perdeu forças e viu-se superada por construções mais robustas e lastreadas em critérios eminentemente jurídicos.

5.1 A justificação do tributo: a afirmação do princípio de capacidade contributiva

O *princípio de capacidade contributiva* é uma expressiva forma de realização de segurança jurídica, pois colabora com a certeza do direito, tanto pela seleção das hipóteses de incidência quanto pela exata determinação do montante do tributo devido, com prévio conhecimento das repercussões impositivas. É certo que as definições de tributos, geralmente, não oferecem clareza sobre o que querem dizer com "finalidade de destinação *de receita para as necessidades públicas*", "cobertura de gastos públicos" ou "concorrer na repartição da despesa pública". Não deixam clara a opção entre teoria do benefício ou do sacrifício no exame das espécies tributárias e tampouco na avaliação do conteúdo do princípio da igualdade tributária.[94] Por esses motivos, a exata determinação dos

---

92 Cocivera, Benedetto. *Corso di diritto tributario*. Bari: Francesco Cacucci, 1965. p. 398.

93 Com uma crítica à teoria da causa de Griziotti fundada na verificação do fato jurídico tributário, veja-se: Jarach, Dino. *El hecho imponible*: teoría general del derecho tributario sustantivo. 3. ed. Buenos Aires: Abeledo-Perrot, 2004. p. 103 e ss.

94 Sacha Calmon é de mesmo pensar: "Sendo assim, o lado positivo da igualdade (dever de distinguir desigualdades) impõe seja o tributo quantificado segundo a capacidade contributiva de cada um, que é diversificada, e o lado negativo do princípio (dever de não discriminar) constrange o legislador a tributar, de forma idêntica, cidadãos de idêntica capacidade contributiva" (Coêlho, Sacha Calmon Navarro.

critérios de aferição da capacidade contributiva (certeza) e, igualmente, a melhor forma de preservar a justiça tributária são medidas relevantes de segurança jurídica,[95] o cerne da justiça distributiva dos tributos.[96] As dificuldades de opção das diversas correntes disponíveis são as mais variadas.

Economicamente, parece simples e natural explicar que o pagamento dos tributos destina-se a cobrir as despesas coletivas. Como diz André Barilari: "Lorsque le contribuable voit concrètement l'affectation des contribution, il l'accepte mieux. (...) Cette notion de juste retour est importante pour légitimer l'impôt".[97] Psicologicamente, sugere surtir maior adesão e há uma tendência de crença, ainda que falsa, de que esta é a melhor forma de financiamento público, com loas à teoria da *equivalência*, da *contraprestação* ou *benefício* (*benefit theory*). Mesmo entre juristas, é comum justificar o tributo pelo custo total de gastos públicos ou pelas vantagens individuais, para segregar impostos de taxas e contribuições.[98] Contudo, preferimos seguir a orientação de Luigi Einaudi, para quem "*il concetto del vantaggio attira per la sua semplicità, sicché si dura fatica ad abbandonarlo*"; ao que conclui: "La ricerca dell'equivalenza fra imposta pagata dai *singoli* contribuiente e benefici da essi ricevuti *singolarmente* in virtú dei pubblici servizi è assurda".[99] De fato, não

Comentários à Constituição de 1988: sistema tributário. Rio de Janeiro: Forense, 1996. p. 327).

95 A capacidade contributiva concorre em favor da segurança jurídica, a saber: garantia de generalidade e igualdade; algum vínculo demonstrado com a jurisdição do sujeito ativo tributário; ocorrência de fato com suficiente aptidão de demonstração de capacidade contributiva; praticabilidade ou comodidade no cumprimento da obrigação e não excesso de pressão tributária.

96 Steichen, Alain. La justice fiscale entre la justice commutative et la justice distributive. *Archives de philosophie du droit.* Paris: Dalloz, 2002. p. 243-280.

97 BARILARI, André. *Le consentement à l'impôt.* Paris: Presses de Science Po., 2000. p. 115.

98 Neumark não aceita a ideia segundo a qual a entrega do tributo ter-se-ia por qualificar como "sacrifício". Não é exato. "El impuesto es una exacción (no voluntaria) sin contraprestación, no puede hablarse propriamente de sacrifio" (Neumark, Fritz. *Problemas económicos y financieros del Estado intervencionista.* Trad. José María Martín Oviedo. Madrid: Editorial de Derecho Financiero, 1964. p. 435). Para ele todo imposto tem como fim intervir direta ou indiretamente na capacidade contributiva pessoal ou real. Para um amplo exame das teorias aplicáveis: Morselli, Emanuele. *La dottrina del tributo...* cit.; Morselli, Emanuele. *Corso di scienza della finanza pubblica.* 2. ed. Padova: Cedam, 1937.

99 EINAUDI, Luigi. *Principì di scienza della finanza.* Torino: Edizioni Scientifiche Einaudi, 1952. p. 99; Einaudi, Luigi. *Principios de hacienda pública.* Trad. Jaime Algarra. Madrid: Aguilar, 1968. p. 102.

encontra guarida na melhor técnica do direito tributário uma formulação de igualdade fundada na percepção empírica de um gasto público indefinido como medida individual de aplicação de tributos. Se isso fosse possível, não caberia falar em "impostos" ou "contribuições", mas sim em permanente financiamento mediante a cobrança de preços públicos, na justa medida do consumo, a valor de mercado. De igual modo, o sistema tributário não poderia ser reduzido a contribuições ou a taxas, pois o caráter de justiça social ficaria prejudicado.[100]

Para agravar a dificuldade, no século XX, prevaleceram as *concepções comunitárias do imposto*, segundo a qual o tributo constitui a parte devida por cada indivíduo em virtude do princípio da *solidariedade* nacional. Dizer que o tributo é o preço dos serviços prestados não é atualmente exato, como fez Proudhon ao seu tempo.[101] O tributo não seria mais visto como um "contrato", adimplido mediante um "preço", ou como um benefício ou sacrifício, mas como um dever inerente à vida inserida em uma dada ordem social.[102] E deste princípio de solidariedade[103] decorreria uma consequência objetiva, a de que o sacrifício imposto ao contribuinte poderia até mesmo superar os signos de capacidade contributiva.[104]

---

[100] Em sentido diverso, ao admitir maior expressão de justiça tributária pela equivalência: VASQUES, Sérgio. *O princípio da equivalência como critério de igualdade tributária*. Coimbra: Almedina, 2008. p. 441 e ss.

[101] PROUDHON, Pierre Joseph. *Théorie de l'impôt* (1865). Paris: L'Harmattan, 1995; PROUDHON, Pierre Joseph. Ce nom depuis tant de siècles odieux et maudit: l'impôt (*Théorie de l'impôt*). In: REICHMAN, Claude. *Théories contre l'impôt*. Paris: Les Belles Lettres, 2000. p. 67-97.

[102] PIGOU, Arthur Cecil. *Economia del benessere*. Trad. Mario Einaudi. Torino: Utet, 1948.

[103] Cf. BLAIS, Marie-Claude. *La solidarité*: historie d'une idée. Paris: Gallimard, 2007; BEZERRA, Paulo. Solidariedade: um direito ou uma obrigação. In: CLÈVE, Clèmerson Merlin; SARLET, Ingo Wolfgang; PAGLIARINI, Alexandre Coutinho (coord.). *Direitos humanos e democracia*. Rio de Janeiro: Forense, 2007. p. 515-532; FERRAZ JUNIOR, Tercio Sampaio. Notas sobre contribuições sociais e solidariedade no contexto do Estado Democrático de Direito. In: GRECO, Marco Aurélio; GODOI, Marciano Seabra de (coord.). *Solidariedade social e tributação*. São Paulo: Dialética, 2005. p. 208-221; FARIAS, José Fernando de Castro. *A origem do direito de solidariedade*. Rio de Janeiro: Renovar, 1998; SACCHETTO, Claudio; PEZZINI, Barbara (coord.). *Il dovere di solidarietà*. 5. ed. Milano: Giuffrè, 2005; SACCHETTO, Claudio. O dever de solidariedade no direito tributário: o ordenamento italiano. In: GRECO, Marco Aurélio; GODOI, Marciano Seabra de (coord.). *Solidariedade social e tributação*. São Paulo: Dialética, 2005. p. 9-52.

[104] Como observa Charles Allan: "Un sistema justo de tributación basado en el principio de capacidad de pago se define como aquel en el cual los sacrificios de utilidad

Esta teoria comunitarista do "imposto-solidariedade", como sugerem alguns, serviu para privilegiar a *teoria do sacrifício do imposto*, a considerar como um dever necessário o estabelecimento de uma ligação social fundada na noção de solidariedade. De nenhum modo pode-se fazer fila com esse entendimento, de apelo fácil e altruísta, mas que só disfarça uma tentativa de recurso à teoria do benefício, ainda que a pretexto de privilegiar a teoria do sacrifício. Não se pode olvidar o reconhecimento da solidariedade, mas desde que esta se concretize com observância da imunidade do mínimo existencial e dos princípios de pessoalidade, capacidade contributiva e progressividade.

Stuart Mill vale-se da teoria da isonomia dos sacrifícios para introduzir a regra da *progressividade* da tributação,[105] na busca de critério mais efetivo de justiça tributária. Em seguida, e de modo mais incisivo, com Adolf Wagner, a capacidade contributiva passa a ser avaliada não apenas pela equidade *horizontal*, ou *generalidade*, como tratamento igual para aqueles que se encontram em situação equivalente (igualdade formal perante a lei), mas também pela equidade *vertical*, segundo a qual contribuintes desiguais devem ser tratados na proporção dessa desigualdade, com a aplicação de critérios que reflitam essa diferenciaçãom como a *progressividade* (*igualdade material*).[106] Ambas, a igualdade horizontal e a vertical, concorrem para uma proteção contra injustificadas discriminações, cabendo, adicionalmente, à *igualdade vertical* preservar os sujeitos de capacidade econômica inferior, mediante a *progressividade* dos tributos. Apesar de todos esses esforços, a noção de tratamento igual para sujeitos iguais (isonomia horizontal) e de tratamento diferenciado para sujeitos diferentes (isonomia vertical), na prática, até hoje, queda-se muito difícil de realizar.

Como bem observa Sérgio Vasques, o problema da escolha e justificação do critério distintivo de comparação a ser empregado vive uma tensão permanente entre *abertura* e *vinculação*,[107] quanto à existência ou

---

para todos y cada uno de los contribuyentes son iguales" (ALLAN, Charles M. *La teoría de la tributación*. Madrid: Alianza, 1974. p. 147).

[105] Para determinar, em termos econômicos, esse índice de progressividade, os economistas utilizam-se do postulado de utilidade marginal decrescente da renda.

[106] MUSGRAVE, Richard A. *Finanza pubblica, equità, democrazia*. Bologna: Il Mulino, 1995. p. 195; ALLAN, Charles M. *La teoría de la tributación*. Madrid: Alianza, 1974. p. 42.

[107] "Na interpretação do princípio da igualdade podemos, assim, guiar-nos a partir de duas posições-limite: uma posição de abertura integral, segundo a qual o princípio

não de liberdade do legislador para a eleição de critérios que permitam determinar a equivalência, a diferenciação ou a igualdade entre contribuintes ou situações.

5. CONSIDERAÇÕES FINAIS

Nos tempos mais recentes, assiste-se à recuperação desse diálogo sobre a justiça tributária e seus critérios de aproximação. Veja-se, por exemplo, as propostas de Thomas Nagel e Liam Murphy, baseados em uma relativização da justiça tributária, para evidenciar a prevalência de uma suposta justiça social, segundo critérios tipicamente de natureza política, já que caberia ao Estado simplesmente "determinar" os direitos de propriedade e o que poderia ser feito mediante tributos.[108]

Para um Sistema Constitucional Tributário analítico, em competências e em direitos fundamentais, como o brasileiro, propostas desse jaez em pouco ou nada auxiliam. Diga-se o mesmo para outras tantas formulações *de lege ferenda*, como as de John Rawls e outros.[109] Isso não equivale a qualquer resistência a critérios de justiça, comutativa, distributiva ou redistributiva do Sistema Tributário, os quais devem ser efetivados na medida do possível, como forma de garantir a própria legitimidade do ordenamento, como observa Michel Bouvier.[110] Apenas não se acomodam à estrutura constitucional brasileira que se vivencia. Contudo,

---

da igualdade permite ao legislador a escolha de *qualquer* critério distintivo, sendo indiferente a sua injustiça ou inadequação face à situação em jogo; e uma posição de vinculação absoluta, o entendimento de que o princípio da igualdade impõe sempre ao legislador a escolha do critério distintivo *mais justo ou adequado* em face da situação em jogo, qualquer que ele seja em concreto" (VASQUES, Sérgio. *O princípio da equivalência como critério de igualdade tributária*. Coimbra: Almedina, 2008. p. 43).

108 MURPHY, Liam; NAGEL, Thomas. *O mito da propriedade*. São Paulo: Martins Fontes, 2005. p. 242 e ss.

109 RAWLS, John. *Liberalismo político*. Trad. Sergio René Madero Báez. México: Fondo de Cultura Económica, 1993; RAWLS, John. *Justiça como equidade*: uma reformulação. Trad. Claudia Berliner. São Paulo: Martins Fontes, 2003; RAWLS, John. *Justiça e democracia*. Trad. Irene A. Paternot. São Paulo: Martins Fontes, 2002; RAWLS, John. *História da filosofia moral*. São Paulo: Martins Fontes, 2005; RAWLS, John. *O direito dos povos*. Trad. Luís Carlos Borges. São Paulo: Martins Fontes, 2001; BARRY, Brian. *La teoria liberale della giustizia*: analisi critica delle principali dottrine di Jonh Rawls, una teoria della giustizia. Milano: Giuffrè, 1994.

110 BOUVIER, Michel. *Introduction au droit fiscal général et à la théorie de l'impôt*. Paris: LGDJ, 2005. p. 228.

o debate sobre a justiça fiscal será sempre de grande importância, dada a necessidade de fundamentação de todas as decisões do ordenamento, desde a criação e reforma dos tributos aos atos de aplicação concreta.[111]

Como ficou demonstrado, o empirismo dos métodos econômicos e suas múltiplas correntes de pensamento não ofereciam qualquer segurança jurídica, tampouco favoreciam a construção de um "sistema" efetivo de tributos. A justaposição dos tributos existentes, segundo classificações que o tempo já cuidou de eliminar do direito tributário, uma a uma, até mesmo as mais resistentes, como tributos "fiscais" e "extrafiscais", "diretos" e "indiretos", entre outras, hoje enfraquecidas e mantidas unicamente pela tradição ou pela repetição, foi certamente a causa das mais sensíveis dificuldades de evolução. A ontologia dessas classificações herméticas tinha a pretensão de dominar todos os critérios de segurança jurídica, da certeza à justiça, mas o que mais se viu foi insegurança e injustiças.

Autores há, como Tipke, que concentram a legitimidade da tributação com base em uma justiça tributária que tem origem no princípio da igualdade. Uma isonomia que não pode ser aquela *igualdade formal*, mas deve perseguir a *igualdade funcional*, em vista dos procedimentos de criação e aplicação do direito, e precipuamente a *igualdade material*, para efetividade da justiça orientada pelo "sistema de valores da lei fundamental".[112] Logicamente, Klaus Tipke constrói uma teoria da

---

[111] Como bem ressaltadas por Paulo Caliendo, de *princípio estruturante do sistema jurídico-tributário* e de *princípio hermenêutico fundamental de aplicação das normas jurídicas tributárias.* Cf. CALIENDO, Paulo. *Direito tributário.* Três modos de pensar a tributação: elementos para uma teoria sistêmica do direito tributário. Porto Alegre: Livraria do Advogado, 2009. p. 58.

[112] TIPKE, Klaus; LANG, Joachim. *Direito tributário* cit., p. 191. Estamos, porém, com Casalta Nabais, quando afirma: "Com efeito, parece-nos óbvio que o princípio geral da igualdade, só por si, não é suficiente para fundamento constitucional do princípio da capacidade contributiva: é que ele apenas nos diz que é exigido um critério e um critério uniforme para termo de comparação, com base no qual se há de aferir o tratamento igual e o tratamento desigual, não nos fornecendo, porém, qual seja esse critério, o qual naturalmente tem de deduzir-se de outros princípios constitucionais. É certo que o princípio da igualdade, porque não pode deixar de ser uma expressão da justiça, nos dá indicações importantes quanto ao critério da igualdade fiscal, exigindo que a mesma tenha por base critérios materiais de justiça, dos quais estão evidentemente excluídos os que historicamente têm vindo a ser considerados arbitrários e que tendem a constar de listas constitucionais. Mas é óbvio que isto não basta para identificar o critério dos impostos" (NABAIS, José Casalta. *O dever fundamental de pagar impostos*: contributo para a compreensão constitucional do Estado fiscal contemporâneo. Coimbra: Almedina, 1998. p. 446).

tributação segundo o seu ordenamento, e como a Lei fundamental de Bonn não traz outros princípios aplicáveis, a alternativa seria extrair da "igualdade" (genérica) todos os princípios para justiça tributária. No Estado Constitucional de Direito o tributo legitima-se e considera-se como "justo" a partir da aplicação do inteiro sistema de princípios e regras constitucionais, sem qualquer necessidade de se limitar pela igualdade. É pedir muito do princípio da igualdade que este responda por todo o conteúdo da justiça tributária.

Com o Estado Constitucional, abandonada a noção de "sistema tributário" como conjunto aleatório de tributos, o "Sistema Tributário" passa a representar uma organização coerente de princípios e regras em torno do conceito de tributo, a surpreender o fenômeno tributário por uma metodologia puramente jurídica, sem interferências econômicas e a constituir uma legitimidade do tributo baseada em critérios de justiça e segundo fundamentos constitucionais. Esta foi, sem dúvida, o mais significativo avanço em favor do princípio de *segurança jurídica* material no direito tributário.[113] Ao mesmo tempo, todas aquelas classificações acima referidas perderiam força explicativa ou vinculantes, para dar lugar às teorias constitucionais do tributo.

---

[113] Como afirma Sainz de Bujanda: "La metodología jurídica ha surgido como reacción frente a los peligros de los métodos puramente económicos. Estos métodos, en efecto, pueden destruir la seguridad y dejar sin aplicación al mandato de la ley cuando el intérprete se limita a considerar los rasgos económicos de los hechos sometidos a imposición, dando la espalda a su caracterización dentro del ámbito legal" (SAINZ DE BUJANDA, Fernando. *Hacienda y derecho.* Madrid: Instituto de Estudios Políticos, 1975. vol. 1, p. 445).

11

GUERRA FISCAL: UM ESPELHO DA CRISE DO FEDERALISMO BRASILEIRO E FATOR DE MITIGAÇÃO DA GARANTIA DE JUSTIÇA FISCAL

Hugo Reis Dias[1]

I. CONSIDERAÇÕES ACERCA DO FEDERALISMO BRASILEIRO

O pacto federativo é de importância incomensurável[2] perante o ordenamento jurídico brasileiro, haja vista que emana do próprio título do documento nacional de maior notoriedade, a Constituição da República Federativa do Brasil de 1988[3], Lei Suprema, que está no topo da pirâmide normativa e consagra o Estado Democrático de Direito[4].

---

1 Advogado. Conselheiro do Conselho de Contribuintes do Município de Três Corações/MG. Membro da Associação Brasileira de Direito Tributário – ABRADT JOVEM. Membro da Comissão de Direito Tributário da OAB/MG.

2 *"Este princípio é tão marcante que lei alguma, nenhum poder, nenhuma autoridade, poderá, direta ou indiretamente, às claras ou de modo sub-reptício, derrogá-lo ou, de alguma maneira, amesquinhá-lo."* (CARRAZZA, Roque Antônio. *ICMS*. 16 ed. São Paulo: Malheiros, 2012. p. 605).

3 BRASIL. Constituição (1988). *Constituição da República Federativa do Brasil de 1988*. Disponível em: <http://www.planalto.gov.br/ccivil_03/constituicao/constituicao.htm>. Acesso em: 23 mar. 2015 às 19:32, horário de Brasília-DF.

4 *"É do nosso pensar que o ser das Constituições ocidentais, ao menos daquelas nascidas do ventre de uma Assembléia Nacional Constituinte,* ***esteja na Democracia****. Tanto na democracia formal quanto na material; isto é, assim no Estado Democrático de Direito como no Estado de Direito Democrático, de cujo casamento*

O texto constitucional, em seu artigo 1º[5], institui que a República Federativa do Brasil é "*formada pela união indissolúvel dos Estados e Municípios e do Distrito Federal*", consagrando o Federalismo como forma de Estado. Não obstante, no artigo 60, §4º, inciso I, dispõe que não pode ser objeto de deliberação a proposta de emenda tendente a abolir a forma federativa de Estado, o que atribui ao Federalismo a condição de cláusula pétrea, sendo sua mitigação cabível somente no caso de realização e efetivação de outra constituinte.

A magnitude do Federalismo o eleva ao status de princípio constitucional, o princípio federativo. Sobre o conceito de princípio leciona Roque Antonio Carrazza (CARRAZZA, 1999) [6]:

> "Princípio jurídico é um enunciado lógico, implícito ou explícito, que por sua generalidade, ocupa posição de preeminência nos vastos quadrantes do Direito e, por isso mesmo, vincula, de modo inexorável, o entendimento e a aplicação das normas jurídicas que com ele se conectam."

Deste modo, toda norma jurídica externada no território brasileiro deve respeitar a forma federativa de Estado, o que pressupõe, automaticamente, o respeito à democracia, à igualdade hierárquica e à isonomia entre os entes federativos, em conclusão, à justiça fiscal.

Ainda sobre o Federalismo Brasileiro, a lição do constitucionalista Kildare Gonçalves de Carvalho[7]:

> *"A Constituição de 1988 se propõe a restaurar o Estado Federal brasileiro, estruturando um federalismo de equilíbrio, mediante a ampliação da autonomia dos Estados federados e o fortalecimento da sua competência tributária."* (p. 999)

---

por amor resulta o ansiado Estado de Justiça. Ou o caráter holístico de tais Constituições. (BRITO, Carlos Ayres. **Teoria da Constituição**. Rio de Janeiro: Forense, 2003)

5 *'Art. 1º A República Federativa do Brasil, formada pela união indissolúvel dos Estados e Municípios e do Distrito Federal"* (BRASIL. Constituição (1988). *Constituição da República Federativa do Brasil de 1988*. Disponível em: <http://www.planalto.gov.br/ccivil_03/constituicao/constituicao.htm>. Acesso em: 23 mar. 2015 às 19:32, horário de Brasília-DF).

6 CARRAZZA, Roque Antonio. *Curso de Direito Constitucional Tributário*. 13. ed. rev., ampl. e atual. de acordo com a Emenda Constitucional n. 21/99. São Paulo: Malheiros, 1999.

7 CARVALHO, Kildare Gonçalves. *Direito Constitucional*. 15. ed., rev. atual. e ampl. Belo Horizonte: Del Rey, 2009.

Como bem destacado, o equilíbrio federativo é construído através de efeito centrífuga, com a descentralização do poder e aumento da autonomia[8] dos Estados Federados, para que possam exercer seu poder decisório. O jurista Raul Machado Horta expõe que "*o federalismo brasileiro é um federalismo cooperativo, pacto de equilíbrio determinado diretamente pela Carta Magna.*[9]".

A aplicação do princípio federativo, portanto, está umbilicalmente atrelada aos ideais democráticos, haja vista que, por meio da representatividade política, os cidadãos de cada ente federativo elegem seus representantes que, através de processo legislativo legítimo, propõem e editam as leis, relativas ao orçamento e às receitas.

Neste sentido, a história sugere[10] que a democracia se realiza de forma mais eficiente quando há descentralização de poder, na situação em que cada ente federativo possui e exerce a tríplice autonomia: política, financeira e administrativa.

Contudo, num cenário de crise global e institucional interna, todos estes postulados do Estado Democrático de Direito vêm sendo vilipendiados em nome de interesses puramente econômicos. Analisando o cenário global atual, assevera o ilustre economista francês Thomas Piketty:

> "essa crise ilustra também o drama dos países pequenos na globalização, que para salvar a própria pele e encontrar seu nicho mostram-se, às vezes, prontos a entrar na concorrência fiscal mais feroz para atrair os capitais de piores reputações."

Como bem destacado pelo conceituado economista francês, a crise econômica global tem gerado problemas graves de política externa e interna, diversas vezes relacionados a concorrência fiscal, que não ocorre apenas entre países, mas também no âmbito interno destes.

Contrariamente ao que foi sustentado diversas vezes por membros do Poder Executivo Brasileiro, o Brasil também experimenta os efeitos da crise econômica global. Além disto, a desídia da União Federal, que não

---

8 "*Autonomia, no seu sentido técnico-político, significa ter a entidade integrante da federação capacidade de auto- organização, auto-governo e auto-administração*". (CARVALHO FILHO, José dos Santos. *Manual de Direito Administrativo.* 19. ed. Rio de Janeiro: Lumen Juris, 2008. p. 5)

9 HORTA, Raul Machado. A autonomia do Estado-Membro no Direito Constitucional brasileiro. Belo Horizonte: Santa Maria, 1964, p. 267 e segs.

10 "*O amor da Democracia é o da igualdade*". (MONTESQUIEU, Baron de. *O espírito das leis.* São Paulo: Saraiva, 1996).

exerce sua competência legislativa para assegurar a harmonia entres os entes federados, originou importantes dissonâncias financeiras, sociais e econômicas.

O panorama atual do Federalismo Brasileiro demonstra o domínio da União Federal, tanto financeiro como político, em detrimento do enfraquecimento gradual e sistêmico dos Estados federados e municípios. Afunilando a análise para a questão financeira, como se constata da análise de estudos técnicos[11], a União Federal detém mais de 60% da arrecadação tributária, o que deturpa totalmente os ideais de igualdade, isonomia e harmonia[12], intrínsecos a tal forma de Estado.

Este efeito centrípeto do poder, associado a sanções ineficazes, têm fomentado o mais grave problema do Sistema Tributário Nacional, a famigerada "Guerra Fiscal do ICMS". Esta expressão designa a atuação dos Estados Federados, através do exercício de sua competência constitucionalmente insculpida, em verdadeiras batalhas visando aumentar a arrecadação de seu principal imposto, o ICMS, ao arrepio dos ditames constitucionais.

II. ICMS (DISPOSIÇÕES CONSTITUCIONAIS)

O ICMS (Imposto sobre Operações relativas à Circulação de Mercadorias e Prestação de Serviços de Transporte Interestadual e Intermunicipal e de Comunicação) é imposto de competência estadual (Estados e Distrito Federal), regulamentado pela Constituição Federal, LC 87/96, bem como pelos regulamentos de cada estado-membro da Federação.

Este imposto é a principal fonte de arrecadação destes entes federativos que, como já elucidado, possuem autonomia financeira, podendo controlar amplamente suas receitas e despesas.

---

11 "*União:69%*
Estados/DF:25,2%
Municípios:5,8"
BRASIL. Ministério da Fazenda. Receita Federal. CETAD – Centro de Estudos Tributários e Aduaneiros. *Carga tributária no Brasil 2012*: análise por tributos e base de incidência. Brasília, dez. 2013. , p. 13. Disponível em: <http://www.receita.fazenda.gov.br/Publico/estudoTributarios/estatisticas/CTB2012.pdf>. Acesso em: 28 mar. 2015 às 17:48 – Horário de Brasília-DF.

12 "*Art. 2º São Poderes da União, independentes e harmônicos entre si, o Legislativo, o Executivo e o Judiciário*".

Em respeito ao pacto federativo, a Constituição Federal de 1988, em seu art. 155, §2º[13], traz regras para instituição e arrecadação deste tributo de alto poder arrecadatório, regras estas que demonstram a clara preocupação do Constituinte em evitar/combater quaisquer conflitos relacionados à sua arrecadação.

São estas as principais regras constitucionais atinentes ao ICMS:

> 1) Resolução do Senado Federal estabelecerá as alíquotas aplicáveis às operações e prestações, interestaduais e de exportação;
>
> 2) É facultado ao Senado Federal estabelecer alíquotas mínimas nas operações internas, mediante resolução de iniciativa de um terço e aprovada pela maioria absoluta de seus membros; fixar alíquotas máximas nas mesmas operações para resolver conflito específico que envolva interesse de Estados, mediante resolução de iniciativa da maioria absoluta e aprovada por dois terços de seus membros;
>
> 3) "*Salvo deliberação em contrário dos Estados e do Distrito Federal, nos termos do disposto no inciso XII, g, as alíquotas internas, nas operações relativas à circulação de mercadorias e nas prestações de serviços, não poderão ser inferiores às previstas para as operações interestaduais*";
>
> 4) Cabe a Lei Complementar definir os contribuintes deste imposto, disciplinar seu regime de compensação, prever as hipóteses de manutenção de crédito, regular a forma como incentivos e benefícios fiscais serão concedidos e revogados;
>
> 5) Obrigatoriedade de observância do princípio da não-cumulatividade.

Como se vê, o Constituinte lançou mão de variadas disposições a fim de regulamentar a instituição deste imposto, dentre elas, a exigência de lei complementar para definição de seus aspectos essenciais e a faculdade do Senado de estabelecer suas alíquotas mínimas.

Sobre a abrangência da Lei Complementar em matéria tributária, o Ilustre Professor Sacha Calmon leciona que "*o âmbito de validade espacial da lei complementar é intratável, Ela tem que viger e valer em todo o território nacional sob pena de não realizar seus objetivos.*[14]"

---

13 BRASIL. Constituição (1988). *Constituição da República Federativa do Brasil de 1988*. Disponível em: <http://www.planalto.gov.br/ccivil_03/constituicao/constituicao.htm>. Acesso em: 23 mar. 2015 às 19:32, horário de Brasília-DF.

14 COÊLHO, Sacha Calmon Navarro. *Curso de Direito Tributário brasileiro*. 12. ed. rev. e atual. Rio de Janeiro: Forense, 2012.

A reserva de lei complementar para definição das normas gerais do ICMS tem como justificativa sua abrangência nacional, haja vista que é dirigida à União Federal, estados-membros e Municípios. Assim, este instrumento legislativo é importante fator de uniformização da tributação do consumo no Brasil, exercendo a função de harmonizar a relação entre os entes federativos.

Contudo, na prática isto não ocorreu, em virtude da concatenação de inúmeros fatores, dos quais preponderam os seguintes:

a) Agigantamento da União Federal;

b) Redução de estímulos a estados-membros para redução da desigualdade regional, tendo em vista modelo implantado em 1988 de repartição de receitas;

c) Inércia legislativa da União Federal;

d) Ineficácia das sanções;

e) A vocação nacional do ICMS[15].

---

[15] "*Trata-se de tributo que deveria ser, no Sistema Brasileiro, um tributo federal ou centralizado, como ocorre na esmagadora maioria dos países que adotam a técnica do valor agregado.*" Ives Gandra da Silva Martins

"*Desde o início, todavia, ficou claro que a regionalização do modelo brasileiro do imposto sobre o valor agregado, cuja vocação, na esmagadora maioria dos países, é nacional, continuaria a ser o grande obstáculo para um sistema tributário que objetivasse a justiça fiscal e o desenvolvimento nacional, em função das distorções que provoca*" – Ives Gandra da Silva Martins

"*O caráter nacional do ICMS é máxima que sobressai do sistema com grande vigor de juridicidade. Não se aloja na formulação expressa de qualquer dos dispositivos constitucionais tributários, mas está presente nas dobras de inúmeros preceitos, irradiando sua força por toda a extensão da geografia deste imposto.*" – Paulo de Barros Carvalho

"*Trata-se de tributo que deveria ser, no Sistema Brasileiro, um tributo federal ou centralizado, como ocorre na esmagadora maioria dos países que adotam a técnica do valor agregado.*" Ives Gandra da Silva Martins

"*Desde o início, todavia, ficou claro que a regionalização do modelo brasileiro do imposto sobre o valor agregado, cuja vocação, na esmagadora maioria dos países, é nacional, continuaria a ser o grande obstáculo para um sistema tributário que objetivasse a justiça fiscal e o desenvolvimento nacional, em função das distorções que provoca*" – Ives Gandra da Silva Martins

"*O caráter nacional do ICMS é máxima que sobressai do sistema com grande vigor de juridicidade. Não se aloja na formulação expressa de qualquer dos dispositivos constitucionais tributários, mas está presente nas dobras de inúmeros preceitos, irradiando sua força por toda a extensão da geografia deste imposto.*" – Paulo de Barros Carvalho

Outro ponto importante para o presente estudo diz respeito ao princípio constitucional da não-cumulatividade, assim disposto no art.155, § 2º, I da Constituição Federal:

> "§ 2 O *imposto previsto no inciso II atenderá ao seguinte:*
>
> *[...]*
>
> *I – será não cumulativo, compensando-se o que for devido em cada operação relativa à circulação de mercadorias ou prestação de serviços com o montante cobrado nas anteriores pelo mesmo ou outro Estado ou pelo Distrito Federal;"*

A técnica através da qual se instrumentaliza a não cumulatividade é o "sistema de abatimento de créditos", que faz nascer a figura dos débitos (relativos à saída de mercadorias e serviços) e dos créditos (relativos à entrada de mercadorias e serviços) na contabilidade das empresas. Destarte, é realizada compensação, por meio de uma sistemática de "débito x crédito", em que abate-se do montante devido pelo contribuinte do imposto (débito) o valor pago por este em etapas anteriores, em suas compras de bens ou serviços já tributados pelo imposto (crédito).

Conforme será demonstrado em tópico posterior, são inconstitucionais quaisquer medidas impostas pelos Estados Federados no sentido de restringir o direito de crédito deste tributo.

III. A GUERRA FISCAL DE ICMS E SUAS DISSONÂNCIAS COM A CONSTITUIÇÃO DA REPÚBLICA FEDERATIVA DO BRASIL DE 1988

Por toda a exposição, perceptível que a situação atual dos Estados Federados brasileiros é delicada em diversos aspectos, com destaque aos aspectos financeiros e políticos. Um fator que colabora para esta situação é a dimensão continental do nosso país, propenso a um cenário de desigualdade regional.

Entretanto, oportuno salientar que a desigualdade regional não é um problema recente, prova disto é a disposição constitucional que atribui à União Federal a função de promover o equilíbrio socioeconômico do país:

(CARVALHO, Paulo de Barros; MARTINS, Ives Gandra da Silva. *Guerra fiscal*: reflexões sobre a concessão de benefícios no âmbito do ICMS. 2. ed. São Paulo: Noeses, 2014).

> "Art. 151. É vedado à União:
>
> I – instituir tributo que não seja uniforme em todo o território nacional ou que implique distinção ou preferência em relação a Estado, ao Distrito Federal ou a Município, em detrimento de outro, admitida a concessão de incentivos fiscais destinados a promover o equilíbrio do desenvolvimento socioeconômico entre as diferentes regiões do País;"

Essa disposição constitucional demonstra cabalmente o interesse do constituinte em alcançar um equilíbrio federativo, com a redução das desigualdades sociais. Todavia, a União Federal não tem exercido devidamente sua competência legislativa, nem tampouco adotado medidas institucionais efetivas para a redução das desigualdades regionais. Em decorrência disso, por ser a estrutura federal um sistema, a inércia deste ente federativo redunda na acentuação das desigualdades regionais que, por conseguinte, enfraquece ainda mais a estrutura dos estados-membros.

Tal fragilidade dos estados-membros agravou demasiadamente o problema da guerra fiscal, haja vista que, devido à escassez de recursos, estes entes federativos intensificaram a adoção de medidas contrárias à Constituição Federal para a captação de recursos.

Com o objetivo de atrair investimentos em seus territórios, oferecem às empresas condições tributárias favoráveis, provenientes da concessão de benefícios fiscais, relativos a créditos presumidos, redução da base de cálculo, diminuição das alíquotas incidentes sobre o exercício do objeto social.

Entretanto, a concessão destes benefícios fiscais tem sido realizada em total dissonância com as disposições constitucionais, principalmente por decorrerem de ato unilateral. Sobre a concessão de benefícios fiscais, a brilhante consideração da Ilustre Professora Misabel Abreu Machado Derzi[16]:

> "Esses mecanismos de controle vêm falhando com a guerra fiscal entre os Estados Federados, que atuam exatamente sobre as alíquotas interestaduais, de modo que as agressões diretas de um Estado à economia de outro são praticadas ao arrepio da Constituição, por meio da concessão de benefícios e incentivos unilaterais"

---

[16] BALEEIRO, Aliomar. *Limitações constitucionais ao poder de tributar*. 8. ed. atual. por Misabel Abreu Machado Derzi. Rio de Janeiro: Forense, 2010. p. 649.

Os benefícios fiscais em matéria de ICMS são tratados da seguinte maneira na Constituição Federal:

> "Art.155, §2°, XII, g: Cabe à lei complementar estabelecer a forma de concessão de benefícios fiscais, mediante deliberação dos estados.
>
> Art.155, §2°, VI: salvo deliberação em contrário dos Estados e do Distrito Federal, nos termos do disposto no inciso XII, g, as alíquotas internas, nas operações relativas à circulação de mercadorias e nas prestações de serviços, não poderão ser inferiores às previstas para as operações interestaduais;
>
> **Art. 150, §6°:** Sem prejuízo de outras garantias asseguradas ao contribuinte, é vedado à União, aos Estados, ao Distrito Federal e aos Municípios:
>
> [...]
>
> Qualquer subsídio ou isenção, redução de base de cálculo, concessão de crédito presumido, anistia ou remissão, relativos a impostos, taxas ou contribuições, só poderá ser concedido mediante lei específica, federal, estadual ou municipal, que regule exclusivamente as matérias acima enumeradas ou o correspondente tributo ou contribuição, sem prejuízo do disposto no art. 155, § 2.°, XII, g." (Redação dada pela Emenda Constitucional n° 3, de 1993)

Reservada à Lei Complementar, a forma de concessão de benefícios de ICMS foi regulamentada pela LC n. 24/75. Em seu artigo 1°, este diploma legal estipula que as "*isenções do imposto sobre operações relativas à circulação de mercadorias serão concedidas ou revogadas nos termos de convênios celebrados e ratificados pelos Estados e pelo Distrito Federal*".

Da leitura conjunta dos dispositivos constitucionais e legais sobre a concessão de benefícios fiscais conclui-se que é medida excepcional, não podendo jamais ser realizada de forma unilateral, sob pena de flagrante violação à Constituição Federal.

Do texto constitucional podemos extrair a necessidade de deliberação dos estados-membros para que seja possível a concessão de benefícios fiscais. Já a lei complementar trata de convênios, considerados imprescindíveis à adoção de tratamento tributário diferenciado. Ambos os enunciados convergem no sentido da impossibilidade de concessão de benefícios fiscais de forma unilateral.

Os convênios[17], relatados na LC n.24/75, nada mais são do que o resultado de deliberações dos representantes de todos os estados-membros acerca da tributação do consumo, mais especificamente a respeito de alíquotas internas, benefícios fiscais. Sob o prisma constitucional, os Estados Federados só podem exercer sua competência legislativa, para concessão de benefícios fiscais de ICMS, após a aprovação de todos os outros estados-membros. A deliberação e celebração de convênios, portanto, precede o processo legislativo estadual que tenha por objetivo a concessão de benefícios fiscais.

Atualmente, tais deliberações ocorrem no âmbito do CONFAZ – Conselho Nacional de Política Fazendária, estruturado pelo Ministério da Fazenda, com a participação dos Secretários Estaduais da Fazenda de todos os Entes Federativos. Todo processo legislativo que vise à concessão de benefícios fiscais depende de aprovação prévia do CONFAZ.

Além disto, não há que se olvidar da estrita observância do princípio da legalidade, verdadeiro limite ao poder de tributar, resguardado pela Constituição Federal e que, conforme concluído pela notável doutrinadora Misabel Abreu Machado Derzi *"é regulado segundo rígidos princípios que deitam raízes nas próprias origens históricas e políticas do regime democrático por ela adotado."*.

Ocorre que, como já relatado, os Estados Federados não têm respeitado a Constituição Federal e têm insistido em conceder benefícios fiscais sem a aprovação unânime de todos os entes envolvidos. Esta prática tem surtido efeitos catastróficos, de desarmonia entre os entes federativos, transferência do poder decisório para as empresas investidoras, num cenário de inércia do Poder Legislativo, que não atua visando coibir esta prática. Temos vivenciado, portanto, um abandono do legado constitucional do Estado Democrático de Direito para a consolidação de interesses corporativistas.

Como não há atuação efetiva do Congresso Nacional, os estados-membros têm criado mecanismos para se imunizarem e se municiarem nesta batalha. Contudo, não têm optado somente pela solução mais adequada, que seria o exercício da prerrogativa de questionamento da constitucionalidade de normas jurídicas, por meio do ajuizamento de

[17] "*o convênio ICMS não brota simplesmente da conjugação de vontades dos Estados-Membros e do Distrito Federal, mas da vontade da República Federativa do Brasil. É a própria Nação Brasileira que se manifesta, quando ele surge.*" (CARRAZZA, Roque Antônio. *ICMS*. 16 ed. São Paulo: Malheiros, 2012. p. 611).

Ações Diretas de Inconstitucionalidade, perante o Supremo Tribunal Federal (STF).

Dentre as artimanhas adotadas pelos Estados Federados, merecem destaque as medidas que impedem a utilização de créditos de ICMS decorrentes de operações em que foi concedido benefício fiscal em outro estado-membro sem aprovação do CONFAZ. Por meio de atos normativos, diversos estados instituíram esta inconstitucional medida, acirrando ainda mais os conflitos internos e frustrando a pretensão constitucional de harmonia entre os entes federativos. A título exemplificativo, os seguintes atos normativos estaduais:

> *Minas Gerais: Resolução 3166/2001*[18]*: "Art. 2º – Fica vedado o aproveitamento de quaisquer créditos relativos a operações beneficiadas com reduções de base de cálculo em sua origem sem amparo em convênios celebrados no âmbito do Conselho Nacional de Política Fazendária (CONFAZ)."*
>
> *São Paulo: Comunicado CAT 36/2004*[19]*: "Esclarece sobre a impossibilidade de aproveitamento dos créditos de ICMS provenientes de operações ou prestações amparadas por benefícios fiscais de ICMS não autorizados por convênio celebrado nos termos da Lei Complementar nº 24, de 7-1-1975".*
>
> Rio de Janeiro: Resolução SEF 2.844/1997[20]: "Art. 2.º Na entrada de mercadoria proveniente de outra unidade da Federação, a utilização,

[18] MINAS GERAIS. Secretaria de Estado de Fazenda. Resolução nº 3.166, de 11 de julho de 2001. Veda a apropriação de crédito do ICMS nas entradas, decorrentes de operações interestaduais, de mercadorias cujos remetentes estejam beneficiados com incentivos fiscais concedidos em desacordo com a legislação de regência do Imposto. Disponível em: <http://www.fazenda.mg.gov.br/empresas/legislacao_tributaria/resolucoes/2001/rr3166_2001.htm>. Acesso em: 28 mar. 2015 às 17:48 – Horário de Brasília-DF.

[19] SÃO PAULO. Secretaria do Estado da Fazenda. Comunicado CAT nº 36, de 29 de julho de 2004. *Esclarece sobre a impossibilidade de aproveitamento dos créditos de ICMS provenientes de operações ou prestações amparadas por benefícios fiscais de ICMS não autorizados por convênio celebrado nos termos da Lei Complementar nº 24, de 7-1-1975.* Disponível em: <http://info.fazenda.sp.gov.br/NXT/gateway.dll/legislacao_tributaria/comunicados_cat/ccat362004.htm?f=templates&fn=default.htm&vid=sefaz_tributaria:vtribut>. Acesso em: 28 mar. 2015 às 17:55 – Horário de Brasília-DF.

[20] RIO DE JANEIRO. Secretaria de Estado de Fazenda. Resolução nº 2.844, de 9 de setembro de 1997. Disciplina a aposição do visto no documento de exoneração nas importações desembaraçadas no Território do Estado do Rio de Janeiro, realizadas por importadores localizados em outras unidades da Federação e a utilização de

como crédito, do imposto será permitida na mesma proporção, condição e/ou caráter de excepcionalidade que revestir o pagamento do referido imposto na origem, em decorrência de benefício fiscal concedido pela entidade tributante sem amparo em convênio celebrado nos termos da Lei Complementar n.º 24, de 07 de janeiro de 1975."

Além de violar frontalmente o princípio federativo, estas normas violaram também, de forma deliberada, o já mencionado princípio constitucional da não cumulatividade. Segundo Leandro Paulsen, a não cumulatividade é:

> "[21]uma técnica de tributação cuja adoção, para o IPI, é determinada expressamente pela Constituição Federal de 1988 (art. 153, § 3º, II), seguindo uma tradição que vem desde a Emenda Constitucional nº 18/65. Visa a impedir que as incidências sucessivas nas diversas operações da cadeia econômica de um produto impliquem um ônus tributário muito elevado, decorrente da múltipla tributação da mesma base econômica. Em outras palavras, consiste em fazer com que o IPI não onere, em cascata, a produção".

Na mesma égide, Paulo de Barros Carvalho pontua que o princípio da não cumulatividade é inafastável:

> "[22]O primado da não-cumulatividade é uma determinação constitucional que deve ser cumprida, assim por aqueles que dela se beneficiam, como pelos próprios agentes da Administração Pública. E tanto é verdade, que a prática reiterada pela aplicação cotidiana do plexo de normas relativas ao ICM e ao IPI consagra a obrigatoriedade do funcionário, encarregado de apurar a quantia devida pelo contribuinte, de considerar-lhe os créditos, ainda que contra sua vontade".

As lições destes eminentes doutrinadores sanam quaisquer dúvidas acerca da inconstitucionalidade daqueles atos normativos estatais, haja

---

crédito na entrada de mercadoria proveniente de estado que concede beneficio fiscal nas operações interestaduais. Disponível em: <http://www.transparencia.rj.gov.br/sefaz/faces/oracle/webcenter/portalapp/pages/navigation-renderer.jspx?_afrLoop=81919709674000&datasource=UCMServer%23dDocName%3A82145&_adf.ctrl-state=1duojjnbwo_36>. Acesso em: 28 mar. 2015 às 18:00 – Horário de Brasília-DF.

[21] PAULSEN, Leandro. Direito Tributário: Constituição e Código Tributário à luz da doutrina e da jurisprudência. 11. Ed. Porto Alegre, Livraria do Advogado Editora; ESMAFE, 2009.

[22] CARVALHO. Paulo de Barros. A Regra-Matriz do ICMS, tese de Livre-Docência apresentada na Faculdade de Direito da PUC/SP, 1981, inédita.

vista que restringem o direito de crédito de ICMS, em total afronta às disposições constitucionais.

Outra solução encontrada pelos Estados Federados, neste contexto de guerra fiscal, foi a criação do emblemático Protocolo 21/2011[23], do ICMS, firmado no âmbito do CONFAZ, por meio do qual as unidades federadas signatárias pretenderam regulamentar o ICMS incidente sobre operações interestaduais destinadas a consumidor final, efetuadas de forma não presencial. Em resumo, os Estados de destino passaram a tributar as mercadorias adquiridas de forma não presencial por consumidores finais não contribuintes, sob a justificativa de desequilíbrio regional.

Concluímos, portanto, que a guerra fiscal do ICMS decorre de práticas inconstitucionais com nítido interesse econômico que, diante da inércia de soluções nacionais, têm se intensificado, tornando cada vez mais distante a realização do princípio federativo. Esta catástrofe inconstitucional afeta diretamente o Sistema Tributário Nacional, construído minuciosamente pelo Constituinte visando a harmonia entre os entes federativos para a consecução da justiça fiscal, pautada na justiça social e financeira.

O desenvolvimento econômico tem demonstrado forte influência sob o agravamento da injustiça fiscal. É impossível desvincular a tributação dos aspectos socioeconômicos de uma nação, haja vista que os tributos não possuem apenas finalidade fiscal, mas também finalidade extrafiscal, atrelada a redistribuição de riquezas, equilíbrio de desigualdades, em prol da justiça fiscal constitucionalmente insculpida.

Sob esse ponto de vista, Fernando Scaff pontua que *"não se deve pensar o Direito Tributário apenas como um instrumento de*

---

[23] *Estabelece disciplina relacionada à exigência do ICMS nas operações interestaduais que destinem mercadoria ou bem a consumidor final, cuja aquisição ocorrer de forma não presencial no estabelecimento remetente.*
Cláusula primeira. Acordam as unidades federadas signatárias deste protocolo a exigir, nos termos nele previstos, a favor da unidade federada de destino da mercadoria ou bem, a parcela do Imposto sobre Operações Relativas à Circulação de Mercadorias e sobre Prestações de Serviços de Transporte Interestadual e Intermunicipal e de Comunicação – ICMS – devida na operação interestadual em que o consumidor final adquire mercadoria ou bem de forma não presencial por meio de internet, telemarketing ou showroom.
Parágrafo único. A exigência do imposto pela unidade federada destinatária da mercadoria ou bem, aplica-se, inclusive, nas operações procedentes de unidades da Federação não signatárias deste protocolo.

arrecadação, mas também como instrumento para a consecução de políticas públicas[24]"

IV. SISTEMA TRIBUTÁRIO BRASILEIRO ATUAL E A (IN) JUSTIÇA FISCAL

Não é de hoje que a ideia de justiça está fortemente vinculada à ideia de igualdade. Ainda na Idade Antiga, o filósofo grego Aristóteles[25], em sua obra prospectiva da ética, abordava a ideia de justiça como igualdade. Sob o ponto de vista financeiro e tributário não é diferente, de forma que um sistema tributário justo pressupõe igualdade tributária, para que as leis sejam editadas e cumpridas de forma isonômica.

A Constituição da República Federativa do Brasil de 1988, ao consagrar o Estado Democrático de Direito, torna obrigatória a observância dos princípios da igualdade e isonomia, ao estipular que "*todos são iguais perante a lei*" e que "*os desiguais serão tratados de maneira desigual na medida de sua desigualdade.*"

Além disto, na forma do artigo 3º, inciso I, da Constituição Federal[26], é objetivo fundamental da República Federativa do Brasil a construção de uma sociedade livre, justa e solidária. Como consequência, a tributação no Brasil não pode, em hipótese alguma, deturpar estes postulados e deve, portanto, convergir no sentido da harmonização tributária e da justiça social.

Ocorre que, em completo desrespeito ao texto constitucional e ao ideal de justiça fiscal, temos vislumbrado um sistema tributário perverso, que valoriza demasiadamente a arrecadação em detrimento da unicidade jurídica.

Os Estados Federados se digladiam pela atração de investimento, a partir do uso de sua competência legislativa, enquanto a União Federal se abstém de quaisquer medidas repressivas a estes atos, por considerar

---

24 SCAFF, Fernando Facury. Tributação e políticas públicas: o ICMS ecológico. *Verba Juris* (UFPB), v. 3, p. 154-190.

25 "*...a idéia de justiça como igualdade, que se revela pela: a) justiça comutativa, baseada nas trocas, a partir da relação de igualdade entre o que se dá e o que se recebe; e b) justiça distributiva, que se aplica na repartição das honras e dos bens da comunidade, segundo a noção de que cada um perceba o proveito adequado a seus méritos.*" (ARISTÓTELES. Ética a *Nicômaco*. São Paulo: Martin Claret, 2000, p. 108-116).

26 *Art. 3º Constituem objetivos fundamentais da República Federativa do Brasil: [...] I – construir uma sociedade livre, justa e solidária.*

suficiente sua atuação na repartição de receitas tributárias. Entretanto, não pode o interesse econômico sobrepor-se aos interesses de um povo, ao princípio da solidariedade, que é inerente a uma nação[27].

Qualquer ato de um ente federativo deveria, primeiramente, buscar adequação ao princípio federativo, de forma que a igualdade, atributo da justiça fiscal, seja mantida. Destarte, os entes federativos poderiam exercer sua autonomia política e, até mesmo, estabelecer diferenciações, contudo, como nos ensina Humberto Ávila[28], as normas constitucionais devem ser a base de todo o ordenamento jurídico. Transcrevo análise do professor sobre a questão:

> "De um lado, o Poder Executivo só pode estabelecer diferenças que estejam vinculadas aos critérios legalmente estabelecidos.
>
> [...]
>
> Essas diferenciações devem ser estabelecidas em razão da concretização definitória daquilo que já esteja previsto no padrão legal.
>
> [...]
>
> Não sendo possível reconduzir a diferenciação ao padrão legal, das duas, uma: ou o padrão legal é inconstitucional por violar o princípio da legalidade em razão da falta de previsão satisfatória dos critérios normativos; ou o instrumento normativo secundário é inconstitucional por violar o princípio da igualdade, em virtude do estabelecimento de diferenças que não podem ser reconduzidas aos critérios legalmente estabelecidos."

Não obstante, uma tributação justa também deve priorizar a observância do princípio da segurança jurídica, para que os contribuintes possam provisionar suas colaborações ao bem coletivo, com base no que diz a lei. Em contrapartida a este legado, em nosso país assistimos a atos legislativos ilegítimos, decisões vinculantes sem qualquer fundamentação.

Muito se fala de reforma tributária, até mesmo pelo interesse popular na diminuição da carga tributária, contudo, tal reforma demandaria uma transformação do próprio Estado Brasileiro, até mesmo no que diz respeito ao seu elemento povo, carente de educação de qualidade e de exemplo acerca de padrões éticos. Tratar sobre justiça fiscal nos obriga

---

27 "*Nação é a alma que alenta o povo e dá força ao Estado, para criá-lo, mantê-lo vivo e recriá-lo, se preciso for.*" (FIUZA, Ricardo Arnaldo Malheiros; COSTA, Mônica Aragão Martiniano Ferreira e. *Aulas de teoria do Estado.* Belo Horizonte: Del Rey, 2007)

28 ÁVILA, Humberto. *Teoria da igualdade tributária.* São Paulo: Malheiros, 2008. p. 187.

a refletir acerca da relação social estabelecida neste país, do espírito de solidariedade e igualdade que emana da Constituição da República e que não tem ecoado neste território.

Como muito bem observou o ex-ministro do Supremo Tribunal Federal, Eros Roberto Grau, o Brasil passa por uma crise institucional e ética, "*o tempo que vivemos denuncia uma tendência bem marcada à desestruturação do direito. O direito, em suas duas faces – enquanto direito formal e enquanto direito moderno –, se desmancha no ar*"[29].

V. DA JURISPRUDÊNCIA DO STF SOBRE "GUERRA FISCAL"

Por óbvio, neste panorama conflituoso das relações entre os Estados Federados, o Poder Judiciário, mais precisamente o Supremo Tribunal Federal, foi amplamente invocado por esses entes federativos, para que solucionasse controvérsias constitucionais, em cumprimento ao seu papel de guardião da Constituição Federal.

Ao contrário do Congresso Nacional, o Supremo Tribunal Federal tem atuado fortemente no combate às práticas inconstitucionais adotadas por estados-membros para concessão de benefícios fiscais de ICMS sem aprovação unânime do CONFAZ. Entretanto, a Corte Suprema está limitada ao princípio da separação dos poderes, de forma que muitas vezes externa seu posicionamento, contrário a medidas desagregadoras dos entes federativos, mas não determina o cumprimento de medidas efetivas, por considerar que não cabe ao Poder Judiciário a função de legislar positivamente[30].

As provocações dos estados-membros ao Supremo Tribunal Federal consistem, principalmente, no ajuizamento de Ações Diretas de Inconstitucionalidade (ADI), através das quais pleiteiam o reconhecimento da inconstitucionalidade de leis ou atos normativos de outros Estados Federados que instituem benefícios fiscais de forma unilateral.[31] No ano

---

29 GRAU, Eros Roberto. *O direito posto e o direito pressuposto*. 5. ed. São Paulo: Malheiros, 2003, p. 10.

30 "*Não cabe ao Poder Judiciário, em razão do princípio da isonomia, estender tratamento diferenciado a destinatários não contemplados pela previsão legal, sob pena de legislar positivamente, função estranha à competência que a Constituição lhe conferiu, na esteira da pacífica jurisprudência da Corte.*" (BRASIL. Supremo Tribunal Federal. AI 629082 AgR / SP. Relator Ministro Dias Toffoli. *DJe*, 30 out. 2013)

31 CARVALHO, Paulo de Barros; MARTINS, Ives Gandra da Silva. *Guerra fiscal*: reflexões sobre a concessão de benefícios no âmbito do ICMS. 2. ed. São Paulo: Noeses, 2014.

de 2011, o STF priorizou os julgamentos de demandas relativas à guerra fiscal do ICMS, haja vista que apreciou 14 Ações Diretas de Inconstitucionalidade, alcançando 23 normas editadas por sete unidades federadas. À unanimidade, em todas elas, decidiu pela inconstitucionalidade dos favores fiscais concedidos sem aprovação do CONFAZ, posto que violavam a Lei Complementar nº24/1975, recepcionada expressamente pela Constituição de 1988[32], no art. 34, §8º, do Ato das Disposições Constitucionais transitórias.

Para ilustrar o entendimento pacificado desse Tribunal Supremo colaciono as ementas dos julgados abaixo, a começar pelo julgamento da ADI 3664/RJ:

> "EMENTAS: 1. INCONSTITUCIONALIDADE. Ação direta. Objeto. Admissibilidade. Impugnação de decreto autônomo, que institui benefícios fiscais. Caráter não meramente regulamentar. Introdução de novidade normativa. Preliminar repelida. Precedentes. Decreto que, não se limitando a regulamentar lei, institua benefício fiscal ou introduza outra novidade normativa, reputa-se autônomo e, como tal, é suscetível de controle concentrado de constitucionalidade. 2. INCONSTITUCIONALIDADE. Ação direta. Decreto nº 52.381/2007, do Estado de São Paulo. Tributo. Imposto sobre Circulação de Mercadorias e Serviços – ICMS. Benefícios fiscais. Redução de base de cálculo e concessão de crédito presumido, por Estado-membro, mediante decreto. Inexistência de suporte em convênio celebrado no âmbito do CONFAZ, nos termos da LC 24/75. Expressão da chamada 'guerra fiscal'. Inadmissibilidade. Ofensa aos arts. 150, § 6º, 152 e 155, § 2º, inc. XII, letra 'g', da CF. Ação julgada procedente. Precedentes. Não pode o Estado-membro conceder isenção, incentivo ou benefício fiscal, relativos ao Imposto sobre Circulação de Mercadorias e Serviços – ICMS, de modo unilateral, mediante decreto ou outro ato normativo, sem prévia celebração de convênio intergovernamental no âmbito do CONFAZ.

[32] *ADCT – Art.34, § 8º – Se, no prazo de sessenta dias contados da promulgação da Constituição, não for editada a lei complementar necessária à instituição do imposto de que trata o art. 155, I, "b", os Estados e o Distrito Federal, mediante convênio celebrado nos termos da Lei Complementar nº 24, de 7 de janeiro de 1975, fixarão normas para regular provisoriamente a matéria.* (BRASIL. Constituição (1988). *Constituição da República Federativa do Brasil de 1988.* Disponível em: <http://www.planalto.gov.br/ccivil_03/constituicao/constituicao.htm>. Acesso em: 23 mar. 2015 às 19:32, horário de Brasília-DF).

> (ADI 4152, Relator(a): Min. CEZAR PELUSO, Tribunal Pleno, julgado em 01/06/2011, DJe-181 DIVULG 20-09-2011 PUBLIC 21-09-2011 EMENT VOL-02591-01 PP-00050)

No mesmo sentido, o acórdão prolatado nos autos da ADI 3803/PR:

> INCONSTITUCIONALIDADE. Ação direta. Lei nº 15.182/2006, do Estado do Paraná. Tributo. Imposto sobre Circulação de Mercadorias e Serviços – ICMS. Benefícios fiscais. Concessão de crédito presumido, por Estado-membro. Inexistência de suporte em convênio celebrado no âmbito do CONFAZ, nos termos da LC 24/75. Expressão da chamada 'guerra fiscal'. Inadmissibilidade. Ofensa aos arts. 150, § 6º, 152 e 155, § 2º, inc. XII, letra 'g', da CF. Ação julgada, em parte, procedente. Precedentes. Não pode o Estado-membro conceder isenção, incentivo ou benefício fiscal, relativos ao Imposto sobre Circulação de Mercadorias e Serviços – ICMS, de modo unilateral, mediante decreto ou outro ato normativo, sem prévia celebração de convênio intergovernamental no âmbito do CONFAZ.
>
> (ADI 3803, Relator(a): Min. CEZAR PELUSO, Tribunal Pleno, julgado em 01/06/2011, DJe-181 DIVULG 20-09-2011 PUBLIC 21-09-2011 EMENT VOL-02591-01 PP-00033)"

Como se depreende da análise desses julgados, há sólido entendimento do Supremo Tribunal Federal com relação à inconstitucionalidade de normas jurídicas estaduais que concedam benefícios fiscais de forma unilateral. Fatores como o entendimento pacificado sobre a matéria, o caos instaurado na Federação Brasileira e a inércia do Congresso Nacional em legislar para solucionar as controvérsias, ensejaram a proposição da Súmula Vinculante nº69/2012, de autoria do Ministro Gilmar Mendes, que assim estabelece:

> "Qualquer isenção, incentivo, redução de alíquota ou de base de cálculo, crédito presumido, dispensa de pagamento ou outro benefício fiscal relativo ao ICMS, concedido sem prévia aprovação em convênio celebrado no âmbito do Confaz, é inconstitucional"

Caso aprovada, essa súmula vinculante possibilitaria a cassação célere e direta de quaisquer normas jurídicas que atentassem contra o pacto federativo, no sentido da concessão de benefícios fiscais sem aprovação do CONFAZ, mediante Reclamação dirigida ao Supremo Tribunal Federal[33].

---

[33] *"Do ato administrativo ou decisão judicial que contrariar a súmula aplicável ou que indevidamente a aplicar, caberá reclamação ao Supremo Tribunal Federal que, julgando-a procedente, anulará o ato administrativo ou cassará a decisão*

Contudo, em virtude da complexidade do tema, é necessário que se tenha parcimônia para avaliar os limites de aplicabilidade e possíveis efeitos da aprovação deste mecanismo de uniformização. Dentre os pontos cruciais envolvidos na discussão jurídica acerca desta súmula vinculante se destacam os aspectos relativos à sua vigência: teria efeitos retroativos? Seria necessária a modulação de seus efeitos?

Estes questionamentos remetem diretamente ao princípio da segurança jurídica, tendo em vista que, caso assumisse efeitos retroativos, essa súmula vinculante poderia prejudicar contribuintes que gozavam de benefícios fiscais, em estrita observância de lei estadual vigente.

Imaginemos a situação de empresas que, atraídas por benefícios fiscais, se instalam nos estados concedentes de tais benesses, em estrita observância de lei estadual. Após o reconhecimento da inconstitucionalidade do ato normativo que instituiu a concessão, através da aplicação da súmula vinculante, as empresas estariam fadadas a recolher os valores desonerados por leis destes próprios estados-membros.

Constata-se, portanto, que apesar dos nobres motivos ensejadores da proposição desta súmula, é inegável que sua aplicação desmedida "*terá profundo impacto sobre o equilíbrio federativo, bem como sobre as finanças estaduais e das empresas que usufruíram dos benefícios fiscais*", nos termos de parecer da Comissão de Assuntos Econômicos do Senado, enviado ao Supremo Tribunal Federal em 2014.[34]

Considerando a perenidade do problema, não seria viável a adoção de medidas imediatas, drásticas, de forma que seria necessário, primeiramente, vetar a concessão de novos benefícios e aos poucos acabar com os benefícios inconstitucionais anteriormente concedidos, com a devida parcimônia, para evitar a falência de empresas, crises regionais.

Em síntese, no caso de resposta do Poder Judiciário, o recomendado seria a modulação dos efeitos da súmula vinculante, na linha da

---

judicial reclamada, e determinará que outra seja proferida com ou sem a aplicação da súmula, conforme o caso. (Incluído pela Emenda Constitucional nº 45, de 2004)" (BRASIL. Constituição (1988). *Constituição da República Federativa do Brasil de 1988*. Disponível em: <http://www.planalto.gov.br/ccivil_03/constituicao/constituicao.htm>. Acesso em: 23 mar. 2015 às 19:32, horário de Brasília-DF).

[34] BRASIL. Senado Federal. Comissão de Assuntos Econômicos. Ofício nº 221/2014/CAE. Publicação da Súmula Vinculante nº 69 de 2014. Disponível em: <http://s.conjur.com.br/dl/guerra-fiscal-psv-69-parecer-cae-senado.pdf>. Acesso em: 23 mar. 2015 às 19:32, horário de Brasília-DF.

recente decisão proferida pelo Supremo Tribunal Federal ao julgar caso sobre a matéria:

> ADI 4.481 – INCONSTITUCIONALIDADE DE BENEFÍCIOS FISCAIS PARA O ICMS E MODULAÇÃO DOS EFEITOS "O Tribunal, por unanimidade e nos termos do voto do Relator, julgou parcialmente procedente o pedido para declarar a inconstitucionalidade do art. 1°, inciso II, e dos artigos 2°, 3°, 4°, 6°, 7°, 8° e 11 da Lei n° 14.985, de 06 de janeiro de 2006, do Estado do Paraná, e, por maioria, modulou a declaração de inconstitucionalidade para que tenha eficácia a partir desta sessão, vencido o Ministro Marco Aurélio, que não modulava os efeitos da decisão. Ausente, neste julgamento, o Ministro Gilmar Mendes. Falou, pela requerente Confederação Nacional da Indústria, o Dr. Gustavo Amaral, OB/RJ 72.167. Presidiu o julgamento o Ministro Ricardo Lewandowski. Plenário, 11.03.2015. Proposta de Súmula Vinculante n° 69 – Ministro Gilmar Mendes" – "Qualquer isenção,incentivo, redução de alíquota ou de base de cálculo, crédito presumido, dispensa de pagamento ou outro benefício fiscal relativo ao ICMS,concedido sem aprovação em convênio celebrado no âmbito do Confaz, é inconstitucional."

No julgamento, o Ministro Luís Roberto Barroso pontuou que "*desfazer retroativamente todos esses anos de benefício seria de impacto imprevisível e possivelmente injusto, pelo menos em relação às partes privadas que seguiram a lei.*" Com a modulação dos efeitos das decisões e de possível súmula vinculante, seria possível corrigir uma situação de total descompasso jurídico sem gerar consequências drásticas à economia brasileira, o que é deveras importante neste cenário de crise econômica interna e global.

Importante esclarecer que a modulação de efeitos de súmula vinculante é permitida, na forma do art. 4°, da Lei 11.417/2006, que assim dispõe:

> "A súmula com efeito vinculante tem eficácia imediata, mas o Supremo Tribunal Federal, por decisão de 2/3 (dois terços) dos seus membros, poderá restringir os efeitos vinculantes ou decidir que só tenha eficácia a partir de outro momento, tendo em vista razões de segurança jurídica ou de excepcional interesse público."

O fato de tal súmula não ter sido aprovada, até o momento, é visto, por muitos, como uma espera do Poder Judiciário a respostas do Poder competente para decidir sobre essa controvérsia, o Legislativo.

V. CONVÊNIO 70/2014, EMENDA CONSTITUCIONAL 87/2015: LUZ NO FIM DO TÚNEL?

Um exemplo de medida desmotivadora de atitudes traumáticas é o Convênio ICMS 70/2014, que visa amenizar os efeitos das políticas de combate à guerra fiscal de ICMS. Dentre outras providências, dispõe sobre a remissão e anistia de créditos tributários constituídos em face do aproveitamento de incentivos e benefícios fiscais e financeiros, vinculados ao ICMS, autorizados ou concedidos pelas unidades federadas sem aprovação do CONFAZ. Mesmo que não se trate de uma solução do Poder Legislativo, os objetivos desse convênio estão ligados ao equilíbrio federativo, visando a implementação gradual das normas revogadoras dos benefícios fiscais unilaterais, sem prejuízo financeiro imediato aos estados-membros.

Quanto ao Poder Legislativo, vislumbra-se uma luz no fim do túnel, com o que parece ser uma primeira resposta do Congresso Nacional às atrocidades recorrentes na guerra fiscal do ICMS. Em 17 de abril de 2015, foi promulgada a Emenda Constitucional nº 87, que estabelece que, nas operações interestaduais que destinem bens e serviços a consumidor final, não contribuinte do imposto, os estados de destino das mercadorias ou serviços adquiridos terão direito a parte do ICMS.

Com a alteração no regime original de tributação na origem, no caso brasileiro, será possível reduzir as desigualdades regionais, haja vista que, anteriormente, a arrecadação decorrente de operações interestaduais, com destinatário não contribuinte do imposto, concentrava-se preponderantemente nos Estados do Sudeste, que possuem maior desenvolvimento industrial e econômico. Agora, por meio desta alteração na Constituição Federal, a arrecadação será dividida entre os estados de origem e estados de destino das mercadorias ou serviços.

Referida emenda se mostra como um primeiro passo do Poder Legislativo no combate *à* guerra fiscal. Como bem avaliou o Vice-Presidente da Câmara, o Deputado Waldir Maranhão "*O ato estabelece um novo marco na politica do ICMS no país. A chamada PEC dos Eletrônicos amplia a possibilidade de termos um estado simétrico. Hoje, temos uma realidade em que vigora uma assimetria. É dentro desse sentimento que podemos apontar para um pacto federativo. A assimetria vigente impõe aos estados mais pobres aguçar adversidades*".

Diante de um histórico de total inércia do Congresso Nacional, a promulgação desta emenda, de fato, constitui um avanço importante no sentido da harmonização dos entes federativos no Estado Brasileiro, convergindo para a redução das desigualdades regionais.

VI. CONCLUSÕES

Como se conclui, nem sob a interpretação mais pragmática, seria possível delimitar a guerra fiscal do ICMS como um fim em si mesmo, posto que é verdadeira consequência de falhas estruturais do Estado Brasileiro.

Neste cenário de instabilidade institucional, importante a prospecção de alternativas para enfrentar este grave problema do Sistema Tributário Nacional, objetivando estabelecer diretrizes para seu controle e posterior extinção. Contudo, as soluções não devem emanar do Poder Judiciário, a partir, por exemplo, da edição de súmula vinculante, mas sim do Poder Legislativo.

O Congresso Nacional detém competência para compatibilizar a realidade nacional com os postulados básicos da nossa pátria, em pleno exercício da representatividade política e, consequentemente, dos ideais democráticos. Consequentemente, não pode, como vinha ocorrendo no caso da guerra fiscal, deixar os cidadãos brasileiros a mercê de práticas inconstitucionais com efeitos nefastos, refletidos na seara econômica, social e tributária, a título exemplificativo, o fomento à insegurança jurídica, afastamento de investimentos no país como um todo.

Como já explicitado, a questão da reforma tributária é recorrente em manifestações políticas e tem na guerra fiscal uma de suas principais motivações, entretanto envolve aspectos muito mais abrangentes, inerentes à própria estrutura do Estado Brasileiro. A República Federativa do Brasil atravessa uma crise institucional, a qual, ao invés de articular a busca por culpados, deveria ensejar a busca por soluções, soluções estas no sentido do fortalecimento do pacto federativo e consolidação da harmonia entre os entes.

As mazelas do Federalismo Brasileiro constituem verdadeiros óbices à concretização do Estado Democrático de Direito que, apesar de constitucionalmente consagrado, não tem sido oportunizado. O Brasil, portanto, é uma "pátria idealmente construída, mas que em tempo algum foi praticada[35]".

---

[35] CARVALHO, Paulo de Barros; MARTINS, Ives Gandra da Silva. *Guerra fiscal*: reflexões sobre a concessão de benefícios no âmbito do ICMS. 2. ed. São Paulo: Noeses, 2014, p.209.

A transformação da realidade nacional se faz imprescindível, de modo que, de uma vez por todas, o pacto federativo sirva de fundamento e limite para qualquer ato ou norma jurídica. Para tanto, o cenário fiscal nacional deve ser parametrizado aos postulados de igualdade tributária, isonomia tributária, segurança jurídica, com a finalidade de aproximação da tão sonhada justiça fiscal. Independente de posicionamento político ou crença denota-se essencial o resgate de um sentimento nacional, esmigalhado num cenário de desarranjo ético sistêmico.

REFERÊNCIAS

ARISTÓTELES. Ética a *Nicômaco*. São Paulo: Martin Claret, 2000, p. 108-116.

ÁVILA, Humberto. *Teoria da igualdade tributária*. São Paulo: Malheiros, 2008. p. 187.

BALEEIRO, Aliomar. *Limitações constitucionais ao poder de tributar*. . ed. atual. por Misabel Abreu Machado Derzi. Rio de Janeiro: Forense, 2010.

BRASIL. Constituição (1988). *Constituição da República Federativa do Brasil de 1988*.

BRASIL. Ministério da Fazenda. Receita Federal. CETAD – Centro de Estudos Tributários e Aduaneiros. *Carga tributária no Brasil 2012*: análise por tributos e base de incidência. Brasília, dez. 2013. , p. 13.

BRASIL. Senado Federal. Comissão de Assuntos Econômicos. Ofício nº 221/2014/CAE. Publicação da Súmula Vinculante nº 69 de 2014.

BRASIL. Supremo Tribunal Federal. AI 629082 AgR / SP. Relator Ministro Dias Toffoli. *DJe*, 30 out. 2013.

BRITO, Carlos Ayres. Teoria da Constituição. Rio de Janeiro: Forense, 2003.

CARRAZZA, Roque Antonio. *Curso de Direito Constitucional Tributário*. 13. ed. rev., ampl. e atual. de acordo com a Emenda Constitucional n. 21/99. São Paulo: Malheiros, 1999.

CARRAZZA, Roque Antônio. *ICMS*. 16 ed. São Paulo: Malheiros, 2012.

CARVALHO, Kildare Gonçalves. *Direito Constitucional*. 15. ed., rev. atual. e ampl. Belo Horizonte: Del Rey, 2009.

CARVALHO. Paulo de Barros. **A Regra-Matriz do ICMS**, tese de Livre-Docência apresentada na Faculdade de Direito da PUC/SP, 1981, inédita.

CARVALHO, Paulo de Barros; MARTINS, Ives Gandra da Silva. *Guerra fiscal*: reflexões sobre a concessão de benefícios no âmbito do ICMS. 2. ed. São Paulo: Noeses, 2014.

CARVALHO FILHO, José dos Santos. *Manual de Direito Administrativo*. 19. ed. Rio de Janeiro: Lumen Juris, 2008.

COÊLHO, Sacha Calmon Navarro. *Curso de Direito Tributário brasileiro*. 12. ed. rev. e atual. Rio de Janeiro: Forense, 2012.

FIUZA, Ricardo Arnaldo Malheiros; COSTA, Mônica Aragão Martiniano Ferreira e. *Aulas de teoria do Estado*. Belo Horizonte: Del Rey, 2007.

GRAU, Eros Roberto. *O direito posto e o direito pressuposto*. 5. ed. São Paulo: Malheiros, 2003, p. 10.

HORTA, Raul Machado. *A autonomia do Estado-Membro no Direito Constitucional brasileiro*. Belo Horizonte: Santa Maria, 1964, p. 267 e segs.

MINAS GERAIS. Secretaria de Estado de Fazenda. Resolução nº 3.166, de 11 de julho de 2001.

MONTESQUIEU, Baron de. *O espírito das leis*. São Paulo: Saraiva, 1996.

PAULSEN, Leandro. *Direito Tributário: Constituição e Código Tributário à luz da doutrina e da jurisprudência*. 11. Ed. Porto Alegre, Livraria do Advogado Editora; ESMAFE, 2009.

RIO DE JANEIRO. Secretaria de Estado de Fazenda. Resolução nº 2.844, de 9 de setembro de 1997.

SÃO PAULO. Secretaria do Estado da Fazenda. Comunicado CAT nº 36, de 29 de julho de 2004.

SCAFF, Fernando Facury. Tributação e políticas públicas: o ICMS ecológico. *Verba Juris* (UFPB), v. 3, p. 154-190.

12

O NASCIMENTO DA TRIBUTAÇÃO E OS DIFERENTES FUNDAMENTOS PARA O SEU EXERCÍCIO NA HISTÓRIA E A IGUALDADE COMO ATUAL BALIZADORA NA JUSTA TRIBUTAÇÃO TENDO A CAPACIDADE CONTRIBUTIVA COMO SUA MEDIDA DE COMPARAÇÃO

João Paulo Fanucchi de Almeida Melo[1]

INTRODUÇÃO

O presente artigo tem como revisitar na história os diferentes fundamentos utilizados para dar sustentáculo ao exercício da tributação até os dias atuais.

---

1 Professor da Pós-Graduação e Graduação da Pontifícia Universidade Católica de Minas Gerais (PUC Minas). Mestre em Direito Público pela PUC Minas e Pós-Graduado em Direito Tributário pela Faculdade de Direito Milton Campos. Doutorando em Direito Público pela Universidade de Coimbra. Presidente da Comissão de Direito Tributário da OAB/MG. Diretor Departamental do Instituto dos Advogados de Minas Gerais (IAMG). Diretor da ABRADT. Diretor do IEFi. Conselheiro do CART de Belo Horizonte. Conselheiro do Conselho de Assuntos Jurídicos da AC Minas. Advogado.

No primeiro item do presente artigo serão apresentados os aspectos históricos da tributação, desde os anos 3.300 a.C. até os dias atuais.

No segundo, a igualdade, como medida de comparação e um dos elementos que regula o poder tributante, é tratada de modo a ser possível detectar o seu real conteúdo, especialmente na seara tributária. Há, ainda, uma abordagem acerca da igualdade "perante a lei" e a "igualdade na lei", bem como uma explanação referente à capacidade contributiva como medida de comparação para a efetivação da igualdade no âmbito tributário.

1. ASPECTOS HISTÓRICOS DA TRIBUTAÇÃO

Dizem os estudiosos que a tributação existe antes mesmo do surgimento do Estado moderno, estando presente no seio dos mais remotos grupos sociais politicamente organizados. Dessa forma, entende-se que não se pode vincular o nascimento do Estado à existência da tributação[2].

Entre os anos de 3.300 a 2.000 a.C., a primeira civilização do mundo – Suméria –, localizada na região sul da Mesopotâmia, utilizava o tributo como interessante método de imposição pecuniária dos vencedores sobre os vencidos nas guerras. Os valores arrecadados eram direcionados para

---

2 Em importante e conciso estudo, Simone Lemos Fernandes (2004, p. 03-51), a partir de riquíssima bibliografia, trabalha o nascimento e da evolução da tributação. O seu texto servirá de primordial sustentáculo – fonte – na exposição do presente artigo.
Simone Lemos Fernandes divide a concepção de tributo, que variou ao longo do desenvolvimento humano, em nove estágios. São eles: (i) do tributo-oferenda e do tributo-punição; (ii) tributo-participação; (iii) tributo-potestade; (iv) tributo-proteção; (v) da retomada do consentimento ao exercício do poder fiscal; (vi) do retorno ao tributo-potestade; (vii) do tributo-troca do Estado Liberal; (viii) do surgimento dos encargos parafiscais; (ix) do tributo solidariedade.
Regina Helena Costa (2003, p. 15-21) e Aliomar Baleeiro (2006, p. 01) visualizam que o tributo está presente na humanidade desde a Antiguidade. A propósito, Baleeiro assinala que: "O tributo é vetusa e fiel sombra do poder político há mais de 20 séculos. Onde se ergue um governante, ela se projeta sobre o solo de sua dominação. Inúmeros testemunhos, desde a Antiguidade até hoje, excluem qualquer dúvida." (BALEEIRO, 2006, p.01)
Todavia, em sentido contrário, Marciano Seabra de Godoi (1999, p.173 - 174) (2005, p. 152-153) e Ricardo Lobo Torres (2009, p. 92) (1998) não coadunam com tal posicionamento. Isso porque as civilizações antigas, incluindo-se as medievais, não exerciam o poder tributante de forma similar com a tributação moderna e contemporânea, salvo o nome. Inclusive, para Marciano Seabra de Godoi (1999, p. 174) "(...) perceber-se-á a 'virada histórica' ocorrida no conceito de tributo após a instalação do que veio a se chamar Estado de Direito."

expansão do exército. Dessa forma, nessa época remota, a tributação possuía flagrante caráter de sanção negativa.

No Egito Antigo, os faraós, que eram tidos como deuses encarnados, recebiam os tributos, em espécie ou trabalho, do povo. Interessantemente, a mensuração da tributação levava em consideração o nivelamento do rio Nilo.

Somente na Grécia Antiga, o indivíduo pôde participar ativa e efetivamente quando da criação das imposições pecuniárias. Naquela época, em que se exercia a democracia, a limitação de liberdade somente poderia ocorrer mediante edição de lei, mediante participação popular, ainda que indiretamente.

O custeio da Cidade era indispensável e tornava-se imperiosa a busca de recursos. No entanto, a ideia de tributação estava diretamente ligada ao entendimento de sanção negativa[3]. Por essa razão, o cidadão grego resistia em ter que repassar parte dos seus recursos à Cidade.

Inteligentemente, visando amenizar a situação e, na busca de denominador comum, os sofistas passaram a discursar que o tributo teria característica de troca, ou seja, o cidadão repassava parte dos seus recursos, e a Cidade ficaria responsável pela proteção do seu financiador. Ao mesmo tempo, diante da restrição do povo grego aos impostos diretos, surgiram os impostos indiretos.

Houve a formação do Império Romano. Na medida em que o Império se estendia territorialmente a partir de novas conquistas, a necessidade de arrecadação para custeio das vistorias também crescia. A fonte de custeio também não era os impostos diretos, pois, assim como os gregos, os romanos não os aceitavam. Além dos impostos indiretos, eram realizados empréstimos obrigatórios, sendo certo de que a devolução somente teria vez em caso de conquista militar.

Houve a queda do poder real e, em seu lugar, cresceu o poder de comando da Igreja e dos senhores feudais. De forma arbitrária, os senhores feudais impunham aos vassalos o dever de repassar parte dos recursos auferidos. O dever de pagar e o direito de receber eram evidenciados a partir da visualização da classe social a qual pertencia o ser humano. Noutros termos, o senhor feudal, o proprietário da terra, impunha o dever de pagar ao vassalo, aquele que estava instalado na sua propriedade.

---

[3] Visualiza-se, assim, um dos motivos que Marciano Seabra de Godoi (1999, p.173 - 174) (2005, p. 152-153) e Ricardo Lobo Torres (2009, p. 92) não admitem a possibilidade de existência de tributo antes da formação do Estado Moderno.

Por seu turno, a Igreja Católica, como proprietária de terras, sob o discurso de que promoveria a segurança e a proteção, realizava intensas cobranças.

Vieram as monarquias nacionais e, ao seu lado, a necessidade de consentimento pelos representantes – parlamento, formado pelo clero, nobreza e burguesia – para cobrança dos impostos. Eram os "Estados-Gerais" na França e o "Parlamento" na Inglaterra os responsáveis por convalidar ou não a imposição tributária, até porque prevaleceria, a partir da Carta Magna de 1215, a ideia do *no taxation without representation.*

A tributação sofreu historicamente nova reviravolta. Surgiu o Estado Absoluto ou, conforme visualizado por Ricardo Lobo Torres (1991, p. 13-15), Estado Patrimonial[4]. No Estado patrimonial, a figura do monarca, inicialmente, dividia espaço com os nobres e com a Igreja. No entanto, em um segundo momento e com a concessão de interessantes vantagens e imunidades, os nobres e a Igreja cediam os seus espaços à figura do monarca. A fiscalidade, portanto, restou centralizada.

Nesse período a imposição pecuniária não tinha limites e, sendo o caso, a coação era utilizada. Para a utilização da coação, adotava-se como fundamento a soberania[5].

Diante desta contextualização, os homens livres se rebelaram, por serem obrigados a sustentar o Estado Absoluto ou Patrimonial, enquanto escravos e servos não tinham condições de contribuir, e os nobres e a

---

4 Importante passagem sobre o Estado Patrimonial, segundo Ricardo Lobo Torres (1991, p. 13-15): "consiste em se basear no patrimonialismo financeiro, ou seja, em viver fundamentalmente das rendas patrimoniais ou dominiais do príncipe, só secundariamente se apoiando na receita extrapatrimonial de tributos; mas a característica patrimonialista não decorre apenas dos aspetos quantitativos, posto que o fundamental é que o tributo ainda não ingressava plenamente na esfera da publicidade, sendo apropriado de forma privada, isto é, como resultado do exercício da *jurisdictio* e de modo transitório, sujeito à renovação anual. No Estado Patrimonial se confundem o público e o privado, o *imperium* e o *dominium*, a fazenda do príncipe e a fazenda pública". Adiante, na mesma linha, o autor assinala que "(...) o Estado Patrimonial, do ponto de vista financeiro, caracteriza-se por diversos outros fenômenos: as populações em geral são pobres e os reis, ricos; os sistemas tributários, caóticos e irracionais, compõem-se principalmente de tributos diretos,que incidem até sobre os pobres, mas aos quais estão imunes a nobreza e o clero (...)." (TORRES, 1991, p. 14)

5 A tributação nessa fase "fundava-se na soberania, sendo que governar era sinônimo de submeter, oprimir, explorar outros homens com a utilização de um aparelho institucionalizado." (FERNANDES, 2004, p. 20).

Igrejas usufruíam de privilégios. Saiu de cena o Estado Patrimonial ou Absoluto e, em seu lugar, surgiu o Estado Fiscal[6] [7] e as suas duas fases. Nasceu, pois, o liberalismo e o Estado Liberal.

Importante destacar que, na Europa, o surgimento do liberalismo se deu na França a partir da Revolução de 1789 (Revolução Francesa). Inclusive, como consequência da Revolução, foi promulgada a Declaração dos Direitos do Homem e do Cidadão, que desenvolveu a autoimposição, de livre consentimento da tributação, e marcou desde então, de maneira indelével, a ordem constitucional das nações ocidentais (universalidade do princípio da legalidade tributária, que como visto não é ordem meramente formal). (GODOI, 2005, p. 153)

À mesma época, nos Estados Unidos da América, então colonizados pela Inglaterra, outra revolução viria à tona. Diante dos prejuízos decorrentes da Guerra de Sete Anos, o Parlamento inglês pretendeu impor tributação pesada sobre os colonos, com intuito de recuperar ou diminuir os prejuízos experimentados. No entanto, a pretensão do Parlamento inglês não foi aceita pelos Estados Unidos, o que, por conseguinte, ensejou, ao final, na Declaração de Independência, no ano de 1776.

Logo, verifica-se a quebra de paradigma na Europa e nos Estados Unidos. Do Estado Absoluto ou Patrimonial para o Fiscal e Liberal, sendo certo de que três mudanças radicais foram visualizadas por António Luciano de Sousa Franco, citado por Marciano Seabra de Godoi (2005, p. 153):

---

6 Ensina Ricardo Lobo Torres (1991, p. 97-98) "O que caracteriza o surgimento do Estado Fiscal, como específica configuração do Estado de Direito, é o novo perfil da receita pública, que passou a se fundar nos empréstimos, autorizados e garantidos pelo Legislativo, e principalmente nos tributos (...). Deu-se a separação entre o *ius eminense*, e o poder tributário, entre a fazenda pública e a fazenda do príncipe e entre política e econômica, fortalecendo-se sobremaneira a burocracia fiscal, que atingiu um alto grau de racionalidade (...). O Estado Fiscal, por conseguinte, abriu-se para a publicidade e dilargou as fronteiras das liberdades humanas (...)."

7 Importante assinalar que Ricardo Lobo Torres (1991, 51 e ss.) visualiza, entre os Estados Patrimonial e Fiscal, a existência do Estado de Polícia. Frise-se que outros autores visualizam o Estado de Polícia como inerente ao Estado Patrimonial, ou seja, não se trata de figura autônoma/singular. No entanto, segundo Lobo Torres, o Estado de Polícia existiu em determinada época em determinados países especificamente, como Alemanha, Áustria, parte da Itália etc. No entanto, em outros países como a Inglaterra e a França, onde ocorreram as principais revoluções no século XVIII, a figura do Estado de Polícia não chegou a adentrar.
O Estado de Polícia visava garantir o bem-estar e a felicidade do povo e do Estado. Logo, visualizava-se evidente caráter paternalista, centralizador e intervencionista.

> A drástica liquidação do patrimônio principalmente imobiliário do Estado e da Igreja (e sua transferência às mãos produtivas da burguesia), a nova estruturação do sistema de produção (valorização da atividade empreendedora-empresarial e da riqueza mobiliária em detrimento da terra como fator de produção) e a afirmação do tributo como dever fundamental da cidadania no contexto de uma nova dimensão do princípio da igualdade de todos perante a lei (fim dos privilégios odiosos e das imunidades fiscais do patrimonialismo pretérito).

No Estado Liberal ou na primeira fase do Estado Fiscal, a ideologia assentava-se nas ideias de universalidade e de contratualismo – vínculo moral e de honra – na tributação. Defendia-se o Estado-Mínimo e pouco intervencionista, sendo certo de que o cidadão, componente do Estado, precisaria arcar igualmente com as despesas públicas. A tributação era leve nas atividades empresariais e nos rendimentos do trabalho, ao passo que nas riquezas agrárias e de consumo eram mais pesadas. A ideia do tributo-troca ou contraprestação – teoria do benefício – ainda era vista com bons olhos e prevalecia à época.

Nota-se, nesse período, o tributo como importante mecanismo para visualização de uma sociedade livre e igualitária. Professor Marciano Seabra de Godoi (1999, p. 179) verifica, a partir do contexto do Estado Liberal ou primeira fase do Estado Fiscal, que

> o tributo é ao mesmo tempo consequência e garantia da ordem jurídica, política e social assentada sobre o princípio da igualdade de todos perante a lei. Sendo assim, o sistema tributário deverá ser todo ele informado e condicionado pelo princípio da igualdade, o qual, como já vimos, não determina o mesmo tratamento a todos, senão permite e em alguns casos mesmo ordena tratamentos de *iure* diversos, em função de valores constitucionais de prestigio.
>
> Desta arte, o critério da capacidade contributiva, o instituto das imunidades, o instituto das isenções e demais benefícios fiscais, tudo isto deve ser visto como facetas do processo de informação do direito tributário pelo princípio da igualdade.

Todavia, o ideal libertário, enquanto incluía parte da sociedade, deixava outra totalmente excluída. A industrialização crescia a passos largos, assim como a massa de proletariado. O liberalismo prestigiava a burguesia, mas não o proletariado. Diante da indiferença do Estado Liberal, injustiças e inconformismos ficaram evidentes. Logo, diante da insatisfação social, nova reviravolta veio à tona, desta feita, tornando-se necessário redimir as diferenças sociais. A busca do bem-estar geral tornou-se imperiosa. Nasce a concepção de Estado Social, a segunda fase do Estado Fiscal, em meados do século XX, especificamente após a Primeira Grande Guerra Mundial.

O Estado até então abstencionista, teve que virar presente e interventor. Tornou-se necessária a atuação estatal para afastar a injustiça social vivenciada[8]. Surgiu, por conseguinte, a figura da extrafiscalidade, importante instrumento do Estado para intervir ou direcionar a economia, os objetivos de ordem constitucional e a sociedade em geral. Logo, direitos sociais precisaram ser garantidos, o que ensejou a necessidade de aumento da arrecadação.

Entretanto, em meados dos anos 80 do século passado, após a perda de força do governo trabalhista inglês e do governo social democrata alemão, dúvidas acerca da efetividade de serviços sociais em geral, com os altos e desnecessários gastos do Estado e com o inconformismo de se pagar altos impostos, nova ideologia passou a prevalecer no mundo, inclusive em países que jamais vivenciaram o bem-estar geral, como o Brasil. Vivencia-se a onda do neoliberalismo[9].

A concepção atual no neoliberalismo é de que, ao contrário do que ocorreu em outras épocas, a igualdade, como medida de comparação, é atualmente um dos elementos que regulará o poder tributante. Dessa forma, torna-se imperioso trabalhá-la, de tal modo que se possa detectar o seu real conteúdo, especialmente na seara tributária.

2. IGUALDADE

2.1 *A evolução e o atual conteúdo de igualdade*

A tributação, desde o seu surgimento, teve diferentes e diversos fundamentos. De fato, foi no Estado Liberal que restou consubstanciado que a tributação deveria respeitar dois preceitos basilares: a legalidade e a igualdade. A tributação justa é aquela que respeita a igualdade.

No entanto, detectar que a igualdade está ligada à justiça ou, especificamente, que a tributação que observa a igualdade é tributação justa, não

---

8 No Estado Social ou segunda fase do Estado fiscal, dentre outras medidas diretas adotadas pelo Estado, verifica-se a edição de leis trabalhistas, a criação da Previdência Social.

9 Vide Godoi (1999, p.182)

soluciona ou finaliza a pesquisa. Isso porque as ideias de igualdade geral e igualdade tributária precisam ser desenvolvidas, sendo certo que o seu real conteúdo varia no tempo e no espaço. Como lembra o Professor Ricardo Lobo Torres (1999, p. 330), "o princípio da igualdade é vazio, recebendo conteúdo emanado dos diversos valores e harmonizando-lhes as comparações intersubjetivas".

Misabel Derzi (2004, p. 96), apesar de reconhecer que desde tempos mais longínquos a ideia de igualdade estava ligada à justiça[10], anota a grande dificuldade de se aferirem a igualdade e os aspectos relevantes para tanto[11].

Ainda no conceito aristotélico, a igualdade era verificada a partir da análise do critério de mérito. Todavia, naquela época, somente alguns homens poderiam ter análise de mérito, tendo em vista que a política então vivenciada excluía tal possibilidade para as mulheres, os escravos e as crianças.

Professora Misabel Derzi (2004, p. 96) assinala que Montesquieu defendia a manutenção dos tribunais especiais para julgamento dos nobres. Dessa forma, os nobres e os cidadãos em geral seriam julgados pelos seus pares.

O conteúdo da igualdade foi sendo desenvolvido ao longo tempo. Mas, a partir do nascimento do Estado Liberal e com o rompimento do Estado Absoluto, a ideia de igualdade que ali surgiu passou a ser importante sustentáculo para a atual concepção. Os privilégios odiosos e as discriminações sem fundamentos eram repudiados, no Estado Liberal e hoje. A arbitrariedade não tinha mais vez[12].

---

[10] No mesmo sentido, Lobo Torres (1999, p. 329).

[11] Em sua clássica obra, Celso Antônio Bandeira de Mello (1993, p. 11) também levanta a questão acerca de como se verificar o que seria igual e desigual. Nas palavras do autor: "(...) Quem são os iguais e quem são os desiguais? A dizer: o que permite radicalizar alguns sob a rubrica de iguais e outros sob a rubrica de desiguais? Em suma: qual o critério legitimamente manipulável – sem agravos à isonomia – que autoriza distinguir pessoas e situações em grupos apartados para fins de tratamentos diversos? Afinal, que espécie de igualdade veda e que tipo de desigualdade faculta a discriminação de situações e de pessoas, sem quebra e agressão aos objetivos transfundidos no princípio constitucional da isonomia?"

[12] Sempre bom deixar claro que, como já anotado, apesar de existir repúdio aos privilégios odiosos e às discriminações, essas concepções sempre oscilaram. O contexto social e político vivenciado a cada época sempre influíram no real conteúdo de igualdade. Tanto que, até meados do século passado, não se falava em discriminação o fato de a mulher não poder exercer os mesmos direitos usufruídos pelo

No Estado Liberal difundia-se a ideia de igualdade formal, ou seja, aquela que reivindicava a igualdade na aplicação da lei, de forma sistêmica e rígida. Isso porque,

> historicamente desenvolveu-se em primeiro lugar o Estado de Direito formal, que reconhece a separação de Poderes, o domínio da lei (*rule of law*), a legalidade da Administração e a tutela jurídica contra atos do Poder público por meio de tribunais independentes. O Estado de Direito formal realiza-se principalmente a segurança jurídica. (TIPKE; LANG, 2008, p. 182)

Portanto, defendia-se a aplicação uniforme da lei[13].

Como parte da população estava desprestigiada – proletariado – e com o desenvolvimento industrial, as diferenças sociais estavam cada vez maiores. A insatisfação aumentava. A rigidez do Estado formal não poderia ter mais vez, sendo necessária a busca da igualdade na realidade ou nos fatos, ao invés da igualdade jurídica, verificada na letra fria da lei.

Exsurge a ideia de igualdade no Estado Social, em que a busca é pela inclusão social e a efetivação em máxima medida de direitos sociais. A desigualdade fática e o abismo entre as classes sociais deveriam ser minimizados. O Estado passou a intervir no seio da sociedade e, por meio das mais diferentes políticas, visou implementar a igualdade de oportunidades – igualdade material. O bem-estar geral era o objetivo a ser alcançado.

Adiante, o ideal de Estado Social foi sucedido pela atual concepção mundial, seguida pelo Brasil, do Estado Democrático de Direito. Nesta linha, as constituições modernas sustentam verdadeiro caráter dual, ou seja, prestigiam valores inerentes ao individualismo do Estado Liberal, como a separação dos poderes e a segurança jurídica, e o da coletividade e da justiça social do Estado Social. Noutros termos, as constituições modernas abarcam de uma só vez princípios do Estado Liberal e do

---

homem, como, por exemplo, o direito ao voto. Até então, a limitação da mulher a alguns direitos, hoje não vivenciados nos países politizados, não era visualizada como discriminação e, por conseguinte, em violação ao princípio da igualdade. A concepção de igualdade no Estado Democrático de Direito é diferente dos Estados Liberal e Social.

13 No Estado Liberal imperava o receio de retorno ao Estado Absoluto. Logo, as leis deveriam exaurir todas as matérias ou regular todas as condutas. A rigidez formal da lei na aplicação era irrefutável.

Estado Social, sendo necessária a busca pelo equilíbrio entre o respeito do ser individual e da coletividade/solidariedade como um todo[14].

Não obstante os ideais liberais e sociais conviverem em conjunto na atual concepção de Estado Democrático de Direito, a constatação do (des)respeito à igualdade está sempre, como ponto inicial, diretamente vinculada à comparabilidade entre sujeitos e determinada medida adotada ou critério de comparação. Ilustrativo, pois, é o exemplo de Luigi Vittorio Berliri, citado por Misabel Derzi (2004, p. 97-98):

Est miser nemo, nisi comparatus

> Há séculos que nos perguntamos o que é a Justiça e por que é justo o que sentimos como justo. Mas há uma coisa que sabemos bem por experiência secular, e que o homem, animal político, sente e sofre de forma primordial, prepotente e real, a necessidade de justiça, assim como a fome, o medo e o amor; essa misteriosa necessidade que algumas situações apagam e outras provocam, excitam, levam à revolta e ao delito, a fim de aplacá-la.
>
> Dê a um menino um chocolate e o fareis rir de alegria; mas para fazê-lo chorar bastará dar simultaneamente dois a seu irmão. Esse menino, que não entende de códigos, nem de justiça distributiva, nem de ato normativo gritará entre lágrimas que 'não é justo' que ele tenha um só chocolate e seu irmão dois: e a dor da injustiça, em definitivo terá superado e dominado o prazer do obséquio. (...)

A isonomia clama pelo tratamento rigidamente igual – formal –, sem qualquer espécie de diferenciação. A diferenciação somente será admitida caso haja fundamento justo que a sustente – igualdade material – ou a busca de outros objetivos e valores de âmbito constitucional. No exemplo acima, portanto, o critério de comparação é o número de chocolates entregues aos irmãos. Se não há nenhum fundamento plausível que sirva de sustentáculo, é desigual o fato de um irmão receber dois chocolates, enquanto o outro recebe apenas um. Mas se deve destacar que a rigidez e formalismo outrora prevalecente é atualmente relativizado, sendo certo de que distinções justificáveis não violam o preceito da igualdade.

Nessa linha expositiva, Humberto Ávila (2008b, p. 41) lembra que para o Direito "não importa apenas saber se as pessoas são ou não são

---

[14] A busca deste equilíbrio será desenvolvido no tópico adiante, quando se trabalhará os elementos da igualdade. A partir dele será possível verificar os critérios para detectar a ilegitimidade das discriminações e a legitimidade das "discriminações reversas", conforme intitulado por Ricardo Lobo Torres (1999, p. 402).

iguais (igualdade descritiva). É preciso saber, também, se as pessoas devem ou não devem ser tratadas igualmente (igualdade prescritiva)".

Portanto, não se pode olvidar que a atual ideia de igualdade deve ser detectada a partir de determinado critério de comparação adequado para constatar ou buscar determinada finalidade[15]. Nesse diapasão, Humberto Ávila (2008b, p. 42), em síntese, define a atual concepção de igualdade como "relação entre dois ou mais sujeitos, com base em medida(s) ou critério(s) de comparação, aferido(s) por meio de elemento(s) indicativo(s), que serve(m) de instrumento para a realização de determinada finalidade".

2.2 *Elementos da igualdade*

No tópico anterior foi possível verificar a evolução do conteúdo da igualdade até, enfim, verificar o seu atual entendimento no Estado Democrático de Direito. Diante da mencionada evolução, não se pode olvidar que, atualmente, o conteúdo da igualdade resguarda dois vieses distintos, quais sejam, aquele que garante o direito individual do cidadão e o que permite o avanço da sociedade como um todo por meio da igualdade de oportunidades – igualdade material.

De fato, nenhum indivíduo é rigidamente igual ao outro. Sempre haverá diferenças, muito embora algumas características possam até coincidir. *A priori*, qualquer discriminação na lei pode insurgir como violação da igualdade. No entanto, atualmente, algumas diferenciações são admitidas e tidas como legítimas, porque por meio delas a igualdade material e outros objetivos constitucionais poderão ser alcançados integralmente[16].

---

15 A igualdade prescritiva, ao contrário da descritiva, deverá ser visualizada a partir de determinada finalidade a ser alcançada. Sujeitos serão comparados a partir de critério adequado para alcançar determinada finalidade. Dessa forma, quando surge o dever de pagar tributo, a igualdade, princípio fundamental que é, deverá ser observada. Nesse sentido, dois indivíduos com mesma capacidade contributiva deverão pagar igualmente o tributo. A finalidade é pagar tributo; o critério observado para tanto é a capacidade contributiva. Nesse contexto, pouco importa o sexo, a religião, a idade etc. de ambos os indivíduos que estão sendo comparados.

16 Professor Ricardo Lobo Torres, ao desenvolver a matéria, assinala que é legítima a 'discriminação reversa' ou 'discriminação positiva'. Nessa situação, "a desigualdade cometida contra os ricos e as pessoas que se encontram em condições econômicas, sociais ou intelectuais melhores, como resultado da proteção concedida aos pobres e aos fracos, torna-se plenamente constitucional. (...) No Brasil já temos

Celso Antônio Bandeira de Mello (1993) elaborou clássica obra trabalhando a igualdade. Posteriormente, Humberto Ávila (2008b) também desenvolve o tema, especificamente na seara tributária.

Com efeito, deve-se partir da premissa de que nenhuma diferenciação é permitida. Contudo, a distinção na lei, desde que observados determinados requisitos específicos, pode ser constitucionalmente admitida.

Para que a isonomia seja prestigiada, Humberto Ávila (2008b, p. 42-73) apresenta quatro requisitos específicos – elementos estruturais da igualdade – que precisam ser observados atentamente. São eles: (i) sujeitos; (ii) medida de comparação; (iii) elemento indicativo da medida de comparação e (iv) finalidade da diferenciação.

Para início da análise da igualdade, como primeiro ponto, deve-se verificar a existência de pelo menos dois sujeitos, sendo certo de que eles figurarão como alvo de comparação. Na realidade, nem sempre serão alvo de comparação as pessoas físicas. Podem situar nessa hipótese, pessoas jurídicas, coisas, fatos etc[17].

Os sujeitos escolhidos deverão ser comparados. Para tanto, alguma medida comum dos sujeitos deve ser selecionada. Nessa linha, não se admite que qualquer medida seja escolhida subjetiva ou alternativamente, mas sim, dentre as mais diversas situações, deve ser adotada a medida de comparação que tenha suporte empírico real[18]. E mais, além do suporte

---

diversos exemplos de discriminação reversa. O STF fez inscrever na Súmula da Jurisprudência Predominante a declaração de que 'é constitucional a lei do município que reduz o Imposto Predial Urbano sobre o imóvel ocupado pela residência do proprietário, que não possua outro' (verbete 539)".

17 Em sentido semelhante ao que é sustentado por Humberto Ávila, Bandeira de Mello (1993, p.17) assevera que "(...) qualquer elemento residente nas coisas, pessoas ou situações, pode ser escolhido pela lei como fator discriminatório, donde não se segue que, de regra, não é no traço de diferenciação escolhido que se deve buscar algum desacato ao princípio isonômico."

18 Humberto Ávila (2008b, p. 43-47) apresenta série de julgados do Supremo Tribunal Federal que referenda tal situação. Na Ação Direta de Inconstitucionalidade n. 2.667, Lei do Distrito Federal determinava que aluno, mesmo que não tivesse frequentado o mínimo de aulas exigido por lei, no caso de aprovação no vestibular, teria direito ao certificado de conclusão do terceiro ano.

Na Ação Direta de Inconstitucionalidade n. 489, lei estadual que, para fins de aposentadoria de Secretário de Estado, contava em dobro o período trabalhado, foi declarada inconstitucional. Evidentemente arbitrária a medida de comparação adotada pela lei – ser ou não Secretário de Estado – para fins de aposentadoria.

Na ADI n. 3.105, foi julgada inconstitucional a lei que impunha diferentes formas empírico real, torna-se imperioso que a medida de comparação tenha pertinência com a finalidade almejada e seja o melhor caminho para tanto[19].

A medida de comparação, todavia, pode possuir inúmeros indicativos. Logo, para alcançar a discriminação legítima, torna-se necessário buscar o elemento indicativo da medida de comparação, sendo que entre ambos deverá existir relação fundada e conjugada.

Ensina Humberto Ávila (2008b, p. 48) que, para existir relação fundada entre a medida de comparação e o seu elemento indicativo, importante "existir um vínculo de correspondência estatisticamente fundada entre o elemento indicativo e a medida de comparação." (ÁVILA, 2008 b, p. 48)[20]

Ultrapassada a ideia da relação fundada que deve existir entre a medida de comparação e o seu elemento indicativo, também é necessário observar a relação conjugada que deve existir entre ambos. Isso porque, o elemento indicativo a ser adotado deve, dentre todos existentes, ser o que melhor poderá alcançar a finalidade. Noutros termos, se dois elementos indicativos possuírem relação fundada com determinada medida de comparação, aquele que tiver maior possibilidade de alcançar a finalidade pretendida deverá ser utilizado[21].

---

de contribuições por inativos para fins de custeio da seguridade social. Os inativos vinculados à União contribuíam de forma distinta daqueles ligados aos Estados membros e aos Municípios. De fato, a medida de comparação era ilegítima.

19 Bandeira de Mello (1993, p. 39) assinala, de forma adequada, que: "a lei não pode conceder tratamento específico, vantajoso ou desvantajoso, em atenção a traços e circunstâncias peculiarizadoras de uma categoria de indivíduos se não houver adequação racional entre o elemento diferente e o regime dispensado aos que inserem na categoria diferenciada."

20 Exemplo dado por Ávila: o Legislativo, com intuito de proporcionar maior segurança aos passageiros, pretende tomar algumas medidas. Veja-se: a finalidade é proporcionar a segurança dos passageiros. Para tanto, entende que o reflexo e a visão são as medidas de comparação. A partir de tais medidas de comparação, é possível se valer de vários elementos. Baseando-se de dados empíricos consideráveis, o Legislador se vale da idade e, por conseguinte, indica o fator "idade 65 anos" como elemento indicativo da medida de comparação visão e reflexo.
Logo, outros critérios, como opção sexual, cor, sexo etc. não possuem relação fundada entre as medidas de comparação e a finalidade do exemplo ora exposto.

21 Nesse sentido, por exemplo: "uma medida de comparação pode ser aferida por vários elementos: a capacidade de discernimento pode ser aferida pela idade, pelo nível de instrução, pelas notas, e assim por diante (...)." (ÁVILA, 2008b, p. 51). Deve-se adotar o elemento que poderá auxiliar no alcance da finalidade pretendida.

Verifica-se, assim, a necessidade de relação harmônica, em que: (i) entre a medida de comparação e o elemento indicativo tenham relação fundada e conjugada; (ii) entre a medida de comparação, que se valerá do elemento indicativo, tenha relação fundada e conjugada com a finalidade pretendida.

Nesse diapasão, a medida de comparação a ser adotada, além de abranger elemento real, possuir relação fundada e conjugada com o elemento indicativo e com a finalidade pretendida, precisa ser compatível com o texto constitucional. De nada adiantará, para sustentar determinada diferenciação, o legislador se valer de dois sujeitos e adotar medida de comparação constitucionalmente vedada[22].

Não obstante, apesar de o legislador não poder utilizar medida de comparação constitucionalmente vedada, excepcionalmente e com importante ônus argumentativo e de fundamentação, ele poderá flexibilizar essa premissa e, com intuito de efetivar outros objetivos constitucionais, se valer desta medida[23].

Por fim, para que a discriminação seja legítima, além dos elementos anteriores – sujeitos, medida de comparação e elemento indicativo –, é necessário que a finalidade pretendida com a ação tenha sustentáculo em âmbito constitucional. E mais, a finalidade pretendida não pode estar indiretamente excluída ou não colidir com o regime jurídico[24].

---

22 Quando a medida de comparação ensejar em preconceito, distinções por sexo ou raça etc.

23 Ávila (2008b, p. 58), mais uma vez exemplifica: "embora ninguém possa ser tratado de modo diferente em razão de deficiência física ou da sua ocupação profissional, qualquer um pode ser tratado distintamente em razão de sua deficiência se o cargo público a ser preenchido requerer exatamente uma habilidade cuja existência seja impedida pela deficiência, ou em função da sua ocupação profissional se a finalidade a ser atingida exigir precisamente o estímulo de determinadas atividades em detrimento de outras. (...) Em vez disso, a utilização da medida de comparação é mera decorrência acidental e secundária da promoção de um fim que legitima".

Pode-se ir além. Exatamente para fazer a inclusão social por meio das ações afirmativas, o governo poderá se pautar para efetivá-las de critérios como homossexualidade, deficiência física etc.

24 Para Bandeira de Mello (1993, p. 42): "De logo, importa, consoante salientado, que haja correlação lógica entre o critério desigualador e a desigualdade de tratamento. Contudo, ainda se requer mais, para lisura jurídica das desequiparações. Sobre existir nexo lógico, é mister que se retrate concretamente um bem – não um desvalor – absorvido no sistema normativo constitucional."

Diante desse contexto, verifica-se que a igualdade, em caráter preliminar, exige tratamento rigidamente igual, sem qualquer possibilidade de discriminação. No entanto, à luz do constitucionalismo moderno, algumas diferenciações são aceitáveis e isso não resultará em violação à igualdade. Em diversas situações, os tratamentos diferenciados, desde que observando os indicativos mencionados anteriormente, efetivamente legitimarão a igualdade material ou se buscará a efetivação de outros objetivos ou valores constitucionais em máxima medida[25].

2.3 Igualdade "perante a lei" e "igualdade na lei"

Dando prosseguimento à exposição do presente artigo, passa-se a desenvolver duas situações inerentes à igualdade. São elas: (i) igualdade "perante a lei" e igualdade "na lei".

Diretamente ligada ao liberalismo, a "igualdade perante a lei" clama pela uniformidade quando da aplicação da lei, isto é, assimila a ideia de universalidade, em que todos estão submetidos e regidos por ela. Evidencia-se, conforme outrora denominada, a verdadeira igualdade formal. Aqui, o aplicador da lei, mesmo diante de evidente arbitrariedade, não terá espaço para reflexão e para ponderar a aplicação da lei injusta[26].

---

[25] Em síntese, Bandeira de Mello (1993, p. 47-48) conclui que: "Há ofensa ao preceito constitucional da isonomia quando: I – A norma singulariza a atual e definitivamente um destinatário determinado, ao invés de abranger uma categoria de pessoas, ou uma pessoa futura e indeterminada. II – A norma adotada como critério discriminador, para fins de diferenciação de regimes, elemento não residente nos fatos, situações ou pessoas por tal modo desequiparadas. É o que ocorre quando pretende tomar o fator 'tempo' – que não descansa no objeto – como critério diferencial. III – A norma atribui tratamentos jurídicos diferentes em atenção a fator de discrímen adotado que, entretanto, não guarda relação de pertinência lógica com a disparidade de regimes outorgados. IV – A norma supõe relação de pertinência lógica existente em abstrato, mas o discrímen estabelecido conduz a efeitos contrapostos ou de qualquer modo dissonantes dos interesses prestigiados constitucionalmente. V – A interpretação da norma extrai dela distinções, discrimens, desequiparações que não foram professadamente assumidas por ela de modo claro, ainda que por via implícita."

[26] Luciano Amaro (2005, p. 135), trabalhando sobre o tema assinala que: "diante da lei 'x', toda e qualquer pessoa que se enquadre na hipótese legalmente descrita ficará sujeita ao mandamento legal. Não há pessoas 'diferentes' que possam, sob tal pretexto, escapar do comando legal, ou ser dele excluídas. Até aí, o princípio da igualdade está dirigido ao aplicador da lei, significando que este não pode diferenciar as pessoas, para efeito de ora submetê-las, ora não, ao mandamento legal (assim

Nesse sentido, valendo-se de exemplo de Hans Kelsen, Lacombe (2000, p. 24-25) assinala que na hipótese de uma lei prever o direito ao voto somente ao homem, não poderá o aplicador fazer qualquer ponderação acerca da sua legitimidade e estender o conteúdo às mulheres. No entanto, para fazer prevalecer a ideia de igualdade perante a lei, na hipótese de o homem negro ser impedido de votar, o aplicador deverá fazer prevalecer o diploma normativo que concede direito a voto a todos os homens, independentemente da sua raça.

A seu turno, a "igualdade na lei" remete à ideia de limitação do poder legiferante e na obrigatoriedade de observância da igualdade, refutando-se, por conseguinte, qualquer espécie de arbitrariedade ou discriminação no corpo da lei.

Professora Misabel Derzi (2006, p. 530), com grande poder de síntese, aduz que a efetivação da igualdade material se dará da seguinte forma:

> Os critérios de comparação, como variáveis, que permitirão agrupar os seres em iguais ou desiguais, traçam as linhas mestras da igualdade material e cristalizam a escala de valores constitucionalmente adotada.
>
> De cinco maneiras se traduzem os critérios de comparação:
>
> 1. na proibição de distinguir (universalmente) na aplicação da lei, em que o valor básico protegido é a segurança jurídica;
>
> 2. na proibição de distinguir no teor da lei, vedação que salvaguarda valores democráticos como abolição de privilégios e de arbítrio. Os princípios da generalidade e da universalidade estão a seu serviço e têm como destinatários todos aqueles considerados iguais;
>
> 3. no dever de distinguir no conteúdo da lei entre desiguais, e na medida dessa desigualdade. No Direito Tributário, o critério básico que mensura a igualdade ou a desigualdade é a capacidade econômica do contribuinte;
>
> 4. no dever de considerar as grandes desigualdades econômico-materiais advindas dos fatos, com o fim de atenuá-los e restabelecer o equilíbrio social. A progressividade dos tributos favorece a igualação das díspares condições concretas, em vez de conservá-las ou acentuá-las;
>
> 5. na possibilidade de derrogações parciais ou totais ao princípio da capacidade contributiva pelo acolhimento de outros valores constitucionais

---

como não se lhe faculta diversificá-las, para o fim de ora reconhecer-lhes, ora não, benefício outorgado pela lei). Em resumo, todos são iguais perante a lei".

como critérios de comparação, os quais podem inspirar progressividade, regressividade, isenções e benefícios, na busca de um melhor padrão de vida para todos, dentro dos planos de desenvolvimento nacional integrado e harmonioso.

Em nenhuma dessas cinco maneiras, por meio das quais agrupamos os distintos critérios de comparação (igualdade material), quebra-se o conceito de igualdade formal.

Sendo assim, o aplicador da lei, ao fazer o controle amplo de igualdade, estará sujeito não somente à necessidade de aplicação uniforme da lei, mas também e, principalmente, precisará verificar se não existe nenhuma discriminação ou, caso exista, se ela respeita os elementos estruturais de igualdade, especificamente, se "fundadas e conjugadas as medidas de comparação atreladas a finalidades constitucionalmente postas." (ÁVILA, 2008b, p. 77)

Importante destacar que no atual texto constitucional brasileiro o dever de observar a "igualdade na lei" e a "igualdade perante a lei" está previsto de forma literal nos artigos 3º, que arrola os princípios fundamentais, e 5º, que dispõe sobre a igualdade geral, como direito individual fundamental.

De igual modo, apesar de a igualdade geral já ser deveras suficiente, o Constituinte de 1988, para dar maior segurança ao contribuinte, também positivou a "igualdade na lei" especificamente na seara tributária, conforme se detecta no enunciado do artigo 150, II da Constituição[27].

2.4 *Capacidade contributiva: medida de comparação para efetivação da igualdade na seara tributária*

Nos tópicos anteriores ficou evidente que o atual conteúdo de igualdade refuta as arbitrariedades, os privilégios odiosos e as discriminações infundadas. Ademais, a "igualdade perante a lei" aponta a ideia de que a lei deve ser aplicada a todos, sem qualquer distinção, ao passo que a

---

[27] "Art. 150. Sem prejuízo de outras garantias asseguradas ao contribuinte, é vedado à União, aos Estados, ao Distrito Federal e aos Municípios: (...) II - instituir tratamento desigual entre contribuintes que se encontrem em situação equivalente, proibida qualquer distinção em razão de ocupação profissional ou função por eles exercida, independentemente da denominação jurídica dos rendimentos, títulos ou direitos." (BRASIL, 1988).

"igualdade na lei" impõe limitações à atuação do Legislativo e o dever de o Judiciário revisar aquilo que não respeitar a igualdade.

Evidentemente, a igualdade, princípio constitucional, deve ser visualizada nos diversos segmentos do Direito. Logo, advém inevitável questão: como a igualdade se efetiva no Direito Tributário?

Retornando-se aos elementos da igualdade, pode-se verificar que os sujeitos são todos os cidadãos que assumem a figura de sujeito passivo de obrigação tributária e a finalidade é a necessidade de arrecadação de recursos para custear as despesas do Estado. Por conseguinte, qual seria a medida de comparação a ser adotada e quais seriam os seus elementos indicativos?

Klaus Tipke (2002, p. 33-34) aponta que, ao longo da história, foram mencionadas três diferentes medidas passíveis de ser utilizadas para repartição da carga tributária. São elas: (i) princípio *per capita*, (ii) princípio da equivalência e (iii) princípio da capacidade contributiva[28].

No princípio *per capita*, todos os contribuintes devem pagar a mesma quantia a título de tributos. De acordo com esse princípio, pouco importa a condição social e econômica.

No princípio da equivalência, por sua vez, muito difundido à época do liberalismo – tributo-troca, conforme apresentado no primeiro capítulo desta parte –, a mensuração dos impostos levava em consideração os custos do Estado em favor do contribuinte. Assim, aquela pessoa ou grupo que recebesse maior benefício do Estado, deveria repassar mais recursos, comparando-se com aquela pessoa ou grupo que pouco recebesse auxílio.

Liam Murphy e Thomas Nagel (2005, 22-44) aduzem, com propriedade, que esse princípio não possui nenhuma prática, uma vez ser impossível mensurar, detectar e definir[29], atualmente, os benefícios governamentais e a sua real extensão perante os indivíduos.

---

[28] Ricardo Lobo Torres (1998, p. 693) e José Maurício Conti (1997, p. 14) utilizam a expressão princípio do benefício, ao invés de princípio da equivalência.

[29] "Para se chegar a uma medida ou mesmo a uma simples compreensão de qualquer tipo de benefício (ou ônus), temos de nos perguntar: 'Em relação a quê?' Precisamos tomar algo de base. A magnitude de um benefício recebido é a diferença entre esse nível básico de bem-estar, antes do benefício, e o nível de bem-estar da mesma pessoa uma vez transmitido o benefício. Neste caso, a base para avaliação dos benefícios do governo simplesmente não existe. O benefício dos serviços governamentais tem de ser compreendido como a diferença entre o nível de bem-estar de alguém num mundo sem governo e o seu bem-estar com a existência do governo." (MURPHY; NAGEL, 2005, p. 23)

Importante destacar que, de acordo com qualquer um dos princípios acima mencionados, no caso de efetividade prática, certamente os objetivos e princípios sociais não poderiam ser alcançados.

E mais. O princípio da equivalência, caso fosse difundido nos dias atuais, conseguiria levar ao incrível paradoxo de impor aos mais pobres e excluídos o dever de contribuir mais do que aqueles mais abonados.

Neste contexto, até mesmo por exclusão, a medida de comparação da igualdade na seara tributária somente poderá ser a capacidade contributiva. Precisa foi a colocação da Professora Misabel Derzi:

> O princípio da igualdade, genericamente estabelecido no art. 5° da Constituição Federal, já bastaria para demonstrar que a imposição de deveres iguais para quem tem distinta capacidade econômica é contrária aos desígnios constitucionais. O art. 145, para. 1°, ainda obriga, claramente, graduá-los de forma pessoal e segundo a capacidade contributiva. (BALEEIRO, 2006, p. 382)[30]

Logo, verifica-se que o Constituinte de 1988, para que não fossem criadas dúvidas, determinou expressamente qual seria a medida de comparação[31] a ser adotada em matéria tributária, ao positivar, no art. 145, parágrafo 1° da Constituição, a ideia de capacidade contributiva.

Portanto, se os sujeitos são todos os cidadãos que assumem a figura de sujeito passivo de obrigação tributária; a finalidade é a necessidade de arrecadação de recursos para custear as despesas do Estado; a medida de comparação a ser adotada será a capacidade contributiva. E mais, os elementos indicativos da capacidade contributiva são a renda, o patrimônio e o consumo, conforme previsto no texto constitucional, em seus artigos 153, 155 e 156.

Ocorre, todavia, que a capacidade contributiva, da forma que foi positivada no texto constitucional, não está reduzida tão somente como menção expressa legislativa da medida de comparação a ser adotada para fins de alcançar a igualdade em matéria tributária. De fato, o conteúdo existente no enunciado aponta que o dispositivo possui grau de importância e extensão muito maior.

---

30 Na Alemanha, por exemplo, o texto constitucional não faz nenhuma alusão à capacidade contributiva. Naquele país, a ideia de capacidade contributiva é detectada a partir da ideia de igualdade geral.

31 A propósito: "a capacidade econômica é o principal e mais adequado critério de comparação do princípio da igualdade aplicado ao Direito Tributário." (TIPKE; YAMASHITA, 2002, p. 56)

CONCLUSÃO

A tributação está presente em nossa sociedade desde a existência dos mais remotos grupos sociais. Os fundamentos que serviram de sustentáculo variaram na história.

Atualmente, sob a égide do neoliberalismo, há um constante questionamento da população em geral acerca da efetividade da ação estatal, que vem tendo altos e desnecessários gastos, totalmente desproporcional à arrecadação tributária praticada.

Ainda sob a concepção do neoliberalismo, a igualdade é o justo fundamento para o exercício da tributária e a capacidade contributiva, como regra, é a medida de comparação a ser adotada.

Sabe-se que o conteúdo da igualdade envolve dois vieses distintos, um que garante o direito individual do cidadão e outro que permite o avanço da sociedade como um todo através da igualdade de oportunidades (igualdade material).

Sabe-se, ainda, que os indivíduos são naturalmente diferentes uns dos outros e que, a princípio, qualquer discriminação existente na lei pode caracterizar uma violação da igualdade. Apesar disso, certas diferenciações são admitidas em alguns casos justamente para que seja possível alcançá-la.

Há uma distinção entre os termos igualdade "perante a lei" e "igualdade na lei". A primeira expressão está relacionada à ideia de universalidade, em que todos devem ser submetidos à aplicação de uma mesma lei. Já a segunda expressão está atrelada à ideia de limitação do poder de legislar, em que a igualdade deve ser observada, não podendo existir qualquer arbitrariedade ou discriminação.

Como mencionado, especificamente no âmbito do Direito Tributário, a igualdade se efetiva por meio da observância da capacidade contributiva, que é tida como medida de comparação, possuindo como elementos indicativos a renda, o patrimônio e o consumo. Vale ressaltar que tal instituto se reveste de elevado grau de importância, sendo considerado fundamento essencial para a imposição de tributos.

REFERÊNCIAS BIBLIOGRÁFICAS

AMARO, Luciano da Silva. **Direito Tributário Brasileiro**. 11. ed. São Paulo: Saraiva, 2005. 512 p.

ÁVILA, Humberto Bergmann. **Teoria da Igualdade Tributária**. São Paulo: Malheiros, 2008b. 208 p.

BANDEIRA DE MELLO, Celso Antônio. **Conteúdo Jurídico do Princípio da Igualdade**. 3. Ed. 17 tiragem. São Paulo: Malheiros, 1993, 48 p.

BRASIL. Constituição (1988). **Constituição da República Federativa do Brasil**. Brasília: Senado, 1988, 168 p.

COSTA, Regina Helena. **Princípio da Capacidade Contributiva**. 3.ed. São Paulo: Malheiros, 2003. 136 p.

DERZI, Misabel Abreu Machado. Igualdade. ISS. Sociedades prestadoras de serviços profissionais. Advocacia. Constitucionalidade do Decreto-lei n. 406/68; Progressividade. IPTU. In: DERZI, M.A.M. (Coord.). **Construindo o Direito Tributário na Constituição**: uma análise da obra do Ministro Carlos Mário Velloso. Belo Horizonte: Del Rey, 2004, pp. 93-133.

FERNANDES, Simone Lemos. **Contribuições Neocorporativas: na constituição e nas leis**. Belo Horizonte: Del Rey, 2004. 306 p.

GODOI, Marciano Seabra de. Justiça, **Igualdade e Direito Tributário**. São Paulo: Dialética, 1999, PP. 141-167.

GODOI, Marciano Seabra de. Tributo e Solidariedade Social. IN: GODOI, M.S.; GRECO, M.A (Coord.). **Solidariedade Social e Tributação**. São Paulo: Dialética, 2005, pp. 141-167.

LACOMBE, Américo Lourenço Masset. **Princípios constitucionais tributários**. São Paulo: Malheiros, 2000. 286 p.

MURPHY, Liam; NAGEL, Thomas. **O mito da propriedade**. Trad.: Marcelo Brandão Cipolla. São Paulo: Martins Fontes, 2005. 280 p.

TIPKE, Klaus. **Moral Tributária Del Estado y de lós contribuyentes**. Madrid: Martins Pons, 2002.

TIPKE, Klaus; YAMASHITA, Douglas. **Justiça Fiscal e Princípio da Capacidade Contributiva**. São Paulo: Malheiros, 2002, 127 p.

TIPKE, Klaus; LANG, Joachim. **Direito Tributário**. v. 1. 18 ed. Trad. Luiz Dória Furquim. Porto Alegre: Sergio Antonio Fabris Editor, 2008. 765 p.

TORRES, Ricardo Lobo. **A ideia de liberdade no Estado Patrimonial e no Estado Fiscal**. Rio de Janeiro: Renovar, 1991, 200 p.

TORRES, Ricardo Lobo. Liberdade, Segurança e Justiça. In: CARVALHO, Paulo de Barros (Coord.). **Justiça Tributária**. São Paulo: Max Limonad, 1998. pp. 679-705.

TORRES, Ricardo Lobo. **Tratado de direito constitucional financeiro e tributário**. v. III; os direitos humanos e a tributação: imunidades e isonomia. Rio de Janeiro: Renovar, 1999. 460 p.

TORRES, Ricardo Lobo. **Curso de Direito Financeiro e Tributário**. 16 ed. Rio de Janeiro: Renovar, 2009. 460 p.

13

JUSTIÇA FISCAL, ESTABILIDADE FINANCEIRA E AS RECENTES ALTERAÇÕES DO SISTEMA FISCAL PORTUGUÊS

José Casalta Nabais[1]

Como será fácil de intuir, a partir do título que ostenta este escrito, vamos procurar reflectir sobre a realização da ideia de justiça fiscal no actual quadro de estabilidade financeira do Estado, percorrendo algumas das medidas mais importantes de reforma fiscal adoptadas recentemente em Portugal. O que implica que comecemos por dar nota, naturalmente muito rápida, do significado que a justiça fiscal teve no contexto do desenvolvimento do Estado social que culminou nos anos noventa do século passado, nos interroguemos sobre a manutenção dessa ideia no século XXI no contexto das exigências da estabilidade financeira que vem sendo imposta pela União Europeia aos seus Estados membros, com particular intensidade aos países mais afectados pelas dívidas soberanas e sujeitos a programas de ajustamento, como Portugal, e, bem assim, referir algumas das mais importantes alterações do sistema fiscal português recentemente adoptadas no sentido de fazer face ao mencionado quadro financeiro. Vejamos então, pela ordem que vimos de referir, cada um destes núcleos problemáticos que a justiça fiscal apresenta nos tempos que nos é dado viver.

[1] Doutor na especialidade de Ciências Jurídico-Políticas. Mestre em Ciências Jurídico-Económicas (Direito Fiscal). Professor associado com agregação na Faculdade de Direito da Universidade de Coimbra.

I. A IDEIA DE JUSTIÇA FISCAL

Como é sobejamente reconhecido, a justiça fiscal prende-se com a repartição dos encargos necessários ao suporte financeiro da organização e funcionamento da comunidade estadual, de modo a apresentar-se como justa para os membros que integram esta comunidade. A justiça fiscal procura, assim, responder à questão de saber como repartir os encargos com o financiamento do Estado, ou seja, mais especificamente, os encargos de natureza tributária que os cidadãos têm de satisfazer, os quais, num Estado fiscal, como são praticamente todos os actuais, se reconduzem fundamentalmente à figura dos impostos. Pois os demais tributos, em que sobressaem como figuras dominantes as taxas e as demais contribuições a favor de entidades públicas, continuam a constituir receitas com uma importância menor, apesar do peso crescente que estes outros tributos vêm tendo nos últimos tempos, em virtude sobretudo das dificuldades que enfrenta a obtenção de mais receitas através de impostos[2].

Neste domínio verificamos que a repartição dos impostos, que consubstanciou uma ideia de justiça fiscal no século XX, correspondente ao êxito marcadamente civilizacional do Estado social, que atingiu o seu cume nos finais dos anos setenta desse século, enfrenta hoje grandes dificuldades e levanta os maiores problemas. O que podemos ilustrar com a uma outra ideia, quase sempre associada à realização da justiça fiscal, a ideia de reforma fiscal, uma realidade hoje em dia presente na generalidade dos Estados na qual encontramos a preocupação praticamente permanente de realização de uma maior igualdade entre os contribuintes enquanto suportes financeiros do Estado. Preocupação tradicionalmente apresentada com o sentido de que cada membro da comunidade estadual contribua para esta de acordo com a sua capacidade contributiva ou capacidade de pagar, de modo a que os contribuintes com a mesma capacidade contributiva paguem o mesmo imposto (igualdade horizontal) e os contribuintes com capacidade contributiva diferente paguem impostos diferentes na medida dessa diferença (igualdade vertical)[3].

---

[2] De facto, de um lado, atento o carácter tão abrangente das situações já sujeitas à incidência dos impostos e, de outro lado, ao elevado nível das taxas ou alíquotas que os mesmos atingem, a busca de mais receitas têm-se virado para o recurso a outros tributos que não passam, muitas vezes, de impostos disfarçados, de impostos que não ousam dizer o seu verdadeiro nome.

[3] Sobre a repartição dos impostos, v., por todos José Joaquim Teixeira Ribeiro, *Lições de Finanças Públicas*, 5ª ed., Coimbra Editora, Coimbra, 1995, p. 260 e ss. e «A justiça na tributação», *Boletim de Ciências Económicas*, XXX, 1987, p. 157 e ss.

Olhando, pois, para as perspectivas de realização da ideia de justiça fiscal, a partir da maneira como se vem encarando a reforma dos actuais sistemas fiscais, verificamos que a referida ideia não apresenta hoje os mesmos contornos nem desperta os mesmos entusiasmos do passado, mais especificamente os que estiveram associados à concretização do Estado social[4] no terceiro quartel do século passado, que vieram concretizar o que podemos designar por Estado fiscal social que teve o êxito a que já nos referimos[5].

Naturalmente que o sistema fiscal é simultaneamente resultado e factor que contribui para a realização do correspondente modelo de Estado. O que, obviamente, não poderia deixar de se verificar também no que respeita ao Estado social, contribuindo para a intervenção económica e social em que esta forma de Estado se concretiza. Foi, de resto, no quadro do Estado social que se aceitou mais claramente que o sistema de impostos pudesse ser colocado ao serviço da mencionada intervenção. O que conduziu a uma tributação mais diversificada e intensa de modo a obter as receitas acrescidas que o Estado intervencionista exigia, tendo, por conseguinte, aumentado significativamente o nível da carga fiscal.

Assim o sistema fiscal, quer no seu conjunto, quer sobretudo através dos impostos sobre o rendimento, foi convocado para ser suporte de uma empenhada redistribuição do rendimento. O que significou a defesa da evolução dos sistemas fiscais no sentido de deslocar a carga fiscal dos impostos indirectos, sobretudo dos impostos sobre o consumo, para os impostos sobre o rendimento e, dentro destes, para além da rejeição mais ou menos generalizada do princípio do benefício pelo princípio da capacidade contributiva ou capacidade de pagar[6], a defesa de impostos de natureza pessoal caracterizados sobretudo por serem impostos comum taxa ou alíquota progressiva. Por isso, nas reformas fiscais levadas a cabo nesse período, pretendeu-se sempre que o sistema fiscal assentasse cada vez mais em impostos directos e impostos de natureza pessoal, diminuindo, em contrapartida, progressivamente o tradicional peso dos impostos indirectos.

---

[4] No que constitui paradigma sobretudo a (então designada) Europa Ocidental.

[5] V. o nosso estudo «A reforma fiscal num Estado fiscal suportável», *Por um Estado Fiscal Suportável – Estudos de Direito Fiscal*, vol. II, Almedina, Coimbra, 2008, p. 67 e ss.

[6] Um princípio que assim ficou reservado para os tributos com estrutura bilateral ou de natureza comutativa, as taxas e as demais contribuições financeiras a favor das entidades públicas. V, a tal respeito, José Joaquim Teixeira Ribeiro, *Lições de Finanças Públicas*, cit., p. e ss. e Sérgio Vasques,

Assim, em sede dos impostos directos, os impostos sobre o rendimento deviam ser objecto de uma personalização tão grande quanto possível. Um desiderato que se obteria através do alargamento da base tributável e de taxas ou alíquotas progressivas. De facto, uma evolução no sentido dessa personalização seria um importante factor de justiça fiscal, uma vez que o sistema fiscal conseguiria, através da via da tributação do rendimento pessoal, a redistribuição dos rendimentos., corrigindo, deste modo, a distribuição primária feita pela remuneração levada a cabo pelo mercado dos factores de produção e demais acréscimos patrimoniais.

Depois, em sede dos impostos indirectos, os impostos sobre o consumo, que todavia não podiam ser de todo eliminados e substituídos por impostos directos, impostos sobre rendimento ou o património, defendeu-se que os mesmos fossem substituídos por um imposto geral sobre o consumo de bens e prestações de serviços, acabando assim com os múltiplos impostos especiais que tradicionalmente oneravam o consumo. O que praticamente foi conseguido na Comunidade Económica Europeia, actual União Europeia, em que por razões que se prendem com a existência e o funcionamento do próprio mercado interno foi instituída a harmonização da tributação do consumo, tendo sido exigida aos Estados membros a adopção do Imposto sobre o Valor Acrescentado (IVA)[7], bem como a harmonização da legislação dos impostos especiais sobre o consumo que subsistiram, os impostos sobre consumos específicos como são o imposto sobre o tabaco, o imposto sobre o álcool e as bebida alcoólicas e o imposto sobre os óleos minerais[8].

Pelo que os sistemas fiscais foram evoluindo nesse quadro até à década de oitenta do século passado, o que levou praticamente a um contínuo aumento do nível da carga fiscal. Aumento esse que foi o preço a pagar para termos um estado fiscal social, um estado fiscal comprometido com determinado tipo de sociedade, uma sociedade em que se garantem não só os clássicos direitos de liberdade, mas também os mais modernos direitos económicos e sociais a um nível muito satisfatório.

---

[7] Lembramos que o IVA foi inventado em 1954 pelo francês *Maurice Lauré*, tendo sido adoptado primeiramente em França e, depois, na então Comunidade Económica Europeia e, mais tarde, em mais de centena e meia de países, de resto com diverso grau de desenvolvimento económico. Sobre a história da adopção do IVA, v. o próprio M. Lauré, *Science Fiscale*, Puf, 1993, p. 248 e ss.

[8] Que em Portugal são o Imposto sobre o Tabaco, o Imposto sobre o Álcool e as Bebidas Alcoólicas e o Imposto sobre os Produtos Petrolíferos e Energéticos.

Mas toda esta evolução, sinteticamente acabada de referir, foi posta em causa com o advento do século XXI, tendo presente que, em termos políticos e jurídicos, que são os aqui pertinentes, este século começou efectivamente nos finais dos anos oitenta do século XX, quando os alicerces económicos, políticos e jurídicos do que conhecemos por Estado moderno começaram a ser efectivamente abalados, sobretudo pelo conhecido fenómeno da globalização. O que tem tido visibilidade em sede da sustentabilidade financeira do Estado, aquela de trataremos nas páginas que se seguem. Para o que vamos começar por aludir ao facto de a sustentabilidade financeira do Estado, que é a base da mencionada estabilidade, se apresentar hoje em dia em moldes diferentes dos que teve no segunda metade do século XX, para, depois, aludirmos às mais importantes alterações fiscais levadas acabo nos últimos anos, em que Portugal esteve sob um severo programa de ajustamento económico e financeiro e, assim, podermos ajuizar se e em que medida tais alterações podem apresentar-se sustentáveis a longo prazo, compaginando-se com a realização da ideia de justiça fiscal..

I. O ACTUAL QUADRO DA SUSTENTABILIDADE FINANCEIRA

Pois bem, a estabilidade financeira a longo a prazo que, depois crise em que as dívidas soberanas se tornaram indiscutíveis protagonistas[9], é reclamada um pouco por toda a parte e é imposta aos Estados membros da União Europeia pelo direito supranacional desta, não constitui mais do que a exigência da sustentabilidade financeira do Estado[10]. Exigência que, independentemente dos específicos contornos jurídicos que venha a assumir, não pode deixar de ser respeitada pelo Estado a longo prazo, sob pena, desde logo, de não conseguir angariar meios de financiamento

---

9 Dívidas soberanas, uma expressão que não deixa de ser, em larga medida, uma contradição nos próprios termos, porquanto as dívidas públicas, quando atingem elevados rácios face ao correspondente PIB, que foi o que aconteceu quando tais dívidas viraram vedeta pelos piores motivos, constituem certamente uma das mais visíveis manifestações materiais de degradação da soberania dos Estados.

10 Falamos apenas da sustentabilidade financeira porque é desta que se trata no presente Seminário, sendo de esclarecer que estamos certos de que a sustentabilidade financeira mais não uma das componentes da sustentabilidade económico-financeira, e que esta é uma das sustentabilidades que integram a bem conhecida tetralogia da sustentabilidades, em que temos também a sustentabilidade ambiental e energética, a sustentabilidade social e a sustentabilidade política.

junto dos mercados que lhe permitam funcionar-se normalmente. Neste sentido, podemos dizer que se trata, em rigor, de uma regra de bom senso que não pode deixar de ser respeitada. Coisa bem diversa é a de saber se e em que medida a estabilidade financeira necessária para a sustentabilidade financeira dos Estados passa pela adopção de regras nos moldes e com o conteúdo das constantes, antes, do Pacto de Estabilidade e Crescimento e, agora, do Tratado Orçamental.

Antes, porém, de qualquer outra consideração, impõe-se ter em devida conta o diferente suporte e sentido da ideia de sustentabilidade que serviu de suporte às comunidades nacionais no século XX e aqueles com que teremos de aprender a conviver no século XXI.

1. *A sustentabilidade nos séculos XX e XXI.* Constituindo a sustentabilidade requisito indispensável para a salvaguarda do Estado de direito democrático e social, essa instituição que tanto sucesso teve na segunda metade do século XX, tendo sido erigida em verdadeira aquisição civilizacional, torna-se necessário algumas considerações que nos forneçam pistas para a compreensão que a sustentabilidade presentemente deve ter, a qual, ultimamente e sobretudo na Europa do Sul, vem sendo associada à ideia de austeridade. Com um tal propósito, é importante destacar a diferença de sentido entre a sustentabilidade do século XX e a sustentabilidade do século XXI, para daí retiraras consequências em sede das reformas que se impõem, começando pela necessidade de repensar da sociedade antes de proceder à reforma do Estado relativamente ao qual faz sentido falar de limites ao endividamento público e no ajustamento das políticas públicas[11].

Assim e antes de mais, é de esclarecer porque é que, em sede política e jurídica, de uma concepção própria do século XX, em que o dinheiro não era (visto como) verdadeiro problema, se passou para uma outra, a do século XXI, em que o dinheiro corre o risco de ser (visto como) o único problema. Uma pergunta cuja resposta implica aludir aos alicerces que suportaram a construção política e jurídica do estado social do segundo pós-guerra, que não são os que suportam o actual Estado.

[11] V. sobre este aspecto o nosso texto «Que futuro para a sustentabilidade fiscal do Estado?», em João Carlos Loureiro e Suzana Tavares da Silva (Coord.), *A Economia Social e Civil*, Estudos, Projecto SPES, IJ/FDUC, 2015, p.113 e ss. V. também o nosso estudo «A crise do Estado fiscal», em Suzana Tavares da Silva e Maria de Fátima Ribeiro, *Trajectórias de Sustentabilidade. Tributação e Investimento, Instituto Jurídico* – UC, 2013, p. 19 e ss.

Com efeito, o Estado de direito democrático e social, paulatina e progressivamente construído na segunda metade do século passado, teve por inequívoco suporte económico o crescimento contínuo que se verificou nas economias ocidentais, permitindo a construção, em termos políticos e jurídicos, de um Estado orientado para o reconhecimento crescente de direitos, liberdades e garantias aos indivíduos, ou melhor, às pessoas.

O que tem diversas manifestações jurídicas[12] entre as quais a limitada revogabilidade ou anulação administrativa dos actos constitutivos de direitos, a intangibilidade não só para o passado mas também para o futuro dos direitos adquiridos, o discurso quantitativo dos direitos e liberdades fundamentais que se vão depositando por camadas e a protecção do futuro com base na confiança criada pelo Estado no passado, constituem exemplos mais marcantes. Institutos que, à luz da configuração do Estado da época, faziam todo o sentido, porquanto no futuro, desde que se mantivesse o crescimento ao ritmo que se verificava, haveria sempre dinheiro para satisfazer esses direitos e liberdades ou para honrar a confiança depositada na actuação estadual. Uma ideia que, mesmo em épocas de estagnação ou de recessão económica, que, por serem interregnos de não crescimento ou de decrescimento dentro do ciclo longo de crescimento, não era posta em causa, porquanto, ao menos formalmente, não faltava dinheiro para assegurar o funcionamento de tais institutos, ainda que através de dinheiro desvalorizado pela inflação necessariamente decorrente da emissão monetária. Enfim, porque no futuro sempre haveria dinheiro para satisfazer o «adquirido social» que o Estado social implicava, a compreensão política e jurídica do Estado não podia ser senão a que conhecemos.

Porém, todo esse quadro desapareceu com a entrada do século XXI. Pois, embora aquela linha de desenvolvimento houvesse naturalmente de confrontar-se um dia com um qualquer limite, o certo é que não se vislumbrava que o referido quadro soçobrasse a curto prazo e nos termos em que veio a acontecer. Com efeito, como já dissemos, não é mais credível que nas economias desenvolvidas do Ocidente se venham a verificar níveis de crescimento económico como os ocorridos no passado. Ora, num tal quadro, compreende-se facilmente que o dinheiro tenha passado a ser um problema. Mais, em países com um já longo histórico de défices

---

[12] Concretizadas em institutos que visam limitar a actuação das entidades públicas no futuro, as quais são visíveis sobretudo em sede do direito administrativo e do direito constitucional.

orçamentais e consequentes dívidas públicas excessivas, como acontece nos países do Sul da Europa, o dinheiro corra o risco de passar a ser o problema.

É que, face a um crescimento económico muito fraco, nulo ou mesmo negativo, não se pode esperar que no futuro haja dinheiro para satisfazer a crescente constituição e aquisição de direitos ou a progressiva protecção da confiança ancorada na actuação do Estado em época de prosperidade[13]. Por isso mesmo, num tal quadro de desenvolvimento económico, as perspectivas para o futuro não podem deixar de ser no sentido de uma certa desconsideração dos direitos constituídos ou adquiridos, de um lado, e de diminuição das expectativas quanto à protecção da confiança digna de protecção, de outro lado. Por outras palavras, uma certa austeridade, a qual, não sendo, obviamente, uma austeridade pela austeridade[14], pode vir a revelar-se adequada ao reajustamento da sociedade e do Estado que vai implicado na actual sustentabilidade. O que, em sede dos direitos e liberdades fundamentais, passará por assegurar menos direitos todos, em vez de consagrar muitos direitos apenas para alguns (que são, aliás, cada vez menos).

Assim, reconstruir o Estado de direito democrático e social neste quadro de sustentabilidade, que se não impõe austeridade, exige certamente sobriedade, implica reformar a sociedade antes de reformar o Estado e abrir este aos limites do endividamento público e ao ajustamento das políticas públicas. Daí que a sustentabilidade do Estado actual não disponha de outra alternativa efectiva senão a da redução significativa das despesas públicas de modo a restabelecer um equilíbrio adequado às forças da correspondente economia de mercado para gerar resultados tributáveis, como à capacidade contributiva dos contribuintes no quadro de um Estado que possa ainda ser tido como um estado social.

2. *O Programa de Assistência Económica e Financeira.* Todo um quadro que, entre nós, está longe de ter sido tomado em consideração, não obstante os compromissos assumidos no Programa de Assistência

---

[13] Isto ainda que não se partilhe da ideia do "decrescimento sustentável" que, remontando, em rigor, à obra de Nicholas Georgescu-Roegen, *The Entropy Law and the Economic Process*, 1971, tem actualmente em Serge Latouche um dos seus mais destacados representantes.

[14] Para cujos malefícios chamam as atenções obras tão célebres como as de Mark Blyth, *Austeridade. A História de uma Ideia Perigosa*, Quetzal, 2013; Joseph E. Stiglitz, *O Preço da Desigualdade*, Quetzal, 2013; e Thomas Piketty, *A Economia das Desigualdades*, Almedina, Coimbra, 2014.

Económica e Financeira, concretizado no Memorando de Entendimento sobre as Condicionalidades da Política Económica assinado com a Troika (CE, BCE e FMI), em 17 de Maio de 2011, na sequência do resgate solicitado por Portugal em 6 de Abril, depois de os mercados terem fechado as portas ao financiamento do Estado português. É que o ajustamento aí previsto fez-se muito mais pelo lado das receitas, como um aumento brutal da carga e do esforço fiscais, do que pelo lado das despesas, como constava dos compromissos decorrentes do Memorando. De facto, a diminuição das despesas públicas, além de não ter sido muito significativa[15], apresenta uma feição sobretudo conjuntural, já que a diminuição estrutural implicava levar a cabo as célebres "reformas estruturais" de que muito se falou, mas que praticamente não avançaram e que, depois da dita saída da Troika em 2014, acabaram por ser totalmente abandonadas. Por conseguinte, estamos perante um ajustamento financeiro cuja solidez é mais do que problemática, correndo, assim, o risco de não ser minimamente perene, ou seja, estável.

Como manifestação específica da ausência das referidas reformas estruturais, que constituiriam suporte da redução sustentada das despesas públicas, podemos apontar, a título ilustrativo, a falta de uma redução expressiva do que vimos designando por "conselho de administração", o conjunto dos órgãos e instituições que, desempenhando as diversas funções do Estado, formam, no seu conjunto, a máquina estadual que tem a seu cargo a gestão em sentido amplo do país. A esse respeito, impunha-se, como escrevemos noutro lugar, ter presente que um dos magnos problemas do nosso país é, em larga medida, o dos custos avassaladores dessa máquina estadual, constituída pelos órgãos de soberania, das regiões autónomas e das autarquias locais, bem como pelos institutos e entidades com variadas designações e diversa natureza em que esses órgão se desdobram.

Daí que seja de nos interrogarmos sobre a efectiva necessidade da dimensão da máquina que suporta a Presidência da República, do número de deputados da Assembleia da República e das assembleias regionais, do número dos membros do Governo da República e dos governos regionais, do número de tribunais, dos níveis e do número das autarquias locais (municípios e freguesias), etc. Pelo que se impõe um mínimo de coerência

---

[15] Muito longe mesmo da ideia que decorria do memorando no sentido de o ajustamento de fazer em 2/3 pelo lado das despesas e um 1/3 pelo lado das receitas.

entre a dimensão do País e a sua máquina política e administrativa[16]. Pois, não nos podemos esquecer que somos um país com pouco mais 10 milhões de habitantes, e não com mais de 80 milhões como na Alemanha ou com mais de 60 milhões como em França, e que o nosso PIB anda à volta de 4/5do da média dos 28 Estados membros da União Europeia. E se é certo que as soluções a encontrar não podem ter por base apenas o número de habitantes e o montante do PIB, sendo mesmo de rejeitar um certo discurso que, nos tempos mais recentes, vem, de algum modo, endeusado este indicador, não é menos certo que a sustentabilidade económico-financeira não pode partir de dados diferentes dos fornecidos por estes indicadores bases indiscutíveis do país que somos.

Nesse quadro não foi levada por diante, designadamente, a reforma constante do Memorando relativa à diminuição do número de municípios, que são presentemente 308[17], tendo sido apenas reduzido o número de freguesias através da sua agregação, tendo passado estas de 4.260 para 3.092[18]. Uma reforma que nós vimos defendendo há muito tempo, muito antes portanto de ser previsível qualquer crise do tipo daquela que nos conduziu ao resgate internacional[19], mas que, não tendo sido realizada enquanto estivemos sob a apertada vigilância da Troika, não vemos como possa ter lugar num sistema democrático cujo ADN é constituído pela manutenção e até reforço das estruturas político-burocráticas que suportam e dão sentido aos aparelhos cada vez mais clientelares dos partidos políticos.

De resto, a extrema dificuldade em realizar reformas que suportem um efectivo emagrecimento dos aparelhos organizacionais, entre os quais se destacam os estaduais, encontra-se teorizada, desde há muito tempo, tanto no que concerne ao seu vector de estruturas burocráticas pela lei de Ceril Northcote Parkinson, como no seu vector financeiro pela lei de Adolf Wagner. Pois segundo Parkinson, as estruturas burocráticas albergam funcionários que se multiplicam como subordinados e não como rivais, em que uns criam trabalho para os

[16] V. o nosso livro: *A autonomia financeira das autarquias locais*, Almedina Coimbra, 2007, p. 23.

[17] Se bem que mais de 30 tenham menos de 5.000 habitantes e mais de 100 tenham menos de 10.000 habitantes.

[18] V. a Lei nº 22/2012, de 30 de Maio, e a Lei nº 11-A/2013, de 28 de Janeiro.

[19] Cf. o nosso livro: *A autonomia financeira das autarquias locais*, cit., p. 22 e s., em que, já em 2007, defendíamos a extinção das freguesias urbanas situadas nas sedes dos municípios, bem como a redução do número de municípios.

outros independentemente das efectivas necessidades, segundo um modelo em que a oferta criar a correspondente procura. O que dá para compreender a lei Wagner do crescimento contínuo das despesas públicas formulada no século XIX e empiricamente comprovada no século XX, uma vez que esta lei mais não é do que a face financeira da lei de Parkinson, apesar de esta apenas ter sido enunciada nos anos cinquenta do século passado.

Por quanto vimos de dizer, não admira que as mencionadas reformas estruturais, entre as quais se conta a da diminuição do número de municípios, que não foram levadas a cabo enquanto estávamos pressionados pela presença da Troika, não se apresentem viáveis pelo menos nos tempos mais próximos. Por isso, não surpreende de todo que as reformas estruturais, que impliquem uma significativa redução da máquina burocrática e da consequente despesa pública estrutural, tenham sido nos séculos XIX e XX frequentemente levadas a cabo em ambientes revolucionários ou no quadro de regimes sem ou de discutível legitimidade democrática.

Mas, voltando à redução pouco significativa e sobretudo conjuntural das despesas, verificamos que esta se traduziu sobretudo em cortes das remunerações[20] pensões dos funcionários públicos e na racionalização e reorganização de alguns serviços mediante sobretudo a sua fusão ou agregação, sendo visível, porém, que o seu resultado ficou muito aquém do que seria de esperar, tendo em conta o texto subscrito do Memorando. De resto, em sede da racionalização e reorganização dos serviços, ao mesmo tempo que se mantiveram serviços cuja necessidade é discutível, pois a sua função é de natureza sobretudo burocrática, desmantelaram-se serviços ou a cúpula de serviços cujo funcionamento se revela imprescindível ao desempenho das funções estaduais, o que tem conduzido ao crescente recurso ao *outsourcing* frequentemente desadequado para a realização do interesse público.

Todavia devemos sublinhar que maior êxito teve a redução da chamada *despesa fiscal*, em que se combina a redução da despesa que o Estado faz não cobrando receitas fiscais que, em princípio, devia arrecadar

[20] Assim as remunerações dos trabalhadores públicos superiores a € 1.500 foram objecto de cortes progressivos de 3,5% a 10%. Cortes que, em 2014, foram alargados e aumentados, pois passaram a ser aplicáveis às remunerações superiores a € 675 cortes progressivos de 2,5% a 12,5%. Todavia, como estes últimos cortes foram declarados inconstitucionais pelo Tribunal Constitucional em Maio de 2014, foram repostos os cortes que haviam vigorado de 2011 a 2013. Por seu lado, quanto às pensões, estas foram objecto da contribuição extraordinária de solidariedade – cf. *infra* ponto I.1.

com a ampliação da incidência dos impostos, através da eliminação ou redução dos múltiplos e diversificados benefícios fiscais, que continuam a enxamear o nosso sistema fiscal, pois que, entre 2011 e 2014 essa despesa foi reduzida em 35%, tendo passado de € 13.750,5 milhões para € 8.941,0 e de 8% para 5,4% do PIB[21]. Sendo que por impostos a maior redução da despesa fiscal se verificou no Imposto sobre o Rendimento das Pessoas Colectivas (IRC), que sofreu uma redução de 70%, tendo passado de € 2.405,0 milhões para € 662,0 milhões.

3. *A sustentabilidade financeira do Tratado Orçamental*. Como é sabido, a sustentabilidade financeira é agora imposta pelo Tratado sobre a Estabilidade, Coordenação e Governação na UEM, subscrito por 25 dos 27 Estados membros da UE, o qual veio impor uma profunda reforma em sede dos ordenamentos jurídico-financeiros estaduais ao mais alto nível, europeizando as constituições financeiras dos Estados. Trata-se, porém, de um tratado que levanta diversas inúmeras, seja quanto à sua necessidade e ao procedimento e forma como foi adoptado entre nós, seja no concernente ao seu próprio conteúdo e à adequação das soluções que estabelece.

3.1. *Da necessidade do Tratado e seu procedimento*. Assim e quanto ao primeiro aspecto, é de referir que estamos perante um tratado em larga medida desnecessário porquanto o objectivo que com ele se pretende atingir podia ser obtido, em termos mais flexíveis e, por conseguinte, mais praticáveis, através da aplicação efectiva e consequente do PEC, uma vez que o fracasso da sua aplicação se ficou a dever, como referimos, ao facto de o mesmo não ter sido aplicado, e aplicado com igual rigor ou com igual maleabilidade, a todos os Estados membros. Aliás, não deixa de ser estranho que se queira impor a nível superior, elevando ao nível de tratado, e em termos bem mais exigentes do que os do fracassado PEC, objectivos em sede do equilíbrio orçamental e da dívida pública mais que discutíveis do ponto de vista dos caminhos que a construção e integração europeias devem trilhar para ser uma verdadeira comunidade de direito assente na efectiva solidariedade entre os seus membros base de ma verdadeira vida em comum.

Pois limitar a solução dos problemas da União Europeia e, em especial dos Estados membros integrantes da Zona Euro, às questões relativas às finanças públicas, deixando intocadas as questões fundamentais,

---

[21] Cf. Governo de Portugal – Ministério das Finanças, *Relatório da Despesa Fiscal 2014*.

não vai no sentido do desejável mais federalismo, como por vezes se vê afirmado. Com efeito, a verdadeira obsessão pelas finanças públicas, esquecendo os problemas do crescimento económico e da competitividade da economia europeia e desprezando, por conseguinte, a necessidade de proporcionar elevados níveis de emprego, aliada á efectiva ausência de mecanismos de solidariedade que não deixem os Estados membros em dificuldades financeiras entregues à sua sorte, sujeitos a programas de austeridade desumanos ou permanentemente expostos a sanções por desrespeito do Tratado[22], caminha para a gradual e acelerada desintegração europeia através do crescente afastamento e marginalização dos Estados assolados por específicas dificuldades financeiras.

Por seu turno, também no que concerne ao procedimento seguido na adopção deste Tratado, o mecanismo de cooperação reforçada, devemos assinalar que o mesmo não vai no sentido da verdadeira construção europeia. Pois, pese embora o significado positivo em geral atribuído a esse mecanismo que, desde algum tempo[23], vem permitindo, com base no art. 20º do Tratado da União Europeia e nos arts. 326º a 334º do Tratado sobre o Funcionamento da União Europeia, avançar na integração europeia por parte dos Estados que se encontrem mais preparados[24], no caso em apreço, podemos adiantar, não pode ser considerado muito positivo. Isto se e na medida em que esse procedimento de cooperação não seja, em si mesmo, de considerar, por via de regra, como uma via que não vai genuinamente no sentido da efectiva integração europeia, pois, ao permitir a consagração de uma integração europeia diversificada, concretizando uma Europa a várias velocidades, acaba constituindo mais um instrumento de desintegração do que da construção que esteve na mente dos *founding fathers* e foi sendo concretizada nos tratados que na segunda

---

22 Sanções previstas para todos os Estados membros, mas efectivamente aplicadas apenas a alguns. De facto, um processo por défices excessivos foi levantado a Portugal no domínio do Pacto de Estabilidade e Crescimento, mas quando a violação deste teve por protagonistas a Alemanha e a França, o Pacto foi alterado. E o mesmo parece verificar-se no domínio do Tratado Orçamental, uma vez que a França já foi autorizada a ter um défice orçamental superior ao que devia ter. Cf. o nosso estudo «Reflexões sobre a constituição económica, financeira e fiscal», *Revista de Legislação e de Jurisprudência*, ano 144, 2014/15, p. 103 e ss.

23 Mais exactamente desde o Tratado de Amsterdão, de 1999.

24 Muito embora, tendo em conta a prática de um tal procedimento, que tem permitido e incentivado uma integração europeia a diversas velocidades, nos interroguemos sobre se um tal mecanismo não constitui à partida um instrumento mais de "desintegração" do que de integração europeia.

metade do século XX. É certo que a ideia subjacente a esse mecanismo em si mesma não é negativa, como de algum modo o demonstra o Tratado de Schengen, mas a sua aplicação num domínio como o visado pelo Tratado de Estabilidade, Coordenação e Governação na União Económica e Monetária, acaba por adicionar mais geometria variável à já existente traduzida, por exemplo, na separação cada vez mais profunda entre os Estados membros que integram a Zona Euro e os que se mantêm fora dela.

Um juízo que não melhora se do nível da União, isto é, do Tratado, passarmos para o nível nacional, isto é, para o nível do seu cumprimento, uma vez que a forma como lhe foi dado cumprimento na ordem jurídica nacional suscita algumas reservas. A sua efectivação, através da alteração à Lei de Enquadramento do Orçamento do Estado (LEOE), levada a cabo pela Lei nº 37/2013, de 14 de Junho[25], permite questionarmo-nos se essa forma de dar cumprimento ao Tratado respeita integralmente as exigências deste quanto à sua aplicação pelos Estados membros. Pois, embora a LEOE seja, nos termos do nº 3 do art. 112º da Constituição, uma lei de valor reforçado, a sua aprovação não exige qualquer maioria específica da Assembleia da República, seja a maioria qualificada de 2/3 como a exigida para as alterações à Constituição (nº 1 do art. 286º) e para as leis que versem as matérias constantes do nº 6 do art. 168º da Constituição, seja a maioria dos deputados em efectividade de funções exigida para as leis orgânicas (nº 2 do art. 166º e nº 5 do art. 168º).

Uma solução que nos parece não quadrar com o que é exigido pelo nº 2 do art. 3º do Tratado, em que se dispõe que as Partes Contratantes devem, o mais tardar um ano após a entrada em vigor do Tratado, aplicar a exigência do equilíbrio orçamental, "através de disposições vinculativas e de carácter permanente, de preferência a nível constitucional, ou cujos respeito e cumprimento possam ser de outro modo plenamente assegurados ao longo dos processos orçamentais nacionais". É que a LEOE não só não integra o nível constitucional, como as suas disposições estão longe de poderem ter-se por equivalentes a disposições constitucionais.

---

[25] Em foi aditado, nomeadamente, o seguinte: «Artigo 10-D (princípio da sustentabilidade): 1. Os subsectores que constituem as administrações públicas, bem como os organismos e entidades que os integram, estão sujeitos ao princípio da sustentabilidade; 2. Entende-se por sustentabilidade a capacidade de financiar todos os compromissos, assumidos ou a assumir, com respeito pela regra do saldo orçamental estrutural e pelo limite da dívida pública, conforme previsto na presente lei e na legislação europeia».

3.2. *O conteúdo e o significado do Tratado*. Mas as objecções mais fortes ao Tratado são, porém, as que respeitam ao seu conteúdo o qual está longe de ir no sentido da construção de uma verdadeira União Europeia. Ou seja, as que concernem às disposições mais importante do Tratado, que são as que exigem orçamentos equilibrados ou cujo défice estrutural não ultrapasse os 0,5% do PIB e determinam que a dívida pública não exceda os 60% do PIB. Exigências que são mais do que discutíveis, atento os pressupostos que as suportam. Pois os Estados membros da União Económica e Monetária, depois de terem perdido a soberania no respeitante aos instrumentos da política económica e monetária, vêm-se agora confrontados com o efectivo confisco da política orçamental, o que levará, por certo, a uma constante limitação ou mesmo redução das despesas públicas, a uma política fiscal sem margem de manobra.

Situação que se agrava, e muito, no caso de se verificar a ultrapassagem daqueles limites do défice orçamental e da dívida pública. Com efeito, nos termos dos art. 3º e 5º do Tratado impõe a instituição, a nível nacional, de mecanismos de correcção automática dos desequilíbrios orçamentais com base em princípios comuns a propor pela Comissão Europeia, o que tem como consequência, desde logo, a limitação do papel e independência das instituições nacionais responsáveis pelo controlo do cumprimento das regras orçamentais. Depois estabelece a obrigação de redução da dívida pública à razão de 5% ao ano (1/20) sempre que esta exceda 60% do PIB. De outro lado, segundo o disposto nos arts. 5º e 6º, o Tratado Orçamental impõe aos Estados membros a obrigação de implementar um programa de reformas estruturais, económicas e orçamentais, que é vinculativo em caso de se ter verificado défice excessivo, bem como a apresentação antecipada ao Conselho e à Comissão dos planos de emissão de dívida pública.

Uma perda de soberania financeira dos Estados membros que sai altamente reforçada, nos termos dos arts. 7º e 8º, em que se estabelece uma maioria qualificada (invertida) para que uma proposta ou recomendação apresentada pela Comissão Europeia, quando esta considere que um Estado membro viola o critério do défice no quadro de um procedimento relativo a um défice excessivo, não prossiga, ou se atribui ao Tribunal de Justiça da União Europeia a aplicação de sanções aos Estados membros que não cumprirem as disposições do Tratado, bem como poderes de controlo quanto à consagração, a nível constitucional ou equivalente, do princípio do equilíbrio ou excedente orçamental estrutural e respectivos mecanismos de correcção automática, incluindo a sua vertente institucional.

Enfim, igualmente no respeitante às soluções que estabelece, o Tratado Orçamental não desperta elogios. Na verdade, trata-se de um conjunto de soluções em que a austeridade parece dispor de claro protagonismo nada consentâneo com uma União Europeia que se queira uma verdadeira comunidade de direito. Desde logo, a austeridade não pode ser perspectivada como um fim ou um objectivo que suporte uma sociedade e um Estado realinhados para baixos níveis de desenvolvimento e bem-estar social. Antes há-de ser vista como um instrumento da sustentabilidade da sociedade e do Estado nestes tempos do século XXI, em que os níveis de crescimento económico que conhecemos na segunda metade do século XX não são mais realistas. Por isso, a manutenção e sustentação do Estado social, nos termos em que foi construído e consolidado no século passado do Estado, não é actualmente viável, impondo um outro referente que não o do crescimento contínuo e significativo[26].

Do mesmo jeito, a austeridade não pode ser a única receita e uma receita igual para todos os países como se apresenta no Tratado, devendo antes ser adoptada e doseada em função da real situação económica e social de cada país. Nomeadamente não faz sentido que a austeridade seja a receita tanto para os países com dificuldades económicas traduzidas em desequilíbrios externos e orçamentais, caso dos da periferia sul da Europa, como para os países em que tais desequilíbrios se não verificam, caso da Alemanha, que devem optar por políticas orçamentais expansionistas indispensáveis para a manutenção da zona euro e seu crescimento económico. Depois, a dose de austeridade a aplicar tem que ser diferenciada em função da concreta situação económica de cada país, nomeadamente de molde a proporcionar os resultados que se pretende alcançar de uma maneira suportável para os cidadãos, o que implica que, de um lado, não se vote ao esquecimento a solidariedade comunitária que é a argamassa que liga os membros da União Europeia e, de outro lado, não se dispense uma adequada compatibilização da austeridade com o crescimento económico e a competitividade da economia em causa. Preocupações que, infelizmente, parecem estar ostensivamente ausentes da Tratado.

Enfim, a maneira como o Tratado foi preparado e aprovado não se compagina inteiramente com a defesa dos valores da democracia e do Estado de direito, bases proclamadas como fundacionais da União Europeia. De facto, o processo que conduziu à sua adopção, que marginaliza esses valores fundacionais, é mais uma das manifestações que acentua

26 Nos termos que referimos mais acima, no ponto I.1.

o visível divórcio entre os cidadãos e as instituições europeias. A que acresce a circunstância de as soluções consagradas nele darem suporte à ideia de que a integração económica, como vimos largamente funcionalizada às finanças equilibradas, é uma questão fundamentalmente técnica sem verdadeira dimensão política e social. Por isso, o Tratado constitui a mais recente e superlativa manifestação do que vem sendo designado por "federalismo técnico-burocrático" base de uma "construção europeia" inteiramente à margem dos cidadãos, dos povos e dos Estados da Europa que, evidentemente, não augura nada de bom[27].

II. AS RECENTES ALTERAÇÕES DO SISTEMA FISCAL PORTUGUÊS E A ESTABILIDADE FINANCEIRA

No respeitante às modificações recentes do sistema fiscal português, devemos começar por dizer que a ideia mais visível que das mesmas resulta é a que se traduziu num brutal aumento de impostos para as famílias e um alívio fiscal no respeitante às empresas. Embora o actual sistema de tributação do rendimento das empresas se apresente algo contraditório, já que ao mesmo tempo que se procedeu a uma acentuada diminuição da taxa nominal do Imposto sobre o Rendimento das Pessoas Colectivas (IRC), foram criadas diversas tributações avulsas sobre as empresas. Algumas palavras sobre cada um destes aspectos.

1. *O brutal aumento de impostos para a s famílias.* Na verdade, dado o fraco contributo para a o ajustamento conseguido através da diminuição das despesas públicas, o cumprimento do Memorando de Entendimento virou-se para o lado das receitas públicas, para os impostos, o que veio a traduzir-se num aumento brutal de impostos, o qual atingiu de maneira quase dramática as famílias, uma vez que se concretizou sobretudo num enorme aumento do Imposto sobre o Rendimento das Pessoas Singulares (IRS) e no aumento do Imposto Municipal sobre Imóveis (IMI). O que se verificou, relativamente ao IRS, através do aumento da sua taxa marginal máxima, que foi elevada para 48% aplicável aos rendimento superiores a € 80.000, da redução drástica das deduções de despesas pessoais à colecta, como as despesas com a saúde, a educação e a habitação[28], e pelas

[27] V. o nosso estudo «Estabilidade financeira e o Tratado Orçamental», *Estudos em Memória do Conselheiro Artur Maurício*, Coimbra Editora, 2015, p. 655 e ss.

[28] Que chegaram mesmo a ser eliminadas para os titulares de rendimentos superiores a € 80.000 na LOE/2013, as quais, embora repostas na reforma do IRS a partir de 2015, se limitam a € 1.000 para os os titulares de rendimentos superiores a € 80.000.

taxas ou alíquotas adicionais ou sobretaxas que acrescem àquela taxa ou alíquota, sendo deste tipo actualmente a *sobretaxa extraordinária* incidente à taxa de 3,5% sobre os rendimentos que excedam o valor anual da retribuição mínima garantida em vigor[29] e a chamada *taxa adicional de solidariedade* que incide sobre os rendimentos superiores a € 80.000 com as taxas de 2,5% para os rendimentos de mais de € 80.000 até € 250.000 e de 5% para os rendimentos de mais de € 250.000[30]. A que acresce, relativamente às pensões, a *contribuição extraordinária de solidariedade* que incide sobre as pensões, subvenções e outras prestações pecuniárias de idêntica natureza, pagas a um único titular, nos seguintes termos: a) 15 % sobre o montante que exceda 11 vezes o valor do indexante dos apoios sociais (IAS)[31], mas que não ultrapasse 17 vezes aquele valor; b) 40 % sobre o montante que ultrapasse 17 vezes o valor do IAS[32].

Por seu lado, quanto ao IMI, o seu aumento verificou-se fundamentalmente em resultado da reavaliação de todos os prédios urbanos que ainda não haviam sido reavaliados à luz do valor patrimonial tributário apurado em conformidade com a fórmula constante do Código do IMI. Reavaliação que, nos termos do Código do IMI, seria progressivamente levada a cabo aquando da primeira transmissão verificada após a reforma da tributação do património ocorrida em 2003, mas que, em decorrência dos compromissos assumidos no Memorando, veio a ser realizada em 2012 e 2013 relativamente a todos os prédios, o que, tendo-se traduzido num significativo aumento do valor patrimonial tributário, conduziu a um expressivo agravamento desse imposto sobre o património imobiliário urbano.

---

[29] Que é de igual a € 7.070 (505 x 14) Refira-se que essa sobretaxa em IRS, que foi criada pela Lei nº 49/2011, de 7 de Setembro, com o aditamento do art. 72º-A ao Código do IRS, para vigorar apenas em 2011, se manteve com base nesse artigo para os anos de 2012 e de 2013 e com base nas LOE para 2014 e 2015, constituindo a sua base presentemente o art. 191º da LOE/2015. A sua transferência do Código do IRS para a LOE teve por intuito vincar o seu carácter extraordinário, estando, de resto, prevista a sua eliminação gradual a partir de 2016.

[30] Criada pela LOE/2012 com o aditamento do art. 68º-A ao Código do IRS.

[31] Que é igual a € 5.869,08 (419,22 x 14).

[32] Criada pela LOE/2011, foi posteriormente alterada no sentido do alargamento da sua incidência, mantendo-se presentemente em vigor com base no art. 79º da LOE/2015, depois de o Tribunal Constitucional, em controlo preventivo da constitucionalidade, no seu acórdão 575/2014 se ter pronunciado pela inconstitucionalidade da *contribuição de sustentabilidade* que substituiria, em 2015, a contribuição extraordinária de solidariedade.

Agravamento que se ficou a dever sobretudo à circunstância de o valor patrimonial tributário, introduzido na referida reforma da tributação do património, assentar numa fórmula em que relevam factores de natureza objectiva[33], entre os quais se destaca o "valor base dos prédios edificados" que corresponde ao custo médio de construção por metro quadrado adicionado do valor do metro quadrado do terreno de implantação fixado em 25% daquele custo. É que o valor base dos prédios edificados, quando foi instituída aquela fórmula, em virtude de se viver um longo período de excessiva valorização dos imóveis que conduziu mesmo à conhecida bolha do imobiliário urbano, acabou por ser fixado em montantes elevados, os quais, todavia, não foram devidamente corrigidos posteriormente.

Mas o agravamento da tributação das famílias deu-se ainda por outras duas vias que, embora já viessem a ser trilhadas há algum tempo, foram objecto de aceleração no quadro do ajustamento imposto pelo Memorando de Entendimento. Trata-se, de um lado, da redução ou eliminação mesmo das deduções de natureza pessoal respeitantes a despesas com a realização dos direitos sociais como a saúde, a educação, a habitação e a segurança social que se concretizam em deduções à colecta do IRS, as quais, se bem que repostas em parte no ano 2015 no quadro da recente reforma do IRS, continuam a ser muito limitadas, o que tem como consequência a desfiguração desse imposto enquanto imposto pessoal, já que não tem em conta que se trata de uma tributação assente sobre o rendimento disponível[34].

De outro lado, a crescente criação de outros tributos para além dos impostos com as mais diversas designações, normalmente conhecidos por taxas ou contribuições, num quadro que nós vimos designando por "duplicação do Estado fiscal". De facto, como escrevemos em outro lugar, tendo em conta a proliferação de tributos, sobretudo na modalidade de taxas e de outros tributos comutativos em que se inserem, é de nos

---

33 Fórmula que é: $Vt = Vc \times A \times Ca \times Cl \times Cq \times Cv$, em que: *Vt* – valor patrimonial tributário; *Vc* – valor base dos prédios edificados; *A* – área bruta de construção mais a área excedente à área de implantação; *Ca* – coeficiente de afectação; *Cl* – coeficiente de localização; *Cq* – coeficiente de qualidade e conforto; *Cv* – coeficiente de vetustez.

34 V. a Lei nº 82-E/2014, de 31 de Dezembro, que aprovou a nova versão do Código do IRS. Quanto às alterações e o seu sentido, v. Comissão para a Reforma do IRS, *Anteprojecto da Reforma do IRS. Uma Reforma do IRS orientada para a Simplificação, a Família e a Mobilidade social*, Julho de 2014.

interrogarmos sobre se não se está a engendrar uma "duplicação do Estado fiscal", em que embora como cidadãos ou residentes[35] apenas beneficiemos de um Estado, financeiramente acabemos suportando dois Estados: um, o Estado fiscal propriamente dito, expressão do contrato social suporte do Estado comunidade, que é financiado pela figura dos impostos e se encontra sujeito ao escrutínio democrático consubstanciado no funcionamento dos já clássicos princípios da «constituição fiscal», especialmente do princípio da legalidade fiscal; outro, um Estado fiscal paralelo, mascarado de não fiscal que é financiado basicamente por impostos especiais, mormente sobre consumos específicos, em geral com receitas consignadas, muito embora designados por taxas ou contribuições, os quais não só escapam assim à constituição financeira e fiscal, como, do mesmo jeito, se furtam ao escrutínio materializado na comparabilidade internacional da efectiva carga fiscal que suportamos, uma vez que para essa comparabilidade contam apenas os impostos e as contribuições para a segurança social.

Uma realidade que tem expressão acentuada tanto em alguns importantes sectores da actuação estadual como sobretudo em relação aos municípios em que o recurso a novos tributos quase sempre designados por taxas, muitos deles de difícil qualificação, constituindo não raro verdadeiros impostos disfarçados, ou o crescente aumento das taxas já existente, tem sido visível. Assim e no referente à proliferação de taxas e outros tributos normalmente referenciados como contribuições ou tributos parafiscais[36] respeitante à actuação da administração estadual, podemos apontar, a mero título de exemplo, o sector dos transportes bem como o sector da actividade seguradora.

No domínio dos transportes, são de referir as taxas nos transportes terrestres (rodoviários e ferroviários), as taxas nos transportes marítimos, as taxas nos transportes aéreos., as taxas de acesso à actividade de transporte ferroviário e de utilização da infra-estrutura, a taxa de regulação das infra-estruturas rodoviárias, a contribuição de serviço rodoviário, etc.

---

[35] Uma vez que o decisivo, em sede da ligação dos contribuintes ao seu país, é mais o vínculo de cariz económico traduzido na residência do que o vínculo político expresso na cidadania ou nacionalidade ou, por outras palavras, é mais uma cidadania de natureza económica do que uma cidadania política.

[36] Uma designação que, é de sublinhar, tem apenas a ver com a *titularidade activa* da relação tributária, e não com a *estrutura* dessa relação que decorre, naturalmente, da configuração do correspondente facto gerador do tributo. Daí a nossa preferência pela designação de receitas parafiscais em vez de tributos parafiscais.

Por seu lado, no concernente ao sector dos seguros, podemos mencionar diversos tributos parafiscais que incidem sobre as próprias seguradoras ou sobre estas e sobre os segurados ou apenas sobre os segurados embora sempre cobradas por aquelas como as "taxas" para o Instituto de Seguros de Portugal, para o Instituto Nacional de Emergência Médica, para Fundo de Garantia Automóvel, para o Fundo de Acidentes de Trabalho, para a Autoridade Nacional de Protecção Civil e a taxa favor do IFADAP[37] destinada ao Sistema Integrado contra as Aleatoriedades Climáticas.

Em sede mais estrita da figura das taxas podemos dizer que se deve sobretudo aos municípios a crescente multiplicação e aumento desses tributos bilaterais. Uma situação que, ao contrário do que era de supor, não foi travada pela adopção do Regime Geral das Taxas das Autarquias Locais[38], cujo objectivo foi justamente o de obstar ao arbítrio na criação das taxas e na fixação do seu montante, designadamente através da exigência do respeito pelo princípio da equivalência jurídica e da imposição da fundamentação económico-financeira do seu valor. Efectivamente, aproveitando o cumprimento da obrigação de adaptação dos regulamentos das taxas imposta no art. 17º do referido Regime, a quase totalidade dos municípios acabou por proceder ao aumento generalizado das taxas municipais.

Por isso, para uma adequada análise da comunidade estadual a que pertencemos, no quadro do correspondente contrato social base do Estado de direito democrático, avaliando e ponderando as correspondentes prestações recíprocas, ou seja, de um lado, o que pagamos ao Estado e, de outro lado, o que recebemos dele, não podemos deixar de contabilizar, com base numa verdadeira "conta corrente", tudo o que pagamos, tanto em sede de fiscalidade como das múltiplas parafiscalidades que vão germinando um pouco por todo o lado. Pois não podemos estar dispostos a ser cidadãos face ao Estado e súbditos dos múltiplos senhores que os desdobramentos verticais (a montante e a jusante) e sobretudo horizontais desse mesmo Estado vêm engendrando, cujos poderes e gastos não votamos e cuja necessidade da correspondente actividade não se percebe.

Pois compreende-se facilmente que, atendendo à reforma do financiamento das despesas incorridas com as novas realidades se possa assistir a uma certa deslocação do Estado fiscal para o "Estado taxador". Uma situação que até pode aceitar-se. O que, porém, já não se afigura aceitável é que, fingindo essa deslocação, se esteja praticando uma

---

37 Instituto de Financiamento e Apoio ao Desenvolvimento da Agricultura e Pescas.

38 Aprovado pela Lei nº 53-E/2006, de 29 de Fevereiro.

verdadeira e inadmissível acumulação do Estado fiscal com um "Estado taxador", duplicando, ao cabo e ao resto, o Estado fiscal. Em suma, condição para que seja admissível uma modificação nesse sentido, uma modificação no sentido de deslocar parte da carga do Estado fiscal para o "Estado taxador", é que o correspondente resultado final seja tendencialmente de soma zero[39].

2. *A tributação das empresas*. Mas também em relação às empresas colectivas ou societárias verificamos, a seu modo, um certo agravamento de impostos. Não que esta ocorra pela via do imposto que tributa o rendimento dessas empresas, isto é, através do Imposto sobre o Rendimento das Pessoas Colectivas (IRC), pois este tem vindo a ser objecto de desagravamento, mas através de outra via, já que se concretiza em diversas tributações avulsas que se têm multiplicado nos últimos anos. O que nos revela, de um lado, uma contradição entre o desagravamento do IRC e a criação de uma espécie de "IRC paralelo" e de diversas medidas no sentido de uma tributação das empresas mais simples e amiga do investimento empresarial. Uma palavra sobre estes dois tipos de actuação.

2.1. *O desagravamento do IRC e a criação de um "IRC paralelo"*. Pois bem, de um lado, temos o IRC que tem vindo a ser objecto de acentuado desagravamento patente no facto de a sua taxa nominal ter descido significativamente, pois de 36% em 1989 caiu para 21% em 2015[40]. Uma situação que é consequência do ambiente de concorrência fiscal que se instalou entre os Estados para atrair investimento. Desagravamento que se concretizou em medidas adoptadas pela reforma do IRC de 2014, como são a reintrodução e ampliação do regime simplificado de determinação da matéria colectável em IRC[41], que, tendo vigorado de 2001 ae 2010, havia sido revogado a partir de 2011, bem como o alargamento do reporte para diante de prejuízos que passaram a poder ser reportados nos

---

[39] V. o nosso estudo «Da sustentabilidade do estado fiscal», em José Casalta Nabais / Suzana Tavares da Silva, (Coord.), *Sustentabilidade Fiscal em Tempos de Crise*, Almedina, Coimbra, 2011, p. 40 e ss.

[40] Recorde-se que a taxa de IRC foi sucessivamente: 36% (1989), 34% (1998), 32% (2000), 30% (2002), 25% (2004) e 23% (2014).

[41] Um regime optativo para as micro, pequenas e médias empresas que, em vez de serem tributadas pelo lucro apurado com base na contabilidade organizada, são tributadas com base em coeficientes reportados ao seu volume de vendas ou rendimentos brutos. Cf. o que dizemos *infra*, no ponto II.2.3.

doze períodos tributários seguintes àquele em que se verificaram, sendo antes reportáveis apenas nos cinco períodos seguintes[42].

Mas, ao lado deste indiscutível desagravamento da tributação do lucro das empresas, vimos assistindo à crescente criação de diversas tributações avulsas incidentes sobre as empresas que, a seu modo, põem em causa a referida evolução. A respeito dessas tributações avulsas, podemos referir, de um lado, as previstas no Códigos do IRC[43], como são as tributações autónomas, em crescente ampliação nos últimos anos e as derramas, municipal e estadual, que se reportam ao rendimento empresarial, e, de outro lado, as que constam de legislação avulsa, como a contribuição sobre o sector bancário, a contribuição extraordinária sobre o sector energético, a taxa de segurança alimentar e a contribuição sobre a indústria farmacêutica. Em direitas contas, podemos dizer que as mencionadas tributações avulsas se distribuem por três círculos concêntricos: o mais pequeno que integra as assim designada "taxas de tributação autónomas", que mais não são do que tributações autónomas sobre certas despesas; o círculo intermédio que é composto pelas sobretaxas de IRC, como são a derrama municipal e a derrama estadual; e o círculo maior que é constituído pelas tributações de natureza sectorial referidas. Uma palavra sobre cada uma destas tributações avulsas.

Assim e no concernente às tributações autónomas, ditas "taxas de tributação autónoma", que se encontram previstas no art. 88° do Código do IRC (bem como, para as empresas singulares, no art. 73° do Código do IRS), devemos dizer que as mesmas começaram por se reportar a situações susceptíveis de elevado risco de evasão fiscal, como as relativas à tributação das despesas confidenciais e não documentadas, configurando as normas que as previam não verdadeiras normas de tributação, mas antes normas que, directamente, tinham por função o acompanhamento, vigilância e fiscalização da actuação fiscal dos contribuintes e, por conseguinte, de luta contra o crescente fenómeno de evasão fiscal.

Todavia, com o andar do tempo, a função dessas tributações autónomas, que entretanto se diversificaram e aumentaram de valor, alterou-se profundamente passando a ser progressivamente a de obter receitas

---

42 Para mais desenvolvimentos, v. a nossa *Introdução ao Direito Fiscal das Empresas*, 2ªed., Almedina, Coimbra, 2015, p. 142 e ss.

43 Previstas também, embora em menor medida, no IRS. A que acrescem as já referidas sobretaxa extraordinária e taxa adicional de solidariedade em IRS.

fiscais, assumindo-se, assim, como efectivos impostos sobre a despesa, se bem que enxertados, em termos anómalos, na tributação do rendimento.

Pois essas tributações incidem agora não só sobre as despesas confidenciais e não documentadas, como foi no início, ou sobre as despesas não documentadas, despesas com viaturas ligeiras de passageiros ou mistas e despesas de representação como foi depois, mas também sobre as despesas com importâncias pagas a pessoas singulares ou colectivas residentes em países com regime fiscal claramente mais favorável (os designados paraísos fiscais), sobre as despesas com encargos relativos a certas ajudas de custo, sobre os lucros distribuídos por entidades isentas de IRC, sobre certas indemnizações, compensações, bónus e outras remunerações pagas aos gestores, administradores ou gerentes, etc. Sendo certo que algumas dessas tributações se encontram sujeitas a taxas relativamente elevadas, como é o caso das incidente sobre as indemnizações, compensações, bónus e outras remunerações dos gestores, administradores ou gerentes, sujeitas a uma taxa de 35%, nos termos do art. 88º, nº 13, do Código do IRC[44].

Por seu lado, quanto à assim chamada derrama estadual, devemos dizer que a mesma não passa de uma sobretaxa sobre o IRC. Criada pela Lei nº 12-A/ /2010, de 30 de Junho, que aditou o art. 87º-A ao Código do IRC, apresenta-se actualmente como uma sobretaxa progressiva por escalões incidente sobre o lucro tributável superior a € 1.500.000, com taxas de: 3% (de mais de € 1.500.000 até € 7.500.000), 5% (de mais de € 7.500.00 até € 35.000.000) e 7% (mais de € 35.000.000).

Ainda a respeito das tributações avulsas das empresas, é de aludir a tributos, designados geralmente por contribuições ou taxas, que incidem especificamente sobre as empresas de determinados sectores de actividade, como a contribuição sobre o sector bancário, a contribuição extraordinária sobre o sector energético, a taxa de segurança alimentar mais e a contribuição sobre a indústria farmacêutica.

A contribuição sobre o sector bancário foi introduzida pelo art. 141º do LOE/2011 que aprovou o seu regime, o qual foi alterado pelo art. 182º da LOE/2012. Nos termos do art. 3º desse regime, a contribuição sobre o sector bancário incide sobre: *a)* o passivo apurado e aprovado pelos sujeitos passivos deduzido dos fundos próprios de base (Tier 1) e complementares (Tier 2) e dos depósitos abrangidos pelo Fundo de Garantia

---

[44] A qual ainda é elevada para 45% para as empresas que apresentem prejuízos.

de Depósitos e pelo Fundo de Garantia do Crédito Agrícola Mútuo e os depósitos na Caixa Central constituídos por Caixas de Crédito Agrícola Mútuo pertencentes ao Sistema Integrado do Crédito Agrícola; *b)* o valor nocional dos instrumentos financeiros derivados fora do balanço apurado pelos sujeitos passivos».

Incidência cuja base foi, depois, concretizada, a título de regulamentação, no art. 4º da Portaria nº 121/2011, de 30 de Março, no qual, sob a epígrafe «quantificação da base de incidência», se prescreve, designadamente, no que respeita ao que deve entender-se por "passivo" e por "instrumento financeiro derivado". O que configurava um quadro normativo que, a nosso ver, parecia não respeitar o princípio da legalidade fiscal, violando a ideia de determinabilidade que esse princípio impõe, pois, nos termos dos arts. 165º, nº 1, al. *i)*, e 103º, nº 2, da Constituição, a lei ou o decreto-lei autorizado que crie um imposto deve conter a disciplina da sua incidência e taxa em termos tão determinados ou determináveis quanto seja possível, O que parecia longe de ter sucedido no caso dessa Contribuição, em que a lei, a título de regulamentação, remeteu para portaria do Ministro das Finanças «a base de incidência definida pelo artigo 3º» desse regime e «as taxas». Porém, tendo em conta o facto de a contribuição sobre o sector bancário ter sido objecto de reconfiguração pelo Decreto-Lei nº 31-A/2012, de 10 de Fevereiro, que consignou as suas receitas ao Fundo de Resolução, num quadro da regulação bancária exigido pela União Europeia, interrogamo-nos sobre se não tem a natureza de uma verdadeira contribuição financeira a favor de entidades públicas.

Por seu lado, quanto à contribuição extraordinária sobre o sector energético, consta o seu regime do art. 228º da LOE/2014, tendo por objectivo financiar mecanismos que promovam a sustentabilidade sistémica do sector energético, através da constituição de um fundo que vise contribuir para a redução da dívida tarifária e para o financiamento de políticas sociais e ambientais do sector energético. Fundo esse que veio a ser criado pelo Decreto-Lei nº 55/2014, de 9 de Abril, como o nome de Fundo para a Sustentabilidade Sistémica do Sector Energético. A contribuição incide sobre o valor dos elementos do activo dos sujeitos passivos (isto é, valor dos activos líquidos conforme reconhecidos na contabilidade, com referência a 1 de Janeiro de 2014 ou posterior) que respeitem a: a) activos fixos tangíveis; b) activos intangíveis, com excepção dos elementos da propriedade industrial; c) activos financeiros afectos a concessões ou a actividades licenciadas. Dado o seu carácter extraordinário e o facto de a sua receita se destinar à redução da dívida tarifária, compreende-se que se preveja a sua eliminação gradual nos próximos anos.

A taxa da contribuição extraordinária é de 0,85%, aplicada sobre o valor tributável, excepto no caso da produção de electricidade por intermédio de centrais termoeléctricas de ciclo combinado a gás natural, em que a taxa é de: a) 0,285% para as centrais com uma utilização anual equivalente da potência instalada inferior a 1.500 horas; b) 0,565% para as centrais com uma utilização anual equivalente da potência instalada superior ou igual a 1.500 e inferior a 3.000 horas; c) 0,85% para as centrais com uma utilização anual equivalente da potência instalada superior ou igual a 3.000 horas.

No caso da actividade de refinação de petróleo bruto, a taxa é de: a) 0,285% para as refinarias que apresentem um índice de operacionalidade da refinaria inferior a 0; b) 0,565% para as refinarias que apresentem um índice de operacionalidade da refinaria superior ou igual a 0 e inferior a 1,5; c) 0,85% para as refinarias que apresentem um índice de operacionalidade da refinaria superior ou igual 1,5.

Depois, quanto à taxa de segurança alimentar, cujo nome é Taxa de Segurança Alimentar Mais, é de referir que foi criada pelo Decreto-Lei nº 119/2012, de 15 de Junho. Segundo o disposto no art. 9º deste diploma, como contrapartida da garantia de segurança e qualidade alimentar é devido o pagamento, pelos estabelecimentos de comércio alimentar de produtos de origem animal e vegetal, frescos ou congelados, transformados ou crus, a granel ou pré-embalados, de uma taxa anual, cujo valor é fixado entre € 5 e € 8 por metro quadrado de área de venda do estabelecimento, por portaria dos membros do Governo responsáveis pelas áreas das finanças e da agricultura. Um tributo que, ao excluir da sua incidência, apesar de a lei falar em isenção, dos estabelecimentos que pertençam a micro empresas, conquanto que não utilizem uma insígnia comum que no seu conjunto tenham uma área de venda igual ou superior a 6.000m2, apesar da sua designação legal de taxa e da consignação das suas receitas ao Fundo Sanitário e de Segurança Alimentar Mais, é fundamentalmente um imposto sobre a grande distribuição, como resulta tanto daquele diploma legal como da Portaria nº 215/2012, de 17 de Julho, que contém a sua disciplina complementar.

Por fim, a contribuição sobre a indústria farmacêutica, cujo Regime consta do art. 168º da LOE/2015. Nos termos desse Regime, encontram-se sujeitos à contribuição sobre a indústria farmacêutica as entidades que procedam à primeira alienação a título oneroso, em território nacional, de medicamentos de uso humano, sejam elas titulares de autorização, ou registo, de introdução no mercado, ou seus representantes, intermediários, distribuidores por grosso ou apenas comercializadores de medicamentos ao abrigo de autorização de utilização excepcional, ou de autorização excepcional, de medicamentos. Por seu turno, em termos de incidência objectiva, essa contribuição incide sobre o total de vendas de medicamentos realizadas em cada trimestre, relativamente a: a) medicamentos comparticipados pelo Estado no seu preço; b) medicamentos sujeitos a receita médica restrita; c) medicamentos que disponham de autorização de utilização excepcional ou de autorização excepcional; d) gases medicinais e derivados do sangue e do plasma humanos; e) outros medicamentos cujas embalagens se destinem ao consumo em meio hospitalar; f) medicamentos órfãos.

No que respeita à taxa, nos termos do art. 4º do referido Regime, a contribuição sobre a indústria farmacêutica está sujeita à taxa de 2,5%, quando se trate de: 1) medicamentos comparticipados incluídos em grupos homogéneos ou não incluídos em grupos homogéneos com autorização de introdução no mercado concedida há 15 ou mais anos e cujo preço seja inferior a € 10; 2) gases medicinais e derivados do sangue e do plasma humanos; 3) medicamentos órfãos. É, porém, de 10,45% nos restantes casos de medicamentos comparticipados, e de 14,3 % quando se trate de medicamentos sujeitos a receita médica restrita, bem como aqueles que disponham de autorização de utilização excepcional ou de autorização excepcional ou sejam destinados a consumo em meio hospitalar.

Relativamente a todas estas tributações avulsas é de nos interrogarmos sobre se as mesmas não fazem parte da estratégia fiscal que suporta a já referida "duplicação do Estado fiscal", um fenómeno que, respeitando tendencialmente ao sistema fiscal no seu todo, revela uma particular incidência no domínio da tributação das empresas. Muito embora nos devamos interrogar sobre se a mencionada duplicação do Estado fiscal não é, de algum modo, exigida pela crescente rarefacção das bases tributárias que tradicionalmente suportavam as manifestações da capacidade contributiva, constituídas, como é sabido, pelo rendimento, pelo património e pelo rendimento e património utilizado na aquisição onerosa de bens e serviços. O que tem levado alguma doutrina mais recente a propor uma tributação, tanto a nível estadual como até a nível da União Europeia, que não se reporte apenas às referidas tradicionais manifestações da capacidade contributiva, antes tenha em conta novas capacidades ou capacitações[45] consubstanciadas em qualificadas situações de vantagem economicamente avaliáveis[46]. Mas a ser esse o caminho que se pretende seguir, então impõe-se que se trilhe com transparência e sem subterfúgios, criando impostos especiais com essa fisionomia e não impostos sob a capa de taxas ou de outras contribuições financeiras[47].

2.2. *Uma tributação das empresas mais simples e amiga do investimento?* Relativamente às medidas decorrentes da recente reforma da tributação das empresas podemos apontar as seguintes medidas: a *participation exemption*, a *patent box*, uma maior neutralidade no tratamento fiscal do financiamento com recurso a capitais alheios ou a capitais próprios e os incentivos ou estímulos fiscais constantes do Código Fiscal do Investimento (CFI). Uma palavra rápida sobre essas medidas.

2.2.1. *A "participation exemption"*. Relativamente à primeira das medidas, é de assinalar que com a Reforma do IRC de 2014 passou a vigorar entre nós, relativamente à eliminação da dupla tributação económica, da dupla tributação jurídica internacional e da dupla tributação económica internacional, uma solução bem diferente da anterior, que assentava no método da imputação ordinária ou do crédito de imposto ordinário, uma vez que se optou pelo método da isenção dos dividendos (lucros e reservas distribuídos) e mais-valias relativos a participações qualificadas (*participation exemption*). Segundo este método, constante dos arts. 51º e seguintes do Código do IRC, não concorrem para a determinação do lucro tributável dos sujeitos passivos de IRC com sede ou direcção efectiva em território português: 1) os lucros e reservas distribuídos a sujeitos passivos de IRC com sede ou direcção efectiva em território português, desde que preenchidos certos requisitos, como o de o sujeito passivo deter directa ou indirectamente uma participação não inferior a 5% do capital social ou dos direitos de voto da entidade que distribui os lucros ou reservas, e o de essa participação ter sido detida, de modo ininterrupto, durante os 24 meses anteriores à distribuição; 2) as mais-valias e menos-valias realizadas mediante transmissão onerosa, qualquer que seja o títu-

45 À maneira de Amartya Sen, A Ideia de Justiça, Almedina, Coimbra, 2012, sobretudo p. 345 e ss.

46 V. sobre essa temática e por todos, Franco Gallo, *L'Ugualianza Tributária*, Editoriale Scientifica, 2012, esp. p. 7 e ss.

47 Embora seja de acrescentar que o referido caminho não deixa de estar presente no que deve ser, a nosso ver, a via da actual tributação das empresas multinacionais – v. *infra*, ponto II.2.3.

lo por que se opere e independentemente da percentagem da participação transmitida, de partes sociais detidas ininterruptamente por um período não inferior a 24 meses, desde que, na data da respectiva transmissão, se mostrem cumpridos determinados requisitos.

Uma solução que é de saudar, uma vez que, como sublinhou a Comissão da Reforma do IRC, sendo Portugal uma pequena economia muito aberta ao exterior, faz todo o sentido o aprofundamento da aplicação do princípio da territorialidade de que o método da isenção constitui expressão por excelência, surpreendendo que se não tenha optado por ela muito antes[48]. Pois trata-se de uma solução que, pelo nível de eficiência que comporta, em virtude da redução dos custos de contexto, dos custos de transacção e dos comportamentos de substituição que suporta, se revela uma verdadeira opção estratégica com aptidão para ser motor de atracção de investimento e de localização em território nacional da sede de empresas e grupos multinacionais[49]. Solução que, com interna que é, apenas se aplica se e na medida em que não haja convenção de dupla tributação, pois existindo[50], prevalece a convenção sobre a solução do direito interno[51].

[48] Certamente porque, embora sendo um país relativamente pequeno, fraco e pobre, como membros que somos da OCDE, finjamos ser o contrário, ou seja, ser um país grande, forte e rico. De resto, a tributação do rendimento com base na residência ou sede das empresas, segundo o princípio da rendimento mundial, que naturalmente aproveita aos grandes países ricos, que assim tributam os lucros das suas empresas independentemente do lugar onde sejam obtidos, revela-se inoperacional face às grandes empresas transnacionais globais, que, para efeitos da tributação dos seus lucros, acabam por não ter a residência ou a sede em qualquer dos países em que possam ser efectivamente tributadas. Daí a solução para que apontamos *infra* no ponto II.2.3.

[49] V. Comissão para a Reforma do IRC, *Uma Reforma do IRC orientada para a competitividade, o crescimento e o emprego*, 30 de Junho de 2013, esp. p. 122 e ss.

[50] Sendo que Portugal tem actualmente mais de sete dezenas de convenções para evitar a dupla tributação internacional.

[51] A respeito da tributação do rendimento das empresas com base no princípio do rendimento mundial pelo país da residência ou da sede ou, por outras palavras, com base no princípio da neutralidade na exportação de capitais, que tem no Modelo de Convenção da OCDE o seu paradigma e que, naturalmente, beneficia os países mais desenvolvidos como países exportadores de capitais e de multinacionais que são, é de referir que o mesmo enfrenta crescentes problemas face às empresas multinacionais globais que não precisam mais de ter a sua residência ou sede naqueles países, situação que terá estado na base da aprovação do regime extraterritorial *Foreign Account Tax Complaince Act* dos EUA. O que coloca, muito justamente, a questão de saber se não seria de optar, em vez deste regime, pelo princípio da territorialidade na tributação de tais empresas.

2.2.2. *A "patent box"*. No que se refere este importante incentivo fiscal, regulado no art. 50°-A do Código do IRC que foi aditado pela reforma do IRC de 2014, podemos dizer que traduz na consideração por metade dos rendimentos de patentes e outros direitos de propriedade intelectual. Um benefício fiscal ao investimento produtivo que foi adoptado no Reino Unido em 2013, o qual tem por destinatários as sociedades exploradoras de patentes ou outros direitos de propriedade intelectual, como sejam modelos ou projectos industriais protegidos por direitos de propriedade intelectual. Com efeito, segundo o disposto no art. 50°-A do Código do IRC, concorrem para a determinação do lucro tributável em apenas metade do seu valor os rendimentos provenientes de contratos que tenham por objecto a cessão ou a utilização temporária dos seguintes direitos de propriedade industrial sujeitos a registo: a) patentes, b) desenhos ou modelos industriais.

Para poder usufruir desse benefício, têm que se verificar as seguintes condições: a) os direitos de propriedade industrial tenham resultado de actividades de investigação e desenvolvimento realizadas ou contratadas pelo sujeito passivo; b) o cessionário utilize os direitos de propriedade industrial na prossecução de uma actividade de natureza comercial, industrial ou agrícola; c) os resultados da utilização dos direitos de propriedade industrial pelo cessionário não se materializem na entrega de bens ou prestações de serviços que originem gastos fiscalmente dedutíveis na entidade cedente, ou em sociedade que com esta esteja integrada num grupo de sociedades ao qual se aplique o regime especial de tributação dos grupos de sociedades; d) o cessionário não seja uma entidade residente em país, território ou região onde se encontre sujeita a um regime fiscal claramente mais favorável.

Assinale-se que este benefício, embora se limite à concessão a terceiros, através de transmissão ou licença, dos direitos de propriedade intelectual, não abrangendo a utilização destes direitos pelas próprias empresas como acontece no Reino Unido (com o regime designado por *embedded royalties*), ainda assim é mais significativo do que parece dado a tributação por metade se reportar a rendimentos brutos, acabando, por conseguinte, a dedução de todos os gastos se reportara a metade dos rendimentos[52].

2.2.3. *Maior neutralidade no tratamento dos gastos com o financiamento*. Quanto à maior neutralidade no tratamento fiscal do financiamento com recurso a capitais alheios e a capitais próprios, traduz-se a mesma, de um lado, na limitação à dedutibilidade de gastos com o financiamento

---

[52] V. a nossa *Introdução ao Direito Fiscal das Empresas*, cit., p. 166 e s.

constante do art. 76º do Código do IRC. Um preceito em que antes se estabelecia uma limitação à consideração como gastos fiscais do pagamento de juros em caso de subcapitalização e agora prescreve que os gastos de financiamento líquidos concorrem para a determinação do lucro tributável até ao maior dos seguintes limites: a) € 1.000.000; ou b) 30 % do resultado antes de depreciações, amortizações, gastos de financiamento líquidos e impostos. Uma solução com a qual concordamos, embora seja discutível tanto o momento em que foi aprovada em Portugal, pois entrou em vigor em 2013, quando as empresas se encontravam muito descapitalizadas, como no concernente ao seu âmbito, já que a mesma se aplica a todos os gastos de financiamento e não apenas às operações vinculadas próprias das relações especiais entre empresas dos grupos empresariais[53].

De outro lado, passou a ser considerado em termos fiscais o financiamento empresarial com o recurso a capitais próprios, o que é levado a cabo através de duas vias: 1) pela consideração como gasto fiscal da chamada remuneração convencional do capital social[54], que agora se apresenta como permanente e consta do art. 41ºA do Estatuto dos Benefícios Fiscais[55], em que se dispõe que na determinação do lucro tributável das sociedades comerciais ou civis sob forma comercial, cooperativas, empresas públicas, e demais pessoas colectivas de direito público ou privado com sede ou direcção efectiva em território português, pode ser deduzida uma importância correspondente à remuneração convencional do capital social, calculada mediante a aplicação da taxa de 5 % ao montante das entradas realizadas, por entregas em dinheiro, pelos sócios, no âmbito da constituição de sociedade ou do aumento do capital social, desde que a sociedade beneficiária seja qualificada como micro, pequena ou média empresa e os sócios que participem na constituição da sociedade ou no aumento do capital social sejam exclusivamente pessoas singulares, sociedades de capital de risco ou investidores de capital de risco; 2) pela dedução dos lucros retidos e reinvestidos, como consta

---

[53] V. sobre esta temática Antolín Fernández Antuña, «Fiscalidad internacional de los gastos financieros: diretiva interna y derecho comparado», Instituto de Estudios Fiscales, Documento 19/2013, Madrid..

[54] Que corresponde à *allowance for corporate equity*, medida que vem sendo proposta no actual quadro de uma tributação mais sensível à capitalização das empresas, ou seja, de uma tributação que não favoreça, como aconteceu no passado, o seu endividamento excessivo.

[55] Pois antes fora adoptada como medida transitória em sede ainda do Contribuição Industrial na década de oitenta do século passado e, já depois, em sede do IRC.

do arts. 27º e seguintes do CFI, que constitui um regime de incentivos fiscais ao investimento em favor de micro, pequenas e médias empresas, podendo estas deduzir à colecta do IRC até 10 % dos lucros retidos que sejam reinvestidos em aplicações relevantes, no prazo de dois anos contado a partir do final do período de tributação a que correspondam os lucros retidos.

2.2.4. *Os incentivos fiscais do CFI.* Finalmente, no respeitante aos incentivos ou estímulos fiscais constantes do CFI, dado já termos falado da dedução de lucros retidos e reinvestidos, que é também um incentivo ou estímulo fiscal ao investimento que consta desse Código, são de referir os benefícios fiscais contratuais, o Regime Fiscal de Apoio ao Investimento (RFAI) e o Sistema de Incentivos Fiscais à Investigação e Desenvolvimento (SIFIDE). Uma palavra sobre estes incentivos ao investimento.

Quanto aos benefícios fiscais contratuais, regulados nos arts. 15º a 21º do CFI, devemos dizer que respeitam a grandes investimentos realizados em Portugal. Do ponto de vista material, trata-se de benefícios de natureza excepcional, com carácter temporário, concedidos em regime contratual e limitados em função do investimento realizado, estabelecendo-se uma intensidade mais elevada para os projectos de especial interesse para o país. Assim e de um lado, podem ser concedidos benefícios fiscais, em regime contratual, com um período de vigência até 10 anos a contar da conclusão do projecto, aos projectos de investimento cujas aplicações relevantes sejam de montante igual ou superior a € 3.000.000.

Os projectos de investimento devem ter o seu objecto compreendido, nomeadamente, nas seguintes actividades económicas: a) indústria extractiva e indústria transformadora; b) turismo, incluindo as actividades com interesse para o turismo; c) actividades e serviços informáticos e conexos; d) actividades agrícolas, aquícolas, piscícolas, agro-pecuárias e florestais; e) actividades de investigação e desenvolvimento e de alta intensidade tecnológica; f) tecnologias da informação e produção de audiovisual e multimédia; g) defesa, ambiente, energia e telecomunicações; h) actividades de centros de serviços partilhados.

A esses projectos de investimento podem ser concedidos, cumulativamente, os seguintes incentivos fiscais: a) crédito de imposto, determinado com base na aplicação de uma percentagem entre 10% e 25% das aplicações relevantes do projecto de investimento, a deduzir ao montante da colecta do IRC; b) isenção ou redução de IMI, durante a vigência do contrato, relativamente aos prédios utilizados pelo promotor no âmbito do projecto de investimento; c) isenção ou redução de Imposto Municipal sobre a Transissão Onerosa de Imóveis (IMT, relativamente às aquisições de prédios incluídas no plano de investimento e realizadas durante o período de investimento; d) isenção de Imposto do Selo, relativamente a todos os actos ou contratos necessários à realização do projecto.

Relativamente ao RFAI, que consta agora dos arts. 22º a 26º do CFI, reporta-se aos sujeitos passivos de IRC que exerçam uma actividade nos sectores que vimos relevarem para os benefícios fiscais contratuais. Consideram-se aplicações relevantes os investimentos nos seguintes activos, desde que afectos à exploração da empresa: a) activos fixos tangíveis, adquiridos em estado de novo, com excepção de: i) terrenos, salvo no caso de se destinarem à exploração de concessões mineiras, águas minerais naturais e de nascente, pedreiras, barreiros e areeiros em investimentos na indústria extractiva; ii) construção, aquisição, reparação e ampliação de quaisquer edifícios, salvo se forem instalações fabris ou afectos a actividades turísticas, de produção de audiovisual ou administrativas; iii) viaturas ligeiras de passageiros ou mistas; iv) mobiliário e artigos de conforto ou decoração, salvo equipamento hoteleiro afecto a exploração turística; v) equipamentos sociais; vi) outros bens de investimento que não estejam afectos à exploração da empresa; b) activos intangíveis, constituídos por despesas com transferência de tecnologia, nomeadamente através da aquisição de direitos de patentes, licenças, «know-how» ou conhecimentos técnicos não protegidos por patente.

Quanto aos incentivos fiscais a conceder, temos a dedução à colecta do IRC das seguintes importâncias das aplicações relevantes: 1) no caso de investimentos realizados em regiões elegíveis nos termos da al. *a)* do nº 3 do art. 107º do Tratado de Funcionamento da União Europeia: i) 25% das aplicações relevantes, relativamente ao investimento realizado até ao montante de € 5 000 000; ii) 10% das aplicações relevantes, relativamente à parte do investimento realizado que exceda o montante de € 5 000 000; 2) no caso de investimentos em regiões elegíveis nos termos da al. *c)* do nº 3 do art. 107º do Tratado de Funcionamento da União Europeia, 10% das aplicações relevantes; b) isenção ou redução de IMI, por um período até 10 anos a contar do ano de aquisição ou construção do imóvel, relativamente aos prédios utilizados pelo promotor no âmbito dos investimentos que constituam aplicações relevantes; c) isenção ou redução de IMT relativamente às aquisições de prédios que constituam aplicações relevantes; d) isenção de Imposto do Selo relativamente às aquisições de prédios que constituam aplicações relevantes.

Finalmente, no respeitante ao SIFIDE, ou melhor ao SIFIDE II[56], a sua disciplina jurídica consta agora dos arts. 35º a 42º do CFI, em que, depois de definir as despesas de investigação e de desenvolvimento, estabelece as aplicações relevantes e os benefícios fiscais a atribuir, os quais se traduzem na dedução ao montante apurado do IRC de certas despesas. Quanto às aplicações relevantes, consideram-se dedutíveis diversas categorias de despesas, desde que se refiram a actividades de investigação e desenvolvimento que constam, de resto, de uma lista relativamente extensa.

Quanto à extensão da referida dedução, estabelece-se que os sujeitos passivos de IRC residentes em território português que exerçam, a título principal, uma actividade de natureza agrícola, industrial, comercial e de serviços e os não residentes com estabelecimento estável nesse território podem deduzir ao montante da colecta do IRC e até à sua concorrência, o valor correspondente às despesas com investigação e desenvolvimento, na parte que não tenha sido objecto de comparticipação financeira do Estado a fundo perdido, realizadas nos períodos de tributação com início entre 1 de Janeiro de 2014 e 31 de Dezembro de 2020, numa dupla percentagem: a) taxa de base - 32,5% das despesas realizadas naquele período; b) taxa incremental - 50% do acréscimo das despesas realizadas naquele período em relação à média aritmética simples dos dois exercícios anteriores, até ao limite de € 1.500 000.

2.3. *A tributação das PME.* Quanto à tributação das PME, podemos dizer que estas têm sido objecto de um IRC mais baixo. O que resulta, por um lado, de a taxa ser de 17% para os primeiros € 15.000 do seu lucro tributável e de 21% para o excedente e, de outro lado, na reintrodução do regime simplificado pelo qual podem optar, desde que preenchem os seguintes requisitos: a) no período de tributação imediatamente anterior, tenham tido um montante anual ilíquido de rendimentos não superior a € 200.000; b) o total do seu balanço relativo ao período de tributação imediatamente anterior não exceda € 500.000; c) não estejam legalmente obrigados à revisão legal das contas; d) o respectivo capital social não seja detido em mais de 20%, directa ou indirectamente, por entidades que não preencham alguma das condições previstas nas alíneas anteriores, excepto quando sejam sociedades de capital de risco ou investidores de capital de risco; e) adoptem o regime de normalização contabilística para

---

[56] Aprovado pela Lei nº 55-A/2010, de 31 de Dezembro, pois o SIFIDE I foi o sistema que esteve em vigor de 2006 a 2010.

micro-entidades aprovado pelo Decreto-Lei nº 36-A/2011, de 9 de Março; f) não tenham renunciado à aplicação do regime nos três anos anteriores.

Quanto ao apuramento da matéria colectável, nos termos do art. 86º-B do Código do IRC, temos os seguintes requisitos: a) 0,04 das vendas de mercadorias e produtos, bem como das prestações de serviços efectuadas no âmbito de actividades hoteleiras e similares, restauração e bebidas; b) 0,75 dos rendimentos das actividades profissionais; c) 0,10 dos restantes rendimentos de prestações de serviços e subsídios destinados à exploração; d) 0,30 dos subsídios não destinados à exploração; e) 0,95 dos rendimentos provenientes de contratos que tenham por objecto a cessão ou utilização temporária da propriedade intelectual ou industrial ou a prestação de informações respeitantes a uma experiência adquirida no sector industrial, comercial ou científico, dos outros rendimentos de capitais, do resultado positivo de rendimentos prediais, do saldo positivo das mais e menos-valias e dos restantes incrementos patrimoniais; f) 1,00 do valor de aquisição dos incrementos patrimoniais obtidos a título gratuito determinado nos termos do n.º 2 do artigo 21.º.

Embora para as PME venha sendo defendida pela doutrina, na qual nós nos incluímos, uma tributação mais atenuada, com base em diversos argumentos[57], o certo é que outros, como os que suportam o Relatório de James Mirrlees, defendem que não haja lugar a qualquer regime preferencial para as PME, argumentando que a tributação dos rendimentos procedentes do trabalho, seja este trabalho assalariado, trabalho autónomo ou trabalho desenvolvido mediante a constituição de uma pequena sociedade, porque provenientes de fontes de rendimento substancialmente similares, devem ser objecto de tratamento similar[58].

Uma argumentação que, a nosso ver, faz sentido relativamente aos rendimentos que sejam rendimentos do trabalho, isto é, rendimentos da actividade dos trabalhadores autónomos ou profissionais independentes, os quais entre nós são objecto do regime de transparência fiscal a fim de serem objecto de tributação junto dos sócios em IRS em vez de o serem em sede da sociedade em IRC e, depois, junto dos sócios em IRS, se bem que junto destes beneficiando de um mecanismo para atenuar a dupla tributação económica. Muito embora a aplicação desse regime venha sendo totalmente fintado na prática e não por os profissionais independentes

---

[57] V. a nossa *Introdução ao Direito Fiscal das Empresas*, cit., p. 189 e ss.

[58] V. James Mirrlees, *Diseño de un sistema tributário óptimo. Informe Mirrlees*, Editorial Universitaria Ramón Areces, Madrid, 2013, p. 493 e ss.

passarem serem a tributados em IRC em vez de o serem em IRS, mas antes por, através da interposição de uma sociedade criada precisamente para esse efeito, passarem a ser tributados em IRS por rendimentos de capitais sujeitos a uma taxa liberatória de 28%, em vez de o serem pelos rendimentos da categoria B – rendimento empresariais e profissionais – sujeitos à taxa geral progressiva que vai até 48%. É que, por via de regra, os sócios facturam à sociedade pelos serviços que lhe prestam, serviços que esta, por sua vez, presta a terceiros, esvaziando assim a matéria colectável a apurar na esfera da sociedade, que seria objecto de imputação para efeitos de tributação em sede de IRS. O que desvirtua por completo o regime[59]. A que acrescem as dificuldades operacionais trazidas pela alteração operada pela LOE/2009, que veio alargar a imputação aos sócios das sociedades de profissionais transparentes dos adiantamentos por conta dos lucros[60].

Daí que defendamos que esse regime deve ser eliminado, como, de resto, aconteceu em Espanha em que idêntico regime esteve em vigor entre 1978 e 2002, se bem que, porque esses rendimentos constituem efectivos rendimentos do trabalho, devem estar sujeitos a uma tributação similar à dos demais rendimentos, sobretudo à que se encontram sujeitos os rendimentos do trabalho dependente. O que, a nosso ver, passa por uma de duas soluções: ou se estabelece a obrigação de todos os rendimentos das profissões constantes da tabela anexa ao art. 151º do Código do IRS[61] serem necessariamente facturados aos profissionais, isto é, às pessoas singulares que exercem essas profissões; ou se qualificam como rendimentos da categoria B (rendimentos empresariais e profissionais), excluindo-os portanto dos rendimentos da categoria E (rendimentos de capitais), os montantes que os sócios facturam à sociedade pelos serviços profissionais que lhe prestam. De resto, questionamo-nos sobre se a interposição de uma sociedade com o único ou principal objectivo de converter rendimentos do trabalho em rendimentos de capital, diminuindo assim significativamente a tributação dos rendimentos dos profissionais independentes, não cai sob a alçada da cláusula geral anti-abuso constante do art. 38º, nº 2, da LGT.

---

[59] V. A. Carlos dos Santos / António M. F. Martins (Coord.), *Competitividade, Eficiência e Justiça do Sistema Fiscal – Relatório do Grupo para o Estudo da Política Fiscal*, Cadernos de Ciência e Técnica Fiscal, 2009, p. 223 e ss.

[60] V. Manuel Faustino, «A opacidade da transparência fiscal», *Revista dos TOC*, 111, Junho de 2009, p. 28 e ss. V. também Rui Morais, *Sobre o IRS*, 4ª ed., Almedina, 2014, p. 203 e ss

[61] Lista essa que consta da Portaria nº 1011/2001, de 21 de Agosto.

Mas, voltando à questão do tratamento diferenciado das PME face às grandes empresas e à argumentação do Relatório Mirrlees contra qualquer diferenciação nesse sentido, parece fácil concluir, pelo que vimos de dizer, que a argumentação desse relatório apenas se revela válida para as sociedades que constituem veículos para a reconfiguração da tributação do rendimento do trabalho dos trabalhadores autónomos ou profissionais independentes, e já não relativamente à generalidade das PME. Para estas, a nosso ver, faz todo o sentido do seu tratamento preferencial, uma vez que devemos olhar para as PME com maior abrangência, tendo presente não apenas os impostos sobre o rendimento, o IRS ou o IRC, bem como as cada vez mais onerosas tributações avulsas que referimos, mas também totalidade das contribuições que efectivamente realizam a favor da comunidade, em que temos, ainda em sede fiscal, o amplo e complexo universo de obrigações tributárias acessórias que têm de cumprir enquanto sustentáculo do que vimos designando por administração ou gestão privada dos impostos, próprios ou alheios[62], e, em sede económica, os reais contributos que prestam enquanto suportes da economia de mercado pressuposto da própria existência e funcionamento do próprio Estado fiscal.

Por outras palavras, a tributação das empresas, justamente porque visa atingir rendimentos intermédios obtidos por organizações que, para além do mais, constituem o suporte insubstituível do funcionamento do sistema de liquidação e cobrança da generalidade dos impostos e da existência e funcionamento da própria economia de mercado, e não rendimentos finais como são os rendimentos gerados na esfera pessoal das pessoas físicas, deve assentar na *consideração unitária do fenómeno financeiro* das empresas, ponderando todos os reais contributos que estas prestam tanto à fazenda pública como à economia nacional. Considerando, portanto, não apenas as contribuições fiscais, isto é, os diversos impostos que suportam e pagam como contribuintes, mas também os demais obrigações tributárias e financeiras e, bem assim, as contribuições que, enquanto agentes suportes da existência e funcionamento da economia de mercado, prestam à comunidade nacional[63].

---

[62] V. o nosso *Direito Fiscal*, 8ª ed., Almedina, Coimbra, 2015, p. 326 e ss.

[63] O que, a seu modo, não deixa de ser uma expressão qualificada de uma realidade bem mais ampla, já que se reporta a todos e quaisquer sujeitos tributários passivos, sejam estes ou não empresas, traduzida na consideração de uma efectiva «conta corrente» que, em qualquer Estado de Direito, mas com particular importância e visibilidade no Estado de Direito Social, necessariamente se estabelece entre este e cada um dos contribuintes

Uma ideia que leva a que o tratamento das empresas não seja em absoluto estabelecido sem um mínimo de consideração de diversificadas contribuições que prestam à comunidade nacional, em que temos: 1) os impostos que pagam como contribuintes; 2) as múltiplas e complexas obrigações acessórias que têm que cumprir enquanto suportes da gestão privada da generalidade dos impostos próprios e alheios do sistema fiscal; 3) as despesas que realizam com a prossecução de tarefas comunitárias em complemento ou substituição pura e simples do Estado e de outras entidades públicas, em que sobressaem as entidades que levam a cabo tarefas de utilidade pública ou, numa outra versão, as entidades que integram o chamado sector não lucrativo ou terceiro sector da economia; 4) os demais contributos específicos ou diferenciados que efectivamente prestam ao funcionamento da economia nacional.

A respeito do tratamento preferencial das PME, é de acrescentar, fazendo um verdadeiro confronto destas com as grandes empresas, que a tributação das empresas multinacionais deve ser totalmente repensada, pois, em relação a estas, não mais se deve procurar tributa-las com base no rendimento complexa e sofisticadamente distribuído, em termos de verdadeiro labirinto, pela rede dos múltiplos paraísos fiscais, de modo a não pagarem nada ou quase nada. Bem pelo contrário, a tributação de tais empresas deve ser perspectivada unicamente a partir de cada um dos países em que actuam, assentando numa ideia de territorialidade e tendo por base o lucro apurado segundo o princípio do país do destino, ou seja, do país em que o rendimento é consumido[64], ou em elementos de natureza estritamente

ou sujeitos passivos concretizada na consideração unitária de tudo quanto cada um presta à comunidade e de tudo quanto, em contrapartida, recebe dessa mesma comunidade. O que implica, designadamente, uma visão tão ampla quanto possível do princípio da igualdade perante os encargos públicos, sendo de considerar nestes encargos não apenas os custos financeiros da comunidade estadual a que pertencemos, mas todos os custos que a existência e o funcionamento da mesma necessariamente implicam.

[64] *Destination-based tax* defendida por diversos autores e considerada uma tributação de bom senso por William B. Barker, «A common sense corporate tax: the case for a destination-based, cash flow tax on corporations», *Penn State Law*, Legal Studies Research Paper nº 1-2012, colhido em: http://ssm.com/abstract=2001578. No mesmo sentido, v. Micael Devereux, um crítico da actual tributação das multinacionais e do Plano de Acção BEPS que a tenta salvar, como referimos a seguir. De resto, o apelo a uma tributação do rendimento com base no consumo interno, não se limita à tributação das multinacionais, sendo defendida mesma para a tributação das pessoas físicas – v. Daniel S. Goldberg, *The Death of Income Tax. A Progressive Consumption Tax and the Path to Fiscal Reform*, Oxford University Press, 2013.

objectiva, segundo uma fórmula em que conte o volume de vendas realizadas, o capital afecto à produção, o montante de salários pagos e, dentro deste, o do peso específico às remunerações dos membros dos corpos sociais, uma vez que estas se apresentam como realidades insusceptíveis de ser hospedadas nos exíguos territórios de que dispõe a generalidade dos paraísos fiscais.[65].

Daí que as medidas propostas e programadas através de uma calendarização estrita pela OCDE constante do conhecido Plano BEPS (*Base Erosion and Profit Shifting*), e que entre nós há quem entenda que já se encontram em larga medida implementas aquelas dessas medidas que cabem à actuação dos Estados[66], constituam mais do mesmo, pois não apresentam qualquer inovação relevante no sentido da solução dos problemas. Não admira, por isso, que se perspective a sua impraticabilidade, já que, como disse Michael Devereux, estamos face a um plano que se analisa em quinze acções que se apresentam como: 1) uma massa complexa, obscura, confusa, arbitrária e ilógica de regras; 2) que vai levar a mais concorrência fiscal pela via do abaixamento das taxas e do incremento de incentivos fiscais; 3) que provocará ainda maiores e mais graves distorções na localização das actividades económicas reais; e 4) vai favorecer a manutenção ou estimular mesmo as oportunidades de arbitragem fiscal transnacional[67].

De resto, tratando-se de contribuintes nómadas, expressão que mais não é do que outra forma para dizer fugitivos fiscais[68], as multinacionais

---

65 V., neste sentido, Gabriel Zucman, *A Riqueza Oculta das Nações*, Círculo de Leitores, 2013, esp. p. 134 e ss., e a nossa *Introdução ao Direito Fiscal das Empresas*, cit., p. 22 e ss.

66 Assim Gustavo Lopes Courinha, «BEPS e o sistema fiscal português: uma primeira incursão», *Cadernos de Justiça Tributária*, 4, Abril – Junho, 2014, p. 3 e ss. V. também Maria Odete Oliveira, «Algumas reflexões sobre as questões de fiscalidade conexas com a erosão das bases tributáveis e transferência de lucros», *Para Jorge Leite - Escritos Jurídicos*, Vol. II, Coimbra Editora, 2015, p. 583 e ss.

67 Michael Devereux *apud* Adolfo Martín Jiménez e José Manuel Calderón Carriero, «El Plan de Acción para eliminar la erosion de bases imponibles y el trasalado de benefícios a otras jurisdiciones ("BEPS"): el final, el princípio del final o el final del principio?», *Quincena Fiscal Aranzadi*, 1-2, enero I-II ~2014, p. 115, nota 13.

68 Já que contribuintes nómadas não passa de uma expressão desprovida de sentido, pois os nómadas não são efectivamente contribuintes. Sobre a dicotomia fugitivos fiscais / cativos fiscais, que materializam um crescente apartheid fiscal, v. o nosso estudo «Da sustentabilidade do estado fiscal», em José Casalta Nabais / Suzana Tavares da Silva, (Coord.), *Sustentabilidade Fiscal em Tempos de Crise*, cit., p. 36 e ss.

ancoram-se na liberdade fiscal, que foi pensada para os verdadeiros contribuintes[69], para escravizar estes obrigando-os a arcar com os impostos a que fogem com total êxito, ajudados, aliás, pelos que é suposto combate-los. Na verdade, o que mais nos impressiona, num tal quadro, é que a intelectualidade jurídica, ao que supomos ingenuamente, venha dando e pretenda continuar a dar suporte jurídico à actuação económica de verdadeiros foras de lei, criando, a pretexto da necessidade de especificidades decorrentes da complexidade e sofisticação de pretensas escolhas económicas racionais que os moveriam, um sistema próprio que mais não é do que um estatuto de privilégio para a nova nobreza, não de sangue, mas do dinheiro, que as multinacionais hoje são.

O que tem levado a que um pequeno número de nómadas fiscais, se venha erigindo numa nova oligarquia e capture os governos justamente no domínio em se encontram as fundações da própria democracia ancorada como está no consentimento dos impostos. Ou, vistas as coisas pelo lado dos contribuintes, venha conseguindo um estatuto de verdadeira servidão ou vassalagem para os sedentários fiscais, os verdadeiros contribuintes, o qual era suposto ter sido definitivamente erradicado com as revoluções liberais dos séculos XVIII e XIX[70].

Por isso mesmo, o decisivo na solução não pode deixar estar do lado do estabelecimento de uma efectiva tributação das empresas multinacionais, e não tanto do lado de um certo equilíbrio entre a soberania dos paraísos fiscais, concretizada em sistemas fiscais internacionalmente atractivos, e a soberania dos países cujas bases de tributação são objecto de erosão por força da concorrência fiscal movida por aqueles. Embora também o referido equilíbrio deva estar presente, impondo-se aos paraísos fiscais, que normalmente constituem verdadeiros «Estados exíguos» desprovidos de uma base económica mínima que lhes assegure a correspondente viabilidade, que se, por um lado, não podem ser impedidos de dispor de sistemas fiscais atractivos enquanto instrumento importante para a sua sustentabilidade económica, por outro lado, também não

---

[69] V. sobre e liberdade fiscal e o efectivo abuso que dela é feito pela oligarquia que as multinacionais constituem, Jean-Claude Martinez / Norma C. Caballero Guzman, «La liberté en droit fiscal», em Estevão Horvat e outros (Org.), *Direito Financeiro, Económico e Tributário – Homenagem a Régis Fernandes de Oliveira*, Quartier Latin, São Paulo, 2014, 357 e ss.

[70] Cf. Jean-Claude Martinez / Norma C. Caballero Guzman, «La liberte en droit fiscal», *ob. cit.*, p. 380 e ss.

podem ir ao ponto de ancorar essa sustentabilidade na total ausência de um efectivo sistema fiscal.

Assim como os países objecto da erosão das bases tributáveis hão-de, em contrapartida, poder adoptar medidas que limitem eficazmente a concorrência fiscal protagonizada pelos primeiros, pois se a soberania se materializa no controlo do Estado sobre os correspondentes território e povo, parece legítimo considerar as práticas dos paraísos fiscais, que promovam a evasão aos impostos dos outros países, como um ataque ao núcleo da soberania destes. Um ataque que, em termos práticos, não é muito diferente do desencadeado por uma invasão de natureza territorial, em relação à qual a reacção defensiva do país invadido se aceitaria facilmente, não levantando, assim, problemas de maior[71]. Por conseguinte, a luta contra os paraísos fiscais não pode deixar de ser encarada também nesta perspectiva, isto é, uma acção de defesa da soberania fiscal dos Estados face à agressão que a actuação daqueles representa.

[71] Cf. Diane Ring, «Democracy, sovereignty and tax competition: the role of tax sovereignty in shaping tax cooperation», http://works.bepress.com/diane_ring/1, e a nossa Introdução ao Direito Fiscal das Empresas, cit., p. 119 e s.

14

DA AUTONOMIA TRIBUTÁRIA NA FEDERAÇÃO

José Tarcizio de Almeida Melo[1]

1. ORIGEM E REDEFINIÇÃO DE FEDERAÇÃO

Abundantes têm sido as doutrinas e as discussões sobre a espécie da forma federal de estado. Os doutores admitem que, para ser identificado o Estado, em sua forma federal, há necessidade de descentralização territorial e administrativa bem como de descentralização normativa. Enquanto que a descentralização territorial e administrativa (em sentido estrito denominada desconcentração) é comum das duas formas de Estado – simples ou unitário e federal - na Federação existem duas fontes de poder normativo de auto-organização.

1 Possui Graduação em Direito pela Universidade Federal de Minas Gerais (1968), Doutorado em Direito Público pela Universidade Federal de Minas Gerais (1970) e Doutorado em Direito Constitucional pela Universidade Federal de Minas Gerais (1986). Foi Procurador e Procurador-Geral da Assembleia Legislativa de Minas Gerais (1987-1993). Exerceu no Tribunal Regional Eleitoral de Minas Gerais (TRE-MG) os cargos de Juiz Membro, Desembargador Vice-Presidente, Corregedor Regional Eleitoral e Diretor Superintendente da Escola Judiciária Eleitoral Ministro Sálvio de Figueiredo Teixeira; (1991-2008) e de Desembargador Presidente do TRE-MG (2008-2010). No extinto Tribunal de Alçada de Minas Gerais, ocupou o cargo de Juiz Membro (1994-1998). É Professor Titular da Pontifícia Universidade Católica de Minas Gerais (desde 1991) e Desembargador no Tribunal de Justiça do Estado de Minas Gerais (desde 1998). Foi eleito em 23.04.2012 para o cargo de Desembargador 1º Vice-Presidente e Superintendente Judiciário do Tribunal de Justiça do Estado de Minas Gerais, para o período de 29.06.2012 a 30.06.2014. Tem experiência na área de Direito, com ênfase em Direito Constitucional.

Na doutrina de DUGUIT (p. 73), o Estado Federal apresenta dois grupos de governantes sobre uma só base territorial: os governantes centrais, do Estado Federal e os regionais, dos Estados-Membros.

A contribuição de KELSEN (1934, p. 215) reside em que a descentralização normativa, própria da Federação, tem natureza constitucional. A Federação possui as normas centrais da Constituição Federal, e a descentralização que revela o ordenamento do Estado-Membro. Trata-se de problema relativo à validez e à vigência das normas jurídicas.

CARL J. FRIEDRICH (1959, p. 546) considera a solidariedade como caráter do federalismo, pois este envolve permanentes contatos entre a comunidade total e os grupos parciais.

RAUL MACHADO HORTA (1964, p. 267) ensina que o acolhimento da cooperação para a organização federal surge na etimologia da palavra *foedus,* compreensiva de aliança, pacto, ajuste, convenção, amizade.

A associação dos componentes é a finalidade da Federação, que parte de suas normas estáticas para atingir o amadurecimento de seu objetivo, com a interação financeira, tendo por infraestrutura a autossuficiência que construa e aperfeiçoe cooperação financeira. Somente com a existência de Estados dotados de meios materiais é compreensível a existência da Federação Real.

Não se pode pensar mais na delimitação federal por um traçado que se direcione à obtenção de Estados Nacionais ou que parta do princípio da soberania como definidor da existência do modelo federal.

Os Estados tendem a colaborar em organismos internacionais e a criar organizações multilaterais que não combinam com a pretensão de Estados Nacionais. A tendência xenofóbica, presente especialmente nas operações de guerras e conflitos internacionais, converte-se aos hábitos internacionais de reciprocidade, compreensão e solidariedade.

A Confederação, que serviu de primeira arquitetura para o modelo de integração internacional, sentiu falhas de sustentação que conduziram os Estados à opção por aproximações mais fortes e eficazes, como são as da Federação.

A desistência da soberania, no sentido clássico de poder inexcedível internamente e independente, nas relações externas, passou a determinar a redefinição do Estado Federal para exigir dele, não a arrogância superlativa, mas a possibilidade de autodeterminação combinada com subordinações consentidas.

A relação internacional dos Estados-Membros, impossível no modelo clássico do Estado soberano, cedeu espaço à possibilidade de que os Estados-Membros terem direitos e obrigações internacionais, ainda que subordinadas à aquiescência da União, ressalvada somente para esta apenas a representação diplomática, que não combina com os poderes dos Estados-Membros.

Em sua conceituada tese para Catedrático da Universidade Federal de Minas Gerais, RAUL MACHADO HORTA (p. 22) vale-se da autorizada doutrina de ZANOBINI, exposta por AFONSO ARINOS DE MELLO FRANCO, segundo a qual a autonomia, dotada de atividade normativa, distingue-se da autarquia, que pressupõe somente a atividade administrativa.

Nas conclusões de sua Tese para a Cátedra de Direito Constitucional, na Universidade Federal de Minas Gerais, RAUL MACHADO HORTA explica que a autonomia do Estado-Membro, no Direito Constitucional brasileiro, apresenta três elementos constantes: a capacidade de auto-organização pelo poder constituinte, a de elaborar ordenamento jurídico ordinário, mediante legislação própria e a de prover as necessidades do governo e da administração.

A Federação é o modelo de forma de Estado aplicado aos territórios extensos em que a unidade política reclama diversificação de governantes e repartição organizada de competências. É inerente à Federação que essa repartição organizada vise à atuação solidária, à racionalização de despesas e custos e à divisão correta do trabalho em que o ordenamento federal trate do que é geral e o ordenamento estadual, do que é específico ou local.

2. ORIGENS DA FEDERAÇÃO

No passado, a formação da Federação teve por manancial a contribuição matricular dos Estados-Membros que revertiam recursos financeiros para a União Federativa. É o que se encontra na Constituição do Império Alemão, de 16 de abril de 1871.

Foi instituída a subvenção especial do Reich para os Estados e Municípios, subvenção aquela destinada aos investimentos em rodovias, educação, saneamento e saúde.

As desigualdades regionais eram sanadas com remessas destinadas a promover o equilíbrio estrutural, a partir das diferenças encontradas nos Estados-Membros, com o reforço da capacidade financeira dos Länder mais atrasados.

A Lei de Compromisso Financeiro, de 27 de abril de 1926, autorizou o Reich a cobrir os déficits de arrecadação tributária dos Estados.

O objetivo político da Alemanha era a obtenção de padrão federal de capacidade financeira aos entes congregados pela Federação. Estados-Membros dotados de superávit enviavam recursos destinados à equalização do padrão federal de capacidade financeira.

As experiências norte-americana e alemã, das contribuições matriculares, foram reconhecidas como negativas. Em 1787, ano da Independência, HAMILTON enfatizou, para a Assembleia de New York, a inadimplência reiterada dos Estados Confederados. No caso alemão, o príncipe de BISMARCK foi obrigado a recorrer ao Parlamento para obter novas fontes de financiamento, como impostos sobre consumo de álcool e fumo, e evitar que a Alemanha se tornasse pensionista de seus Estados-Membros.

A Constituição dos Estados Unidos determinou que nenhum Estado-Membro poderia criar imposto sobre exportação ou importação sem o consentimento do Congresso; que esse imposto devia ter por limite o custo de sua fiscalização e que a arrecadação líquida desse custo seria destinada ao Tesouro da União. Foi proibida a criação de taxa ou direitos sobre a exportação de mercadorias de um Estado-Membro para outro.

Nos Estados Unidos e na Argentina, os Estados-Membros são livres para criar impostos sobre fatos geradores idênticos aos da União.

A prática norte-americana era de impostos diretos, incidentes sobre o capital, na competência dos Estados-Membros e de impostos indiretos sob a responsabilidade da União. O imposto sobre capitais recaía sobre todas as pessoas maiores, na base de um ou dois dólares; sobre os ganhos de capital; sobre bares e restaurantes; sobre poupança, bancos de depósito e operações de bancos públicos e privados; finalmente, sobre as políticas de seguros.

Com a Emenda Constitucional nº 16, de 1913, os Estados Unidos instituíram o imposto de renda, que ampliou significativamente a arrecadação da União. Os Estados-Membros tiveram grande acréscimo de entradas de recursos com o imposto sobre as vendas. Seguem-no os impostos sobre a renda, combustíveis, veículos, bebidas alcoólicas, cigarro, heranças, doações e negócios.

Mediante a política dos subsídios federais o Governo Federal assegura recursos financeiros aos Estados-Membros e às suas subdivisões para que possam suportar suas atividades administrativas.

Na antiga União Soviética a estrutura *sui generis* da Federação, configurada como forma híbrida de Confederação, os ideais políticos do socialismo determinaram o centralismo democrático, desde as repúblicas autônomas, as diferentes circunscrições administrativas, regiões, distritos, comunas rurais e urbanas, que preparavam seus orçamentos e os enviavam ao Ministério das Finanças, o mais alto órgão da hierarquia do Estado, ao qual competia decidir, soberanamente, sobre as conveniências e as objeções e promover a elaboração do orçamento final. Existia a interação dos interessados, na feitura do orçamento, porém a decisão central praticamente anulava a autonomia financeira local, tendo sido produzidos orçamentos díspares para as regiões.

O modelo canadense instituiu convênios entre o Governo Central e as Províncias Autônomas com a finalidade de sustentar que a defesa dos interesses do Erário não sacrificasse os contribuintes com sobrecarga insuportável. Através desses convênios, as Províncias comprometem-se, por si e por seus Municípios, ao desuso de determinado imposto, em favor da União. O imposto de renda e o imposto territorial tiveram suas alíquotas reduzidas para que pudesse ser possível sua cobrança pelos governos estaduais simultaneamente com o Governo Federal. A União paga às Províncias valores equitativos, para ajustar seus índices *per capita* ao índice padrão, em todo o País, visando a um equilíbrio estrutural, ou, ao menos, à manutenção regular dos seus serviços.

No exemplo suíço, a habitualidade e o grande volume da ajuda federal aos Cantões lhes mutilou a autonomia financeira e causou a ruptura política. A constância e a expressividade das subvenções concedidas aos Cantões ocasionou a tendência da Suíça para o modelo de Estado Unitário.

3. EXPERIÊNCIA DO IMPÉRIO DO BRASIL

Nosso presidente AFONSO PENA (1899) sustentou, para a Reforma da Constituição brasileira de 1891, que a União tinha recursos próprios de manutenção que evitasse a redução do exercício de suas obrigações com a imigração e a demarcação das terras.

No estudo formulado, AFONSO PENA admitiu que, desde a Independência, as antigas províncias, não dotadas ainda da autonomia republicana, careciam de recursos para o cumprimento de seus serviços. O dinheiro destinado às províncias constava do Orçamento Geral da União e esta era autorizada, por lei, a suprir as deficiências que se registrassem nas províncias. A arrecadação provincial era limitada a fontes específicas e insuficientes e a maior parte de seu custeio se encontrava nos dízimos obtidos da exportação dos gêneros produzidos pelas províncias.

As rendas provinciais, segundo a Lei de 31 de outubro de 1835, eram provenientes do selo de heranças e legados; imposto de polícia; décima dos prédios urbanos; dízimo de exportação; imposto nas casas de leilão e modas; imposto no consumo de aguardente da terra; imposto sobre gado vacum, meia sisa de escravos e rendimento do evento.

Posteriormente, a Lei Geral nº 586, de 6 de setembro de 1850, declarou como rendas provinciais aquelas provenientes do evento.

A Lei nº 628, de 17 de setembro de 1851, declinou como provincial o imposto sobre as seges e outros veículos de condução. Reorganizada a guarda nacional, a Lei 2395, de 10 de setembro de 1871, determinou que o produto do imposto pessoal e do selo e emolumentos sobre a concessão das patentes, arrecadado nas províncias, fosse destinado a auxiliar a despesa com a força pública nelas atuantes.

Consta que, fora os casos do Rio de Janeiro, de São Paulo e do Rio Grande do Sul, as demais províncias eram carecedoras e suplicantes de auxilio até que, pelas leis de 3 de dezembro de 1841, de 21 de outubro de 1843 e de 28 de outubro de 1848, fossem transferidos para a União os encargos com a magistratura de primeira instância, as côngruas destinadas aos párocos e as despesas com a guarda nacional.

A centralização dos recursos decorreu do problema politico da interpretação do Ato Adicional de 1840, mediante o qual foram reduzidos os poderes provinciais, fato reacionário este que determinou extensa movimentação política e o lema do Partido Liberal, até o fim do Império, com a reivindicação de que fossem expandidos os poderes provinciais, como condição para o progresso do País.

Em contrapartida, as províncias lançaram impostos sobre fontes já tributadas pela União, gerando clima inamistoso, denunciado por líderes de ambos os partidos do Império como danosos à produção, às indústrias e ao comércio e sem solução por parte da Câmara dos Deputados.

Em 1882, ato ditatorial do MARQUÊS DE PARANAGUÁ suspendeu leis da Província de Pernambuco, que tributavam a importação e eram contestadas pelo comércio.

As Províncias de Pernambuco e da Bahia tiveram seus orçamentos profundamente desequilibrados, o que forçou adicional sobre impostos de importação para atender às províncias que tiveram suas leis tidas por inconstitucionais. A repercussão desta providencia foi representada por conflitos e desgastes políticos que determinaram a instituição de Comissão destinada a classificar a discriminação de rendas para a União, Províncias e Municípios.

Os trabalhos daquela Comissão foram incompletos e não obtiveram conceito construtivo, mas defenderam a atribuição dos impostos de transmissão de propriedade e de indústrias e profissões às Províncias. Em compensação, seria criado o imposto de renda para a União.

Posteriormente, esteve em análise a adoção dos impostos adicionais, como no caso da exportação, em que a União cederia certo espaço às Províncias ou em que estas receberiam o adicional, mecanismo que evitaria o grande dispêndio com a arrecadação de impostos novos.

O Conselho de Estado, pleno, tomou conhecimento de vários relatórios que mencionaram terem sido as falhas administrativas, as crises econômicas, as calamidades de diversas ordens, as responsáveis pelas despesas das Províncias além de seus recursos ordinários.

A tomada de providências de reformulação administrativa, nas Províncias e nos Municípios, atenta exclusivamente ao aumento da arrecadação dos impostos gerais (da União), sem se cuidar dos embaraços existentes para os impostos locais, seria medida impolítica que daria razão às exageradas reclamações contra a centralização administrativa.

4. CONTEÚDO DA AUTONOMIA DO ESTADO-MEMBRO NO BRASIL

Os Estados-Membros detêm autonomia abrangente de seis setores.

A autonomia constitucional permite-lhes a auto-organização, Constituição própria sob os limites traçados pela Constituição Federal.

A autonomia política corresponde ao autogoverno, obtido mediante eleições.

A autonomia legislativa compreende a possibilidade de produção do ato formal específico, que é a lei.

A autonomia administrativa consiste na independência da administração distinta daquela pertencente à União.

A autonomia jurisdicional é a organização da atividade judiciária de que se ocupam os juízes e tribunais estaduais.

A autonomia tributária é o direito de imposição forçada de arrecadação para garantir o custeio de obras, compras e serviços de competência estadual. A autonomia financeira é função inerente à autonomia estadual e à autonomia financeira, da qual é o principal componente. Outras fontes de recursos públicos são acidentais ou inexpressivos.

A competência de editar normas é o elemento definidor da existência do Estado-Membro e diferenciador deste em relação à Província.

A previsão do Estado-Membro é um dos elementos diferenciadores entre o Estado Unitário e a Federação. O Estado-Membro possui Constituição própria e dispõe de meios para efetivar sua organização com a estruturação de seus órgãos.

Na primeira organização federal do Brasil, o Município não foi contemplado como instituição inerente à Federação e os Estados foram dotados de poderes plenos com a reserva exclusiva dos princípios constitucionais da União.

A partir da Constituição de 16 de julho de 1934 aconteceu o amortecimento gradativo dos poderes reservados dos Estados-Membros, com a criação das normas limitadoras de sua auto-organização e o simultâneo aparecimento das normas centrais, as normas fundamentais relativas à forma do Estado e ao sistema de governo. Leiam-se o art. 7º da Constituição de 1934; 18 da Constituição de 1946; 13 da Constituição de 1967 e da Emenda Constitucional nº 1, de 17 de outubro de 1969 bem como o art. 25 e § 1º da Constituição de 1988.

A Constituição de 1967 acrescentou o critério da compatibilidade, expressa ou implícita, da lei estadual com a lei federal. As cláusulas expressas são estáticas. As cláusulas implícitas da Constituição são dinâmicas, elásticas, movediças, porque fluem do modo do enfoque da interpretação constitucional.

No caso do Brasil não foram reconhecidos os poderes inerentes que existem nos Estados independentes que se convertem em confederados. No histórico da Federação Brasileira não se encontram presentes os poderes soberanos que configuravam as partes confederadas. Ao contrário, as competências dos Estados-Membros constituem concessões da União, de tal modo que devem ser respeitadas as vedações que lhes são impostas.

O poder constituinte federal é pleno e ilimitado. O poder estadual é constituído, secundário, derivado.

A interferência do constituinte federal, no âmago do Estado-Membro, é limitada pela Constituição Total, a que se referiu KELSEN. A Constituição Total contém as normas centrais, normas de princípios, de transposição ou reprodução. Nelas encontra-se desempenho passivo das Constituições Estaduais, enquanto que, na área da competência exclusiva ou reservada, acha-se o logradouro para a construção dos poderes públicos dos Estados-Membros.

Até a Constituição de 1988 a organização da autonomia municipal era exercida pelo Estado-Membro, no espaço reservado de sua competência exclusiva. O art. 29 da Constituição de 1988 inovou, ao criar a Lei Orgânica como regente do Município. Lei municipal, votada em dois turnos, com o interstício mínimo de dez dias, e aprovada por dois terços dos membros da Câmara Municipal.

5. AUTONOMIA TRIBUTÁRIA NA REPÚBLICA

Instalada a República, decorrência normal da afirmação da autonomia da Província foi enumerar os impostos destinados à União e os de competência estadual.

Permitiu-se a participação conjunta em algumas fontes de receita. O Projeto da Constituição, elaborado sob a responsabilidade principal de RUY BARBOSA cuidou de atribuir aos Estados-Membros o produto do imposto sobre as exportações, sobre a propriedade e sobre a transmissão da propriedade.

À competência da União foram destinados os impostos sobre a importação de procedência estrangeira. Poderia também a União dispor sobre os direitos sobre entrada, saída e estada de navios. Não haveria tributação sobre navegação de cabotagem de produtos nacionais e navegação dos produtos de origem estrangeira, em caso de já ter incidido o imposto de importação. Pertenceriam também à União as taxas de selos e as contribuições postais e telegráficas.

No Projeto da Constituição, foi aprovada emenda pela qual foi destinado aos Estados-Membros o imposto sobre indústrias e profissões; a taxa de selos incidentes sobre atos de competência estadual bem como sobre negócios de sua e as contribuições concernentes a seus correios e telégrafos.

A implantação da forma federal para o Estado Brasileiro ocorreu com a proclamação da República, que visou à descentralização política, destinada a um Estado de território extenso e de múltiplas culturas. Pretendeu-se, no auge dos sentimentos e ideais revolucionários de 1889, afirmar-se a soberania do Estado-Membro, seguindo o exemplo da formação republicana dos Estados Unidos. Porém, logo em seguida, afirmou-se a tendência para o contentamento com a organização da autonomia destinada à defesa da província, como observou MARIO CASASANTA.

Desde a primeira Constituição Republicana, de 1891, foram mencionados os setores integrantes do Estado Federal: a União, os Estados-Membros e o Distrito Federal. Entre eles encontravam-se os Territórios.

A União constitui a identificação e expressão do Estado Federal, porém o Estado-Membro teve consigo camada significativa de atuação dos poderes reservados.

Embora elemento axiológico, essencial da Federação, o Estado-Membro, tem sido, progressivamente, deixado ao esquecimento, no Brasil, ocorrendo pletora de demandas e de litígios decorrentes do desconhecimento ou da má compreensão das Constituições e leis estaduais.

A metodologia da Constituição de 1891 foi apreciada como virtuosa, porque não deu margem a dúvida e conteve especificações exaustivas. A ajuda do Governo Federal aos Estados-Membros, pela interpretação dada ao art. 5º, limitou-se aos casos de calamidade, com o que ficaram prejudicados diversos requerimentos originários de Estados-Membros.

Na Primeira República, admitiu-se auxílio aos Estados-Membros, destinados a sua organização, até o final do ano de 1892. A União tornou-se indiferente aos Estados, ressalvado o caso da ajuda contra os malefícios causados pelas secas no Nordeste Brasileiro, a partir de 1909. No Governo de EPITÁCIO PESSOA, a incomunicabilidade entre as receitas públicas foi alterada com a destinação de 2% do Orçamento da União às despesas com as obras de irrigação de terras.

Na Reforma Constitucional de 1926, o Presidente ARTHUR BERNARDES empenhou-se pela inclusão de norma que permitisse o contato direto entre a União e os Estados para prover, de maneira eficaz, as necessidades gerais do País. A cooperação financeira não foi incorporada à Constituição Federal, tendo predominado a obtenção de empréstimos externos que passaram a representar mais de 50% da dívida externa.

A Constituição de 1934 não acrescentou fortalecimento dos Estados e Municípios com a criação de recursos novos. Limitou-se a prever a instituição de fundos especiais que seriam repartidos com os Estados e os Municípios, limitando-se a dispor sobre fundo especial, a estes destinados, em caso de criação de imposto novo, o que não ocorreu.

A Constituição de 1934, em seu art. 6º, inovou a competência da União, ao atribuir-lhe a instituição de impostos sobre consumo de quaisquer mercadorias, exceto os combustíveis de motor de explosão;

de renda e proventos de qualquer natureza, excetuada a renda cedular de imóveis; de transferência de fundos para o exterior; sobre atos emanados do seu governo, negócios de sua economia e instrumentos de contratos ou atos regulados por lei federal.

Aos Estados foi dada competência para os impostos sobre consumo de combustíveis de motor de explosão; vendas e consignações efetuadas por comerciantes e produtores, inclusive os industriais, ficando isenta a primeira operação do pequeno produtor, como tal definido na lei estadual e os atos emanados do seu governo e negócios de sua economia ou regulados por lei estadual.

Aos Municípios foi facultado tributar as licenças; a propriedade predial e territorial urbana. O imposto sobre as propriedade predial seria cobrado sob a forma de décima ou de cédula de renda. As diversões públicas e renda de imóveis rurais também podiam ser tributadas. Aos Municípios foi transferida a competência para o imposto territorial urbano, que era dos Estados. Os Municípios foram autorizados a cobrar taxas sobre seus serviços.

Ocorreram críticas de que provocara o depauperamento do Tesouro da União. Porém, a Constituição limitou-se a transferir para os Estados os impostos sobre a exportação, a propriedade e a transmissão da propriedade que, segundo os dados financeiros, não representavam significativo desfalque. A adoção do imposto sobre o consumo de bens supérfluos ou dotados de efeitos colaterais e negativos, como o álcool, o tabaco e as bebidas e do imposto de renda, pela União, foi tomada como suficiente para lhe acautelar recursos bastantes.

A Constituição outorgada de 1937 ocupou-se do fortalecimento do Governo Central, para a sustentação de governo forte e a institucionalização de um Estado Unitário. Não abriu margem para o aumento das rendas estaduais e jogou os Estados com recursos insuficientes ao cumprimento de suas obrigações governamentais à situação de dependência própria ao Território Federal.

A Constituição de 1937 atribuiu à União (art. 20, I, "b") competência privativa para decretar o imposto de consumo de quaisquer mercadorias, com o que foi suprimida a competência estadual para os combustíveis de explosão; manteve a discriminação de rendas da Constituição de 1934, porém distinguiu a transmissão da propriedade *causa mortis* e *inter vivos*, bem como determinou a incidência do imposto estadual sobre a incorporação da propriedade imóvel ao capital de sociedade.

6. A EXPANSÃO DA RECEITA TRIBUTÁRIA DOS ESTADOS-MEMBROS

A autonomia tributária dos Estados-Membros, na organização constitucional do Brasil, foi devolvida com a redemocratização e a Constituição de 1946. Sendo compósita a natureza da Federação, o ordenamento constitucional não decorreu da vontade única do Governo Central, mas adveio da estrutura complexa e pluralista de suas partes componentes.

A Constituição de 1946 (art. 15) atribuiu à União o imposto sobre a produção, comércio, distribuição e consumo, importação e exportação de lubrificantes e combustíveis líquidos ou gasosos de qualquer origem ou natureza, minerais e energia elétrica.

A Emenda à Constituição nº 18, de 1965, disciplinou as espécies tributárias segundo os fatos econômicos sobre as quais recaíam; reorganizou o poder tributário da União, atribuindo-lhe competência para os impostos sobre comércio exterior, patrimônio e renda. Instituiu o imposto sobre produtos industrializados. Atribuiu aos Estados o imposto sobre operações relativas à circulação de mercadorias. Dispôs sobre a distribuição de receitas tributárias pela União. Regulou os impostos especiais sobre combustíveis, energia elétrica e minerais, atribuindo-os à União. Suprimiu o imposto sobre consumo e disciplinou as contribuições de melhoria como competência da União, dos Estados-Membros, do Distrito Federal e dos Municípios, no âmbito de suas realizações.

A Emenda 18 conteve a lista de vedações à União, aos Estados-Membros, ao Distrito Federal e aos Municípios, a qual permanece como limites constitucionais ao poder de tributar.

Dispôs sobre os fundos de participação, constituídos com participação dos Estados e dos Municípios no produto da arrecadação dos impostos sobre a propriedade rural, sobre a renda, sobre os produtos industrializados e sobre a arrecadação que decorrer das operações relativas a combustíveis, lubrificantes e energia elétrica bem como sobre operações relativas a minerais (arts. 20, 21 e 23).

Incluiu a previsão de que, em razão da celebração de convênios com a União, destinados a assegurar ampla e eficiente coordenação dos respectivos programas de investimentos e serviços públicos, especialmente no campo da política tributária, os Estados poderiam ter participação adicional de até 10% da arrecadação do imposto de renda e sobre produtos industrializados, excluídos o incidente sobre o regimento de pessoas físicas e o incidente sobre fumo e bebidas alcoólicas.

A Constituição de 24 de janeiro de 1967 manteve as normas da Constituição de 1946 e de suas emendas. Transferiu para a União o imposto sobre a propriedade territorial rural. Atribuiu à União o imposto sobre serviços de transporte e comunicações salvo aqueles de natureza estritamente municipal.

A Constituição de 1988 conservou a técnica da repartição exaustiva das competências tributárias, porém reservou à União os impostos novos ou os extraordinários de guerra (art. 154). Não permaneceu a competência concorrente da União e dos Estados de tal modo que a instituição do imposto federal excluía a possiblidade da tributação pelo Estado-Membro. A atual Constituição (art. 57, II) determina que vinte por cento do produto de arrecadação do imposto novo pertença aos Estados e ao Distrito Federal.

7. INSTABILIDADE DOS CONTRIBUINTES E DA FEDERAÇÃO

O comprometimento da segurança dos contribuintes e da estabilidade da Federação encontra-se em dois fenômenos.

A indefinição das competências administrativas atribuídas aos diversos entes da Federação ocorre com a falta das leis complementares de fixação da cooperação entre a União, os Estados, o Distrito Federal e os Municípios, tendo em vista o equilíbrio do desenvolvimento e do bem-estar em âmbito nacional (Constituição, art. 23, parágrafo único).

A permissão constitucional para que a União possa instituir contribuições sociais (art. 195), de intervenção no domínio econômico e de interesse de categorias profissionais ou econômicas, como instrumento de sua atuação nas respectivas áreas (art. 149) constituiu cheque em branco assinado em favor da competência federal.

A falta de definição da responsabilidade pelos serviços correspondentes aos direitos constitucionais de segunda geração enseja a abstenção de empreendimentos e de serviços e, em menor escala, a superfetação nos elementos constitutivos da Federação.

O art. 30, VI, da Constituição, atribui aos Municípios manter, com a cooperação técnica e financeira da União e do Estado, programas de educação infantil e de ensino fundamental. No inciso VII daquele artigo está escrito que o Município prestará serviços de atendimento à saúde da população, também com a cooperação técnica e financeira da União e do Estado.

O primeiro inciso é infeliz na redação. Menciona programas, porém não garante expressamente sua execução. Aqui se coloca: qual será a modalidade e o tamanho dessas cooperações? Semelhantes dúvidas aplicam-se ao caso do atendimento à saúde.

Essas normas constitucionais constituem maus tratos ao povo quando estão ligadas a expressões como "interesse local" (art. 30, I) ou "peculiar interesse", como preceituava o art. 15, II, da Constituição de 1967. As primeiras expressões sugerem ao intérprete admitir que se trata da predominância do interesse local, pois, via de regra, o interesse local não exclui os interesses regionais ou federais. Nas segundas expressões, o ambiente é impregnado por maior indefinição, pois o interesse exclusivo ou peculiar excluiria serviços tipicamente municipais segundo o texto da Constituição.

As colocações ambíguas e flutuantes levam à inércia do administrador público não só no suporte técnico e financeiro como também na execução do serviço.

É adequado lembrar-se que a norma constitucional de 1967 também não servia à desejável definição constitucional. Em seu art. 12, § 3º, dispunha que a União, os Estados e os Municípios poderiam celebrar convênios para execução de suas leis, serviços ou decisões, por intermédio de funcionários federais, estaduais ou municipais.

A previsão de convênios facultativos gera uma regra para a pausa ou a omissão e coloca como excepcionais os casos de vontades convergentes.

Em matéria de educação e ensino a Constituição de 1988 determina que os Municípios atuarão prioritariamente no ensino fundamental e na educação infantil (art. 211, § 2º). Os Estados e o Distrito Federal atuarão prioritariamente no ensino fundamental e médio (art. 211, § 3º).

A extensão da prioridade e da obrigação não se acha legislada.

8. PLANEJAMENTO DETERMINANTE DE ORÇAMENTO GLOBAL. PACTO FEDERATIVO.

Com enfoque na iniciativa privada, a Constituição prescreve, em seu art. 174, que, como agente normativo e regulador da atividade econômica, o Estado exercerá, na forma da lei, as funções de fiscalização, incentivo e planejamento, sendo este determinante para o setor público e indicativo para o setor privado. Nos princípios da Ordem Econômica encontra-se norma de princípio pela qual deverá ser efetivada a redução das desigualdades regionais e sociais. Logo, há necessidade de planejamento global, do qual são partes os orçamentos que possibilitam ajustes e transmissão de recursos mediante planejamento determinante.

Para que o planejamento se torne determinante será preciso dispor sobre a amplitude das ações, seu custo e duração. Nas empresas bem administradas é sempre possível o orçamento plurianual, de dez e mais anos. Encarado o Estado como empresa, como aproveitador das oportunidades e empreendedor dotado de informações privilegiadas, os serviços e obras são grandemente facilitados; a economia de escala, ricamente aproveitada e os desperdícios, praticamente anulados.

O Pacto Federativo é impropria e pejorativamente invocado para significar as relações federais e locais. Dispensa-se para ele o tratamento de partes convencionadas, próprio da linha horizontal em que foram situados os Estados formadores da Federação Americana. Admite-se que os titulares do Pacto sejam os órgãos ou poderes do Estado, ou que se trate de ajuste entre o povo e o governo, como aconteceu nas históricas declarações de direitos. Ou ainda que represente a conciliação entre grupos da sociedade, dominantes e antagônicos. Trata-se de conceitos elásticos e movediços e que provém da natureza das coisas. Emprego ampliado do concerto federativo a partir de Estados Confederados.

Superada a questão da nomenclatura, existem lacunas constitucionais a serem colmatadas, há necessidade de identificação precisa de agentes e de conjugação precisa entre o planejamento e os meios financeiros.

É bem sabido que as Constituições contêm – e no caso do Brasil, com abundância – partes propositadamente deixadas para a complementação do legislador ordinário. Porém, os personagens escondidos ou embaralhados têm de ser identificados para que se torne exequível o planejamento ativo do orçamento tributário.

Do modo que os contribuintes bem formados necessitam de planejar, no longo prazo, embora sejam sujeitos passivos, é preciso que ocorra - e aí com relativa facilidade - o macroplanejamento do Estado, como sujeito ativo da tributação e da arrecadação.

Para esse grande planejamento falta a Federação Atuante, em que os diversos níveis e âmbitos do poder político sejam interlocutores e formadores de decisões conjuntamente consentidas.

Não existe também a racionalização do orçamento pré-operacional, uma vez que custos e despesas são superpostos, duplicados e até triplicados sem resposta compatível com as carências das pessoas, as possibilidades e limitações dos órgãos componentes do Estado Federal.

No Sistema Tributário ocorre grande distorção nos valores e nas prioridades. Resulta massa amorfa de informações, procedimentos e previsões que não se conhecem, reciprocamente, e não se ajustam no concerto de documento unificado em que as partes da Federação sejam protagonistas, livres de qualquer tipo de preconceito ou barreira na execução de seus poderes e deveres.

Os tributos distribuem-se num emaranhado de exigências que saem de sua função e se tornam encargos permanentes e expressivos de inconsequente burocracia começada no Estado e difundida nas empresas e pessoas.

O art. 119, IX, da atual Constituição, confere ao Congresso Nacional, como atribuição exclusiva, apreciar os relatórios sobre a execução dos planos do Governo. A importância dessa apreciação é tanta que se insere na competência das duas Casas reunidas em conjunto.

Falta, porém, o planejamento geral da Federação. Na parte da Seguridade Social, o art.195, § 1°, determina que as receitas dos Estados, do Distrito Federal e dos Municípios destinadas à Seguridade Social constem de seus orçamentos, mas não integrem o orçamento da União.

Eis aí um chamado ao planejamento individual das unidades da Federação e que não se organiza, harmonicamente, no planejamento da Federação, como seria conveniente.

9. O CONSELHO DOS GOVERNOS ESTADUAIS

Os Estados Unidos incorporaram à prática de seu federalismo o *The Council of State Governments*, criado em 1933, organização única, no País que se destina a servir a todos os assuntos dos governos estaduais, mediante investigações e ideias que ajudem o Estado na formulação da política pública de natureza oficial, com a oferta sem paralelo de interligação, desenvolvimento de líderes, colaboração, criação de soluções de problemas ou colaboração para essas soluções.

O *CSG* tem por objetivo perseguir as prioridades dos Estados-Membros. É apartidário e inclusivo. Engaja líderes de todas as três esferas do governo estadual. Tem enfoque regional, presença nacional e global. É fonte respeitada e acreditada para práticas de ótima qualidade e competência política. Conquista líderes e promover o desenvolvimento de lideranças. Facilita soluções pluriestatais. Advoga zelosamente pelos Estados no sistema federal de governo. Adere aos mais elevados padrões éticos. Respeita a diversidade e age com civilidade. É parceiro e colabora com outros organismos.

No ano fiscal de 2013, o Governo Federal despendeu US$ 3,1 trilhões para os Estados-Membros, com a finalidade de fazer crescer o patrimônio interno bruto dos Estados Unidos.

Está marcada, para o período de 10 a 13 de dezembro de 2015, em Nashville, Conferência Nacional do *CSG* com a finalidade de tratar de substanciosa agenda que cuidará de temas como a criação de empregos e pensões. O *CSG* acompanha e divulga as remessas federais para os Estados-Membros, determinando-lhes quantidade e percentuais aplicados nos diversos setores, como pensões, salários, contratos e subsídios.

10. REFLEXÕES FINAIS

Ao cuidar dos Estados Unidos da América, a principal fonte de receita da União provém do imposto de renda. A arrecadação dos Estados-Membros tem por fontes o imposto sobre as vendas, sobre a renda, seguidos dos que gravam veículos, bebidas alcoólicas, cigarro, heranças e doações.

Com clareza é evidenciado que os fundamentos tributários são a renda, o capital e o consumo.

Desde a mudança da jurisprudência da Corte Suprema, em 1937, com o abandono do modelo dualista de Federação, tornou-se possível à União interferir nas questões relacionadas com os Estados-Membros, em nome da competência constitucional, contida no Artigo I, seção 8, da Constituição, de atribuir ao Congresso o poder de lançar e arrecadar impostos, direitos, tributos e taxas, pagar as dívidas e prover a defesa comum e o bem estar geral dos Estados Unidos.

O empenho dos Estados Unidos, para vitória em duas guerras mundiais, fortaleceu o poder tributário da União.

Doutrinadores do federalismo brasileiro, como OSWALDO TRIGUEIRO (1985), consideram fundamental que se efetive a distribuição de competências entre a União e os Estado-Membros para efeito de razoável equilíbrio nas atribuições dos poderes federal e estaduais.

Como decorrência dessa divisão fixam-se as rendas tributárias necessárias.

São típicas da União as atribuições concernentes com as relações exteriores, a defesa externa, o comercio interestadual, a moeda, o crédito, o direito substantivo. Porém, no Brasil tem-se presente a competência federal na educação, saúde pública, transporte, produção e consumo, juntas comerciais, tabelionatos, recursos minerais, caça e pesca, águas, pesos e medidas, profissões liberais, trânsito em áreas urbanas, estatística, cartografia, policias e bombeiros estaduais.

É fato que a competência federal não exclui a do Estado-Membro. Entretanto, a legislação torrencial, que ocorre no exercício da competência federal, torna inócuo o princípio da legislação supletiva ou suplementar.

O citado OSWALDO TRIGUEIRO acentua que a burocracia estadual é mais eficiente e menos dispendiosa do que a federal, considerando melhor a diversidade regional do País e as peculiaridades econômicas e sociais de cada Estado-Membro.

11. CONCLUSÕES

Coloquem-se como conclusões:

1. A adoção do modelo federal parte do pressuposto de ser impossível a centralização da legislação em Estado de território extenso e de culturas multiformes.

2. O condomínio legislativo, como RAUL MACHADO HORTA chamou o combinado da legislação federal prioritária com a legislação estadual, supletiva ou suplementar, dificulta e amarra a Federação. O condomínio é um mal para o exercício prestativo e célere das funções estatais. Exige agrimensores e árbitros. O ideal é que se dissipe a dúvida e se coloquem as matérias em uma ou outra competência, segundo os critérios da orientação jurídica; da dimensão dos efeitos e da importância. Certamente os elementos particulares, a rigor, ou são da legislação estadual ou constituem simples procedimentos administrativos.

3. A discriminação de rendas não constitui elemento isolado do planejamento estratégico, dos orçamentos de investimentos e financeiros. As obras, serviços e compras são custeados por dinheiro próprio ou de terceiros. Logo, é imprescindível que os orçamentos parciais dos Estados-Membros estejam combinados com o orçamento geral da Federação. Os planejamentos e os orçamentos de um Estado Federal precisam funcionar como máquinas de precisão. Dotados de mecanismos revistos e compondo engrenagens ajustadas.

4. A exagerada quantidade de impostos e contribuições favorece o aparecimento de contendas e é oportunista para administração dispendiosa e fiscalização ineficaz.

Pelos dados estatísticos conhecidos, a arrecadação tributária no Brasil equivale a 1/3 dos países do G-7. Seria preciso arrecadar 108% do PIB para que se obtivessem serviços com a mesma qualidade daqueles fornecidos nos países integrantes daquele Grupo (CRESPO, 2012).

A tributação sobre a renda, o patrimônio e o consumo é suficiente para a sustentação material de uma Federação.

A competência tributária, de imposição, arrecadação e fiscalização, há de ser estruturada na redução da quantidade de tributos e da massa burocrática, devendo seguir o tipo exaustivo que não concede dúvidas. A redução das bases imponíveis simplifica a tributação e fecha espaço ao indesejável ativismo judiciário, através do qual os juízes e tribunais se encarregam de leis interpretativas, ao pretexto de aplacar lesão ou ameaça a direito. As finalidades extrafiscais do imposto podem ser obtidas mediante espaços consentidos pela legislação ao agente arrecadador.

Poder-se-á caminhar em direção ao aproveitamento mais proveitoso da dualidade de agentes, o federal e o estadual, para que a fiscalização ocorra pelo ente da Federação a que não seja atribuída a instituição e a arrecadação do tributo.

Essa estratégia será conforme interesses comuns e dificultará a corrupção, atualmente posta como mal endêmico do Brasil.

5. Em verdade, a representação para interpretação de lei ou ato normativo federal ou estadual, por iniciativa do Procurador-Geral da República e de competência originária do Supremo Tribunal Federal (art. 119, I, l, da Constituição de 1967, com a Emenda nº 1, de 1969), não foi recepcionada pela Constituição de 1988. A utilização de métodos estrangeiros, como o da *interpretação conforme*, com a pura e simples imitação de modelos, acarreta estilo incompatível com o Estado de base democrática e chama a pior de todas as ditaduras, que é a dos juízes, como demonstram os melhores doutrinadores dentre os quais MONTESQUIEU.

Os Estados, que adotam Tribunais Constitucionais, estruturam sua composição com a representação do Legislativo, Executivo e Judiciário, situação em que a separação dos poderes não se acha prejudicada pelas leis interpretativas ou interpretações conforme. O Brasil adota alternativa em que o Supremo Tribunal Federal não é exclusivamente Tribunal Constitucional, mas se insere na organização do Judiciário, situação dentro da qual a ação que ultrapassar os limites do julgamento e avançar para legislar (a que se equipara interpretar conforme) ultrapassa e compromete a separação dos Poderes.

A derradeira conclusão é posta *de lege lata*, pois o Supremo Tribunal Federal apoderou-se dessa competência e a consagrou em sua jurisprudência.

Assim, somente Emenda à Constituição, com vedação expressa da medida, poderá interromper a fase atual de ativismos que não colabora para a efetividade da democracia.

REFERÊNCIAS BIBLIOGRÁFICAS

CRESPO, Sílvio Guedes. Arrecadação de impostos per capita no Brasil é um terço da de países ricos. 2012. Disponível em: <http://economia.estadao.com.br/noticias/geral,arrecadacao-de-impostos-per-capita-no-Brasil-e-um-terco-da-de-paises-ricos,123836e>. Acesso em 30 jul. 2015.

DUGUIT, LEON. *Traité de droit constitutionnel*, v. 3. Paris: Boccard Editeur. p. 73.

FRIEDRICH, Carl J. *Teoría constitucional y propuestas emergentes*. In: "*Práctica del federalismo*" ; Editor Bibliográfica Argentina, 1959. p. 546. Apud: Horta, Raul Machado: *As novas técnicas do federalismo e seus reflexos na Constituição Brasileira de 1988*. In: *Revista do Legislativo* n° 25, p. 14-25, jan./mar. 1999. Disponível em: <www.almg.gov.br/revistalegis>. Acesso em 30 jul. 2015.

HAMILTON, Alexander. *Constituição Americana*, tradução do Dr. Theóphilo Ribeiro, § 258, nota.

HORTA, Raul Machado. *A Autonomia do Estado-Membro no Direito Constitucional Brasileiro*. Belo Horizonte, 1964, p. 267

HORTA, Raul Machado. Op. cit., p. 22.

KELSEN, Hans. *Teoria generale del diritto e dello Stato*. Milano: Edizioni di Comunità, 1952. p. 30; *Teoría general del Estado*. Editorial Labor S.A., 1934. p.215.

PENA, Afonso. Reforma Constitucional. 1899. Disponível em: <http://www.direito.ufmg.br/revista/index.php/revista/article/viewFile/1366/1298>. Acesso em 28 jul. 2015.

TRIGUEIRO, Oswaldo. *A Federação na nova Constituição do Brasil*. In: *Revista Brasileira de Estudos Políticos, n°s 60/61*. Janeiro/julho de 1985. Os. 117/175.

15

JUSTICIA TRIBUTARIA Y GENERALIDAD CONTRIBUTIVA EN EL CONTEXTO CONSTITUCIONAL BRASILEÑO

(Ponencia realizada en el XI Seminario de Derecho Constitucional Tributario de Iberoamérica – Suprema Corte de Justicia de la Nación de México – México DF, 1 a 3 de julio de 2015)

Marciano Seabra de Godoi[1]

---

[1] Possui graduação em Direito pela Universidade Federal de Minas Gerais (1994), graduação em Ciências Econômicas pela Pontifícia Universidade Católica de Minas Gerais (1995), mestrado em Direito Tributário pela Universidade Federal de Minas Gerais (1999) e doutorado em Direito Financeiro e Tributário pela Universidade Complutense de Madri (2004). É Professor de Direito da Pontifícia Universidade Católica de Minas Gerais (cursos de graduação em Direito, mestrado/doutorado em Direito Público), advogado e consultor tributário, bem como Diretor-Executivo do Instituto de Estudos Fiscais – IEFi. Em 2011/2012, realizou estudos de pós-doutorado e foi Professor Visitante na Universidade Autónoma de Madri, com bolsa da CAPES/Fundação Carolina. Tem experiência na área do Direito Tributário, investigando principalmente os seguintes temas: jurisprudência constitucional-tributária, limites do planejamento tributário e direito tributário ambiental.

Me propongo en esta ponencia contestar a tres interrogantes básicos: 1. ¿Cómo la Constitución brasileña de 1988 ha tratado el tema de la generalidad contributiva, es decir, qué papel juega la generalidad contributiva en el contexto del sistema constitucional tributario brasileño? 2. ¿Cómo se relacionan, en el contexto de la Constitución brasileña, la generalidad contributiva y la definición de la materia imponible o riqueza gravada? 3. Trascurridos poco más de 25 años de la promulgación de la Constitución brasileña, ¿en qué medida los designios constitucionales relativos a las dos cuestiones anteriores han sido efectivamente plasmados en la legislación ordinaria que crea directamente las obligaciones tributarias de las docenas de millones de contribuyentes residentes en el territorio brasileño?

No tenemos en nuestra Constitución una regla general y explícita de generalidad contributiva, como por ejemplo la del art.53 de la Constitución italiana o del art. 31 de la Constitución española, que determinan que "todos contribuirán al sostenimiento de los gastos públicos de acuerdo con su capacidad económica". Pero sí tenemos en el texto constitucional una regla explícita sobre la igualdad tributaria, según la cual se prohíbe "instituir tratamiento tributario desigual entre contribuyentes que se encuentren en situación equivalente".

En el orden constitucional del régimen militar autoritario que desgraciadamente vigoró en Brasil por largos 21 años (1964-1985), había una autorización explícita para que el legislador federal creara exenciones del impuesto sobre la renta en beneficio de los funcionarios públicos, y de hecho así se lo hacía en relación con los parlamentarios, magistrados y todos los militares, por supuesto. Quizá la norma de la actual Constitución relacionada más de cerca con la generalidad contributiva sea la que, tras determinar que está prohibido instituir tratamiento tributario desigual entre contribuyentes en situación equivalente, afirma expresamente que no se admiten distinciones entre los contribuyentes en razón de la ocupación o función ejercida por las personas físicas. Con la entrada en vigor de esta norma constitucional, se revocaron inmediatamente aquellas exenciones del impuesto sobre la renta que beneficiaban determinadas funciones públicas. Hubo muchos pedidos de amparo al Tribunal Constitucional brasileño, en los cuales se defendió un extraño derecho adquirido a gozar por toda vida de la exención, pero los amparos fueron denegados.

En vez de relacionar la generalidad contributiva con todo el sistema tributario o con el general deber de contribuir al sostenimiento de los gastos públicos, la Constitución brasileña la relaciona específicamente con el impuesto sobre la renta, que según el texto constitucional debería ser (digo debería porque, como veremos más adelante, en la práctica no lo es) "informado por los criterios de generalidad, universalidad y progresividad".

Veamos ahora el problema de la relación de la generalidad contributiva con la definición de la materia imponible o riqueza gravada. La mayoría de los países adopta el siguiente modelo de división de trabajo para resolver esta cuestión: la Constitución se limita a declarar que todos contribuirán a los gastos públicos con arreglo a su capacidad económica y que no se exigirán impuesto sino por ley; posteriormente el legislador trata de concretar estos mandamientos creando impuestos y contribuciones específicos, y eligiendo para cada uno de ellos determinada manifestación específica de capacidad económica (el consumo de mercancías o servicios, la propiedad de bienes inmuebles, la transferencia de patrimonio por donación o herencia, etc.); y al poder judicial cabe resolver las demandas por las cuales los contribuyentes eventualmente arguyen que el hecho imponible elegido por el legislador no corresponde a una real y efectiva manifestación de capacidad económica. Este es básicamente el modelo español o italiano.

El modelo brasileño es distinto. Nuestra tradición institucional es que la Constitución ella misma indique expresamente los impuestos y las contribuciones que el gobierno central (Unión) puede instituir y cobrar; los impuestos y contribuciones que los entes regionales (ahí los llamamos Estados) pueden instituir y cobrar y los impuestos y contribuciones que los entes locales (ahí los llamamos Municipios) pueden instituir y cobrar. Así las cosas, hay mucho menos espacio o discrecionalidad para el legislador ordinario elegir la materia imponible o riqueza gravada, visto que éstas ya están indicadas en la misma Constitución. Sólo la Unión puede crear impuestos y contribuciones adicionales a los que ya se encuentran dispuestos en la Constitución, pero lo más común es que, a la hora de crear estos tributos adicionales, el legislador federal prefiera – en orden a evitar problemas de eventuales alegaciones de inconstitucionalidad – enmendar la propia Constitución para registrar en su texto la previsión del nuevo impuesto (en Brasil la Constitución se enmienda muy a menudo, solo en el 2015 se promulgaron 4 enmiendas, en total ya contamos con 88 enmiendas a la Constitución de 1988).

En conclusión: según el modelo brasileño, es mucho más restricta la libertad conformadora del legislador ordinario a la hora de definir la materia imponible o riqueza gravada con arreglo a los principios constitucionales de generalidad y capacidad económica.

Me aproximo ahora al tercer interrogante: Tras los 26 años de promulgación de la Constitución de 1988, que es el más largo período de normalidad democrática de toda la historia de Brasil, ¿en qué medida la generalidad contributiva ha sido efectivamente plasmada en la legislación ordinaria que crea concretamente las obligaciones tributarias de los contribuyentes brasileños? Si miramos el texto constitucional, vemos una seria de impuestos y contribuciones capaces de gravar de diversos modos las clásicas manifestaciones de capacidad económica: adquisición de renta, acumulación de patrimonio, transferencia de patrimonio, consumo de bienes y servicios etc.. Quizá la característica peculiar más marcada del sistema brasileño en este particular sea la intensa presión tributaria, autorizada expresamente por la Constitución, sobre la importación de bienes y servicios y sobre los ingresos brutos de las empresas: sobre tales materias imponibles tenemos casi una decena de tributos, entre impuestos y contribuciones de titularidad de los gobiernos central, regional y local.

Mirando solamente el texto constitucional y a las exacciones ahí previstas, uno podría concluir que la generalidad contributiva estaría garantizada, y todas las personas serían llamadas a contribuir al sostenimiento de los gastos públicos. Pero en realidad no es así, visto que la política tributaria puesta en práctica por el legislativo y por el ejecutivo a lo largo de las últimas décadas ha optado por gravar con toda dureza el consumo de bienes y servicios, aún los esenciales, y con toda blandura el patrimonio y la renta de los estratos más ricos de la población.

Basta con un ejemplo para dejarlo claro: el impuesto sobre las grandes fortunas está previsto y autorizado en la Constitución, pero nunca en esos 26 años el ejecutivo o el legislativo federal se acordaran de él; respecto al impuesto sobre la renta de las personas físicas, el legislativo beneficia desde el1996 con una exención total la distribución de lucros y ganancias de las empresas a sus socios (inclusive las sociedades de profesionales tales como abogados, médicos e ingenieros), mientras que la renta de los asalariados se someten a tipos progresivos en una legislación que apenas autoriza deducciones de gastos personales.

La carga tributaria brasileña es levemente superior a la media de los países de la OCDE. Es superior a la carga de España, de Portugal, por ejemplo, y mucho superior a la carga de Chile y México. Es también muy superior a la carga tributaria media entre los países de América Latina. Esta sensible diferencia entre la carga tributaria de Brasil y la carga tributaria de los demás países de Latinoamérica se explica en gran medida por la cantidad enorme de gastos públicos en intereses de la deuda pública brasileña (mientras que los países en general pagan un promedio de 2 a 3 % del PIB en intereses de la deuda, y los países europeos en grave crisis fiscal (como Grecia y Portugal) pagan un promedio de 4 a 5% del PIB en intereses de la deuda pública, Brasil ahora mismo paga un 7% de su PIB en intereses de la deuda). Estudios económicos demuestran que el sensible aumento de nuestra carga tributaria en los últimos 20 años ha sido canalizado básicamente al pago de intereses sobre la deuda pública.

Si el monto total de la carga tributaria brasileña corresponde al promedio de los países europeos y no al promedio de los países latinoamericanos, la composición de nuestra carga tributaria es muy distinta de la realidad de los países europeos. Mientras que en Europa la mayoría de la carga corresponde a la tributación de la renta, en Brasil pasa lo mismo que en los países de Latinoamérica: la renta es mucho menos gravada, mientras que el consumo de bienes y servicios es el elemento preponderante de los ingresos tributarios. Eso genera un gran inequidad tributaria. Si se compara la renta de las familias con el monto de tributos pagados directa o indirectamente (embutidos en el precio de los bienes y servicios adquiridos) por las mismas, la estructura de la tributación en Brasil produce este cuadro desconcertante: las familias más pobres soportan una carga tributaria muy por encima de las familias más ricas.

Hay una comparación muy significativa respecto al bajo grado de generalidad contributiva en el sistema tributario brasileño. Una típica familia de clase media tiene todo su patrimonio gravado por impuestos: su casa o piso se grava por el impuesto municipal sobre bienes inmuebles (que alcanza el terreno y las construcciones), su coche se grava por el impuesto estadual sobre vehículos automotores, y si tiene un poco más para comprar una casa de campo, la propiedad también se grava por el impuesto federal sobre propiedades rurales. Pero las familias más ricas de Brasil, cuyo patrimonio está constituido casi todo por participaciones accionarias, inversiones financieras, aviones y barcos de lujo, no se somete a cualquier impuesto respecto a estos activos, visto que, como dije antes, el impuesto sobre las grandes fortunas – que podría gravarlos – duerme un sueño profundo y sin perturbaciones hace 26 años.

Pero si es así, si el sistema tributario brasileño presenta un bajo grado de generalidad contributiva y prefiere los impuestos sobre el consumo en detrimento de los impuestos sobre la renta y propiedad, ¿cómo en los últimos años ha sido posible reducir sensiblemente la pobreza, reducir drásticamente el número de personas en situación de vulnerabilidad social, y provocar un significativo cambio en la estructura de las clases sociales, permitiendo que millones de familias saliesen de las clases D y E (renta familiar de uno a 4 salarios mínimos) para la clase C (de 4 a 10 salarios mínimos)?

Esta sensible reducción de la pobreza y del nivel de desigualdad social se explica no por el lado de los ingresos (que como vimos sigue teniendo una estructura concentradora), sino por el lado de los gastos públicos. En efecto, hubo una sistemática política de valorización real del salario mínimo, un aumento sensible en los gastos de previdencia y asistencia social, y también en los gastos con educación básica. Esta política, favorecida por un contexto económico de valorización del precio internacional de los principales productos de la pauta brasileña de exportaciones, hizo con que el desempleo cayera y todos los avances sociales antes mencionados pudieran ocurrir. Así que el modelo brasileño de búsqueda de reducción de las desigualdades es muy distinto del clásico modelo europeo, basado en gran medida en impuestos progresivos sobre la renta y el capital, en impuestos sobre grandes fortunas o altos patrimonios. En Brasil la clase política, los parlamentarios en su gran mayoría extremadamente conservadores difícilmente aprobarían esas medidas tributarias, pero aprobaron sin mayores dificultades las medidas sociales que el ejecutivo ha implementado por el lado de los gastos tributarios.

16

O COMBATE À SONEGAÇÃO COMO MECANISMO PARA IMPLEMENTAÇÃO DA JUSTIÇA FISCAL

Marcílio Esteves Coimbra[1]

É obrigação do Estado cuidar e zelar por seu povo que, por sua vez, tem o dever de sustentar esta obrigação afim de fornecer meios para que isto possa acontecer. A maior participação do cidadão para fomentar a governança e, na contrapartida, obter de volta serviços como, segurança, saúde, educação, transporte, etc., é através de sua participação financeira, que é feita através do tributo. Cada cidadão ou contribuinte tem sua parcela, alguns com uma parcela maior e outros com outra maior ainda.

Contudo, não importa o compromisso que a sociedade tem para com o Estado, essa não vê a reciprocidade deste e acaba se desestimulando, passando a ter uma participação desmotivada por deixar de cumprir com sua obrigação, qual seja, a de pagar o tributo.

Inerente à cultura brasileira está o princípio de querer levar vantagem em tudo. Culpa de uma propaganda de cigarros de 1976 que criou uma Lei exclusivamente Brasileira, a lei de Gérson e desta forma, sintetizou de uma vez só o jeitinho brasileiro de fazer o errado parecer certo.

Ao almejarmos uma justiça fiscal é preciso ter em mente que não bastará a arrecadação coerente à capacidade contributiva de cada contribuinte, mas é preciso ver a natureza humana e, ainda mais, a da sociedade em

[1] Membro da Comissão de Direito Tributário da OAB/MG. Pós-Graduado em Direito Tributário. Associado da ABRADT. Membro efetivo do IEFI. Diretor Executivo da CoimBra Consultoria Empresarial Tributária. Advogado.

que vive, afim de que pessoas ambiciosas e egoístas não obtenham destaque, quando estas não participarem no pagamento de tributo. E, para tanto, não resta alternativa senão o efetivo combate à sonegação fiscal como forma de atingirmos a tão almejada justiça fiscal.

A sonegação fiscal consiste no fato de o contribuinte se opor conscientemente a contribuir com sua parte. No século passado muitos países no mundo tiveram um aumento considerável de seus tributos e, não diferentemente, ocorreu com o Brasil. Segundo Oliveira (2010), de 1916 a 1920 a Carga Tributária Brasileira – CTB foi de 7% do Produto Interno Bruto - PIB e, em contrapartida, no século 21 caminhamos para os 40% do PIB de nosso país.

Devido aos muitos impostos que temos e a dívida dos Estados, temos a formação de indicadores que alertam o comportamento das finanças públicas como o caso do "impostômetro".

Assim, a sociedade impõe aos respectivos Estados diversos serviços coletivos, e as empresas, que são a fonte mor de geração de riqueza nas economias capitalistas, demandam melhores condições para produzir, menos impostos e regras tributárias mais simples em particular. A pressão competitiva, muitas vezes, induz à sonegação. Mas não só isso.

A sonegação fiscal, sendo um dos fatores que mais comprometem o desenvolvimento de uma economia, especialmente quando se trata da economia de um país emergente como o Brasil, possui toda sorte de justificativas usadas pelos sonegadores, desde a alta carga tributária, passando pelos complexos passos para o pagamento dos impostos, até a corrupção entre os responsáveis pelo destino do tributo.

Apesar de total ou parcialmente verdadeiras, na grande maioria dos casos essas justificativas acabam sendo usadas mais como pretextos para uma prática que vem corroendo a saúde da economia nacional: a concorrência desleal. Para enfrentar o problema, vez ou outra, se fazem megaoperações, que têm caráter punitivo e também um significativo efeito midiático.

Quando a carga tributária é muito alta e a probabilidade de detectar a sonegação é baixa, é economicamente racional para pessoas físicas e jurídicas sonegar. Elementos culturais interferem na frequência e intensidade da sonegação, mas fato é que a sonegação está presente em todas as sociedades. Tão presente que não raro o cidadão questiona onde estariam os bilhões sonegados e, assim, surgem demandas por indicadores simples de sonegação nos moldes dos indicadores de arrecadação e dívida pública.

Porém, dada a complexidade dos sistemas tributários, do brasileiro em particular, conforme mostra Oliveira (2010), construir tal indicador não é algo tão trivial. Estudiosos há muito se debruçam na análise dos mais variados aspectos das exações tributárias.

DE QUE FORMA COMBATER A SONEGAÇÃO

No Brasil existem diversos trabalhos sobre os princípios constitucionais tributários (razoabilidade, capacidade contributiva, etc.), sobre as obrigações tributárias em geral, sobre os tributos em espécie, entre outros. Entretanto, pouco se estuda sobre as distorções do sistema tributário e em especial sobre a quantificação da receita pública não realizada em virtude da sonegação (SIMPROFAZ, 2014).

Polinsky e Shavell (2008) ressaltam que são quatro as escolhas públicas normalmente tomadas quanto à repressão aos transgressores das leis. A primeira escolha diz respeito ao tipo de pressuposto adotado pelo Estado para atribuir responsabilidade a determinado cidadão pelo descumprimento de regra de Direito, se o pressuposto da responsabilidade objetiva ou se o fundamento da responsabilidade subjetiva. O segundo ponto a ser considerado é se a sanção será monetária ou não monetária, ou se haverá a mescla dos dois tipos de sanção. A terceira escolha a ser feita, segundo os autores, diz respeito ao *quantum* da pena. E a quarta e não menos importante escolha pública diz respeito à probabilidade de detectar e de efetivamente punir os transgressores.

Esta última variável está diretamente relacionada ao montante de recursos que o Estado está disposto a empregar para encontrar e efetivamente punir aqueles que descumprirem as leis.

É bem verdade que muitos Estados têm investido e sofisticado a estrutura de repressão aos sonegadores de modo a aumentar a probabilidade de detecção dos casos de sonegação. Entretanto, apesar dos esforços, algum nível de sonegação continua e continuará a existir em todos os países, até porque o aparato estatal necessário para descortinar cem por cento dos casos de sonegação seria tão custoso que inviabilizaria o próprio sistema tributário.

A CAPACIDADE CONTRIBUTIVA COMO INSTRUMENTO DA JUSTIÇA FISCAL

O ordenamento jurídico de uma nação é sempre elaborado com o intuito de buscar a justiça social através da atenuação das desigualdades que porventura existam, tendo como foco principal as desigualdades socioeconômicas.

Criado para arrecadar receitas para custear guerras e implantado no Brasil para gerar receita, hoje o Imposto de Renda tem por objetivo uma justiça fiscal que busca diminuir as desigualdades latentes em nossa sociedade.

É fato que em face de outros tributos indiretos, as suas características de pessoalidade, generalidade, universalidade e progressividade, tornam-no um dos princípios mais justos no plano fiscal. Muitos, como Machado (1993, p.213), chegam a defender a tese que esse deveria ser o imposto único.

Todavia mesmo diante do principio da progressividade e capacidade contributiva, ainda temos dificuldade de visualizar uma justiça fiscal plena, haja vista que a progressão adotada não beneficia todas as classes econômicas da nossa sociedade, inclusive acentuando diferenças.

Com a falta de progressividade fática do imposto em comento temos várias consequências negativas como a sonegação e a evasão fiscal, as quais poderiam ser diminuídas as cargas tributárias não fossem tão pesadas para a classe média.

CARGA TRIBUTÁRIA BRASILEIRA

A Carga Tributária Brasileira - CTB[2] atingiu 35,95% do PIB, segundo dados publicados em dezembro de 2014 pela Receita Federal do Brasil – RFB.

O Brasil diverge da tendência dos demais países da América Latina, com alta carga tributária, mas apesar disso, com baixo Índice de Desenvolvimento Humano - IDH. Países com IDH semelhante têm aproximadamente metade da carga tributária. A Argentina é a que tem carga tributária próxima, mas com IDH muito maior que o nosso.

Fazendo-se a mesma comparação com outros países, esta relação perversa para o caso brasileiro fica ainda mais evidente. De uma lista de 28 países, o Brasil tem a 16ª maior carga tributária, mas a 27ª colocação em IDH. Com isso, o Brasil fica apenas à frente da Turquia, mas enquanto a carga tributária brasileira é de cerca de 35%, a turca é de 25%, ou seja, quase um terço menor.

---

2 A Carga Tributária Bruta é definida como a razão entre a arrecadação de tributos e o PIB a preços de mercado, ambos considerados em termos nominais.

Para atingirmos o objetivo deste estudo, utilizamos um índice que pudesse demonstrar o nível de retorno à população dos valores arrecadados com tributos, em cada país. O IRBES – Índice de Retorno De Bem Estar à Sociedade é resultado da somatória da carga tributária, ponderada percentualmente pela importância deste parâmetro, com o IDH, ponderado da mesma forma.

Numa lista dos 30 países com a maior carga tributária o Brasil é o 17° em Carga Tributária e contudo aparece em, pasmem, 30° lugar do IRBES. Países com menor carga tributária que a nossa como Uruguai está em 13°.[3]

Assim, o que podemos depreender é que o Brasil tem uma elevada carga tributária, mas os recursos que são direcionados da sociedade para o Estado não têm sido empregados com a mesma eficiência dos países acima mencionados. Dessa forma, o retorno para a sociedade por meio de bens e serviços públicos, que representem efetivamente melhorias na qualidade de vida da população, estão muito aquém de muitos países que possuem carga tributária menor que a nossa.

Pode-se afirmar que esse panorama é mais um fator de desincentivo ao adimplemento tributário no Brasil, o que faz com que o investimento no aparato de fiscalização e recuperação de tributos seja ainda mais necessário no combate à sonegação no país.

A TECNOLOGIA COMO ALIADA

Nesse caso, a tecnologia pode ajudar. Principalmente quando proporciona os recursos necessários para o rastreamento de produtos, desde sua produção até a venda ao consumidor. Mecanismos para rastrear e controlar produtos têm sido desenvolvidos em iniciativas de empresas e instituições da sociedade civil que contam com a colaboração da União e de unidades da Federação.

Dois mecanismos têm tido bons resultados: o Sistema de Controle de Produção de Bebidas (Sicobe) e o Sistema de Controle e Rastreamento da Produção de Cigarros (Scorpios). São dois setores da economia muito bem organizados, mas que frequentemente sofrem concorrência desleal por estarem na mira de alguns produtores ansiosos por obter vantagens competitivas pela via da sonegação de impostos.

---

3 Fonte: <https://www.ibpt.org.br/img/uploads/novelty/estudo/1614/140403AsscomEstudo2014PIBversusIDH.pdf> Acesso em 19 de Abril de 2015.

Pesquisa da Fundação Getúlio Vargas - FGV apontou que mais de 60% das vendas de destilados ocorrem na informalidade. Para mudar essa realidade, em 2008, a União adotou o Sicobe, ferramenta que permite rastrear a bebida produzida no país. O Sicobe envia à Receita Federal, em tempo real e diretamente das fábricas, informações sobre fabricante, marca, data de fabricação do produto, volume, embalagem, etc.

Os resultados são expressivos: um ano após sua implantação, a arrecadação de impostos federais, como IPI, PIS e COFINS, aumentou em 20% no setor de bebidas. O sucesso está levando os Estados a repetir a experiência, para combater a sonegação de tributos como o Imposto Sobre Circulação de Mercadorias e Prestação de Serviços - ICMS.

MEDIÇÃO DA EVASÃO

A mensuração da evasão fiscal, tanto no Brasil, quanto nos outros países, é repleta de complicações e dificuldades. A maior delas refere-se aos dados disponíveis e à sua baixa confiabilidade.

Vários métodos têm sido usados em todo o mundo para a estimação, sobretudo, da evasão. Alguns deles tentam medir de forma direta e outras de forma indireta. Entre os métodos diretos podemos citar os que se utilizam de: 1) contas nacionais, 2) controles diretos; 3) pesquisas de orçamento domiciliar; 4) pesquisa de comportamento do contribuinte. Os métodos indiretos estão geralmente associados à estimativa da economia informal, que uma vez estimada, é associada à “sonegação fiscal”.

A seguir são descritas as características dos principais procedimentos:

a) Contas Nacionais:

Talvez o mais comum e mais utilizado procedimento de mensuração da taxa de evasão fiscal. Ele adota a comparação entre a estimativa de receita feita pelas autoridades de contabilidade nacional com o montante efetivamente arrecadado. A diferença entre o montante arrecadado e a receita estimada daria a indicação, consoante esse método, da receita não declarada. Se a alíquota do imposto for fixa, pode-se estimar diretamente a evasão, caso contrário, seria necessário ainda considerar nas declarações as várias isenções e deduções.

b) Amostragem:

Este método consiste em gerar uma amostra aleatória dos contribuintes e atribuir a toda população a evasão fiscal da amostra. Nos EUA a última estimativa foi feita em 2006 e publicada em 2012. Elas são feitas a cada cinco anos aproximadamente, pois levam anos para serem analisadas e comparadas com dados de outros órgãos. A taxa de evasão foi estimada em 20%, sendo que desse total, 66% eram indivíduos, 16% empresas e 18% outros. Entretanto, este método mede apenas a tributação sobre a renda, mas não mensura a tributação sobre o consumo, que é muito relevante no Brasil, foco desse estudo.

c) Pesquisa Direta com os Contribuintes:

Alguns países, especialmente os nórdicos, se utilizam da pesquisa direta com os contribuintes. Ela consiste em escolher uma amostra aleatória de contribuintes e pedir, entre outras coisas, para descreverem seu comportamento com relação ao pagamento de impostos. Este método sofre uma série de críticas, que vão desde a possibilidade de os indivíduos não se lembrarem de seu comportamento passado até dúvida sobre o fato de esses contribuintes estarem realmente dispostos a fornecer informações precisas sobre a questão. Assim, é provável que os dados obtidos por este método sejam subestimados.

d) Pesquisa de Orçamento:

É baseado nas pesquisas de orçamento familiar, que mostram a relação entre os gastos familiares e suas rendas declaradas. Quando há um gasto superior à renda, há suspeita de evasão. Entretanto, o gasto pode ser influenciado por outros fatores como riqueza acumulada, empréstimos e outras diferenças. Esses resultados não são muito confiáveis e podem fornecer apenas uma ordem de grandeza da evasão.

e) Método Indireto:

Método essencialmente relacionado à quantificação da economia informal ou submersa. A utilização dos indicadores da economia informal para determinar indicador de evasão fiscal apresenta diversas dificuldades, dentre elas o fato de que grande parcela dos indivíduos, que estão à margem do sistema tributário em decorrência da informalidade, desenvolve atividade cujo nível de renda estaria albergada por isenção, ou ainda, não leva em conta a evasão fiscal promovida pelas pessoas físicas e jurídicas que exercem atividade formalizadas.

Os métodos de mensuração da evasão fiscal apresentam suas dificuldades. Estimar a taxa de sonegação no Brasil apresenta ainda outro grande problema que é a dificuldade de obtenção de informações de todas as esferas de governo, sobretudo das administrações estaduais e municipais, já que se tem 26 estados e o Distrito Federal e mais de cinco mil municípios, em diversos estágios de desenvolvimento institucional.

DISTINÇÕES DE ESTUDOS

Vários estudos foram consultados e serviram de base de pesquisa para a elaboração deste artigo. Cada um deles tem características próprias, como escopo, tipo de tributo analisado, metodologia adotada, limitações de sua metodologia, etc. A seguir serão comentados os estudos considerados mais relevantes, entre todos levados em consideração neste artigo.

a) SIQUEIRA (2006). *Evasão fiscal do imposto sobre a renda:* uma análise do comportamento do contribuinte ante o sistema impositivo brasileiro.

O ponto central desse artigo é explicar como o comportamento do contribuinte afeta o nível de evasão do Imposto de Renda da Pessoa Física (IRPF), por meio da expansão do modelo de Allingham e Sandmo (1972).

O modelo proposto por eles descreve a evasão do imposto sobre a renda como um processo de tomada de decisão de portfólio, utilizando a teoria da utilidade esperada desenvolvida por Von Neumann e Morgenstern. Nesse sentido, supõem que um contribuinte racional representativo considera a renda omitida (ou a evasão da renda) um ativo de risco, que depende da possibilidade de detecção da omissão e de sua consequente punição e, a partir de então, maximiza uma função de utilidade esperada.

Para testar o modelo proposto, o mencionado autor utilizou alguns indicadores que se baseavam em dados como: 1) Número Total de Declarações Auditadas (Malha); 2) Número Total de Contribuintes Apenas Fiscalizados; 3) Número total de Contribuintes em Malha e Fiscalizados.

Entretanto, indicadores como esses possuem algumas limitações, que devem ser consideradas e ponderadas para possíveis extrapolações dos resultados da experiência para o universo dos contribuintes. O próprio autor enumera as seguintes:

1) o critério de seleção dos contribuintes pode estar visado por indícios prévios de "sonegação" e até mesmo por denúncias, já que os resultados relativos à renda não declarada se referem, tão somente, aos contribuintes fiscalizados pela Secretaria da Receita Federal - SRF;

2) outra restrição que se enfrenta é que as estimativas baseadas em dados da Secretaria da Receita Federal - SRF relacionam-se somente aos declarantes, não trazendo quaisquer informações sobre os não declarantes. Conforme observou Franzoni (1999), os não declarantes são parte importante da atividade sonegadora e desconsiderá-los pode enviesar tais estimativas;

3) sabe-se que as auditorias fiscais têm uma capacidade limitada de detectar a evasão, especialmente em relação às rendas dos autônomos e

daqueles que realizam somente operações em dinheiro; assim, em alguns casos, os valores evadidos podem ser um pouco maiores que os estimados com base somente nas auditorias;

4) por último, deve ser ressaltado que estudos baseados em pesquisas amostrais enfrentam diversos problemas. Entre eles, o mais importante é que os resultados dependem crucialmente da representatividade da amostra e de eventuais vieses de seleção.

Do estudo em referência foi utilizada neste relatório a estimativa de evasão do Imposto de Renda de Pessoa Física - IRPF, que foi de 34,09%, a partir de dados de 1998 (declaração do exercício de 1999).

b) PAES (2011). *O Hiato Tributário do Imposto sobre Produtos Industrializados Evidências Setoriais*

Neste artigo o autor analisou o hiato tributário do Imposto Sobre Produtos Industrializados - IPI partindo de uma fonte altamente desagregada, a Pesquisa Industrial Anual - PIA, e de informações detalhadas da legislação do IPI, para obter estimativas do hiato por setor econômico no período entre 2001 e 2007.

Primeiramente, o autor calculou a alíquota média esperada de IPI para cada setor. Depois, já de posse de tais alíquotas setoriais, ele fez ajustes pertinentes para o cálculo da arrecadação legal, que é a arrecadação esperada obtida ao se aplicar as alíquotas médias legais sobre a base do imposto. Neste segundo momento, são também considerados os créditos tributários do IPI na aquisição de insumos, os benefícios da Zona Franca de Manaus, bem como isenções e imunidades divulgadas pela Receita Federal do Brasil (RFB). Finalmente, calcula-se o hiato tributário, que é a arrecadação legal esperada deduzida da arrecadação realizada.

Destaque-se que o hiato tributário não significa necessariamente a presença de sonegação, embora esta possa vir a ser um dos seus principais componentes. Segundo o mencionado autor, setores em que a presença de benefícios fiscais é significativa e cujos benefícios são particularmente difíceis de serem mensurados, podem apresentar hiatos maiores, devido à dificuldade de se calcular as estimativas do tamanho de tais benefícios. Além disso, fatores como a informalidade e a visibilidade do setor para a fiscalização também podem contribuir para o hiato tributário. Claramente o hiato tributário é o resultado de um conjunto de fatores complexos, relacionados a aspectos institucionais, legais e culturais.

Os percentuais de hiato tributário ou *tax gap* encontrados nesse estudo foram adotados, a título de simplificação para o artigo que ora apresento, como percentual de sonegação de IPI, tendo sido feita uma média ponderada de todos os indicadores encontrados nos anos avaliados pelo trabalho, chegando-se a um percentual de 33,4%.

c) SABAINI e JIMÉNEZ (2011). *"Tax structure and tax evasion in Latin America"*.

Esse artigo estuda a estrutura tributária de alguns países da América Latina, mostrando a sua evolução ao longo do tempo, o contexto histórico e os seus efeitos sobre o consumo e a renda. Ele demonstra a grande importância dos IVA (Imposto sobre Valor Agregado ou VAT – *Value Added Tax*) na arrecadação desses países, seguido do Imposto de Renda, que nesses países tem foco principal nas empresas. Os mencionados autores mostram que, apesar da diversidade, os sistemas tributários da grande maioria dos países da América Latina dividem algumas características relevantes: a composição das suas estruturas tributárias; as restrições técnicas, econômicas, políticas e administrativas que eles enfrentam; tendências de políticas tributárias e administrativas; e um elevado indicador de sonegação.

Segundo seus próprios autores, os objetivos do trabalho são:

1) Estudar a evolução e as maiores características do nível típico e estrutura de tributação na região nos últimos 20 anos, identificando importantes diferenças entre os países da região e os agrupando;

2) Destacar os principais obstáculos e restrições que a maioria dos países tem encontrado na tentativa de aumentar suas receitas e modificar as suas estruturas;

3) Detalhar as principais políticas adotadas pelos países nos anos recentes;

4) Analisar os vários aspectos da evasão, como os métodos de estimação, as informações disponíveis, as informações em casos específicos em que tenha havido progresso significante na mensuração;

5) Analisar as estratégias implementadas para aumentar a coleta dos principais tributos, bem como os indicadores de desempenho.

A estimativa de evasão fiscal do estudo é feita com base no VAT e no Imposto de Renda de Pessoa Física e Jurídica de alguns países da América Latina. Entretanto, ao se analisar as estimativas deve-se ter cautela, pois o processo de estimação encontra uma série de dificuldades. Em geral, não encontram grandes diferenças metodológicas na estimativa da evasão de imposto de renda das empresas. Em regra, elas partem da exploração das contas nacionais, com alguns ajustes, por problemas de disponibilidade e qualidade de informações. Quanto ao imposto de renda de pessoa física, partem de pesquisa de orçamento familiar ajustados segundo as contas nacionais. Esse tipo de pesquisa é limitado, pois os entrevistados tendem a subdeclararem sua renda ou não reportá-las. Outra dificuldade é a definição da base de imposto tributável e da quantidade de tratamentos especiais e deduções. Quanto ao VAT, o método mais comum é fazer a estimativa pelas contas nacionais e comparar com a taxa efetiva. Entretanto, a precisão da estimativa depende da confiabilidade dos dados, que podem ser afetados por uma grande gama de regimes especiais e isenções.

Desse trabalho foi utilizado o parâmetro de evasão de VAT como um balizador em relação à estimativa do VAT brasileiro, construído neste estudo a partir dos indicadores conjuntos do IPI, ICMS e ISS, sendo que a estimativa de sonegação para cada um desses tributos se baseou em estudos do Instituto Brasileiro de Planejamento e Tributação - IBPT (2009) e Paes (2011).

d) AMARAL, OLENIKE, AMARAL & STEINBRUCH (2009): *Estudo sobre a Sonegação Fiscal das Empresas Brasileira, IBPT.*

O objetivo desse estudo, segundo seus próprios autores, é estimar o montante de tributos sonegados pelas empresas no Brasil, bem como o indicador de sonegação por setores e por tributos.

A base de dados utilizada foram os balanços de fiscalização da Receita Federal do Brasil, do Instituto Nacional do Seguro Social – INSS, das Secretarias de Fazenda dos Estados, e das Secretarias de Finanças das Capitais.

Nesse estudo foram analisados 9.925 autos de infração lavrados contra empresas de todos os portes, sendo que 26,84% tinham fortes indícios de sonegação.

É importante registrar que a utilização dos resultados desse tipo de estudo, ou seja, de estudos baseados em autos de infração, deve ser feito com alguma cautela, pois os dados podem ser tendenciosos por conta da amostra enviesada (sem considerar os casos em que a sonegação não foi descoberta). Geralmente os órgãos fiscalizadores não fazem uma escolha aleatória das empresas a serem auditadas. O mais comum é que eles adotem algum critério indicativo de evasão para selecionar as empresas ou a fiscalização decorra de denúncia.

DIFERENTES FORMAS DE TRIBUTAR

A comparação entre países é também outro desafio, pois além das dificuldades mencionadas, deve-se levar em consideração, ainda, as especificidades dos sistemas tributários de cada país. Neste artigo, optou-se, então, por adotar um modelo que reunisse os indicadores encontrados em outros estudos, para cada tipo de tributo, com o fim de estimar um indicador médio provável da sonegação no Brasil. É claro que cada um dos estudos tem as suas próprias limitações decorrentes das metodologias adotadas e da disponibilidade de dados, conforme já abordado anteriormente, mas esta foi a maneira de se ter uma estimação média do patamar de sonegação no Brasil.

Devido às diferentes estruturas tributárias dos países é difícil obter parâmetros internacionais para comparação desses sistemas. Mais raro ainda são estudos que apresentem estimativas das taxas de evasão em diversos países com relação a tributos que apresentem base de cálculo e hipóteses de incidência semelhantes.

Os tributos com características semelhantes, sobre os quais foram obtidas por estes autores estimativas de evasão fiscal, se referem ao Imposto de Renda e ao Imposto sobre Valor Adicionado (*Value Added Tax* – VAT). Com base no estudo de Jiménez e Sabaini (2012) sobre a evasão para Imposto de Renda e VAT foi possível fazer uma comparação entre os dados informados por aqueles autores e a estimativa adotada neste estudo. Com base na tabela de estimativa de evasão fiscal no Brasil, a evasão relacionada ao Imposto de Renda seria de 30,3%.

O VAT, por sua vez, presente em diversos países, é um imposto que incide sobre a despesa ou consumo e tributa o "valor agregado" nas transações efetuadas pelo contribuinte. No Brasil, pode-se afirmar, grosso modo, que o correspondente a este imposto está dividido em três impostos: IPI (imposto sobre produtos industrializados), de competência da União; ICMS (imposto sobre operações relativas à circulação de mercadorias e sobre prestações de serviços de transporte interestadual, intermunicipal e de comunicação), de competência dos estados e do Distrito Federal - DF; e Imposto Sobre Serviço de Qualquer Natureza - ISSQN ou Imposto Sobre Serviços - ISS (com exceção dos impostos compreendidos em Circulação de Mercadorias), de competência dos Municípios e também do DF.

Os tributos que corresponderiam ao VAT no Brasil são responsáveis por quase 26% da carga tributária total e teriam, segundo estimativa apresentada no tópico anterior, um indicador de sonegação da ordem de 27,6%. Este indicador de evasão é o mesmo apontado como média para a alguns países selecionados da América Latina no estudo de Sabaini e Jiménez (2012).

O indicador de evasão para o VAT no caso brasileiro é estimado neste estudo em 27,6%, equivalendo a 2,5% do PIB. Seu resultado é muito influenciado pela estimativa do indicador de sonegação para o ICMS, uma vez que este tributo equivale a aproximadamente 80% do valor que poderia ser atribuído ao conjunto de tributos brasileiros equivalente ao VAT.

Em 1991, em um artigo publicado na Folha de São Paulo, o economista Montoro Filho (1991) estimou, de forma simplificada, que a carga tributária potencial no Brasil seria de 43%.

À época, a carga tributária era de 25% do PIB, havendo com isso uma sonegação, segundo a afirmação de Montoro (1991), de aproximadamente 18% (=43% - 25%) do PIB. Este número serve como balizador para comparação com a estimativa do presente estudo, cujo indicador estimado foi de aproximadamente 24% para uma carga tributária de 35% do PIB. Se a evasão fosse zero, isso indica que seriam arrecadados aproximadamente 43% do PIB (35% x 1,24). Ou seja, em ambos os estudos, a carga tributária potencial máxima para uma evasão zero de 43% do PIB.

Entretanto, os mencionados números só confirmariam um ao outro se o aumento da carga tributária tivesse se dado inteiramente em razão do incremento da eficiência da arrecadação e não em virtude do aumento de alíquotas e do alargamento das hipóteses de incidência dos tributos. Apesar de ser notório ter havido nos últimos 20 anos um aumento da eficiência da arrecadação e a redução do mercado informal, não parece razoável atribuir este aumento da carga tributária de 25% para 35% do PIB apenas a esses dois fatores, sendo mais provável que parte desse incremento da arrecadação se deva ao aumento de alíquotas e das bases de incidência dos tributos.

CONSIDERAÇÕES PARA UM NOVO SENÁRIO

Tudo isto faz crer que seja imprescindível estabelecer um contraponto nos estudos do Direito Tributário no Brasil.

Nos congressos, seminários etc. se deve haver a exposição dos advogados tributaristas, tão brilhantes e com tantas teses bem desenvolvidas; de outro, também precisa haver expositores que defendam o Fisco e a sociedade que não costumam contratar, até porque não têm recursos para tanto, os grandes juristas da área fiscal, que se encontram entre os maiores expoentes nacionais.

Só assim é que a juventude jurídica universitária, ainda em formação, conseguirá encontrar o justo meio termo.

É preciso entender que assim como os grandes devedores têm o direito de contratar advogados sérios e competentes para fazerem as suas defesas; a Fazenda Pública tem o dever de também proceder às sustentações orais, sobretudo naquelas causas que repercutem bilhões. Não se trata de interferência do Executivo no Judiciário, mas de exercício regular de um direito-dever em benefício de toda a sociedade, pois é necessário ter em conta que o que é público é de todos nós.

Até porque, acaso a inconstitucionalidade seja declarada, o normal seria que o dinheiro fosse devolvido para aquele que realmente pagou o tributo a maior, o contribuinte que pagou de fato.

Isto só não ocorreria em duas situações: a) quando aquele que pagou de fato, no preço, autorizar o contribuinte de direito a recolher aquilo que foi indevido; b) quando o contribuinte de direito comprovar que efetivamente arcou com os custos do tributo, sendo ele também o contribuinte de fato.

Evidentemente que, nesta segunda hipótese, haveria de abrir os seus livros à fiscalização.

Relevante que se reflita sobre o seguinte: se algum tributo pago for havido posteriormente como inconstitucional, quem deveria haver de volta o indevido seria aquele que efetivamente pagou.

É por isto que toda vez que se diz que as mercadorias, os produtos e os serviços estão bem mais caros porque é alto o valor do tributo, é preciso refletir.

É direito do consumidor não apenas saber quanto de tributo há no preço daquele produto; mas também deve ser informado se aquela empresa efetivamente recolhe os valores fiscais embutidos no preço.

Assim como a empresa acessa (SPC, SERASA, CADIN) os dados do seu consumidor, o consumidor também deveria ter a informação sobre os mesmos dados da empresa onde opta comprar.

É uma questão de responsabilidade fiscal. Quem sabe um selo identificando a empresa que cumpre com a sua função social de pagar tributos.

As informações precisam ser de mão dupla.

É nesta linha que encontramos o art. 198, §3°, do Código Tributário Nacional - CTN. Não é vedada a divulgação de informações relativas a representações fiscais para fins penais; inscrições na dívida ativa da fazenda pública; parcelamento ou moratória.

Quando se diz que há preferência em relação aos créditos da Fazenda Pública, acreditamos que isto seja uma aparente ilusão.

Afinal, se a opção de inadimplência for em direção a clientes e fornecedores, os mesmos logo cortarão o fornecimento ou resistirão em comprar. Quanto ao Fisco, aquele que trabalhar com execução fiscal, verificará que a recuperação de ativos é muito baixa, pouco frequentando a preocupação do devedor inadimplente, que, com um mandado de segurança, objetivará atingir a certidão negativa que faltava, muitas vezes até sem a necessária garantia de pagamento, haja vista uma parte do setor da construção civil, que resiste dizendo que os seus empreendimentos são desligados das dívidas da empresa.

Mas se poderia dizer que as estratégias jurídicas são meios lícitos, às vezes apelidados de planejamento tributário ou elisão.

E não se fala aqui da informalidade da microempresa, que precisa do apoio do Estado, mediante uma tributação reduzida, de modo a permitir que cresça e concorra, não permitindo o monopólio ou oligopólio de nenhum setor, de modo a promover o controle de preços pelo setor privado.

É necessário estimular a micro e a pequena empresa; é necessário estimular a concorrência. É necessário permitir à grande empresa que possa manter-se no mercado sem a deslealdade na concorrência. Afinal, quanto maior a carga tributária, mais elevada será a deslealdade em benefício do sonegador.

Impunidade. Este é um incômodo que a sociedade precisa afastar. Não vai ser fácil. Afinal, não são apenas leis que podem ser alteradas, mas se depende principalmente de uma mudança de mentalidade da sociedade e dos seus juízes.

Talvez os números da inadimplência estimulem o cidadão a entender do que, na verdade, estar-se a falar.

JUSTIÇA FISCAL

Debater a reforma tributária, tendo em vista princípios de justiça fiscal, exige o enfrentamento desses conflitos sociais, ainda que seja através de um pacto social, que certamente não seria consensual, pois implica necessariamente um processo de redistribuição de riquezas e esse é naturalmente um tema conflituoso, quando não, explosivo.

Manter o assunto da reforma tributária apenas na ideia de que ela é necessária, sem discutir qual sistema tributário interessa, apenas reproduz, reforça e aprofunda o modelo de sistema tributário regressivo e que interessa às classes mais ricas porque lhes beneficiam, e interessa aos governos porque é de fácil administração, ainda que injusta do ponto de vista da sociedade.

Sabemos que os tributos que oneram as classes mais ricas são aqueles que incidem sobre a riqueza, o patrimônio e as rendas, considerados tributos diretos. Já os tributos que afetam mais as classes mais pobres são aqueles que são automaticamente transferidos para os preços dos produtos, especialmente para os produtos de consumo, mais geral. Estes são os tributos considerados indiretos, pois são cobrados das empresas, mas quem efetivamente os paga são os consumidores.

Este segundo tipo de tributo afeta diretamente aos mais pobres, porque estes se obrigam a usar praticamente toda sua renda, ou a maior parte, no consumo, diferentemente das classes mais ricas que conseguem transformar parte de sua renda em patrimônio e riqueza.

O sistema tributário brasileiro baseia-se de forma muito expressiva na tributação indireta, ou seja, mais da metade da carga tributária é composta por tributos indiretos, que incidem sobre o consumo. A tributação sobre o patrimônio é residual, não passa de 4% da arrecadação total e a tributação sobre a renda responde com aproximadamente 20% da arrecadação e, ainda assim, incide preponderantemente sobre salários e muito pouco sobre rendas do capital. Com esta configuração, não há dúvidas de que o sistema tributário é um dos principais fatores de aprofundamento da desigualdade social. O resultado é que quem ganha até dois salários mínimos gasta mais de 50% de sua renda com tributos e quem ganha acima de trinta salários não gasta mais do que 30% de sua renda com tributos.

O sistema tributário nada mais é do que compartilhar socialmente o custo do que é público. Ou seja, é simplesmente a forma de repartir entre as classes sociais o ônus de viver em sociedade e isso é muito fácil de compreender. Repartir com justiça é repartir de forma solidária. No entanto, esta simplicidade é insistentemente oculta por um tecnicismo de linguagem que não tem outra função que não a exclusão de grande parte da sociedade deste debate. É a famosa exclusão pelo discurso.

Se quisermos construir uma sociedade justa precisamos construir um sistema tributário que seja efetivamente capaz de promover a redução das desigualdades sociais e isso só se faz com a participação efetiva da sociedade.

A SONEGAÇÃO FISCAL

Apesar de o legislador constituinte ter como objetivo precípuo o de justiça fiscal, quando tratamos de imposto de renda, o Direito Tributário ainda não atingiu essa finalidade, uma vez que as alíquotas pouco diversificadas prejudicam em muito determinadas classes econômicas da sociedade.

Na aplicabilidade imediata dos preceitos constitucionais, temos que não é necessário qualquer outro ato jurídico para a sua concretização. Nas palavras do Professor Carlos Athayde Valadares Viegas, "Uma vez considerada como norma superior, não é necessária a interposição de qualquer outro ato jurídico para sua efetivação, salvo previsão expressa na própria Constituição. Uma vez que o preceito constitucional seja invocado, sua aplicação deve ser imediata..." (VIEGAS, 2014, p. 97).

Não é de hoje que encontramos no Brasil um círculo vicioso: sonega-se porque se tributa demais, e tributa-se demais porque se sabe que haverá sonegação.

Nesse sentido, Sicca (2004) aponta outros fatores para que tenhamos tão altos índices de sonegação e evasão fiscal.

Outro fator, conjugado com a excessiva carga tributária exercida principalmente sobre os rendimentos da classe média, contribui para o aumento das desigualdades: a má prestação dos serviços públicos e, em vários casos, a sonegação destes. Significativo é o fato de que cada vez mais o cidadão precisa recorrer a serviços privados para satisfazer necessidades essenciais (e.g., os planos de saúde e a educação privada), acarretando maiores despesas nos orçamentos familiares e reduzindo a disponibilidade de renda (já que os abatimentos no IRPF são limitados). Afora isso, assustador é o quadro brasileiro, em que grande parte da população não recebe sequer o mínimo para efetivamente ter uma vida digna.

É inegável que, entre outros motivos, o sentimento de injustiça pela grande carga tributária sofrida por determinada parcela da população venha a ser um dos motivos dos índices consideráveis de evasão fiscal.

A evasão e a sonegação fiscal foram tratadas na Lei nº 8137/90. São fatos que existiram em todo o sistema tributário, por causa da majorada carga tributária e a necessidade do Estado de manter políticas públicas por via dos tributos.

É imperativo, contudo, que façamos uma diferença entre as terminologias, o que nos faz exortar à lição de Juary C. Silva (1998, p.35): O vocábulo "evasão" padece de sensível ambiguidade, tanto exprimindo as fórmulas lícitas usadas pelo contribuinte para evitar, reduzir ou retardar o pagamento de um tributo, como aquelas ilícitas, externadas em processos ardilosos e fraudulentos. De acordo com essa sistemática haveria uma evasão lícita e legítima, a par de outra, ilícita, conhecida por fraude, simulação e conluio.

Com isso, o tipo da sonegação fiscal dissocia-se em dois momentos: a falsidade ou fraude, prevista nos incisos do art. 1º, e a sonegação propriamente dita, consoante do caput do artigo. O texto fala integralmente dessas condutas como meios executivos da sonegação, aludindo que esta se perfaça mediante aquelas (SILVA, 1998, p.182-183).

Por se tratar de tributo de suma importância para os cofres do erário é imperioso que a sonegação do imposto sobre a renda seja mínima. Para isso passaremos a analisar o perfil do contribuinte a fim de detectarmos as falhas na fiscalização da declaração deste.

Partindo do princípio que estamos analisando, um imposto que tem como meio de lançamento a declaração, entendemos ser adequado o modelo seminal tratado por Michael G. Allingham e Agnar Sandmo (apud SIQUEIRA; RAMOS, 2006) para verificar o comportamento do contribuinte. Este, conforme os autores citados, por conhecerem na íntegra todas as suas fontes de renda, pode ocultar uma fração dela, separando-as em duas partes: aquela que pode ser identificada pela Receita Federal, por meio de uma análise de sua própria declaração, e uma outra, cuja identificação pela autoridade tributária somente se dá mediante uma fiscalização mais minuciosa, que devido aos custos é extremamente rara e de baixa probabilidade.

Essa também é a ideia defendida por Marcelo Lettieri Siqueira e Francisco Ramos (2005):

Em termos econômicos, os problemas de sonegação originam-se do fato de que as variáveis que definem a base tributária (rendas, vendas, rendimentos, riqueza, entre outras) não são frequentemente observáveis. Isto é, um ente externo não pode observar o valor real da base tributária de um indivíduo, e daí não pode saber a sua verdadeira responsabilidade tributária. Assim, os contribuintes podem levar vantagem da informação imperfeita que a administração tributária tem sobre sua responsabilidade e iludir a tributação. No entanto, às vezes, este conhecimento pode ser obtido por meio de auditorias, e, neste caso, diz-se que a base tributária é verificável (a certo custo, obviamente).

A ideia básica do contribuinte está na baixa probabilidade de ser punido quando venha a sonegar o tributo. Talvez haja aqui um misto entre não ter a real noção da probabilidade de que realmente possa ser detectada a sonegação com o fato de superestimarem os meios de fiscalização.

No Brasil, a Secretaria da Receita Federal tem como método para fiscalização em primeiro momento o cruzamento de informações declaradas com as de outras fontes para definir quem deve ter sua declaração fiscalizada de forma mais minuciosa. Apesar dos investimentos tecnológicos para inibir os sonegadores e tornar mais efetiva a fiscalização das declarações, esse método ainda demonstra muitas falhas, o que incentiva a diminuição da aversão ao risco.

O fato é que um aumento nos meios de detecção da infração (tanto na auditoria interna, quanto na externa) e nas penalidades (simples ou agravada), combinado com um aumento da alíquota marginal, ainda é o meio mais eficaz para redução da evasão do imposto sobre a renda da pessoa física (SIQUEIRA;RAMOS, 2006).

CONCLUSÃO

O imposto de renda criado para custear guerras é hoje a maior fonte de receita de políticas públicas. Além de uma forma de captação de recursos para financiamento dos encargos do governo, o Imposto sobre a Renda constitui, ainda, um importante instrumento de política econômica. Com o passar dos anos sua regulação ganhou *status* constitucional, sendo, dentre os tributos, o que se aproxima de uma efetiva justiça fiscal.

O princípio da progressividade aliado ao da capacidade contributiva são os elementos para atingirmos a Justiça social e consolidar o caráter extrafiscal do imposto sobre a renda. Todavia, sonegar tributo, seja qual for, é inerente à cultura de muitos países e motivos variados como a educação, religião, respeito ao erário, são a melhor forma de conscientização e formação de cidadãos conscientes de suas obrigações. Combater a conduta de um sonegador pode ser mais caro do que o ganho real, mas nada impede que possamos dar os primeiros passos na busca daquilo que toda sociedade almeja, qual seja: a reciprocidade do Estado em relação ao contribuinte, a justiça social.

REFERÊNCIAS

ALLINGHAM, MG; SANDMO, A. *Income tax evasion*: a theoretical analysis. Journal of Public Economics 1 (1972) 323-338.

AMARAL, G.L; OLENIKE, J. E.; AMARAL, L. M. F. (IBPT) *Carga Tributária Brasileira 2012*. Março de 2013.

Franzoni, Luigi A. *Tax evasion and tax compliance*. Working Paper 6020, Italy: University of Bolonha, 1999.

GÓMEZ SABAINI, J.C., JIMÉNEZ, J.P.; A. PODESTÁ, A. (2010), *Tributación, evasión y equidad en América Latina*, Evasión y equidad en América Latina, J. P. Jiménez, J. C. Gómez Sabaíni y A. Podestá (Comp.), Project Document, No. 309 (LC/W.309) Santiago, Chile, ECLAC/GTZ.

MACHADO, Hugo de Brito. *Curso de direito tributário* - Rio de Janeiro: Forense, 1993.

MONTORO FILHO, André Franco. *Sonegação – Religião Nacional –* Folha de São Paulo, 1991.

OLENIKE, J. E.; AMARAL, G.L; AMARAL, L. M. F; STEINBRUCH, F. (IBPT) Estudos sobre a Carga Tributária/PIB x IDH. Janeiro de 2012

OLIVEIRA, FA. *A evolução da estrutura tributária e do fisco brasileiro*: 1889- 2009. IPEA. Texto para discussão 1469. Brasília, janeiro de 2010.

PAES, Nelson Leitão. *O Hiato Tributário do Imposto sobre Produtos Industrializados Evidências Setoriais*. RBEE. Revista Brasileira de Economia de Empresas, v. 11, p. 39-51, 2011.

POLINSKY, A. Mitchell; SHAVELL, Steven. *Handbook of law and economics*. North-Holland: Amsterdam, 2008. p. 406-407.

RECEITA FEDERAL DO BRASIL. *Carga Tributária no Brasil* 2011. Brasília, novembro de 2012.

SABAINI, J. C. G; JIMÉNEZ, J. P., *Tax structure and tax evasion in Latin America*. CEPAL, *Economic Development Division*. Santiago, February 2012.

SICCA, Gerson dos Santos. *Isonomia Tributária e Capacidade Contributiva no Estado Contemporâneo*. Revista de Informação Legislativa. Brasília a. 41 n. 164 out./dez. 2004. Disponível em: <http://www.egov.

ufsc.br/portal/conteudo/isonomia-tribut%C3%A1ria-e-capacidade-contributiva-no-estado-contempor%C3%A2neo>. Acesso em 18 de abril de 2015.

SILVA, AN. *Os crimes fiscais e o refis*: modos para diminuir a evasão fiscal. Câmara do Deputados do Brasil, 2005.

SILVA, Juary C. *Elementos de Direito Penal Tributário*. 1ª Ed. São Paulo: Saraiva, 1998.

SIMPROFAZ. <http://www.quantocustaobrasil.com.br/artigos/sonegacao-no-brasil-uma-estimativa-do-desvio-da-arrecadacao> Acesso em 18 de abril de 2015.

SIQUEIRA, M.; RAMOS, F. *A Economia da Sonegação*: Teorias e Evidências Empíricas. Revista de Economia Contemporânea, v.9, n.3, p.555-581, 2005.

SIQUEIRA, Marcelo Lettieri; RAMOS, Francisco A. *A economia da sonegação*: teorias e evidências empíricas. Rev. econ. contemp., Rio de Janeiro: v. 9, n. 3, 2005. Disponível em: <http://www.scielo.br/scielo.php?script=sci_arttext&pid=S1415-98482005000300004&ln g=pt&nrm=iso>. Acesso em 18 de abril de 2015.

SIQUEIRA, Marcelo Lettieri; RAMOS, Francisco S. *Evasão fiscal do imposto sobre a renda*: uma análise do comportamento do contribuinte ante o sistema impositivo brasileiro. Econ. Apl., Ribeirão Preto, v. 10, n. 3, 2006. Disponível em: <http://www.scielo.br/scielo.php?script=sci_arttext&pid=S1413-80502006000300006&lng=pt&nrm=iso>. Acesso em 18 de abril de 2015.

VIEGAS, Carlos Athayde Valadares. *Legitimidade Democrática da Jurisdição Constitucional*: Neoconstitucionalismo e a Legitimidade do Direito. Belo Horizonte: Editora D'Plácido, 2014.

17

A DISTORÇÃO DO SISTEMA TRIBUTÁRIO NACIONAL REFERENTE AO IMPOSTO DE RENDA DA PESSOA FÍSICA ASSALARIADA E DO PRESTADOR DE SERVIÇO

Misabel Abreu Machado Derzi[1]
Cristiane Miranda Botelho[2]
Regivano Fiorindo[3]

1. INTRODUÇÃO

Embora pouco trabalhado cientificamente, o Brasil já assiste há um bom tempo a um importante fenômeno nas relações de trabalho com sérias implicações fiscais: o trabalho exercido pela pessoa física – geralmente prestador de serviço – que se estrutura juridicamente como empresa, muito embora sequer tenha empregados, migra para a tributação da pessoa jurídica, em razão da sensível diminuição da carga tributária, acaso permanecesse no regime de tributação da pessoa física.

Como esse fenômeno tem gerado implicações significativas na redução da base dos contribuintes pessoas físicas do imposto sobre a renda,

[1] Profa. Titular de Dir. Tributário e Financeiro da UFMG e Faculdades Milton Campos. Pres. Honorária da ABRADT e Advogada.
[2] Doutoranda em Direito pela UFMG. Juíza Federal/MG.
[3] Mestrando em Direito pela UFMG . Juiz Federal/MG.

causando um abismo fiscal entre aqueles assalariados ou servidores públicos, jungidos obrigatoriamente à tributação da pessoa física, busca o presente trabalho analisar as circunstâncias desse fenômeno, como ele ocorre, o porquê de sua existência, bem como os estudos que investigaram suas implicações na tributação da renda e seus reflexos na distribuição de renda e riqueza no Brasil.

Em sua obra - *O Capital no Século XXI* – THOMAS PIKETTY, examinando a evolução da concentração de renda ao longo do século XX, concluiu que hoje estamos próximos do percentual de concentração de renda e riqueza vivido no século XIX, o que reacendeu verdadeiro frenesi nos países desenvolvidos a respeito da tributação da renda e do capital.

No Brasil, economia ainda em desenvolvimento, e que escancara níveis cruéis de desigualdade social e regional, o debate sobre o papel da tributação da renda, do capital e da riqueza, antes restrito aos meios acadêmicos, foi incendiado por PIKETTY e pelos valiosos estudos que se seguiram e que se debruçaram sobre os ainda incipientes e pouco organizados dados da Receita Federal do Brasil sobre o Imposto de Renda da Pessoa Física – IRPF.

O imposto sobre a renda constitui peça chave do sistema tributário moderno, seja por seu grande potencial arrecadatório, seja pela circunstância de ser o tributo em que as características pessoais do contribuinte estão mais presentes, sendo o instrumento fiscal mais adequado para se alcançar os postulados da igualdade tributária, progressividade fiscal, respeito à capacidade econômica do contribuinte, enfim, a justiça tributária.

No entanto, paradoxalmente, a tributação da renda das pessoas físicas representa apenas 2,7% do PIB e 7,6% da arrecadação total tributária do país, consoante estudo elaborado por CASTRO[4].

Somam-se a isso os dados coletados por AFONSO[5], em recente estudo sobre o IRPF e a desigualdade no Brasil, o qual afirma, com base nos rendimentos apurados pelo PNAD de 2012, que ¾ (três quartos) dos

---

4 CASTRO, Fábio Ávila de. *Imposto de Renda da Pessoa Física: Comparações Internacionais, Medidas de Progressividade e Redistribuição.* Brasília: 2014, p. 54, disponível em http://repositorio.unb.br/bitstream/10482/16511/1/2014_FábioAvilaDeCastro.pdf, acesso em 30.01.2015, às 9h48.

5 AFONSO, José Roberto R. *IRPF e desigualdade em debate no Brasil: o já revelado e o por revelar.* Texto de Discussão n 42, FGV IBRE. Agosto 2014, p. 7, disponível http://portalibre.fgv.br/main.jsp?lumPageId=402880811D8E34B9011D9CCBFDD1784C&contentId=8A7C82C5472605620147A136419A2EE8, acesso em 30.01.2015, às 10h11.

brasileiros não estão submetidos ao IRPF, por ganharem abaixo do limite de isenção. A pesquisa ainda aponta uma massiva concentração de servidores públicos – ativos e inativos – entre os declarantes, fazendo com que metade de todo o IRPF retido na fonte sobre o rendimento do trabalho em 2013 seja oriundo dos valores pagos pelas Administrações Públicas.

Ora, considerando que dados do Instituto Brasileiro de Geografia e Estatística – IBGE indicam que a Administração Pública correspondia, em 2011, a 18,1% do pessoal ocupado e, mesmo tendo em conta que o vencimento do servidor público é 38% superior à média nacional, pode-se inferir, com apoio nos dados estatísticos colhidos por AFONSO[6], que a percentagem de retenção do IRPF procedida pela Administração Pública é quase o triplo de sua proporção na geração de emprego. Além disso, parcela expressiva das rendas mais elevadas no setor privado não está sendo objeto de tributação pelo IRPF, mas assumindo a roupagem de tributação por empresas individuais.

Neste trabalho propõe-se examinar esta distorção e apontar possíveis soluções ou singelas direções para esse quadro, de modo que se equalize a retenção no âmbito privado e público, buscando-se uma maior justiça tributária na tributação sobre a renda segundo a capacidade econômica do contribuinte.

2. CONCEITO DE RENDA NA CONSTITUIÇÃO DE 1988 E DISCRIMINAÇÃO DE COMPETÊNCIA TRIBUTÁRIA.

A noção de renda tem supedâneo constitucional (art. 153, III, da Constituição Federal de 1988), sendo pressuposto para a correta incidência do IRPF e fator impeditivo para alteração das regras de distribuição de competência tributária entre os entes políticos. Na função de pressuposto da incidência do IRPF, a renda atua como fator positivo, permitindo à União a instituição dessa exação. Já no aspecto negativo, obsta-se que o ente federal tribute fato diverso da renda, na medida em que deve guardar obediência irrestrita à repartição de competências feitas pelo poder constituinte originário.

Essa delimitação é imperativa para o válido exercício da competência federal, haja vista que, excepcionando o imposto sobre a propriedade territorial rural (art. 153,VI, CF/88), à União falece estabelecer gravame sobre o patrimônio das pessoas físicas e jurídicas. Com efeito, a distinção

---

6 Ob. cit. p. 07.

entre renda e patrimônio é inarredável. Toda vez que a União deixar de tributar a riqueza nova acrescida ao patrimônio e gravar o próprio capital imobilizado exsurge a inconstitucionalidade do imposto, seja pela ausência de lei complementar para a criação de imposto residual (art. 154, I), seja pela invasão de competência. Assim, já sintetizamos a questão[7]:

> "A distinção precisa entre renda e capital (ou patrimônio), que sempre foi necessária para assegurar a rigidez do sistema de discriminação de competências, sob o pálio da Constituição de 1988, é imperativo ainda mais fortalecido, indispensável ao exercício válido do poder tributário da União."

A discriminação de competência tributária foi acentuada com a Constituição de 1988, a qual constitucionalizou o que, sob a égide da Constituição anterior, configurava invasão de competência ou *bis in idem*, permitindo expressamente a criação pela União de contribuição social – e não imposto – que tenha como fato gerador o lucro, a receita, faturamento e a folha de salário e demais rendimentos do trabalho pagos ou creditados à pessoa física que lhe preste serviço, mesmo sem vínculo empregatício.

No entanto, a licença constitucional é restrita para instituição de contribuição social – e não de imposto – destinada ao custeio da seguridade social, com todas as restrições de caráter constitucional, administrativo e arrecadatório previstas nos artigos 194, 195, 165, §5º, 167, IV, VI, VIII e IX. Tais delimitações constitucionais tornam as contribuições sociais inconfundíveis juridicamente com os impostos, muito embora em termos econômicos possa haver certa coincidência da base tributária entre tais exações.

Tendo em vista esse panorama constitucional e a rigidez do sistema de discriminação de competências fortalecido pela Constituição de 1988, a correta delimitação do conceito de renda é fundamental para o exercício válido do poder tributário da União.

A preocupação incessante com a determinação do conceito de renda há muito absorve os estudiosos da ciência do direito e das finanças. Durante o século XX, foram escritas vultosas obras a respeito do tema, demonstrando quão complexo e instigante é o seu estudo.

---

7 DERZI, Misabel Abreu Machado. Os conceitos de renda e de patrimônio - efeitos da correção monetária insuficiente no imposto de renda. Belo Horizonte: Del Rey, 1992. p. 17.

Em notável artigo, RUBENS GOMES DE SOUSA[8] traça as mais importantes teorias sobre a renda: i) renda como acréscimo; ii) renda como produto periódico de uma fonte permanente e iii) renda segundo a definição traçada pelo legislador.

GOMES DE SOUSA ressalta que, inicialmente, as atenções doutrinárias se voltaram para a distinção de renda e capital. O capital se qualificava pelo montante de patrimônio observado num momento qualquer do tempo, enquanto a renda seria o acréscimo ao capital verificado em dois momentos determinados. Atribuiu-se caráter dinâmico à renda, ao passo que o capital era visto no sentido estático.

A noção de livre disponibilidade, acrescenta GOMES DE SOUSA[9], foi trazida por HERMANN SCHMOLLER, ainda no século XIX. Assim, renda seria a parcela de riqueza de que o titular poderia dispor sem prejudicar seu capital. Desta concepção de livre disponibilidade da renda e "permanência" do capital decorre outra qualidade da renda: sua periodicidade, ou seja, sua capacidade, pelo menos potencial, de reproduzir-se em intervalos de tempo. Com efeito, um acréscimo patrimonial que não lograr reproduzir-se em certo período de tempo, não seria disponível sem a destruição do capital, pelo que não configuraria renda.

MUSGRAVE[10] anota que GEORGE SCHWANZ, ampliando consideravelmente a noção de renda, concebeu-a como sendo o acréscimo puro e simples de valor pecuniário ao patrimônio verificável em dois momentos de tempo. Renda foi configurada como qualquer adição de poder econômico da pessoa em determinado período de tempo. No entanto, este conceito econômico de renda recebe críticas por considerar como tal todo e qualquer incremento ao patrimônio, mesmo os advindos de heranças e doações, os quais, pela discriminação de competências estabelecida constitucionalmente, estão excluídos do aspecto material da hipótese de incidência do Imposto de Renda.

Em oposição a esse amplo conceito de renda como acréscimo, surgiu a clássica noção de renda como atributo periódico de uma fonte permanente, legado de GUSTAV COHN, NEUMANN e WAGNER. Como

---

8 SOUSA, Rubens Gomes de. A Evolução do Conceito de Rendimento Tributável. Revista de Direito Público. São Paulo, n. 14, Revista dos Tribunais, p. 339-346, out/dez. 1970.

9 *Idem*, ob.cit.

10 MUSGRAVE, Richard A. *In Defense of an Income concept. Harvard Law Review*, Harvard, v. 81, n. 1, p. 44-62, novo 1967.

anota GOMES DE SOUSA[11], a teoria da fonte restituiu a noção de reprodutividade da renda, desconsiderada por alguns adeptos da renda como acréscimo. Por tal teoria, a renda não mais fica atrelada ao destino do acréscimo dado pelo titular, mas à natureza de sua origem ou da "fonte" de onde provém.

Contudo, considerando que tal corrente condiciona a noção de renda aos elementos da periodicidade, regularidade e fonte permanente, ela tem sido encarada com temperamentos, como noticia o próprio GOMES DE SOUSA. A rígida significação dada aos elementos acima impede acomodar fórmulas novas surgidas com a evolução das relações econômicas (v.g. ganhos de capital e prêmios de loterias), as quais, embora não sendo periódicas, não deixam de se caracterizar como renda tributável.

IRVING FISCHER[12] renovou a teoria da fonte, concebendo a renda como "fluxo". Segundo este economista estadunidense, renda seria o resultado da soma dos benefícios ou vantagens que o titular tira de seu patrimônio, deduzido dos valores monetários poupados. Renda é apresentada como excedente, tendo em conta o fluxo de satisfações de bens e serviços, durante determinado período. Os serviços seriam os eventos desejáveis, tais como objetos materiais, frutos do direito de propriedade, cuja existência é condicionada ao consumo ou utilização desses bens. Conclui FISCHER que o Imposto de Renda deveria ter como base unicamente a renda consumida – imposto sobre despesas, sobre o consumo – e não a poupada, uma vez que esta última não proporcionaria utilidades para as pessoas, não se constituindo como parte do fluxo de serviços. Para FISHER, a tributação da renda poupada seria destrutivo da riqueza, de sorte que um imposto anual, com módicas alíquotas, já seria suficiente. Do contrário, os ricos seriam duplamente tributados, nas despesas que realizassem e na herança que deixassem.

BALEEIRO[13] foi incisivo nas críticas lançadas em face da tese que busca proteger a renda poupada da tributação. Afirma que as necessidades públicas não podem esperar pela morte das pessoas mais ricas e que o consumo dos milionários não gera receita pública suficiente para

---

11 Ob. cit. p. 342.

12 FISHER, The Nature of Capital and Income. New York, 1906; Encyclopaedia of the Social Sciences, verbete income *apud* SOUZA, Rubens Gomes de. A Evolução do Conceito de Rendimento Tributável. Revista de Direito Público, cit., p. 339-394.

13 BALEEIRO, Aliomar. Limitações Constitucionais ao poder de Tributar. 8. Ed. Atualizada por Misabel Abreu Machado Derzi. Rio de Janeiro: Forense, 2010. p. 1332.

os gastos dos governos. Visionário, BALEEIRO já profetizava que os impostos sobre a herança não garantem a festejada arrecadação e são vulneráveis a "maquinações e fraude de toda natureza".

Outro economista defensor da não incidência da tributação sobre a renda poupada é NICHOLAS KALDOR[14], que traz um argumento instrumental para a defesa dos poupadores. Para KALDOR, um imposto sobre o consumo é preferível ao imposto sobre a renda, por tributar aquilo que as pessoas tiram do "fundo comum" e não pela quantia que elas acrescentam. Na lógica de KALDOR, como poupança e investimento são socialmente benefícios, não seria justo impor tributos mais pesados a poupadores e investidores.

Há objeções óbvias e contundentes a este raciocínio, e MURPHY e NAGEL[15] são implacáveis em face desta sacralização da renda poupada. Argumentam, com acerto, que o consumo que estimula a produção é tão essencial ao crescimento quanto os investimentos. Ademais, não há nenhum "fundo comum", já que a riqueza continua essencialmente submetida ao controle privado de seus proprietários.

Não se pode olvidar, lembram MURPHY E NAGEL, que não apenas o aumento de consumo, mas também o aumento da renda, faz aumentar o bem-estar, logo, a substituição de um Imposto de Renda por um de consumo reduziria a carga tributária dos que estão num nível alto de bem-estar, à custa dos mais pobres.

O conceito de renda adotado no art. 43 do CTN não deixa dúvidas quanto à tributabilidade da renda poupada:

> Art. 43. O imposto, de competência da União, sobre a renda e proventos de qualquer natureza tem como fato gerador a aquisição da disponibilidade econômica ou jurídica:
>
> I - de renda, assim entendido o produto do capital, do trabalho ou da combinação de ambos;
>
> II - de proventos de qualquer natureza, assim entendidos os acréscimos patrimoniais não compreendidos no inciso anterior.

---

14 KALDOR, Nicholas. An Expenditure Tax. Aldershot: Gregg Revivals.1955 *apud* MURPHY, Liam; NAGEL, Thomas. O mito da propriedade. São Paulo: Martins Fontes, 2005, p. 146.

15 MURPHY, Liam; NAGEL, Thomas. O mito da propriedade. São Paulo: Martins Fontes, 2005, p. 146-147.

> § 1º A incidência do imposto independe da denominação da receita ou do rendimento, da localização, condição jurídica ou nacionalidade da fonte, da origem e da forma de percepção.
>
> § 2º Na hipótese de receita ou de rendimento oriundos do exterior, a lei estabelecerá as condições e o momento em que se dará sua disponibilidade, para fins de incidência do imposto referido neste artigo.

Não por outro motivo, a legislação ordinária brasileira abarca, na hipótese de incidência do IRPF, os rendimentos oriundos de aplicações financeiras, muito embora sujeitos à tributação definitiva na fonte.

Partindo da premissa de que o texto constitucional e a legislação complementar respaldam a tributação da renda poupada procedida pela legislação ordinária do IRPF, uma dos subscritores deste artigo afirma que a legislação ordinária brasileira, ao disciplinar o IRPF e o IRPJ, traz nítida diferenciação do conceito de renda no tratamento das pessoas físicas e das pessoas jurídicas. Confira-se[16]:

> "A teoria das fontes, como fluxos, que os autores alemães identificam com a espécie de concepção de renda própria das pessoas físicas não empresariais, e a teoria acrescionista de comparação do patrimônio, adequada à tributação das pessoas empresariais, encontram nítida separação na lei tributária ordinária brasileira."

A origem dessa diferenciação, segundo estudiosos alemães do tema, é antiga. Explica K.TIPKE[17] que o dualismo tem longa tradição, pois, ainda no século XIX, a lei cedeu às exigências dos empresários do comércio e da indústria, que insistiram em identificar o lucro com o resultado da contabilidade comercial. A diferença de tratamento legal, dispensado à pessoa física e à jurídica, ainda hoje, está assentada nos seguintes argumentos:

> a) do risco do empreendimento, sendo a atividade empresarial muito mais sensível às oscilações da economia e às flutuações de mercado. Embora as graves crises econômicas não poupem as pessoas físicas, em especial os assalariados, que delas sofrem os efeitos indiretamente, por meio das consequências que desencadearam nas pessoas empresariais (desemprego, por exemplo), as pessoas jurídicas, mesmo em tempos de crescimento e *boom,* sujeitam-se à forte concorrência

---

16 Cf. DERZI, Misabel Abreu Machado. Os conceitos de renda e de patrimônio – efeitos da correção monetária insuficiente no imposto de renda. Belo Horizonte: Del Rey, 1992. P. 23.

17 Cf. TIPKE, Klaus. *Steuerrecht. Ein systematicher Grundiss. 9.Köln.* 1983, p. 213.

no mercado nacional e internacional, às flutuações dos juros e da moeda, dos preços e dos salários;

b) para desenvolver a empresa é necessário separar um patrimônio e afetá-lo às atividades econômicas, de tal modo que a proteção desse patrimônio é essencial à sobrevivência do empreendimento (de cujo êxito dependem credores, trabalhadores e sócios investidores). Portanto, esse patrimônio, destinado à atividade produtiva, capaz de gerar renda, deve ser cercado de cuidado especial.

Desse modo, para as pessoas físicas, a noção de renda como fluxo é mais usual, tributando-se o excedente das entradas sobre os custos. De regra, não são permitidos abatimentos de prejuízos de bens patrimoniais da pessoa física ou seu desgaste ao longo do tempo, mas os gastos para a manutenção e sobrevivência dos contribuintes e seus dependentes devem necessariamente estar compreendidos como despesas dedutíveis da base de cálculo do IRPF.

De outro norte, para as pessoas jurídicas, utiliza-se a ideia de renda como acréscimo patrimonial medido pela comparação de resultados no início e no final de certo período, permitindo-se a dedução de valores desse patrimônio, bem como dos prejuízos existentes. Sempre asseveramos[18] que o regime de deduções nas pessoas jurídicas não constitui benevolência do legislador, porém uma necessidade para a própria existência das pessoas empresarias, cujo patrimônio é afetado para a atividade produtiva, estando sujeito a riscos do empreendimento econômico.

Ainda nesta parte introdutória do conceito de renda, crucial não se perder de vista que a noção de renda está necessariamente atrelada à de período. Renda e rendimento são inconfundíveis e a outorga constitucional conferida à União, no art. 153, III, da Constituição Federal de 1988, foi a instituição de imposto sobre a renda e não sobre os rendimentos.

Rendimentos são a remuneração de fatores patrimoniais (capital e trabalho), tais como juros, salários, *royalties* ou lucro. Como contraprestações dissociadas da ideia de tempo, são caracterizadas apenas pela noção de ganho, acréscimo ou adição. Renda é indissociável da periodicidade e da avaliação do incremento de riqueza nova verificada entre dois marcos temporais. Somente findo o exercício financeiro, após o ajuste de ingressos com os abatimentos dos gastos necessários para produzir e

[18] DERZI, Misabel. *In* notas de atualização de BALEEIRO, Aliomar. Direito Tributário Brasileiro.12ª. ed. Rio de Janeiro: Forense, 2013.p.393.

manter a renda, é que se chegará à definitiva base de cálculo do IRPF, ou seja, ao efetivo acréscimo ou à renda auferida pelo contribuinte.

Por fim, não obstante as críticas que a doutrina tem endereçado ao conceito de renda descrito no art. 43 do Código Tributário Nacional, alguns pontos pacíficos são enumerados pela doutrina[19]:

> 1º) renda é produto, fluxo ou acréscimo patrimonial, que não se confunde com o patrimônio de onde se origina. O patrimônio é representado pelo trabalho da pessoa, do capital ou da combinação de ambos os fatores;
>
> 2º) proventos são uma forma específica de rendimento tributável, geralmente os oriundos de um benefício previdenciário, tal como aposentadorias e pensões;
>
> 3º) a renda pressupõe a realização do excedente. Com apoio em MODESTO CARVALHOSA, pode-se falar em aquisição de disponibilidade, ou seja, em acréscimo efetivo ao patrimônio do titular de uma determinada renda. Somente é tributável o acréscimo patrimonial quando ele é efetivamente verificável e disponível pelo seu titular"[20];
>
> 4º) parece ser comum a forma de apuração da renda diferenciada na pessoa física da forma de fazê-lo na pessoa jurídica. Até mesmo a terminologia pode variar. Em geral, os países europeus e os EUA denominam de imposto sobre as corporações, o imposto cobrado sobre os lucros empresariais, reservando-se a denominação renda apenas para as pessoas físicas. No Brasil, embora a expressão "renda" seja única (é mesmo constitucional), ela não pode esconder o tratamento diverso da apuração de umas e outras pessoas, marcando-se a mesma cisão. A explicação, como já realçamos, decorre dos riscos mais acentuados das atividades econômicas e da necessidade de se separar um patrimônio – que demanda proteção – para o desenvolvimento da empresa;
>
> 5º) o direito tributário trabalha com o conceito pessoal de renda. Esse acréscimo deve refletir a capacidade econômica efetiva da pessoa, seja através do emprego da força física ou intelectual (trabalho) ou pelo risco do empreendimento empresarial. A capacidade econômica será examinada no tópico a seguir.

---

[19] Idem. Ibidem.

[20] CARVALHOSA, Modesto. Imposto de Rend. Conceituação no Sistema Tributário da Carta Constitucional, Revista de Direito Público. São Paulo, vol. 1. p. 193.

2.1 A importância da tributação da renda como instrumento de justiça fiscal

O sistema jurídico tributário possui papel relevantíssimo para realização da justiça social, sobretudo nos países marcados com drásticas diferenças socioeconômicas, desigualdade e concentração de renda.

Segundo RONALD DWORKIN[21], compete ao sistema tributário estruturar um sistema distributivo que garanta dois princípios básicos que refletem, por sua vez, as duas dimensões da dignidade da pessoa humana. O primeiro princípio é o de que "toda vida humana possui um tipo especial de valor objetivo" e precisa ser protegida. O segundo princípio refere-se à "responsabilidade pessoal", pelo qual "cada pessoa possui uma responsabilidade especial para realizar o sucesso de sua própria vida", tendo a liberdade de decidir sobre seu projeto de vida social, segundo os valores morais que considera importantes.

REUVEN AVI-YONAH[22] esclarece que a estrutura do sistema tributário é uma das mais importantes decisões tomadas pelos cidadãos de um país democrático e reflete os objetivos e o modelo de sociedade que os cidadãos querem viver. A Constituição Federal de 1988, ao definir claramente os objetivos fundamentais da República Federativa Brasileira insertos no art. 3º, incisos I e III, não deixa dúvidas de que a estruturação do ordenamento jurídico tributário tem de conduzir à erradicação da pobreza, redução das desigualdades sociais, de modo a se edificar uma sociedade livre, justa e solidária.

A tributação da renda, das heranças e da propriedade possui função decisiva quando se predica a redução da concentração de renda entre os estratos sociais da sociedade. Entretanto, alerta ALLISON CHRISTIANS[23] que os países estão inseridos em um ambiente de feroz concorrência tributária internacional, que fomenta a regressividade da tributação e impede que sejam atingidos os objetivos propostos pelo Estados Social. Neste contexto, as opções estão alocadas nas decisões que

---

21 RONALD DWORKIN. *Is Democracy possible here? Principles for a New Political Debate*. Princeton University Press, 2006, pp. 9-10.

22 AVI-YONAH, Reuven. *Globalization, Tax Competition and the Fiscal Crisis of the Welfare State*. In Harvard Law Review, vol. 113, 1999-2000, pp. 1573-1676.

23 CHRISTIANS, Allison. *Fair Taxation as a Basic Human Right*. Disponível em http://papers.ssrn.com/sol3/papers.cfm?abstract_id=1272446, acesso em 07/06/2015, às 11h15min.

priorizam a eficiência arrecadatória do sistema tributário, em franco comprometimento do caráter distributivo e da justiça tributária.

A justiça ou equidade na tributação é um dos três alicerces tradicionais que guiam a política fiscal, juntamente com a eficiência e a simplicidade do sistema. ALLISSON CHRISTIANS pontua que o desejável seria um equilíbrio entre estes objetivos, de modo que não houvesse uma sobrevalorização de um deles a ponto de legar ao esquecimento as demais colunas estruturais da política fiscal. Essa é a grande tarefa na formulação do sistema tributário como advertem MURPHY E NAGEL[24]: "inventar um esquema [tributário] que seja ao mesmo tempo eficiente e justo". Contudo, o que se tem observado nas últimas décadas, afirma a professora canadense, é uma minimização da importância da justiça tributária em relação, sobretudo, à eficiência.

Os três objetivos da tributação são claramente expostos por REUVEN AVI-YONAH[25], quando se propôs a responder à pergunta "*what are taxes for*?". Então, AVI-YONAH começa enumerando que o primeiro objetivo de um sistema tributário é arrecadar dinheiro para as despesas públicas, uma vez que sem a receita oriunda dos impostos, ao menos nas economias de mercado, não há como obter recursos para que os Estados realizem seus fins. Essa função é a menos controversa das outras duas a seguir enumeradas e mesmo aqueles libertários que questionam o "tamanho" do governo concordam que ao menos um mínimo deve ser captado da população para que as funções de defesa nacional sejam custeadas.

A tributação pode assumir, ainda, um componente regulatório, seja induzindo, freando ou estimulando determinados setores da atividade econômica. Os altos impostos incidentes sobre tabaco, álcool, energia, combustíveis, ou ainda isenções, alíquotas zero ou reduzidas em determinadas regiões, que buscam desenvolver o País, são algumas medidas tributárias que se prestam a esta função regulatória do sistema tributário.

Por fim, e igualmente importante, sendo usualmente empregada nos diversos sistemas tributários existentes, mas acendendo muitas controvérsias tributárias e filosóficas, é a função redistributiva da tributação, pela qual os tributos são estruturados e cobrados de modo a diminuir a desigualdade de patrimônio e renda resultante das forças econômicas do mercado.

---

24 Ob.cit.p. 16.

25 AVI-YONAH, Reuven. *Globalization, Three Goals of Taxation. In* N.Y.U. Tax Law Review, vol. 60, 2006-2007, pp. 1-28.

Neste ponto, toca-se a acesa divergência entre tributação do consumo e tributação da renda e do caráter progressivo ou regressivo do sistema, o que não é objeto deste artigo, podendo apenas se adiantar que o debate está mais atual do que nunca, como se colhe de recentes estudos publicados pela OCDE[26].

Por ora, interessa-nos pontuar que o caráter redistributivo da tributação é essencial na formatação de um sistema tributário e que a incidência sobre a renda possui papel decisivo na persecução desse objetivo. Com respaldo em REUVEN AVI-YONAH[27], pode-se afirmar que o poder econômico conferido pela alta concentração de renda confere poder político e interfere no próprio exercício da democracia e no ideal republicano, promovendo a instauração de uma classe aristocrática lastreada na riqueza herdada. Além disso, a pobreza, a grande desigualdade social e as altas taxas de concentração de renda geram consequências extremamente negativas que prejudicam e, caso se perpetuem no tempo, inviabilizam a convivência social.

MURPHY E NAGEL também enfatizam o caráter perverso da desigualdade social: *"A pobreza é má sob todos esses pontos de vista. A vida dos pobres é difícil, muitas vezes humilhante; as crianças nascidas em famílias pobres têm menos oportunidades e expectativas mais modestas"*.[28]

A tributação da renda, além de seu caráter redistributivo, como já comprovaram estudos do FMI[29], possui um importante caráter simbólico, consoante acentua AVI-YONAH[30], por trazer legitimidade a um dado sistema tributário, o que, dito de outra forma, implica dizer que os cidadãos de uma sociedade democrática terão ciência de que também e, sobretudo, os mais ricos estão sendo de fato tributados e não se utilizando de manobras evasivas e ilícitas para evitar ou pagar menos tributos.

---

[26] *OECD Tax Policy Studies. The Distributional Effects of Consumption Taxes in OECD Countries.* Disponível em *http://www.oecd.org/ctp/consumption/the-distributional-effects-of-consumption-taxes-in-oecd-countries-9789264224520-en.htm,* acesso em 07/06/2015, às 12h33min.

[27] Ob.cit. p. 15.

[28] Ob.cit. p. 182-183.

[29] Ke-Young Chu, Hamid Davoodi & Sanjeev Gupta. *Income Distribution and Tax Government Social Spending Policies in Developing Countries 36 (IMF Working Paper n. 00/62),* disponível em http://www.imf.org/external/pubs/ft/wp/2000/wp0062.pdf, acesso em 07/06/2014, às 13h18min.

[30] Ob. cit. p. 20.

3. IRPF E CAPACIDADE ECONÔMICA.

As bases filosóficas da ideia de capacidade econômica estão intrinsecamente ligadas à igualdade e justiça tributária. TIPKE[31] expõe com clareza esta relação:

> *"La Justicia se garantiza primordialmente mediante la igualdad ante la ley, en el Derecho tributario mediante la igualdade n l reparto de la carga tributaria. Quien desee comprobar se se respecta o se lesiona el principio de igualdad necesita un término de comparación adequado a la realidad.*
>
> *(...)*
>
> *Puesto que la renta es la única fuente tributaria y el Ente público debe participar de dicha renta, debe encontrarse un principio unitario, una medida unitária con fundamento ético, según la cual se grave la renta (o más exactamente, La renta disponible para el pago de los impuestos."*

A igualdade é o critério determinante da justiça tributária, o princípio retor do ordenamento jurídico tributário, conferindo-lhe unidade e coerência. A isonomia é o princípio maior do qual a capacidade econômica é subprincípio. Essa relação de todo para parte é importante, pois se é verdade que a capacidade econômica pode sofrer derrogações – razões de extrafiscalidade ou praticidade, por exemplo – a igualdade não pode ser "rompida", pois implicaria a existência de contradições dentro da própria ordem jurídico-tributária.

O princípio da capacidade econômica é eleito, na maioria das vezes, como critério de concreção e aplicação da igualdade tributária. Já afirmamos[32] que a capacidade econômica serve de critério ou de instrumento à concretização dos direitos fundamentais individuais"; para SACHA CALMON[33] é o "motor operacional do princípio da igualdade"; ROQUE CARRAZZA[34] afirma que a capacidade contributiva "hospeda-se nas dobras do princípio da igualdade; REGINA HELENA COSTA[35] escreve

---

[31] TIPKE, Klaus. *Moral Tributaria del Estado y los Contribuyentes.* Madrid: Marcial Pons, 2002. pp.30-32.

[32] DERZI, Misabel. In notas de atualização de BALEEIRO, Aliomar. Limitações Constitucionais ao poder de Tributar. 8.ed. Rio de Janeiro: Forense, 2010, p. 1091.

[33] COÊLHO, Sacha Calmon Navarro. Curso de Direito Tributário brasileiro, p. 82.

[34] CARRAZZA, Roque Antônio. A Progressividade na Ordem Tributária. Revista de Direito Tributário, São Paulo, n. 64, Malheiros, p. 43-55. p. 45.

[35] COSTA, Regina Helena. Princípio da capacidade contributiva. 2ª ed. São Paulo: Malheiros, 1996, p. 39.

ser a "capacidade contributiva um subprincípio, uma derivação de um princípio mais geral que é o da igualdade".

Em sua monografia sobre a capacidade contributiva, REGINA HELENA COSTA[36] propõe ser o sentido objetivo o "pressuposto ou fundamento jurídico do imposto", uma "diretriz para a eleição das hipóteses de incidência de impostos", pois nela deve haver fatos que manifestem riqueza. No sentido subjetivo, compreende-se a possibilidade de contribuir de cada sujeito passivo, sendo "critério de graduação do imposto", bem como "limite à tributação", para se preservar o mínimo vital e não atingir proporções confiscatórias.

Também já tivemos oportunidade de realçar esses dois ângulos da capacidade contributiva, a saber:

> "Emilio Giardina (Le Basi Teoriche del Principio della Capacità Contributiva, Milão, Dott. A Giuffre Ed., 1961, p.439) explica que a capacidade objetiva absoluta obriga o legislador a tão somente eleger como hipóteses de incidência de tributos aqueles fatos que, efetivamente, sejam indícios de capacidade econômica. Daí se inferir a aptidão e em tese para concorrer aos gastos públicos da pessoa que realiza tais fatos indicadores de riqueza [...].
>
> Não obstante, a capacidade relativa ou subjetiva refere-se à concreta e real aptidão de determinada pessoa (considerando seus encargos obrigatórios pessoais e inafastáveis) para pagamento de certo tributo."[37]

A capacidade contributiva subjetiva somente se inicia após "a dedução das despesas necessárias para a manutenção de uma existência digna para o contribuinte e sua família."[38]

Esse é o ponto nevrálgico deste artigo – efetividade da "capacidade econômica" no âmbito do imposto de renda da pessoa física – comparando-se os regimes tributários da pessoa física assalariada e do prestador de serviço autônomo, examinando-se os impactos da legislação atual sobre a eficácia dos princípios norteadores do Imposto de Renda, quais sejam, universalidade e generalidade - § 2.º do art. 153 da Constituição Federal.

---

36 *Idem, ibidem.*

37 DERZI, ob. cit. p. 1093.

38 *Idem. Ibidem.*

4. O IMPOSTO DE RENDA DEVIDO PELA PESSOA FÍSICA.

Simplificadamente, pode-se afirmar que são contribuintes do Imposto de Renda Pessoa Física – IRPF todas as pessoas físicas – independentemente da capacidade civil – que auferirem acréscimo patrimonial durante o ano-base de tributação, definido aquele, pelo CTN, no art. 43, como a aquisição de disponibilidade econômica ou jurídica de renda ou proventos de qualquer natureza e ainda os ganhos de capital.

O direito positivo brasileiro assegura aos contribuintes solteiros, casados e àqueles que convivam em união estável a tributação separada de rendas (art. 7° do Decreto n° 3.000/1999). Na declaração, cada cônjuge (ou companheiro) inclui o total dos rendimentos próprios e 50% dos rendimentos produzidos pelos bens comuns, compensando-se 50% do imposto pago ou retido sobre esses rendimentos. Contudo, deixa a legislação aberta a opção para que os conviventes ou casados tenham os rendimentos dos bens comuns tributados, na sua totalidade, por apenas um dos cônjuges, hipótese em que a declaração em conjunto deve ser apresentada em nome de um deles.

A legislação estabelece uma sistemática de apuração do Imposto de Renda da pessoa física que compreende a tributação no curso do ano-calendário e um ajuste anual, concluído o referido ano.

Estão sujeitos à incidência do imposto na fonte os rendimentos do trabalho assalariado pagos por pessoas físicas ou jurídicas, os rendimentos do trabalho não assalariado, além dos rendimentos de aluguéis e *royalties* pagos por pessoa jurídica. Tais rendimentos estão submetidos à tabela progressiva, que, para o ano calendário de 2014, de acordo com a Lei 12.469/2011, é a seguinte (Tabela 1 – Tabela progressiva do IRPF):

Base de cálculo mensal em R$	Alíquota %	Parcela a deduzir do imposto em R$
Até 1.787,77	-	-
De 1.787,78 até 2.679,29	7,5	134,08
De 2.679,30 até 3.572,43	15,0	335,03
De 3.572,44 até 4.463,81	22,5	602,96
Acima de 4.463,81	27,5	826,15

O IRPF está entre os tributos sujeitos ao lançamento por homologação, sendo que o CTN, no art. 45, prevê que a lei pode atribuir à fonte pagadora a condição de responsável pelo imposto cuja retenção e recolhimento lhe caiba[39]. Os rendimentos recebidos, retidos na fonte, ou pagos via carne-leão[40], serão totalizados para apurar a renda tributável final de cada contribuinte na Declaração de Ajuste Anual do IRPF (DIRPF)[41],

---

[39] Lei 7.713/1988, art. 7º.

[40] Sujeita-se ao recolhimento mensal obrigatório a pessoa física residente no Brasil que receber:
a) - rendimentos de outras pessoas físicas que não tenham sido tributados na fonte no Brasil, tais como decorrentes de arrendamento, subarrendamento, locação e sublocação de móveis ou imóveis, e os decorrentes do trabalho não assalariado, assim compreendidas todas as espécies de remuneração por serviços ou trabalhos prestados sem vínculo empregatício;
b) - rendimentos ou quaisquer outros valores recebidos de fontes do exterior, tais como, trabalho assalariado ou não assalariado, uso, exploração ou ocupação de bens móveis ou imóveis, transferidos ou não para o Brasil, lucros e dividendos. Deve-se observar o disposto nos acordos, convenções e tratados internacionais firmados entre o Brasil e o país de origem dos rendimentos, e reciprocidade de tratamento;
c) - emolumentos e custas dos serventuários da Justiça, como tabeliães, notários, oficiais públicos e demais servidores, independentemente de a fonte pagadora ser pessoa física ou jurídica, exceto quando forem remunerados exclusivamente pelos cofres públicos;
d) – importâncias em dinheiro a título de pensão alimentícia, em face das normas do Direito de Família, quando em cumprimento de decisão judicial ou acordo homologado judicialmente, inclusive alimentos provisionais;
e) - rendimentos recebidos por residentes no Brasil que prestem serviços a embaixadas, repartições consulares, missões diplomáticas ou técnicas ou a organismos internacionais de que o Brasil faça parte;
f) - rendimento de transporte de carga e de serviços com trator, máquina de terraplenagem, colheitadeira e assemelhados, considerando-se tributável 10%, no mínimo, do rendimento bruto; e
g)- rendimento de transporte de passageiros, considerando-se tributável 60%, no mínimo, do rendimento bruto. Cf. http://www.receita.fazenda.gov.br/pessoafisica/irpf/2014/perguntao/assuntos/carne-leao.html, acesso em 01.02.2015, às 13h01.

[41] Está obrigado a apresentar a declaração o contribuinte, residente no Brasil, que no ano-calendário de 2013:
1 - recebeu rendimentos tributáveis, sujeitos ao ajuste na declaração, cuja soma foi superior a R$ 25.661,70 (vinte e cinco mil, seiscentos e sessenta e um reais e setenta centavos);
2 - recebeu rendimentos isentos, não tributáveis ou tributados exclusivamente na fonte, cuja soma foi superior a R$ 40.000,00 (quarenta mil reais);
3 - obteve, em qualquer mês, ganho de capital na alienação de bens ou direitos, sujeito à incidência do imposto, ou realizou operações em bolsas de valores, de mercadorias, de futuros e assemelhadas;
4 - relativamente à atividade rural:
a) obteve receita bruta em valor superior a R$ 128.308,50 (cento e vinte e oito mil, trezentos e oito reais e cinquenta centavos);

a qual deve ser apresentada até o último dia útil do mês de abril do ano subsequente ao do recebimento do rendimento.

No que tange às deduções, a legislação tributária brasileira ainda está aquém de efetivar o princípio da capacidade econômica – art. 145, § 1.º, da Constituição Federal.

ÁVILA[42] alerta para o fato de que somente a *"renda disponível da atividade desempenhada pode ser tributada. Despesas indispensáveis à manutenção da dignidade humana devem retroceder perante a realização de uma valoração constitucional prévia ao Direito Tributário"*.

Significa dizer que não estariam submetidas ao IRPF as parcelas destinadas à sobrevivência do indivíduo e de sua família. As quantias destinadas ao custeio das despesas indispensáveis do contribuinte não constituem renda disponível. Logo, não são subsumíveis no aspecto material da hipótese de incidência do imposto sobre a renda e proventos de qualquer natureza.

A insuficiência das deduções na legislação do IRPF já fora objeto de exame em outro trabalho e não será aqui abordada, bastando noticiar, contudo, a existência da ADI 4.927 no Supremo Tribunal Federal, proposta pelo Conselho Federal da OAB, na qual se questiona exatamente o limite para dedução com gastos de educação.

Para os limites deste texto, importa apresentar o quadro de deduções atualmente previsto na lei. A tabela 2 apresenta as deduções aplicáveis ao ano-calendário 2014:

---

b) pretenda compensar, no ano-calendário de 2013 ou posteriores, prejuízos da atividade rural de anos-calendário anteriores ou do próprio ano-calendário de 2013;
5 - teve, em 31 de dezembro, a posse ou a propriedade de bens ou direitos, inclusive terra nua, de valor total superior a R$ 300.000,00 (trezentos mil reais);
6 - passou à condição de residente no Brasil em qualquer mês e nesta condição se encontrava em 31 de dezembro; ou
7 - optou pela isenção do imposto sobre a renda incidente sobre o ganho de capital auferido na venda de imóveis residenciais, cujo produto da venda seja destinado à aplicação na aquisição de imóveis residenciais localizados no País, no prazo de 180 (cento e oitenta) dias contados da celebração do contrato de venda, nos termos do art. 39 da Lei nº 11.196, de 21 de novembro de 2005.
(Lei nº 9.779, de 19 de janeiro de 1999, art. 16; Lei nº 11.482, de 31 de maio de 2007, alterada pela Lei nº 12.469, de 26 de agosto de 2011, art. 1º, inciso V; Instrução Normativa RFB nº 1.445, de 17 de fevereiro de 2014, art. 2º). Ver ainda as dispensas de entrega da declaração - http://www.receita.fazenda.gov.br/pessoafisica/irpf/2014/perguntao/perguntas/pergunta-001.html, acesso em 1º de fevereiro de 2015, às 11h19.

42 ÁVILA, Humberto. *O Conceito de Renda e Compensação de Prejuízos Fiscais*. São Paulo: Saraiva, 2011, p. 17.

Dedução	Limite
Desconto padrão. Formulário simplificado	R$ 15.880,89
Contribuição Previdência oficial	Sem limite
Contribuição Previdenciária Privada	12% dos Rendimentos tributáveis
Dedução com dependentes	R$ 2.156,52 por dependente
Dedução com gasto em educação própria do contribuinte ou de seu dependente	R$ 3.375,83 por pessoa
Dedução com pensão judicial	Sem limite, salvo de educação*
Despesas médicas	Sem limite
Despesas escrituradas no livro caixa	Sem limite

Realizadas as deduções permitidas da renda tributável bruta, chega-se à renda tributável líquida do declarante, que corresponde à base de cálculo do imposto sobre a qual será aplicada a correspondente alíquota da tabela progressiva, de forma a se obter o imposto apurado.

Entretanto, importante lembrar que a legislação permite, em certas circunstâncias e dentro de certos limites, que o valor de certas contribuições – como a patronal devida pelo empregador doméstico – doações, patrocínios relacionados a atividades de cunho social ou cultural, possam ser deduzidos do valor do imposto apurado, obtendo-se daí o imposto devido.

A partir do valor do imposto devido, serão subtraídas as antecipações feitas no curso do ano-calendário – as quais se perfazem pela retenção na fonte ocorrida durante o ano-calendário ou os recolhimentos via carnê-leão – para que seja apurado o saldo de imposto a pagar ou a restituir.

Em linhas gerais, esse é o quadro normativo da tributação da pessoa física, assalariada, bem como do prestador de serviço, no âmbito do IRPF.

---

* A Lei 9.250/1995, em seu art. 8, § 3º, na redação dada pela Lei 11.727/2008, incluiu limite para dedução das despesas de educação dos alimentandos, quando realizadas pelo alimentante em virtude de cumprimento de decisão judicial, de acordo homologado judicialmente. Tais despesas de educação poderão ser deduzidas pelo alimentante na determinação da base de cálculo do imposto de renda na declaração, observado o limite estabelecido para cada ano-calendário

4.1 Contribuição Social devida pelos segurados empregados, empregados domésticos e trabalhadores avulsos

A Lei 8.212/1991 estatui o financiamento da Seguridade Social, disciplinando, no art. 20, a contribuição dos segurados empregados, do doméstico e dos avulsos.

O valor devido a título de contribuição social pelo segurado empregado e trabalhador avulso varia conforme a tabela abaixo, sendo certo que a retenção está limitada ao teto do salário de contribuição, o qual, a partir de janeiro de 2015, é de R$ 4.663,75 (quatro mil, seiscentos e sessenta e três reais e setenta e cinco centavos), consoante se infere da tabela 3:

Tabela de contribuição dos segurados empregado e trabalhador avulso, para pagamento de remuneração a partir de 1º de Janeiro de 2015 – Portaria Interministerial MPS/MF n 13, de 09 de janeiro de 2015.	
Salário-de-contribuição (R$)	**Alíquota para fins de recolhimento ao INSS (%)**
até R$ 1.399,12	8,0%
de R$ 1.399,13a R$ 2.331,88	9,0%
de R$ 2.331,89 a R$ 4.663,75	10,0%

4.2 Tributos devidos pelo prestador de serviço, pessoa física, sem vínculo empregatício – autônomo

Além do IRPF, recolhido segundo a tabela progressiva, conforme o valor da prestação do serviço – arts. 38 e 620 do Decreto 3.000/1999 e Lei nº 11.428, art. 1º, VI – são devidos pelo prestador de serviço pessoa física que exerce sua atividade sem vínculo empregatício a contribuição previdenciária ao INSS e o Imposto sobre Serviços de Qualquer Natureza – ISSQN.

Primeiramente, no caso da contribuição devida pelo prestador de serviço autônomo, a alíquota é de 11% e incide sobre o valor da prestação, limitado ao salário máximo de contribuição (art. 21, § 2º, II, da Lei 8.212/1991; IN/RFB nº 971/2009, arts. 54 e 78, VI; e

Decreto nº 3.048/1999, art. 219), o qual, como visto anteriormente, é de R$ 4.663,75 (quatro mil, seiscentos e sessenta e três reais e setenta e cinco centavos). Desse modo, a contribuição está limitada a R$ 513,01 (quinhentos e treze reais e um centavo) mensais, independentemente do valor do serviço prestado.

Em segundo lugar, é devido o Imposto sobre Serviços de Qualquer Natureza - ISSQN, de competência municipal – art. 156, III, da CF/1988 e Lei Complementar nº 116/2003. Nesse caso, a empresa deverá solicitar que o autônomo apresente o comprovante de recolhimento do ISSQN referente ao último período de arrecadação (conforme cadastro junto à prefeitura do município onde o serviço foi prestado), pois, caso o autônomo não comprove o recolhimento, conforme legislação do município, a contratante deverá proceder à retenção e recolhimento do referido tributo. A alíquota pode variar entre os Municípios, porém a LC nº 116/2003 previu, no art. 8º, II, que a máxima é de 5%.

Por outro lado, a empresa que contratar serviços de autônomos deverá fazer o recolhimento da contribuição previdenciária patronal, cuja alíquota é de 20% e incide sobre o valor do serviço contratado (art. 22, III, da Lei 8.212/1991; Decreto nº 3.048/1999, art. 201, I).

5. TRIBUTOS DEVIDOS PELA EMPRESA PRESTADORA DE SERVIÇO

As empresas prestadoras de serviços estão sujeitas ao recolhimento dos seguintes tributos: (i) Contribuição para o Programa de Integração Social – PIS; (ii) Contribuição para o Financiamento da Seguridade Social – COFINS; (iii) Imposto de Renda da Pessoa Jurídica – IRPJ; (iv) Contribuição Social sobre o Lucro Líquido – CSLL; (v) contribuições previdenciárias; (vi) Imposto sobre Circulação de Mercadorias – ICMS (sobre atividade de transporte intermunicipal e telecomunicações) e, obviamente, (vii) o Imposto sobre Serviços de Qualquer Natureza – ISSQN.

5.1 Recolhimentos da empresa prestadora de serviço para outra pessoa jurídica

As importâncias pagas ou creditadas por pessoas jurídicas a outras pessoas jurídicas, civis ou mercantis, pela prestação de serviços caracterizadamente de natureza profissional, estão sujeitas à incidência do Imposto de Renda na fonte, que deve ser retido no momento do pagamento ou do crédito do rendimento, neste caso o que ocorrer primeiro – Lei 9.064/1995, segundo as alíquotas abaixo exemplificadas:

a) pagamentos a empresas de comissões e corretagens: alíquota de 1,5% sobre o valor total da nota fiscal (Decreto 3.000/1999, art. 651, I);
b) pagamentos a empresas de propaganda/publicidade: alíquota de 1,5% sobre o valor total da nota fiscal (Decreto 3.000/1999, art. 651, II);
c) pagamentos a empresas de serviços de limpeza e conservação, segurança e locação de mão-de-obra: alíquota de 1,0% sobre o valor total da nota fiscal (Decreto 3.000/1999, art. 649);
d) pagamentos a empresas de serviços profissionais de pessoa jurídica (administradores, advocacia, engenharia, auditoria, contabilidade, medicina, ensino e treinamento, programação, etc.): alíquota de 1,5% sobre o valor total da nota fiscal (Decreto 3.000/1999, art. 647);
e) pagamentos a cooperativas de trabalho, associações de profissionais ou assemelhadas, relativas a serviços pessoais que lhes forem prestados por associados destas ou colocados à disposição: alíquota de 1,5% sobre o valor total da nota fiscal (Decreto 3.000/1999, art. 652).

São dispensados da retenção os pagamentos efetuados a empresas optantes pelo SIMPLES NACIONAL, desde que o interessado comprove com declaração que a empresa é optante deste regime, anexando-se o comprovante em cada nota fiscal (IN/RFB nº 765/2007, art. 1º).

Além da retenção relativa ao Imposto de Renda na fonte das pessoas jurídicas, são devidas, ainda, as seguintes retenções, regidas pela Lei nº 10.833/2003:

a) CSLL: 1,00%;
b) COFINS: 3,00%;
c) PIS: 0,65%;
d) TOTAL - 4,65%.

Tais retenções deverão ocorrer sem prejuízo da retenção para o Imposto de Renda na fonte das pessoas jurídicas sujeitas às alíquotas específicas previstas na legislação do Imposto de Renda (Decreto nº 3.000/1999).

Note-se que os valores dos tributos e das contribuições retidos serão considerados como antecipação do que for devido pelo contribuinte que sofreu a retenção, em relação às respectivas contribuições, devendo estes valores ser compensados com os tributos e contribuições de mesma espécie, relativamente a fatos geradores ocorridos a partir do mês da retenção.

5.2 Alíquotas do Imposto de Renda, CSSL, COFINS e PIS das pessoas jurídicas. Lucro presumido ou arbitrado

As pessoas jurídicas e as pessoas físicas a elas equiparadas, domiciliadas no País, devem apurar o IRPJ com base no lucro, que pode ser real, presumido ou arbitrado.

A alíquota do IRPJ é de 15% sobre o lucro apurado, com adicional de 10%[43] sobre a parcela do lucro que exceder R$ 20.000,00/mês. Além disso, seguindo a forma de apuração do lucro, acresce-se a CSSL, com alíquota de 9% – art. 17 da Lei 11.727/2008[44].

Importante notar que a opção[45] entre o lucro presumido e o real afeta o cálculo não apenas do IRPJ e da CSSL, como também do PIS e da COFINS.

Para as empresas que adotam o regime do lucro presumido, a apuração do IRPJ e da CSSL tem por base de cálculo uma margem de lucro pré-fixada pela lei, de acordo com a atividade da empresa.

Na atividade comercial, por exemplo, a margem de lucro presumida é de 8% da receita bruta, ao passo que na prestação de serviços é de 32%. Assim, mesmo que a empresa tenha obtido uma margem de lucro maior ou menor, a tributação recairá apenas sobre a margem pré-fixada. Tais percentuais representam uma presunção de lucro e serão aplicados sobre a receita bruta, cujo resultado comporá a base de cálculo do lucro presumido sobre a qual serão aplicadas as alíquotas de 15%, que podem ser acrescidos de 10%, caso o lucro exceder a R$ 20 mil reais/mês (IRPJ) e 9% (CSSL). Sobre a renda, portanto, lucro presumido, incidirão alíquotas líquidas de 24% ou de 34%. Mas ainda haverá a incidência das contribuições sociais para o PIS/COFINS e a contribuição previdenciária sobre folha de pagamento.

As opções acima também influenciam a forma de cálculo do PIS e da COFINS, pois, dependendo do regime adotado para a apuração do

---

43 Em relação às pessoas jurídicas que optarem pela apuração do lucro presumido ou arbitrado, o adicional incide sobre a parcela que exceder o valor resultante da multiplicação de R$ 20.000,00 (vinte mil reais) pelo número de meses do respectivo período de apuração. A alíquota do adicional é única para todas as pessoas jurídicas, inclusive instituições financeiras, sociedades seguradoras e assemelhadas.

44 A alíquota é de 15% (quinze por cento), no caso das pessoas jurídicas de seguros privados, das de capitalização e das referidas nos incisos I a VII, IX e X do § 1º do art. 1º da LC 105/2001.

45 Opção obrigatória pelo lucro real: instituições financeiras e aquelas que auferem receita bruta anual superior a R$ 48 milhões – art. 18 da Lei 9.718/1998 e art. 46 da Lei 10.637/2002. Tal limite vigorou até 31.12.2013, quando foi aumentado para R$ 78.000,00 (setenta e oito milhões de reais).

IRPJ e da CSSL (lucro presumido ou lucro real), essas contribuições sociais serão apuradas por um dos seguintes regimes: cumulativo ou não-cumulativo – art. 10 da Lei 10.833/2003.

Para as empresas que adotam o lucro presumido, o PIS e a COFINS deverão ser apurados pelo regime cumulativo dessas contribuições, no qual a alíquota total é de 3,65% sobre o faturamento e não há direito ao abatimento de créditos.

Por outro lado, as empresas que adotam o lucro real, com algumas exceções, deverão calcular o PIS e a COFINS pelo regime não-cumulativo, com alíquotas respectivas de 1,65% e 7,6% - art. 2.º da Lei 10.637/2002 e art. 2.º da Lei 10.833/2003. Nesse caso, a empresa poderá descontar créditos calculados com base em diversos fatores – art. 3º da Lei nº 10.637/2002 e art. 3.º da Lei 10.833/2003.

5.3 Isenção dos lucros distribuídos a acionistas e sócios

O debate sobre a tributação dos lucros e dividendos distribuídos aos acionistas e sócios está na ordem do dia. Isso porque, como se verá abaixo, no Brasil há isenção total dos valores distribuídos a sócios e acionistas. Mas o tema é de alta complexidade.

Por óbvio, no caso da renda, à luz da Constituição da República, tanto a pessoa jurídica como as pessoas físicas – sócios e acionistas – podem ser chamados a pagar o Imposto de Renda. O que se busca evitar, como assinala CASTRO[46], é a bitributação da renda que é auferida e tributada na empresa, mas que reverte aos indivíduos que dela são sócios ou acionistas, evidentemente após o pagamento dos impostos. Por isso, a tributação das pessoas jurídicas – que atinge diretamente as sociedades empresariais e grandes corporações, e sociedades prestadoras de serviços – assim como a imposição das pessoas físicas (lucros e dividendos que lhes foram distribuídos) são conjugadas e correspondem a uma política específica de cada ente estatal.

CASTRO[47], citando AULT e ARNALD, elenca os sistemas de tributação de dividendos, os quais são classificados da seguinte forma:

> i) sistema clássico: a renda proveniente do dividendo é tributada no acionista do mesmo modo que outros rendimentos do capital;
>
> ii) sistema clássico modificado: a renda proveniente do dividendo é tributada no acionista a alíquotas menores do que outros rendimentos do capital;

---

[46] Ob.cit. p. 52.

[47] Idem. Ibidem.

iii) imputação plena: o acionista recebe um crédito equivalente ao total do imposto pago pela pessoa jurídica em relação ao dividendo recebido;

iv) imputação parcial: o acionista recebe um crédito equivalente a uma parte do imposto pago pela pessoa jurídica em relação ao dividendo recebido;

v) inclusão parcial: uma parte dos dividendos recebidos é inclusa na renda tributável do acionista; e

vi) isenção: os dividendos recebidos pelos acionistas são isentos de tributação.

Posteriormente, CASTRO[48] elabora importante tabela, em que mostra os tipos de tributação dos dividendos para certos países da OCDE e do Brasil no ano de 2012, com as respectivas alíquotas (Tabela 4 – Tipos de tributação de dividendos em determinados países selecionados da OCDE e Brasil, no ano de 2012, segundo CASTRO):

País	Tipo de tributação do dividendo	Alíquota líquida máxima (%)
Alemanha	Clássico	26,4
Austrália	Imputação plena	23,5
Bélgica	Clássico	25,0
Brasil	**Isenção**	0,0
Canadá	Imputação plena	31,7
Chile	Imputação plena	25,0
Coréia	Imputação parcial	35,4
Dinamarca	Clássico modificado	42,0
Estados Unidos	Clássico modificado	21,2
Espanha	Clássico modificado	27,0
Finlândia	Inclusão parcial	22,4
França	Inclusão parcial	38,5
Holanda	Clássico	25,0
Itália	Clássico/ Inclusão parcial	20,0
Japão	Clássico modificado	10,0
México	Imputação plena	0,0
Nova Zelândia	Imputação plena	6,9
Polônia	Clássico modificado	19,0
Portugal	Clássico modificado	25,0
Suécia	Clássico	30,0
Reino Unido	Imputação parcial	36,1
Turquia	Inclusão parcial	17,5

Fonte: OCDE / Elaboração Própria.

48 Idem. p. 53.

Observa-se que, segundo o quadro supra, dos países desenvolvidos, apenas a Alemanha, a Bélgica, a Suécia e a Holanda submetem os dividendos a uma tributação clássica na pessoa física, ou seja, da mesma maneira que tributam os demais rendimentos do capital. Pode-se dizer que, em tais países, a política de capitalização das empresas e de estímulo ao investimento é forte, no sentido de que os acionistas tendem a evitar, na medida do possível, a distribuição de lucros e dividendos, com o fito de valorizarem as ações de que são titulares, para futura alienação, com ganhos de capital significativos. A grande massa dos demais países desenvolvidos tributa, de alguma forma, os dividendos, mas de maneira modificada, concedendo alguma dedução na base de cálculo, ou atribuindo créditos equivalentes ao total do imposto pago pela pessoa jurídica ou a parte dele, na imputação plena ou parcial. A alíquota líquida máxima será sempre mais baixa, tudo a depender da diferença da tributação da pessoa jurídica em relação àquela da pessoa física. Pode variar de 42% (Dinamarca) a 10% (Japão).

À medida que consideramos os países em desenvolvimento, como o México, a alíquota líquida pode ser zerada, apesar da imputação plena dos dividendos na declaração das pessoas físicas (evidentemente com créditos integrais concedidos, correspondentes ao imposto incidente na pessoa jurídica). As alíquotas líquidas são mais baixas na Nova Zelândia, na Polônia e na Turquia. O Brasil é um dos poucos países que isenta de tributação, totalmente, os lucros e dividendos distribuídos, em lugar de empreender uma imputação plena à moda do México, por exemplo. Imputação que poderia conduzir a uma alíquota líquida de zero.

Sem dúvida alguma, uma das medidas de desoneração tomadas em 1996 – ano que se seguiu às grandes privatizações ocorridas no cenário nacional – e que muito contribuíram para que prestadores de serviço se estruturassem como pessoas jurídicas, foi a isenção, do IRPJ, dos lucros e dividendos distribuídos.

Na verdade, a isenção de lucros e dividendos reflete um movimento global de desoneração da tributação que grava o capital e cujo pontapé inicial, segundo REUVEN AVI-YONAH[49], foi dado pelos Estados Unidos, ao abolirem a tributação do imposto de renda retido na fonte – cuja alíquota era de 30% - sobre os juros pagos a não residentes naquele país.

---

[49] AVI-YONAH, Reuven. *Globalization, Tax Competition and the Fiscal Crisis of the Welfare State*. In Harvard Law Review, vol. 113, 1999-2000, pp. 1573-1676.

Pela *Reduction Act of 1984,* editada pelo Governo Reagan, juros oriundos de títulos da dívida norte-americana, de empresas norte-americanas – desde que o titular não detenha mais de 10% das ações da companhia – e títulos de bancos norte-americanos, deixaram de pagar imposto de renda em solo norte-americano.

AVI-YONAH[50] relata que a Lei do *portfolio interest exemption* desencadeou uma corrida ao fundo do poço – *race to the bottom* – e as maiores economias começaram a abolir, igualmente, os impostos sobre os juros, em virtude do receio de o capital "voar" para os EUA. O caso da América Latina é emblemático: depois da edição do *portfolio investment exemption,* 300 bilhões de dólares saíram dos países latino-americanos para os EUA, sendo que o volume maior destes fundos veio por intermédio de paraísos fiscais, ficando, portanto, sem tributação no país de residência.

Se países desenvolvidos – tradicionalmente exportadores de capital – estão em franca concorrência tributária internacional buscando atrair investimentos, por óbvio o fenômeno da globalização, com mobilidade intensa do capital, terá reflexos diretos nos países em desenvolvimento, os quais possuem pequena poupança interna, grande concentração de renda e são naturalmente importadores de capital.

Por certo, pode-se concluir que a isenção dos lucros e dividendos é uma das respostas do sistema tributário brasileiro, que se vê inserido em uma predatória e ferrenha disputa tributária entre os países desenvolvidos e em desenvolvimento, na luta por atrair investimentos estrangeiros, na qual perdem a sociedade, os cidadãos e o Estado e saem vencedores os detentores de grande capital.

Se, de um lado, busca-se a vinda de capital externo, por outro, tal isenção gera efeitos tributários no âmbito interno e que irão impactar drasticamente a arrecadação do IRPF.

Segundo o art. 10 da Lei 9.249/1995, os lucros ou dividendos calculados com base nos resultados apurados a partir do mês de janeiro de 1996, pagos ou creditados pela pessoa jurídica tributada com base no lucro real, presumido ou arbitrado, não estão sujeitos à incidência do Imposto de Renda na fonte, nem integrarão a base de cálculo do Imposto de Renda do beneficiário, pessoa física ou jurídica, domiciliada no País ou no exterior.

---

50 AVI-YONAH.Ob.cit.p. 1584.

Essa isenção não abrange os valores pagos a outro título, tais como pró -labore, aluguéis e serviços prestados, que se sujeitam à incidência do Imposto de Renda na fonte e na declaração de rendimentos dos beneficiários.

Nos números que serão mostrados na quarta parte deste trabalho, poder-se-á observar como tal desoneração vem ano a ano refletindo nas declarações de renda dos contribuintes brasileiros, transformando o IRPF em um imposto pago essencialmente por servidores públicos e assalariados das empresas estatais.

5.4 Prestadores de serviço e SIMPLES NACIONAL

Com a edição da Lei Complementar nº 147/2014[51], a partir de janeiro de 2015 foi estendida aos prestadores de serviço a faculdade de optar pelo SIMPLES, regime diferenciado de tributação pelo qual as micro e pequenas empresas pagam, em um só boleto, oito tributos: IRPJ, CSSL, COFINS, PIS, IPI, ICMS, ISS e a contribuição patronal previdenciária.

Considera-se microempresa a sociedade empresária, a sociedade simples, a empresa individual de responsabilidade limitada e o empresário

---

[51] As seguintes atividades, antes excluídas do SIMPLES, são admitidas nesse regime tributário:
a) fisioterapia;
b) corretagem de seguros;
c) serviços advocatícios;
d) medicina, inclusive laboratorial e enfermagem;
e) medicina veterinária;
f) odontologia;
g) psicologia, psicanálise, terapia ocupacional, acupuntura, podologia, fonoaudiologia, clínicas de nutrição e de vacinação e bancos de leite;
h) serviços de comissaria, de despachantes, de tradução e de interpretação;
i) arquitetura, engenharia, medição, cartografia, topografia, geologia, geodésia, testes, suporte e análises técnicas e tecnológicas, pesquisa, design, desenho e agronomia;
j) representação comercial e demais atividades de intermediação de negócios e serviços de terceiros;
k) perícia, leilão e avaliação;
l) auditoria, economia, consultoria, gestão, organização, controle e administração;
m) jornalismo e publicidade;
n) agenciamento, exceto de mão de obra;
o) outras atividades do setor de serviços que tenham por finalidade a prestação de serviços decorrentes do exercício de atividade intelectual, de natureza técnica, científica, desportiva, artística ou cultural, que constitua profissão regulamentada ou não.

que aufiram, em cada ano-calendário, receita bruta igual ou inferior a R$ 360.000,00 (trezentos e sessenta mil reais). Já empresa de pequeno porte é aquela cuja receita bruta seja superior a R$ 360.000,00 (trezentos e sessenta mil reais) e igual ou inferior a R$ 3.600.000,00 (três milhões e seiscentos mil reais).

Resumidamente, o valor devido mensalmente pelo optante do Simples Nacional é determinado mediante aplicação das tabelas dos anexos da Lei Complementar nº 123, de 2006. Para efeito de determinação da alíquota, o contribuinte utilizará a receita bruta acumulada nos 12 (doze) meses anteriores ao do período de apuração e deverá consultar o Anexo respectivo, em que deve ser tributada a faixa de receita bruta a que ele pertence, segundo a alíquota aplicável.

Andou bem a LC nº 147/2014 ao permitir que empresas prestadoras de serviço, antes alijadas do SIMPLES, possam, nesse regime, ser enquadradas, ainda que com receita bruta nos limites utilizados para o enquadramento, uma vez que estimula a formalização de várias sociedades que funcionavam de maneira irregular, trazendo-as para um regime de tributação um pouco menos complexo e caótico do que o regime tributário fora do SIMPLES.

Entretanto, importante atentar que os impostos e contribuições sociais, seja no regime tributário do SIMPLES, seja na tributação pelo lucro presumido – que são as formas mais usuais de enquadramento do prestador de serviço – são calculados sobre percentuais incidentes sobre a receita bruta, sendo necessário averiguar qual dos dois regimes seria o mais favorável à sociedade prestadora de serviço.

Em monografia específica sobre o tema, KALINKA BRAVO[52] afirma: *"Nos casos em que a alíquota aplicável ao Simples Nacional é inferior ao somatório das alíquotas incidentes sobre a receita bruta no Lucro Presumido, o primeiro regime é mais favorável ao prestador. Entretanto, quando a alíquota do Simples Nacional for maior que a soma das alíquotas incidentes sobre a receita bruta no Lucro Presumido, há, em cada faixa de receita bruta acumulada nos últimos doze meses, 'um quociente entre a folha de pagamentos e a receita bruta que iguala os*

---

52 BRAVO, Da Silva Ferreira Conchita Kalinka. *Simples Nacional e prestação de serviços: Um mapa da não desoneração nas grandes cidades brasileiras*. Disponível em http://www8.receita.fazenda.gov.br/SimplesNacional/Arquivos/monografias/Kalinka_Conchita_Ferreira_da_Silva_Bravo.pdf, acesso em 7/02/205, às 11h50min.

ônus dos dois regimes de tributação' – aqui denominado de 'Quociente de Equilíbrio', sendo aplicado aos 'Anexos III e IV' do Simples Nacional (destaques no original).”

Também no regime do SIMPLES NACIONAL, a distribuição de lucros e dividendos é isenta, como se colhe do art. 14 da LC 123/2006[53].

5.5 *Prestador de serviço – constituição de empresa ou atuação como pessoa física autônoma*

Após este breve panorama dos regimes tributários a que estão submetidos os prestadores de serviço, caso se estruturem como pessoa jurídica ou permaneçam como autônomos pessoas físicas, ou empregados, pode-se afirmar à primeira vista que a incidência na pessoa física tende a ser superior em comparação às sociedades prestadoras de serviço.

Embora várias diferenciações devam ser estabelecidas e a realidade seja mais complexa do que à primeira vista possa parecer, não há estudos profundos, comparativos e suficientes, sobre o tema. Simplesmente determinar a incidência cega de lucros já tributados na pessoa jurídica, no momento em que são distribuídos aos investidores, pessoas físicas, também é um erro. A questão é muito mais rica.

Primeiro porque, no âmbito do IRPF, as pessoas físicas – autônomas, empregadas assalariadas ou servidoras públicas – estão submetidas a alíquotas marginais progressivas incidentes sobre sua renda. Já para a pessoa jurídica abrem-se alternativas: incidência do IRPJ sobre o lucro presumido ou opção pelo SIMPLES NACIONAL.

Ambos, como visto, calculados por estimativa sobre a receita bruta. A progressividade é mais leve no sistema de apuração das pessoas jurídicas. É claro que o SIMPLES NACIONAL, a tributação sobre o lucro presumido (com alíquotas de 24% ou de 34%, IRPJ + CSLL) e a tributação com base no lucro real, obrigatória, no seu todo, configuram sistemas progressivos e diferenciados. Somente porque não vêm em uma tabela ou regimes conjuntos de tratamento não significa que não integrem um sistema mais amplo de progressividade das pessoas jurídicas.

---

[53] Art. 14. Consideram-se isentos do imposto de renda, na fonte e na declaração de ajuste do beneficiário, os valores efetivamente pagos ou distribuídos ao titular ou sócio da microempresa ou empresa de pequeno porte optante pelo Simples Nacional, salvo os que corresponderem a pró-labore, aluguéis ou serviços prestados.

A complexidade reside no fato de que as políticas, valores e metas a alcançar não estão claros, exceto na hipótese do SIMPLES NACIONAL, que obedece a comandos constitucionais. Mas a política de isenção de distribuição de lucros, pequenos ou grandes, e a total renúncia à tributação dos dividendos, advindos de grandes corporações transnacionais obedecem a metas e princípios constitucionais que não são periodicamente avaliados, tampouco se indaga se, uma vez adotadas há cerca de quase vinte anos atrás, persistem validamente. Sobretudo não é questionado se podem se sobrepujar à isonomia, à generalidade e à universalidade na tributação da renda. Essa é a grande questão.

Em segundo lugar, no caso do prestador de serviço autônomo ou empregado, há incidência da contribuição previdenciária, correspondente a uma alíquota sobre o salário de contribuição, limitado o valor ao teto de contribuição previdenciária. Essa parte retorna ao segurado, dentro dos benefícios a que faz jus. Mas esses mesmos benefícios de empregados, e que somente a eles retornam, são também custeados pelas pessoas jurídicas, ainda que estejam no lucro presumido, ou mesmo operando em prejuízo, por pagarem contribuição previdenciária sobre a folha de pagamentos (não apenas de salários); além disso, a pessoa jurídica, como não poderia deixar de ser, contribui para o financiamento da seguridade social, de forma geral, por meio do pagamento da CSSL ou do PIS/COFINS.

Não obstante, o que somente comprova a complexidade da questão, do lado de quem contrata o serviço de uma pessoa física autônoma ou emprega um prestador de serviço, a contribuição patronal é de 20% sobre o valor do serviço contratado (art. 22, III, da Lei 8.212/1991; Decreto nº 3.048/1999, art. 201, I), o que representa expressivo encargo social. Desse modo, do ponto de vista do tomador de serviço, é muito mais benéfica a contratação de outra empresa como prestadora de serviço, ao invés de empregar ou tomar serviço de um prestador autônomo.

Esse fenômeno é apontado por AFONSO[54]: *"No que tange à tributação, à parte outros fatores, o processo tem por origem a busca de contratação de trabalho com menor encargo ou de sua prestação igualmente menos taxada. Essas duas situações, em palavras bem simples, podem levar a rumos diferentes na expansão desse fenômeno. Um caso é o do empregado que tenta atenuar ou fugir de alíquotas marginais muito altas do IRPF sobre seus rendimentos e, em tal situação, ele se torna o principal interessado em prestar serviço como firma individual.*

---

[54] Ob. cit. p. 28.

Outro caso é o do empregador que tenta escapar dos seus encargos como contratante, em especial de contribuir para a seguridade social e, neste caso, ele é que prefere contratar quem lhe preste serviço como uma empresa em lugar do mesmo profissional com carteira assinada."

Acrescente-se ainda que, mesmo tendo em conta que a pessoa física prestadora de serviço não paga CSSL, PIS e COFINS, tais percentuais, seja na forma estimada pelo lucro presumido, seja pelo pagamento em boleto único no caso de SIMPLES, não deixam de ser inferiores, em alguns casos, às alíquotas marginais progressivas do IRPF.

A tabela 5 abaixo, elaborada por CASTRO[55], demonstra a alíquota -base a que um prestador de serviço, optante pelo lucro presumido, está submetido:

IRPJ = 32% RB x 25% alíquota (para RB superior a R$ 20 mil mensais) =

= 32% RB x 15% alíquota (para RB menor ou igual a R$ 20 mil mensais

CSLL = 32% RB x 9% alíquota = 2,88% RB

PIS = 0,65% RB

Cofins = 3% RB

ISS = 5% RB (alíquota máxima)

Alíquota total = **19,53% RB** (para RB > R$ 20 mil/mês) ou **16,33% RB** (para R

Considerando que, no caso da pessoa física, incidem também as contribuições para a Seguridade Social – tanto do segurado como do tomador de serviço – observa-se que a opção pelo regime aplicável à pessoa jurídica pode ser mais vantajosa, uma vez que as deduções do livro-caixa podem não ser suficientes para compensar a alíquota do IRPF de 27,5%, aparentemente. A alíquota total de 19,53%, que CASTRO encontrou, refere-se à receita bruta, que é coisa diferente. Ela se destina a indagar: seria mais vantajoso ou não optar pela pessoa jurídica? Para isso, deveríamos considerar a receita bruta de um assalariado ou funcionário público e buscarmos indagar quais seriam as alíquotas incidentes sobre seus rendimentos brutos, desconsiderando todas as deduções autorizadas por lei. Evidentemente, as alíquotas incidentes no IRPF, se tomarmos em consideração a receita bruta, serão mais baixas.

---

[55] Ob.cit.p. 35.

Se nos limitarmos ao lucro propriamente dito (de 32% do total do faturamento bruto) e ninguém deve pagar IR ou CSLL sobre rendimentos ou faturamentos brutos, então a alíquota máxima a ser considerada deve ser a de 34% para uma possível comparação com a alíquota de 27,5% do IRPF, que incide também sobre o excedente, ou receita líquida. Portanto, restringindo os dados ao objeto desta análise, ou seja, comparando tão somente tributos incidentes sobre renda ou lucros entre si – pessoas físicas e jurídicas – igualmente devemos considerar as alíquotas marginais do IRPF, que chegam a 27,5%, pois elas incidem não sobre a receita bruta do contribuinte, mas sobre a líquida tributável, ou o excedente, já feitas as deduções previstas em lei. Logo, a comparação deve ser feita entre alíquotas incidentes sobre lucro – presumido ou real – que chegam a 34% nas pessoas jurídicas, e alíquotas máximas de 27,5%, incidentes nas pessoas físicas, sobre a renda líquida. Se as deduções a serem feitas em livro caixa, no caso de prestadores de serviço autônomos, serão suficientes, tudo dependerá do caso concreto, ou seja, do volume de receitas auferidas e de gastos efetuados.

Além disso, a desoneração da distribuição de lucros e dividendos favorece o fato de que a parcela de retirada de pró-labore nas sociedades pelos sócios seja muito reduzida. Com tal isenção, ao contrário da tributação da renda da pessoa física, os lucros e dividendos distribuídos escapam ilesos das alíquotas progressivas do IRPF, o que pode configurar, em certos casos, um grande benefício, em especial no caso dos dividendos.

É preciso destacar ainda que a legislação comercial igualmente favorece a constituição de sociedades, mesmo que com um sócio apenas, como se vê do art. 980-A, inserido pela Lei 12.441/2011 no Código Civil. E, além disso, o art. 129 da Lei 11.196/2005[56] respalda a constituição de sociedades pelos prestadores de serviços intelectuais ao prever que:

> Art. 129. Para fins fiscais e previdenciários, a prestação de serviços intelectuais, inclusive os de natureza científica, artística ou cultural, em caráter personalíssimo ou não, com ou sem a designação de quaisquer obrigações a sócios ou empregados da sociedade prestadora de serviços, quando por esta realizada, se sujeita tão-somente à legislação aplicável às pessoas jurídicas, sem prejuízo da observância do disposto no art. 50 da Lei no 10.406, de 10 de janeiro de 2002 - Código Civil.

---

[56] As divergências quanto à desconsideração da pessoa jurídica das empresas constituídas para prestação de serviços intelectuais pela fiscalização não será objeto deste trabalho.

Ora, considerando que a responsabilidade da empresa individual (EIRELI) é limitada nos termos do art. 980-A, § 6.º, do CCB, na medida em que se aplicam as regras das sociedades limitadas, a previsão do art. 1.052 do mesmo Código Civil faz com que a responsabilidade seja limitada tão somente no valor equivalente do capital social integralizado. A ausência de confusão entre o patrimônio do prestador de serviço autônomo e o da empresa é, inegavelmente, uma vantagem comercial que estimula a constituição de empresa prestadora de serviço.

Desse modo, tanto no espectro de uma tributação mais vantajosa como na forma de responsabilidade comercial da pessoa jurídica, há uma convergência que leva várias pessoas físicas a se estruturarem juridicamente como empresas, fato este que terá impacto significativo na tributação da renda, consoante se demonstrará a seguir. Destacaremos, não obstante, as peculiaridades das sociedades de profissões regulamentadas, que tendem a ser tão transparentes e diáfanas, que seus membros somente podem atuar pessoalmente – a sociedade não atua em seu objeto próprio essencial – gerando responsabilidade pessoal e integral de tais profissionais, como são médicos e advogados.

6. RADIOGRAFIA DA TRIBUTAÇÃO SOBRE A RENDA NO BRASIL A PARTIR DE DADOS DA RECEITA FEDERAL DO BRASIL.

Conforme já mencionado, o Brasil, especificamente a Receita Federal do Brasil – RFB, possui pouca transparência na divulgação dos dados afetos ao IRPF. Conforme assinala AFONSO[57], enquanto não se consegue a divulgação de uma estratificação das declarações do IRPF, é possível explorar alguns aspectos a partir da consolidação anual divulgada pela RFB.

A partir dessa análise, o estudo já indicado na introdução desse trabalho, elaborado por AFONSO, chegou à primeira conclusão impactante de que ¾ (três quartos) dos brasileiros não pagam IRPF, porque ganham abaixo do limite de isenção, de acordo com os rendimentos apurados pelo Instituto Brasileiro de Geografia e Estatísticas – IBGE na Pesquisa Nacional por Amostra de Domicílios – PNAD[58].

Dentre os declarantes, AFONSO ressalta que há uma impressionante concentração em servidores públicos, ativos e inativos. Metade de todo

---

[57] Ob. Cit. p. 06.

[58] Ob. Cit. p. 07.

Imposto de Renda retido na fonte sobre o rendimento do trabalho em 2013 foi oriundo das Administrações Públicas (federal, estaduais e municipais) e isso sem contar o Imposto de Renda retido por bancos e empresas estatais[59].

O estudo revela ainda, a partir de pesquisa elaborada pelo IBGE, que as mesmas administrações respondiam, em 2011, por quase 18,1% do total do pessoal ocupado. Logo, pontua AFONSO, o fato de o peso dos governos na retenção do Imposto de Renda ser quase o triplo de sua proporção na geração de emprego é um indicador de que uma parcela expressiva das rendas mais elevadas do trabalho no setor privado está sendo apropriada por empresas, muitas individuais, em detrimento do salário que, como tal, está sujeito à retenção do imposto na fonte[60].

Interessante que esses dados confirmam a tese exposta por REUVEN AVI-YONAH e YORAM MARALIOTH[61], os quais, escrevendo sobre a tributação em países em desenvolvimento, afirmam:

> "Nos países em desenvolvimento, a base tributária da renda é composta essencialmente por salários oriundos dos servidores públicos, uma vez que a maioria dos outros contribuintes são autônomos ou possuem pequenas empresas, cuja tributação pode ser facilmente elidida".

Prosseguindo a análise das declarações de renda no Brasil, AFONSO[62] verificou que 73% dos declarantes apresentaram base de cálculo inferior a R$ 18.800,00 (dezoito mil e oitocentos reais) e, como tal, enquadram-se na alíquota 0%. Logo, apenas 6,4 milhões pagaram Imposto de Renda em 2010. E a proporção ainda menor de pessoas sujeitas à alíquota mais alta do IRPF indica, de novo, que boa parte dos trabalhadores do setor privado com renda alta, e até mesmo com renda média, acabam sendo contratados e pagos como pessoas jurídicas e, como tal, não são submetidos à tabela progressiva do Imposto de Renda. Este e outros impostos e contribuições são cobrados apenas na pessoa jurídica e os rendimentos pagos por esta são isentos na Declaração de Imposto de Renda Pessoa Física - DIRPF.

---

59 Ob. Cit. p. 07.

60 Ob. Cit. p. 07.

61 AVI-YONAH, Reuven e MARGALIOTH, Yoram. *Taxation in developing countries: Some Recent Support and Challenges to the Conventional View*. In Virginia Tax Review, vol. 27:1.2007-2008, pp 1-21.

62 Ob. Cit. p. 08.

Por outro lado, a tributação de outros ganhos que não sejam os de trabalho, como os ganhos com juros sobre capital próprio e no mercado acionário, estão sujeitos em geral a alíquotas fixas ou mais reduzidas (de 15% no primeiro caso e de 15% a 22,5% no segundo)[63].

Seguindo o estudo de AFONSO, apenas 10,8 milhões, ou menos de 45% do total de declarantes, apuraram imposto devido. Do total de R$ 1,4 trilhão de rendimentos informados, apenas R$ 861 bilhões, ou 62,4%, foram tributáveis como tal e levados à tabela progressiva. Dessa parcela, ¼ (um quarto), ou R$ 211 bilhões, foi objeto de deduções[64].

Efetuadas as deduções dos rendimentos tributáveis, a base de cálculo ficou reduzida a cerca de R$ 662 bilhões e dela resultou um imposto devido de apenas 72 bilhões, ou seja, a alíquota efetiva média foi de 10,8% da base de cálculo e 8,3% dos rendimentos tributáveis[65]. Vale lembrar que a alíquota marginal mais alta do IRPF é, conforme a tabela inserida no item 2 deste trabalho, de 27,5%.

Essa baixa alíquota média destoa ainda do fato de que mais do que dobrou o número de declarantes do IRPF: de 11,6 milhões em 1998 para perto de 24 milhões em 2010, mas já tendo passado de 25,7 milhões em 2009[66].

Mas a evidência mais forte no âmbito da formação das rendas, a reafirmar a crescente transformação do trabalho em capital, é o de que o rendimento tributável cresceu num ritmo inferior aos outros dois grupos de rendimentos (isentos e exclusivamente na fonte), de modo que a parcela que mais cresceu na renda total foi aquela não submetida à tabela progressiva do Imposto de Renda. O rendimento total saltou da casa de 32% para 42% do PIB entre os anos-base de 1998 e 2010. Porém, menos de 1/3 (um terço) decorreu de rendimentos tributáveis[67].

Os rendimentos isentos e não tributáveis tiveram um incremento de 5,6 pontos do produto ao longo dos treze anos analisados, tendo saltado de 7% para 12,6% do PIB. Isso quer dizer que a proporção recebida por este grupo de renda em 2010 foi 80% superior à obtida em 1998 (contra apenas 14% no caso dos rendimentos tributáveis). Do crescimento da

---

63 Ob. Cit. p. 09.

64 Ob. Cit. p. 11.

65 Ob. Cit. p. 12.

66 Ob. Cit. p. 13.

67 Ob. Cit. p. 15.

renda total declarada pelos contribuintes ao Fisco nesse período, 60% decorreu desses ganhos isentos[68].

Os maiores itens são claramente identificados como rendimentos ou ganhos de capital. Por serem isentos, escaparam da tabela progressiva do IRPF, mas não significa que não pagaram outros impostos na sua origem. É o caso dos lucros retirados das empresas, que devem ter pago IRPJ e CSLL, além de outros impostos, antes de serem distribuídos aos acionistas, ou mesmo das doações que, em tese, deveriam pagar o imposto estadual sobre tais transações[69].

O raciocínio desenvolvido até aqui demonstra que, apesar do crescimento do número de declarações, a resposta do volume arrecadado no IRPF não corresponde. O que não se tem, nos estudos formulados, é um estudo comparativo com o crescimento correspondente (ou não, ou mesmo pretensamente superior) da arrecadação das pessoas jurídicas (que apuram o imposto no SIMPLES, por meio do presumido ou do lucro real). Do ponto de vista da arrecadação total, qual a avaliação estimada: a isenção de lucros e dividendos trouxe vantagens no combate à economia informal, em relação ao crescimento econômico, à capitalização das empresas e, enfim, à arrecadação federal do Imposto de Renda, considerando em conjunto as pessoas físicas e jurídicas?

AFONSO pontua ainda que os rendimentos que escapam da tabela progressiva não são os auferidos pelos brasileiros mais pobres e que não precisam ou não fornecem declaração de IRPF, pois ou estão na informalidade ou estão desobrigados de entregá-la por receberem rendimentos muito baixos. Esses rendimentos são próprios de quem recebe renda por outras fontes que não os salários tradicionais, como trabalhadores com participação nos lucros da empresa, a retirada de lucros e dividendos das empresas dos declarantes e até as diferentes formas de ganhos financeiros, inclusive de cadernetas de poupança, fundos de investimentos ou mesmo com operações diretas com ações, ouro e moedas estrangeiras[70].

Assim, verificou-se uma forte concentração nos lucros e dividendos e nesses outros rendimentos de capital e uma enorme distância dessa renda *per capita* em relação aos salários, com o agravante de que só foram considerados os salários sujeitos ao IRPF, os maiores pagos na economia, portanto. Na média geral dos declarantes, os

---

68 Ob. Cit. p. 15.

69 Ob. Cit. p. 15.

70 Ob. Cit. p. 16.

rendimentos tributáveis responderam por somente 47% do rendimento total declarado em 2010. Mas AFONSO salienta que, se fosse possível acesso às declarações individuais e elas fossem ordenadas de forma crescente pelo tamanho do rendimento total, seria de se esperar que quanto maior fosse essa renda global, menor seria o peso do rendimento tributável. Se essa hipótese fosse confirmada, afirma AFONSO, a progressividade do IRPF no Brasil seria questionável ou seriamente comprometida[71].

Tudo isso implica baixa alíquota efetiva do IRPF. Na média do período entre 1998 e 2010, o imposto devido foi 10,6% da base de cálculo, 8% dos rendimentos tributáveis e apenas 5,1% do rendimento total[72].

Chama a atenção ainda o fato de que, na lista de declarantes por natureza de ocupação da DIRPF 2011 (ano-base 2010), 5,3 milhões se identificaram como proprietários de empresas ou firmas individuais. O número, por si só, impressiona e é realçado ainda mais quando se verifica que equivale a 83% dos 6,7 milhões que se declararam empregados de empresas privadas e também de instituições financeiras[73].

Há ainda o contingente de pouco mais de 3 milhões que se declararam profissionais liberais ou autônomos sem vínculo empregatício e outros 132 mil ditos capitalistas que auferiram rendimento do capital. Somados, o contingente de empresários e autônomos supera a casa de 8,4 milhões de declarantes do IRPF, 31% a mais do que os 6,4 milhões de empregados do setor privado. Em que pese o fato de os empregados de baixa renda não precisarem declarar Imposto de Renda e também de ser computado apenas o setor privado, e não o público, é emblemático, segundo AFONSO, que, no corte de renda sujeita ao imposto, os empresários superem os trabalhadores. É mais uma evidência a acrescentar para o fenômeno do trabalho que virou capital no Brasil[74].

Essa distorção verificada na tributação menor do IRPF na remuneração dos empresários e detentores do capital em relação aos trabalhadores é explicada por alguns fatores. É preciso ficar atento ao fato de que as rendas daqueles, que são submetidas à tabela progressiva, são apenas as decorrentes de salários, remunerações de servidores públicos, pró-labore,

---

[71] Ob. Cit. p. 17.
[72] Ob. Cit. p. 18.
[73] Ob. Cit. p. 21.
[74] Ob. Cit. p. 21.

serviços de autonomia e aluguéis, mas não entram os lucros e dividendos, enquadrados como isentos[75].

No caso de proprietário de firma individual, ele só declara como renda tributável suas retiradas a título de pró-labore, ou mesmo o que receba como assalariado, no caso de empresa com outros sócios. Assim, pagará tanto menos imposto quanto menos sacar a título de pró -labore e salário e quanto mais receber como retiradas de lucros. O que é retirado a título de lucro, que pode constituir a maior parte dos seus ganhos, não é contado como rendimento tributável e não se consegue identificá-lo na consolidação divulgada pela Receita Federal, que não discrimina por ocupação os rendimentos isentos e aqueles tributados exclusivamente na fonte[76].

ASTRO, em sua dissertação de mestrado, aborda a questão da progressividade do IRPF e, examinando os dados das declarações de renda da pessoa física, levanta dados interessantíssimos sobre o perfil dos rendimentos declarados nas declarações de renda.

A tabela 6[77] a seguir demonstra que os rendimentos tributáveis, no período de 2006-2012, cresceram 86,72%. Já os rendimentos isentos e não tributáveis tiveram um aumento de 154,34%:

R$ bilhões

	2006	2007	2008	2009	2010	2011	2012
Rend. Tributáveis Brutos	637,6	696,9	786,8	854,5	942,6	1.069,9	1.190,5
Deduções	157,9	171,3	188,4	199,2	215,0	238,3	264,6
Base de Cálculo	479,7	525,6	598,3	655,2	727,6	831,7	925,9
Imposto de Renda Devido	51,0	56,6	67,1	69,6	80,3	94,7	106,4
Rend. Isentos e Não Tributáveis	221,0	211,0	363,2	377,5	444,5	520,8	562,1
Rend. Tributação Excl. Fonte	54,5	77,4	113,9	111,1	137,0	183,0	179,6

Fonte: Sistema DW IRPF (RFB) / Elaboração própria.

CASTRO[78] ainda esmiúça as espécies de rendimentos isentos e não tributáveis e, o que se percebe, é que a parcela mais significativa provém dos lucros e dividendos:

[75] Ob. Cit. p. 22.
[76] Ob. Cit. p. 22.
[77] Ob. Cit. p. 34
[78] Idem.Ibidem

R$ bilhões

Tipo de Rendimento Isento e Não Tributável	2006	2007	2008	2009	2010	2011	2012
Indenização rescisão contrato trab./FGTS	6,4	9,1	12,9	14,7	14,4	16,7	19,2
Lucros alienação bens/direitos peq. valor	5,5	8,5	19,7	19,9	27,4	36,2	38,2
Lucros e dividendos	83,8	102,7	129,8	133,3	162,7	192,6	207,6
Parc. isenta prov. aposent. 65 anos ou mais	6,5	8,6	26,2	27,9	30,8	33,0	37,0
Pensão prov. aposent. moléstia grave	10,2	12,8	22,6	24,4	26,4	28,4	30,5
Rend. caderneta poup./letra hipotecária	3,2	4,2	9,3	10,5	12,3	16,2	17,1
Transf. Patrimoniais: doações, heranças, etc	14,7	22,8	48,1	46,4	50,5	54,2	47,6
Demais rendimentos isentos	90,6	42,4	94,4	100,4	119,9	143,5	164,9
TOTAL	221,0	211,0	363,2	377,5	444,4	520,8	562,1

Assim, reforça o fenômeno aqui estudado o fato de que o rendimento tributável por declarante proprietário individual (apenas R$ 18 mil) é inferior ao dos autônomos (R$ 29 mil) e, ambos, bem abaixo dos empregados de empresas privadas (R$ 40 mil) e de bancos (R$ 61 mil). Essa escalada de renda também explica a relação invertida quando consideradas as alíquotas efetivas – o contingente empresarial paga proporcionalmente bem menos IRPF do que os trabalhadores privados[79].

Quanto às deduções, é inegável que elas são imprescindíveis para assegurar a real capacidade econômica do contribuinte e devem ser tanto amplas quanto for necessário para assegurar o mínimo existencial dele e de sua família, independente do regime tributário a que a pessoa esteja submetida.

Isso não obstante, o estudo de AFONSO aponta distorções relevantes nessa seara. No geral, as deduções reduzem em um quarto a renda tributável e, com isso, o imposto devido equivale a 10,8% da base de cálculo e 8,3% daquele rendimento. Mas quando se toma o conjunto de proprietários, autônomos e detentores de capital, as alíquotas efetivas caem para 8,2% e 6,4%, respectivamente. Se contados apenas os proprietários de firmas individuais, são ainda menores: 6,8% da base e 5,4% da renda tributável, as mais baixas entre todos os grupos de ocupações, salvo militares e pensionistas[80].

Já no conjunto dos empregados do setor privado, o Imposto de Renda devido representa 11,1% da base de cálculo e 8,6% da renda tributável. As mesmas alíquotas são ainda maiores no caso de empregados de bancos, 14,5% e 11,3%, respectivamente. Isso quer dizer que os proprietários de firmas individuais suportam uma alíquota efetiva média que é apenas dois terços daquela aplicada aos empregados das empresas

---

79 Ob. Cit. p. 22.

80 Ob. Cit. p. 22.

privadas. Mais grave ainda é que, se fossem computados também outros rendimentos (isentos e tributados apenas na fonte), o mais provável é que caísse ainda mais a taxa dos empregadores vis-à-vis a dos empregados. Tal, segundo AFONSO, fere o senso comum, mas é o que se evidencia pelas estatísticas[81].

Por outro lado, os empregados do setor público (servidores e funcionários das empresas estatais) e os de instituições financeiras estiveram na ponta dos declarantes do IRPF que suportaram a maior carga tributária, enquanto autônomos e proprietários de firmas individuais, além de militares, situaram-se na ponta de menor carga.

Portanto, do universo de trabalhadores brasileiros, apenas uma parcela razoavelmente pequena declara IRPF e, depois deste apurado, constata-se uma incidência efetiva em proporção muito reduzida no conjunto. Mas, decomposto os contribuintes e declarantes em diferentes cortes, ainda se verifica uma razoável dispersão de alíquotas e, ao que parece, levando o segmento de empresários a pagar menos imposto de renda do que o de trabalhadores[82].

7. DIFERENCIAÇÕES ENTRE SOCIEDADES MERCANTIS DE CAPITAL (ABERTAS OU FECHADAS) E SOCIEDADES DE PRESTAÇÃO DE SERVIÇOS PESSOAIS OU PERSONALÍSSIMOS. AS FORMAS MISTAS

Cumpre diferenciar as sociedades de capital daquelas sociedades de prestação de serviços pessoais ou personalíssimos. Faremos breves considerações a esse respeito.

7.1 As sociedades de capital

A propósito das sociedades mercantis propriamente ditas, tínhamos registrado a diferenciação da apuração da renda que lhes foi concedida, ainda no séc. XIX, pela grande massa dos países, em tópico anterior. Explica-nos K. TIPKE que o dualismo (apuração na pessoa jurídica de forma diferente daquela na pessoa física) foi fruto de reinvindicação do comércio e da indústria, que insistiram em aproximar o lucro da ideia de resultado, segundo a contabilidade comercial. Tal diferença respondeu a duas ordens

---

[81] Ob. Cit. p. 23.

[82] Ob. Cit. p. 23 e 24.

de consideração, que até hoje prevalecem: **(a)** a do elevado grau de risco no exercício da atividade empresarial, mais sensível às oscilações da economia e às flutuações de mercado, de preços, de concorrência e de avanços tecnológicos, de moeda e de juros; **(b)** a necessidade de se separar um patrimônio afetado à atividade – o capital – a partir do qual se desenvolve a atividade, sendo crucial a proteção desse patrimônio, que não pode ser atingido pelo imposto sob pena de se inviabilizar o empreendimento.[83]

As empresas, que se constituem em formas mercantis, sobretudo aquelas de capital, respondem exatamente a tal diferenciação. A responsabilidade pessoal dos sócios é restrita às ações de que disponham ou ao capital integralizado. O sócio, ainda que majoritário, pode não ter responsabilidade alguma, pessoal, relativamente aos atos societários, enquanto administradores, gerentes ou diretores, não sócios ou titulares de parcela ínfima do capital, podem ser responsabilizados pessoalmente. Dá-se então uma verdadeira separação entre a pessoa jurídica mercantil, comercial ou industrial, e a pessoa individual dos sócios. O titular do capital se mantém distante, isolado, como forma de proteção inerente ao sistema, das pessoas físicas dos sócios. Há verdadeira parede – formal, jurídica – é verdade, mas eficiente. Nessas circunstâncias, pode-se dizer que a pessoa jurídica cria verdadeira identidade.

Pode-se falar, então, com propriedade, em duplo sistema de tributação. A incidência do Imposto de Renda sobre os lucros auferidos pela pessoa jurídica e a incidência do mesmo imposto sobre a renda das pessoas físicas. A noção de renda como fluxo é conceito usual nas pessoas físicas como já mencionamos, tributando-se apenas o excedente das entradas sobre os custos, incluindo-se nas despesas dedutíveis os gastos do contribuinte e de seus dependentes, enfim de sua família. Nas pessoas jurídicas, são proibidas as considerações das pessoas dos sócios e de seus familiares, ainda que sócios majoritários, pois as "identidades" são diversas. Gastos pessoais, dos sócios, são gastos de terceiros, estranhos à sociedade, quer para fins do imposto sobre a renda, quer para fins de creditamento dos tributos incidentes nas compras de bens e produtos destinados ao uso pessoal dos sócios (no IPI, no ICMS, nas contribuições não cumulativas do PIS/COFINS). Em compensação, na apuração do imposto sobre a renda das pessoas físicas, não são permitidos abatimentos de prejuízos em relação à alienação de bens patrimoniais da pessoa ou de seus dependentes, nem tampouco podem ser abatidas quotas de depreciação ou exaustão em relação a tais bens, embora os ganhos de

---

83 Cf. TIPKE, Klaus. *Steuerrecht. Ein systematicher Grundiss. 9.Köln. 1983. P. 213.*

capital sejam tributados. Entende o legislador que não há necessidade de se proteger, com a mesma abrangência e intensidade, o patrimônio cumulado da pessoa física.

Com o advento da nova Lei de Falências e Recuperação da Empresa (Lei 11.101/2005), acentuou-se o caráter institucionalista da empresa, prevalecendo o princípio inerente à sua preservação, e se dissociando, claramente, o interesse do sócio, do interesse social. Finalmente, criaram-se mecanismos e formas de organização tendentes a facilitar a convivência dos segmentos internos que nela se contrapõem: o dos trabalhadores, o dos credores e o dos sócios – majoritários e minoritários. Tal posição vem explicitamente consagrada em seu art. 47, que diz: *"a recuperação judicial tem por objetivo viabilizar a superação da situação de crise econômico-financeira do devedor, a fim de permitir a manutenção da fonte produtora, do emprego dos trabalhadores e dos interesses dos credores, promovendo, assim a 'preservação da empresa, sua função social e o estímulo à atividade econômica'."*

A comunidade jurídica, embora questione, topicamente e com razão, certos comandos da nova lei, como a nova ordem preferencial de pagamento dos créditos na falência, e embora aponte, à luz do art. 58, a persistência de um certo grau de desequilíbrio entre os segmentos envolvidos na empresa nas assembleias especiais de credores, etc., vem reconhecendo na nova Lei de Falências um passo decisivo de estímulo ao exercício das funções empresariais, dentro da perspectiva de sua função social. O princípio da preservação da empresa que informa a lei 'é' imprescindível à compreensão do instituto da recuperação judicial, 'guia' as decisões tomadas entre os diversos interesses internos que nela se compõem, 'representa' importante parâmetro que deve pautar a aplicação da lei em cada caso e, finalmente, 'deverá ser' o guia de interpretação, norteador das decisões judiciais. Explica CALIXTO SALOMÃO FILHO que, a partir daí, haverá de se esperar uma mudança de comportamento dos envolvidos no decurso da vida econômica empresarial. *"O que se quer dizer é que não é possível pensar em preservação da empresa apenas no período de crise da empresa, mas também durante a sua vida. Assim sendo, a aplicação da nova Lei de Falências de forma coerente com o princípio da preservação da empresa pode ajudar a dar aplicação a princípios institucionalistas societários como o do art. 116 da Lei 6.404/76."* [84]

[84] Cf. Apresentação aos Comentários à Lei de Recuperação de Empresas e Falência. Lei 11.101/05. Coord. Francisco S. de Souza Jr. e Antônio Sérgio Pitombo. São Paulo, Ed. Revista dos Tribunais, 2005, p.52.

E prossegue para demonstrar que uma bem-vinda alteração de valores não pode se restringir à recuperação de uma empresa em crise. ... "*A nova Lei procura fazer exatamente o inverso, i. é., dissociar a ruína da empresa da ruína do empresário, permitindo que a primeira sobreviva ao último. Só o tempo e a força de princípios dos aplicadores dirão se isso será possível em meio à sociedade patriarcal-capitalista em que vivemos.*"[85]

A rigor, a função social da propriedade já estava abrigada em vários de nossos sucessivos textos constitucionais e, à toda evidência, também na Constituição de 1988. Especificamente no campo do Direito Tributário, durante a vida societária, o legislador já estava limitado, mesmo antes do advento da citada Lei de Falência, pelo art. 145, §1°. da Constituição da República, que consagra o princípio da capacidade econômica de pagar impostos. Na verdade, o princípio da preservação da empresa, expressamente referido no art. 47 da nova Lei, remete o intérprete à velha discussão entre contratualistas e institucionalistas, que dividiu a doutrina e as leis regentes da sociedade anônima, no mundo inteiro.

O primeiro grupo, representante do sistema liberal capitalista, em sua fase áurea de pleno desenvolvimento, via a sociedade anônima como um contrato, livremente firmado entre os sócios, sendo seus controladores capazes de definir livremente o seu interesse social e sua própria organização interna, sem a intervenção do Estado. A maior parte dos países europeus adotou esse modelo, o que também influenciou a ordem jurídica nacional. Já na segunda metade do séc. XX, o desenvolvimento tecnológico, a agilidade dos mercados de capitais e a necessidade de grandes investimentos acarretaram uma atenuação do contratualismo, com o advento dos direitos dos minoritários e as regras de informação dos acionistas. Nesse contexto, o interesse da sociedade não poderia se restringir mais ao interesse dos sócios atuais, mas também abrangeria o dos futuros, assumindo relevância a própria preservação da empresa.

Opondo-se ao modelo contratualista de concepção da sociedade anônima, a tese da sociedade-institucional, que acabou sendo consagrada na ordem jurídica alemã em 1937, foi concebida ao final do séc. XIX por OTTO GIERKE, como um ato coletivo (não um contrato ordinário) ao qual aderem os sócios individualmente, como a um *corpo social*, organizado no interesse de todos. Como observa DUCOULOUX-FAVARD, "*essa terminologia de GIERKE será utilizada por aqueles que elaborarão*

[85] Id. ibid.

em seguida o direito corporativo (Korperschaftsrecht)..."[86] Na visão institucionalista, o interesse social é identificado ao interesse público embora, a partir da Lei de 1965, os germânicos tenham atenuado o tom publicístico com que nascera a modelação legal da sociedade anônima, verdadeira empresa "em si". Não obstante, as normas de cogestão dos trabalhadores consagraram, definitivamente, o institucionalismo na Alemanha, teoria que desemboca, necessariamente, no princípio da preservação da empresa, e em formas procedimentais e organizacionais de discussão e solução dos conflitos de interesse entre sócios, credores e trabalhadores.

Assim a nova Lei de Falências consagra, entre nós, a sobreposição da visão institucionalista da empresa, a ideia de sua função social prevalecente sobre o enfoque contratual individualista, limitado aos interesses dos sócios e controladores. Tomar isoladamente a regra da continuidade da atividade empresarial, para somente aplicá-la nos momentos de crise seria fazer ruir não apenas os comandos legais nela contidos, mas ainda aqueles princípios constitucionais de subida relevância, como a função social da propriedade e a capacidade econômica de pagar impostos, que devem e deveriam nortear, de longa data, os fundamentos do Direito Tributário.

A questão, portanto, da isenção dos dividendos ou da participação nos lucros das demais sociedades de capital responde mal a uma política de estímulo ao investimento, à capitalização e ao fortalecimento do patrimônio empresarial. Trata-se de uma isenção cega. Ao receberem dividendos, totalmente isentos, poderão seus felizes titulares canalizá-los para outras empresas no exterior, ou mesmo apenas para o mercado interno, que haverá de pagar juros elevados, muitas vezes em aplicações seguras.

Nos EUA, planejamentos tributários são feitos exatamente no sentido de revitalização e capitalização do grupo empresarial, esperando os investidores – ao invés de dividendos, sujeitos a uma tributação mais elevada – a valorização das ações para revenda futura, com ganho de capital, hipótese na qual o imposto incidente será menor. Lá o mercado de capitais é voltado exatamente a cumprir seu papel: o de capitalizar as corporações societárias.

Pode-se dizer que a política dos países desenvolvidos é exatamente a de proteger os investimentos ou de estimulá-los (em lugar de favorecer a distribuição de lucros e de dividendos). E, de modo geral, os balanços projetam essa tendência.

---

[86] Cf. Société Anonyme. Aktien Gesellschaft. Società per Azion. Vuibert. Paris, 1992, p. 07

A questão da indedutibilidade dos prejuízos acumulados, no Brasil, evidencia exatamente isso. Como se sabe, entre nós, as Leis 8.981/1995 e 9.065/1995 trouxeram a limitação da compensação dos prejuízos acumulados em exercícios anteriores a 30% do lucro dos exercícios subsequentes. Prejuízos anteriores correspondem a investimentos feitos em exercícios anteriores que gerarão renda futura, em períodos subsequentes. A indedutibilidade parcial das despesas relativamente à renda a que correspondem representa tributação de "renda fictícia", não líquida do exercício. Esses objetivos "fiscais", com vistas à manutenção de certos níveis de arrecadação, podem ter sido adotados em diversos países (como ocorreu na Alemanha), mas aqui não se consagraram as atenuantes respectivas. Pois, a partir do Relatório RUDING, muitos países europeus (inclusive a Alemanha) adotaram a dedução retroativa dos prejuízos acumulados. A dedução retroativa não inibe ou impede a dedução dos referidos prejuízos, para frente, em exercícios subsequentes (EEUU, Inglaterra, França e outros), se houver saldo a abater. Antes de serem deduzidos do lucro do exercício subsequente, os prejuízos de determinado exercício devem ser imputados, de forma retroativa, em relação a exercícios anteriores àquele em que foram registrados os prejuízos. Nessa hipótese, é refeito o balanço e o contribuinte – que tinha recolhido o imposto incidente sobre os lucros – adquire um crédito a ser apresentado contra o Fisco. Esse crédito pode ser pago pelo Estado em dinheiro ou abatido do imposto a pagar em exercícios subsequentes (como permite a França). Registre-se, pois, que os balanços das empresas são corrigidos, mesmo retroativamente, desaparecendo eventuais prejuízos antes registrados. Isso é fortalecimento das corporações.

Em se tratando de sociedades de capital, a política tributária nacional é confusa. Ela não parece favorecer investimentos de médio e longo prazo, mas antes facilita o imediatismo, a especulação, a vontade imediata de lucros distribuídos e isentos.

7.2 As sociedades de pessoas e personalíssimas

No polo oposto, e extremo, encontramos as sociedades prestadoras de serviços, de cunho personalíssimo. Evidentemente, é com ela que se tem estabelecido uma comparação mais próxima neste trabalho.

Uma primeira ressalva. A tributação dos lucros, recebidos de sociedades, não importa a sua natureza ou tipo, que podem ser enquadradas no SIMPLES, por sua pequena grandeza, em nosso entendimento, não deveriam ser submetidas à incidência na tributação das pessoas físicas. Ela poderia levar a uma bitributação injusta e coibir a formalização da economia informal. É claro que, havendo nova submissão à tributação na pessoa física, deveria haver plena imputação, com créditos relativos aos valores já pagos na jurídica e direito à devolução do imposto, recolhido em excesso, uma vez feitas as deduções pessoais relativas ao contribuinte e à sua família. Tal devolução mudaria o perfil do SIMPLES, que inclui tributos de competência dos Estados e dos Municípios e, provavelmente, não seria vantajosa para a Fazenda federal.

Questão mais interessante, que mereceu nossos estudos, refere-se àquelas sociedades de pessoas, personalíssimas ou mistas que, não podendo ser enquadradas no SIMPLES, não obstante, estão sujeitas à apuração pelo lucro presumido. Como se sabe, a alíquota do IRPJ é de 15% sobre o lucro presumido, com adicional de 10% sobre a parcela do lucro que exceder R$ 20.000,00/mês. Além disso, seguindo a forma de apuração do lucro, acresce-se a CSSL, com alíquota de 9% – art. 17 da Lei 11.727/2008. Portanto elas podem oscilar entre 25% a 34%.

As sociedades de profissionais liberais são regidas por normas próprias e guardam uma fraca identidade em relação às pessoas físicas dos sócios. Médicos e advogados, por exemplo, têm responsabilidade pessoal e direta por todos os atos que praticarem, não podendo agir em nome da sociedade e esconder-se atrás dela em face de seus clientes. Exemplifiquemos melhor por meio das sociedades de advogados, a seguir:

> 1) tais sociedades (de advogados) estão reguladas, com todos os impedimentos e suspensões devidamente previstos, pela Lei 8.906, de 04 de julho de 1994 (anteriormente pela Lei 4215/63). Assim dispõe o seu art. 15: "*Os advogados podem reunir-se em sociedade civil de prestação de serviços de advocacia, 'na forma disciplinada nesta lei e no regulamento geral'";*
>
> 2) Sobre seu registro e personalidade jurídica, dispõe a Lei 8.906/94:
>
> "*Art. 15*..
>
> §1º.: A sociedade de advogados adquire personalidade jurídica com o registro aprovado de seus atos constitutivos no Conselho Seccional da OAB em cuja base territorial tiver sede.
>
> §2º:..
>
> ....
>
> §3º.: *'As procurações devem ser outorgadas individualmente aos advogados e indicar a sociedade de que façam parte.'"*

Como se pode constatar, são altamente relevantes as diferenças entre as sociedades privadas em geral, regidas pelo Código Civil, e as sociedades de advogados, regidas por Estatuto próprio. Podemos resumi-las nos seguintes pontos:

a) as sociedades privadas, que são livremente constituídas, são regidas pelas normas gerais do Código Civil, somente podendo ser civis ou empresárias, e, conforme art. 967, adquirem todas personalidade jurídica com a inscrição, no registro próprio, dos seus atos constitutivos (observados os arts. 45 e 1.150); e, uma vez adquirida a personalidade jurídica, em regra, os atos e a pessoa de seus sócios não se confundem com a pessoa da sociedade, podendo empregados, sócios e gerentes realizar o objeto-fim da sociedade, em nome dela. Essa constatação pode até valer para as sociedades de profissionais em geral, mas não para as sociedades de advogados;

a) as sociedades de advogados são necessariamente reguladas pela Lei 8.906/94, e não pelo Código Civil, são estritamente uniprofissionais, não suportando a agregação de outros profissionais, nem mesmo de estudantes de Direito ou estagiários; além disso adquirem personalidade jurídica apenas formal, jamais material, pois nem sócio-advogado, nem advogado-empregado podem exercer a advocacia, em nome da sociedade, sem que a procuração lhes seja individualmente outorgada, art. 15, §3º., supra citado. De tal modo, a sociedade de advogados não pode atuar na sua atividade fim, nem recebe mandato, mas apenas os seus sócios, todos advogados. Leciona WALTER GUERRA SILVA:

> *"O direito brasileiro reconhece ampla personalidade às sociedades, quer civis, quer comerciais. O que é difícil de reconhecer na sociedade de advogados que não possui separação ou autonomia patrimonial pelos atos praticados por seus sócios no exercício da advocacia, bem como, não existe distinção entre a pessoa ideal e as pessoas que a constituem.*
>
> *Diante da despersonificação da sociedade pelos atos realizados por seus sócios, afirma-se inexistir, na sociedade de advogados, personalidade jurídica material."*
>
> (Cf. Sociedade de Advogados. Fonte: http/www.franca.unesp.br/revista/sociedade.htm).

b) as sociedades civis em geral, regidas pelo Código Civil, começam sua existência legal com a inscrição do ato constitutivo no respectivo registro, que somente pode ocorrer ou na Junta Comercial ou no Registro

Civil das Pessoas Jurídicas, o último adequado para o registro das sociedades não mercantis e não empresárias. De acordo com o art. 1150, *"o empresário e a sociedade empresária vinculam-se ao Registro Público de Empresas Mercantis a cargo das Juntas Comerciais, e a sociedade simples ao Registro Civil das Pessoas Jurídicas, o qual deverá obedecer às normas fixadas para aquele registro, se a sociedade simples adotar um dos tipos de sociedade empresárias"*. Inexiste proibição legal a que as sociedades de profissionais liberais se registrem no Registro Civil das Pessoas Jurídicas, exceto para as sociedades de advogados que somente podem nascer se registradas na própria OAB;

b) as sociedades de advogados são 'expressamente' proibidas de se registrarem nos termos do disposto no art. 1150 do Código Civil, devendo proceder à inscrição exclusivamente no Conselho Seccional da OAB. Confira-se o §3°. do art. 16 da Lei 8.906/94: *"É proibido o registro, nos cartórios de registro civil de pessoas jurídicas e nas juntas comerciais, de sociedade que inclua, entre outras finalidades, a atividade de advocacia"*;

c) as sociedades civis privadas, que obedecem às regras previstas no Código Civil, são livremente constituídas e podem ser integradas por profissionais diferentes (médicos, advogados e engenheiros), podem adquirir forma empresária ou mercantil e ser levadas a registro, sem possibilidade de controle, por parte dos órgãos competentes ao registro de quaisquer impedimentos provisórios ou definitivos, como aqueles que limitam o servidor público;

d) as sociedades de advogados são proibidas de exercer o comércio, ou mesmo de incluir advogado, totalmente proibido de advogar. Os impedimentos transitórios têm necessariamente de ser levados à averbação, e os definitivos à exclusão do sócio, razão pela qual a clássica proibição feita ao servidor público, de exercer o comércio, e de exercer atividades de administração e gerência (como matéria estranha à própria advocacia que não seja dela necessariamente consequente) nunca preocuparam a OAB, protegido que está convenientemente o interesse público, em seu Estatuto (Lei 8.906/94). Eis o teor do art. 16:

> **"Art. 16.** *Não são admitidas a registro, nem podem funcionar as sociedades de advogados que apresentem forma ou características mercantis, que adotem denominação de fantasia, 'que realizem atividades estranhas à advocacia', que incluam sócio não inscrito como advogado ou totalmente proibido de advogar".*

Sendo assim, o objeto das sociedades de advogados somente pode ser o exercício da advocacia: não podem exercer a administração, a gerência ou a gestão de bens de outras pessoas. Mas elas, embora somente possam ter como objetivo social a advocacia, não podem *de per si* exercê-la, apenas os seus sócios individualmente, todos advogados. Se não podem gerir, administrar ou representar outras sociedades e pessoas muito menos poderão exercer o comércio. Lei federal própria as disciplina, e dela constam as hipóteses de impedimento definitivo ou temporário.

Embora os estatutos próprios de outras profissões legalmente regulamentadas possam não ser tão rigorosos como os da OAB, em geral os serviços prestados são pessoais. No caso dos advogados, dos médicos, odontólogos e outros são personalíssimos.

Não por outra razão, há quem afirme que tais sociedades não são materiais, mas meramente formais. Em decorrência, o legislador complementar, relativamente ao ISSQN, por exemplo, excepcionou o regime tributário geral, próprio das empresas prestadoras de serviço, que arrecadam o imposto municipal sobre a receita, para conceder um regime especial, com valores fixos, por profissional componente da sociedade.

Entendemos que a singela inclusão dos lucros distribuídos, após a incidência dos tributos próprios das pessoas jurídicas, novamente na pessoa física, sem concessão dos créditos correspondentes aos valores já pagos, configuraria uma bitributação indevida. O justo seria mesmo uma imputação plena como procedem diversos países, conforme quadro da OCDE, anteriormente exposto.

8. CONCLUSÕES

A Constituição Federal de 1988 concretizou o sonho da redemocratização, acalentado há décadas. Trouxe consigo uma série de garantias, direitos e diretrizes a serem perseguidos pelo País.

Como já observamos, ao encerrar os comentários à atualização da obra "Limitações Constitucionais ao Poder de Tributar", de Aliomar BALEEIRO: o jurista *"encerra esta obra marcante e ímpar da literatura nacional com belíssimo libelo contra a tributação injusta, regressiva, meramente proporcional, objetiva (não pessoal) e tendente a acentuar a cumulação de riqueza, ao invés de redistribuí-la."*[87]

---

[87] BALEEIRO, Aliomar. *Limitações Constitucionais ao Poder de Tributar.* 8ª ed. Atualizada por Misabel Abreu Machado Derzi. Rio de Janeiro: Forense, 2010, p. 1.376.

Na verdade, entendemos que *"a Constituição de 1988 deu razão a Baleeiro. Ela consagrou expressamente a pessoalidade e a graduação dos impostos em geral segundo a capacidade econômica do contribuinte (art. 145, §1º); a igualdade de tratamento de todos os que se encontrem em situação equivalente (art. 150, II); (...) a generalidade, a universalidade e a progressividade do imposto de renda (art. 153, §2º, I); a compatibilização dos orçamentos da União com o princípio de redução das desigualdades inter-regionais, segundo critério populacional (art. 165, §7º), todos desdobramento, no campo do Direito Tributário, do Estado Democrático de Direito em que se constitui a República Federativa do Brasil."*[88]

Entretanto, como se pôde perceber neste trabalho, a tributação da renda da pessoa física no Brasil pode estar distante desses objetivos. Ao revés, o que se tem hoje não é um imposto sobre a renda que atenda aos princípios da universalidade e da generalidade, princípios esses cogentes e específicos à tributação da renda – art. 153, parágrafo segundo, inciso II, da CF/1988.

Afasta-se da universalidade quando se concede isenção aos lucros e dividendos distribuídos – art. 10 da Lei 9.249/1995 – aos sócios e acionistas, submetendo-se essencialmente o rendimento assalariado à tabela progressiva do IRPF.

Afasta-se da generalidade, na medida em que o maior percentual do IRPF é pago essencialmente por servidores públicos e funcionários das empresas estatais. Desse modo, as camadas mais bem remuneradas da área privada e que ostentam maior renda, paradoxalmente podem gozar de um regime tributário favorecido. E, repetindo, tanto a universalidade quanto a generalidade são princípios cogentes da Constituição.

Mas está claro, como alerta AFONSO, que não há como adotar soluções salvadoras no curto e médio prazos. Não seria, por exemplo, aumentando a alíquota marginal do IRPF que se resolveriam essas distorções[89]. Só aumentaria o peso da tributação daqueles que já arcam com a maior parte desse tributo: os trabalhadores assalariados, notadamente os servidores públicos, os quais não têm como fugir dessa tributação. Além disso, CASTRO igualmente adverte não ser possível fazer uma transformação radical na redistribuição de renda utilizando-se o Imposto de

---

88 Idem. P. 1.377.

89 Ob. Cit. p. 40.

Renda, o qual representa apenas 2,73% do PIB e 7,61% da arrecadação tributária total[90].

Mas o legislador tem o dever de ponderar melhor e de evitar a continuidade de distorções que agravarão mais a desigualdade da renda atualmente existente. Mas a questão é muito mais complexa do que se imagina e não se deve perder de vista aquelas diferenciações já registradas entre sociedades de capital e sociedades de pessoas ou personalíssimas.

Não se pode por isso concordar com as observações que reduzem a complexidade do problema. É o caso das afirmações singelas do ministro da Fazenda, Joaquim Levy, que assumiu suas funções em janeiro de 2015 e afirmou, em entrevista coletiva concedida em 13 de janeiro de 2015, que, antes de se pensar em rever alíquotas marginais aplicadas no IRPF, é preciso corrigir a distorção daqueles que, na roupagem de prestadores de serviços, arcam com carga tributária menor do que os assalariados[91]. E os dividendos, por que não se referir a eles? Aí estão os grandes bilionários.

Antes disso, vamos pensar em dividendos, distribuídos por sociedades anônimas, totalmente isentos, e livres, dessa forma podendo se deslocar para qualquer parte do planeta, sem nenhum incentivo ao reinvestimento na própria empresa ou no País. Enquanto vários países desenvolvidos trabalham com tributação dos ganhos de capital mais amena do que a tributação dos dividendos, tudo no sentido de fortalecer a não distribuição dos lucros para estimular a capitalização e o fortalecimento das grandes corporações, o Brasil continua com a sua incompreensível e confusa política imediatista e especulativa. Como já tivemos ocasião de observar, o legislador precisa considerar a imputação dos dividendos, dentro de um daqueles modelos, seguidos pelos países da OCDE, levando em consideração, com certeza, a concorrência fiscal internacional. Pelo menos deveríamos equiparar a tributação dos dividendos àquela dos ganhos de capital.

Do ponto de vista da prestação de serviços, que é o nosso tema, há várias opções. Calibrar as alíquotas nas pessoas jurídicas ou nas pessoas físicas. Nesse contexto, calibrar as alíquotas pode ser a melhor opção[92]. Não se nega o fato de que as pessoas jurídicas, conforme esmiuçado neste trabalho, pagam vários outros tributos. O raciocínio de que tais

---

90 Ob.cit p. 27.

91 Dentre dezenas de reportagens publicadas a respeito dessa entrevista, vide http://folha.com/no1574367.

92 Ob. Cit. p. 42.

tributos (alguns deles) têm natureza indireta e necessariamente repercutem no preço do produto ou serviço prestado, ou seja, não são ao final suportados por elas, não se justifica. O que tem de ser comparado é tão somente imposto de renda + CSLL, próprio das pessoas jurídicas, que pagam segundo o lucro presumido – variação que vai de 25% a 34% – e alíquotas progressivas do IRPF, que não ultrapassam 27,5%. Se, com isso, havendo imputação plena, a tributação na pessoa física será zerada, é uma consequência possível.

Parece-nos, assim, que a melhor opção não seria majorar as alíquotas incidentes sobre as pessoas, que declaram segundo o lucro presumido, mantendo-se a isenção, pois isso prolongaria a sensação de injustiça inerente à situação ora vigente. O correto seria incluir os lucros distribuídos nas pessoas prestadoras de serviço à tributação na pessoa física - mas realizando-se uma imputação plena – com créditos relativos aos valores já pagos na jurídica.

Na verdade, a isenção dos lucros e dividendos distribuídos justificava-se, em 1995, segundo o Ministério da Fazenda – por meio da Exposição de Motivos nº 325/95, relativa ao Projeto de Lei nº 126/95 que originou a referida lei – porque "*com relação à tributação dos lucros e dividendos, estabelece-se a completa integração entre a pessoa física e a pessoa jurídica, tributando-se esses rendimentos exclusivamente na empresa e isentando-os quando do recebimento pelos beneficiários. Além de simplificar os controles e inibir a evasão, esse procedimento estimula, em razão da equiparação de tratamento e das alíquotas aplicáveis, o investimento nas atividades produtivas*".

Hoje, urge empreender uma reavaliação da situação. Urge combater a sensação de injustiça, que é destrutiva. Mas não de forma simplista.

Parece-nos que a isenção total dos dividendos (no IRPF) desestimula exatamente o que se queria incentivar: os investimentos.

Parece-nos ainda que a isenção total, no IRPF, dos lucros distribuídos cria uma sensação de injustiça intolerável. É necessário reavaliar a situação, diferenciando-se as sociedades de capital daquelas sociedades personalíssimas. Nas últimas, a imputação deve ser plena – com concessão de créditos pelos valores já pagos na pessoa jurídica.

Possuindo a tributação da renda nítido caráter redistributivo, por força do princípio da igualdade, muito da confiabilidade e legitimidade do sistema tributário ficam prejudicadas quando se observa que o arcabouço tributário pode estar conduzindo a injustiças e à concretização de políticas contraditórias e incompreensíveis.

Examinar a carga tributária, sobretudo seu peso, segmentos e estratos sociais que a suportam é dever do Estado e deveria ser preocupação sistemática e contínua. Falham os Fiscos do Brasil, que põem à frente interesses meramente arrecadatórios; falha o Senado Federal, que não cumpre a contento as funções de avaliação periódica do sistema tributário nacional, conforme dispõe o art. 52, inciso XV.

18

O PREÇO PARA SE VIVER EM UM MUNDO CIVILIZADO

Onofre Alves Batista Júnior[1]
Ludmila Mara Monteiro de Oliveira[2]
Tarcísio Diniz Magalhães[3]

1. POR QUE TRIBUTAR? OS VÁRIOS OBJETIVOS DA TRIBUTAÇÃO

Um sem-número de razões levam as sociedades contemporâneas a lançarem mão, por intermédio do aparato coercitivo estatal, da figura dos tributos, fazendo incidir sobre pessoas (físicas e jurídicas, contribuintes ou responsáveis) a norma jurídico-tributária que impõe o dever de "levar dinheiro aos cofres públicos".[4] É que recursos fiscais são indispensáveis

1 Pós-Doutorado em Democracia e Direitos Humanos pela Faculdade de Direito da Universidade de Coimbra. Doutor em Direito pela UFMG. Mestre em Ciências Jurídico-Políticas pela Universidade de Lisboa. Professor Adjunto de Direito Público do Quadro Permanente da Graduação e Pós-graduação da UFMG. Advogado-Geral do Estado de Minas Gerais.

2 Doutoranda em Direito e Justiça (Direito Tributário) pela UFMG com estágio doutoral na Universidade McGill. Mestra em Direito e Justiça (Direito Tributário) pela UFMG. Bacharela em Direito pela UFMG, com formação complementar pela Universidade de Wisconsin-Madison. Advogada.

3 Doutorando em Direito e Justiça (Direito Tributário) pela UFMG com estágio doutoral na Universidade McGill. Mestre em Direito e Justiça (Direito Tributário) pela UFMG. Bacharel em Direito pela UFMG, com formação complementar pela Universidade de Wisconsin-Madison. Advogado.

4 Cf. ATALIBA, Geraldo. *Hipótese de incidência tributária.* 6ª ed. São Paulo: Malheiros, 2004.

à execução das funções estatais, financiando a atuação governamental e as políticas públicas orientadas à satisfação das diversas necessidades e objetivos da comunidade.[5] Por meio da receita derivada, governos financiam o próprio sistema jurídico, pagando funcionários públicos (legisladores, administradores públicos, policiais, juízes, promotores, *etc.*) encarregados de zelar pelos direitos e garantias reconhecidos aos cidadãos (e, em alguns casos, também a não-cidadãos). É também com recursos extraídos do setor privado que o Estado realiza obras públicas, construindo pontes, estradas, parques, hospitais, e presta serviços públicos de saúde, educação, assistência, previdência, à população.

Em geral, a doutrina tributária divide os tributos em duas grandes categorias: tributos com função fiscal e tributos com função extrafiscal. No campo da fiscalidade, o tributo serve ao custeio da máquina pública, com vistas a permitir que o Estado satisfaça necessidades públicas. Mas pela faceta tributária, o Estado também adentra o domínio da extrafiscalidade, desempenhando funções não eminentemente arrecadatórias. É o caso da função regulatória,[6] segundo a qual o tributo pode ser utilizado como mecanismo para intervir na economia, garantir estabilização ou mesmo moldar comportamentos, incentivando ou desincentivando certas atividades consideradas nocivas, seja para o indivíduo, seja para a sociedade – os chamados tributos pigouvianos, em referência ao economista A. C. Pigou.[7] Existe ainda uma terceira função que adquire notável importância diante de um Estado comprometido com a justiça social, a saber,

---

[5] "Recursos fiscais são necessários para executar as funções estatais, e a maneira com que são obtidos molda como indivíduos e Estado se relacionam. [...] A política pública entra, não como uma aberração da "ordem natural" dos mercados privados, mas como um meio igualmente válido ou natural de lidar com um diferente conjunto de problemas. A mão visível dos processos orçamentários, em suma, não é menos "natural" do que a mão invisível do mercado. Uma variedade de necessidades devem ser satisfeitas e tarefas realizadas, algumas mais bem servidas pelo primeiro e outros pelo segundo modo. Falhas surgem e precisam ser tratadas no âmbito dos dois, com ambos oferecendo contribuições essenciais e complementares para a ordem social." MUSGRAVE, Richard A. The nature of the fiscal state *In*: BUCHANAN, James M.; MUSGRAVE, Richard A. *Public finance and public choice*: two contrasting visions of the state. Cambridge: The MIT Press, 1999, p. 29-49, p. 30-31.

[6] AVI-YONAH, Reuven S. Taxation as regulation: carbon tax, health care tax, bank tax and other regulatory taxes. *Accounting, Economics, and the Law: A Convivium*, v. 1, n. 2, art. 6, 2011.

[7] Cf. PIGOU, A. C. *The economics of welfare.* Hampshire: Palgrave Macmillan, 2013 (Palgrave Classics in Economics).

a função redistributiva, focada na garantia de um patamar de dignidade para todos, minimizando desigualdades econômicas entre os indivíduos.[8]

Dessa breve descrição, vê-se que, nas democracias modernas, o fenômeno tributário é multifacetado, em razão do amplo papel econômico atribuído ao Estado. Apesar de, na prática, ser muitas vezes difícil dizer qual a principal finalidade de uma determinada imposição tributária, identificar as diferentes funções da atividade financeira governamental tem relevância tanto do ponto de vista conceitual, quanto normativo.[9]

Nesse sentido, LIAM MURPHY & THOMAS NAGEL trabalham os conceitos de provisão pública ("divisão público-privado") e (re)distribuição, como duas funções básicas da tributação[10] – que equivalem aos clássicos ramos alocativo e distributivo, respectivamente, no modelo de RICHARD & PEGGY MUSGRAVE.[11] Para compreender a primeira delas, a divisão

---

[8] No caso do Brasil, MISABEL DERZI bem aponta que "[no] contexto jurídico constitucional, somente no plano filosófico ou teórico-especulativo caberia discutir a conveniência ou não de se adotar a justiça tributária distributiva." É que a Constituição da República Federativa do Brasil de 1988 "[...] estabeleceu o dever de se construir uma sociedade livre, justa e solidária, além de obrigar à erradicação da pobreza e à redução das desigualdades sociais. Em seu art. 7°, enumerou os direitos sociais como direitos fundamentais e disciplinou as regras de custeio da Seguridade Social, nome que designa não apenas a previdência social, mas ainda as ações no campo da saúde e da assistência social. Prometeu saúde universal e gratuita para todos e assistência social a todos os necessitados para que a nenhum cidadão fosse negada a dignidade humana. Disciplinou as contribuições como tributos instrumentais da construção da Seguridade Social (art. 195), estabeleceu a progressividade, a universalidade e a generalidade como princípios cogentes do imposto sobre a renda (art. 153), além de ter consagrado a regra da imposição segundo a capacidade econômica do contribuinte (art. 145)." DERZI, Misabel Abreu Machado. Guerra fiscal, Bolsa Família e Silêncio (Relações, efeitos e regressividade). *Revista Jurídica da Presidência*, v. 16, n. 108, Brasília, p. 39-64, fev./maio 2014, p. 47-48. Veja também: TORRES, Heleno Taveira. Tributos são meios constitucionalmente válidos de intervencionismo econômico. *Conjur*, 30 jul. 2014. Para uma breve análise do multifacetado fenômeno tributário, com especial atenção à finalidade redistributiva, cf. LEAL, Augusto Cesar de Carvalho. (In)Justiça social por meio de tributos: a finalidade redistributiva da tributação e a regressividade da matriz tributária brasileira. *Revista Dialética de Direito Tributário*, n. 196, p. 7-32.

[9] MURPHY, Liam; NAGEL, Thomas. *The myth of ownership*: taxes and justice. Oxford: Oxford University Press, 2002, p. 76.

[10] Cf. MURPHY, Liam; NAGEL, Thomas. Taxes, redistribution, and public provision. *Philosophy & Public Affairs*, v. 30, n. 1, p. 53-71, 2001.

[11] *Ibid.*, p. 57 (1). Para os MUSGRAVES, há, ainda, a função estabilizadora, que cuida de questões macroeconômicas. Neste caso, o Estado faz uso de políticas fiscais com

público-privado, é preciso considerar o conceito econômico de bens públicos (*public goods*),[12] *i.e.*, bens que combinam, em variados graus, as características da não-rivalidade[13] e da não-exclusividade.[14] Exemplos

---

o propósito de garantir o emprego e o crescimento econômico e para manter a estabilidade dos preços e a solidez das contas externas. Cf. MUSGRAVE, Richard A.; MUSGRAVE, Peggy B. *Public finance in theory and practice*. International Edition. 5ª ed. Nova Iorque: McGraw-Hill Book Company, 1989, p. 11 *et seq.*

12 "Bem público: bens públicos tem as propriedades da não-rivalidade no consumo e não-exclusividade. Por exemplo, a paz custa pouco ou nada para um indivíduo a mais desfrutar. Além disso, os custos de privar qualquer indivíduo de desfrutar desse bem são elevados." KAUL, Inge; GRUNBERG, Isabelle; STERN, Marc A. Glossary. *In*: KAUL, Inge GRUNBERG, Isabelle; STERN, Marc A. (eds.). *Global public goods*: international cooperation in the 21st century. Oxford: Oxford University Press, 1999, p. 509 *et seq.*, p. 511. "Bem público: bens com consumo não-rival e benefícios não-exclusivos têm um forte potencial para publicização. Por exemplo, geralmente custa pouco ou nada para dar a uma pessoa adicional acesso a dados estatísticos. No entanto, apenas alguns dados são de domínio público – disponíveis para todas as pessoas para uso gratuito. Outros dados são privados e devem ser adquiridos. Assim, é importante distinguir entre o potencial de um bem e sua publicização *de facto*. Só bens públicos *de facto* estão realmente disponíveis para todas as pessoas consumirem." KAUL, Inge *et al.* Glossary. *In*: KAUL, Inge *et al.* (eds.). *Providing global public goods*: managing globalization. Oxford: Oxford University Press, 2003, p. 604 *et seq.*, p. 606. "Bem público: bem com benefícios e/ou custos não-rivais e/ou não-exclusivos. Se um bem possui ambas as propriedades, é um bem público puro. Se exibe apenas uma das propriedades, é um bem público impuro. Os benefícios ou custos de um bem são não-rivais se o uso do bem por um ator não reduz os benefícios resultantes para, ou os custos a serem suportados pelos, outros; e são não-exclusivos se ninguém pode ser ou está sendo excluído do gozo ou de ter de suportá-los." KAUL, Inge; CONCEIÇÃO, Pedro. Glossary. KAUL, Inge; CONCEIÇÃO, Pedro (eds.). *The new public finance*: responding to global challenges. Oxford: Oxford University Press, 2006, p. 612 *et seq.*, p. 615.

13 "Não-rivalidade: um bem é não-rival ou indivisível quando uma unidade do bem pode ser consumida por um indivíduo sem prejudicar oportunidades de consumo disponíveis para outros quanto à mesma unidade. O pôr do sol é não-rival ou indivisível quando as vistas estão desobstruídas." KAUL, Inge; GRUNBERG, Isabelle; STERN, Marc A. Glossary. *In*: KAUL, Inge GRUNBERG, Isabelle; STERN, Marc A. (eds.). *Global public goods*: international cooperation in the 21st century. Oxford: Oxford University Press, 1999, p. 509 *et seq.*, p. 510. "Não-rival: quando um bem pode ser consumido por uma pessoa sem prejudicar as oportunidades de consumo disponíveis para os outros. O pôr do sol é não-rival (ou indivisível) quando as vistas estão desobstruídas." KAUL, Inge *et al.* Glossary. *In*: KAUL, Inge *et al.* (eds.). *Providing global public goods ... cit.*, p. 605.

14 "Não-exclusividade: benefícios que estão disponíveis para todos uma vez que o bem é fornecido são denominados não-exclusivos. Bens cujos benefícios podem ser retidos sem custo pelo proprietário ou provedor geram benefícios exclusivos. Fogos

clássicos de bens públicos são a defesa das fronteiras nacionais, o controle de doenças transmissíveis, a preservação do meio ambiente, *etc.* O conceito foi pioneiramente empregado pelo Nobel de Economia de 1970, PAUL SAMUELSON, em sua clássica teoria dos gastos públicos,[15] sendo reaproveitado pelas ciências políticas,[16] dirigindo-se a bens cuja prestação beneficia, de forma indivisível, a toda a coletividade, sendo, pois, impossível excluir indivíduos que não tenham desembolsado um centavo sequer para financiá-los. Justamente por essa razão é que a tributação entra em cena, como única forma de fazer com que cada indivíduo pague pela manutenção dos bens públicos prestados a todos.[17] É claro que cabe a cada sociedade, determinar democraticamente o quanto de recurso será destinado à provisão pública, *i.e.*, quanto ficará sob domínio do Estado, deixando que o restante seja manejado na esfera individual na forma de propriedade privada. Ao seu turno, cabe à finalidade distributiva promover a repartição do produto social entre os membros da sociedade, seja na forma de bens em espécie (*e.g.*, saúde e educação fornecidas pelo Estado), por meio de *vouchers* (transferência direta de recursos financeiros para que indivíduos adquiram determinados bens/serviços na iniciativa privada)[18] ou, ainda, através de

---

de artifício, dispositivos de controle de poluição e iluminação pública proporcionam benefícios não-exclusivos porque, uma vez fornecidos, é difícil, senão impossível, excluir indivíduos de seus benefícios." KAUL, Inge; GRUNBERG, Isabelle; STERN, Marc A. Glossary. *In*: KAUL, Inge GRUNBERG, Isabelle; STERN, Marc A. (eds.). *Global public goods... cit.*, p. 510. "Não-exclusivo: descreve benefícios que estão disponíveis para todas as pessoas uma vez que o bem é fornecido. Pelo contrário, os benefícios de um bem são exclusivos se puderem ser retidos pelo proprietário ou provedor. Fogos de artifício, dispositivos de controle de poluição e iluminação pública proporcionam benefícios não-exclusivos porque, uma vez fornecidos, é difícil, senão impossível, excluir pessoas de desfrutarem de seus benefícios." KAUL, Inge *et al.* Glossary. *In*: KAUL, Inge *et al.* (eds.). *Providing global public goods... cit.*, p. 605.

15 Cf. SAMUELSON, Paul A. The pure theory of public expenditure. *The Review of Economics and Statistics*, v. 36, n. 4, p. 387-389, nov. 1954.

16 Cf. OLSON, Mansur. *The logic of collective action*: public goods and the theory of groups. 2ª ed. Cambridge: Harvard University Press, 1971 (Harvard Economic Studies, v. CXXIV).

17 MURPHY, Liam; NAGEL, Thomas. *The myth of ownership... cit.*, p. 46.

18 Ou seja, ser contrário à provisão de bens públicos por parte do Estado não implica necessariamente uma rejeição da tributação redistributiva ou vice-e-versa. Uma pessoa pode, pode por exemplo, ser contrária ao *big government*, por considerar o Estado-providência ineficiente, mas ainda assim apoiar uma melhor partilha da riqueza produzida em determinado território, por meio de impostos progressivos. Daí a importância de perceber as diferentes funções que a tributação pode ter.

subsídios salariais, imposto de renda negativo ou isenções e deduções no imposto de renda da pessoa física.[19]

Adotando uma classificação tripartite entre receita, redistribuição e regulação,[20] Reuven Avi-Yonah descreve a tributação como uma ferramenta à disposição dos Estados modernos, que dela fazem uso tanto para arrecadar e prestar (*tax-and-spend*) e repartir a renda e a riqueza (*tax-and-transfer*), quanto para regular *stricto sensu* atividades econômicas.[21] É com base na função regulatória, por exemplo, que se justifica a tributação de pessoas jurídicas (*corporate taxation*), uma vez que o tributo serve de instrumento de controle das atividades empresárias, garantindo equilíbrio entre o mercado, a sociedade civil e o Estado.[22]

Independentemente da classificação adotada, as diversas funções da tributação podem ser agrupadas naquilo que poderíamos chamar de "preço da civilização", para lembrar o tão citado juiz Oliver Wendell Holmes Jr., da Suprema Corte dos EUA.[23] "Preço" esse que inclui o

---

Ibid., p. 92.

[19] *Ibid.*, p. 76, 92. Um problema identificado principalmente no cenário global é que "[a] lógica de justiça distributiva no sentido contemporâneo [...] parece escapar da compreensão da doutrina dominante." BATISTA JÚNIOR, Onofre Alves. *O outro Leviatã e a corrida ao fundo do poço*. São Paulo: Almedina, 2015, p. 468.

[20] De uma perspectiva internacional, Allison Christians apresenta uma classificação bastante interessante, por levar em conta como o tributo molda as relações não apenas dos membros de uma comunidade política, mas também entre Estados-nação. Assim, ela divide as funções da tributação em: construção do Estado (*state-building*), gerenciamento interno (*internal management*) e expansão negociada (*negotiated expansion*). Cf. *Introduction to tax policy theory*, cap. de CHRISTIANS, Allison. *Taxation and human rights*. 2014 (Manuscrito).

[21] Cf. AVI-YONAH, Reuven S. The three goals of taxation. *NYU Tax Law Review*, v. 60, n. 2, p. 1-28, 2006.

[22] Cf. AVI-YONAH, Reuven S. Corporations, society, and the state: a defense of the corporate tax. *Virginia Law Review*, v. 90, n. 5, p. 1.193-1.255, set. 2004.

[23] No julgamento do caso *Compañia General de Tabacos de Filipinas v. Collector of Internal Revenue*, o *Associate Justice* da *US Supreme Court* proferiu a seguinte frase: "tributos são o que pagamos por uma sociedade civilizada." Cf. UNITED STATES. Supreme Court. *Compañia General de Tabacos de Filipinas v. Collector of Internal Revenue*. 1927 (voto de divergência). Segundo relatos, em uma outra oportunidade, ao ser questionado "Você não odeia pagar tributos?!", ele teria respondido: "Não, jovem amigo. Eu gosto de pagar tributos. Com eles eu compro civilização." FRANKFURTER, Felix. *Mr. Justice Holmes and the Supreme Court*. Cambridge: Harvard University Press, 1938, p. 42. Citando Holmes, o economista Jeffrey D. Sachs afirma: "Sem tributação adequada, não podemos viver em um país civilizado." Segundo Sachs, o grande problema enfrentado hoje pelos Estados Unidos é a carência de recursos para o financiamento de bens pú-

próprio valor da liberdade, na medida em que é assegurada pelo Estado tributário.[24] Sobre esse ponto, algumas observações se fazem pertinentes. Não há aqui qualquer intenção de apelar a uma postura exclusivamente utilitarista, fundada no interesse próprio e em razões de eficiência,[25]

---

blicos indispensáveis a uma sociedade civilizada, o que põe em xeque a condução tanto de uma governança efetiva quanto de uma recuperação sustentável. Isso explica por que a qualidade de vida dos americanos vem deteriorando ano após ano. E tal quadro crítico é resultado da sequência de cortes tributários iniciada no governo de Ronald Reagan e ampliada no governo de George W. Bush, o que é preocupante em face do envelhecimento da população e da crescente demanda por serviços públicos de saúde, infraestrutura, educação, energia, dentre outros. Assim, alijado da capacidade de satisfazer as necessidades públicas pela via tributária, o governo acaba tendo de recorrer a empréstimos, agravando o endividamento público mesmo em tempos de paz (só em 2010, o déficit orçamentário americano estava em torno de $1.3 trilhões = 9% da renda nacional). Cf. Cap. 11 (*Paying for civilization*) SACHS, Jeffrey D. *The price of civilization*: economics and ethics after the fall. Toronto: Vintage Canada, 2011. Como já alertava Chesnais, "[...] a redução dos impostos sobre as altas rendas tem causas políticas. Ela traduz o predomínio crescente dos ativos financeiros e dos grupos sociais que deles se beneficiam. Este processo repousa na liberação financeira e é por ela reforçado. [...] Se os governos, não obstante as políticas de austeridade, pretendem continuar a financiar as despesas públicas, que são superiores às receitas devido à própria redução da base tributária, esses governos terão de tomar dinheiro emprestado. De quem? Dos mesmos que eles não querem mais tributar. Eles se dirigem [...] para implorar-lhes sua "poupança" – termo neutro, ou mesmo de bom-tom, para designar um mecanismo cujo principal fundamento é a desigualdade na distribuição de renda. Enfim, como os governos contraem esses empréstimos a taxas de juros superiores às da inflação e às do crescimento econômico, para levar a cabo esse processo a dívida se reproduz automaticamente ano a ano." CHESNAIS, François. *Tobin or not Tobin?* Porque tributar o capital financeiro internacional em apoio aos cidadãos. Trad. por Francisco Ribeiro Ferreira, Gustavo Maia Jr., Rúbia Prates Goldini e Teresa van Acker. São Paulo: Unesp, 1999, p. 27-28.

24 Cf. TORRES, Ricardo Lobo. *A ideia de liberdade no estado patrimonial e no estado fiscal*. Rio de Janeiro: Renovar, 1991. KIRCHHOF, Paul. Die Steuer ist ein Preis der Freiheit. *Franfurter Allgemeine*, 7 nov. 2009. Da constatação de que qualquer sistema de direitos (incluindo direitos de propriedade) gera custos financeiros, deduz-se uma relação de dependência mútua entre liberdade e tributação. Nesse sentido, cf. HOLMES, Stephen; SUNSTEIN, Cass R. *The cost of rights*: why liberty depends on taxes. Nova Iorque e Londres: W. W. Norton & Company, 1999.

25 Exemplos desse tipo de postura se verificam quando pessoas ricas apoiam programas voltados à educação universal, às artes de espetáculo, à pesquisa cientifica e acadêmica, não por se tratar de direito de todos, mas porque querem tirar proveito de viver em uma sociedade onde a maioria sabe ler e escrever, e que cultiva um ambiente cultural criativo, gerando resultados socioeconômicos vantajosos para

nem invocar o problemático princípio do benefício,[26] o que converteria a ideia de civilização em uma mera *commodity* à venda.[27] Afinal, a ideia de civilização é por demais complexa para poder ser reduzida a um mero benefício direto passível de individualização. Tampouco é o caso de tentar ressuscitar a injusta teoria tributária de matriz contratualista do "imposto-troca" (*l'impôt-échange*), que assume a forma de "imposto-preço".[28]

---

todos. Ou quando os ricos dão apoio a políticas welfaristas e planos de renda mínima unicamente para reduzir custos sociais ligados à pobreza, crimes e consumo de drogas, cortando gastos com policiamento e construção de prisões e clínicas de tratamento. O problema desse modo de pensar é subordinar o combate à pobreza ao incômodo ou prejuízo causado aos mais ricos. A partir do momento em que, economicamente, é melhor se isolar do contato com a pobreza e com a criminalidade (*e.g.*, se mudando para condomínios fechados), desaparece o interesse pela manutenção de políticas de bem-estar social e passa a ser mais eficiente investir os recursos públicos em segurança. Nesse sentido, cf. MURPHY, Liam; NAGEL, Thomas. *The myth of ownership... cit.*, p. 86-87.

[26] "Três deficiências são imediatamente aparentes. Primeiro, é difícil ou impossível medir com precisão o valor das transferências em espécie aos indivíduos, especialmente quando são intangíveis ou difíceis de desagregar, tais como o ar limpo ou um legislativo livre de corrupção. Segundo, pode ser difícil (seja econômica ou socialmente) recolher o pagamento ou excluir certos benefícios de pessoas sem meios para pagar – notadamente, pobres, jovens, velhos, e assim por diante. Terceiro, quando, por uma questão de política (por exemplo, para reduzir a desigualdade econômica), o governo intencionalmente procura transferir riqueza de uma pessoa ou grupo de pessoas a outro, ou subsidiar uma atividade particular, 'a tributação de acordo com o benefício é pura contradição' [SIMONS, Henry C. *Personal income taxation*: the definition of income as a problem of fiscal policy. Chicago: Chicago University Press, 1938, p. 4]." *Introduction to tax policy theory*, cap. de CHRISTIANS, Allison. *Taxation and human rights... cit.*, p. 12. Veja também: MURPHY, Liam; NAGEL, Thomas. *The myth of ownership... cit.*, p. 192.

[27] É igualmente equivocado enxergar o governo, à imagem das relações econômicas que tomam lugar no mercado privado, como uma simples mercadoria e, por conseguinte, tomar os impostos como preços por serviços governamentais. MURPHY, Liam; NAGEL, Thomas. *The myth of ownership... cit.*, p. 193. Um tal modo de proceder poderia resultar na conversão do Estado no que se convencionou chamar de "Estado taxador", que se sustenta na cobrança de taxas (tributos bilaterais). Para a refutação dessa ideia, cf. NABAIS, José Casalta. Reflexões sobre quem paga a conta do estado social. *In*: CLÈVE, Clèmerson Merlin; BARROSO, Luís Roberto. *Constituição financeira, econômica e social*: ordem financeira, ordem econômica, ordem social. Revista dos Tribunais, 2011 (Edições Especiais – 100 anos: Doutrinas Essenciais – Direito Constitucional, v. 6), p. 1.033-1.066.

[28] Sobre as ideologias fiscais que inspiraram a teoria do imposto, cf. Seção 2 (*Les représentations libérale et communautariste de l'impôt*) do Cap. 3 de BOUVIER, Michel. *Introduction au droi fiscal général et à la théorie de l'impôt.* 12ª ed. Paris: LGDJ Lextenso éditions, 2012 (Systèmes Fiscalité).

Nosso desígnio é tão só afastar o "mito do almoço de graça", popularizado pelo Nobel de Economia de 1976, MILTON FRIEDMAN,[29] que leva a uma perniciosa abordagem "cega aos custos" (*cost-blind*).[30] Tendo em conta que "o Direito não é de graça"[31] e que "direitos não nascem em árvores",[32] o tributo deve ser visto, não como um fardo, mas como um contributo[33] para construção da "boa sociedade".[34]

---

29 Cf. FRIEDMAN, Milton. There's no such thing as a free lunch: essays on public policy. LaSalle: Open Court, 1975.

30 FARRALLY, Colin. Taxation and distributive justice. *Political Studies Review*, v. 2, p. 185-197, 2004.

31 MACAULAY, Stewart. Law and the behavioral sciences: is there any there there? *Law & Policy*, p. 149-187, abr. 1984, p. 152; MACAULAY, Stewart. The new versus the old legal realism: "things ain't what they used to be". *Wisconsin Law Review*, v. 365, p. 365-403, 2005, p. 383; MACAULAY, Stewart. Contracts, legal realism, and improving the navigation of the yellow submarine. *Tulane Law Review*, v. 80, p. 1.116-1.195, mar. 2006, p. 1.173, 1.175.

32 Cf. GALDINO, Flávio. *Introdução à teoria dos custos dos direitos*: direitos não nascem em árvores. Rio de Janeiro: Lumen Juris, 2005. No mesmo sentido, cf. o Cap. 1 ("A face oculta dos direitos fundamentais: os deveres e os custos dos direitos") de NABAIS, José Casalta. *Por um estado fiscal suportável*: estudos de direito fiscal. Coimbra: Almedina, 2005, v. 1, [republicado em NABAIS, José Casalta. *Por uma liberdade com responsabilidade*: estudos sobre direitos e deveres fundamentais. Coimbra: Coimbra Editora, 2007, p. 163-196].

33 "[...] o imposto não pode ser encarado, nem como um *mero poder* para o cidadão, nem como um *mero poder* para o estado, nem simplesmente como um *mero sacrifício* para os cidadãos, mas antes como o contributo indispensável a uma vida em comum e próspera de todos os membros da comunidade organizada do estado." NABAIS, José Casalta. *O dever fundamental de pagar impostos*: contributo para a compreensão constitucional do estado fiscal contemporâneo. Coimbra: Almedina, 2012 (Teses de Doutoramento), p. 185.

34 "A frase boa sociedade é um termo usado por gerações de filósofos, historiadores e economistas para descrever o tipo de sociedade em que devemos aspirar a viver; é normalmente entendida como uma sociedade igualitária, em que todas as pessoas respeitam e apreciam umas às outras." SHILLER, Robert J. *Finance and the good society*. Princeton: Princeton University Press, 2012, p. 89-90. Em outras palavras, é "[a] sociedade viável. Aceita-se que algumas barreiras ao sucesso são imóveis, decisivas, e, portanto, devem ser aceitas. Mas há também metas que não podem ser comprometidas. Na boa sociedade todos os seus cidadãos devem ter liberdade pessoal, bem-estar básico, igualdade racial e étnica, a oportunidade de uma vida gratificante. Nada, deve-se reconhecer, nega de modo tão abrangente as liberdades do indivíduo como uma completa ausência de dinheiro. Ou também o prejudica como muito pouco." GALBRAITH, John Kenneth. *The good society*: the humane agenda. Boston: Houghton Mifflin Company, 1996, p. 4.

Ora, se assim é, tributos globais podem ser o preço a se pagar para vivermos em uma "boa sociedade global", vale dizer, em um mundo civilizado.[35] Por isso mesmo, vem crescendo, nos últimos anos, o número de propostas de reforma dos arranjos tributários internacionais em vigor, com base nos mesmos tipos de argumentos adotados internamente pelos Estados nacionais. Nesse sentido, há algumas possibilidades de tributos globais: (i) tributo sobre o carbono (*carbon tax*); (ii) tributo sobre operações de câmbio ou "tributo Tobin" (*Tobin tax*); (iii) tributo sobre passagem aérea (*air-ticket tax*); (iv) tributos sobre e-mails (*e-mail taxes*); (v) tributo sobre o comércio mundial (*tax on world trade*); e (vi) tributo sobre comércio internacional de armas (*tax on international arms trade*).[36]

Seguindo a classificação das funções tributárias em fiscais e extrafiscais, o restante do artigo foi dividido em duas partes, que tratarão de algumas das recomendações mais importantes de tributação global. Na primeira, serão trabalhadas as propostas de tributos globais com finalidade arrecadatória, tanto extraídas de relatórios discutidos no âmbito da Organização das Nações Unidas (ONU), quanto defendidas por filósofos políticos contemporâneos. Na segunda, serão trabalhados, especificamente, o "tributo Tobin" e o "tributo Robin Hood", o "tributo Piketty", e o tributo sobre o carbono, todos com enfoque nas funções redistributiva e/ou regulatória. Desde logo, adiantamos que este artigo não tem a pretensão de avaliar o mérito dessas propostas, muito menos de apresentar uma defesa consistente de cada uma delas. O objetivo principal é expor, de forma sucinta, o estado da arte acerca do debate tributário global. Com isso, esperamos contribuir para futuras pesquisas e estimular uma melhor reflexão a respeito do tema.

---

[35] "[...] se os impostos são o que pagamos por termos uma sociedade civilizada, como se proclama na célebre frase do juiz do *Supreme Court*, Olivier W. Holmes, bom é que esse preço seja um preço aceitável também no quadro supranacional. Assim, igualmente nesse plano, os impostos hão de ser o preço que pagamos por termos uma comunidade internacional assente na liberdades." NABAIS, José Casalta. A soberania fiscal no actual quadro de internacionalização, integração e globalização económicas. *In*: *id. Por um estado fiscal sustentável*: estudos de direito fiscal. Coimbra: Almedina, 2005, v. 1, p. 91.

[36] BROCK, Gillian. Global taxation. *In*: CHATTERJEE, Deen K. (ed.). *Encyclopedia of global justice*. Dordrecht: Springer, 2011, p. 443-445.

2. TRIBUTOS GLOBAIS COM FUNÇÃO PREPONDERANTEMENTE FISCAL

2.1 *As Nações Unidas e os tributos globais: Relatório Zedillo (2001), Relatório Landau (2004), Relatório Quadripartite (2004) e Estudo Econômico e Social Mundial (2012)*

Em 2001, um grupo de especialistas liderado pelo economista Ernesto Zedillo, que acabava de deixar a presidência do México, apresentou, a pedido do então secretário-geral da ONU, Kofi Annan,[37] um documento que ficou conhecido como Relatório Zedillo.[38] O estudo abordou estratégias de mobilização de recursos adicionais para a realização dos compromissos firmados pelos países-membros da ONU no ano de 2000, a partir da celebração da Declaração do Milênio.[39] Por decorrência desse acordo, surgiram os oito Objetivos de Desenvolvimento do Milênio (ODMs),[40]

---

37 "*El 15 de diciembre de 2000, designé un Grupo encargado de recomendar estrategias para la movilización de los recursos necesarios para acelerar el crecimiento equitativo y sostenible de los países en desarrollo, así como de las economías en transición, y para dar cumplimiento a los compromisos en materia de pobreza y desarrollo consagrados en la Declaración del Milenio de las Naciones Unidas.*" ANNAN, Kofi. Carta de fecha 25 de junio de 2001 dirigida al Presidente de la Asamblea General por el Secretario General. *In*: NACIONES UNIDAS. *Examen intergubernamental e internacional de alto nivel del tema de la financiación del desarrollo.* A/55/1000. 26 jun. 2001.

38 Cf. UNITED NATIONS. General Assembly. *High-level international intergovernmental consideration of financing for development.* A/55/1000. 26 jun. 2001.

39 A Declaração do Milênio foi inspirada em seis valores ou princípios fundamentais: liberdade, igualdade, solidariedade, tolerância, respeito pela natureza e responsabilidade compartilhada. E elencou, como objetivos-chave, a paz, a segurança e o desarmamento, o desenvolvimento e a erradicação da pobreza, a proteção do meio-ambiente comum, e os direitos humanos, a democracia e a boa governança; proteção dos vulneráveis; atender às necessidades especiais da África; e fortalecer as Nações Unidas. Cf. UNITED NATIONS. General Assembly. *United Nations Millennium Declaration.* Resolution adopted by the General Assembly. A/RES/55/2. 18 set. 2000.

40 São eles: 1) acabar com a fome e a miséria; 2) educação básica de qualidade para todos; 3) igualdade entre sexos e valorização da mulher; 4) reduzir a mortalidade infantil; 5) melhorar a saúde das gestantes; 6) combater a AIDS, a malária e outras doenças; 7) qualidade de vida e respeito ao meio ambiente; 8) todo mundo trabalhando pelo desenvolvimento. Cf. UNITED NATIONS. We can end poverty: Millennium Development Goals and beyond 2015. *Un.org.*; e OBJETIVOS DO MILÊNIO. 8 Jeitos de Mudar o Mundo. O Voluntariado e os Objetivos do Milênio da ONU. *Objetivosdomilênio.org.br.*

bem como o projeto Financiamento para o Desenvolvimento (*Financing for Development – FfD*).[41]

O Relatório Zedillo recomendou aos chefes de Estado que refletissem sobre as possibilidades de tributação global e, enquanto isso, instituíssem um tributo sobre o consumo de combustíveis fósseis.[42] Quanto aos tributos globais que poderiam ser considerados, o estudo mencionou o tributo sobre operações de câmbio (*currency transaction tax – CTT*), que serviria não apenas para regular e reduzir a volatilidade dos mercado de moedas, mas seria sobretudo uma relevante fonte de arrecadação, já que, em vista do volumoso fluxo transfronteiriço de capital, um CTT global apresentaria um enorme potencial de geração de receitas, mesmo se instituído a alíquota muito baixa de 0.1%.[43] Não obstante, o Relatório

---

[41] Cf. UNITED NATIONS. FfD Home > Overview > Mission Statement. *Un.org.* No âmbito do FfD, foram organizadas duas importantes conferências: 1ª) de 2002, ocorreu na cidade de Monterrey, no México, e resultou na assinatura da Declaração de Monterrey; 2ª) de 2008, ocorreu na cidade de Doha, no Catar, e resultou na assinatura da Declaração de Doha. Cf. UNITED NATIONS. *Monterrey Consensus on the International Conference on Financing for Development.* Report of the International Conference on Financing for Development. A/CONF. 198/11, chapter 1, resolution 1, annex. Monterrey, México, 18-22 mar. 2002. Nova Iorque: United Nations, 2003; e UNITED NATIONS. *Doha Declaration on Financing for Development*: outcome document of the follow-up International Conference on Financing for Development to review the implementation of the Monterrey Consensus. Doha, 29 nov.- 2. dez. 2008. Nova Iorque: United Nations, 2009. Para uma visão crítica, cf. LESAGE, Dries; McNAIR, David; VERMEIREN, Mattias. From Monterrey to Doha: taxation and financing for development. *Development Policy Review*, v. 28, n. 2, p. 155-172, 2010.

[42] "*La Conferencia Internacional sobre la Financiación para el Desarrollo debería estudiar la conveniencia de crear una fuente tributaria internacional adecuada para financiar el suministro de bienes públicos mundiales. Se ha sugerido que podría ser una fuente de esa índole un impuesto sobre las transacciones monetarias, pero el Grupo llegó a la conclusión de que se necesitaba seguir realizando rigurosos estudios técnicos para resolver las dudas acerca de la viabilidad de dicho impuesto. Sería una mejor posibilidad que todos los países convinieran en imponer un nivel mínimo de tributación sobre el consumo de combustibles fósiles (un impuesto sobre el carbono) como forma de luchar contra el calentamiento mundial.*" NACIONES UNIDAS. Informe del Secretario General al Comité Preparatorio de la Reunión Intergubernamental e Internacional de Alto Nivel sobre la Financiación del Desarrollo. *Asamblea General.* Comité Preparatorio de la Reunión Intergubernamental e Internacional de Alto Nivel sobre la Financiacíon del Desarollo. A/AC.257/12. Nova Iorque, 18 dez. 2000, p. 9.

[43] "[...] *habida cuenta del enorme giro de negocios existente en los mercados de divisas, incluso un impuesto modesto podría rendir grandes cantidades. Por ejemplo,*

Zedillo concluiu ser preciso conduzir estudos mais precisos sobre seus resultados práticos. Já a segunda recomendação, de um tributo global sobre o carbono, parecia, aos olhos dos autores do estudo, mais factível.[44] Os países deveriam se comprometer a impor uma carga tributária mínima sobre o uso de combustível fóssil. Contudo, o objetivo deste imposto não era propriamente arrecadatório, como no caso do CTT, mas regulatório, uma vez que visava desestimular o consumo de combustível fóssil, a fim de reduzir os efeitos do aquecimento global.[45]

Além disso, tomando o conceito econômico de bens públicos globais (*global public goods*), por extensão ao contexto internacional da clássica teoria samuelsoniana,[46] a equipe de Zedillo reforçou a necessidade de aprofundamento de estudos técnicos acerca da criação de fontes internacionais de receita adicional para os fins de financiá-los. Na era da globalização, o conceito de *global public goods* se mostra bastante profícuo, por retratar aquilo que não pode ser reivindicado com exclusividade por

---

un impuesto de únicamente 10 puntos de base sobre el actual volumen de divisas tratadas, que asciende a 1.600 billones de dólares al día, produciría unos 400.000 millones de dólares al año." NACIONES UNIDAS. *Examen intergubernamental e internacional de alto nivel del tema de la financiación del desarrollo.* A/55/1000. 26 jun. 2001, p. 59-60.

44 "*La comunidad internacional debería considerar si redundaría en el interés común el suministro de recursos estables y contractuales para los fines indicados. Políticamente, el establecimiento de tributos para resolver problemas mundiales sera mucho más difícil que para fines puramente internos. Aunque sólo sea por su propio interés, todas las partes involucradas deberían considerar la posibilidad de recurrir a nuevas fuentes de financiación. En particular, se ha propuesto frecuentemente como nueva fuente de financiación un impuesto sobre las transacciones monetarias (también conocido como el impuesto Tobin). El Grupo estima que se necesita seguir realizando rigurosos estudios técnicos antes de llegar a conclusiones definitivas sobre la conveniencia y la viabilidad del impuesto Tobin. Tal vez sea más promisorio un impuesto sobre el carbono, es decir, un impuesto sobre el consumo de combustibles fósiles, conforme a tipos impositivos que reflejaran la contribución de tales combustibles a las emisiones de* CO_2." NACIONES UNIDAS. Informe del Secretario General al Comité Preparatorio de la Reunión Intergubernamental e Internacional de Alto Nivel sobre la Financiación del Desarrollo. *Asamblea General.* Comité Preparatorio de la Reunión Intergubernamental... *cit.*, p. 6.

45 Remetemos o leitor à próxima parte, quando serão examinados os tributos globais com função extrafiscal, entre eles, o tributos sobre o carbono.

46 Cf. NORDHAUS, William D. Paul Samuelson and global public goods. *In*: SZENBERG, Michael; RAMRATTAN, Lall; GOTTESMAN, Aron A. (eds.). *Samuelsonian economics and the twenty-first century.* Oxford: Oxford University Press, 2006, p. 88-98.

nenhum Estado e que, ao mesmo tempo, é de responsabilidade de todos fornecer ou tornar acessível ao maior número possível de pessoas, sem deixar de levar em conta as implicações para gerações futuras.[47] Considerando, ainda, que a contraface dos bens públicos (benefícios) são os maus públicos (custos), é de responsabilidade dos governos coordenar esforços no sentido de combater toda sorte de mau público global (*global public bad*) – *e.g.*, a instabilidade financeira internacional[48] –, e tentar minimizar "riscos catastróficos", que possam ameaçar a própria humanidade.[49] Uma vez compreendidas todas essas noções, fica fácil perceber por que são necessários mecanismos fiscais inovadores para garantir o devido tratamento de questões que interessam a toda a comunidade de Estados.[50] Não é por outra razão que o tradicional ramo da economia pública denominado de finanças públicas, pioneiramente teorizado por MUSGRAVE,[51] vem sofrendo uma interessante reformulação, tanto em sua

---

47 "Bem público global: um bem público com benefícios ou custos que são fortemente universais entre países, pessoas e gerações." KAUL, Inge; CONCEIÇÃO, Pedro. Glossary. KAUL, Inge; CONCEIÇÃO, Pedro (eds.). *The new public finance... cit.*, p. 614. "Bem público global: um bem público com benefícios que são fortemente universais em termos de países (cobrindo mais de um grupo de países), pessoas (resultantes de vários, de preferência todos, os grupos populacionais) e gerações (estendendo tanto a gerações atuais quanto futuras, ou pelo menos satisfazendo as necessidades das gerações atuais sem excluir as opções de desenvolvimento para gerações futuras)." KAUL, Inge; GRUNBERG, Isabelle; STERN, Marc A. Glossary. *In*: KAUL, Inge; GRUNBERG, Isabelle; STERN, Marc A. (eds.). *Global public goods... cit.*, p. 509-510; ou KAUL, Inge *et al.* Glossary. *In*: KAUL, Inge *et al.* (eds.). *Providing global public goods... cit.*, p. 605.

48 Cf. WYPLOSZ, Charles. International financial instability. *In*: KAUL, Inge; GRUNBERG, Isabelle; STERN, Marc A. (eds.). *Global public goods... cit.*, p. 152-189.

49 A propósito, cf. POSNER, Richard A. *Catastrophe*: risk and response. Oxford: Oxford University Press, 2004. Para uma perspectiva diferente, cf. SUNSTEIN, Cass R. *Worst-case scenarios.* Cambridge: Harvard University Press, 2007.

50 "*Se aduce en el informe que existen buenos motivos para una financiación internacional de los bienes públicos generales, y entre los bienes que pertenecen a esa categoría se enumeran el mantenimiento de la paz, la prevención de enfermedades contagiosas, la investigación de medicamentos, vacunas y cultivos agrícolas tropicales, la prevención de emisiones de clorofluorocarbonos (CFC), la limitación de emisiones carbónicas y la conservación de la biodiversidad.*" NACIONES UNIDAS. Informe del Secretario General al Comité Preparatorio de la Reunión Intergubernamental e Internacional de Alto Nivel sobre la Financiación del Desarrollo. *Asamblea General.* Comité Preparatorio de la Reunión Intergubernamental e Internacional de Alto Nivel sobre la Financiacíon del Desarollo. ... *cit.*, p. 76.

51 Cf. MUSGRAVE, Richard A. *The theory of public finance*: a study in public economy. International Student Edition. Nova Iorque, Toronto e Londres: McGraw-Hill Book Company, 1959.

dimensão nacional, para incorporar o "mundo exterior", quanto em sua dimensão internacional, relativa à provisão de bens públicos globais,[52] com a emergência das "finanças públicas globais".[53]

Em 30 de janeiro de 2004, os presidentes JACQUES CHIRAC (França), LUIZ INÁCIO LULA DA SILVA (Brasil), RICARDO LAGOS (Chile) e o secretário-geral da ONU, KOFI ANNAN, reuniram-se em Genebra para debater questões socioeconômicas de interesse mundial.[54] O presidente LULA havia acabado de proferir uma palestra perante líderes mundiais sobre o desafio de se combater a fome e a pobreza extrema:

> O combate à fome e à pobreza não é uma meta utópica. Consiste na luta contra a exclusão e a desigualdade, e a favor da justiça social e do crescimento sustentável. Estou propondo a mudança de atitude. Estou fazendo um chamado ético e político para que a comunidade internacional trabalhe por um novo conceito de desenvolvimento, em que a distribuição da renda não seja consequência, mas a alavanca do crescimento. O desafio de nossos dias é o de conjugar estabilidade econômica e inclusão social. Não será tarefa fácil. Exige grandes transformações na estrutura das sociedades e mudanças profundas na organização do sistema produtivo. A vontade política é elemento imprescindível nessa equação (...). Essa aliança global para o combate à fome e à pobreza deve possibilitar aos países em desenvolvimento receber apoio contínuo, por meio de um comércio internacional mais livre, do alívio da dívida externa, do investimento direto, do aumento da ajuda internacional e de mecanismos alternativos de financiamento. Convidamos os líderes mundiais a unirem-se a esse esforço de mobilização política.[55]

---

[52] Cf. KAUL, Inge; CONCEIÇÃO, Pedro (eds.). *The new public finance... cit.*

[53] Cf. ATKINSON, A. B. Global public finance and funding the Millennium Development Goals. *De Economist*, v. 154, n. 3, p. 325-339, 2006; e ATKINSON, A. B. Funding the Millennium Development Goals: a challenge for global public finance. *European Review*, v. 14, n. 4, p. 555-564, out. 2006. Veja também: BURGMANS, Antony. Global public finance and funding the Millennium Development Goals: a comment on Atkinson. *De Economist*, v. 154, n. 3, p. 341-343, 2006.

[54] MINISTÉRIO DAS RELAÇÕES EXTERIORES. Página Inicial > Diplomacia Pública > Discursos, Artigos e Entrevistas > Presidente da República Federativa do Brasil > Declaração dos Presidentes Luiz Inácio Lula Da Silva, Jacques Chirac, Ricardo Lagos e Secretário-Geral das Nações Unidas, Kofi Annan. *Itamaraty.gov.br.*

[55] LULA (Luiz Inácio Lula da Silva). Discurso do presidente Lula em conferência de imprensa sobre o Fundo Mundial de Combate à Pobreza. Genebra, 30 jan. 2004. *In*: BRASIL. Ministério das Relações Exteriores. Secretaria de Planejamento Diplomático. *Repertório de política externa*: posições do Brasil. Brasília, Fundação Alexandre de Gusmão, 2007, p. 277.

Ao final do encontro, ficou acordado que os presidentes CHIRAC e LULA se encarregariam de formar grupos de peritos, compostos por franceses, brasileiros e/ou estrangeiros, com a importante tarefa de apresentar, até o mês de setembro daquele ano, estudos técnicos que abordassem as questões suscitadas. Especificamente, deveriam ser estudadas propostas para:

> - Promover fontes inovadoras de financiamento, tais como, o Mecanismo Internacional de Financiamento, conforme proposto pelo Governo britânico, assim como a taxação de determinadas transações internacionais, como, por exemplo, a venda de alguns tipos de armas e de certas movimentações financeiras. Mecanismos para a participação de fontes de financiamento privadas e voluntárias devem também ser considerados;
>
> - Examinar mecanismos para canalizar de forma eficiente esses possíveis recursos adicionais para um fundo especial para combater a fome e a pobreza, sob a supervisão das agências multilaterais apropriadas. Este fundo deve contemplar, como prioridade, as necessidades mais urgentes na área da redução da pobreza e combate à fome;
>
> - Explorar meios pelos quais agências especializadas da ONU e o PNUD possam complementar a ação da FAO, do PMA e do FIDA e de outros programas das Nações Unidas, na identificação, disseminação e promoção de boas práticas no combate à fome e à pobreza.[56]

Em carta datada de 21 de outubro de 2003,[57] CHIRAC requereu ao inspetor-geral de finanças JEAN-PIERRE LANDAU que montasse um grupo de especialistas encarregado de elaborar um estudo técnico sobre as possibilidades de tributação global.[58] O documento, que recebeu o título

---

56 MINISTÉRIO DAS RELAÇÕES EXTERIORES. Página Inicial > Diplomacia Pública > Discursos, Artigos e Entrevistas > Presidente da República Federativa do Brasil > Declaração dos presidentes Luiz Inácio Lula Da Silva, Jacques Chirac, Ricardo Lagos e secretário-geral das Nações Unidas, Kofi Annan. *Itamaraty.gov.br.*

57 CHIRAC, Jaques. [carta], 21 out. 2003, Paris, [para] LANDAU, Jean-Pierre. *In*: GROUPE DE TRAVAIL PRÉSIDÉ PAR JEAN-PIERRE LANDAU. *Les nouvelles contribuitions financières internationales*: rapport au Président de la République. Paris: La documentaion Française, 2004 (Collection des Rapports Officiels) [doravante "Relatório Landau"], p. 3-4.

58 Além de LANDAU (presidente), o grupo de trabalho incluía os inspetores de finanças BERTRAND BANDRÉ (relator-geral), CORSO BAVAGNOLI (relator) e GILLES MENTRÉ (relator) e, como responsável pela missão, MANDELINE REY. Dentre os especialistas, estavam SIR TONY ATKINSON, diretor da *Nuffield College* da Universidade Oxford; ROBERT BACONNIER, presidente do *Bureau Francis Lefebvre*; JACQUES COSSART, membro do

de *Les nouvelles contribuitions financières internationales*, mas passou a ser chamado de Relatório Landau, começou destacando a importância de se pensar fontes complementares à Ajuda Oficial ao Desenvolvimento (AOD) [*Official Development Aid – ODA*]. Reconhecendo, assim como exposto linhas atrás, que existem diferentes objetivos para a instituição e cobrança de tributos,[59] optou-se por dar prioridade à função arrecadatória, para fins de combate à miséria e incentivo ao desenvolvimento econômico através do custeio de ações no âmbito dos ODM's. O argumento adotado pela equipe de LANDAU foi o de que no âmbito internacional inexiste processo democrático capaz de legitimamente estabelecer qual seria o nível aceitável de redistribuição. Por outro giro, haveria, segundo o entendimento dos especialistas, um consenso universalmente fundado em princípios morais quanto à necessidade de melhoria da condição dos mais pobres e combate à fome no mundo.[60]

---

conselho científico da ATTAC; MICHEL DIDIER, presidente da REXECODE; FLEMMING LARSEN, diretor do escritório europeu do FMI; ANNE LAUVERGEON, presidente da AREVA; ALAIN LE ROY, diretor de assuntos econômicos e financeiros do Ministério de Assuntos Estrangeiros; ELISABETH LULIN, diretora-geral da *Paradigmes* e administradora da *Société Générale*; VINCENT MAZAURIC, vice-diretor da Diretoria de Legislação Tributária do Ministério da Economia, Finanças e Indústria; ODILE RENAUD-BASSO, chefe de assuntos internacionais do Departamento do Tesouro do Ministério da Economia, Finanças e Indústria; HENRI ROUILLÉ D'ORFEUIL, diretor da *Coordination SUD*; JEAN-MICHEL SEVERINO, diretor-geral da Agência Francesa de Desenvolvimento; YVES-THIBAULT DE SILGUY, delegado-geral da *Suez*; KEVIN WATKINS, diretor de pesquisa da OXFAM. Cf. GROUPE DE TRAVAIL PRÉSIDÉ PAR JEAN-PIERRE LANDAU. *Les nouvelles contribuitions financières internationales*: rapport au Président de la République. Paris: La documentaion Française, 2004 (Collection des Rapports Officiels), p. 5.

59 "Qualquer sistema tributário visa um equilíbrio entre eficiência econômica e equidade social. No contexto internacional, vários podem ser os objetivos: corrigir externalidades negativas geradas por certas atividades econômicas (é o objetivo dos tributos ambientais); moralizar a vida internacional (que inspirou as propostas de tributos sobre a venda de armas); redistribuir a renda e combater a desigualdade (o que fazem, em graus variados, os sistemas tributários nacionais); enfim, financiar os gastos públicos definidos em comum." GROUPE DE TRAVAIL PRÉSIDÉ PAR JEAN-PIERRE LANDAU. *Les nouvelles contribuitions financières internationales... cit.*, p. 13.

60 A propósito da necessidade de um consenso universal, BROCK argumenta que "[p]recisamos fugir da ideia de que nenhum progresso é possível sem um acordo universal. Afinal de contas, nós não temos um acordo e um apoio universal para o Tribunal Penal Internacional, mas isso não impediu que muitos de nós (cerca de 105 países, no momento em que escrevo) de estabelecer o tribunal e de prosseguir com suas atividades principais. O progresso a respeito da justiça global é possível mesmo

Feitos esses esclarecimentos iniciais, o Relatório Landau apresentou as seguintes propostas:

1. tributos para fins ambientais (*taxes à vocation environnementale*): sobretudo o tributo sobre o carbono, mas cabendo considerar outras bases, em atenção ao Protocolo de Quioto, tais como o transporte marítimo e aéreo;
2. tributos sobre operações financeiras (*taxes sur les transactions financières*): em particular, o tributo sobre operações de câmbio (*taxe sur les transactions de change*)
3. um tributo adicional ao imposto sobre as empresas (*taxe additionnelle à l'impôt sur les sociétés*)
4. um tributo sobre as vendas de armamentos (*taxe sur les ventes d'armements*)

Foi sugerido, ainda, que fossem instituídos esquemas de contribuições voluntárias (*schémas de contributions volontaires*), bem como a utilização de direitos especiais de saque – DES (*l'utilisation des droits de tirage spéciaux – DTS*) e criação de um sistema lotérico mundial.

No mesmo ano, foi apresentado pelos governos brasileiro, chileno, francês e espanhol, como resultado da Declaração de Genebra, de janeiro de 2004, um estudo similar, recomendando a tributação de transações financeiras (*taxation of financial transaction*) e a tributação do comércio de armas (*taxation of the arms trade*). O documento foi intitulado *Action Against Hunger and Poverty*,[61] mas ficou conhecido como Relatório Quadripartite, sendo por alguns denominado de Relatório Lula.[62]

---

quando atores poderosos se recusam a emprestar o seu apoio. Nós não precisamos de um acordo universal para darmos passos significativos na direção certa. Além disso, no devido momento, os Estados não-participantes podem, eventualmente, participar de um regime fiscal por várias razões. Os cidadãos dos Estados não-participantes podem pressionar seus governos a fazerem parte. Estados não-participantes podem perder influência nas políticas relacionadas com os gastos receita arrecadada. Além disso, uma vez que um sistema bem sucedido estiver em vigor, poderia haver pressão da comunidade internacional para que eles façam parte." BROCK, Gillian. *Global justice*: a cosmopolitan account. Oxford: Oxford University Press, 2009, p. 136.

61 MINISTÉRIO DAS RELAÇÕES EXTERIORES. Reunião informativa sobre o encontro de líderes mundiais em 20 de setembro de 2004 – Nova York, 24 de junho de 2004. *Itamaraty.gov.br.*

62 SPENCER, David E. The United Nations: a forum for global tax issues? *New Zealand Journal of Taxation Law and Policy*, v. 12, p. 224-258, set. 2006, p. 254.

O Relatório Quadripartite foi submetido à Assembleia Geral da ONU durante reunião convocada por LULA para o lançamento da iniciativa Ação Global contra a Fome e a Pobreza, oportunidade em que o então presidente do Brasil proferiu as seguintes palavras:

> O fato de estarmos aqui, líderes de mais de 50 povos e nações, já faz crescer nossa esperança. É um gesto forte e concreto no rumo de uma aliança mundial contra a fome e a pobreza. A fome é um problema social que precisa, urgentemente, ser enfrentado com um problema político. A Humanidade atingiu níveis espetaculares de progresso científico e tecnológico. A produção mundial é mais do que suficiente para saciar a fome das populações. Infelizmente, não evoluímos, ainda, a ponto de repartir a ceia do planeta, para que todos tenham, ao menos, o alimento indispensável à sobrevivência. A fome subtrai a dignidade, destrói a auto-estima e viola o mais fundamental dos direitos humanos: o direito à vida. [...] Não se trata de apenas cobrar dos países ricos aquilo que efetivamente podemos e devemos cobrar-lhes: uma postura radicalmente nova e um engajamento superior, frente à tragédia absurda da fome e da pobreza. Os países pobres e as nações em desenvolvimento terão autoridade moral para cobrar dos países ricos se não se omitirem internamente, se fizerem a sua parte, se aplicarem de modo honesto e eficiente seus próprios recursos no combate à fome e à pobreza. [63]

A Declaração sobre Fontes Inovadoras de Financiamento do Desenvolvimento (Declaração de Nova Iorque), redigida naquela oportunidade,[64] foi assinada um ano mais tarde por 79 chefes de Estado,[65] que aderiram ao *Leading Group on Innovative Financing for Development* – apelidado de Grupo Lula.[66] Hoje, o *Leading Group* conta com a

---

[63] LULA (Luiz Inácio Lula da Silva). Discurso do presidente Lula na reunião de líderes mundiais para lançar a "Ação contra a Fome e a Pobreza", na sede da ONU. Nova Iorque, 20 set. 2004. *In*: BRASIL. Ministério das Relações Exteriores. Secretaria de Planejamento Diplomático. *Repertório de política externa*: posições do Brasil. Brasília, Fundação Alexandre de Gusmão, 2007 p. 279.

[64] Cf. FRANCE DIPLOMATIE. New York Declaration on action against hunger and poverty. *Diplomatie.gouv.fr.*

[65] Cf. LEADING GROUP ON INNOVATIVE FINANCING FOR DEVELOPMENT. Home Page > The Leading Group > The Declarations > Declaration of New York (September 2005). *Leadinggroup.org.*

[66] Alemanha, Andorra, Argélia, Argentina, Armênia, Áustria, Azerbaijão, Bahrain, Bangladesh, Benin, Bolívia, Bósnia e Herzegovina, Brasil, Burkina Faso, Burundi, Cabo Verde, Camarões, Camboja, Chade, Chile, Comores, Congo, Costa Rica, Costa do Marfim, Croácia, Djibouti, Equador, Emirados Árabes Unidos, Espanha, Estônia, Etiópia, França, Gabão, Granada, Guiana, Guiné, Guiné-Bissau, Guiné

participação de 64 países-membros e diversas organizações internacionais, organizações não governamentais (ONG's), fundações e representantes da sociedade civil.[67] O passo seguinte foi dado em março de 2006, durante a conferência Solidariedade e Globalização em Paris, quando o governo francês propôs a criação da UNITAID, uma "Central Internacional de Compra de Medicamentos" [*International Drug Purchasing Facility*] que integra a Organização Mundial da Saúde (OMS).[68] A UNITAID foi criada em setembro de 2006 pela iniciativa conjunta do Brasil, Chile, França, Noruega e Reino Unido, com o objetivo específico de garantir amplo acesso de pessoas em países de baixa renda a tratamentos e diagnósticos de doenças como HIV/AIDS, malária e tuberculose.

Foi aí que as propostas de tributação internacional ganharam maior força. Por iniciativa da França, o primeiro tributo global se tornou realidade: o "encargo internacional de solidariedade sobre bilhetes aéreos",[69] cuja receita total está vinculada à UNITAID. Além da França, outros oito países passaram a cobrá-lo regularmente (Camarões, Chile, Congo, Madagascar, Níger, República da Coreia, República da Maurícia e República do Mali), e mais três já declararam a intenção de instituir um "tributo sobre passagens aéreas" em um futuro próximo (Jordânia, Quênia, Burkina Faso). Há, ainda, outro tributo de vocação internacional que contribui para a missão da UNITAID: o tributo norueguês sobre as emissões de CO_2 procedentes do combustível para a aviação. Trata-se de uma espécie de tributo ambiental sobre o carbono instituído pela Noruega, que aloca parcela dos recursos gerados para a Central Internacional de Compra de Medicamentos.

Equatorial, Haiti, Honduras, Índia, Jordânia, Kuwait, Laos, Líbano, Luxemburgo, Macedônia, Madagascar, Mali, Marrocos, Maurício, Mauritânia, Moçambique, Moldávia, Mônaco, Namíbia, Nicarágua, Níger, Peru, Qatar, Reino Unido, República Centro-Africana, República Democrática do Congo, Romênia, São Tomé, Senegal, Sudão, Suécia, Síria, Tailândia, Timor-Leste, Togo, Tunísia, Turquia, Ucrânia, Uruguai, Vietnã, Zâmbia, Zimbabwe. GLOBAL POLICY FORUM. Signatoriesoito to the Lula Group's September 14, 2005 Declaration on Innovative Sources of Financing for Development. *Globalpolicy.org.*

[67] Cf. LEADING GROUP ON INNOVATIVE FINANCING FOR DEVELOPMENT. Home Page > The Leading Group > Who are we? > Members of the Leading Group. *Leadinggroup.org.*

[68] Cf. UNITAID. Who are we? > History and Timeline. *Unitaid.eu.*

[69] Cf. LEADING GROUP ON INNOVATIVE FINANCING FOR DEVELOPMENT. Home Page > Innovative Financing > International Solidarity Levy on Air Tickets. *Leadinggroup.org.*; e UNITAID. How we work? > Innovative Financing. *Unitaid.eu.*

Seguindo essa tendência, o presidente Barack Obama, quando ainda senador, submeteu ao Congresso dos EUA o chamado *Global Poverty Act*. Esse projeto de lei requeria ao presidente "[...] desenvolver e implementar uma estratégia abrangente para alcançar o objetivo da política externa dos Estados Unidos de promover a redução da pobreza global, a eliminação da pobreza global extrema e a realização dos Objetivos de Desenvolvimento do Milênio de reduzir pela metade a proporção de pessoas em todo o mundo, entre 1990 e 2015, que vivem com menos de $1 por dia."[70] Gerando um forte sentimento nacionalista entre os republicanos e conservadores, que acusaram o democrata de tentar instituir sobre o povo americano um verdadeiro tributo global, destinado a anteder as necessidades daqueles que se encontram fora dos Estados Unidos, a proposta acabou engavetada.

Em 2012, o Departamento de Assuntos Econômicos e Sociais da ONU divulgou seu relatório anual que trata de questões socioeconômicas de interesse mundial, o Estudo Econômico e Social Mundial (*World Economic and Social Survey – WESS*).[71] Sob o título *Em busca de novo financiamento para o desenvolvimento*, o WEISS 2012 documentou os avanços promovidos pelo tributo global sobre passagens aéreas, cuja totalidade dos recursos são destinados aos programas da UNITAID (cerca de 1 bilhão de dólares entre 2006 e 2010). Foi mencionado também que o tributo sobre o carbono norueguês apresenta um potencial aproximado de ingressos de 1 a 10 bilhões e que parcela do produto arrecadado é repassada à UNITAID. Em acréscimo, o WESS 2012 listou as seguintes propostas, com destaque para a proposta de um tributo global sobre bilionários:[72]

---

[70] Cf. UNITED STATES. Global Poverty Act of 2007. S. 2433. 110th Congress. 1st Session. Authenticated US Government Information.

[71] Cf. Tabela 0.1 de UNITED NATIONS. Department of Economic and Social Affairs. *In search of new development finance*: overview. World Economic and Social Survey. Nova Iorque: Nações Unidas, 2012 [versão esp. NACIONES UNIDAS. Departamento de Asuntos Económicos y Sociales. *En busca de nueva financiación para el desarrollo*: sinopsis. Estudio Económico y Social Mundial. Nova Iorque: Nações Unidas, 2012.].

[72] *Ibid.*

	Descripción	***Volumen actual de recursos***	***Potencial aproximado de ingresos***	***Comentario***
Impuesto sobre el caborno (propuesta)	*Impuesto sobre el uso de combustibles fósiles y otros productos que contribuyen a las emisiones de CO_2*	—	*250.000*	*Sobre la base de un impuesto de 25 dólares por tonelada de emisiones de CO2 por parte de los países desarrollados. La asignación de ingresos a la financiación internacional de actividades relativas al clima probablemente requeriría un acuerdo internacional. La financiación es adicional a la asistencia oficial para el desarrollo.*
Impuesto sobre las transacciones en divisas (propuesta)	*Impuesto de cuantía reducida en extremo sobre las grandes transacciones de cambio de moneda extranjera*	—	*40.000*	*Sobre la base de un impuesto del 0,005%. Los ingresos serían adicionales a la AOD existente.*

Impuesto sobre las transacciones financieras (propuesta)	*Impuesto sobre las transacciones financieras, como las operaciones de valores, bonos y productos derivados. Incluye el impuesto sobre las transacciones en divisas*	—	*15.000-75.000 (excluye los impuestos sobre divisas)*	*Un impuesto de la Unión Europea sobre las transacciones financieras podría recaudar 55.000 millones de euros al año, aunque no está clara la cantidad que se destinará al desarrollo. Los ingresos serían adicionales a la AOD existente.*
Impuesto internacional sobre patrimonios de 1.000 millones (propuesta)	*Impuesto del 1% sobre patrimonios valorados en 1.000 millones de dólares o de cuantía superior*		40.000-50.000	La propuesta aún no figura en ningún programa internacional. Los ingresos serían adicionales a la AOD existente.

Por fim, vale mencionar um último encargo contido no WESS 2012, que diz respeito à propriedade dos recursos mundiais. O documento aventou a possibilidade de cobrança de *royalties* pela extração de recursos naturais que se encontram além da Zona Econômica Exclusiva – ZEE de 100 milhas, por meio da celebração de um acordo internacional sobre regimes de gestão do patrimônio mundial, a exemplo da Autoridade Internacional dos Fundos Marinhos [*International Seabed Authority – ISA*].[73] O estudo concluiu que o potencial arrecadatório é ainda incerto,

[73] A ISA é uma organização internacional que goza de autonomia para organizar e controlar atividades e administrar os recursos marinhos localizados além dos limi-

porém serviria como mais uma alternativa de fonte adicional à AOD. De qualquer forma, a proposta é interessante porque se aproxima do fundo global idealizado pelo filósofo THOMAS W. POGGE, que será analisado no tópico abaixo.

2.2 *Da perspectiva filosófica da tributação global: o diálogo entre Thomas Pogge, Hillel Steiner e Paula Casal*

Não somente organismos internacionais e economistas, mas também filósofos vêm desenhando potenciais arranjos arrecadatórios globais, sejam eles propriamente tributários ou não.[74] Tais pensadores se dispõem a enfrentar difíceis questões que dizem respeito aos limites da responsabilização, ao dever de assistência e a soberania do Estado, bem como

tes da jurisdição nacional dos Estados-parte, nos termos da Convenção das Nações Unidas sobre o Direito do Mar, de 1982. Cf. INTERNATIONAL SEABED AUTHORITY. Home. *Isa.org.jm*.

[74] A proposta elaborada pelo filósofo PETER SINGER, em razão de seu caráter não coercitivo, representa uma forma de arranjo global de natureza não tributária. Trabalhando a filosofia moral a partir do utilitarismo, SINGER sustenta que todos possuímos uma obrigação moral de reduzir ao máximo o sofrimento das demais pessoas no mundo, o que implicaria um dever em relação aos ricos de doar parcela de suas rendas aos mais pobres. SINGER elucida sua teoria a partir da metáfora da criança que está se afogando, lançando a seguinte pergunta: ao se deparar com uma criança se afogando numa fonte, independentemente de haver outras pessoas nas redondezas, qual seria a sua reação? O que se espera é que nenhuma ajuda seja negada à criança, já que não existe qualquer risco à vida ou à integridade física daquele que se dispõe a salvá-la. O máximo de prejuízo que poderá advir são de ordem simplesmente material (*e.g.*, roupas ou aparelhos eletrônicos estragados). A conclusão que o filósofo extrai é que ninguém deixaria de salvar uma criança que está se afogando alegando que (1) esta não é de sua responsabilidade, (2) não foi responsável pela criança ter caído na fonte e/ou (3) não houve qualquer pedido expresso de zelo pela integridade da criança. Todo esse trabalho com a sensibilidade do interlocutor serve para mostrar que a situação de uma criança subnutrida na África não se difere da criança que caiu na fonte, sendo incoerente sustentar uma obrigação de ajudar uma e negar auxílio à outra. Para SINGER, sob uma perspectiva da ética pessoal, seria indefensável que alguns vivam na pobreza extrema, enquanto outros, que desfrutam de elevados e desnecessários padrões de consumo, apenas assistam, do conforto de suas casas. Os mais afortunados estariam, portanto, moralmente obrigados a contribuir com a melhoria das condições de vida dos mais pobres, a partir de doações aos institutos e organismos internacionais de combate à pobreza. Cf. SINGER, Peter. *The life you can save*: how to do your part to end poverty. Nova Iorque: Random House Trade Paperbacks, 2010. Para uma teorização similar, cf. UNGER, Peter K. *Living high and letting die*: our illusion of innocence. Nova Iorque: Oxford University Press, 1996.

fazem considerações acerca daquilo que devemos uns aos outros. Com foco nos arranjos de natureza propriamente tributária, destaca-se o trabalho de THOMAS POGGE, proeminente discípulo de JOHN RAWLS.

Diferente do que se poderia pensar, a maior herança deixada a POGGE por seu mestre não foi o igualitarismo, mas uma visão institucional da justiça (e da injustiça), que é marca central do pensamento rawlsiano. Deveras, RAWLS revolucionou a filosofia política ao sustentar que as instituições públicas desempenham um papel central em qualquer concepção de justiça, por isso mesmo, devendo ser submetidas a um rigoroso escrutínio. Os teóricos pré-rawlsianos, ao se depararem com o desafio da pobreza, visualizavam apenas dois cursos de ação, ambos com enfoque exclusivo no indivíduo: ou era reconhecido um dever de o rico ajudar o pobre, ou a situação de pobreza não era considerada injusta e, portanto, o mais favorecido nada devia ao menos favorecido.[75] RAWLS rompeu com essa dicotomia ao sugerir que as instituições podem (e devem) ser reformadas de modo a permitir a realização da justiça, tida como a "virtude primeira das instituições sociais".[76] Instituições que falham em prover o mínimo para a manutenção das necessidades básicas humanas, deixando seus governados em situação de miséria, não podem ser vistas como justas. É nesse compasso que POGGE desenvolve sua análise da pobreza sistêmica.

---

75 Cf. WELLMAN, Christopher Heath. Thomas Pogge. *In*: CHATTERJEE, Deen K. (ed.). *Encyclopedia of global justice... cit.*, p. 847-849, p. 847.

76 "A justiça é a primeira virtude das instituições sociais, assim como a verdade é do sistema de pensamento." RAWLS, John. *A theory of justice*. 2ª ed. Cambridge: The Belknap Press of Harvard University Press, 1999, p. 3, 513. Apesar de crítico do que chama de "institucionalismo transcendental", AMARTYA SEN não deixa de reconhecer o valor da contribuição rawlsiana à filosofia política: "É sobre a primeira tradição – a do institucionalismo transcendental – que a filosofia política hoje predominantemente se apoia amplamente em sua exploração da teoria da justiça. A exposição mais influente e significativa dessa abordagem da justiça pode ser encontrada na obra do mais importante filósofo político de nossa época, JOHN RAWLS. De fato, em seu livro *A teoria da justiça*, os princípios de justiça são estabelecidos inteiramente em relação a instituições perfeitamente justas. Vários preeminentes teóricos contemporâneos da justiça também adotaram, de modo geral, a via institucional transcendental – aqui tenho em mente RONALD DWORKIN, DAVID GAUTHIER, ROBERT NOZICK, entre outros. A caracterização de instituições perfeitamente justas transformou-se no exercício central das teorias da justiça modernas." SEN. Amartya. *The idea of justice*. Cambridge: The Belknap Press of Harvard University Press, 2009, p. 7-8.

Reaproveitando a perspectiva institucional rawlsiana, concebida originariamente para o cenário interno, Pogge afirma que as afortunadas democracias ocidentais liberais (*e.g.*, da Europa) estão prejudicando os mais pobres habitantes dos países em desenvolvimento, notadamente na região subsaariana da África. Distanciando-se de Rawls, para quem as causas da pobreza seriam essencialmente internas aos Estados-nação,[77] Pogge afirma que atores e instituições externas não só são coniventes com a pobreza e corrupção em regiões menos desenvolvidas do mundo, mas também a reproduzem.[78]

Para o filósofo alemão, se antes os europeus escravizavam, pilhavam e colonizavam os africanos, agora mantêm instituições internacionais que facilitam e exacerbam a corrupção promovida por instituições nacionais dos países africanos. Os exemplos trazidos por Pogge são o do "privilégio internacional dos recursos" e do "privilégio internacional de empréstimo": o primeiro permite a venda dos recursos naturais presentes no território nacional, ao passo que o segundo permite que governos ditatoriais obtenham empréstimos em nome de seu país e de seus cidadãos – na maioria das vezes, para a compra de armas que serão usadas para

[77] "Acredito que as causas da riqueza de um povo e suas formas que ela assume repousam sua cultura política e nas tradições religiosas, filosóficas e morais que sustentam a estrutura básica das suas instituições políticas e sociais, bem como na diligência e na cooperação pelo talento de seus membros, todos suportados por suas virtudes políticas. Diria que não há sociedade em qualquer lugar do mundo, - exceto para casos marginais – com recursos tão escassos que não podia, se fosse razoável e racionalmente organizada e governada, tornar-se ordenada. Os exemplos históricos parecem indicar que países com poucos recursos podem se sair muito bem (por exemplo, Japão), enquanto os países ricos em recursos naturais podem ter sérias dificuldades (por exemplo, Argentina). Os elementos cruciais que fazem a diferença são a cultura política, as virtudes políticas e a sociedade civil do país, a probidade e a diligência de seus membros, a sua capacidade de inovação, e muito mais." RAWLS, John. *The law of peoples*: with "The idea of public reason revisited". Cambridge: Harvard University Press, 2000, p. 108.

[78] "Em vista da considerável interdependência global, é extremamente improvável que sua pobreza se deva apenas aos fatores locais e que nenhuma reforma factível da ordem mundial atual pudesse influir sobre a pobreza ou sobre esses fatores locais. Não menos inacreditável é a opinião de que a nossa é a melhor de todas as ordens mundiais possíveis, de que qualquer modificação dela só poderia agravar a pobreza. Então, devemos trabalhar juntos em todas as disciplinas a fim de conceber uma solução abrangente para o problema da pobreza global, e, acima das fronteiras, para a implementação política dessa solução." POGGE, Thomas. *World poverty and human rights*. 2ª ed. Cambridge: Polity Press, 2008, p. 221.

conter as revoltas populares internas. O que POGGE sustenta é que esses privilégios não são fruto do acaso, mas existem e são mantidos justamente porque beneficiam os países mais desenvolvidos, os quais, carentes de recursos naturais, mantêm alianças com regimes ilegítimos, para a concessão de empréstimos a elevados juros.[79]

Todo esse esforço argumentativo serve para demonstrar que a pobreza global deve ser vista como um desafio moral, sob duas óticas distintas, que se relacionam àquilo que constitui essencialmente um dever. A perspectiva positiva (1) impõe o dever de auxílio aos que se encontram em estado de necessidade, ao passo que a perspectiva negativa (2) veda tanto a manutenção da injustiça, quanto a contribuição para o agravamento da situação adversa na qual alguém possa se encontrar.[80] Estrategicamente, POGGE apresenta sua proposta de tributação global, denominada de Dividendo dos Recursos Globais (DRG), com base no dever negativo (*no harm principle*), que seria aceito até mesmo por libertários.[81] Seguindo sua linha de raciocínio, países mais afluentes que transacionem com regimes sabidamente ditatoriais, munindo-os de armas de fogo a serem usadas para oprimir a população, incorrem na violação de um dever negativo. Assim, e uma vez que os indivíduos mais abastados fazem maior uso dos recursos mundiais não renováveis,

---

79 Cf. o Cap. 8 (*Eradicating systemic poverty: brief for a global resources dividend*) de POGGE, Thomas. *World poverty and human rights... cit.*, p. 201-221 [trad. esp. Cap. 5 (*Propuesta para un dividendo sobre recursos globales*) de POGGE, Thomas. *Hacer justicia a la humanidad.* Cidade do México: Universidad Nacional Autónoma de México, 2009 (Sección de Obras de Filosofía: Problemas de Ética Prática), p. 135-162; trad. bras. Para erradicar a pobreza sistêmica: em defesa de um Dividendo dos Recursos Globais. *Revista Internacional de Direitos Humanos*, v. 4, n. 6, p. 142-166, 2007]. Como já advertimos, "[a] ordem mundial vigente garante o funcionamento de um sistema parasitário que só se mantem se existirem "terras virgens" abertas à exploração. [...] [E]m um sistema que gera superprodução, as corporações transnacionais só podem expandir seus mercados destruindo concomitantemente a base produtiva doméstica dos países mais pobres, por meio da desorganização e do aniquilamento da produção local destinada ao mercado interno. [...] A ordem global, na realidade, reflete os interesses dos Estados ricos e poderosos." BATISTA JÚNIOR, Onofre Alves. *O outro Leviatã e a corrida ao fundo do poço... cit.*, p. 444-445.

80 Para POGGE, a existência de profundas desigualdades já basta para a configuração de uma afronta ao dever negativo.

81 Nesse sentido, cf. HOSKINS, Zachary. Correlative obligations. *In*: CHATTERJEE, Deen K. (ed.). *Encyclopedia of global justice... cit.*, p. 198-199, p. 198.

nasce o dever de indenizar os economicamente excluídos, que pouco ou mal utilizam tais recursos.[82]

POGGE deixa claro que em momento algum afirma que os mais afortunados se apropriam dos recursos sem pagar nada por eles, pois é certo que pagam: remuneram os postos de gasolina de outras pessoas ricas pelo petróleo refinado que ali é vendido, pagam aos magnatas donos de indústrias pela água tratada e engarrafada, *etc.*[83] Sua crítica repousa na falta de pagamento aos pobres, que apenas assistem à exploração de recursos naturais que lhes pertencem. O DRG, como uma forma de tributação da receita da extração e comercialização desses recursos não renováveis, entraria em cena a fim de alavancar recursos capazes de mitigar as injustiças presentes no uso de tais bens coletivos, melhorando a condição de vida dos indivíduos que fazem parte da fatia menos privilegiada, no que concerne à distribuição da riqueza mundial.[84]

Uma outra proposta de tributação global, igualmente sustentada pela ideia de direitos negativos, foi pensada pelo filósofo canadense HILLEL STEINER. Por se filiar ao "libertarismo de esquerda" (*left-wing libertarianism* ou *left-libertarianism*),[85] STEINER tenta combinar uma ampla liberdade individual (entendida como autopropriedade) com o ideal igualitário da justiça social.[86] Ele entende que o direito de autopropriedade (*i.e.*, propriedade sobre si mesmo) deve se fazer acompanhar de direitos de propriedade sobre o mundo natural.[87] Contudo, como todos os indivíduos

---

[82] POGGE, Thomas. *World poverty and human rights... cit.*, p. 205-210.

[83] *Ibid*, p. 205-210.

[84] *Ibid*, p. 210-214. Mais do que isso, "[...] é preciso resgatar a força da política (de âmbito global) e caminhar na direção da consolidação de uma democracia pós-nacional, porque as forças de mercado, que não se deixam democratizar, não irão promover por si a abolição da miséria." BATISTA JÚNIOR, Onofre Alves. *O outro Leviatã e a corrida ao fundo do poço... cit.*, p. 450.

[85] Cf. STEINER, Hillel. Left-libertarianism. *In*: GAUS, Gerald; D'AGOSTINO, Fred (eds.). *The Routledge companion to social and political philosophy.* Nova Iorque: Routledge, 2013 (Routledge Philosophy Companions), p. 412-420; e VALLENTYNE, Peter. Left-libertarianism. *In*: ESTLUND, David (ed.). *The Oxford handbook of political philosophy.* Oxford: Oxford University Press, 2012, p. 152-168.

[86] STEINER, Hillel. *An essay on rights.* Oxford: Blackwell, 1994, p. 270-280.

[87] "Sugeri acima que o fundamento destas reivindicações, o direito moral básico a partir do qual derivam todos os outros direitos morais, é um direito a igual liberdade. Em meu livro, defendo que esse direito implica imediatamente dois outros direitos "quase fundacionais" que são construídos, de forma quase-lockeana, como direitos de autopropriedade e direitos a uma parcela igual do valor dos recursos naturais. Com efeito, é o exercício desses dois direitos que, em seguida, gera todos os outros

possuem os mesmos direitos de se tornarem proprietários de mais do que uma parcela igual, quem se apropria de mais do que poderia deve compensar os demais, na proporção do que exceder. Para tanto, seria necessário instituir uma tributação do valor de mercado dos recursos encontrados em qualquer território – *e.g.*, proprietários devem ser cobrados pelo valor de aluguel da terra nua.[88] STEINER frisa que é importante atentar para a localização e o tipo de terreno no qual a propriedade se localiza, o que é fundamental para a fixação do valor da terra e definição do montante da obrigação tributária – *e.g.*, um acre de terra no meio do deserto do Saara vale bem menos do que a mesma porção territorial localizada na floresta amazônica, no centro de Londres ou em Manhattan.[89] Toda receita arrecadada deveria ser destinada a um Fundo Global (*Global Fund*) e cada habitante, independentemente da nacionalidade ou condição socioeconômica, receberia igual quantia, constituindo numa forma de renda básica incondicional global (*unconditional global basic income*).[90]

Por derradeiro, combinando uma tributação sobre a propriedade (à la STEINER) com uma tributação sobre o uso de recursos naturais (à la POGGE), a jusfilósofa PAULA CASAL formula sua proposta de uma Partilha Global (*Global Share*). Tal tributo se difere dos outros dois por ser progressivo, e principalmente pela forma como a receita é repartida.[91] Enquanto o DRG é regido pelo suficientarismo (somente indivíduos que se encontram abaixo da linha da pobreza fazem jus a uma parcela) e o Fundo Global pelo igualitarismo (todos os habitantes da Terra fazem jus a parcelas idênticas), a Partilha Global de CASAL segue o prioritarismo, uma regra mais flexível e consequencialista, que realiza a divisão das receitas levando em conta a quantidade de beneficiários, o montante do benefício e o nível de vantagem obtido pelo beneficiário após a distribuição.[92]

---

direitos morais que podemos ter ou, mais precisamente, todos os direitos morais coerentes entre si que nós temos." STEINER, Hillel. Territorial justice and global redistribution. *In*: BROCK, Gillian; BRIGHOUSE, Harry (eds.) *The political philosophy of cosmopolitanism*. Cambridge: Cambridge University Press, 2005, pp 28–38, p. 32.

88 STEINER, Hillel. The global fund: a reply to Casal. *Journal of Moral Philosophy*, v. 8, n. 3, p. 328-334, 2011.

89 STEINER, Hillel. Territorial justice and global redistribution... *cit.*, p. 34.

90 *Ibid.*, p. 36.

91 CASAL, Paula. Global taxes on natural resources. *Journal of Moral Philosophy*, v. 8, p. 307-327, 2011.

92 Cf. CASAL, Paula. Why sufficiency is not enough. *Ethics*, v. 117, n. 2, p. 296-326, jan. 2007.

3. TRIBUTOS GLOBAIS COM FUNÇÃO PREPONDERANTEMENTE EXTRAFISCAL

3.1 *James Tobin e o movimento pela tributação do capital financeiro internacional*

Em ordem cronológica, a primeira proposta de tributação global surgiu no início da década de 70. Trata-se do chamado "tributo Tobin" (*Tobin tax*), que carrega o nome de seu idealizador, o keynesiana James Tobin, ganhador do Nobel de Economia de 1981.[93] Durante suas *Janeway Lectures* na Universidade de Princeton, Tobin surpreendeu a todos ao sugerir a criação de um CTT global como forma de "re-regular" o sistema financeiro internacional, que havia sido flexibilizado com o fim do consenso de Bretton Woods. Passados alguns anos sem que fosse levado a sério, Tobin voltou a defender sua proposta perante a *Eastern Economic Association*, mas novamente sem muito sucesso.[94]

Por um bom tempo, a exação permaneceu apenas um tabu nos círculos acadêmicos. Contudo, o agravamento das crises financeiras da década de 90 no Brasil, México, Rússia e países asiáticos, em grande parte por força de ataques especulativos às moedas nacionais, reascenderia o interesse pelas ideias de Tobin, que se dizia "[...] nem surpreso nem consternado [...]", mas "[...] apenas contente em saber que a proposta está finalmente sendo seriamente avaliada."[95]

A bem da verdade, Tobin nada mais fez do que internacionalizar uma antiga ideia de John Maynard Keynes acerca da tributação das operações realizadas em bolsas de valores, a fim de minimizar os efeitos deletérios da especulação desenfreada.[96] O argumento adotado por Lord Keynes à época foi o de que essas operações se equiparavam, na prática, às atividades

---

93 Cf. TOBIN, James. *The new economics one decade older*. Princeton: Princeton University Press, 1974.

94 Cf. TOBIN, James. A proposal for international monetary reform. *Eastern Economic Journal*, v. 4, p. 153-159, jul.-out. 1978 [repub. como A proposal for monetary reform. *Eastern Economic Journal*, v. 29, n. 4, p. 519-526, 2003].

95 TOBIN, James. Prologue. *In:* HAQ, Mahbub ul; INGE, Kaul; GRUNBERG, Isabelle (eds.). *Tobin tax*: coping with financial volatility. Oxford: Oxford University Press, 1996, p. ix-xviii, p. xviii.

96 Cf. Cap. 12 "*The state of long-term expectation*", de KEYNES, John Maynard. *The general theory of employment, interest, and money*. Adelaide: The University of Adelaide Library, 2012 [eBooks@Adelaide].

de aposta realizadas em cassinos, cujo prejuízo para a sociedade era (e ainda é) algo amplamente reconhecido.[97] Ora, sendo corriqueiro tornar dificultoso o acesso da população a "jogos de azar", tendo em conta o interesse público e o bem comum, não haveria justificativa razoável para conferir tratamento menos oneroso às práticas especulativas realizadas em centros financeiros, que poderiam ser refreadas mediante a instituição de um tributo sobre transações financeiras (TTF).[98]

Nesse sentido, a ideia de Tobin era tornar um pouco oneroso o acesso ao mercado de moedas, tendo em vista os riscos inerentes às atividades altamente especulativas desencadeadas pela flexibilização das taxas de câmbio. A dissolução, praticamente por iniciativa unilateral dos Estados Unidos, do sistema de taxas de câmbio fixas,[99] abriu caminho ao instável sistema de taxas de câmbio flutuantes, dando início à fase

---

[97] Por isso, o economista alemão Hans-Werner Sinn apelidou o modelo econômico de baixa responsabilização e regulação frouxa que foi responsável pela crise financeira de 2008 de "capitalismo de casino". Cf. SINN, Hans-Werner. *Casino capitalism*: how the financial crisis came about and what needs to be done now. Oxford: Oxford University Press, 2010.

[98] "Admite-se, em geral, que, no próprio interesse do público, o acesso a cassinos deve ser difícil e dispendioso. E, talvez o mesmo deveria acontecer no caso das Bolsas de Valores. O fato de que os pecados da Bolsa de Valores de Londres tenham sido menores do que os de Wall Street talvez não se deva tanto a diferenças nos temperamentos nacionais como à circunstância de que, para o inglês mediano, Throgmorton Street é inacessível e muito dispendiosa comparada com Wall Street, para o mesmo tipo de norte-americano. A proporção dos 'jogadores', as altas comissões de corretagem e as pesadas taxas sobre transferências que se pagam ao Tesouro, gastos que acompanham todas as transações na Bolsa de Valores de Londres, reduzem a liquidez do mercado (embora a prática das liquidações quinzenais opere em sentido inverso) o suficiente para eliminar grande parte das operações características de Wall Street. A criação de um elevado imposto sobre as transferências para todas as transações talvez fosse a mais salutar das medidas capazes de atenuar, nos Estados Unidos, o predomínio da especulação sobre o empreendimento." KEYNES, John Maynard. The general theory of employment, interest, and money... cit.

[99] "A 'globalização financeira' não é portanto um fato 'natural', provocado pelo 'mercado', mas foi o resultado deliberado de políticas financeiras da potência hegemônica. Os mercados de câmbio, as bolsas de valores, os mercados financeiros não bancários e, finalmente, os mercados de dívidas, não se tornaram 'interdependentes' e 'globais' apenas pela 'natureza expansiva que é inerente ao capitalismo internacional, desde sua origem'. São o fruto de uma política defensiva e ofensiva da potência dominante em suas relações com o resto do mundo." TAVARES, Maria da Conceição. Apresentação: Um bom começo. *In*: CHESNAIS, François. *Tobin or not Tobin*? ... *cit.*, p. 4-8, p. 5-6.

da *mondialisation du capital*.[100] Como o capital financeiro responde de forma excessivamente eficiente às mudanças de oportunidade de lucro, acaba se tornando prejudicial ao restante da economia.[101] Daí a fala de TOBIN, reproduzida à exaustão, de que é preciso "jogar areia nas rodas do capitalismo", de modo a garantir certa autonomia monetária aos Estados nacionais frente ao poder dos atores financeiros globais.[102] O tributo Tobin incidiria sobre operações cambiais, buscando abrandar os fluxos de capital (*capital flows*). Dessa forma, "[...] limitaria a especulação e estabilizaria o mercado ao nível do montante das operações de câmbio

---

[100] Profundamente estudada pelo economista francês FRANÇOIS CHESNAIS, para quem essa nova etapa do capitalismo pode ser também denominada de *mondialisation financière* ou *finance mondialisée*. Cf. CHESNAIS, François. *A mundialização do capital*. Trad. por Silvana Finzi Foá. São Paulo: Xamã, 1996; CHESNAIS, François (ed.). *A mundialização financeira*: gênese, custos e riscos. Trad. por Carmem Cristiana Cacciacarro, Luís Leiria, Valéria Coêlho da Paz e Silvana Foá. São Paulo: Xamã, 1998; e CHESNAIS, François (ed.). *A finança mundializada*: raízes sociais e políticas, configuração, consequências. Trad. por Rosa Maria Marques e Paulo Nakatani. São Paulo: Boitempo, 2005.

[101] "Economias nacionais e governos nacionais não são capazes de se adaptar aos movimentos maciços de fundos através das bolsas estrangeiras, sem dificuldades reais e sem sacrifício significativo dos objetivos da política econômica nacional no que diz respeito ao emprego, produção e inflação. Especificamente, a mobilidade do capital financeiro limita diferenças viáveis entre as taxas de juros nacionais e, portanto, restringe severamente a capacidade dos bancos centrais e governos de buscarem políticas monetárias e fiscais adequadas para as suas economias internas. Da mesma forma a especulação sobre taxas de câmbio, sejam suas consequências vastas mudanças de ativos e dívidas oficiais ou grandes movimentos das taxas de câmbio em si, tem consequências econômicas internas reais graves e frequentemente dolorosas. Políticas internas são relativamente impotentes para escapar ou contornar isso." TOBIN, James. A proposal for international monetary reform. *Eastern Economic Journal*, v. 4, p. 153-159, jul.-out. 1978, p. 154 [repub. como A proposal for monetary reform. *Eastern Economic Journal*, v. 29, n. 4, p. 519-526, 2003, p. 520]. Concordando com TOBIN, o economista sul-coreano HA-JOON CHANG aponta, em seu livro sobre os 23 mitos do capitalismo, que os mercados financeiros deveriam ser, ao contrário do que se pode pensar, menos eficientes. Cf. CHANG, Ha-Joon. *23 things they don't tell you about capitalism*. Londres: Allen Lane, 2010, p. 510-511.

[102] Mais precisamente, as palavras de TOBIN foram: "*How can some national monetary autonomy be preserved? Some sand has to be thrown into the well-greased channels of the Eurodollar market*." TOBIN, James. *The new economics one decade older*. Princeton: Princeton University Press, 1974, p. 88. Já no artigo de 1978/2003, ele afirmou "[...] minha proposta é jogar um pouco de areia nas rodas do nosso eficiente mercado financeiro internacional." TOBIN, James. A proposal for international monetary reform... *cit.*, p. 154 [repub. como A proposal for monetary reform... *cit.*, p. 520].

realmente necessárias aos investimentos e transações comerciais, 'filtrando' suas operações de maneira muito simples."[103]

Como não poderia deixar de ser, o tributo Tobin sofreu críticas. O primeiro ponto levantado foi a necessidade de consenso universal, sob pena de o capital alado (*footloose capital*) facilmente se deslocar para os Estados que não aderirem ao movimento. Essa crítica adota a regra do "tudo ou nada": ou todas as jurisdições tributárias instituem o tributo ou não produzirá efeito algum. Porém, Tobin contra-argumenta que:

> [...] o perigo de empurrar transações para as Ilhas Cayman é exagerado. As atrações já existentes de locais de baixo custo para as transações financeiras não parecem grande o suficiente para afugentar as atividades de Londres, Nova Iorque e Tóquio. Eu duvido que o imposto sobre as transações as afastaria também. Talvez um acordo sobre o imposto entre os países do G-7 e alguns outros centros financeiros – locais onde existem grandes bancos que praticam operações cambiais estrangeiras – seria suficiente. Se não, a administração de um imposto sobre transações poderia ser atribuída ao FMI, como sugeri em um artigo recente. A cada membro do FMI seria requerido, como condição de adesão e de privilégios de empréstimos, a cobrança de um imposto em conformidade com as especificações do FMI. O benefício seria o de que a maioria dos membros [...] iria manter para si a receita com os impostos coletados.[104]

Os críticos também destacaram o fato de que seria necessário considerar os custos de coleta, fiscalização e cobrança, os quais seriam de elevada monta mesmo que fosse possível contornar esses problemas, porquanto a administração de um tributo global exigiria um maciço compartilhamento de informações, especialmente sobre dados financeiros.[105]

---

103 Para ilustrar, Chesnais apresenta o seguinte caso hipotético: "Suponhamos que um operador financeiro convertesse o franco em dólar. Ele pagaria, por exemplo, um tributo de 0,1% sobre a transação. Se ele convertesse em seguida o dólar em franco, ele pagaria de novo o mesmo tributo de 0,1%. Se ele realizar estas operações de ir-e-vir uma vez por dia, o montante anual do tributo seria 48%. Em caso de inda-e-vinda semanal, o montante anualizado não passará de 10% e será de 2,4% em caso de idas-e-vindas mensais. Graças à filtragem assim realizada o tributo acentuaria unicamente o peso das antecipações de longo prazo relativas às taxas de câmbio, aquelas que orientam as decisões de investimento das empresas, em detrimento das antecipações de curto prazo, que obedecem às estratégias de lucro." CHESNAIS, François. *Tobin or not Tobin? ... cit.*, p. 50-51.

104 TOBIN, James. Prologue... *cit.*, p. xiv-xv.

105 Cf. WACHTEL, Howard M. Tobin and other global taxes. *Review of International Political Economy*, v. 7, n. 2, p. 335-352, 2000.

Contrariando o "ceticismo" de muitos, principalmente daqueles que têm interesse na manutenção do *status quo*, o tributo Tobin vem constantemente à lume, o que revela um desejo compartilhado de se conter o capital especulativo, impondo freios aos movimentos financeiros transfronteiriços. É verdade que a economia mundial precisou sofrer graves danos antes que a tributação dos movimentos de capital passasse a ser abertamente defendida por líderes políticos.[106] O primeiro sinal de mudança veio com a militância a favor do tributo Tobin por parte do então primeiro-ministro britânico Gordon Brown, em nítido contraste com a política externa de seu antecessor, Tony Blair, que arquitetou um boicote conjunto com o governo dos Estados Unidos ao tributo Tobin, é que a ideia passaria a receber expressiva notoriedade.[107] Depois disso, foi surpreendente ver a forte campanha encabeçada pelo ex-presidente francês Nicolas Sarkozy e pela chanceler alemã Angela Merkel, que conseguiram levar a questão à apreciação do G-20,[108] fazendo com que o grupo solicitasse ao FMI que estudasse a viabilidade da proposta.[109]

Tobin não imaginava que sua proposta também se tornaria, para sua insatisfação, uma das principais bandeiras dos movimentos antiglobalização.[110] Com o passar do tempo, no entanto, o tributo Tobin foi conquistando outros setores da sociedade civil e ativistas que não se voltam contra o globalismo em si, mas contra sua faceta neoliberal. O professor de política mundial Heikki Patomäki, da Universidade de Helsinki, é um exemplo disso. Um dos maiores apoiadores do tributo Tobin, ele apresenta três razões para sua adoção:

1. Conter os mercados de câmbio e reduzir e retardar os fluxos transnacionais de capitais a curto prazo. Desse modo, o tributo estabilizará os mercados financeiros e aumentará a autonomia da política econômica dos Estados.

---

106 RODRIK, Dani. *The globalization paradox*: democracy and the future of the world economy. Nova Iorque: W. W. Norton & Company, 2011, p. 335.

107 CHANG, Ha-Joon. *23 things they don't tell you about* capitalism... *cit.*, p. 510-511; POCHMANN, Marcio; SCHUTTE, Giorgio Romano. De Tobin a Robin. *Boletim de Economia e Política Internacional*, DEINT, IPEA, n. 2, p. 8-15, abr. 2010, p. 8.

108 Cf. THOMA, Mark. Merkel and Sarkozy are right about a Tobin tax. Analysis & Opinion, The Great Debate, 17 ago. 2011. *Reuters.com*.

109 INTERNATIONAL MONETARY FUND. *A fair and substantial contribution by the financial sector*: final report for the G-20. Jun. 2010.

110 Cf. Cap. 8 (*The are misusing my name*) TOBIN, James. *World finance and economic stability*: selected essays of James Tobin. Cheltenham: Edward Elgar, 2003.

2. Criar fundos para os bens comuns globais; isso pode incluir objetivos como a redução mundial da pobreza extrema; mecanismos preventivos e compensatórios para crises financeiras; programas de políticas sociais globais; e políticas econômicas keynesianas globais.
3. Ganhar certo controle global-democrático sobre os mercados financeiros globais e as forças sociais que estes ajudaram a desencadear e fortalecer.[111]

3.2 *De Tobin a Robin*

Com o estouro da crise de 2008 e a forte recessão que se seguiu,[112] inúmeras foram as vozes que se ergueram, inclusive daqueles que haviam se mostrado contrários à proposta, para conclamar que finalmente era chegada a hora de dar concretude à implementação do tributo sobre o sistema financeiro internacional. Assim foi que surgiu na Grã-Bretanha, a partir de uma articulação iniciada na *internet* no início de 2010, um movimento pela retomada das ideias de Tobin. Diante do exponencial aumento do volume de operações cambiais – se comparado à época em que Tobin propôs seu tributo global, o aumento foi da ordem de 100 vezes[113] –, surgiu a possibilidade de atribuir ao tributo Tobin uma nova

[111] PATOMÄKI, Heikki. The Tobin tax and global civil society organisations: the aftermath of the 2008-9 financial crisis. *Ritsumeikan Annual Review of International Studies*, v. 8, p. 1-16, 2009. Veja também: PATOMÄKI, Heikki. The Tobin tax: a new phase in the politics of globalization? *Theory, Culture & Society*, v. 17, n. 4, p. 77-91, 2000 [repub. *in*: HAKOVIRTA, Harto (ed.). *Globalism at the crossroads*: wedges into global theory and policy. Helsinki: Finnish Political Science Association, 2000]; PATOMÄKI, Heikki. *Democratising globalisation*: the leverage of the Tobin tax. Londres: Zed Books, 2001; PATOMÄKI, Heikki. *Global tax initiatives*: the movement for the currency transaction tax. Genebra: United Nations Research for Social Development, 2007.

[112] Um dos poucos economistas a antever o *crash* foi Raghuram G. Rajan, quando ainda exercia o cargo de economista-chefe do FMI. Cf. RAJAN, Raghuram G. *Fault lines*: how hidden fractures still threaten the world economy. Princeton: Princeton University Press, 2010. Veja também: KRUGMAN, Paul. *The return of depression economics and the crisis of 2008*. Nova Iorque: W. W. Norton & Company, 2009; e KRUGMAN, Paul. *End this depression now!* Nova Iorque: W. W. Norton & Company, 2012. Para uma análise jurídica, cf. POSNER, Richard A. *A failure of capitalism*: the crisis of '08 and the descent into depression. Cambridge: Harvard University Press, 2009; e POSNER, Richard A. *The crisis of capitalist democracy*. Cambridge: Harvard University Press, 2010.

[113] Cf. Gráfico 1 de POCHMANN, Marcio; SCHUTTE, Giorgio Romano. De Tobin a Robin... cit., p. 8.

prioridade. Sob outra denominação, o imposto passou a ser exigido não apenas com base na necessidade de atenuar a flutuação dos mercados de câmbio, mas também para angariar recursos a serem investidos em projetos de pesquisas e inovação, infraestrutura, saúde, moradia, educação, aposentadoria, emprego, combate ao HIV/AIDS e à fome e pobreza mundiais, contenção de crises econômicas e estabilização de mercados, e inclusive questões climáticas.[114] O tributo Robin Hood recebeu amplo apoio internacional, tanto de líderes políticos e religiosos, e do próprio Vaticano, quanto de mais de 1.000 economistas de 53 países, incluindo ganhadores do Prêmio Nobel, e até mesmo de celebridades.[115]

Vale notar, a título de curiosidade, a articulação, principalmente nos últimos anos, de movimentos sociais e organizações não governamentais (ONG's) em nível global, os quais têm atuado ativamente no campo

---

114 O TFF foi renomeado como tributo Robin Hood, em homenagem ao famoso herói mítico inglês do século XIII, que roubava dos ricos para dar aos pobres.

115 "Somos economistas ganhadores do Prêmio Nobel, ex-vice-presidentes dos EUA e fundadores da Microsoft. Somos o Diretor de Orçamento de Ronald Reagan, o Secretário-Geral da ONU e o Arcebispo da Cidade do Cabo. Somos membros de sindicatos, enfermeiros, pequenos empresários, chefes comunitários, líderes religiosos, ativistas da Aids, ambientalistas, estrelas de cinema e músicos, e nós somos parte de um movimento global de mais de 220 milhões de pessoas em 25 países país que estão lutando por um Tributo Robin Hood – um pequeno tributo sobre transações em Wall Street. Somos uma força a ser reconhecida, e estamos exigindo justiça." ROBIN HOOD TAX. Who's Behind It. *Robinhoodtax.org.* Dentre os principais apoiadores, destacam-se Ban Ki-Moon, atual secretário-geral da ONU; Kofi Annan, Nobel da Paz de 2001 e ex-secretário-geral da ONU; Al Gore, Nobel da Paz de 2007 e ex-vice -presidente dos EUA; Desmond Tutu, Nobel da Paz de 1984, arcebispo aposentado da Cidade do Cabo e ativista dos direitos humanos; Inge Kaul, professora da *Hertie School of Governance* em Berlim; Naomi Klein, jornalista, crítica social e ativista; Michael Moore, cineasta, crítico social e ativista; Nicholas D. Kristof, jornalista e ganhador de dois Prêmios Pulitzer; os magnatas Warren Buffett, Bill Gates e George Soros; bem como dos economistas nobelistas Amartya Sen (1988), Joseph E. Stiglitz (2001) e Paul Krugman (2008); além de Ha-Joon Chang, professor da Universidade Cambridge; Dani Rodrik, ex-professor da *John F. Kennedy School of Government* da Universidade Harvard e atualmente *Albert O. Hirschman Professor of Social Sciences* do Instituto de Estudos Avançados em Princeton; Jeffrey Sachs, professor da Universidade Columbia e assessor especial da ONU sobre os ODMs; Dean Baker, co-fundador do Centro para Pesquisa Econômica e Política; Laurence Summers, *President Emeritus* e *Charles W. Eliot University Professor* da Universidade Harvard e ex-diretor do Conselho Econômico Nacional da Casa Branca; e o brasileiro Marcio Pochmann. ROBIN HOOD TAX. Who's Behind It > Supporters. *Robinhoodtax.org.*

tributário.[116] Além da *Robin Hood Tax Campaign*, temos a *Association pour la taxation des transactions financières et pour l'action citoyenne* – ATTAC, que advoga por "um outro mundo";[117] a *Tax Justice Network* – TJN, que desenvolve estudos de alto-nível sobre tributação internacional, como concorrência tributária, elisão e evasão fiscais e paraísos fiscais;[118] nos EUA, a *Citizens for Tax Justice*,[119] e no Canadá, a *Canadians for Tax Fairness*; [120] o movimento *Publish What You Pay*, cujo foco é transparência;[121] o *Stamp Out Poverty*, que se autodenomina uma "campanha por novas fontes de financiamento do desenvolvimento e mudança climática";[122] a *Health Poverty Action*, que tem trabalhado para "fortalecer pessoas pobres e marginalizadas em sua luta por saúde",[123] a *Christian Aid*, um grupo de igrejas preocupado com os pobres no mundo;[124] e a OXFAM, uma das mais influentes organizações internacionais do mundo, cujo lema é "o poder do povo contra a pobreza".[125]

3.3 *A polêmica proposta de Thomas Piketty: regulando o capitalismo patrimonial do século XXI*

Thomas Piketty é um economista francês especializado em Economia da Desigualdade, que ficou mundialmente conhecido após a publicação da tradução para o inglês de seu livro *Le capital au XXIe siècle*.[126] O *bestseller* é fruto de quinze anos de intensa pesquisa (1998-2013), coletando e analisando dados sobre desigualdade em diversos países.[127]

---

116 Sobre a emergência de um ativismo tributário internacional, cf. CHRISTIANS, Allison. Tax activists and the global movement for development through transparency. *In*: STEWART, Miranda; BRAUNER, Yariv (eds.). *Tax, law and development*. Cheltenham: Edward Elgar, 2013, p. 288-315.

117 Cf. *www.attac.org.*

118 Cf. *www.taxjustice.net.*

119 Cf. *www.ctj.org.*

120 Cf. *www.taxfairness.ca.*

121 Cf. *www.publishwhatyoupay.org.*

122 Cf. *www.stampoutpoverty.org.*

123 Cf. *www.healthpovertyaction.org.*

124 Cf. *www.christianaid.org.*

125 Cf. *ww.oxfam.org.*

126 Cf. PIKETTY, Thomas. *Le capital au XXIe siècle.* Paris: Éditions du Seuil, 2013 (Les livres du nouveau monde).

127 Piketty abre seu livro com a seguinte ressalva: "Desde já advirto: as respostas a que chego são imperfeitas e incompletas. No entanto, elas se baseiam em dados históricos e comparativos muito mais extensos que os de todas as pesquisas

Em pouco tempo, o livro se tornou um fenômeno de vendas,[128] recebendo elogios de diversos economistas ganhadores do prestigiado Nobel de Economia, como PAUL KRUGMAN (2008)[129] e JOSEPH STIGLITZ (2001),[130] mas também ROBERT SOLOW (1987)[131] e AMARTYA SEN (1988),[132] e até mesmo ROBERT SHILLER (2013), que, apesar de discordar quanto à solução de PIKETTY para o problema da desigualdade, reconhece a importância de seus estudos para a compreensão da dinâmica e estrutura da

---

anteriores—abrangendo três séculos e mais de vinte países—e numa estrutura teórica inovadora que permite compreender melhor as tendências e os mecanismos em operação." PIKETTY, Thomas. *O capital no século XXI.* Trad. por Monica Baumgarten de Bolle. Rio de Janeiro: Intrínseca, 2014 [*e-pub*].

128 Cf. WADE, Robert H. The Piketty phenomenon: why has *Capital* become a publishing sensation? *International Affairs*, v. 90, n. 5, p. 1.069-1.083, 2014; e MOORE, Heidi. Why is Thomas Piketty's 700-page book a bestseller? *The Guardian*, 21 set. 2014.

129 Cf. KRUGMAN, Paul. Why we're in a new gilded age. *The New York Review of Books*, 8 maio 2014.

130 Cf. STIGLITZ, Joseph E. Inequality is not inevitable. *The New York Times*, 27 jun. 2014. Recentemente, STIGLITZ passou a sustentar que, embora o economista francês esteja certo em relação ao problema do crescimento exponencial da desigualdade nas últimas décadas, a questão fulcral é muito mais política, do que econômica, é dizer, concerne à democracia, e não propriamente ao capitalismo. O argumento de STIGLITZ é de que estamos diante de um "capitalismo ersatz", cujas regras favorecem os mais ricos, em detrimento dos mais pobres. "Mudanças simples – incluindo o aumento de impostos sobre ganhos de capital e heranças, maiores gastos para alargar o acesso à educação, a rigorosa aplicação das leis antitruste, reformas de governação corporativa que limitem a remuneração dos executivos e regulações financeiras que controlem a capacidade dos bancos de explorarem o resto da sociedade – iriam reduzir a desigualdade e aumentar a igualdade de oportunidades de forma marcante. Se arranjarmos as regras do jogo de forma correta, podemos até ser capazes de restaurar o rápido e *partilhado* crescimento econômico que caracterizou as sociedades de classe média nos meados do século XX." STIGLITZ, Joseph E. Democracy in the twenty-first century. *Project Syndicate*, 1 set. 2014 [ou Capitalism needs new rules to restore the growth and stability of postwar era. *The Guardian*, 2 set. 2014]. Ver também: STIGLITZ, Joseph E. The economy should serve society. *Finance & Development*, v. 51, n. 3, set. 2014; STIGLITZ, Joseph E. Slow growth and inequality are political choices: we can choose otherwise. *Washington Monthly*, nov./dez. 2014. Sobre a análise de STIGLITZ dos problemas da desigualdade, cf. STIGLITZ, Joseph E. *The price of inequality*: how today's divided society endangers our future. Nova Iorque: W. W. Norton & Company, 2012.

131 Cf. SOLOW, Robert M. Thomas Piketty is right: everything you need to know about "Capital in the twenty-first century". *New Republic*, 22 abr. 2014 [repub. em *New Statesman*, 27 abr. 2014].

132 Cf. SEN, Amartya. Five minutes with Amartya Sen: "Eu acho que as conclusões de Piketty estão majoritariamente certas". *British Politics and Policy*, 12 jun. 2014.

desigualdade econômica, que realmente precisa ser combatida.[133] De fato, um dos grandes méritos da obra foi recolocar a questão da desigualdade no centro dos debates – ou como diz o título de uma das partes: *Remettre la question de la répartition au cœur de l'analyse économique*.[134] Muito do sucesso do livro se deve, porém, ao *Zeigeist* em torno da

---

[133] Cf. SHILLER, Robert J. Inequality disaster prevention. *Project Syndicate*, 14 maio 2014. Como esclarece PIKETTY: "A distribuição da riqueza é uma das questões mais vivas e polêmicas da atualidade. Mas o que de fato sabemos sobre sua evolução no longo prazo? Será que a dinâmica da acumulação do capital privado conduz de modo inevitável a uma concentração cada vez maior da riqueza e do poder em poucas mãos, como acreditava Marx no século XIX? Ou será que as forças equilibradoras do crescimento, da concorrência e do progresso tecnológico levam espontaneamente a uma redução da desigualdade e a uma organização harmoniosa das classes nas fases avançadas do desenvolvimento, como pensava Simon Kuznets no século XX? O que realmente sabemos sobre a evolução da distribuição da renda e do patrimônio desde o século XVIII, e quais lições podemos tirar disso para o século XXI?" PIKETTY, Thomas. *O capital no século XXI... cit.* Para um excelente *book review*, recomendamos o texto de BRANKO MILANOVIC, um dos maiores especialistas da atualidade em desigualdade e que exerceu por 22 anos (1991-2013) o cargo de economista-chefe do Banco Mundial. Cf. MILANOVIC, Branko. The return of "patrimonial capitalism": a review of Thomas Piketty's *Capital in the twenty-first century. Journal of Economic Literature*, v. 52, n. 2, p. 519-534, 2014. Para os estudos de MILANOVIC sobre desigualdade mundial, cf. MILANOVIC, Branko. *Worlds apart*: measuring international and global inequality. Princeton: Princeton University Press, 2005; e MILANOVIC, Branko. *The haves and have-nots*: a brief and idiosyncratic history of global inequality. Nova Iorque: Basic Books, 2011.

[134] PIKETTY faz questão de frisar que "[n]a verdade, a questão da distribuição da riqueza é importante demais para ser deixada apenas para economistas, sociólogos, historiadores e filósofos. Ela interessa a todo mundo, e é melhor que seja assim mesmo. A realidade concreta e orgânica da desigualdade é visível para todos os que a vivenciam e inspira, naturalmente, julgamentos políticos contundentes e contraditórios. Camponês ou nobre, operário ou dono de fábrica, servente ou banqueiro: cada um, a partir de seu ponto de vista peculiar e único, vê aspectos importantes sobre as condições de vida de uns e de outros, sobre as relações de poder e de dominação entre grupos sociais, e elabora sua própria concepção do que é justo e do que não é. Logo, sempre haverá uma dimensão subjetiva e psicológica na questão da distribuição da riqueza, e isso inevitavelmente leva a conflitos políticos que nenhuma análise que se pretenda científica saberia atenuar. A democracia jamais será suplantada pela república dos especialistas – o que é muito positivo. [...] O que me interessa é contribuir, pouco importa quão modestamente, para o debate sobre a organização social, as instituições e as políticas públicas que ajudam a promover uma sociedade mais justa. Para mim, isso só tem validade se alcançado no contexto do estado de direito, com regras conhecidas e aplicáveis a todos e que possam ser debatidas de maneira democrática." PIKETTY, Thomas. *O capital no século XXI... cit.*

desigualdade,[135] *i.e.*, uma preocupação generalizada já há alguns anos em relação ao alargamento do fosso que separa ricos e pobres,[136] com especial destaque para os *top incomes* (1% e 0.1% da população) – os verdadeiros alvos da crítica de PIKETTY.[137]

O presente trabalho não tem a pretensão de expor toda sua complexa teoria, até mesmo porque, seu extenso livro toca em tantas questões relevantes, dada a visão interdisciplinar do autor – que se considera não apenas um economista, mas um teórico social –, que seria impossível tratar de tudo em apenas um artigo.[138] Basta esclarecer que as conclusões de PIKETTY apontam no sentido de que o mundo estaria caminhando para uma forma de capitalismo similar à da *Gilded Age*, nos Estados Unidos, e da *Belle Époque*, na França, durante o século XIX, que conviveu com elevados níveis de concentração de riqueza, o "capitalismo patrimonial".[139] A explicação para esse fenômeno está na

---

135 "*O Capital no Século XXI* reacendeu o interesse dos economistas na dinâmica da riqueza e na sua distribuição – um tema que preocupava economistas clássicos como Adam Smith, David Ricardo e Karl Marx. Trouxe para o debate público detalhes empíricos cruciais e um quadro analítico simples, mas útil. Quaisquer que sejam as razões para o seu sucesso, já prestou um contributo inegável, tanto para os economistas como para o discurso público." Cf. RODRIK, Dani. Piketty and the Zeitgeist. *Project Syndicate*, 13 maio 2014.

136 Cf. GUTERMAN, Jimmy. Why is inequality the big hot issue right now? *TED*, 6 mar. 2014.

137 "Sob essas condições, é quase inevitável que a fortuna herdada supere a riqueza constituída durante uma vida de trabalho e que a concentração do capital atinja níveis muito altos, potencialmente incompatíveis com os valores meritocráticos e os princípios de justiça social que estão na base de nossas sociedades democráticas modernas." PIKETTY, Thomas. *O capital no século XXI... cit.*

138 "[N]ão concebo outro lugar para a economia que não o de subdisciplina das ciências sociais, ao lado de história, sociologia, antropologia, ciências políticas e tantas outras. Espero que este livro tenha ilustrado o que eu entendo por isso. Não gosto muito da expressão "ciência econômica", que me parece terrivelmente arrogante e poderia fazer crer que "a economia teria atingido uma cientificidade superior, específica, distinta da de outras ciências sociais. Prefiro a expressão "economia política", talvez um pouco antiquada, mas que tem o mérito de ilustrar o que me parece ser a única especificidade aceitável da economia dentro das ciências sociais, a saber, seu propósito político, normativo e moral." PIKETTY, Thomas. *O capital no século XXI... cit.*

139 "No início da década de 1970, o valor total da riqueza privada – subtraídas as dívidas – era de entre dois e 3,5 anos da renda nacional em todos os países ricos de todos os continentes. Quarenta anos mais tarde, no início dos anos 2010, a riqueza privada representa entre quatro e sete anos da renda nacional, também em todos os países estudados. A evolução geral não deixa dúvida alguma: além das bolhas, estamos

fórmula r > g (*le force de divergence fondamentale*): "[...] em que r representa a taxa média anual de retorno do capital, incluindo lucros, dividendos, juros, rendimentos, e outros ganhos de capital, expressos em percentagem de seu valor total, e g representa a taxa de crescimento da economia, ou seja, o aumento anual da renda ou produção [...]."[140] Simplificadamente, essa lógica (*l'inégalité fondamentale*) redunda na "contradição central do capitalismo",[141] ou, como prefere SOLOW, na "dinâmica do rico-fica-mais-rico" ("*rich-get-richer dynamic*").[142]

Enfim, após constatar essa tendência do "novo capitalismo patrimonial privado", PIKETTY passa a considerar as possíveis soluções para a "espiral desigualadora", as quais exigem necessariamente uma reformulação dos instrumentos regulatórios de que dispõem os Estados-nação. Para recobrar o controle democrático do *capitalisme patrimonial modialisé*, fazendo com que o interesse geral prevaleça sobre interesses privados e egoísticos, sem, no entanto, resvalar para medidas que impliquem retrocesso no processo de globalização e integração de mercados, PIKETTY vislumbra uma única alternativa: um tributo global sobre o capital (*un impôt mondial sur le capital*). Ele argumenta que essa seria a resposta mais liberal para desconcentrar a riqueza acumulada no centil superior[143] e, com isso, permitir a regulação do capital. Afora essa medida, restaria

---

assistindo à volta triunfal do capital privado nos países ricos desde os anos 1970, ou, mais do que isso, ao ressurgimento de um novo capitalismo patrimonial. [...] Analisamos sobretudo a importância dos choques do período 1914-1945, dos quais a Europa e o mundo acabavam de se recuperar, para compreender os movimentos da relação capital / renda e da divisão capital-trabalho ao longo do século XX. Por isso prevaleceu a impressão de que o capitalismo patrimonial – próspero neste início de século XXI – era algo novo, apesar de ser, de certa maneira, uma mera repetição do passado, característica de um mundo de baixo crescimento, como aquele do século XIX." PIKETTY, Thomas. *O capital no século XXI... cit.*

140 PIKETTY, Thomas. *O capital no século XXI... cit.* Para um posicionamento crítico, cf. ROWTHORN, Robert. A note on Piketty's *Capital in the twenty-first century. Cambridge Journal of Economics*, v. 38, p. 1.275-1.284, 2014.

141 "Quando a taxa de remuneração do capital ultrapassa a taxa de crescimento da produção e da renda, como ocorreu no século XIX e parece provável que volte a ocorrer no século XXI, o capitalismo produz automaticamente desigualdades insustentáveis, arbitrárias, que ameaçam de maneira radical os valores de meritocracia sobre os quais se fundam nossas sociedades democráticas." PIKETTY, Thomas. *O capital no século XXI... cit.*

142 Cf. SOLOW, Robert M. Thomas Piketty is right... *cit.*

143 Sobre o uso do conceito de centil, cf. PIKETTY, Thomas. *L'économie des inégalités.* 5ª ed. Paris: Édition La Découverte, 2004 (Repères, v. 216), p. 9.

apenas o caminho inverso da adoção de políticas protecionistas e de controle de fluxos, na contramão da abertura econômica.

PIKETTY reconhece que sua proposta soa utópica, mas não seria o caso de uma utopia totalmente irrealista,[144] e sim uma "utopia útil" (*utopie utile*), pois serve de "ponto de referência" (*standard*) para medir avanços. Seu tributo global sobre o capital poderia ser pensado passo-a-passo, primeiramente em âmbito local e regional (*e.g.*, União Europeia), para um dia ser implementado globalmente.[145] Na situação ideal, os Estados concordariam em instituir um tributo progressivo anual sobre a riqueza individual (valor líquido dos ativos que cada pessoa controla), que poderia ter as seguintes alíquotas: 0% para ativos líquidos abaixo de 1 milhão de euros; 1% entre 1 e 5 milhões de euros; e 2% acima de 5 milhões de euros. Indo mais adiante, seria recomendável adotar uma progressividade mais aguda, de 5% ou 10% sobre ativos acima de 1 bilhão de euros, incluindo uma alíquota mínima sobre riqueza ou patrimônio classificado

---

144 Um dos poucos filósofos citados em *Le capital au XXIe siècle* é JOHN RAWLS, mas a referência se restringe ao seu *magnum opus* de 1971, *A theory of justice*. Não há qualquer menção à teoria internacional rawlsiana do "direito dos povos". Curiosamente, a proposta de PIKETTY parece se aproximar muito mais daquilo que RAWLS chamou de "utopia realista" em RAWLS, John. *The law of peoples*: with "The idea of public reason revisited". Cambridge: Harvard University Press, 2000 ("Afirmo que esse roteiro é realista – ele poderia e pode existir. Digo que é também utópico e altamente desejável, porque une razoabilidade e justiça às condições que capacitam os cidadãos a concretizar os seus interesses fundamentais.") Veja também: YOUNG, Shaun Patrick. Realistic utopia. *In*: CHATTERJEE, Deen K. (ed.). *Encyclopedia of global justice... cit.*, p. 930-931 ("[...] uma utopia realista representa um casamento entre teoria ideal e teoria não-ideal."). Para um estudo crítico da filosofia político-internacionalista de RAWLS, cf. MARTIN, Rex; REIDY, David A. (eds.). *Rawls's law of peoples*: a realistic utopia? Malden: Blackwell Publishing, 2006. A ideia de "utopia realista" é também adota por JÜRGEN HABERMAS, para justificar os direitos humanos com base no conceito de dignidade humana. Cf. HABERMAS, Jürgen. *The crisis of the European Union*: a response. Trad. por Ciaran Cronin. Cambridge: Polity, 2012 – Cap. "*The concept of human dignity and the realistic utopia of human rights*".

145 Um raciocínio similar é adotado pelo filósofo OTFRIED HÖFFE. Partindo do que denominados em outro lugar de "contratualismo de níveis", HÖFFE defende uma República Mundial (federal e subsidiária): 1º) indivíduos formariam Estados nacionais (unitários ou federais); 2º) Estados unitários e federais formariam uniões continentais ou subcontinentais; 3º) Estados-nação e uniões formariam uma união global, fundada em um "contrato social global". Cf. HÖFFE, Otfried. *Democracy in an age of globalisation*. Trad. por Dirk Haubrich e Michael Ludwig. Dordrecht: Springer, 2007 (Studies in Global Justice, v. 3).

como modesto ou médio, de 0.1% abaixo de 200.000 euros e 0.5% entre 200.000 e 1 milhão.

Como fica evidente, a função do "tributo Piketty" é extrafiscal. Não se trata de criar mais uma fonte de geração de receita.[146] Dentro da extrafiscalidade, o imposto buscaria, primeiramente, garantir uma melhor redistribuição da riqueza (função redistributiva),[147] cortando o processo de acumulação desenfreada, com vistas a corrigir a principal contradição interna ao modelo capitalista; dessa forma, busca-se resguardar os ideais da democracia e da justiça social.[148] Contudo, sem ficar preso ao ramo da distribuição, o imposto serviria também ao propósito de regular o sistema financeiro internacional e evitar a ocorrência de crises, atendendo, assim, à função regulatória e estabilizadora da tributação.[149]

---

146 "O papel principal do imposto sobre o capital não é financiar o Estado social, mas regular o capitalismo. O objetivo é evitar uma espiral desigualadora sem fim e uma divergência ilimitada das desigualdades patrimoniais, além de possibilitar um controle eficaz das crises financeiras e bancárias." PIKETTY, Thomas. *O capital no século XXI... cit.*

147 Como observa MISABEL DERZI, "Piketty encontra no Direito Tributário a fonte para o combate à desigualdade, por poder fazer uma redistribuição justa de riquezas". CONSULTOR JURÍDICO. Para especialista, tributo sobre o consumo no Brasil faz o pobre financiar o Estado. *Conjur*, 6 nov. 2014.

148 "A lição geral de minha pesquisa é que a evolução dinâmica de uma economia de mercado e de propriedade privada, deixada à sua própria sorte, contém forças de convergência importantes, ligadas sobretudo à difusão do conhecimento e das qualificações, mas também forças de divergências vigorosas e potencialmente ameaçadoras para nossas sociedades democráticas e para os valores de justiça social sobre os quais elas se fundam." PIKETTY, T. *O capital no século XXI ... cit.*

149 Os filósofos DAVID ROBICHAUD & PATRICK TURMEL entendem que PIKETTY oferece apenas argumentos de liberdade (política) e de eficiência (econômica), ao chamar atenção para a ameaça que a desigualdade representa, tanto para democracia, quanto para o mercado. Mas seria importante, segundo eles, incorporar na justificação pública da tributação um terceiro tipo de razão, relacionada ao ideal da igualdade. Em seus dizeres: "A tributação pode, então, servir não só como uma ferramenta economia ou política, mas também como um meio de reconhecimento da contribuição relativamente igual do indivíduo para a cooperação social. Pode ser usada para corrigir uma certa arbitrariedade quando se trata do sucesso econômico, redistribuindo a riqueza para pessoas cuja contribuição não é justamente reconhecida pelos mecanismos de mercado ou que não foram vencedores na loteria socioeconômica. [...] Mais precisamente, uma sociedade democrática que recusa a ideia de uma hierarquia natural entre os cidadãos gera uma dupla exigência quando se trata da distribuição dos ônus e benefícios da cooperação social: 1) uma demanda de reconhecimento do papel desempenhado por cada um e por todos no projeto cooperativo; 2) uma demanda de justificação da legitimidade de qualquer diferença ou

3.4 A questão ambiental e o tributo sobre o carbono

As mudanças climáticas globais vêm recebendo o *status* de questão ambiental mais importante de nossa era. O aprisionamento anormal do calor emitido pelo sol na superfície terrestre, conhecido como "efeito estufa", traz diversas consequências negativas que vão desde a piora na produção agrícola até a irreversível redução da faixa de terra habitável, resultado do derretimento das calotas polares.[150] A partir da década de 80, começaram a surgir as evidências científicas que comprovavam a estreita relação entre o aumento da emissão de dióxido de carbono (dentre outros gases), as mudanças climáticas e a ocorrência do "efeito estufa", o que serviu de alerta para que a ONU iniciasse um debate sobre a necessidade de cooperação e tratamento coordenado da matéria em âmbito global,[151] visto que a atuação de um (ou de alguns poucos) não se mostraria eficaz.[152]

---

desigualdade na distribuição dos frutos da cooperação. A redistribuição por meio da tributação é, portanto, uma forma de reconhecimento do papel das pessoas no projeto de cooperação social e de correção da arbitrariedade do sucesso socioeconômico." ROBICHAUD, David; TURMEL, Patrick. Reasons of taxation: efficiency, freedom, equality. *In*: SPIEGEL SOHMER TAX POLICY COLLOQUIUM. Montreal: Universidade McGill, out. 2014.

150 INSTITUTO CARBONO BRASIL. Mudanças climáticas > Aquecimento global > Consequências do aquecimento global. *Institutocarbonobrasil.org.br.*

151 Na década de 90, as Nações Unidas se esforçaram para lidar com questões ambientais, redigindo a Convenção-Quadro das Nações Unidas sobre Mudança do Clima, na qual salientou: "[...] a natureza global da mudança do clima requer a maior cooperação possível de todos os países e sua participação em uma resposta internacional efetiva e apropriada, conforme suas responsabilidades comuns mas diferenciadas e respectivas capacidades e condições sociais e econômicas [...]." BRASIL. Decreto nº 2.652, de 1º de julho de 1998. Promulga a Convenção-Quadro das Nações Unidas sobre Mudança do Clima, assinada em Nova York, em 9 de maio de 1992. *Planalto*, Brasília, DF, 1 jul. 1998. Esse documento possui hoje 196 partes. Cf. UNITED NATIONS. Home > Status of Ratification of the Convention. *Unfcc.int.*

152 Segundo estimativas da OCDE, se em 2008 seu seleto grupo de países membros tivesse instituído um tributo sobre o carbono no valor de vinte e cinco dólares por tonelada emitida, haveria uma redução de 43% do "efeito estufa" causado por esses países. O resultado pode parecer animador, mas o nível de emissão em 2050 ainda seria 38% superior aos índices de 2000. Caso Brasil, Índia e Rússia resolvessem adotar a mesma política em 2020 e o restante dos países do mundo fizesse o mesmo, só que dez anos mais tarde, o nível de emissão de gases nocivos ao ecossistema terrestre seria exatamente igual ao verificado em 2000. ORGANISATION FOR ECONOMIC CO-OPERATION AND DEVELOPMENT. *OECD Environmental*

O tributo sobre o carbono surge nesse contexto com os propósitos de (1) reduzir a demanda por matrizes energéticas dependentes do carbono, em razão da elevação dos preços, e (2) incentivar o desenvolvimento e utilização de outras fontes energéticas pouco ou não dependentes de combustíveis fósseis (matrizes energéticas sustentáveis).[153] Logo, o imposto apresenta nítido caráter regulatório (extrafiscal). A receita arrecadada, que existirá independentemente de ser esta a razão principal da imposição, poderia servir a vários objetivos, dentre eles: (1) a promoção da justiça distributiva internamente, desde que o montante recolhido seja deixado a cargo de cada um dos países que atuou como sujeito ativo da relação;[154] (2) o fomento de pesquisas sobre matrizes energéticas sustentáveis em âmbito global;[155] e (3) a repartição da receita arrecada entre os países em desenvolvimento como forma de encorajá-los a adotar a tributação sobre a emissão de carbono, pois foram os países desenvolvidos os maiores responsáveis pela degradação ambiental.[156]

Outlook to 2030. Paris: OECD Publishing, 2008, p. 10. Tais dados sinalizam para os satisfatórios resultados que poderiam ser atingidos se verificada uma aderência ampla e coordenada para a mitigar as mudanças climáticas causadas pelo "efeito estufa", uma vez que estas são exemplos típicos daquilo de males públicos globais, dada a forma indiscriminada pela qual todos os habitantes do planeta são afetados. BROWN, Mark Malloch. Foreword. *In*: KAUL, Inge *et al.* (eds.). *Providing global public goods... cit.*, p. xvi-xvii, p. xvi. Para uma defesa da criação de um *carbon tax* global, cf. HSU, Shi-Ling. *The case for a carbon tax*: getting past our hangs-ups to effective climate policy. Washington, DC: Island Press, 2011; BROCK, Gillian. Global taxation... *cit.*; MOCK, William B. T. Carbon tax. *In*: CHATTERJEE, Deen K. (ed.). CHATTERJEE, Deen K. (ed.). *Encyclopedia of global justice... cit.*, p. 114-115.

153 WINKLER, Harald; MARQUARD, Andrew. Analysis of the economic implications of a carbon tax. *Journal of Energy in Southern Africa*, v. 22, n. 1, p. 55-68, fev. 2011, p. 55.

154 Nesse sentido, cf. STAVINS, Robert *et al.* International cooperation: agreements and instruments. *In*: INTERGOVERNMENTAL PANEL ON CLIMATE CHANGE. Climate change 2014: mitigation of climate change. Cambridge: Cambridge University Press, 2014, p. 72.

155 De acordo com Gillian Brock, se para cada tonelada de carbono emitido fossem arrecadados duzentos dólares, no decorrer de um ano seria gerada uma receita superior a 600 bilhões de dólares – valor correspondente a 1% do produto mundial bruto –, os quais poderiam ser investidos em pesquisas para fontes alternativas de energia. BROCK, Gillian. *Global justice... cit.*, p. 132.

156 Nesse sentido, cf. NORDHAUS, William D. After Kyoto: alternative mechanisms to control global warming. *American Economic Review,* v. 96, n. 2, p. 31–34, 2006. O físico e climatólogo James E. Hansen também advoga pelo uso de instrumentos fiscais para refrear o negativo impacto ambiental oriundo do consumo excessivo de

O *carbon tax* não é a única alternativa para a contenção da emissão de gases causadores do "efeito estufa", apesar de ser vista como a mais eficiente.[157] Tanto é assim que o Protocolo de Quioto se refere a um outro sistema de mitigação das externalidades negativas ambientais: o denominado *cap-and-trade*.[158] Esse sistema permite que direitos de emissão de gases nocivos ao espaço terrestre sejam negociados entre os poluidores, penalizando apenas aqueles que extrapolarem o somatório de sua cota original e eventuais aquisições de cota alheia.[159] Para além da ineficiência do sistema implementado,[160] em que pese a substancial adesão de 192

---

combustíveis fósseis. Para ele, a solução repousaria na instituição de um *flat tax* (tributo à alíquota única) incidente sobre a extração de combustíveis fósseis. Aos países dissidentes, recairia um imposto de importação mais pesado, calculado de forma proporcional ao uso de combustíveis fósseis durante todo o processo de produção da mercadoria importada. Os valores arrecadados com a tributação deveriam ser integralmente repartidos entre os cidadãos (dividendo *per capita*). Esse mecanismo funcionaria de forma a incentivar o baixo uso de matrizes energéticas dependentes do carbono, já que a emissão inferior à média populacional se converteria em ganhos financeiros ao cidadão que cultivasse hábitos favoráveis ao meio-ambiente. Cf. Cap. 9 (*An honest, effective path*) HANSEN, James E. *Storms of my grandchildren*: the truth about the coming climate catastrophe and our last chance to save humanity. Nova Iorque: Makiko Sato, 2009.

157 As vantagens na adoção do tributo sobre o carbono são: (a) maior flexibilidade para se adaptar ao cenário de diversidade dos países; (b) redução da atuação de lobistas e do mercado; (c) mitigação do "efeito carona ou parasita" (*free riding effect*); e (d) obtenção de receitas que podem servir ao desenvolvimento de novas fontes de energia. NORDHAUS, William D. After Kyoto... *cit.* Sobre a maior eficiência do imposto sobre o carbono, cf. AVI-YONAH, Reuven S.; UHLMANN, David M. Combating global climate change: why a carbon tax is a better response to global warming than cap and trade. *Stanford Environmental Law Journal*, v. 28, n. 3, p. 3-50, 2009.

158 "Artigo 3.1. As Partes incluídas no Anexo I devem, individual ou conjuntamente, assegurar que suas emissões antrópicas agregadas, expressas em dióxido de carbono equivalente, dos gases de efeito estufa listados no Anexo A não excedam suas quantidades atribuídas, calculadas em conformidade com seus compromissos quantificados de limitação e redução de emissões descritos no Anexo B e de acordo com as disposições deste Artigo, com vistas a reduzir suas emissões totais desses gases em pelo menos 5 por cento abaixo dos níveis de 1990 no período de compromisso de 2008 a 2012." BRASIL. Decreto nº 5.445, de 12 de maio de 2005. Promulga o Protocolo de Quioto à Convenção-Quadro das Nações Unidas sobre Mudança do Clima, aberto a assinaturas na cidade de Quito, Japão, em 11 de dezembro de 1997, por ocasião da Terceira Conferência das Partes da Convenção-Quadro das Nações Unidas sobre Mudança do Clima. *Planalto*, Brasília, DF, 12 maio 2005.

159 HSU, Shi-Ling. *The case for a carbon tax... cit.*, p. 41.

160 Para tabelas, atualizadas até o ano de 2012, controlando a emissão de gases nocivos, cf. UNITED NATIONS. Home > GHG data from UNFCCC. *Unfcc.int.*

partes,[161] um grave problema identificado no *cap-and-trade* repousa no fato de as decisões sobre a redução dos gases nocivos ficarem nas mãos dos próprios poluidores, ao invés de estar no campo das políticas governamentais.[162]

A omissão da comunidade global ao não estabelecer um regime tributário que imponha a diminuição de emissão do dióxido de carbono e demais gases nocivos ao equilíbrio climático terrestre foi o tema central de um recente discurso da atual diretora do FMI, CHRISTINE LAGARDE:

> *Antes que nada, ¿por qué le importa el medio ambiente al FMI? La razón es sencilla: el deterioro ambiental acarrea un deterioro económico. El daño ambiental tiene implicaciones macroeconómicas e implicaciones para la formulación y el impacto de la política fiscal.* [...] *Como todos sabemos, no existe una solución sencilla. La protección del medio ambiente depende de una multitud de elementos activos: investigación y desarrollo, modernización de la infraestructura de los sistemas de energía y transporte, y regímenes tributarios y regulatorios adecuados para las industrias extractivas. Pero, en medio de todo esto, la política fiscal debe ocupar un lugar central. El concepto es simple: los precios justos dan buen resultado. Hay que asegurarse de que los precios reflejen no solo los costos del suministro energético, sino también los efectos colaterales ambientales.* [...] *Hay un aspecto que quiero dejar perfectamente en claro: en general, nos estamos refiriendo a una tributación* más inteligente, *no a una tributación* más pesada. *Eso significa recalibrar los sistemas tributarios para alcanzar los objetivos fiscales con más eficiencia, siendo su expresión más obvia el uso de esos fondos para recortar otros impuestos onerosos. Obviamente, el ingreso generado por los impuestos sobre la energía también podría destinarse a la reducción de la deuda pública.* [...] *Pero como dijo Nelson Mandela: "Siempre parece imposible hasta que se hace". Así que hagámoslo, a nivel*

---

161 UNITED NATIONS. Home > Status of Ratification of the Kyoto Protocol. *Unfcc.int.*

162 A atuação do governo termina após a venda das cotas para cada um dos interessados, geralmente via leilão, fazendo com que os preços sejam determinados pelo próprio mercado (de poluidores). A empresa que adquirir número superior de cotas poderá negociá-las, a preços igualmente definido pelo mercado, determinando se o controle de gases nocivos será ou não uma prioridade. Isso porque, caso o valor da cota seja baixo, terá a empresa pouco (ou nenhum) interesse em encontrar mecanismos de redução de emissão de poluentes. HSU, Shi-Ling. *The case for a carbon tax... cit.*, p. 42.

> *nacional y a nivel mundial. Sabemos adónde vamos y cómo llegar: pongámonos en marcha.*[163]

Se, internamente, já é uma prática confiar à atividade tributária do Estado arrecadar, regular e redistribuir, é bem possível que essas mesmas funções sejam, no futuro, reproduzidas em escala global. Na verdade, como visto, já existem casos representativos dessa realidade em construção: a adoção de tributos sobre passagens aéreas por influência da França e o tributo sobre o carbono adotado pela Noruega. Fato é que os tributos globais não podem mais ser ignorados ou vistos como uma mera "utopia irrealista". A articulação entre organismos internacionais, economistas, acadêmicos e representantes da sociedade civil vem fazendo da tributação global uma "realidade teórica". Falta, ainda, à comunidade jurídica se engajar nesse debate. O caminho é longo e difícil, mas, sem dúvidas, necessário.

---

[163] LAGARDE, Christine. Promover una tarifación responsable de la energía. Centro para el Desarrolo Mundial, 31 jul. 2014. *Imf.org.*

19

DA CEGUEIRA COLETIVA: O PRINCÍPIO DA TRANSPARÊNCIA TRIBUTÁRIA E A TRIBUTAÇÃO EM CASCATA BRASILEIRA. COMENTÁRIOS SOBRE O AUMENTO DA TRIBUTAÇÃO SOBRE A GASOLINA

Pilar de Souza e Paula Coutinho Elói[1]

Alex Sander Silva de Jesus[2]

---

1. INTRODUÇÃO

É comum a afirmação de que a carga tributária brasileira é alta, sendo que, em socorro a esta assertiva, comparecerá, seguramente, a

[1] Coordenadora da Pós Graduação Lato Sensu em Direito Tributário do IEC/PUC Minas. Professora de Direito Tributário, Econômico e Financeiro na Graduação e na Pós Graduações presencial e virtual da Puc Minas. Mestre em Direito Público em 2014 (PUCMINAS). Pós graduada em Direito Empresarial (PUCMINAS, 2011). Graduação em Direito pela UFMG (2009). Membra da Comissão em Direito Tributário da OAB-MG. Membra da coordenação do Conselho Editorial da Revista Eletrônica da PUC MINAS Campus Serro. Advogada com atuação em Direito Tributário, Administrativo e Minerário.

[2] Graduando em Direito pela PUCMINAS, *campus* Serro. Pesquisador PROBIC/ FAPEMIG.

maior parte da população do país. Indagada por qual motivo, é possível assumir, em um contexto social de sucessivas denúncias de corrupção, que a população afirme que a carga tributária é assim para sustentar os luxos dos governantes.

Não; não é preciso sustentar nenhum estudo científico para que tal fique demonstrado. A relação feita pela população entre carga tributária e corrupção é um fato notório, mas que não olvida reflexão.

De fato, a tributação no Brasil é alta. Trata-se de um país envolvido em sucessivos escândalos de corrupção, que afogam a máquina pública e colaboram para sancionar uma crise institucional. Mas, será que essas respostas fundadas em lugares comuns são suficientes para uma reflexão consistente sobre a carga tributária brasileira? Estabelecer que a carga tributária brasileira é alta por causa da corrupção e que a corrupção é a doença endêmica brasileira, a malária de nossa política, não importa em diminuir o debate e, com isso, perpetuar desigualdades?

Muitas outras questões rondam a tributação brasileira, merecendo uma revisão que não foi proposta nem mesmo agora, com o Ajuste Fiscal de 2015, por meio do qual o governo federal reconheceu uma ineficiência na gestão fiscal no último quadriênio e, por isso, cortou gastos e aumentou a arrecadação. Novamente, para que restassem resolvidas questões de governança, optou-se em simplesmente aumentar a carga tributária, esquecendo-se de travar um debate mais profundo: em quais setores essa carga tributária pode aumentar? Será que a solução do desequilíbrio fiscal não passa por uma revisão de como se gasta o dinheiro público? Essas são apenas algumas das perguntas que não são feitas na relação gasto público com tributação.

Existem, claro, outras. Se revisarmos o plano de Ajuste Fiscal proposto, outras perguntas deveriam ser suscitadas. Por exemplo, como em um contexto de aumento da gasolina por questões de mercado e, ainda, dentro de um contexto inflacionário (que é sempre realimentado por aumentos do combustível), pôde o Ajuste Fiscal ter se fundado em elevação da tributação dos combustíveis (PIS-COFINS e aumento da CIDE Combustível), e, por consequência, do ICMS, uma vez que alterado o valor da própria mercadoria em virtude da alteração do PIS e da COFINS sobre o produto?

Embora o burburinho coletivo tenha sido imenso; os caminhoneiros tenham colocado o bloco na rua; o "whatsapp" tenha disparado notícia após notícia, piadinha atrás de piadinha sobre o aumento da gasolina;

embora o impeachment tenha sido exigido, o silêncio através do qual o aumento da tributação da gasolina se perpetuou reforça a posição de que uma carga tributária incompreensível é danosa, bem como uma carga tributária excessivamente alta. Uma carga tributária incompreensível prejudica o debate e silencia a população, que fica mergulhada numa tributação silenciosa na sua cumulatividade.

Certamente, os problemas da nossa tributação se alimentam da ignorância. E a complexidade de uma tributação sobre o consumo dividida em sistemas cumulativos e não cumulativos de tributação reforça essa ignorância, a ponto de tornar limitado o dispositivo constitucional segundo o qual devem ser tomadas medidas para que os consumidores sejam esclarecidos acerca dos impostos que incidam sobre mercadorias e serviços – o chamado princípio da transparência (art. 150, §5º, CF/88).

Este artigo pretende tecer relações sobre como o sistema tributário brasileiro encontra óbices à sua transparência em virtude de sua cumulatividade residual. Para tanto, a metodologia de pesquisa se fundou em estudo da legislação tributária, doutrina a respeito, bem assim de notícias e pesquisas empíricas a respeito dos temas envolvidos.

O artigo, em virtude das limitações próprias a esse tipo de trabalho acadêmico, levantará questões que dependerão de trabalhos posteriores para o seu efetivo fechamento, mas que serão suficientemente demonstrados por meio do método de pesquisa acima descrito. Portanto, é hora de aprofundar o debate.

2. PRINCÍPIO DA TRANSPARÊNCIA TRIBUTÁRIA

A última grande reforma tributária brasileira ocorreu em 1965. Depois, por mais que o assunto seja levantado no processo eleitoral, nenhum dos governantes teve força suficiente no Poder Legislativo para levar adiante uma reforma que, realmente, reestruturasse a tributação brasileira. Reconheça-se, o jogo de interesses políticos é muito grande. Um federalismo mal estruturado, como o do Brasil, não permite, ainda, pactos que diminuam as espécies tributárias. Ao mesmo tempo, a tributação sempre incidiu fortemente no consumo, o que colabora para os altos preços dos produtos que circulam no mercado brasileiro, engessando o setor produtivo e realimentando a pobreza de parte da população que mais consome.

Nesse contexto, durante a votação da CF/88, entendeu-se que seria necessário incluir no texto constitucional um dispositivo que importasse em garantir a transparência da tributação incidente sobre as mercadorias e serviços. A partir disso, reconhecendo a existência de uma intensa tributação sobre o consumo, realizada em diversas etapas do processo produtivo, bem assim da regressividade da tributação brasileira, constou na Carta Política de 1988, em seu texto originário, o chamado princípio da transparência tributária. Ei-lo:

> Art. 150. Sem prejuízo de outras garantias asseguradas ao contribuinte, é vedado à União, aos Estados, ao Distrito Federal e aos municípios.
>
> [...]
>
> §5º- A lei determinará medidas para que os consumidores sejam esclarecidos acerca dos impostos que incidam sobre mercadorias e serviços. (BRASIL, 1988).

A previsão foi mais do que louvável. A intenção foi mais do que válida. Todavia, como de intenções válidas o Brasil está cheio, demonstra-se-á que a cumulatividade tributária residual, aliada à ignorância de nossa população perante um sistema tributário complexo, importa que fornecer tão somente informações não é suficiente para esclarecer. Informações sem o seu correlato esclarecimento endossam uma tributação não democrática.

Vamos, primeiro, às intenções. Em um Estado de Direito que se pretende democrático, como o brasileiro, a efetiva participação popular na conjuntura decisória dos rumos da nação é suposto lógico da própria ideia de democracia, que no seu bojo carrega a possibilidade de controle pelos cidadãos dos atos decisórios, já que, afinal, "todo poder emana do povo, que o exerce por meio de representantes eleitos ou diretamente", conforme preceitua o art. 1º, §único, da CF/88. Portanto:

> [...] é dever de todos os que lidam com os bens e interesses públicos atuarem segundo os marcos da boa-fé, na busca da melhor opção a ser adotada em face das questões afetas ao interesse público que se apresentam. Exige, também, considerando os riscos da modernidade, a mais ampla divulgação para o perfeito conhecimento pelas pessoas físicas e jurídicas de todos os atos e procedimentos planejados ou realizados pelo Poder Público, salvo aqueles considerados juridicamente sigilosos, e impõe clareza nas definições, metas, objetivos. (OLIVEIRA; DOURADO JUNIOR, 2010, p. 130).

Nesse viés, é de conhecido rigor a forma com que o princípio da legalidade é trabalhado na seara tributária, justamente para, subsidiado pela segurança jurídica[3], alicerçar a previsibilidade e clareza do sistema tributário.

Importante frisar que o princípio da legalidade consolida vários outros princípios democráticos, como o da segurança jurídica e o do controle recíproco entre os poderes, consagrando, além disso, a possibilidade de transparência do debate democrático, que deve ocorrer às claras no legislativo. Nessa senda, há dito popular proclamador de que "*os cidadãos não poderiam dormir tranquilos se soubessem como são feitas as salsichas e as leis*". É sabido que não há estômago que resista a uma salsicha estragada e a forma de saber antecipadamente se a salsicha corre risco de estar estragada é controlar o salsicheiro. Por isso:

> O Estado tem o dever constitucional de atuar às claras, seja para dar publicidade aos atos, seja para permitir o pleno exercício do sistema republicano: o conchavo e o acordo fechado em gabinetes representam patologias da chamada 'administração paralela'(Agustín Gordillo), que, embora ainda se veja culturalmente arraigada na práxis da atividade financeira no Brasil, não se coaduna com a necessidade de transparência do ordenamento jurídico. (FERRAZ; GODOI; SPAGNOL, 2014, p. 43).

Destaque-se que, controlar o salsicheiro ou a qualidade das salsichas não é um preciosismo e, sim, fruto da nossa necessidade de vida coletiva, e, por coletiva, não entende-se aquela fundada apenas no interesse direto daqueles que fazem as leis.

Outrossim, não basta que a lei seja pública, é necessário que seja conhecida, especialmente a de cariz tributário, que é a conexão entre aquilo que o Estado deve à população e aquilo que a população deve ao Estado (para que o Estado, ele mesmo, cumpra seus débitos, seus objetivos).

---

3 "A lei que estabelece a exigência do tributo não pode ser lacônica nem genérica. O art. 97 do Código Tributário Nacional, detalhando ou desdobrando a norma do referido art. 150, I, da Constituição, estabelece que a própria lei (e não um ato infralegal que atue por delegação do legislador) deve *definir* concretamente o sujeito passivo e o fato gerador do tributo, bem como fixar sua forma de cálculo (o que implica, em geral, o estabelecimento pela lei de bases de cálculo e alíquotas). Portanto, os elementos da obrigação tributária devem ser *definidos pela própria lei*. O legislador não pode simplesmente *autorizar* a cobrança de um tributo e deixar que seus elementos sejam fixados por simples ato do poder executivo. Mas a tipicidade ainda significa algo mais do que isso. Significa que a lei deve definir os principais aspectos do tributo com um grau satisfatório de *precisão e concretude*, sem recorrer a conceitos vagos e sem dar margem àdiscricionariedade administrativa na cobrança do tributo." (FERRAZ; GODOI; SPAGNOL, 2014, p. 236, grifos no original).

Nesse caso, não basta a publicidade da lei. É necessário que a população compreenda que essas leis que criam figuras tão enigmáticas quanto um ICMS, um IPI e um ISS impactam seu cotidiano. Ao mesmo tempo, reconheça-se, como a tributação se perpetua no processo produtivo, por meio de tributos distintos que incidem sobre riqueza similar, gerada pelo próprio consumo, em um processo múltiplo de tributação, não é fácil ao consumidor final a compreensão do ônus tributário envolvido.

A reboque, o princípio da transparência foi incluído na Constituição Federal porque, em um país que concentra seu ônus tributário nos tributos que incidem sobre os bens consumidos, o mínimo que se deve assegurar à população é o conhecimento dessa tributação.

Tal previsão se revelava especialmente interessante, porquanto, como a tributação sobre os bens de consumo se concentra na fase produtiva, mascaram-se os dados da tributação, porque o ônus tributário já estará embutido na lógica de fruição dos bens e serviços utilizados, o que faz com que a população não perceba, efetivamente e de imediato, o quanto de sua renda é utilizada na arrecadação tributária havida. Nesses termos, dá-se o contrário da transparência, ou seja, há obscuridade e ocultamento; ofusca-se o valor do tributo, pois inexiste nitidez do *quantum* tributado. Não há, pois, publicidade.

Tal lógica, ao fim e ao cabo, contraria o ideal democrático, na medida em que, aproveitando da parca consciência (educação) fiscal de uma sociedade como a brasileira, ficaria mais fácil aos cidadãos, de modo inconsciente, contribuírem para os custos gerais do Estado, sem questionamentos. Está-se diante do fato de que, "quando os direitos não são conhecidos por todos, torna-se mais árdua a tarefa de reivindicá-los" (FERRAZ; GODOI; SPAGNOL, 2014, p. 43).

É preciso dizer que demorou vinte e quatro anos após a promulgação da Constituição Federal para surgir a lei apontada pelo art.150, §5º, da CF/88, a fim de atender uma demanda do setor produtivo que, logo, se arrependeria do desejado.

Com efeito, a lei nº 12.741, de 2012, indica dispor sobre "medidas de esclarecimento" sobre os impostos que incidam sobre mercadorias e serviços. A lei foi mais ampliativa que a Constituição Federal e determinou que será necessária a previsão do impacto aproximado não só dos impostos, tais como ICMS, ISS, IPI, IOF, mas também das contribuições especiais como o PIS, COFINS e a CIDE-Combustível.

A tarefa, no entanto, se revelaria árdua, como as sociedades empresárias sujeitas à nova lei logo perceberam, em virtude da complexidade do sistema tributário brasileiro relativo aos bens que incidem sobre o consumo, tornando difícil, em realidade, a criação de mecanismos para a definição do ônus tributário aproximado dos bens e serviços correlatos.

A própria lei não ignorou tal complexidade ao exigir, benevolente, que fosse indicado apenas o ônus tributário aproximado. Aqui, confessa o legislador não ignorar a complexidade do sistema tributário. Em efeito, a autorização de uma previsão do ônus *aproximado* atesta e confirma o reconhecimento dessa complexidade. Entretanto, diante da ausência de remédio para esta, permitem-se informações "mais ou menos" para esclarecimento daqueles que efetivamente arcam com o ônus tributário.

Publicada a lei, iniciou-se uma novela com direito a várias prorrogações do capítulo final. As sociedades empresárias que, em dado momento, viram o princípio da transparência como uma boa forma de atração dos consumidores para a sua causa, qual seja, a desoneração da atividade produtiva e, por conseguinte, do consumo, perceberam a enrascada na qual haviam se envolvido. Descobrir o ônus tributário dos tributos brasileiros não é uma tarefa fácil ou barata. A referida lei havia determinado que sua vigência ocorreria em seis meses da data de sua publicação, momento em que se tornaria plenamente eficaz, aplicando-se ao seu infrator sanções determinadas pelo Código de Defesa do Consumidor (CDC).

A lei nº 12.741 foi sucessivamente alterada, reconhecendo-se, inclusive, em dado momento, que a fiscalização até o dia 31 de março de 2014 seria exclusivamente orientadora (redação dada pela Medida Provisória nº649, de 2014).

Atualmente, após ter apavorado o setor produtivo, as sanções decorrentes do cumprimento da lei já se encontram aplicáveis. O arrepio e os pedidos do setor produtivo não foram imaturos. Se já é difícil saber o que pagar e como pagar por entidade, imagine individualizar por bem ou produto o ônus tributário envolvido.

Entretanto, a medida, mesmo aplicável, tropeça em outros percalços muito mais profundos que marcam a nossa democracia, como, por exemplo, a ignorância de siglas sucessivas que pouco ou nada dizem à população e, ademais, a própria complexidade do sistema tributário, causada, notadamente, pela conjugação de sistemas cumulativos e não cumulativos, que impede, infelizmente, a determinação da efetiva carga total do ônus tributário.

3. TRIBUTAÇÃO SOBRE OS BENS DE CONSUMO E IGNORÂNCIA

Conforme visto, há o princípio constitucional tributário da transparência, segundo o qual os consumidores devem ser esclarecidos sobre os impostos que incidam sobre os bens e serviços que se consomem. A lei que tratou do assunto, a de nº 12.741, determinou que o esclarecimento deve abranger outros tributos que incidam sobre tais bens e serviços. Por que será que a preocupação da CF/88 foi apenas quanto aos tributos sobre os bens e serviços consumidos? Nessa questão, pode-se levantar três possíveis razões: a primeira é a de que a tributação sobre a renda é, em si mesma, mais transparente; a segunda, de que a tributação brasileira se concentra sobre os bens e serviços como será visto abaixo; terceira, porque essa última tributação é mais complexa, consoante se verá a seguir. Em efeito, nos focaremos, neste trabalho, nas duas últimas indagações.

3.1 Concentração da tributação brasileira sobre os bens e serviços consumidos

Países há em que se opta, maciçamente, pela tributação sobre a renda e, outros, sobre o consumo. O Estado Brasileiro, através de seu sistema tributário, enquadra-se nestes últimos, causando a regressividade tributária:

> [...] no Brasil e na América Latina a realidade de décadas a fio é concentrar a tributação no consumo, enquanto nos países mais desenvolvidos a tendência é dar maior peso à tributação sobre a renda. Na média dos países da OCDE (Organização para a Cooperação e Desenvolvimento Econômico), os tributos sobre a renda representam 34% da carga tributária total, proporção que no Brasil atinge somente 20% e na América Latina 25,4%. Jáno que toca àtributação sobre o consumo geral, seu peso no Brasil éde 39% da carga total, proporção que éde 33,8% na média da América Latina e de 20,3% na média dos países da OCDE. Essa concentração da tributação no consumo resulta na regressividade do sistema tributário nacional, que onera com maior intensidade as famílias cuja renda égasta no consumo de bens e serviços. (FERRAZ; GODOI; SPAGNOL, 2014, p. 27).
>
> Consoante levantamento da PricewaterhouseCoopers (PWC) feito com exclusividade para a BBC Brasil[4], "os brasileiros pagam menos

[4] Na matéria intitulada "Rico é menos taxado no Brasil do que na maioria do G20", de autoria de Mariana Schreiber, BBC Brasil em Londres, datada de 14/03/2014.

imposto de renda do que a maioria dos contribuintes dos 19 países do G20"[5], a demonstrar, também, que a tributação brasileira existente sobre a renda apresenta notáveis distorções, quando onera, por exemplo, diante da existência de poucas alíquotas, contribuintes na mesma faixa tributável com poder aquisitivo distinto. No levantamento ainda consta:

> O que está por trás do tamanho da carga tributária brasileira é o grande volume de impostos indiretos, ou seja, tributos que incidem sobre produção e comercialização – que no fim das contas são repassados ao consumidor final. O grande problema é que esses impostos indiretos são iguais para todos e por isso acabam, proporcionalmente, penalizando mais os mais pobres. Por exemplo, o tributo pago quando uma pessoa compra um saco de arroz ou um bilhete de metrô será o mesmo, independentemente de sua renda. Logo, significa uma proporção maior da remuneração de quem ganha menos. O governo taxa mais a produção e o consumo porque esse tipo de tributo é mais fácil de fiscalizar que o cobrado sobre a renda [...].

A propósito, uma notícia foi publicada pelo IBPT – Instituto Brasileiro de Planejamento e Tributação –, no ano passado. De acordo com este instituto, a população brasileira que recebe até 3 salários mínimos arca com 53% da arrecadação tributária nacional. Ainda de acordo com essa pesquisa, a tributação nessa faixa de renda se concentra sobre o consumo.[6] É a famosa regressividade da tributação brasileira que, embora seja contada e recontada pelos estudiosos do Direito Tributário, é desconhecida pela população em geral; aquela que sabe que a tributação é alta, mas não entende por qual motivo.

É como constata estudo do Instituto Brasileiro de Planejamento e Tributação – IBPT[7]:

Disponível: <http://www.bbc.co.uk/portuguese/noticias/2014/03/140313_impostos_ricos_ms.shtml>.

5 Mesmo os Estados Unidos da América, país reconhecidamente liberal, tem uma pesada tributação sobre a renda, com alíquotas variando, para a declaração no ano de 2015, de 10% a 39,6%, a depender do nível da renda, do seu tipo e do estado civil do contribuinte (PEREZ, 2015).

6 ASSCOM IBPT. População que recebe até três salários mínimos é a que mais gera arrecadação de tributos no país. IBPT: 2014. Disponível em <https://www.ibpt.org.br/noticia/1860/Populacao-que-recebe-ate-tres-salarios-minimos-e-a-que-mais-gera-arrecadacao-de-tributos-no-pais>. Acesso em 31 de março de 2015.

7 Na matéria intitulada "População que recebe até três salários mínimos é a que mais gera arrecadação de tributos no país", datada de 13/08/2014. Disponível: <https://www.ibpt.org.br/noticia/1860/Populacao-que-recebe-ate-tres-salarios-minimos-e-a-que-mais-gera-arrecadacao-de-tributos-no-pais>.

> [...]7,6% da população cujo rendimento mensal fica entre 5 e 10 salários mínimos responde por 16% do total arrecadado, enquanto 20 milhões de pessoas (10,14%) que recebem de 3 a 5 salários mínimos são responsáveis por 12,5% do total de tributos arrecadados. Ao considerar os grupos de consumo, o IBPT concluiu que os gastos com habitação geram 42,43% do montante arrecadado aos cofres públicos; seguida por transporte (23,81%); alimentação (14,73%) e vestuário (5,34%). As pessoas cuja renda supera 20 salários mínimos correspondem a 0,84% da população brasileira e geram R$73 bilhões do montante total, equivalentes a 7,3% da arrecadação.

Com efeito, Márcio Bruno Ribeiro relata (2010, p. 137), baseado em estudos referentes à carga tributária direta e indireta sobre a renda total das famílias brasileiras que ganhavam até dois salários mínimos de 1996 e 2003, que os impostos[8] de maior regressividade, medida em termos da concentração da renda disponível, foram o ICMS, o IPI e o agregado PIS/Cofins.

Indaga-se: qual o motivo de a nossa tributação se concentrar sobre o consumo? Argumentam alguns que o controle do recebimento de renda é mais difícil, havendo mais facilidade para a sonegação. Por outro lado, os tributos incidentes sobre várias etapas do processo produtivo sob a égide da não cumulatividade, gerariam uma espécie de controle recíproco entre os contribuintes. Tal é o discurso.

Embora da intenção do outro pouco se saiba, não parece mera coincidência em um país de formação autoritária e de relevante histórico de desigualdade social, como o brasileiro, que (a) a principal forma de tributação seja a mais dissimulada tributação possível, já que sua incidência direta, no nosso sistema, ocorre não de forma visível ao consumidor final, mas sobre as sucessivas etapas do processo produtivo e que (b) essa mesma tributação seja regressiva, já que ela se aproveita da ignorância da população mais simples, da sua falta de tempo e de energia para o debate político, para se concentrar justamente nos setores econômicos

---

[8] Segundo o CTN: "Art. 16. Imposto éo tributo cuja obrigação tem por fato gerador uma situação independente de qualquer atividade estatal específica, relativa ao contribuinte."Ou seja: "Impostos (art. 145, I, da CF) são exações desvinculadas de qualquer atuação estatal, decretadas exclusivamente em função do *jus imperii* do Estado. Seu fato gerador ésempre uma situação independente de qualquer atividade estatal específica, relativa ao contribuinte. O imposto sempre representa uma retirada da parcela de riqueza do particular, respeitada a capacidade contributiva deste."(HARADA, 2010, p. 307, grifos no original).

menos favorecidos. De fato, "pobreza não é apenas uma questão de renda, é uma questão de poder" (ROYXE, 2009).

3.2 *A regressividade da tributação sobre os bens e serviços consumidos*

Não é possível encontrar um consenso na doutrina sobre o que sejam tributos sobre o consumo e tributos indiretos. Parte dessa dissidência se dá porque os juristas apropriaram-se de alguns conceitos da ciência econômica sem redesenhá-los à luz do sistema jurídico. Na verdade, nem mesmo naquela ciência os autores são unânimes quanto ao conceito de tributos sobre o consumo e tributos indiretos. Se, nem mesmo nas ciências exatas o mundo é passível de uma só explicação, imagine nas ciências sociais aplicadas que tentam explicar o imprevisível mundo construído pelos homens, como é o caso do Direito. Aqui, o essencial mesmo é deixar claro sobre qual categoria de tributação se está referindo e, expostos os referenciais teóricos, assentar que outros castelos seriam feitos se as cartas fossem outras.

Dentro dos meandros da economia, costuma-se indicar que a tributação sobre o consumo abrange PIS, COFINS, ICMS, IPI e ISS. Os três últimos por incidirem sobre bens consumidos e os dois primeiros por incidirem sobre a receita bruta das pessoas jurídicas, riqueza frequentemente atrelada à produção de bens e serviços de consumo.

Contudo, não há nisso consenso. Tanto é assim que, a Lei nº 12.741, de 2012, que torna viável a aplicação do princípio da transparência quanto aos tributos que incidam sobre mercadorias e serviços, indica que é necessária a previsão do impacto aproximado não só dos tributos supra relacionados, mas também do IOF e da CIDE-Combustível. Isso depõe não tanto, nesse ponto, contra os idealizadores da lei, mas novamente para um sistema tributário tão confuso, que torna o consenso inviável. Conquanto não haja acordo sobre quais são os tributos que incidem estritamente, mesmo que de uma perspectiva econômica, sobre o consumo, dúvidas não restam de que, em linhas gerais, essa tributação acaba por se revelar regressiva.

Nesse diapasão, ninguém irá negar de que para a subsistência do Estado são necessários a captação, o gerenciamento e a execução de recursos financeiros suficientes ao funcionamento da máquina estatal. Num sistema econômico capitalista, hegemônico na atualidade, a tributação revela-se como mecanismo imprescindível para a arrecadação daqueles recursos necessários para as despesas gerais do Estado. Assim:

> A tributação é, sem sombra de dúvida, o instrumento de que se tem valido a economia capitalista para sobreviver. Sem ela não poderia o Estado realizar os seus fins sociais, a não ser que monopolizasse toda a atividade econômica. O tributo é inegavelmente a grande e talvez a única arma contra a estatização da economia. (CÔELHO, 2010, p. 360).

Tendo isso em foco, para a efetivação duma comunidade política mais igualitária e, sobretudo, solidária[9], a perspectiva da justiça fiscal deve transpassar o discurso que pretenda dar conta da desigualdade social e do cenário de miserabilidade exsurgentes, em particular, no território brasileiro. Isso porque, aquela perspectiva supõe que todos os indivíduos componentes da comunidade política particularizada contribuam para o funcionamento do Estado na medida de suas possibilidades, consistente na proporção de suas riquezas (HARADA, 2010, p. 365), sob pena de a tributação contribuir para a própria desigualdade social, o que é contrário aos ditames de um Estado de Direito que se quer democrático.

Nesse contexto, assume fulcral importância o princípio da capacidade contributiva[10], que está relacionado com a ideia de progressividade[11] e, antes, à exigência constitucional de igualdade entre os contribuintes do Estado Fiscal, na medida em que o igual sacrifício em suportar o ônus tributário deve ser espraiado a todos, considerando, conseguintemente, dadas

---

9 "Vale, aqui, o que já foi dito acerca do princípio da solidariedade, que constitui um dos objetivos da República, consagrados no art. 3º, I, da Constituição Federal. É em nome desse princípio que se afirma que o critério aceitável para a diferenciação dos contribuintes será aquele que atingir a máxima: cada um contribuirá com quanto puder para o bem de todos. Eis o objetivo da construção de uma nação fundada na solidariedade entre seus membros."(SCHOUERI, 2014, p. 339).

10 No Brasil, conforme art. 145, §1º, da CF/88: "Sempre que possível, os impostos terão caráter pessoal e serão graduados segundo a capacidade econômica do contribuinte, facultado à administração tributária, especialmente para conferir efetividade a esses objetivos, identificar, respeitados os direitos individuais e nos termos da lei, o patrimônio, os rendimentos e as atividades econômicas do contribuinte." (BRASIL, 1988). Ainda: "O princípio da capacidade contributiva, igualmente, deve ser levado em conta na avaliação do efeito confiscatório de um tributo. Ultrapassado o limite da capacidade econômica do sujeito passivo, estaria caracterizado o confisco." (HARADA, 2010, p. 367).

11 "Assim, o legislador ordinário está constitucionalmente proibido de instituir uma progressividade na razão inversa da grandeza presumível da renda ou dos bens sobre os quais incide o imposto."(HARADA, 2010, p. 365-366).

situações díspares[12], já que "diferentes capacidades contributivas, por sua vez, implicariam tratamento diverso" (SCHOUERI, 2014, p. 389).

A partir dessa conjuntura, analisar a tributação que ocorre em determinado Estado, exige a consideração dos efeitos que aquela produz na capacidade contributiva dos que o sustentam. Pois:

> Uma conta que poucos gostam de pagar é a dos impostos. Alguns privilegiados conseguem escapar, mas para o cidadão comum a conta aumentou muito nos últimos anos. Em geral, esquecemos que os tributos são também o preço da cidadania, fundamentais para financiar um conjunto de serviços – educação, saúde, previdência e assistência social – que depende da ação do Estado. Mas não basta o Estado arrecadar tributos; é necessário cobrá-los do cidadão que tem capacidade contributiva. Caso contrário, o sistema tributário acaba sendo um Robin Hood às avessas, pois os tributos sobre o consumo oneram principalmente a classe de renda mais baixa, concentrando renda. O inverso ocorre quando a opção é por um sistema tributário progressivo, taxando mais o patrimônio e a renda. (HICKMANN, 2007, p. 4).

E, quando a tributação concentra-se no consumo[13], isto é, sobre "a riqueza demonstrada através da aquisição de bens e serviços para a satisfação das necessidades do homem" (ELÓI, 2014, p. 38), ao contrário de países que a concentram na renda, não é outra a conclusão sobre a regressividade[14] do sistema tributário correspondente, "quando se considera que o percentual de renda destinado ao consumo é decrescente, conforme incremente a riqueza do contribuinte" (SCHOUERI, 2014, p. 407). Nessa esteira, Luís Eduardo Schoueri (2014), que realiza análise

---

[12] "[...] a juridicidade da capacidade contributiva resulta [...] do lado positivo do princípio da igualdade: o dever imposto ao legislador de distinguir disparidades." (CÔELHO, 2010, p. 232).

[13] Aqui, remetemos o leitor ao Trabalho de Dissertação de Mestrado da autora Pilar S. P. Coutinho Elói. "A desoneração das exportações e a cumulatividade residual dos tributos sobre o consumo", resultante do Programa de Pós-graduação em Direito Público pela PUC Minas, em 2014, onde, em capítulo específico, trabalha-se a tributação sobre o consumo de uma perspectiva jurídica. Disponível: <http://www.biblioteca.pucminas.br/teses/Direito_EloiPS_1.pdf>.

[14] Quer dizer, em tonalidade prática: "Uma pessoa de poucos recursos destinará a totalidade de sua renda ao consumo (e, portanto, toda a sua renda será alcançada pela tributação do consumo), enquanto aquele de maiores posses terá boa parte de sua renda vertida em investimento (e, portanto, não atingida, pelo menos imediatamente, pelo imposto sobre o consumo)." (SCHOUERI, 2014, p. 407).

sobre o sistema tributário, aliada a uma consistente base econômica, oferta elucidativo exemplo:

> Pois bem: considerem-se, agora, consumidores com faixa de renda diversa. É intuitivo que pessoas de baixa renda consomem, no próprio mês, tudo o que recebem; quanto maior a renda, maior o percentual desta que poderá ser destinado à poupança. Uma pessoa de altíssima renda, mesmo que consuma muito mais que aqueles de renda mais baixa, ainda assim terá baixo percentual de sua renda destinado ao consumo. Ou seja: para uma pessoa que receba um salário mínimo, por exemplo, possivelmente terá a totalidade de sua renda empregada no consumo. Se admitirmos que a tributação do consumo seja de 20%, então se dirá que 20% da renda dessa pessoa foi destinada ao pagamento de tributos. Considere-se, agora, uma pessoa com renda de 100 salários mínimos. É razoável admitir que seu padrão de gastos seja muito mais elevado. Digamos que 50 salários mínimos sejam seu gasto mensal. Se a alíquota do imposto permanece em 20%, então se dirá que o imposto será de 20% sobre 50 salários mínimos (consumidos), o que equivale a 10% de sua renda total de 100 salários mínimos. Ou seja: no exemplo, o contribuinte com 1 salário mínimo destinou 20% de sua renda ao pagamento de impostos, enquanto o outro, que ganha 100 salários mínimos, destinou 10% de sua renda ao mesmo fim. Aí se evidencia o caráter regressivo da tributação do consumo. (SCHOUERI, 2014, p. 408).

Assim, a regressividade dos tributos incidentes sobre o consumo implica, fundamentalmente, que quem aufere maior renda irá, por força de sua possibilidade de poupar mais e gastar menos, suportar em menor intensidade a carga fiscal do que quem, possuindo menos renda, terá que entregar uma porção maior desta ao Estado, por não conseguir poupar e, por conseguinte, por gastar mais. Aqui, a perspectiva da justiça fiscal e, por extensão, da igualdade tributária, fica prejudicada. O ideal redistributivo também. Serão os pobres que manterão, em grande medida, o Estado, como os dados já apresentados acima, netse artigo, demonstram.

Por força de tudo isso, por trás de toda tributação, há uma relevante e complexa questão moral: quanto cada um deve contribuir para os custos gerais do Estado. Realmente, "as questões de tributação, em particular, vão relacionar a visão econômica tanto da autonomia individual quanto da responsabilidade interpessoal – os dois principais pólos do problema de legitimidade política e justiça". (Tradução nossa).[15]

---

[15] Original em inglês: "Issues of taxation, in particular, will turn on the economic interpretation of both individual autonomy and interpessoal responsibility - the

Com isso, a estrutura de nossa tributação releva, sem dúvidas, o tipo de país que temos e, por decorrência, o tipo de moral política que agasalhamos. Seguramente, a regressividade não é um acidente do sistema tributário brasileiro. Ela é gestada pela ausência de poder político (efetiva representatividade) da população mais simples, assim como alimentada pela ignorância e complexidade do próprio sistema tributário nacional. E, com certeza, uma das causas dessa complexidade é a incidência múltipla dos tributos supra descritos em diversas etapas do processo produtivo e sobre eles mesmos. Agora, é momento de entender melhor essa causa.

4. DOS CEGOS NO CASTELO DA INCIDÊNCIA TRIBUTÁRIA PLÚRIMA

José Saramago é um autor que gosta de brincar com o extraordinário e, a partir deste, demonstrar o óbvio e, dentre esses supremos óbvios (disfarçados) está o supremo egoísmo pelo qual cada um orienta suas ações cotidianas. Em seu livro, "Ensaio sobre a Cegueira", o autor, a partir da metáfora de uma cegueira epidêmica, transmitida pelo mais simples contato, demostra que, onde há cegos (não necessariamente os físicos), prevalece o medo, a sujeição e a obediência.

Um sistema tributário que cria a cegueira e dela se aproveita, revela, justamente, a brancura da cegueira da obra do autor português. No território tupiniquim esta doença é endêmica. A tributação sobre o consumo é uma causa de cegueira coletiva.

Como?

Ocorre que as relações de consumo, em regra, envolvem uma cadeia mais ou menos longa de operações até que haja um consumidor final. Uma cadeia de fácil compreensão é a da água mineral, onde temos a sociedade empresária que faz a captação da água nas fontes minerais e sua correlata embalagem, bem como o centro atacadista, o varejista e, por último, o consumidor final, referentes à sua comercialização.

A incidência tributária pode ocorrer uma única vez, como faz exemplo, o Sales Tax Americano/Canadense, na venda do varejista ao consumidor final. Ou, ainda, várias vezes, em diversas etapas do processo produtivo, como ocorre no caso do IPI (fase industrial do processo de produção), do ICMS (todas as fases do processo de produção e circulação)

---

two major poles of the problem of political legitimacy and justice." (MURPHY; NAGEL, 2002, p. 870).

e do PIS e da COFINS (que incidem sobre a obtenção de receita nas fases de produção e circulação, mas, frise-se, não apenas nestas).

Mister ressaltar que a primeira forma de incidência tem inúmeras vantagens, pois é mais simples e permite uma maior transparência do ônus tributário. Por exemplo, essa transparência fica ainda mais evidente nos países que adotam a incidência única na última etapa, como no Canadá e nos Estados Unidos da América. Nesse caso, o preço de um produto é "tax free", sem tributos, ou seja, o preço visto na vitrine da loja não é o custo efetivo pago pelo contribuinte para a aquisição daquele bem. No cálculo final, paga-se o preço do produto ditado pelas regras de mercado e um valor incidente sobre esse preço, correspondente às exigências estatais. Não há melhor forma de garantir transparência e uma efetiva percepção do impacto tributário.

Já a incidência plúrima tem outras vantagens. A primeira delas é diluir a tributação ao longo de vários momentos, de modo que a Fazenda Pública receberá tributos ao longo de todo o processo produtivo. Além disso, partindo-se de uma lógica psicológica, a população tem a impressão de que a tributação está incidindo sobre a produção e a circulação e não sobre o seu consumo, o que facilita alterações sobre a tributação e, mesmo, o aumento do seu ônus, não obstante qualquer um com mais conhecimento saiba que o ônus tributário, sempre que possível, será repassado ao consumidor final. Entretanto, neste caso, dilui-se a responsabilidade pelo aumento do ônus: não é só o Estado que aumenta a tributação; é o mal visto empresário que também repassa o ônus tributário.

Por fim, no caso da incidência plúrima não cumulativa, outra vantagem imensa se apresenta: o controle recíproco entre os vendedores e compradores. Afinal, aqui, para garantir a aplicação da não cumulatividade (e, por conseguinte, evitar-se o efeito em cascata), é necessário que cada um dos agentes controle, por meio de notas fiscais, se o agente anterior realizou o pagamento do tributo[16]. É vantajoso para o Fisco, porquanto ele traz o particular para o controle conjunto do pagamento do tributo.

[16] O sistema débito-crédito é uma das formas de atingir-se a não cumulatividade tributária. Em suma, quando um contribuinte adquire um determinado bem, esse bem vem acompanhado de uma nota fiscal, indicando o tributo que já foi pago ou deveria ter sido em relação àquele produto. Esse tributo já pago equivalerá a um crédito. Posteriormente, quando da venda do seu produto, o contribuinte calcula o tributo devido, lançando então seus débitos. De uma relação débito-crédito, geralmente ao longo de um determinado período, apura-se o tributo efetivamente devido.

A incidência tributária brasileira sobre os bens de consumo concentra-se, em sua totalidade, na segunda forma de tributação analisada, quer dizer, são realizadas várias incidências de tributos durante o processo produtivo. Todas as vantagens para o Fisco estão presentes. Indaga-se: qual o preço que o sistema geral de tributação paga por uma incidência dessa espécie?

4.1 Transparência e Tributação em Cascata

A ausência de transparência de um sistema tributário costuma ter como causa a incidência de tributo sobre tributo, vale dizer, a sucessiva tributação de riquezas já oneradas, motivo pelo qual para debater o tema da não transparência da tributação se revela importante refletir sobre a cumulatividade tributária. O que é, então, tributação em cascata ou cumulativa?

O termo "tributação em cascata" ou "cumulativa" decorre da própria realidade dos tributos sobre vendas, que incidem, normalmente, sobre operações sucessivas de compra e venda dentro de uma mesma cadeia produtiva (plurifasia), de modo que, salvo medidas desonerativas, os tributos incidem sobre eles mesmos, na medida em que embutidos no preço. Tal situação gera um aumento artificial dos preços, já que uma mesma riqueza será várias vezes tributada ao longo da cadeia de produção e circulação. Nesse sentido:

> A cumulatividade ocorre quando há tributação plurifásica e não se adotam técnicas para evitar a incidência "em cascata" (cascading taxation, impozicione a cascada), isto é sobre bases já gravadas anteriormente. Em cada etapa do ciclo econômico, o tributo incide sobre o valor total da operação, sem que se possa abater os custos das mercadorias ou insumos já onerados e tampouco os valores pagos ao Fisco. (FURLAN; VELLOSO, 2009, p. 26).

Essa incidência de tributo sobre tributo ao longo do processo produtivo causa efeitos deletérios, como, por exemplo, distorções no preço, em virtude da extensão da cadeia produtiva e ausência de transparência tributária.

O ônus tributário incidente sobre um mesmo produto variará não conforme a essencialidade do produto, mas de forma proporcional à cadeia produtiva. Assim, quanto maior o ciclo de produção e comercialização, maior o impacto tributário, mesmo que o produto final seja o mesmo. Nas palavras de Costa:

> O imposto de vendas multifásico cumulativo em cascata ressente-se de outro grave defeito: o de não constituir uma carga uniforme para todos os consumidores que são, afinal, quem o suporta. Este ônus será tanto maior quanto mais longo o ciclo de produção e da comercialização de cada produto. Como a essencialidade do produto não guarda relação alguma com a extensão do ciclo a que fica sujeito até chegar ao consumidor, pode acontecer – e acontecia muitas vezes – que o produto final mais essencial seja o mais onerado. Por exemplo: jóias têm um ciclo de produção e comercialização normalmente mais curto que o de certos artigos de alimentação, como a carne. (COSTA, 1978, p. 8).

No mesmo sentido, a professora Misabel Derzi (1997) lembra que o antigo imposto sobre vendas brutas, o IVC – Imposto sobre Vendas e Consignações, predecessor do ICMS, trazia imensos inconvenientes, como, por exemplo, ao incidir em todas as fases de industrialização e comercialização (da fábrica ao consumidor final), pelo valor bruto da venda.

Nesse viés, a respeitada Derzi, com base em estudos de Tipke, estudioso alemão, indica que, como a base de cálculo para o imposto era o preço bruto total, "o valor total da matéria-prima, já tributado na fase posterior, era outra vez incluído na base de cálculo, porque ele era parte concreta dessa próxima fase seguinte." (DERZI, 1997, p. 16). A autora ainda destaca que o referido fenômeno ocorria tanto nos impostos incidentes sobre a industrialização quanto nos incidentes sobre a circulação de mercadorias.

Sem dúvidas, dentre as vantagens da adoção de uma tributação não cumulativa tem-se o afastamento da incidência, seja de tributos sobre tributos, seja a reincidência de tributos sobre uma riqueza já outrora tributada, permitindo, assim, um sistema tributário mais transparente.

A viabilidade da transparência tributária é, nesse aspecto, uma das supostas maiores vantagens da tributação não cumulativa, eis que, em tese, esta explicita todo o ônus tributário. Exemplifica-se, no caso brasileiro, através de um sistema de débito e crédito (no caso do IPI e do ICMS, sendo que a mesma lógica simples não é aplicável ao PIS e à COFINS, como será visto à frente). Nisso, "se possibilita a transparência do sistema tributário, uma vez que torna 'conhecido o ônus do imposto, independendentemente do número de operações realizadas com a mercadoria desde a sua produção até o consumo.'" (MACHADO, 2009, p. 197).

Seria, então, forma de legitimar e racionalizar a tributação e, portanto, torná-la mais democrática. Contudo, em um sistema tributário que já foi chamado de "manicômio tributário", nada poderia ser tão simples.

Já foi indicado que, no discurso teórico e na lei, afirma-se que a transparência é um norte da tributação sobre os bens e serviços consumidos, como medida de direito dos próprios consumidores. O direito de ciência do ônus tributário não foi defendido e perpetuado como uma garantia do consumidor perante sua relação com o Estado, mas como uma garantia do consumidor nas suas relações de consumo majoritariamente com os entes particulares. Viu-se que a concentração da tributação sobre tais bens nas etapas produtivas contribui para a ausência de transparência e que essa ausência de transparência vai, ainda, tateando no escuro, tropeçar na incidência plúrima, posto que, nesta, há tributação sobre tributação, o que torna inviável saber o quanto de tributo de fato incidiu.

A não cumulatividade tributária é uma solução para os efeitos colaterais deletérios da tributação plúrima. A forma de sua aplicação é essencial para que o remédio seja de todo eficaz.[17]

4.2 *Não cumulatividade, transparência e placebo*

Pois bem. Viu-se acima que a tributação em cascata causa aumento artificial dos preços, uma vez que tributo incidirá sobre tributo e uma mesma riqueza será tributada diversas vezes. Demais disso, comentou-se que a não cumulatividade é meio para tentar superar esse problema.

---

[17] Já nos idos anos de 1965, quando a não cumulatividade foi constitucionalizada, foi reconhecido pelo então Ministro da Defesa: "Não resta dúvida de que o processo cumulativo propicia maior receita. Tão nociva, porém, éessa vantagem financeira para a economia do País que a hipótese de prejuízo deve ser contemplada."(BRASIL, 1966, p. 51). Desde então foi iniciada uma longa e bipolar (pseudo) luta contra a não cumulatividade, em que boas intenções se dispersam frente a fins arrecadatórios e fins arrecadatórios se disfarçam de boas intenções. Nesse viés, para Baleeiro, por exemplo, o Imposto sobre Produtos Industrializados não incide sobre o consumo, mas sobre a produção de bens, isso porque restou frustrada a expectativa, do então Ministro da Fazenda, Professor Gouveia de Bulhões, expressa na exposição de motivos da emenda, de que "em um futuro próximo, com o aperfeiçoamento do processo de arrecadação, o imposto venha a recair na fase final de consumo."(2003, p. 199). Ou seja, a tributação pretende ser sobre o consumo, mas não conseguiria alcançar seu fim. (O tema é melhor trabalhado ao longo do Trabalho de Dissertação de Mestrado da autora Pilar S. P. Coutinho Elói. "A desoneração das exportações e a cumulatividade residual dos tributos sobre o consumo", resultante do Programa de Pós-graduação em Direito Público pela PUC Minas, em 2014, onde, em capítulo específico, trabalhamos a tributação sobre o consumo de uma perspectiva jurídica. Disponível: <http://www.biblioteca.pucminas.br/teses/Direito_EloiPS_1.pdf>).

Agora, resta compreender como o sistema jurídico brasileiro adota ou não tal meio.

É possível pensar em não cumulatividade em duas perspectivas bem distintas. A primeira se refere a um sistema tributário não cumulativo, e a outra se refere a um tributo não cumulativo. Registre-se que a adoção de tributos não cumulativos não garante a incidência tributária não cumulativa.

Por motivos históricos, especialmente por causa dum pacto federativo fiscal tenso e fraco, o Brasil não tem um sistema tributário não cumulativo, inviabilizando uma efetiva transparência do sistema tributário e, conquentemente, um efetivo esclarecimento, pela população, do ônus tributário suportado.

Como trabalhado neste trabalho, considerando a lei de transparência da tributação sobre bens e serviços de consumo, comprender-se-á que os tributos incidentes sobre os bens e serviços consumidos são, ao menos de uma perspectiva econômica, os seguintes: ICMS, IPI, ISS, IOF, PIS, COFINS e CIDE-Combustível.

Dentre esses sete tributos, três jamais serão não cumulativos, visto que o próprio Texto Constitucional não reconheceu qualquer espécie de não cumulatividade aos mesmos, sendo, portanto, viável a incidência desses tributos sobre eles mesmos, sendo o caso do ISS, IOF e CIDE-Combustível.

A não cumulatividade foi inventada para os tributos, como o IPI e ICMS, que, por incidirem sobre as sucessivas alienações de bens (industrializados ou não), ao longo da cadeia produtiva, são tributos que tendem a incidir sobre si mesmos. Tratam-se de não cumulatividades irmãs.

Quanto às contribuições sociais, tiradas da cartola com o suposto escopo de equilibrar as contas da Previdência Social, o caos é ainda maior. Primeiro, porque há duas formas de apuração do PIS e da COFINS, quais sejam, a cumulativa e a não cumulativa, nos termos das Leis nº 10.637/2002 e 10.833/2003. Segundo, porque a construção histórico-jurídica da não cumulatividade pressupõe uma realidade econômica: a incidência de tributo sobre tributo ao longo de um processo produtivo. Tal não ocorre no caso de tais contribuições, que incidem sobre a incidência isolada sobre receitas brutas.[18]

---

[18] "O próprio texto legal tentou se adequar a essa realidade já que no caso de PIS e de COFINS não se transferem créditos, tampouco é essencial qualquer verificação de

Assim, em reflexo ao que compreende boa parte da doutrina (relutante, inclusive, em considerá-las não cumulativas em seu sentido clássico), tal não cumulatividade é limitada pela própria legislação, vez que os pressupostos para a formação da receita bruta são, em muito, distintos dos pressupostos para a circulação de produtos, que inspirou a criação da não cumulatividade do PIS e da COFINS.[19] É o que se infere do seguinte trecho:

> Portanto, diferentemente do IPI e do ICMS, regidos pelo princípio da não-cumulatividade, as contribuições para o PIS e a COFINS submetem-se na forma do disposto em normas infraconstitucionais, à sistemática da não-cumulatividade. E em que difere a aplicação da não-cumulatividade pela via principiológica ou pela via da técnica ou sistemática? Na primeira, não cabe ao legislador infraconstitucional o estabelecimento de restrições à utilização dos créditos, já que os princípios constitucionais tributários representam uma limitação ao poder de tributar. No que diz respeito à sistemática, não tendo a Constituição tratado da aplicação da não-cumulatividade, em nível de princípio, a mesma incidirá como sistemática ou técnica, o que permitirá ao legislador infraconstitucional estabelecer os limites para a sua efetivação. Estaria então o legislador infraconstitucional autorizado a regular a técnica ou sistemática sem qualquer restrição ou deveria fazê-lo dentro de certos limites? Não parece razoável o entendimento pela primeira alternativa. Assim, embora instituída a não-cumulatividade pela sistemática e não pelo princípio, os limites para a sua efetivação a serem estabelecidos pelo legislador infraconstitucional devem respeitar outros princípios constitucionais tais como

que houve ou não auferimento de receita bruta pelo agente produtivo anterior (se é que se pode usar essa expressão) – os créditos dependem apenas do que se adquire/despende, não da sujeição em si, em etapas anteriores, do que se adquire/despende àtributação (arts. 3, §1º, das Leis no 10.637 e 10.833/2003). (...) Assim, nessa dissertação, por um dever de coerência não se acredita possível afirmar que o PIS e a COFINS se tornaram tributos sobre o consumo em virtude da sua suposta incidência não cumulativa. Compreende-se que a receita bruta e a importação (fatos geradores do PIS e da COFINS) não importam em agregação de valor ao longo de um processo qualquer e, portanto, não permitem a tal transparência e translação permitida pela incidência." (O tema é melhor trabalhado ao longo do Trabalho de Dissertação de Mestrado da autora Pilar S. P. Coutinho Elói. "A desoneração das exportações e a cumulatividade residual dos tributos sobre o consumo", resultante do Programa de Pós-graduação em Direito Público pela PUC Minas, em 2014, onde, em capítulo específico, trabalha-se a tributação sobre o consumo de uma perspectiva jurídica. Disponível: <http://www.biblioteca.pucminas.br/teses/Direito_EloiPS_1.pdf>).

19 Em sentindo similar: Moreira e Martins, dentre outros (MOREIRA, 2009, p. 219; MARTINS, 2009, p. 250).

a isonomia e a razoabilidade e a vedação ao confisco, dentre outros. (MENDES; CORREA; DE LUCA, 2009, p. 303).

O sistema jurídico brasileiro reconhece que, alguns, mas não todos os tributos que incidem sobre os bens e serviços para consumo são não cumulativos (e, portanto, não poderiam incidir em cascata). Não todos. E mais, mesmo os que são não cumulativos não são tão não cumulativos assim, dependendo da boa vontade do legislador. É a chamada cumulatividade residual[20].

Nosso sistema reconhece e legitima várias formas de tributação em cascata, quando, por exemplo, fez a divisão dos tributos sobre a circulação de produtos, mercadorias e serviços, tornando-os indedutíveis entre si, ou quando restringiu o aproveitamento de créditos de ICMS, no caso de não incidência no meio da cadeia produtiva (art.155, inc. II, §2º; inc. II, alíenas "a" e "b", CF/88).

Por outro lado, a interpretação dos tribunais também garante que nossa tributação seja marcada por cumulatividades residuais. Por exemplo, no caso do IPI e do ICMS, as restrições legitimadas pelo STF ao gozo de créditos tributários oriundos da aquisição de bens de uso e consumo e ativo fixo. Bens esses que serão consumidos, mesmo que pouco a pouco, no processo produtivo; que certamente compõem o preço do produto final; que foram tributados nas etapas anteriores do processo produtivo e cuja não geração de créditos importa em nova tributação de valores já tributados. Mais, que o tributo embutido no preço seja tributado. É o caso da tributação, novamente, em cascata, legitimada pelos Tribunais Superiores, conforme se verifica dos seguintes outros julgados (AI 781344 AgR / RJ, ARE 725544 AgR / MG, ARE 725544 AgR / MG, RE 540588 AgR / MG, AI 685740 AgR-ED / SP, RE 503877 AgR / MG, AI 463569 AgR / RS, RE 349543 AgR / SP).

---

20 Assim, haverá cumulatividade residual quando um tributo ou um sistema que se diga não cumulativo não for capaz de alcançar com plenitude as finalidades próprias da instauração da não cumulatividade, quais sejam: (1) afastar distorções no preço em virtude da extensão da cadeia produtiva (e, por conseguinte, estímulo à concentração empresarial), (2) permitir a transparência tributária com a correlata desoneração da atividade produtiva (e das exportações, quando pretendida). (O tema é melhor trabalhado ao longo do Trabalho de Dissertação de Mestrado da autora Pilar S. P. Coutinho Elói. "A desoneração das exportações e a cumulatividade residual dos tributos sobre o consumo", resultante do Programa de Pós-graduação em Direito Público pela PUC Minas, em 2014, onde, em capítulo específico, trabalha-se a tributação sobre o consumo de uma perspectiva jurídica. Disponível: <http://www.biblioteca.pucminas.br/teses/Direito_EloiPS_1.pdf>).

Em suma, as causas da existência de tributação em cascata são diversas, muitas delas previstas pelo próprio Texto Constitucional. Isso porque, um sistema tributário não é fruto apenas do trabalho intelectual, mas, sobretudo, de tensões sociais. A incidência em cascata, que é dissimulada, silenciosa, alimenta-se da cegueira e causa cegueira, na medida em que torna a tributação incompreensível e, assim, em grande medida, incontestável, especialmente pela população mais carente, a mais atingida e a mais ignorada, como os cegos abandonados no manicômio de "Ensaio sobre a Cegueira", de Saramago.

4.3 Da cegueira e do combustível

Dentro do contexto do Ajuste Fiscal de 2015, foi determinado o reavivar de alguns felizes moribundos: o caso da CIDE-Combustível e da incidência de PIS e COFINS sobre a gasolina. Felizes moribundos porque, em um contexto inflacionário, tributar a gasolina – em um país de malha predominantemente rodoviária – é disparar mais um estopim inflacionário. Aumentar a gasolina, mesmo que por meio de tributação, é aumentar o preço de tudo que é distribuído nesse "brasilzão".

Foi o que aconteceu. Primeiro de maneira óbvia dentro do Pacote Fiscal para equilibrar as contas públicas. Assim, por meio do Decreto nº 8.395, de 28 de Janeiro de 2015, os referidos tributos foram aumentados. No caso da CIDE-Combustível, tal alteração foi possível por meio de simples decreto, aproveitando-se das exceções aos princípios da legalidade, estabelecidas no art. 177, §4°, I alínea "b", da CF/88.

No caso do PIS e da COFINS, o processo não foi tão simples e uma leve pincelada dele já demonstra, novamente, o caos tributário no qual mergulhamos e, no qual, inexoravelmente, naufragamos.

O art. 23 da lei nº 10.865/2004 estabeleceu valores fixos referentes à alíquota de contribuição de PIS e COFINS, para os combustíveis no geral. Ainda, autorizou, em questionável (mas não questionada, porque favorável aos contribuintes), exceção ao princípio da legalidade, prescrevendo que ao Poder Executivo ficaria autorizada a fixação de coeficientes para a redução de tais alíquotas. Ditos coeficientes poderiam ser alterados, para mais ou menos, a qualquer tempo[21], conforme o disposto no §5º do referido artigo, conforme se vê:

---

[21] Possibilidade que é, por si mesma, questionável, perante a garantia de segurança jurídica, tão cara aos contribuintes.

> §5º Fica o Poder Executivo autorizado a fixar coeficientes para redução das alíquotas previstas neste artigo, os quais poderão ser alterados, para mais ou para menos, ou extintos, em relação aos produtos ou sua utilização, a qualquer tempo. (DECRETO nº 5.059/2004).

Em 2004, por meio do Decreto nº 5.059, ocorreu a fixação de coeficientes que levaram à redução das alíquotas do PIS e da COFINS. Por sua vez, o Decreto nº 8.395 de 2015 alterou esse coeficiente e, por conseguinte, aumentou a alíquota do PIS e da COFINS, valendo dizer se tratar dum Decreto que não assume o que é, no qual consta uma errática redação da ementa que compromete a própria compreensão de qual é a sua pretensão: o aumento das alíquotas do PIS, da COFINS e da CIDE-Combustível. Sim, o papel aceita tudo.

> Altera o Decreto nº 5.059, de 30 de abril de 2004, que reduz as alíquotas da Contribuição para o PIS/PASEP e da COFINS incidentes sobre a importação e a comercialização de gasolina, óleo diesel, gás liquefeito de petróleo e querosene de aviação, e o Decreto nº 5.060, de 30 de abril de 2004, que reduz as alíquotas da Contribuição de Intervenção no Domínio Econômico incidente sobre a importação e a comercialização de petróleo e seus derivados, gás natural e seus derivados e álcool etílico combustível. (DECRETO Nº 8.395/2015).

Em efeito, esse aumento ocorreu em um contexto no qual a gasolina já aumentaria por questões de mercado, como faz causa o aumento do dólar, a importação de insumos (em dólar), o refinamento do petróleo brasileiro[22], a necessidade de financiamento do pré-sal em um contexto internacional de queda do barril de petróleo e, também, para preencher um rombo oriundo da infeliz corrupção.

De fato, nosso sistema de tributação demonstra-se intrincado, amarrado, misterioso, fazendo com que a elevação de alguns tributos acarrete a elevação de outros tributos, a famosa e temida tributação em cascata, decorrente de um sistema tributário que não é, em todo, não cumulativo.

O novo aumento se beneficiou da cegueira e dos confetes de carnaval. Não foi planejado, mas em um sistema tributário cumulativo, como o nosso, empurrar uma peça de dominó importa em derrubar outras peças, mesmo não imaginadas.

---

[22] Que, em grande parte, não é feito por empresas brasileiras e, por isso, é pago em dólar.

Então, o aumento do PIS e da COFINS importa em revisão do próprio valor da mercadoria gasolina, porque, alterados os custos da gasolina, e a tributação é de fato mais um custo, aumenta-se o valor da mercadoria e, conseguintemente, o próprio valor do ICMS, que é tributo incidente sobre a circulação de mercadorias, inclusive dos combustíveis.

Em um sistema complexo e intricado, de uma vedação à tributação em cascata limitada a alguns tributos, de incidência de diversos tributos sobre diversos outros tributos, empurrar uma "pecinha" do dominó é ativar o efeito borboleta, por meio do qual, o bater de asas de um pedaço da legislação tributária causa impactos no bolso de tantos ignorantes e ignorados brasileiros, mergulhados na escuridão de sua miserabilidade social.

5. CONSIDERAÇÕES FINAIS

Sob a nota de necessidade, a tributação transpassa o discurso jurídico, a fim de construir um sistema tributário capaz de arcar com os custos gerais do Estado. Por estar atrelada à sobrevivência da comunidade estatal, na lógica de captação de recursos, a atividade tributária é de suma importância na discussão sobre a própria legitimidade do regime jurídico adotado em certa comunidade política. Aponta-se, a partir desse constructo, a justeza ou a incorretude do regime tributário adotado, que, acima de tudo, na performance fiscal democrática, deve respeitar a dignidade da pessoa humana, resguardando o seu patrimônio na medida de sua capacidade contributiva.

Diante disso, aos indivíduos necessita ser assegurada a consciência sobre o ônus tributário que suportam. Nesse sentido, àqueles deve-se propiciar a noção, segura e clara, do valor de tributos que pagam, em favor do Estado a que pertencem. O princípio da transparência tributária, nesse âmbito, é reflexo da construção democrática do poder político, revelando a imprescindibilidade de publicidade e efetivo esclarecimento dos contribuintes acerca da fatia de suas riquezas que são direcionadas ao sustento da máquina estatal.

No Brasil, país marcado historicamente pelo autoritarismo político e pela profunda desigualdade social, a exigência de concreta transparência do sistema tributário, não obstante erguida à condição de princípio constitucional, é driblada pela prática econômico-tributarista consistente no viés plurifásico da tributação incidente sobre os bens e serviços consumidos. A cumulatividade residual, triufante sobre o engodo da suposta existência plena da tributação não cumulativa, ergue seus tentáculos silenciosos no sistema tributário brasileiro, objetivando, fundamentalmente, saciar a sede voraz de um Estado Fiscal decadente. Estado esse que não coloca em pauta a profundidade que a discussão dos tributos exige, como a concentração da tributação sobre o consumo.

A incidência de tributos sobre tributos, sob a base da cadeia produtiva de bens e serviços de consumo, na equação cumulativa da consideração do valor total da operação, resultando, por isso, na oneração de riquezas já tributadas anteriormente, coloca o Estado Brasileiro em séria discussão de sua legitimidade enquanto garantidor eficaz de direitos, notadamente dos menos favorecidos.

A existência de uma marcante tributação concentrada sobre o consumo, que causa a regressividade do sistema tributário nacional, macula o princípio da igualdade tributária, porquanto, na fruição de bens e serviços não está garantida, de forma consistente, a proporcionalidade da capacidade de arcar com os correlatos tributos. Assim, a população com menor poder aquisitivo acaba por entregar ao Estado uma porção maior de sua riqueza, na fruição de bens e serviços que acabam por serem essenciais à sua subsistência, enquanto que quem possui condição econômica mais favorável, por poder sobretudo poupar, não entregará a mesma porção de riqueza e, por conseguinte, contribuirá, proporcionalmente, em fração menor.

A perversidade de um sistema tributário assentado nessas bases revela que, além de onerar sucessivamente operações numa mesma cadeia produtiva de bens e serviços de consumo, a tributação existente no Brasil dá conta, na perspectiva da área do consumo, da desconsideração da ideia de progressividade, enquanto mecanismo de aferição da capacidade contributiva. Assim, cegos, os pobres arcam, em maior medida, com as despesas do Estado.

A invisibilidade da tributação em cascata, que cerceia a efetivação do princípio da transparência tributária, lança sua implacável eficácia sobre os mais pobres, que, por estarem alheios à própria educação cidadã, não possuem consciência da injustiça que sofrem. Por estarem silenciados na perfídia da desigualdade social histórica brasileira, que coloca em xeque, inclusive, a chamada meritocracia, não possuem condições de analisar o pontual confisco que suas riquezas, constantemente, sofrem, diante de um sistema tributário complexo e hermético.

O aumento da gasolina, efetivado sob toque de caixa, demonstra, claramente, como a questão tributária é trabalhada no Brasil. Com efeito, não se enfrenta os verdadeiros problemas, como a fulcral discussão sobre a sustentabilidade das contas públicas e sobre as prioridades dos gastos que um suposto Estado democrático de Direito deve possuir para com os seus cidadãos. Não há serenidade e consistência, num pensamento de longo prazo, na discussão da realidade tributária brasileira. Medidas paliativas são efetivadas, desconsiderando, sobremaneira, as consequências que tal resultará no futuro. Esquece-se que somos herdeiros do passado.

Nesse diapasão, como no manicômio do livro de Saramago, a cegueira coletiva que assola o Brasil sobre a realidade de seu sistema tributário, favorece o silêncio e a subserviência de nós cegos em referência àquele, resultante da ignorância, profunda, do regime de poder que ressai do sistema jurídico correspondente. Há uma violência que transparece, soberana, das normas tributárias, que refletem, apenas, o autoritarismo político e a ganância monetária nossos de cada dia, em um processo infrene de docilização, que amordaça e ensurdece a nossa democracia.

REFERÊNCIAS BIBLIOGRÁFICAS.

BRASIL. **Emendas à Constituição de 1946, número 18, reforma tributária.** Brasília: Biblioteca da Câmara dos Deputados, 1966.

CÔELHO, Sacha Calmon Navarro. **Curso de direito tributário brasileiro.** Rio de Janeiro: Forense, 2010.

COSTA, Alcides Jorge. **ICM na Constituição e na Lei Complementar.** São Paulo: Resenha Tributária, 1978.

DERZI, Misabel Abreu Machado; COELHO, Sacha Calmon Navarro. **Direito Tributário Aplicado. Estudos e Pareceres.** Belo Horizonte: Del Rey, 1997.

ELÓI, Pilar de Souza e Paula Coutinho. **A desoneração das exportações e a cumulatividade residual dos tributos sobre o consumo.** Dissertação (Mestrado) - Pontifícia Universidade Católica de Minas Gerais, Programa de Pós-Graduação em Direito Público. Belo Horizonte: 2014. Disponível: <http://www.biblioteca.pucminas.br/teses/Direito_EloiPS_1.pdf>.

FERRAZ, Luciano; GODOI, Marciano Seabra de; SPAGNOL, Werther Botelho. **Curso de Direito Financeiro e Tributário.** Belo Horizonte: Editora Fórum, 2014.

FURLAN, Anderson; VELLOSO, Andrei Pitten. NÃO-CUMULATIVIDADE. *In*: MACHADO, Hugo de Brito (coord). **Não cumultividade tributária.** São Paulo: Dialética; Fortaleza: Instituto Cearense de Estudos Tributários – ICET, 2009, p. 24-56.

HARADA, Hiyoshi. **Direito financeiro e tributário.** 19. ed. São Paulo: Atlas, 2010.

HICKMANN, Clair Maria. **Quando os pobres pagam pelos ricos.** *Le Monde Diplomatique Brasil*, ano 1, n. 2, set. 2007.

OLIVEIRA, Maria Cristina Cesar de; DOURADO JUNIOR, Octavio Cascaes. O **Direito de Acesso à Informação e a Lei de Responsabilidade Fiscal.** *In:* Lei de Responsabilidade Fiscal –10 anos de Vigência –Questões atuais. Organizadores: Fernando Facury Scaff; JoséMauricio Conti. Florianópolis: Conceito Editorial, 2010, p. 127-145.

MACHADO, Hugo de Brito. **A não-cumulatividade no Sistema Tributário Brasileiro.In:** MACHADO, Hugo de Brito (coord). **Não cumulatividade tributária**. São Paulo: Dialética; Fortaleza: Instituto Cearense de Estudos Tributários – ICET, 2009, pgs. 190 a 216.

MARTINS, Ives Gandra da Silva. **O princípio da não cumulatividade no Direito Brasileiro - A técnica do valor agregado para o PIS e a Cofins exterioriza o Regime de Compensação Base sobre Base - Incentivos Fiscais da Zona Franca de Manaus não podem ser eliminados por legislação infraconstitucional - Inteligência possível de compensação para a hipótese descritiva.** Revista Dialética de Direito Tributário: São Paulo, n.188, maio 2011, p. 137-156.

MENDES, José Maria Martins; CORREA, Denise Maria Chagas; DE LUCA, Marcia Martins Mendes. **O princípio da Não-cumulatividade no Sistema Tributário Brasileiro.** In: MACHADO, Hugo de Brito (coord). **Não cumulatividade tributária**. São Paulo: Dialética; Fortaleza: Instituto Cearense de Estudos Tributários – ICET, 2009, p. 288-321.

MOREIRA, André Mendes. **A não-cumulatividade dos tributos.** São Paulo: Noeses, 2010.

MURPHY, Liam; NAGEL, Thomas. **The mith of ownership.Taxes and Justice.** New York City: Oxford University Press, 2002. Versão kindle.

PEREZ, Willian. **Federal Income Tax Rates for the Year 2014.** Disponível em <http://taxes.about.com/od/Federal-Income-Taxes/fl/Federal-Income-Tax-Rates-for-the-Year-2014.htm?utm_term=tax%20brackets%202014%20chart&utm_content=p1-main-1-title&utm_medium=sem&utm_source=msn&utm_campaign=adid-90320edd-7df8-407d-b00d-2adbd61b233f-0-ab_msb_ocode22872&ad=semD&an=msn_s&am=broad&q=tax%20brackets%202014%20chart&dqi=&o=22872&l=sem&qsrc=999&askid=90320edd-7df8-407d-b00d-2adbd61b233f-0-ab_msb>. Acesso em 03 de abril de 2015.

ROYXE, Edward. Poverty and Power. **The problem of estrutural inequality.**Second Edition. Maryland: Rowman & Littlefiel Publishing Group, 2009.

RIBEIRO, Márcio Bruno. **Uma análise da carga tributária bruta e das transferências de assistência e previdência no Brasil no período 1995-2009: evolução, composição e suas relações com a regressividade e a distribuição de renda.***In*: Tributação e equidade no Brasil: um registro da reflexão do Ipea no biênio 2008-2009. Organizadores: Jorge Abraão de Castro, Cláudio Hamilton Matos dos Santos e JoséAparecido Carlos Ribeiro. Brasília: Ipea, 2010, p. 125-151.

SCHOUERI, Luís Fernando. **Direito Tributário.**4ª ed. São Paulo: Saraiva, 2014.

20

A EFICIÊNCIA COMO POSTULADO PARA A JUSTIÇA FISCAL

Raphael Boëchat Alves Machado[1]

1. INTRODUÇÃO

A ordem econômica constitucional é fundada na valorização do trabalho humano e na livre iniciativa, tendo como finalidade garantir a todos uma existência digna nos ditames da justiça social.

Neste contexto, a redução das desigualdades sociais foi edificada como princípio desta ordem e, ao lado de tantos outros fundamentos, como a propriedade privada, livre iniciativa, livre concorrência e o meio ambiente, alicerçarão a atuação do Estado na regência econômica.

Neste aspecto, é firmemente conceituado que há uma ontológica diferença entre livre iniciativa e iniciativa privada: Aquela representa a faculdade que é dada ao agente de entrar e sair do mercado, bem como de receber o lucro oriundo da proficiência engajada em seu empreendimento, que é de sua livre escolha; já esta diz respeito à sociedade empresária em si, aos grandes conglomerados, que muitas vezes são contrárias à livre iniciativa, como na formação de carteis, oligopólios ou mesmo grandes financiamentos públicos.

Falar então em Justiça Fiscal em tal contexto se traduz como dever do Estado de garantir uma melhor distribuição da carga tributária perante os agentes econômicos, permitindo que a alocação dos recursos

---

1 Advogado no João Bosco Leopoldino Advogados Associados; Professor Universitário de Direito Administrativo e Ambiental; Mestrando na PUC-Minas; Membro da Comissão de Direito Tributário da OAB/MG.

arrecadados promova a redução das desigualdades regionais e sociais, da mesma forma que promova o meio ambiente, a livre concorrência ou a função social da propriedade.

Há inúmeros exemplos desta atuação proativa e social, como a isenção do ITR (Imposto sobre Propriedade Territorial Rural) para aquele que cria uma RPPN (Reserva Particular do Patrimônio Natural); aumento progressivo do IPTU para aquele que possui propriedade urbana que viola a sua função social, podendo-se inclusive falar sobre a função social da propriedade; ou, ainda, numa melhor redistribuição dos tributos sobre o consumo, como ICMS, IPI, ISS, PIS e COFINS, garantindo-se o primado pela capacidade contributiva.

Falar então em justiça fiscal remonta a uma melhor gestão do patrimônio público, enrijecido por sua indisponibilidade e vinculado à sua destinação, como dito, garantir a todos uma existência digna nos ditames da justiça social.

O assunto da Justiça Fiscal é relevante e traz à tona uma realidade inexorável de nosso sistema tributário: a mitigação do princípio da capacidade contributiva na tributação indireta, isto porque o cidadão de baixa renda tem a mesma carga tributária de uma pessoa de renda elevada quando adquire um produto industrializado, uma mercadoria ou um serviço, revelando-se então ineficaz o sistema tributário assim instaurado que visa à redução das desigualdades sociais.

Impõe-se ao Estado o dever de fracionar e bem distribuir a proficiência oriunda da arrecadação tributária, com a finalidade de adequar o ônus imposto a todos na mesma medida de sua exigência e proporcional à capacidade de cada um.

Revela-se também infrutífero brandir por uma Justiça Fiscal mais eficaz, quando se esquece da boa gestão que deve ser imposta aos administradores na cúria com o patrimônio público, na gestão e administração destes escassos recursos e, de pouco adiantará uma redução tributária que não traga, em contrapartida, serviços públicos melhores e mais eficientes.

2. UM CONCEITO DE JUSTIÇA FISCAL

Na ótica dos direitos a uma sociedade mais justa e equânime, muito se debate sobre os aspectos políticos e jurídicos da Justiça Fiscal, mas, talvez, a raiz deste problema seja mais ideológica do que prática, o que obstaculiza um debate oxigenado sobre as contumélias que assolam nosso País.

Cita-se: *O problema fundamental em relação aos direitos do homem, hoje, não é tanto o de justifica-los, mas o de protegê-los. Trata-se de um problema não filosófico, mas político.* (BOBBIO,1992, 25)

A existência de uma Justiça Fiscal é coerente com o primado republicano, e, neste aspecto, lembra-se que o próprio Constituinte, no art. 145, § 1º[2], assegura a isonomia como imposição determinante para aferir a capacidade contributiva.

Revela-se a essencialidade da alteração do foco na realidade tributária brasileira, pois a insustentabilidade deste sistema burocrático choca-se com os ideais de segurança e neutralidade que devem permear a atuação do Fisco. Neste aspecto, cita-se:

> Sob outros enfoques, existe uma constante crítica, um constante debate sobre a questão fiscal. Eu acho que a questão fiscal ela é séria, sim, e vou dizer aqui da minha experiência porque eu acho que ela é séria dos dois lados.
>
> Primeiro, para aquele que é a razão de tudo, que é o contribuinte, que é aquele que movimenta a máquina econômica, aquele que produz, que produz renda, que faz circular mercadorias- este, si, é que tem que ser olhado.(...)
>
> Mas eu vejo, lamentavelmente, o Brasil insistindo nisso, nesse cipoal de múltiplos impostos que faz com que a capacidade contributiva seja atacada, é verdade; e por outro lado, nós vemos impostos, tributos sendo cobrados, se realizando uma despesa enorme, com uma fiscalização às vezes inócua em setores de alta sonegação, sem que isso produza aquele resultado almejado. (ANDRADE, 2004, pág.70)

O termo então Justiça Fiscal não deve possuir credos partidários, ou mesmo ser bandeira deste ou daquele movimento político, isto porque a redução das desigualdades sociais como fruto de uma mais eficiente arrecadação beneficiará a todos, seja em caráter mediato, seja em caráter imediato.

---

2 Art. 145. A União, os Estados, o Distrito Federal e os Municípios poderão instituir os seguintes tributos:
§ 1º - Sempre que possível, os impostos terão caráter pessoal e serão graduados segundo a capacidade econômica do contribuinte, facultado à administração tributária, especialmente para conferir efetividade a esses objetivos, identificar, respeitados os direitos individuais e nos termos da lei, o patrimônio, os rendimentos e as atividades econômicas do contribuinte.

Atualmente, este conceito redistributivo da tributação ganhou força na obra de Thomas Piketty[3], que atesta na tributação universal uma eficaz medida de reduzir as desigualdades e a evasão de divisas. Este pensamento é acentuado na filosofia da Michael Sandel[4], de feição comunitária, em que se busca uma verdadeira igualdade entre os membros de uma comunidade em seu ponto de chegada.

Espelha-se no pensamento filosófico uma contundente dissociação temática para o conceito de Justiça, tendo, basicamente, o pensamento se bifurcado em duas extremidades, os chamados comunitários e os libertários[5].

---

3 Como já vimos, a instituição ideal que seria capaz de evitar uma espiral infindável de aumento da desigualdade e também retomar o controle da dinâmica em curso seria um imposto progressivo global sobre o capital. Um instrumento como esse teria ainda o mérito de gerar a transparência democrática e financeira dos patrimônios, o que é uma condição necessária para a regulação eficaz do sistema bancário e dos fluxos financeiros internacionais. O imposto sobre o capital faria prevalecer o interesse geral em detrimento do interesse privado, preservando, a um só tempo, a abertura econômica e as forças da concorrência. (PIKETTY, 2014, P. 589)

4 "Alguns filósofos que cobrariam impostos dos ricos para ajudar os pobres argumentariam em termos de utilidade; subtrair cem dólares de uma pessoa rica e dá-los a uma pessoa pobre só diminuiria um pouco a felicidade do rico, especulam eles, mas aumentaria muito a felicidade do pobre. John Rawls também defende a redistribuição, porém com base no consentimento hipotético. Ele argumenta que, se elaborássemos um contrato social hipotético partindo de uma posição original de igualdade, todos concordariam com o princípio que fundamentaria alguma forma de redistribuição. (...) Surgem então dois efeitos negativos, um fiscal e outro cívico. Primeiramente, deterioram-se os serviços públicos, porque aqueles que não mais precisam deles não tem tanto interesse em apoiá-los com seus impostos. Em segundo lugar, instituições públicas como escola, parques, pátios recreativos deixam de ser locais onde os cidadãos de diferentes classes econômicas se encontram esvaziamento do domínio público dificulta o cultivo do hábito de solidariedade e do senso de comunidade dos quais dependem a cidadania democrática". (SANDEL, 2011, p. 327-328)

5 O professor Galuppo (2006, p. 515-529) bem resume este embate: "As teses básicas do comunitarismo são a tese da prioridade do bem sobre o justo e a tese da prioridade do todo sobre a parte A tese da prioridade do bem (entendido como a felicidade da comunidade) sobre o justo (entendido como os direitos individuais) indica que alcançar a felicidade social é mais importante que realizar os direitos individuais (entendidos pelo liberalismo como fruto da vontade individual ou coletiva), porque a felicidade coletiva é interpretada como causa da existência da organização societária. A tese da prioridade do todo sobre a parte indica que, no conflito entre interesses coletivos e direitos individuais, aqueles devem prevalecer sobre estes, porque, em última instância, são a sua causa, origem e fundamento. Assim, podemos definir o comunitarismo como a concepção que afirma a prevalência ontológica, axiológica e histórica da comunidade sobre o indivíduo. As teses

Esta ideia pode ser contextualizada em reivindicações por direitos sociais ou por menos tributos.[6]

Então, o pensamento de Justiça Fiscal, inicialmente, pode ter esta conotação comunitarista, quando imaginamos uma redistribuição dos bens de uma comunidade pela melhor alocação da atuação estatal[7] no cenário atual, ponto de chegada.

Deve-se, porém, visualizar que o Estado não gera riqueza, ele não a cria, ao contrário, ele a gerencia e arrecada por meio dos tributos, devendo-se então pensar numa política fiscal que beneficie a todos[8], ainda que de maneira indireta a alguns.

---

básicas do liberalismo são a tese da prioridade do justo sobre o bem e a tese da prioridade da parte sobre o todo. A tese da prioridade do justo sobre o bem indica que a existência da sociedade só se justifica enquanto permita a realização, em grau máximo, da liberdade, entendida como livre-arbítrio, razão pela qual os direitos individuais produzidos racionalmente são superiores a todos os demais interesses coletivos, na medida em que servem de fundamento a estes. A tese da prioridade da parte sobre o todo indica que, no conflito entre interesses coletivos e direitos individuais, estes devem prevalecer sobre aqueles, porque, em última instância, os indivíduos são tidos pela causa e fundamento da sociedade, cuja origem é explicada mediante a hipótese de um contrato voluntário realizado entre indivíduos livre. Assim, podemos definir o liberalismo como a concepção que afirma a prevalência ontológica, axiológica e histórica do indivíduo sobre a comunidade."

6 Em outras palavras, o modelo mais social de Estado entrou no meio do confronto entre capital e trabalho, evitando que esse duelo competitivo colocasse em causa a paz social. As fagulhas resultantes do enfrentamento dos dois polos se transformaram em reinvindicações (de um) por direitos sociais e (de outro) por menores tributos. O novo pacto social desenhado parte do pressuposto de que o capital deve pagar tributos para que o Estado Tributário Distribuidor preste serviços necessários ao atendimento das necessidades dos trabalhadores. O entrechoque entre capital e trabalho é assim camuflado e, em nome da paz social, esse enfrentamento sé deve se revelar na forma de duas lutas: capital x Estado; Estado x trabalho (Batista Júnior, 2011, p. 318-319)

7 Um dos principais ensinamentos da nossa pesquisa é que, em grande medida, foram as guerras que fizeram tábula rasa do passado e provocaram uma transformação das estruturas da desigualdade no século XX. Neste início de século XXI, certas desigualdades da riqueza que pensávamos ter desaparecido parecem estar prestes a voltar a seus picos históricos, ou até mesmo a ultrapassá-los, no contexto da nova economia global, portadora de imensas esperanças (o fim da pobreza) e de enormes desequilíbrios (tanto entre indivíduos como entre países). Será que podemos imaginar para o século XXI uma superação do capitalismo que seja ao mesmo tempo mais pacífica e mais duradoura, ou deveríamos apenas esperar pelas próximas crises ou pelas próximas guerras, verdadeiramente mundiais desta vez? (PIKETTY, 2014, pág. 589)

8 Contudo, os dados compilados pelo governo americano permitem medir a evolução da desigualdade dos salários levando em consideração a mobilidade — isto é,

Pois, revela-se utilitarista pensar numa justiça fiscal somente atrelada a determinada parcela da população, um verdadeiro desnível dos integrantes de uma comunidade que apenas acentuará as agruras e mazelas já vivenciadas em um ambiente tão desigual.

Neste aspecto, é válido o conhecimento do argumento libertário, fincado este nos ideais do direito à propriedade e à liberdade[9], pois a arrecadação tributária desnuda-se em uma restrição a estes direitos e, tal limitação, é acentuada quando se prescinde da capacidade contributiva.

Logo, seja o sujeito abastardo, para quem a incidência do ICMS ou do IPI não impactam de maneira tão agressiva, ou aquele que não consegue arcar com as despesas mensais com a força de seu trabalho, haja vista a tributação embutida, o agente arrecadador deve conscientizar-se

---

calculando os salários médios individuais durante longos períodos (dez, vinte, trinta anos). Constata-se, assim, que o aumento da desigualdade é idêntico em todos os casos, qualquer que seja o período de referência escolhido.38 Ou seja, nem os atendentes do McDonald's, nem os operários de Detroit, tampouco os professores de Chicago ou os gerentes médios e altos executivos da Califórnia passaram um ano de suas vidas como dirigentes de uma grande empresa americana. É possível deduzir isso por intuição, mas é sempre melhor poder mensurá-lo de modo sistemático. (PIKETTY, 2014, p. 377)

9 Com ênfase, assevera Nozick (1991, p.191): "Quando princípios de justiça distributiva de resultado final são incorporados à estrutura judiciária de uma sociedade, eles (como acontece com a maioria desses princípios) dão a todos os cidadãos um direito impositivo a alguma parte do produto social total, isto é, a alguma parte da soma total dos produtos individual e conjuntamente gerados. Esse produto social total é gerado por indivíduos que trabalham, utilizando meios de produção que outros pouparam para que existisse, e por pessoas que organizam a produção e criam meios para produzir novas coisas ou coisas antigas de nova maneira. Sobre esse conjunto de atividades individuais, os princípios distributivos padronizados conferem a cada indivíduo um direito impositivo. Todos eles têm um direito às atividades e produtos dos demais, independentemente de se estes participara, de relacionamentos particulares que dão origem a esses direitos e sem levar em conta se eles assume esses direitos por caridade ou em troca de alguma coisa. Seja isso feito através de tributação dos salários, ou dos salários acima de certo volume, ou de confisco de lucros ou ainda se há uma grande panela social, de modo que não é claro o quem de onde e vai, os princípios padronizados implicam a apropriação de atos de outras pessoas. Tomar os resultados do trabalho de alguém equivale a tomar-lhe horas dirigindo e dirigi-lo para que execute várias atividades. Se pessoas o obrigam a realizar certo trabalho, ou trabalho não remunerado, durante certo período de tempo, elas decidem o que você tem que fazer e a que finalidade seu trabalho deve atender, à parte suas próprias decisões. Esse processo, pelo qual tomam essa decisão, transformam-nos em co-proprietários de sua pessoa, dão-lhes um direito de propriedade sobre você, da mesma maneira que ter esse controle e poder de decisão.

que os benefícios oriundos da Justiça Fiscal devem retornar a toda a comunidade.

Este minimalismo de subdividir a comunidade em pobres e ricos arranha com realidades possivelmente existentes, pois muitas vezes o cidadão dotado de boa capacidade financeira talvez não possua simetricamente tal capacidade contributiva; muitos ganhos não representam, necessariamente, uma vida tranquila.

O termo Justiça Fiscal[10] está alinhado ao princípio da capacidade contributiva, o qual deve ser pessoal e individual, fazendo recair um ônus proporcional sobre a real disposição do contribuinte em fazer frente à tributação.

Visualizando a essencialidade de superar este paradigma, cita-se o professor Onofre:

> A ideia inarredável que se traz é, certamente, a de preservar a liberdade, a democracia e o próprio capitalismo, embora se entenda que alguns reparos urgentes em benefício dos mais carentes precisam ser feitos, sobretudo, no que diz respeito ao sistema tributário. (Batista Júnior: GLOBALIZAÇÃO E DESIGUALDADE: A POLÍTICA TRIBUTÁRIA DOS PAÍSES EM DESENVOLVIMENTO, 2014)

Assim, deve-se lançar os olhos sobre o campo da eficiência e, a partir da praxiologia, buscar um cenário que seja melhor para todos, ainda que no primeiro cenário a Justiça Fiscal traga a ideia de benefício somente a determinada parcela da população.

3. CONTEXTUALIZANDO OS EFEITOS DA INTERVENÇÃO DO ESTADO NO DOMÍNIO ECONÔMICO

Pretende-se, inclusive pela relevância da obra que este artigo encarta, buscar caminhos práticos e econômicos para frutificação da Justiça Fiscal, não se limitando o espectro do presente trabalho ao campo filosófico.

---

10 Nesse sentido, por meio da capacidade contributiva pode-se alcançar a justa repartição da carga tributária. Afasta-se políticas de interesses e aplica-se políticas fiscais éticas, ou seja, justas, inerentes ao Estado de Direito. E, dessa forma, quem tem maiores condições econômicas – capacidade de contribuir – deve repassar parcela maior da sua riqueza para os cofres públicos, ao contrário de quem tem poucas condições de contribuir. Essa é a idéia de igualdade, que sendo observada, proporciona a justiça.(MELO & BERNARDES, 7236, 2008).

Impõe-se então a análise de alguns pontos: A eficiência na gestão decorre da própria escassez do bem, que, por ser finito, deve ter o seu melhor aproveitamento possível; Mercado, toda vez que o Estado intervém no domínio econômico, sua presença reverbera nos agentes privados, impondo-se então uma análise sobre a política tributária, evitando-se o desequilíbrio e as assimetrias.

Então, a pedra angular que sustenta a argumentação trazida parte da eficiência[11] em seu conceito clássico, reconhecendo a escassez dos recursos à disposição do Estado.

A frutificação de uma justiça fiscal mais ampla está atrelada à boa gestão do recurso público, de modo a satisfazer, anonimamente, os anseios de toda a coletividade.

Alicerça-se o pensamento nos ensinamentos da chamada Escola Austríaca de Economia[12], baseando-se em três fatores: (i) a praxilogia, que é a ação humana voltada para a mudança de um estado insatisfatório para um satisfatório, (ii) o fator é o tempo, visto como fator que altera a manifestação humana, já que com o passar deste acumulamos experiência e conhecimento, mudando nosso jeito de agir e, (iii) por fim, a limitação do conhecimento, sendo impossível prever todos os efeitos decorrentes desta ação.

A partir destas três pedras angulares da Escola Austríaca, visualizamse seus elementos de propagação que são: (i) Utilidade Marginal, conceito este que aponta que o valor de um bem derivará de sua necessidade para o agente - incluídos aí os aspectos subjetivos desta valoração; (ii) Subjetivismo, conceito este sobre o verdadeiro cipoal de questões internas que levam o agente a manifestar um desejo econômico; (iii) Ordem

---

11 Como uma exigência inerente a toda atividade pública. Se entendermos a atividade de gestão pública como atividade necessariamente racional e instrumental, voltada a servir ao público, na justa proporção das necessidades coletivas, temos de admitir como inadmissível juridicamente o comportamento administrativo negligente, contra-produtivo, ineficiente. MODESTO, Paulo. Notas para um Debate sobre o Princípio Constitucional da Eficiência". Revista Eletrônica de Direito Administrativo Econômico, Salvador, Instituto Brasileiro de Direito Público, nº 10, mai/jun/jul, 2007. Disponível no site: http://www.direitodoestado.com/revista/REDAE-10-MAIO-2007-PAULO%20MODESTO.pdf. Acessado em 09/03/2015.

12 Termo aqui designada a análise da Economia a partir do foco na pessoa, no indivíduo, constituindo a partir daí questões como a Utilidade Marginal. Tem o nome Austríaco pela naturalidade de grandes dos seus percussores como: Carl Menger, Böhm-Bawerk, Von Mises e Hayek.

espontânea, conceito este ligado à crescente realidade que se manifesta pela ação dos homens, mas, sem refletir uma atitude discernida destes perante a situação, trata-se assim de um contraste nascido do acaso com a deliberação.

Fincados estes conceitos básicos da Escola Austríaca, parte-se então a compreender a eficiência econômica na Justiça Fiscal[13].

Contextualizando-se os ensinamentos traçados, veja-se o caso da redução do IPI sobre os veículos automotores como forma de incentivo ao consumo e manutenção dos empregos fabris e poderio de compra de seus empregados.

A redução do IPI, como mecanismo de indução, importa no conhecimento da macroeconomia ou economia política, buscando-se por meio de um incentivo ou uma restrição uma conduta socialmente desejável.

E, neste aspecto, de fato houve uma temporária manutenção dos empregos e um aquecimento daquele nicho de mercado pela redução de IPI, mas isto trouxe algumas consequências: (i) falsa percepção da realidade sobre a procura por aquele bem, o que fez aumentar a oferta; (ii) compra excessiva pela comunidade de bens duráveis, o que afeta diretamente a utilidade marginal destes; (iii) como consequência, o empoçamento de novos carros nos pátios fabris, crise no setor e demissões.

Economicamente, então, se comprova que muitas vezes, o incentivo por si só que destoa de uma política duradoura e planejada, será apenas um paliativo para a crise que se anuncia.

Desta forma, protegeu-se uma indústria momentaneamente, mas que hoje sente os efeitos daquela crise adiada.

Porém, de forma vencedora, há bons exemplos que corroboram a essencialidade do planejamento duradouro e do investimento.

---

[13] Acontece que esse paradigma do Estado interventor, parâmetro para as Constituições brasileiras, de 1934 até o texto primitivo da Constituição de 1988, vem sendo alvo de duas e acertadas críticas, porquanto a experiência demonstrou a existência de em Estado ineficiente, paternalista, esbanjador, incompetente ao não atender com presteza à demanda dos cidadãos, causador de vultuoso endividamentos públicos, um Estado esbanjador, inchado, incapaz de investir nas demandas sociais mais urgentes – transportes, habitação, saúde, educação, segurança pública-, levando o indivíduo a sentir-se sufocado e cativo nas mãos do Estado-pai e, ao mesmo tempo, achar-se no direito de eternamente fiar clamando do Estado a resposta a todo e qualquer anseio.(Min. Marco Aurélio Mello, ADPF 46, 2009)

Como se sabe, as sociedades empresariais, como agentes racionais de mercado, buscam a otimização de seus custos, de modo que aloquem de maneira eficiente seus ganhos e perdas. Assim, seja para o avanço de um pátio industrial ou mesmo para a consecução de seu empreendimento, poderá o referido agente buscar recursos no mercado, com o objetivo de satisfazer as suas necessidades. É esta, muitas das vezes, a alternativa mais eficiente.

Então, dentro de um sistema financeiro: conjunto de instituições, produtos e instrumentos que viabilizam a transferência de recursos ou ativos financeiros entre agentes superavitários (poupadores) e os agentes deficitários (tomadores) da economia teremos quatro grandes mercados: Monetário, de Crédito, de Capitais e de Câmbio[14].

Este ambiente mercadológico se realiza na bolsa de valores e cabem aqui algumas considerações sobre a Bovespa e a BMF& Bovespa. A Bolsa de Valores de São Paulo surgiu no final dos anos 1800 como uma associação civil sem fins lucrativos, o que era facilmente identificável, pois esta regulamentava atividade meio, e não atividade fim.

Em 2007, depois de uma reestruturação societária, a Bovespa tornou-se uma Sociedade Anônima e abriu o seu capital com uma captação que ultrapassou a marca dos seis bilhões de reais. Foram adquiridas as ações da Bovespa Holding S.A., sociedade que tem por objetivo a participação em sociedades que exerçam atividade no mercado financeiro, detendo o controle da Bolsa de Valores S.A. e da Companhia Brasileira de Liquidação e Custódia.

Ultrapassado este patamar, ocorreu uma fusão entre a Bovespa S.A. com a Bolsa de Mercadorias e Futuros BM&F, fundando-se a BM&F Bovespa. Rapidamente, foi o que ocorreu.

Desta noção de progenitor do serviço público, o Estado Brasileiro iniciou o mercado de capitais como seu idealizador, fomentador e fiscalizador; seja concedendo autorizações para os corretores - comparáveis aos agentes públicos-, fiscalizando a atividade destes, ou regulamentando a bolsa mediante decretos e leis.

Com a crise do mercado de 1971, adotou-se no Brasil um modelo assemelhado à *Securities and Exchange Comission*, sendo criada a CVM – por meio da Lei 6.385/76, tendo esta competência para fiscalizar as bolsas e o mercado.

---

14 http://www.portaldoinvestidor.gov.br/portaldoinvestidor/export/sites/portaldoinvestidor/publicacao/Livro/LivroTOP-CVM.pdf

A CVM, como autarquia de regime especial vinculada ao Ministério da Fazenda, assume uma posição de fiscalização do mercado de capitais, porém com fincas mais ligadas aos movimentos de indução do que de absorção.

Assim, a estrutura do momento do mercado de capitais diz respeito à Bolsa de Valores como uma associação privada prestadora de serviço público que é fiscalizada e supervisionada pela autarquia CVM.

A solidificação do mercado acionário brasileiro se consolidou com a promulgação da Lei 6404/76, tratando-se da Lei das Sociedades Anônimas, revogando-se o Decreto Lei 2627/40.

Buscando uma verdadeira pulverização do mercado acionário sem que a negociação representasse uma proporcional perda no controle acionário, a nova lei inovou aumentando de 50% para 2/3 a possibilidade de emissão de ações preferenciais, não dotadas estas de direito de voto.

O fomento da atividade na bolsa de valores ainda contou com uma série de incentivos como: Política Fiscal vantajosa para quem "abrisse o capital"; assistência financeira via BNDES, tanto no auxílio com créditos a taxas de juros, como na própria compra de ações pela referida entidade; criação do fundo 157, permitindo às pessoas a aplicação de parcelas dos impostos devidos em certificado de ações; isenção tributária para a aplicação de dividendos em novas subscrições; e, mais recentemente, a própria utilização do FGTS para investimento em ações.

A partir do governo Fernando Henrique percebeu-se uma forte retirada do estado do mercado, fato identificado na edição da Lei 8987/95, concessão de serviço público, Lei 9491/97, Programa Nacional de Desestatização e Lei 11.079/04, que trata das Parcerias Público-Privadas.

No final da década de 90 houve o grande "boom" no mercado de capitais, impulsionado pela alienação do controle das ações das chamadas "estatais", porém, preferiu o governo a alienação das ações em blocos de controle à sua alienação pulverizada.

Sobre o tema, cita-se Eros Roberto Grau:

> Essa política imediatista só pode ser praticada onde e quando existam, no setor privado, demanda por empresas estatais e capacidade de compra; daí a importância de credibilidade externa angariável pelos governos de países com reduzida capacidade de poupança, que nisso se empenham inclusive mediante reformas constitucionais. Precisamente este o caso brasileiro, onde prevalecem o imediatismo e as preocupações com o curto prazo, eleitoreiras e sem o compromisso com o social. (GRAU, 286, 2012)

O ex-ministro do STF cita, ainda, as diversas emendas constitucionais que assolaram a época das privatizações e, nesse aspecto de reforma legislativa, aprovou-se a Lei 9457/97, a qual revogou o artigo 254 da Lei 6404/76, sendo impedido que o acionista detentor de ação com o direito de voto a vendesse pelo mesmo valor constante para as ações do bloco de controle[15].

Não há dúvidas que o mercado acionário brasileiro cresceu exponencialmente naquele momento, o que torna evidente que os bons modelos de gestão governamental permitem uma atuação próspera dos agentes de mercado.

4. EFICIÊNCIA ECONÔMICA COMO POSTULADO DA ATUAÇÃO ESTATAL

O ser humano é racional, por isto, a maximização de riquezas pode ser considerada como uma característica naturalmente intrínseca a ele.

E, sobre esta maximização, incidirá o tributo, que tem como finalidade garantir os desígnios estatais traçados como objetivo da república.[16]

Ocorre que a estrutura constitucional estabelece uma complexa teia de obrigações, direitos e deveres do Estado e da sociedade.

Visualiza-se então o enredo da seguinte maneira: Incumbe primariamente ao particular a exploração direta da atividade econômica, podendo o estado fazê-lo somente em caráter subsidiário, quando atendidos os pressupostos da segurança nacional ou do relevante interesse coletivo.

A receita da produção econômica também está preferencialmente alocada nos agentes privados, pois são estes que realizam tal atividade.

E, sobre esta *mais valia*, incide a arquitetura tributária compreendida nos impostos, taxas, contribuições e empréstimos compulsórios, todos encartados no texto constitucional, arts. 145 a 169, com traços firmes dos planos de competência e incidência.

---

[15] Segundo Bulhões Pedreira Bloco de Ações pode ser definido como: *conjunto de ações de propriedade do acionista controlador; bloco porque é considerado coletivamente, e de controle, porque é a fonte do poder do controle.*

[16] *[...] construir uma sociedade livre, justa e solidária; garantir o desenvolvimento nacional; erradicar a pobreza e a marginalização e reduzir as desigualdades sociais e regionais; e promover o bem de todos, sem preconceitos de origem, raça, sexo, cor, idade e quaisquer outras formas de discriminação (art. 3º, itens, CF)*

Já compreendida nos artigos 150 a 152, está a limitação ao poder de tributar, justamente uma salvaguarda ao contribuinte desta atuação estatal.

Compreende-se então nesta balança a atividade econômica, sua tributação, a limitação desta tributação e a sua finalidade, e isso decorre de duas básicas constatações: (i) a Constituição traçou um cipoal de obrigações para o Estado, um verdadeiro Estado providencia que deve realizar uma série de obrigações; (ii) estes inúmeros direitos garantidos ao cidadão que serão realizados pelo Estado possuem custos elevadíssimos e, basicamente, possuem nos tributos a sua fonte.

Neste aspecto, ao se imaginar uma fonte de recursos escassos, limitada, e que decorre do crédito para o Estado em decorrência do débito para o Contribuinte, logo se enxerga o chamado jogo de soma zero, em que o ganho de um é necessariamente a perda do outro.

Nesta situação em que uma parte necessariamente ganha o que a outra perde, foi desenvolvido o modelo econômico conhecido como Ótimo de Pareto[17].

Numa linha rasa, a intervenção do Estado por meio da tributação poderia ser lida neste modelo, em que o tanto arrecadado corresponde ao mesmo valor debitado na conta dos contribuintes, um modelo distributivo.

No final dos anos 1930 surgiu um novo estudo que se contrapôs ao modelo de eficiência de Pareto, trabalho este idealizado por John Hicks e Nicholas Kaldor, ficando conhecido como modelo de Kaldor & Hicks.

O aspecto então desenvolvido parte da ideia de que em alguns cenários, os ganhos são maiores que as perdas, podendo assim compensá-las.

Suponha-se o recolhimento da COFINS, por exemplo. Certamente que o empregador não gosta de fazê-lo, mas, os benefícios gerados à Seguridade Social com tal arrecadação podem ser compensados pelos ganhos do próprio contribuinte.

Isto porque ao se fortificar a Assistência Social, a Saúde e a Previdência, o próprio empregador ganha com um maior número de consumidores ou uma mão de obra fidelizada.

Caso não houvesse a COFINS, por exemplo, o sistema previdenciário estaria ainda mais combalido, bem como a assistência social e a saúde, o que prejudica, indiretamente, a pessoa jurídica contribuinte.

[17] Nome dedicado ao seu criador, o italiano Vilfredo Pareto.

Neste aspecto, o empregador - pessoa jurídica- que em seu faturamento recebe a incidência da Cofins, tem esta parcela, primeiramente encarada como déficit, subvertida pelos múltiplos ganhos sociais que esta diretamente gera, o que, mediatamente, resultará no acréscimo daquele próprio faturamento.

Ao intervir no mercado[18] para melhor compatibilizar a arrecadação tributária com a destinação dos recursos[19] ou emprega-los de maneira mais justa, o Estado está vinculado a fazê-lo de modo eficiente e que beneficie a todos, seja de caráter mediato ou imediato.

Isto porque pensar isoladamente na distribuição, distorcerá a possibilidade de arrecadação, já que a livre iniciativa é diretamente afetada pela política fiscal.

São então relevantes os ensinamentos do *Law and Economics,* surgido a partir do trabalho de Ronald Coase[20], *The Nature of the firm*. Neste aspecto, a Análise Econômica do Direito se inter-relaciona com os ramos jurídicos do conhecimento, como o direito Econômico ou o Tributário[21].

---

[18] Luciano Beneti Timm & Rafael Bicca Machado. DIREITO, MERCADO E FUNÇÃO SOCIAL, Portanto, ao se falar em mercado, é importante ter em mente que o mercado é – antes de mais nada - um espaço social de troca de bens e serviços que tem uma enorme função social: viabilizar com que os indivíduos (e conseqüentemente a sociedade) possam obter aquilo que necessitam mas que não produzem isoladamente, por meio de um contínuo processo de comercialização daquilo que, pela especialização do trabalho, agora geram de excedentes. Mais, o mercado é um espaço público que gera eficiência, ao ensejar a concentração de agentes interessados em um determinado bem ou serviço, facilitando as trocas. Disponível em http://www.estig.ipbeja.pt/~ac_direito/Direito_Mercado_Funcao_Social.pdf, consulta em 25.02.2015.

[19] como uma exigência inerente a toda atividade pública. Se entendermos a atividade de gestão pública como atividade necessariamente racional e instrumental, voltada a servir ao público, na justa proporção das necessidades coletivas, temos de admitir como inadmissível juridicamente o comportamento administrativo negligente, contra-produtivo, ineficiente. MODESTO, Paulo. Notas para um Debate sobre o Princípio Constitucional da Eficiência". Revista Eletrônica de Direito Administrativo Econômico, Salvador, Instituto Brasileiro de Direito Público, nº 10, mai/jun/jul, 2007. Disponível no site: http://www.direitodoestado.com/revista/REDAE-10-MAIO-2007-PAULO%20MODESTO.pdf. Acessado em 09/03/2015.

[20] COASE, Ronald. "The Economic Approach to Law". Texas Law Review, v. 53, n. 4, 1975. "a aplicação das teorias e métodos empíricos da economia para as instituições centrais do sistema jurídico"

[21] FONSECA, João Bosco Leopoldino. Direito Econômico. Rio de Janeiro: Forense, 2015, p.8 O Direito, enquanto ciência, se dedica ao estudo das relações intersubjetivas, sob o aspecto material. Mas há ainda um outro aspecto, o formal, a configurar

A autora Érica Gorga, no estudo *CULTURE AND CORPORATE LAW REFORM: A CASE STUDY OF BRAZIL*, também indica uma variável cultural no sistema jurídico de ensino:

> Consider two different methods of teaching corporate law.
>
> One approach is to discuss what the law is, what its possible interpretations are, how the law fits within the legal order and what are the relevant judicial cases. This is the approach largely adopted in Brazil. Another approach is to discuss what the law is, how it affects the behavior of economic agents, what its possible interpretations that tend to maximize total value are, what the incentives that the law could provide to make organizational structures more efficient are, what the relevant judicial cases are, and how the cases interfere in the corporate context. Do these judicial cases provide solutions that lead parties to adopt adequate incentives? Do these judicial decisions increase transaction costs? Does the law provide good incentives to discourage opportunistic behavior? This second approach is more advantageous because it links the study of the corporate law with the actual business environment. Nevertheless, Brazilian law schools ignore this second method of teaching law.[22]

Para então analisar economicamente[23] a eficiência jurídica da atuação estatal, utiliza-se o conhecido método desenvolvido por Kaldor

---

e delimitar cada campo de estudo. Como visto acima, o Direito pode estudar as normas que regem aquelas relações sob vários prismas. Um deles é o da direção da política econômica pelo Estado. Será este aspecto formal que identificará e distinguirá o Direito Econômico dos demais ramos jurídicos.

22 Em tradução livre: Considere estes dois métodos diferentes de ensino de direito societário.
Uma abordagem é discutir o que a lei é, quais as suas possíveis interpretações são, como a lei se encaixa na ordem jurídica e quais são os processos judiciais relevantes. Esta é a abordagem largamente adotado no Brasil. Outra abordagem é discutir o que a lei é, como isso afeta o comportamento dos agentes econômicos, quais são suas possíveis interpretações que tendem a maximizar o valor global é, quais os incentivos que a lei poderia fornecer à fabricação de estruturas organizacionais mais eficientes, quais os relevantes casos judiciais são, e como os casos interferem no contexto corporativo. Será que esses casos judiciais fornecem soluções que levem as partes a adotar incentivos adequados? Será que essas decisões judiciais aumentam os custos de transação? A lei garante bons incentivos para desencorajar comportamentos oportunistas? Esta segunda abordagem é mais vantajosa porque liga o estudo do direito empresarial com o ambiente de negócios atual. No entanto, as faculdades de direito brasileiras ignoram este segundo método de lei de ensino.

23 O direito é, de uma perspectiva mais objetiva, a arte de regular o comportamento humano. A economia, por sua vez, é a ciência que estuda como o ser humano toma

e Hicks, compatibilizando que os ganhos obtidos pela seguridade social atendem a finalidade da intervenção do estado no domínio econômico, feito, obviamente, que de maneira respeitosa e limitada à livre iniciativa.

Impõe-se então uma atuação do Estado no domínio econômico que se atenha às projeções de seus efeitos e, principalmente, a conscientização de que seus recursos são escassos e indisponíveis.

Não há como se falar em justiça fiscal sem imaginar um contribuinte, devendo-se então a política desta intervenção trazer frutos que beneficiem toda a coletividade, em caráter imediato àqueles com menor capacidade tributária, e em caráter mediato a todos, pois certamente índices como a violência, o analfabetismo, e os desarranjos sociais serão atenuados[24], mantendo-se ainda uma massa de consumidores com maior poderio econômico, o que beneficiará a própria livre iniciativa.

Por fim, a neutralidade e a segurança são fundamentais para que haja a paz fiscal, permitindo maior clareza nas ações Estatais de arrecadação e distribuição.

5. CONCLUSÃO

Por meio deste trabalho, buscou-se uma contextualização do conceito de justiça fiscal por laços doutrinários e filosóficos, fomentando-se o debate plúrimo e multifacetado que a complexidade do tema exige.

---

decisões e se comporta em um mundo de recursos escassos e suas conseqüências. A Análise Econômica do Direito, portanto, é o campo do conhecimento humano que tem por objetivo empregar os variados ferramentais teóricos e empíricos econômicos e das ciências afins para expandir a compreensão e o alcance do direito e aperfeiçoar o desenvolvimento, a aplicação e a avaliação de normas jurídicas, principalmente com relação às suas conseqüências. GICO Jr., Ivo. *Metodologia e Epistemologia da Análise Econômica do Direito.* Economic Analysis of Law Review, V. 1, nº 1, p. 7-32, Jan-Jun, 2010

24 Em outras palavras, o modelo mais social de Estado entrou no meio do confronto entre capital e trabalho, evitando que esse duelo competitivo colocasse em causa a paz social. As fagulhas resultantes do enfrentamento dos dois polos se transformaram em reinvindicações (de um) por direitos sociais e (de outro) por menores tributos. O novo pacto social desenhado parte do pressuposto de que o capital deve pagar tributos para que o Estado Tributário Distribuidor preste serviços necessários ao atendimento das necessidades dos trabalhadores. O entrechoque entre capital e trabalho é assim camuflado e, em nome da paz social, esse enfrentamento sé deve se revelar na forma de duas lutas: capital x Estado; Estado x trabalho (BATISTA JÚNIOR, Onofre Alves. Por que a "guerra fiscal"? Os desafios do Estado na modernidade líquida. Revista Brasileira de Estudos Políticos: Belo Horizonte, n.102, p.318, jan./jun. 2011.)

A partir dos conhecimentos de eficiência e praxiologia, tão caros à chamada Escola Austríaca de Economia, demonstrou-se os benefícios e prejuízos oriundos de uma intervenção estatal.

Neste aspecto já se impôs que a interferência do Estado no domínio econômico deve estar atenta às consequências de caráter micro e macroeconômico, principalmente aos efeitos de longo prazo.

O princípio da capacidade contributiva deve ser respeitado na individualização e subjetivismo da cobrança, sem predeterminações que a façam distorcer a sua finalidade.

Quando o Estado adentra ao domínio econômico deve buscar, em caráter impositivo, a eficiência de sua atuação, postulado inclusive constitucional para a Administração Pública, como dispor de ferramentas que beneficiem a todos, sob o risco de se configurar uma nova distorção não desejada por todos os membros da comunidade.

A mera tributação com finalidade de achatamento dos membros de uma comunidade, compressão no ponto de chegada, apenas mascara o problema da desigualdade, devendo a justiça fiscal soerguer-se na segurança e neutralidade na arrecadação.

Da mesma maneira, as obrigações acessórias devem ser revistas, fomentando-se a livre iniciativa a produzir, nascendo, a partir daí, recursos capazes de reduzir as desigualdades sociais e regionais que assolam nosso país.

Não pode a livre iniciativa ter medo de produzir, ter insegurança nesta ou naquela atuação do CARF, pois não há justiça fiscal sem contribuinte, assim, como não há gerenciamento sem riqueza, daí a pensar na Justiça Fiscal, nada mais justo do que permitir a todos uma melhora no cenário anterior, seja na redução ou individualização das alíquotas, seja na clareza dos regulamentos tributários.

21

CIDADANIA FISCAL: O PAGAMENTO DE TRIBUTOS E A JUSTIÇA FISCAL

Raphael Silva Rodrigues[1]

1. INTRODUÇÃO

A cidadania fiscal tem sido costumeiramente tratada em conjunto com o dever fundamental de pagar tributos e com a justificação de tal dever com base na noção do Estado Social. Assim, reconhecendo-se a consolidação doutrinária sobre tais questões, propõem-se novas frentes de discussão sobre este tema.

Nesse sentido, firma-se, num primeiro momento, que o dever de recolher tributos é eminentemente normativo, de modo que decorre necessariamente de uma norma jurídica que assim o determina. Mais do que uma norma jurídica, há todo um sistema normativo, por vezes demasiadamente complexo, como o brasileiro, que induz e obriga ao pagamento de tributos.

1 Advogado em Belo Horizonte. Professor do Curso de Direito da Faculdade Novos Horizontes. Professor dos Cursos de Pós-Graduação em Direito Processual e em Direito do Trabalho do IEC/PUC Minas, Professor do Curso de Pós-Graduação (MBA) em Gestão de Tributos do Centro Universitário Newton Paiva, Professor convidado do Curso de Pós-Graduação em Direito e Processo Previdenciário do UNIBH, Professor convidado dos Cursos de Pós-Graduação (MBA) em Direito Ambiental, do Trabalho e Previdenciário e em Gestão Estratégica e Gestão de Pessoas e das Relações Trabalhistas e Previdenciárias da Faculdade Presidente Antônio Carlos de Mariana - FUPAC Mariana. Membro Colaborador da Comissão de Direito Tributário da OAB/MG.

Com base nesta premissa, a de que o pagamento de tributos é um dever moderno constituído por um complexo de normas, contra as quais o cidadão, independentemente do regime, não possui possibilidade jurídica de se esquivar, analisa-se a eficácia, o *law enforcement* desse dever legal. Nesse ponto, observa-se que, muito embora obrigatório, e de inadmissível negação ou ignorância por parte do cidadão pelo sistema, a obrigatoriedade do pagamento de tributos não é, de forma geral, bem aceita pelo cidadão, nada obstante todo o profundo esforço hermenêutico nesse sentido.

Entendeu-se que a grande causa de tal constatação é justamente a falta de cidadania fiscal. Apesar de todo o sistema coercitivo voltado à correção no pagamento de tributos, o contribuinte não tem sido historicamente chamado a participar e a debater sobre a política fiscal e tributária.

Assim, para que o indivíduo possa pagar tributos de bom grado, para que seja exercida efetivamente a cidadania fiscal, o cidadão não pode sentir apenas que faz algo porque lhe é imposto, por que lhe é defeso não fazer.

Torna-se mister, desse modo, que o cidadão efetivamente sinta que participa do debate tributário, que é ouvido e tem sua manifestação considerada. Sugere-se então que tão somente o amadurecimento democrático fará com que o cidadão sinta-se obrigado a atuar em conjunto com o Poder Público e a entender o quão fundamental é o dever de recolher tributos.

2. O DEVER NORMATIVO DE RECOLHER TRIBUTOS

Observa-se que estudos sobre cidadania fiscal ou a respeito do chamado dever fundamental de recolher tributos voltam-se eminentemente à justificação de tal dever com base na concepção de Estado Social[2]; na correspondência entre direitos e deveres fundamentais[3]; na eficácia de diversas normas-princípio modernas, como a capacidade contributiva; ou mesmo em paradigmas pós-positivistas que relacionam o dever fundamental de pagar tributos à necessária consideração de aspectos de moralidade na construção e interpretação da norma jurídica[4]. A literatura

---

2 CARDOSO, Alessandro Mendes. *O Dever Fundamental de Recolher Tributos no Estado Democrático de Direito*. Porto Alegre: Livraria do Advogado, 2014.

3 NABAIS, José Casalta. *O dever fundamental de pagar imposto: contributo para a compreensão constitucional do estado fiscal contemporâneo*. Coimbra: Almedina, 2009.

4 NOGUEIRA, Roberto Wagner Lima. *Ética tributária e cidadania fiscal*. Jus Navigandi, Teresina, ano 7, n. 60, 1 nov. 2002. Disponível em: <http://jus.com.br/artigos/3356>. Acesso em: 2 mar. 2015.

existente sobre cidadania fiscal com tal enfoque é bastante rica, aprofundada e consolidada.

Por tal razão, busca-se aqui debruçar-se sobre a cidadania fiscal e o dever fundamental de pagar tributos sob um novo viés, cuja pretensão inicial é simplificar esta discussão.

Não se ignora todo o desenvolvimento jurídico que relaciona os deveres fundamentais aos direitos de igual envergadura, e que atribuem ao dever de recolher tributos a própria existência, enquanto sobrevivência financeira, do Poder Público. Nada obstante, não raras vezes busca-se dissecar a analisar determinado tema em nível citológico que se renega o exame das questões basilares, iniciais, em geral de baixa complexidade.

Nesse sentido, evoca-se, em reflexão sobre os sistemas jurídicos tributários em geral, que o dever de recolher tributos decorre necessariamente de uma norma jurídica que assim o determina.

Esta proposição é aplicável em nível geral a todos os sistemas constitucionais contemporâneos, e independe do regime ou concepção de Estado ou do direito adotado por determinado país.

Por maior que seja a boa vontade ou o engajamento dos cidadãos de determinado país, seus nacionais buscam recolher regularmente tributos, especialmente em razão da existência de norma jurídica com tal imposição.

No caso brasileiro, por exemplo, há clássica norma constitucional (art. 5º, II, da Constituição Federal), comumente referida como princípio da legalidade, que determina, em nível inicial com a natureza normativa de regra[5], que *"ninguém será obrigado a fazer ou deixar de fazer alguma coisa senão em virtude de lei"*. Ainda, a própria Constituição Federal (arts. 145 e seguintes) atribui aos Entes Federados competência para instituir tributos, *ex vi* seu art. 153, III (*"compete à União instituir impostos sobre: renda e proventos de qualquer natureza"*).

Assim, diversos enunciados normativos (leis em sentido estrito) buscam fundamento de validade em tais disposições constitucionais e instituem tributos, que devem, por sua própria natureza compulsória (art. 3º do Código Tributário Nacional – CTN), ser pagos pelas pessoas naturais ou jurídicas eufemisticamente definidas pela legislação como contribuintes.

Por exemplo, sabe-se, a partir dos arts. 43 a 45 do CTN, e em um segundo momento por uma plêiade de leis e atos regulamentares, que pessoas ou empresas que tenham, em linhas gerais, auferido renda em

---

[5] ÁVILA, Humberto. *Sistema Constitucional Tributário*. 3. ed. São Paulo: Saraiva, 2008.

determinado período, estão sujeitas ao recolhimento do Imposto sobre a Renda.

Na hipótese de não recolhimento de tributo apontado como devido, o sistema jurídico construído pelo Poder Público, por meio de suas diversas *law enforcement agencies*, busca dar efetividade às prescrições legais. Nesse sentido, verifica-se que os entes federativos brasileiros dispõem de diversos instrumentos, para além da imposição legal, para exigir o cumprimento do dever legal (normativo) de pagamento de tributos, tais como os atos de constituição, cobrança e execução de créditos tributários; as imposições de multas e os mecanismos de exigência de certidões negativas perante o Poder Público.

Adicionalmente, o descumprimento do dever de recolher tributos é sancionado pelo sistema por meio da tipificação como crimes de atos contrários ao dever de pagamento de tributos (*e.g.*, Lei nº. 8.137/1990).

Assim, é possível extrair do conjunto de normas de um sistema jurídico tributário dois funtores-deônticos básicos[6], que se confundem, resumidos nas seguintes proposições gerais: (a) é *obrigatório* o pagamento de tributos (pelo contribuinte que praticou seu fato gerador) e (b) é *proibido* abster-se de pagar tributos ou utilizar-se de expedientes com intuito de não recolher tributos.

Segundo Ricardo Lobo Torres, as características que diferenciam o tributo dos demais ingressos públicos devem ser buscadas na própria Constituição, daí resultando que:

> [...] o tributo: é um dever fundamental, ao lado dos deveres militares e do serviço do júri; limita-se pelos direitos fundamentais, através das imunidades e das proibições de privilégio e de confisco previsto no art. 150, já que nasce no espaço aberto pela autolimitação da liberdade; obedece aos princípios da capacidade contributiva (art. 145, § 1º) ou do custo-benefício (art. 145, I e III) – aquele informa principalmente os impostos e este, as taxas e as contribuições de melhoria – sendo-lhes a rigor estranhos princípios como os da solidariedade social ou econômica; destina-se a suportar os gastos essenciais do Estado ou as despesas relacionadas com as atividades específicas do Estado de Direito, vedado o seu emprego para suprir necessidade ou cobrir déficit de empresas, fundações ou fundos (art. 167, VII, CF) e excluída do seu conceito a finalidade puramente extrafiscal; emana do poder específico de legislar sobre o tributo no marco do poder

---

[6] CARVALHO, Paulo de Barros. *Direito Tributário: fundamentos jurídicos da incidência.* 5. ed. São Paulo: Saraiva, 2007, pp. 28-30.

distribuído pela Constituição (arts. 145, 148, 149, 150, I e § 6º, 153, 154, 155 e 156), inconfundível com o poder genérico de legislar (art. 5º, II e 48).[7]

Em síntese, o renomado autor conceitua o tributo como o dever fundamental, consistente em prestação pecuniária que, limitado pelas liberdades fundamentais, sob a diretiva dos princípios constitucionais da capacidade contributiva, do custo/benefício ou da solidariedade do grupo e com a finalidade principal ou acessória de obtenção de receita para as necessidades públicas ou para atividades protegidas pelo Estado, é exigido de quem tenha realizado o fato descrito em lei elaborada de acordo com a competência específica outorgada pela Constituição.[8]

Portanto, ao se tratar do dever de recolher tributos, não se pode perder de visa que tal obrigação é, antes de tudo, normativa, e é detidamente estabelecida pelo próprio sistema jurídico.

3. DEVER E OBRIGAÇÃO DE RECOLHER TRIBUTOS

Sabe-se que o sistema jurídico não admite a desconfirmação de suas normas, isto é, não se admite que o cidadão ou administrado aja ou atue como se determinada norma ou a autoridade que a emanou não existissem. Assim, a desconfirmação é tratada como rejeição do comando normativo, para o qual são instituídas sanções para o descumprimento.

Nesse sentido, observa-se que, muito embora o cidadão saiba de sua obrigação de recolher tributos, possui dificuldade, especialmente na atualidade, de aceitar o pagamento de tributos, ou a intensidade de tal obrigação, como legítima.

Hart observa que a noção de obrigação é fundamental para a ciência do direito, pois o fenômeno jurídico tem em sua essência a vinculação (obrigatória) que se estabelece para as condutas humanas[9]. Entretanto, nota sentidos diferentes entre dizer que alguém está obrigado a fazer alguma coisa e alguém tem a obrigação de fazê-lo. Segundo Ferraz Jr,

---

7 TORRES, Ricardo Lobo. *Curso de Direito Financeiro e Tributário.* Rio de Janeiro: Renovar, 2003, p. 334.

8 TORRES, Ricardo Lobo, Ob. Cit., p. 334.

9 *apud* FERRAZ JR, Tércio Sampaio. *Introdução ao Estudo do Direito: técnica, decisão, dominação.* 4. ed. São Paulo: Atlas, 2003, p. 160.

> ao conceituar *obrigação*, a dogmática vê-se às voltas com os dois sentidos supramencionados (estar obrigado e ter a obrigação) e se pergunta, inicialmente, pelo fundamento do vínculo obrigacional. Para expressar a obrigação como um vínculo, aparece, então, a palavra dever com toda sua carga ideológica, ou em termos de uma força moral como a que nos liga às promessas que fazemos ou de uma aprovação social. Toda obrigação envolve assim um vínculo, expressão de um dever. Ou ainda, o dever expressa, na obrigação, essa força vinculante que nos faz estar ligados. A ideia de dever atua assim como um motivo para o comportamento lícito que se cumpre, primariamente, não por temos de sanções, mas por respeito desinteressado ao direito.[10]

Com base em tal premissa, verifica-se a não correspondência entre o dever normativo de pagar tributos e o sentimento generalizado dos cidadãos de sentirem tal obrigação como legítima ou adequada.

Os textos legais que determinam a incidência e pagamento de tributos não são carentes de eficácia normativa, especialmente em razão dos diversos mecanismos de constituição, cobrança e fiscalização das obrigações tributárias, constantemente aprimorados ao longo da história; bem como graças à grande eficiência das *enforcement agencies* existentes.

Assim, todo o conjunto de legislação que culmina na exigência de tributos das pessoas e empresas não pode ser tido como simbólico[11], pois possui elevada concreção normativa. Entretanto, ainda assim, o dever normativo de recolher tributos, por si só, não tem sido suficiente para que os cidadãos sintam tal cobrança, ou o volume recolhido de tributos, como justo.

4. CAUSAS DA AVERSÃO À TRIBUTAÇÃO PELOS CIDADÃOS

Ao tratar da postura dos cidadãos geralmente contrária à tributação e ao dever de recolher tributos, Alessandro Mendes Cardoso busca as causas para tal fenômeno, e destaca o seguinte:

> A repulsa à tributação pelos contribuintes pode-se dar por motivos exclusivamente egoístas, baseados no desejo de acumular o maior montante de riqueza possível, desprovido de qualquer sendo de dever ou responsabilidade social. Mas também pode-se dar por

[10] FERRAZ JR, Ob. cit., p. 161.

[11] NEVES, Marcelo. *A constitucionalização simbólica.* 2. ed. São Paulo: Martins Fontes, 2007.

motivos inerentes ao próprio sistema fiscal e à análise crítica que dele fazem os contribuintes.

Essa questão, pertinente à chamada "moralidade tributária", foi abordada com propriedade por Klaus Tipke. O jurista alemão elenca quatro razões relacionadas à moral tributária que "justificam" o descumprimento das leis tributárias por parte dos contribuintes: a) porque consideram as leis injustas ou inconstitucionais; b) porque outros sujeitos evadem o pagamento de impostos de maneira constante (o que tem repercussão até mesmo no campo da concorrência); c) porque consideram que o Estado esbanja ou aplica mal os recursos arrecadados; e d) porque não entendem as leis tributárias ou não sabem cumprir perfeitamente as suas obrigações, sejam as principais ou acessórias

As questões levantadas por Tipke se referem a fatores inerentes à estrutura do sistema fiscal que realmente afetam a adesão dos contribuintes ao dever de recolher tributos e à sua configuração como dever de cidadania.

[...]

A classificação apresentada por Tipke é interessante ao listar diversas formas de postura do cidadão perante o dever de recolher tributos e demonstrar como a forma de estruturação do sistema fiscal na adesão a esse dever. Com efeito, a atual crise do sistema fiscal decorre em muito da crise de identidade do contribuinte para com o seu dever tributário decorrente dos problemas operacionais, abusos e, mesmo, ilegalidades em sua efetivação. Mas não se pode negar também que a evasão fiscal decorre, em muitos casos, do simples desejo egoísta de enriquecimento e do chamado "capitalismo selvagem", que busca a todo custo e sem a menor preocupação social catalisar os lucros. [12]

Compreende-se que todas estas causas efetivamente se relacionam à repugnância à tributação, e contêm os principais aspectos de tal fenômeno, que são, de um lado, um inconformismo difuso com a atuação estatal, com a percepção de que os recursos arrecadados por meio do recolhimento de tributos não têm sido bem administrados; e, de outro lado, a histórica rejeição social à limitação da propriedade consistente na exigência de tributos, que não se limita à atualidade, mas pode ser vista, por exemplo, nas revoltas contra o Império Romano, na Independência

[12] CARDOSO, Alessandro Mendes. *O Dever Fundamental de Recolher Tributos no Estado Democrático de Direito.* Porto Alegre: Livraria do Advogado, 2014, p. 165.

dos Estados Unidos, na Inconfidência Mineira, na Guerra dos Farrapos, entre diversos outros relevantes fatos históricos.

Ressalta-se que o modelo conceitual e normativo de tributação ocidental ajuda a explicar, ainda que de maneira superficial, o motivo pelo qual o ato de tributar pelo Poder Público costuma gerar certa aversão por parte da sociedade. Mesmo a visão normativista pura, por desconsiderar elementos de cunho valorativo, materiais na relação tributária, ajudou a aumentar tal aversão ao pagamento dos impostos.

Com efeito, o poder de tributar sempre foi visto como ato de imposição estatal, e não como meio fundamental e necessário para realização dos valores sociais e indispensáveis à manutenção do Estado.

Ao contrário do sentimento popular acima destacado, verifica-se que o funcionamento regular do Estado fiscal depende de que os tributos sejam exigidos em conformidade com princípios materiais tais como o da igualdade, o da capacidade econômica e o da vedação de efeito confiscatório (manutenção das fontes impositivas).[13]

Marco Aurélio Greco é um dos autores brasileiros que mais se destacam no exame da questão em análise:

> Esta mudança do perfil do Estado repercute, também, no âmbito da tributação, que deixa de ser vista da perspectiva do confronto entre contribuinte e Fisco – a partir do que as respectivas normas constitucionais assumem o papel de instrumentos de limitação do poder do Estado e proteções ao patrimônio do indivíduo – para ser vista como instrumento de viabilização da solidariedade no custeio do próprio Estado. Daí a capacidade contributiva ser guindada à condição de princípio geral do sistema tributário, a teor do § 1° do art. 145 da CF.[14]

Para além destas causas, propõe-se que uma das principais causas para a aversão à tributação é justamente a falta de cidadania fiscal.

5. CIDADANIA FISCAL

A noção de cidadania pode ser compreendida, em linhas gerais, como a possibilidade atribuída ao indivíduo de efetivamente participar ativamente de seu governo, da vida do Estado, e decorre da soberania popular[15].

[13] GODOI, Marciano Seabra de. *Tributo e Solidariedade Social.* In: Solidariedade social e tributação. São Paulo: Dialética, 2005, p. 154.

[14] GRECO, Marco Aurélio. *Planejamento tributário.* São Paulo: Dialética, 2004, p. 284.

[15] SILVA, José Afonso da. *Curso de Direito Constitucional Positivo.* 22. ed. São Paulo: Malheiros, 2003, p. 343-344.

Em trabalhos sobre cidadania fiscal, esta concepção é abrangida para conclamar o indivíduo a não só participar da formulação estatal e exigir direitos do Poder Público (cidadania unilateral), mas também para realizar tarefas e se obrigar perante a sociedade e o Estado (cidadania bilateral).[16]

Do ponto de vista histórico, convém salientar que o Poder Público começou a perceber que a falta de recolhimento de tributos acarretava sérios danos ao cumprimento das atividades estatais.

No passado, o dever de recolher tributos objetivava simplesmente sustentar os anseios do poder absolutista. Tempos depois, tal dever centrou-se na necessidade de financiar o Estado, uma vez que este, por meio de sua própria natureza, prestava serviços públicos aos contribuintes. Não havia, pois, nesta época, a conscientização de que a tributação realizada pelo Estado deveria ser vista como um meio viabilizador dos interesses coletivos, intervindo, assim, no estado social daquele. E somente com o surgimento do Estado Social é que se começou a perceber que o dever de recolher tributos é mais do que um dever fundamental centrado no Estado Democrático de Direito, revestindo-se, portanto, no primado de cidadania e de solidariedade por parte de todos os contribuintes.

O jurista Ricardo Lobo Torrres confirma tal posicionamento, senão vejamos:

> A idéia de solidariedade se projeta com muita força no direito fiscal por um motivo de extraordinária importância: tributo é um dever fundamental. Sim,
>
> o tributo se define como o dever fundamental estabelecido pela Constituição no espaço aberto pela reserva da liberdade e pela declaração dos direitos fundamentais. Transcende o conceito de violação prevista em lei, posto que assume dimensão constitucional. O dever não é pré-constitucional como a liberdade, mas se apresenta como obra eminentemente constitucional. Ora, se a solidariedade exibe primordialmente a dimensão do dever segue-se que não encontra melhor campo de aplicação do que o tributário, que regula o dever fundamental de pagar tributo, um dos pouquíssimos deveres do cidadão do Estado Liberal, ao lado dos de prestar o serviço militar, compor o júri e servir à justiça eleitoral.[17]

---

16 NOGUEIRA, Roberto Wagner Lima. *Ética tributária e cidadania fiscal.* Jus Navigandi, Teresina, ano 7, n. 60, 1 nov. 2002. Disponível em: <http://jus.com.br/artigos/3356>. Acesso em: 2 mar. 2015.

17 TORRES, Ricardo Lobo. *Solidariedade e justiça social.* In: TORRES, Ricardo Lobo (Coord.). Estudos de Direito Tributário - Homenagem à memória de Gilberto de Ulhôa Canto. Rio de Janeiro: Forense, 1998, p. 301.

Decorre deste desenvolvimento de cidadania fiscal o estabelecimento de uma fundamentação para que o indivíduo se obrigue a financiar e a construir solidariamente o Estado, e desta forma ser corresponsável pela realização das demandas sociais.

6. A FALTA DE CIDADANIA FISCAL É A CAUSA PREPONDERANTE DA INCOMPREENSÃO DO DEVER DE RECOLHER TRIBUTOS

Não raras vezes a realidade fática choca a sociedade com casas nababescas e suntuosamente decoradas, que, entretanto, surpreendentemente, careciam de fundação ou alicerce.

Sob tal influxo, observa-se que importantes atores sociais passaram a exigir uma *cidadania bilateral* do indivíduo, que deixou de ser credor para se transformar em codevedor de obrigações estatais, sem que, contudo, tivesse sido garantido um mínimo de direitos de cidadania ao indivíduo.

Desse modo, propõe-se que é justamente a falta de cidadania fiscal que causa a incredulidade do cidadão quanto ao dever fundamental de pagar tributos.

De fato, o Estado sequer conseguiu dar o básico e elementar aos seus administrados, que seriam condições de efetivamente exercer a cidadania e participar da formulação das políticas tributárias.

Ao revés, o contribuinte tem sido chamado de cidadão tão somente na hora de recolher tributos, mas não é minimamente convidado a participar das discussões tributárias.

Nesse sentido, observa-se, por exemplo, que recentemente o Governo Federal anunciou, no apagar das luzes, mudanças profundas no sistema de contribuições previdenciárias incidentes sobre receita bruta, com substanciais majorações de alíquotas. Estas significativas alterações ocorreram sem discussão com a sociedade, que havia recebido em meses anteriores a mensagem institucional que o sistema recém-implantado seria definitivo.

Portanto, justamente a falta de participação do cidadão, isto é, a falta de cidadania, precisamente a falta de garantia de cidadania fiscal por parte do Poder Público, com a não implementação efetiva de mecanismos de participação ativa do cidadão na política fiscal e tributária, que traz incredulidade à baixa legitimação quanto ao dever de recolher tributos, pois se sente tal obrigação como uma imposição (um imposto), e não como uma construção coletiva.

7. CONSIDERAÇÕES FINAIS

Do até aqui exposto resulta conclusivo que há muito se discute acerca da motivação e da real importância do recolhimento de tributos para uma melhor consecução das atividades públicas.

Neste contexto, ressalta-se que, de acordo com o Pacto Federativo previsto na Constituição da República, os particulares devem contribuir, na medida de suas capacidades econômicas, para o financiamento e desempenho das atividades públicas. Tal financiamento é realizado por meio do recolhimento de tributos que, neste contexto, são a principal fonte de recursos do Poder Público.

Ocorre que, devido às dificuldades de interpretação da nossa vultosa legislação tributária, do descrédito da população quanto à efetiva alocação de recursos de forma a atingir os ditames constitucionais por parte do governo, da falta de confiança do meio empresarial nas mais variadas políticas fiscais, enfim, e por diversos outros motivos, verifica-se que as obrigações de cunho fiscal têm sido relegadas por alguns contribuintes, o que de certa forma vem ocasionando diversos prejuízos e riscos à manutenção dos serviços estatais que visam absorver as necessidades sociais dos cidadãos.

A atividade tributária exercida pelo Estado deve sopesar os meios de exação ante os princípios preconizados na Carta Magna de 1988, posto que, ao contrário, o dever de recolher tributos perde o seu enfoque principal; o que de certa forma dá margem às condutas evasivas por parte dos contribuintes, ainda que tal situação seja injustificável, do ponto de vista normativo-jurídico.

Por outro lado, cumpre destacar que o direito de o cidadão fiscalizar as atividades econômicas do Estado remonta, no mínimo, a 1789, quando a Declaração dos Direitos do Homem e do Cidadão assim dispôs em seu artigo 14: "*Todos os cidadãos têm o direito de verificar, por si ou pelos seus representantes, a necessidade de contribuição, de consenti-la livremente, de observar o seu emprego e de lhe fixar a repartição, a coleta, a cobrança e a duração*".

Ora, não é necessário ser especialista em tributação ou em economia para concluir que a atuação estatal no sentido de garantir a fruição dos direitos sociais custa dinheiro. Após uma interpretação sistêmica dos arts. 3º e 6º da Constituição Federal, percebe-se claramente que para que o indivíduo possa exigir do Estado a consecução dos direitos sociais ali previstos, antes de qualquer coisa, torna-se indispensável a contrapartida republicana pelo cidadão, da qual decorre a necessidade de imposição do seu amplo espírito de solidariedade quando do recolhimento de tributos.

Em termos simples, pode-se dizer que é menos oneroso deixar o Estado proporcionar esse bem a todos que esperar que cada um providencie seu próprio bem. Caso contrário, estar-se-ia permitindo um verdadeiro retrocesso social.

A concepção moderna de cidadania fiscal nos permite interpretar que o indivíduo é instado a não só participar da formulação estatal e exigir direitos do Poder Público (cidadania unilateral), mas também a realizar tarefas e se obrigar perante a sociedade e o Estado (cidadania bilateral).

O Estado organizado chamou para si, entre outras, a responsabilidade de manter a ordem, especialmente no cumprimento dos objetivos fundamentais da República e a de realizar ações sociais no campo da educação e saúde. E isso só se faz, definitivamente, com a devida educação fiscal daqueles que possuem o dever fundamental de recolher tributos.

Embora não seja comum a citação de textos bíblicos em minhas humildes manifestações acadêmicas, peço licença para trazer à baila a pertinente passagem bíblica:

> Então, retirando-se os fariseus consultaram entre si como o surpreenderiam em alguma palavra. E enviaram-lhe discípulos, juntamente com os herodianos para dizer-lhe: Mestre, sabemos que és verdadeiro e que ensinas o caminho de Deus, de acordo com a verdade, sem te importares com quem quer que seja, porque não olhas a aparência dos homens. Dize-nos, pois, que te parece? É lícito pagar tributo a César, ou não? Jesus, porém, conhecendo-lhes a malícia, respondeu: Por que me experimentais hipócritas? Mostrai-me a moeda do pagamento de tributo. Trouxeram-lhe um denarium. E ele lhes perguntou: De quem é esta efígie e inscrição? Responderam: De César. Então lhes disse: Dai, pois, a César o que é de César e a Deus o que é de Deus. Ouvindo isto, se admiraram e, deixando-o, foram-se.
>
> (*Mateus, 22:15-22*)

Enfim, ao analisar a passagem bíblica acima transcrita, não restam dúvidas de que a humanidade recebeu a importante lição de que o cidadão, se quiser viver em paz e em harmonia em determinada sociedade, deve submeter-se e cumprir as normas ali estabelecidas, sejam elas brandas ou rigorosas; boas ou ruins; independente da posição social, origem, raça ou cor do indivíduo.

REFERÊNCIAS BIBLIOGRÁFICAS

ÁVILA, Humberto. *Sistema Constitucional Tributário.* 3. ed. São Paulo: Saraiva, 2008.

CARDOSO, Alessandro Mendes. *O Dever Fundamental de Recolher Tributos no Estado Democrático de Direito.* Porto Alegre: Livraria do Advogado, 2014.

CARVALHO, Paulo de Barros. *Direito Tributário: fundamentos jurídicos da incidência.* 5. ed. São Paulo: Saraiva, 2007.

FERRAZ JR, Tércio Sampaio. *Introdução ao Estudo do Direito: técnica, decisão, dominação.* 4. ed. São Paulo: Atlas, 2003.

GODOI, Marciano Seabra de. *Tributo e Solidariedade Social.* In: Solidariedade social e tributação. São Paulo: Dialética, 2005.

GRECO, Marco Aurélio. *Planejamento tributário.* São Paulo: Dialética, 2004.

NABAIS, José Casalta. *O dever fundamental de pagar imposto: contributo para a compreensão constitucional do estado fiscal contemporâneo.* Coimbra: Almedina, 2009.

________. *Algumas reflexões sobre o actual estado fiscal.* Site da Revista Virtual da Advocacia Geral da União [AGU]. n. 9. abril/2001. Disponível em: www.agu.gov.br.

NEVES, Marcelo. *A constitucionalização simbólica.* 2. ed. São Paulo: Martins Fontes, 2007.

NOGUEIRA, Roberto Wagner Lima. *Ética tributária e cidadania fiscal.* Jus Navigandi, Teresina, ano 7, n. 60, 1 nov. 2002. Disponível em: <http://jus.com.br/artigos/3356>. Acesso em: 2 mar. 2015.

SILVA, José Afonso da. *Curso de Direito Constitucional Positivo.* 22. ed. São Paulo: Malheiros, 2003.

TORRES, Ricardo Lobo. *Curso de Direito Financeiro e Tributário.* Rio de Janeiro: Renovar, 2003.

________. *Solidariedade e justiça social.* In: TORRES, Ricardo Lobo (Coord.). Estudos de Direito Tributário - Homenagem à memória de Gilberto de Ulhôa Canto. Rio de Janeiro: Forense, 1998.

22

A PARTICIPAÇÃO DO CONTRIBUINTE NA FORMULAÇÃO DA POLÍTICA TRIBUTÁRIA DO ESTADO

Reinaldo Lage Rodrigues de Araújo[1]

O presente estudo tem por escopo esmiuçar a participação do Contribuinte na formulação das políticas tributárias do Estado, em todas as suas esferas e espécies tributárias, mas, em especial, nos impostos, com a finalidade de consecução material do disposto no artigo 145, parágrafo 1º da Constituição Federal[2].

Importante ressaltar que a política tributária e a carga que ela faz incidir sobre a sociedade decorrem diretamente das obrigações constitucionais e legais do Estado. Este tem o tributo como fonte secundária (na técnica do Direito Financeiro) para arcar com estas obrigações. E, o Estado Brasileiro, como a maioria dos Estados, tem na receita secundária a sua principal fonte de arrecadação.

---

1 Advogado, especialista em Direito Tributário pelas Faculdades Milton Campos, Conselheiro Suplente do Conselho de Contribuintes do Estado de Minas Gerais.

2 ... § 1º - Sempre que possível, os impostos terão caráter pessoal e serão graduados segundo a capacidade econômica do contribuinte, facultado à administração tributária, especialmente para conferir efetividade a esses objetivos, identificar, respeitados os direitos individuais e nos termos da lei, o patrimônio, os rendimentos e as atividades econômicas do contribuinte. Membro da Comissão de Direito Tributário da OAB/MG.

O tributo, sendo obrigação "ex lege", da qual o obrigado não participa da sua instituição, não concorrendo qualquer vontade do mesmo no implemento da obrigação, deve ser dotado de mecanismos concretos que permitam ao obrigado (contribuinte) influenciar na instituição do tributo, em especial demonstrando ao ente tributante qual é a real parcela da riqueza[3] disponível para a tributação.

Isto se faz necessário na medida em que a capacidade contributiva, no que pese vasta doutrina entender que não deva ser auferida individualmente, tem de atingir na maior proximidade possível a capacidade contributiva de fato do contribuinte ou da categoria econômica em que ele esteja inserido.

Apesar de o Estado em muitas das vezes contar com estudos técnicos para a elaboração de políticas tributárias, mudanças de base de cálculo, aumento de alíquotas, concessão de crédito presumido, regimes especiais tipificados, e outros instrumentos de técnica de arrecadação que tenham impacto direto na carga tributária, estes estudos não contam com a participação efetiva do Contribuinte e acabam por não atender de forma plena a diretriz constitucional.

Para que se faça este estudo, será necessário passar por uma reflexão da democracia material, ou direitos fundamentais de quarta geração, a figura do "ombusdman" na sua concepção história e a sua inserção no Ordenamento Jurídico Brasileiro, o papel das entidades representativas de classe ou de categoria econômica, a prática no Brasil e uma proposta de solução.

A DEMOCRACIA MATERIAL

O Estado Democrático de Direito, é princípio norteador de todo nosso Ordenamento Jurídico, e exige a garantia dos valores e dos princípios adotados por nossa Constituição.

Em outras palavras, o Estado Brasileiro, ao adotar como norte de seu ordenamento o Estado Democrático de Direito, fez uma opção clara e veemente que irá irradiar por todas as demais normas do sistema.

---

3 termo utilizado em sentido lato, sem qualquer corelação com o Imposto de Renda, apenas para fins didáticos

Mas por que a discussão sobre este tema deve se assentar em bases constitucionais? Porque toda obrigação tributária, desde a delegação da competência tributária até a instituição da obrigação e a incidência individual sobre cada fato eleito para ser tributado, está delimitada na Constituição.

Mais do que isto, todo o fundamento da tributação do Estado Brasileiro surge no Preâmbulo da nossa Constituição[4], que institui um Estado de Direito (meramente formal) e Estado Solidário, e dá a toda a sociedade o dever de alterar a nossa realidade social, promovendo as alterações necessárias para a redução de nossas desigualdades[5].

E é neste Preâmbulo que a nossa carga tributária reside e tem a sua exata medida, pois estão ali as obrigações de toda a nossa sociedade, tanto das pessoas de direito público (serem indutoras da redução de desigualdades e concreção de direitos) quanto das pessoas de direito privado (arcarem com os custos destas alterações). A carga tributária tem ali a sua justa medida.

Mas, a opção pelo Estado Democrático "e" de Direito leva também à proteção sistêmica das garantias fundamentais, e toda a interpretação do ordenamento jurídico deve estar voltada à concretude e preservação daquelas garantias.

---

4 Nós, representantes do povo brasileiro, reunidos em Assembléia Nacional Constituinte para instituir um Estado Democrático, destinado a assegurar o exercício dos direitos sociais e individuais, a liberdade, a segurança, o bem-estar, o desenvolvimento, a igualdade e a justiça como valores supremos de uma sociedade fraterna, pluralista e sem preconceitos, fundada na harmonia social e comprometida, na ordem interna e internacional, com a solução pacífica das controvérsias, promulgamos, sob a proteção de Deus, a seguinte CONSTITUIÇÃO DA REPÚBLICA FEDERATIVA DO BRASIL.

5 Isto siginifica que a Assembléia Nacional Constituinte não optou entre linhas ideológicas opostas; ao contrário, assumiu uma decisão de compromisso no sentido de acolher ambas as visões. Isto fe com que o texto aprovado (a Constituição de 1988) resultasse da fusão de duas linhas ideológicas dando vida a essa figura híbrida que é o Estado Democrático de Direito. Como nenhuma das duas concepções ideológicas foi rejeitada, o resultado prático dessa decisão de compromisso tomada no âmbito da Assembleia Constituinte, foi a Constituição de 1988 consagra postulações de ambas as visões. Vale dizer, ao mesmo tempo, estão no texto da Constituição dispositivos de nítido caráter protetivo: limitações ao poder, proteção ao direito de propriedade, proteção à segurança individual etc. E ao lado delas também estão ideias e regras que dizem respetio a valores sociais de caráter modificador da realidade. Pág. 51. Marco Aurélio Greco.

Esta opção claramente tem reflexos na seara tributária e no micro sistema constitucional tributário, que jamais poderá fugir da opção do Constituinte em adotar o Estado Democrático de Direito.

E como peça basilar deste sistema tem-se a participação do contribuinte, que pode influenciar diretamente na determinação da carga tributária, ou seja, na sua participação direta na formulação do que denominamos de política tributária.

Todo o sistema tributário e todas as normas tributárias somente poderão ter validade constitucional se obedecerem aos requisitos inerentes ao Estado Democrático de Direito.

Como já dito, é característica essencial do Estado Democrático a concretização dos direitos fundamentais. O Estado só alcança seu fim quando as garantias fundamentais previstas no texto constitucional encontrarem efetivação no mundo das relações jurídicas.

A concretização das garantias fundamentais[6] surge da evolução dos direitos fundamentais da primeira à quarta geração. Basicamente estão relacionados à hermenêutica constitucional e à superação da interpretação fechada da Constituição para uma interpretação aberta do texto constitucional.

Esta interpretação aberta não pode ser feita de qualquer forma, mas sim balizada pela concretude das garantias fundamentais.

Este é o ponto que interessa ao presente estudo. Hoje não resta qualquer dúvida de que a Constituição de 1.988 criou um Sistema Tributário Constitucional, cujas regras e princípios ali previstos muitas vezes são desdobramentos de garantias fundamentais trazidas pelo próprio texto constitucional. Podemos dizer que não são garantias com vida própria, mas garantias derivadas ou especificadas das garantias constitucionais trazidas no artigo 5° da Constituição Federal.

---

[6] Poderemos falar de sistemas tributários garantistas e de sistemas tributários não garantistas segundo ele se adapte à preservação dos valores constitucionais e tenha acentuada efetividade na concretização de direitos fundamentais. Esse garantismo tem que ver com a observânica dos princípios contemplados na Constituição, em uma aferição empírica de cumprimento de suas disposições de valores. A complexidade e a negação a princípios expõem o sistema a problemas severos de garantias ou de segurança jurídica. Por isso mesmo, ainda que a prática tributária dos entes federativos, a começar pela União, empiricamente, deponha em contrário (com um verdadeiro "estado de exceção permanente", distante da normalidade dos princípios), o constitucionalismo do nosso Estado Democrático de Direito orienta para um efetivo garantismo constitucional tributário. Heleno, p. 197.

Os princípios fundamentais devem ser compreendidos a partir do sistema[7], e toda a sua interpretação e aplicação só podem ser feitas com base nas premissas dadas pelo nosso sistema constitucional, pois só assim é possível alcançar a efetividade e a concretização das garantias fundamentais.

Nesta linha de ideias, o princípio da capacidade contributiva não aparece como simples regra (sem adentrar em qualquer tipo de discussão doutrinária na diferenciação de regras e princípios) trazida pelo Sistema Tributário Constitucional, mas como uma regra permeada de requisitos de validade de concretização dados pelo artigo 5º[8].

Isto quer dizer que o princípio da capacidade contributiva será ao mesmo tempo resultado de garantias fundamentais e o exercício da própria garantia fundamental e da realização do Estado Democrático de Direito.

E, nesta linha, a capacidade contributiva só poderá ser plena se o princípio, além de decorrer de dispositivos de garantia fundamental, puder ser exercido de fato pelo contribuinte, isto porque a Constituição de 1.988 optou em adotar o Estado Democrático de Direito.

Mas a questão surge justamente aí, no exercício da capacidade contributiva. Isto porque o texto constitucional aparentemente traz uma norma meramente formal, quiçá até uma proposição a ser atingida pelo Estado sem qualquer implicação concreta para o contribuinte.

No entanto, temos que perquirir a sua função na interpretação do texto constitucional. Claramente este princípio é dotado de duas funções: (i) bloqueio, limitando o poder de tributar do Estado; (ii) programática, pois busca realizar objetivos do texto constitucional.

---

[7] No constitucionalismo do Estado Democrático de Direito a segurança jurídica vê-se incorporada ao ordenamento como garantia constitucional, e não apenas como decorrente da estrutura sistêmica ou da certeza do direito (segurança jurídica formal), mas como meio de efetividade dos direitos e liberdades fundamentais (segurança jurídica material), como proteção a esses direitos. A segurança jurídica, nessa totalidade formal e material, converte-se em fim do ordenamento, como eficácia do sistema jurídico haurida a partir do interior da Constituição. Daí comumente dizer-se que o Estado Democrático de Direito é o "Estado de Segurança". Com maior rigor, melhor seria dizer que a Constituição na atualidade é a "Constituição de Segurança". Heleno p 184.

[8] É que a capacidade contributiva é princípio que serve de critério ou de instrumento à concretização dos direitos fundamentais individuais, quais sejam, a igualdade e o direito de propriedade ou vedação do confisco. Misabel in Aliomar, p 689.

É justamente a função programática que terá relação direta na participação do contribuinte na política tributária do Estado. Isto porque o tributo como obrigação "ex lege" não separa para uma das partes da relação obrigacional (ou da relação tributária) qualquer possibilidade de cunho volitivo, até mesmo por sua natureza, tendo a participação do contribuinte somente após o ato de criação da obrigação (fato gerador) instrumentalizado através do lançamento (seja o autolançamento ou lançamento a rigor). Portanto, só se pode conceber a concretização de garantias fundamentais e do Estado Democrático de Direito se o contribuinte em algum momento, minimamente, possa interferir na criação da obrigação a que estará sujeito.

Por isto, a função programática (realização de objetivos constitucionais) é extremamente importante para tal fim, pois somente com a intervenção do contribuinte pode ser demonstrada a parcela disponível da riqueza gerada por determinado setor ou grupo de pessoas alcançável pela tributação.

Vale lembrar, que esta proposta decorre até mesmo da terminologia adotada pelo parágrafo primeiro do artigo 145 da Constituição: "*sempre que* ***possível***, *os impostos terão caráter pessoal e serão graduados segundo a capacidade econômica do contribuinte...*". O constituinte, ao adotar o termo "possível", criou esta aparente disposição programática para este princípio.

Assim, a participação do contribuinte na formulação da política tributária aparece como verdadeiro instrumento de tutela das garantias fundamentais, das limitações ao poder de tributar e das liberdades constitucionais, pois a sua participação não será um fim em si mesmo, mas forma de concretização de garantias fundamentais e princípios constitucionais.

E o ponto central desta instrumentalização é permitir a concretização material da capacidade contributiva, seja ainda no Processo Legislativo, seja perante o Poder Executivo.

Mas não se pode olvidar que esta garantia não pode ser dada pelo Poder Judiciário (fazemos aqui uma inversão na ordem das proposições para fins didáticos), sob pena de violação de outra disposição constitucional que assegura a separação dos Poderes.

A separação dos Poderes traz delimitações claras de funções no campo tributário para cada uma das funções do Estado Brasileiro: (i) o Constituinte cria a competência tributária; (ii) o Legislativo exerce a competência tributária; (iii) o Executivo arrecada o produto da competência exercida pelo Legislativo; (iv) o Judiciário controla a constitucionalidade e legalidade dos atos do Legislativo e do Executivo.

Assim, a proposta de concretude da capacidade contributiva não passa necessariamente pelo Judiciário, mas sim pelo Legislativo e pelo Executivo.

Ela, concreção da garantia fundamental, deve ocorrer no momento do exercício da competência tributária, na criação do tributo propriamente, quando o contribuinte deve necessariamente participar deste processo.

Somente com a efetiva participação do contribuinte no exercício da competência tributária, podendo influenciar na criação da lei de incidência tributária, é que se pode concretizar garantias fundamentais, em especial aquelas atinentes ao Princípio da Capacidade Contributiva.

Mas se faz necessário verificar os mecanismos que podem ser utilizados (instrumentos) para concretização desta garantia fundamental.

A FIGURA DO OMBUDSMAN

A figura do "ombudsman" é de extrema importância para este estudo. A palavra de origem nórdica em tradução livre significa "homem que dá trânsito".

A primeira figura de "ombdusman" surge na Constituição Sueca de 1.809, com a previsão de uma função específica a ser exercida na proteção de cidadãos cujos direitos tenham sido lesados pelo Estado.

Assinala ODILA DE LARA PINTO que a função do "ombudsman" é:

> "De modo geral, o papel do ombudsman na administração pública é de humanizar as soluções burocráticas que não levem em consideração razões individuais das pessoas atingidas pelo ato administrativo, corrigindo inclusive estes atos. Caracteriza-se pelo informalismo na investigação e flexibilidade de atuação"

A função primordial do "ombudsman" é intermediar assuntos dos particulares perante o Estado. Ele age ouvindo a demanda particular e encaminhando-a ao Estado.

É verdadeiro intermediário entre o privado e o público.

Mas a intermediação do "ombudsman" não pode ser confundida com promiscuidade, ou favorecimento particular ou contrário aos princípios norteadores da República, em especial o tratamento igualitário do Estado para com os Cidadãos.

O "ombudsman" funciona de forma institucionalizada, ou seja, integra as Instituições do Estado e, assim, está sujeito a todas as normas constitucionais e infraconstitucionais as quais estão sujeitos todos os Entes Estatais.

Nesta medida, a sua função ocorre de forma igualitária e permite a efetivação da democracia participativa, sendo importante instrumento de concretização das garantias fundamentais.

Entretanto, esta figura não se encontra prevista em nossa Constituição Federal, e a sua adoção como canal para participação do Contribuinte na formulação da política tributária necessita de reforma constitucional, ou seja, é necessário que haja a sua criação e instituição em nosso Ordenamento Jurídico.

AS ENTIDADES REPRESENTATIVAS DE CLASSE

Apesar da ausência da figura do "ombudsman", há importantes figuras representativas com status constitucional, que são as entidades representativas de classe, sindicatos, federações e confederações.

As entidades de classe, verdadeiros fenômenos da garantia fundamental de liberdade de associação, insculpida no inciso XVII do artigo 5º da Constituição Federal, surgem como entes com fins específicos de representação e defesa dos interesses de categorias de pessoas.

Não importa aqui buscar a origem dos Sindicatos, Federações ou Confederações, nem os sistemas jurídicos existentes (entidade de direito público ou privado).

A Constituição de 1.988 conferiu a condição de pessoa jurídica de direito privado a estas instituições, sendo as mesmas consideradas, do mesmo modo, associações civis, na forma do artigo 53 do Código Civil[9].

Os Sindicatos, e suas respectivas Federações e Confederações, em que pesem também possuírem caráter trabalhista e fundamentação na Consolidação das Leis Trabalhistas – CLT, não têm suas funções representativas exauridas nesta seara.

Estas entidades possuem claro propósito associativo e de representação de interesses difusos e coletivos de determinada coletividade de pessoas. A entidade sindical, seja de qual grau for, possui a legitimidade de representar os seus associados e até mesmo a categoria a qual representa, substituindo seus filiados e representados nas instâncias pertinentes.

---

[9] Art. 53. Constituem-se as associações pela união de pessoas que se organizem para fins não econômicos.
Parágrafo único. Não há, entre os associados, direitos e obrigações recíprocos.

A função primordial destas entidades é representar interesses comuns de grupos de pessoas. A representação estende aos interesses e direitos deste grupo, mas nunca se confunde com a sua regulação, pois tem a adoção da condição de pessoa jurídica de direito privado.

E é nesta representação e defesa de interesses comuns de grupos de pessoas que os sindicatos, federações e confederações podem atuar na defesa dos interesses dos contribuintes por eles representados.

Vale ressaltar que da forma que o sistema sindical brasileiro está assentado cabe a cada entidade a representação de determinada categoria econômica, isto porque a Constituição Federal[10] determina a unicidade de representação de cada categoria num limite territorial, conferindo ainda às federações a representação dos sindicatos no limite de uma unidade federada, e à confederação a representação das federações no plano Federal.

O inciso III confere a representatividade a estas entidades nos interesses de seus representados, o que também encontra ressonância no controle direto de constitucionalidade, cuja legitimidade para a propositura de Ação Direta de Inconstitucionalidade é conferida às confederações.

Mas o que é objeto para este estudo é a representação extrajudicial. A formulação da política tributária ocorre tanto no Poder Legislativo quanto no Poder Executivo. No primeiro por expressa outorga de

---

[10] Art. 8º É livre a associação profissional ou sindical, observado o seguinte:
I - a lei não poderá exigir autorização do Estado para a fundação de sindicato, ressalvado o registro no órgão competente, vedadas ao Poder Público a interferência e a intervenção na organização sindical;
II - é vedada a criação de mais de uma organização sindical, em qualquer grau, representativa de categoria profissional ou econômica, na mesma base territorial, que será definida pelos trabalhadores ou empregadores interessados, não podendo ser inferior à área de um Município;
III - ao sindicato cabe a defesa dos direitos e interesses coletivos ou individuais da categoria, inclusive em questões judiciais ou administrativas;
IV - a assembléia geral fixará a contribuição que, em se tratando de categoria profissional, será descontada em folha, para custeio do sistema confederativo da representação sindical respectiva, independentemente da contribuição prevista em lei;
V - ninguém será obrigado a filiar-se ou a manter-se filiado a sindicato;
VI - é obrigatória a participação dos sindicatos nas negociações coletivas de trabalho;
VII - o aposentado filiado tem direito a votar e ser votado nas organizações sindicais;
VIII - é vedada a dispensa do empregado sindicalizado a partir do registro da candidatura a cargo de direção ou representação sindical e, se eleito, ainda que suplente, até um ano após o final do mandato, salvo se cometer falta grave nos termos da lei.
Parágrafo único. As disposições deste artigo aplicam-se à organização de sindicatos rurais e de colônias de pescadores, atendidas as condições que a lei estabelecer.

competência tributária pela Constituição Federal, ao prever o princípio da legalidade em material tributária, ou seja, qualquer instituição ou majoração de tributo decorre de lei, tanto em sentido formal quanto material. No segundo por ser o principal destinatário do tributo (ainda que o tributo seja destinado ao Estado e não ao Poder) na condição de executor do orçamento.

O Estado, através dos Poderes Executivo e Legislativo tem todas as condições técnicas (tanto na execução do orçamento quanto nas suas divisões internas – Ministérios e Secretárias) de conhecer exatamente qual a necessidade orçamentária para a execução de suas obrigações constitucionais e legais. É este conhecimento que leva à formulação da política tributária, mas não leva em conta materialmente a capacidade contributiva do contribuinte, isto porque o Estado não conhece a realidade microeconômica de cada setor econômico e categoria de pessoas.

Já os sindicatos, federações e confederações, por representarem cada um dos setores e categorias de pessoas envolvidas na incidência tributária, e por contarem com a capacidade técnica de conhecer a realidade microeconômica de cada setor, têm totais condições de fornecer ao Estado a real disponibilidade econômica, a capacidade contributiva, do setor representado.

Assim, estas entidades têm condições e prerrogativas constitucionais de representar a sua categoria ou setor perante o Estado no momento da formulação da política tributária.

A CÂMARA DE DEFESA DO CONTRIBUINTE DO ESTADO DE MINAS GERAIS

O Estado de Minas Gerais, através da Lei Estadual 13.515/00 (com alterações da Lei Estadual 19.972/11), instituiu o Código de Defesa do Contribuinte que prevê garantias do contribuinte perante a Administração tributária.

Mas esta Lei, de forma incipiente, deu contornos à efetivação das garantias fundamentais do contribuinte na formulação da política tributária do Estado. Isto porque criou também o Sistema Estadual de Defesa do Contribuinte, cujo principal órgão é a Câmara de Defesa do Contribuinte – CADECON.[11]

---

[11] **Art. 23.** Fica instituído o Sistema Estadual de Defesa do Contribuinte - SISDECON –, composto pela Câmara de Defesa do Contribuinte - CADECON - e pelos Serviços de Proteção dos Direitos do Contribuinte - DECON.

Referido órgão é composto de diversos representantes da sociedade civil e dos contribuintes, realizando em parte a concretização da participação do contribuinte na formulação da política tributária do Estado de Minas Gerais.

Art. 24. A CADECON é composta por representantes dos Poderes Públicos e das entidades empresariais e de classe, com atuação em defesa dos direitos do contribuinte, na forma desta lei e conforme dispuser o regulamento.

§ 1° Os representantes, indicados por seus respectivos órgãos e entidades, serão nomeados, no prazo de trinta dias contados da data de publicação desta lei, pelo Governador do Estado, para um mandato de dois anos, permitida a recondução.

§ 2° Os membros da CADECON não serão remunerados, e suas funções são consideradas serviço público relevante.

Art. 25. Integram a CADECON representantes dos seguintes órgãos e entidades:

I - Assembléia Legislativa do Estado de Minas Gerais;

II - Ministério Público;

III - Secretaria de Estado da Fazenda;

IV - Departamento Estadual de Trânsito - DETRAN -;

V - Federação das Câmaras de Dirigentes Lojistas de Minas Gerais - FCDL-MG -;

VI - Serviço de Apoio às Micro e Pequenas Empresas de Minas Gerais - SEBRAE -;

VII - Organização das Cooperativas do Estado de Minas Gerais- OCEMG -;

VIII - Federação da Agricultura do Estado de Minas Gerais -FAEMG -;

IX - Federação das Indústrias do Estado de Minas Gerais -FIEMG -;

X - Federação das Associações Comerciais do Estado de Minas Gerais;

XI - Federação das Empresas de Transporte de Carga do Estado de Minas Gerais - FETCEMG -;

XII - União dos Varejistas de Minas Gerais - UVMG -;

XIII - Sindicato dos Fiscais e Agentes Fiscais de Tributos do Estado de Minas Gerais - SINDIFISCO -;

XIV - Associação dos Funcionários Fiscais do Estado de Minas Gerais - AFFEMG -;

XV - Conselho Regional de Contabilidade de Minas Gerais -CRC-MG -;

XVI - Ordem dos Advogados do Brasil, Seção Minas Gerais - OAB-MG -;

XVII - Federação do Comércio do Estado de Minas Gerais;

XVIII - Secretaria de Estado de Casa Civil e de Relações Institucionais;

XIX - Secretaria de Estado de Meio Ambiente e Desenvolvimento Sustentável;

XX - Advocacia-Geral do Estado;

XXI - Controladoria-Geral do Estado;

XXII - Ouvidoria-Geral do Estado;

XXIII - Polícia Militar do Estado de Minas Gerais;

XXIV - Corpo de Bombeiros Militar do Estado de Minas Gerais;

XXV - Departamento de Estradas de Rodagem do Estado de Minas Gerais;

XXVI - Sindicato dos Técnicos de Tributação, Fiscalização e Arrecadação do Estado de Minas Gerais - Sinffaz;

XXVII - Associação dos Exatores do Estado de Minas Gerais - Asseminas.

Entretanto, este sistema criado pelo Estado de Minas Gerais não alcança totalmente o objetivo constitucional, isto porque a sua atuação é limitada à defesa de direitos dos contribuintes, não sendo propriamente um órgão que detém poder de influência na formulação da legislação tributária e determinação da carga tributária.

O Estado de São Paulo, em iniciativa semelhante ao Estado de Minas Gerais, criou também o seu Conselho Estadual de Defesa do Contribuinte, com atribuições e composição semelhantes ao órgão Mineiro[12].

---

[12] **Artigo 21** - Fica instituído o Conselho Estadual de Defesa do Contribuinte - CODECON, órgão de composição paritária, integrado por representantes dos poderes públicos e de entidades empresariais e de classe, com atuação na defesa dos interesses dos contribuintes, na forma desta lei complementar.
§ 1° - Os integrantes do CODECON terão o direito de indicar um membro titular e um membro suplente para a respectiva composição.
§ 2° - Os representantes indicados na forma do parágrafo anterior serão nomeados pelo Governador do Estado.
§ 3° - Os membros do CODECON não serão remunerados e suas funções são consideradas como serviço público relevante.
Artigo 22 - Integram o CODECON:
I - a Assembléia Legislativa do Estado de São Paulo;
II - a Federação do Comércio do Estado de São Paulo - FCESP;
III - a Federação das Indústrias do Estado de São Paulo -FIESP;
IV - a Federação da Agricultura do Estado de São Paulo - FASP;
V - o Serviço de Apoio às Micro e Pequenas Empresas de São Paulo - SEBRAE;
VI - a Ordem dos Advogados do Brasil - Seção de São Paulo - OAB-SP;
VII - o Conselho Regional de Contabilidade de São Paulo - CRC-SP;
VIII - a Associação dos Agentes Fiscais de Rendas do Estado de São Paulo - AFRESP;
IX - o Sindicato dos Agentes Fiscais de Rendas do Estado de São Paulo - SINAFRESP;
X - a Coordenadoria da Administração Tributária da Secretaria da Fazenda;
XI - a Corregedoria do Fisco Estadual;
XII - a Ouvidoria Fazendária;
XIII - a Escola Fazendária do Estado de São Paulo;
XIV - a Procuradoria Fiscal da Procuradoria Geral do Estado;
XV - a Secretaria da Educação;
XVI - a Secretaria da Justiça e da Defesa da Cidadania;
XVII - a Casa Civil.
XVIII – a Federação das Associações Comerciais do Estado de São Paulo – FACESP (Redação dada pelo art. 1° da Lei Complementar n° 941, de 27-5-2003; DOE 28-5-2003)
XIX - a Federação das Empresas de Transporte de Carga do Estado de São Paulo - FETCESP (Acrescentado pelo inciso III do art. 2° da Lei Complementar n° 970, de 10-1-2005; DOE 11-1-2005);

Mas, novamente, este órgão não alcança totalmente o objetivo constitucional, faltando-lhe a competência necessária para participar da formulação da política tributária daquele Estado.

O PL 2.557/11 EM TRAMITAÇÃO NA CÂMARA DOS DEPUTADOS

Tramita na Câmara dos Deputados, Projeto de Lei de semelhante teor aos Códigos de Defesa de Contribuinte de Minas Gerais e São Paulo.

O PL 2.557/11 de autoria do Deputado Laércio Oliveira cria no âmbito federal o Código de Defesa do Contribuinte para defesa de direitos básicos e com representação de diversos setores da sociedade[13].

O PL prevê também a criação do Conselho de Defesa do Contribuinte – CODECON, com assento garantido a diversas Confederações e entidades públicas e privadas[14].

XX - a Diretoria Executiva da Administração Tributária da Secretaria da Fazenda - DEAT (Acrescentado pelo inciso III do art. 2° da Lei Complementar n° 970, de 10-1-2005; DOE 11-1-2005).

13 Art. 1° Esta lei é editada para instituir o Código de Defesa do Contribuinte, regulando direitos, garantias e obrigações do contribuinte, em todo território nacional, os deveres da Administração Fazendária e dispondo sobre a criação do Sistema Nacional de Defesa do Contribuinte. Parágrafo único. A presente norma é editada em atendimento aos princípios relativos à ordem econômica, à função social da legislação tributária e o respeito à dignidade humana, preconizados pela Constituição Federal. Art. 2° São objetivos do presente Código: I - promover o bom relacionamento entre o fisco e o contribuinte, baseado na cooperação, no respeito mútuo e na parceria, visando a fornecer aos entes federados os recursos necessários ao cumprimento de suas atribuições; II - proteger o contribuinte contra o exercício abusivo do poder de fiscalizar, de lançar e de cobrar tributo instituído em lei; III - assegurar a ampla defesa dos direitos do contribuinte no âmbito do processo administrativo-fiscal em que tiver legítimo interesse; IV - prevenir e reparar os danos decorrentes de abuso de poder por parte do Estado na fiscalização, no lançamento e na cobrança de tributos de sua competência; V - assegurar a adequada e eficaz prestação de serviços gratuitos de orientação aos contribuintes; VI - assegurar a manutenção e apresentação de bens, mercadorias, livros, documentos, impressos, papéis, programas de computador ou arquivos eletrônicos a eles relativos, com base no regular exercício da fiscalização.

14 Art. 14 Fica instituído o Conselho Federal de Defesa do Contribuinte - CODECON, órgão de composição paritária, integrado por representantes dos poderes públicos e de entidades empresariais e de classe, com atuação na defesa dos interesses dos contribuintes, na forma desta lei. Art. 15 Integram o CODECON: I - o Congresso Nacional; II - a Confederação Nacional do Comércio de Bens, Serviços e de Turismo; III - a Confederação Nacional da Indústria; IV – a Confederação Nacional das

Entretanto, referido Conselho não teria qualquer participação na formulação da política tributária federal, o que acaba não atingindo o fim proposto neste estudo.

A COMISSÃO PERMANENTE DE REVISÃO E SIMPLIFICAÇÃO DA LEGISLAÇÃO TRIBUTÁRIA DO ESTADO DE MINAS GERAIS

O Estado de Minas Gerais, em continuidade à política implementada com a Lei 13.515/00 (Código de Defesa do Contribuinte) instituiu iniciativa pioneira ao criar comissão através do Decreto Estadual 46.722/15[15].

Instituições Financeiras; V - a Confederação da Agricultura e Pecuária do Brasil; VI - o Serviço Nacional de Apoio às Micro e Pequenas Empresas - SEBRAE; VII - a Ordem dos Advogados do Brasil; VIII - o Conselho Federal de Contabilidade; IX – o Ministério da Fazenda; X – a Procuradoria-Geral da Fazenda Nacional; XI – o Ministério da Justiça e Defesa Nacional; XII – a Casa Civil.

[15] Art. 1° Fica constituída, em caráter permanente, a Comissão de Revisão e Simplificação da Legislação Tributária do Estado de Minas Gerais – doravante denominada Comissão –, com o objetivo de promover estudos, pesquisas e propostas para o aperfeiçoamento do sistema jurídico-tributário mineiro, considerando os efeitos econômicos e sociais de sua aplicação, a justa distribuição da carga tributária, assim como a segurança, a transparência e a praticidade na administração dos tributos.
Art. 2° A Comissão poderá, além dos objetivos definidos no art. 1°, realizar estudos considerados relevantes para o cumprimento de sua finalidade, em conjunto com outros entes da Federação, e, em especial, acompanhar projetos de reforma tributária e seus impactos no âmbito do sistema jurídico estadual.
Art. 3° Integram a Comissão, como membros permanentes:
I – a Professora Titular de Direito Financeiro e Tributário da Faculdade de Direito da Universidade Federal de Minas Gerais – UFMG –, Misabel de Abreu Machado Derzi, que presidirá a Comissão no biênio 2015-2016, sem prejuízo de suas atribuições no cargo público de origem;
II – o Secretário de Estado de Casa Civil e de Relações Institucionais;
III – o Secretário de Estado de Fazenda;
IV – o Secretário de Estado de Planejamento e Gestão;
V – o Advogado-Geral do Estado; e
VI – três juristas ou especialistas de notório saber a serem convidados pelos demais membros permanentes da Comissão.
Parágrafo único. Os juristas ou especialistas a que se refere o inciso VI do *caput* exercerão funções de relatoria dos trabalhos a serem realizados pela Comissão.
Art. 4° Além dos membros permanentes, a Comissão será integrada por:
I – servidores especialistas na matéria, designados por ato do Presidente da Comissão;
II – membros convidados, representantes:
a) da Assembleia Legislativa do Estado de Minas Gerais;
b) do Tribunal de Justiça do Estado de Minas Gerais;
c) do Tribunal de Contas do Estado de Minas Gerais;

A função desta comissão é de rever e simplificar a legislação tributária do Estado de Minas Gerais, apontando ao Estado soluções para alcançar o fim proposto.

A comissão conta com representantes do próprio Estado e dos Contribuintes, aproximando-se e muito ao fim proposto neste estudo. Entretanto falta à comissão prerrogativa para influenciar na composição da carga tributária do Estado, que é o real objetivo a se atingir.

PROPOSTA DE SOLUÇÃO

À guisa de conclusão, concluímos que o Estado Democrático de Direito requer necessariamente que as garantias fundamentais sejam dotadas de efetividade, concretude material.

Que o Princípio da Capacidade Contributiva previsto no Artigo 145, parágrafo primeiro da Constituição Federal é um enfeixe de garantias

---

d) do Ministério Público do Estado de Minas Gerais;
e) da Ordem dos Advogados do Brasil – Seção Minas Gerais;
f) do Conselho Regional de Contabilidade de Minas Gerais;
g) da Federação das Indústrias do Estado de Minas Gerais;
h) da Associação Comercial e Empresarial de Minas;
i) da Câmara de Defesa do Contribuinte, integrante do Sistema Estadual de Defesa do Contribuinte; e
j) de sindicatos e outras entidades da sociedade civil.
Parágrafo único. Integrarão ainda a Comissão, como convidados, consultores externos e internacionais, acadêmicos, pesquisadores e especialistas, de notório saber e das ciências afins.
Art. 5º Cabe aos membros permanentes da Comissão, a que se refere o art. 3º, deliberar sobre:
I – a organização dos trabalhos da Comissão;
II – os estudos a serem realizados anualmente, podendo eleger, como objeto de pesquisa, temas gerais ou específicos das áreas de conhecimento afetas as suas atividades;
III – a indicação de outros membros e convidados que a integrarão; e
IV – a edição de normas complementares para a constituição e realização dos trabalhos.
Art. 6º A Comissão terá uma Direção Executiva, com competência para implementar as atividades a serem realizadas, observado o disposto no art. 5º, e será composta pelo Presidente, pelo Secretário de Estado de Casa Civil e de Relações Institucionais, pelo Secretário de Estado de Fazenda e pelo Advogado-Geral do Estado.
Art. 7º A Comissão deverá elaborar relatório anual dos estudos realizados, a ser apresentado ao Governador do Estado até o mês de março do ano subsequente.

fundamentais, em especial da legalidade, da livre iniciativa e da propriedade privada.

Que o Princípio da Capacidade Contributiva, como enfeixe de garantias fundamentais, só pode ser concretizado com a efetiva participação do contribuinte na formulação da política tributária do Estado, de modo a demonstrar por setor econômico e/ou categoria de pessoas, qual a sua capacidade econômica disponível para a tributação.

Que para o alcance desta concretude faz-se necessária a participação do contribuinte, através das entidades que os representam na vida civil, em especial os Sindicatos, Federações e Confederações.

Que esta representação deverá ser feita de modo institucional perante o Estado, criando-se, para tanto, os canais permanentes para este fim.

REFERÊNCIAS BIBLIOGRÁFICAS.

BRITO FILHO, José Claudio Monteiro de. **Direito sindical**. 5.ed. São Paulo: LTr, 2015.

GRECO, Marco Aurélio. **Planejamento tributário.** 3.ed. São Paulo: Dialética, 2011.

PINTO. Odila de Lara. **Ombusdman nos bancos: agente de mudanças nas instituições bancárias brasileiras.** São Paulo: Musa, 1998.

TORRES, Heleno Taveira. **Direito Constitucional tributário e segurança jurídica: metódica da segurança jurídica do Sistema Constitucional Tributário.** 2.ed. – São Paulo: Editora Revista dos Tribunais, 2012.

23

JUSTIÇA TRIBUTÁRIA

Sacha Calmon[1]

[1] Diplomado em Direito e Ciências Sociais pela Faculdade de Direito da Pontifícia Universidade Católica de Minas Gerais (1965). Doutor em Direito pela Universidade Federal de Minas Gerais (1981). Ex-auditor da Receita Estadual, mediante concurso público (1968) e Assessor de Secretária do Estado da Fazenda de Minas Gerais (1970-1971). Advocacia desde a formatura (1965) e entre cargos públicos. Ex -Procurador-Chefe da Procuradoria Fiscal do Estado de Minas Gerais (1980-1983). Juiz Federal classificado em 1° lugar entre 1.813 candidatos no 4° concurso nacional (1987-1994, data da aposentadoria). Advogado militante com escritório em Belo Horizonte, Rio de Janeiro, São Paulo e Brasília, desde então. Ex-Professor da Pontifícia Universidade Católica de Minas Gerais (1972-1973). Ex-Professor Titular da Faculdade de Direito da Universidade Federal de Minas Gerais, nos cursos de graduação e pós (1974-2004). Professor Titular de Direito Financeiro e Tributário da Faculdade de Direito da Universidade Federal do Rio de Janeiro (2004-2008). Membro da Associação Brasileira de Direito Tributário ABRADT sediada em Belo Horizonte, seu fundador e presidente honorário. Conselheiro da Ordem dos Advogados do Brasil - OAB - Seção de Minas Gerais, durante três gestões. Membro da Academia Brasileira de Direito Tributário (ABDT). Presidente da Associação Brasileira de Direito Financeiro (ABDF). Sócio pleno da IFA e da Associação Latino-Americana de Direito Tributário. Acadêmico da Academia de Letras Jurídicas do Estado de Minas Gerais;-Membro do Conselho de Arbitragem do Estado de Minas Gerais. Ex-diretor do Instituto dos Advogados do Estado de Minas Gerais. (duas gestões) Comendador da Medalha Santos Dumont, conferida pelo governo do Estado de Minas Gerais a excelência técnico-científica. Grande Colar do Mérito Legislativo Municipal João Guimarães Rosa - 2008 (Câmara Municipal de Belo Horizonte). Comenda Mário Behring 2008 (Grande Loja Maçônica de Minas Gerais). Membro Titular Acadêmico - Titular Imortal da Cátedra n°002, Patrono Adam Smith, Academia Nacional de Economia - ANE 2007 Rio de Janeiro. Prêmio Análise de Advocacia na categoria Tributário Análise Editorial Setembro 2007. São Paulo. Colar do Mérito da Corte de Contas Ministro José Maria de Alkimim, Tribunal de Contas de Minas Gerais 2005. Membro do Conselho de Catedráticos IIEDE Inst. Internacional de Estudos de Direito do Estado Porto Alegre - 2004. Membro Titular Acadêmico - Titular Imortal da Cátedra n° 31, Patrono Bernardino Augusto de Lima, Academia Mineira de Letras Jurídicas 2004. Conselheiro Seccional da OAB MG Triênios 1984/1987

PRÓLOGO

A questão da justiça Tributária depende de muitas variáveis e outras tantas condicionantes. À guisa de exemplo coloquemos vis-a-vis a sociedade avançada da Noruega, com 4 milhões de habitantes, e a Índia tão desigual com 1 milhão e 200 milhões de habitantes. São estruturalmente tão diversas que os caminhos da Justiça, especialmente da Justiça Tributária, apresentam-se necessariamente diferentes em extensão e contornos, sem falar nas clivagens ideológicas.

Com TIPKE e muitos outros professores entendo que os impostos (pois taxas e contribuições são tributos sinalagmáticos e personalizados) incidem sobre quatro bases invariáveis:

a) A renda ganha seja a fonte constante ou eventual ("capital gains" ou ganhos "trazidos pelo vento" como um ganho lotérico).
b) A renda gasta (consumo) e eventualmente em aplicações e investimentos fixos.
c) Os patrimônios sejam financeiras, imobiliários, acionários ou artísticos.
d) As transferências de riqueza entre vivos ou causa-mortis.

Por suposto, os contribuintes por toda parte são pessoas físicas e jurídicas. A ideia de justiça é um eixo universal, dai imperar no topo da axiologia jurídica. Não se chega à justiça tributária seu o auxilio prestimoso dos princípios da isonomia, congruência, proporcionalidade, racionalidade e efetividade da Constituição e das leis, tarefa hercúlea!

Justiça tributária exige horas de reflexão de uma vida inteira e volumosas tratados, impossível trata-la nas páginas apertadas de um artigo. Mas a justiça tributária tópica pode ser tangida. Veja-se o caso do chamado "lucro imobiliário" modalidade de imposto sobre renda ganha, supostamente um "plus" (riqueza nova) exsurgente da diferença entre o preço de aquisição de um imóvel e o preço de revenda a terceiros. Vários elementos, no tempo e no espaço, deveriam ser levados em conta para se

---

e 1998/2000. Sócio Honorário IBED Inst. Brasileiro de Estudos de Direito Recife 1996. Sócio Honorário IDEPE Inst. Internacional de Direito Público e Empresarial São Paulo Agosto 1995. Tributarista do ano IOB 1980 São Paulo. Do Conselho Jurídico de Fecomércio São Paulo. Partícipe do Conselho Editorial de mais de 30 Revistas Jurídicas editadas no Brasil. Conselheiro da Associação Americana de Direito Tributário (40 membros). Conferencista da Câmara Americana de Comércio (AMCHAM Brasil).

chegar á base de cálculo desse sofisticado imposto, elementos materiais e subjetivos, pois há quem viva disso e há casos de se passar uma vida inteira para ter uma casa, como, quando, quanto e onde. Pois bem, no Brasil inúmeras distorções forçam os contribuintes a disfarçarem operações imobiliárias; a base de calculo é o singelo valor real do imóvel diminuindo do valor histórico de sua aquisição, sem correção monetária (o que de resto o desqualifica como imposto sobre ganho de capital). Mas não vale a pena catar as situações de injustiça tributária e são muitas em nosso sistema legal.

O sobrevalor justiça merece um passeio ainda que ligeiro, nos domínios do DIREITO, o que é e como é.

1. O OBJETO DO DIREITO

1.1 O Direito como técnica e como valor

O Direito é a mais eficaz técnica de organização social e de planificação de comportamentos humanos.

Enquanto técnica, o Direito é neutro em relação aos valores. Mas só enquanto técnica.

Onde quer que exista uma estrutura de poder, democrática ou autocrática, primitiva ou sofisticada, o Direito é utilizado para organizar a sociedade subjacente e determinar os comportamentos desejáveis.

Os valores dos que empolgam o poder político são utilizados para justificar as normas organizatórias e comportamentais do sistema jurídico, com ou sem o consentimento da sociedade.

O Direito, portanto, é datado historicamente e geograficamente situado, posto que universal, seja incipiente, seja complexo.

Inexiste Direito atemporal, válido *urbi et orbi.*

Braço normativo do poder político, o Direito-Sistema, entretanto, não é impermeável às reivindicações da justiça e da igualdade que se formam à sua volta e deixa-se penetrar, ao longo do devir histórico, por estes ideais. Neste sentido, costuma-se dizer que o Direito é a estrada, não sem barreiras, por onde transitam os anseios e as determinações da justiça e da igualdade.

Sua importância histórica é inelutável.

A axiologia, cada vez mais, do passado evanescente até os nossos dias e rumando para o porvir, amolda o Direito à justiça. É um movimento de baixo para cima e sempre mais rápido, à medida que a história dos homens progride no tempo e no espaço. Tessitura complexa e delicada, envolvida nas dobras do tempo, em constante mutação. Frequentemente atordoado pelo tecnicismo do Direito e o particularismo das normas, ou, ao revés, embevecido com os ideais de justiça, o jurista deixa de perceber a dimensão global e totalizante do fenômeno jurídico, vendo-o ora como *técnica*, ora como *valor*. Nem uma coisa nem outra, se separadas. As duas conjuntamente. É assim o Direito. É técnica e é valor.

1.2 O DIREITO TRIBUTÁRIO, TÉCNICA E VALOR

No campo do Direito Tributário este dualismo ou este amálgama sempre esteve presente.

Baleeiro, enfático, fazia-nos recordar que onde quer que se erguesse um poder político, quase que como a sua sombra, aparecia o poder de tributar.

Em tempos recuados e até bem pouco – há cerca de três séculos apenas – o *jus tributandi* e o *jus puniendi* eram atributos do poder sem peias dos governantes. Muito poder e abuso e pouca justiça. De lá para cá, o poder foi sendo limitado. Os princípios impostos progressivamente pela axiologia do justo foram se incorporando aos sistemas jurídicos: capacidade contributiva, como fundamento para a tributação; igualdade de todos perante a lei; a lei feita por representantes do povo como único veículo para instaurar a tributação (legalidade); a descrição pormenorizada dos fatos tributáveis (tipicidade) para evitar o subjetivismo dos chefes fiscais e para garantir a certeza e a segurança dos contribuintes; a proibição do confisco por meio da tributação; a absoluta irretroatividade das leis fiscais e da jurisprudência tributária e assim por diante.

1.3 DIREITO, SOCIEDADE E HISTÓRIA

O Direito, portanto, faz parte do estofo da história, *é história*. É, igualmente, um produto social. Robinson Crusoé, na sua ilha, sem Sexta-Feira, desnecessitaria do Direito por falta de intersubjetividade. Não obstante, o Direito é cultura, na medida em que é produzido pela psique do homem e para os homens. Os deuses pairam acima das leis. O Direito não tem nada de natural ou divino, não provém da revelação, embora possa proteger valores naturais caros ao homem, como a vida. Procede da consciência humana e realiza os valores que emergem do social buscando formalização e efetividade. Neste sentido é um produto cultural, essencialmente cultural.

Vejamos as coisas com mais vagar, juntando o fenômeno jurídico ao fenômeno humano na aventura da história.

1.4 O Direito como produto social – Trabalho, sociedade e cultura – A experiência jurídica e a história dos homens

A primeira coisa que o homem faz juntamente com os seus semelhantes é produzir para viver. Produzindo, convivem. O modo de conviver vai depender, então, do modo como produzem. Não são, ou foram, as sociedades "caçadoras", diversas das sociedades "pastoras" no modo como se estruturaram?

Ao produzirem, para viver, os homens usam instrumentos, aplicam conhecimentos, inventam técnicas, agregam experiências que, em última análise, decidem sobre o tipo de relações que haverão de manter entre si. O homem é, antes de tudo, um ser de necessidades ou *homo necessitudinis*. Para satisfazer às suas necessidades básicas, sempre presentes, sempre prementes, tem que agir, isto é, *trabalhar*. Eis o *homo faber.* Destarte, para satisfazer às suas necessidades, o homem "trabalha" a natureza, humanizando-a. Catando frutos, caçando, pescando, plantando, domesticando animais, minerando ou transformando metais, industrializando as matérias-primas ou comerciando, o *homo faber* arranca da natureza sustento para a sobrevivência com o "suor do rosto". Ao trabalhar, constrói a si próprio, sobrevive. A história nada mais é do que a história do homem e de seu fazer pelos tempos adentro. Seria impossível entendê-la, e as sociedades que sucessivamente engendrou, sem referi-las fundamentalmente às relações de produção, que o modo de produzir dos homens em cada época e de cada lugar tornou plausíveis. As relações sociais, econômicas e culturais da sociedade primitiva, da sociedade grega, romana, árabe ou visigótica, da sociedade medieval, da sociedade capitalista, foram condicionadas por diferentes estruturas de produção. Ora, *todas essas sociedades,* como de resto todas as comunidades humanas, atuais e pretéritas, foram e são *articuladas juridicamente*.

Fenômeno do mundo da cultura, o Direito está inegavelmente enraizado no social. Contudo, embora o discipline, paradoxalmente é um seu reflexo. Isto porque é radicalmente instrumental. Mas o fenômeno jurídico não se reduz ao puro instrumento normativo.

Da vida em sociedade brota o Direito. *Ex facto oritur jus.* O "ser" e o "outro", convivendo, realçam o social, e, por certo, do *fato social* projetam-se interesses, carências e aspirações a suscitar regulação. Daí valores. E são eles que fecundam o Direito. Se o Direito é dever-ser, é dever-ser de algo, já o disse Vilanova, o recifense, como a sublinhar que o axiológico não paira no ar, desvinculado da concretitude da vida. Os valores não são entes etéreos ou coleção de imperativos morais, imutáveis e intangíveis, tais quais essências sacrossantas. Não são supra-humanos nem nos chegam *ab extra.* Projetam-se do homemna-história, do homem concreto, de um estar-aí-no-mundo-com-os-outros. *Das necessidades* às aspirações e, daí, às normas. Assim, se o Direito está na norma, por certo brotou do espaço cultural de cada povo com as suas aspirações e os seus valores, epifenômenos da experiência social, nucleada à volta do processo de reprodução da vida humana.

Ocorre que os critérios e valores que informam historicamente a construção das "legalidades vigentes" trazem a marca dos interesses concretos, até mesmo conflitantes, que do fundo mais profundo da sociedade emergem à luz colimando "formalização" e "juridicidade". Trata-se então de dar "forma", "eficácia" e "vigência" a prescrições que se reputam "certas" e "necessárias" à convivência humana e à "ordem pública". Tudo isto é feito através de "instituições" que repassam para a ordem jurídica os conflitos de interesses existentes no meio social. O Estado, assim como o *Direito*, são instrumentos de compromisso. Por isso mesmo se diz que o Direito é um "fenômeno social", um fenômeno de "acomodação". Há sempre uma relação de coerência entre Sociedade e Direito.

A cada sociedade corresponde uma estrutura jurídica. O Direito da velha Atenas não serviria, é intuitivo, à moderna sociedade americana. Uma sociedade cuja estrutura de produção estivesse montada no trabalho escravo – o que ocorreu até bem pouco tempo – não poderia sequer pensar em capitalismo e, consequentemente, em *viabilizá-lo* através de um Direito do Trabalho baseado no regime de salariado. Sem dúvida, o homem é quem elabora os sistemas sociais e o próprio Direito, e isto lhe é dado fazer porque é dotado de inteligência, consciência e vontade. No mundo cultural, nada sucede a não ser através do psiquismo do *homo sapiens.* Mas, antes dele, há o *homo faber* e, antes deste, o *homo necessitudinis.* O espírito humano não vive no vazio nem retira do éter juízos, ideias e planos. Ao organizar a sociedade e o Direito, o homem não opera desvinculado da realidade.

Quem pensa, e age, e constrói o mundo cultural, o mundo do Direito, é o homem, não o "homem-em-si", mas o homem real, o homem concreto. O "eu", já o disse o jusfilósofo,[2] "é uma relação", "relação com o mundo exterior, com outros indivíduos. O Eu é como um sino: se houvesse o vácuo social em torno dele, nada se ouviria." E mais: "Cultural na sociedade é, portanto, sua própria organização. A organização é obra do homem cujo ser, cuja alma, cujo pensamento se expressam no conjunto de relações que dele fazem um primitivo, um bárbaro, um grego, um romano, um medieval, um tipo da Renascença ou da sociedade industrial moderna ou um proprietário, um escravo, um servo ou um proletário." O pensamento humano e seus produtos culturais são desde sempre "produtos sociais". A capacidade de trabalhar por meio de conceitos não só forneceu ao homem instrumentos eficientes de se resolverem problemas práticos, como transplantou a vida mental do plano sensorial para o mundo de símbolos, ideias e valores.

A ideia de Direito liga-se à ideia de conduta e de organização. O Direito valoriza, qualifica, atribui consequências aos comportamentos em função da utilidade social sugerida pelos valores da sociedade a que serve. Para o Direito – instrumento de organização – a conduta é o momento de uma relação entre pessoas (relação intersubjetiva), e não o momento da relação entre pessoa e divindade ou sua consciência, seu foro íntimo. Seu problema específico é estabelecer a legalidade fornecedora dos critérios através dos quais é possível às pessoas produzirem, disporem e gozarem dos bens, dirimirem conflitos sociais e interpessoais, inibirem ações indesejáveis e punirem transgressões. "A ordem jurídica é o sistema de legalidade do Estado, expresso no conjunto de normas existentes."[3]

O Direito é uma testemunha dos tempos. A análise das "legalidades vigentes" permite retratar as sociedades humanas em todos os seus planos e aspectos.

O Direito enquanto *ordem positiva* reflete, tem refletido, o que lhe vai pela base. Ele é a prova acabada da nossa imperfeição. Instrumento de disciplinação das coletividades, através da *planificação prévia* dos comportamentos desejáveis, tanto tem servido a Agostinho e a sua *Civitas Dei* quanto a Hitler e o seu *Reich* de mil anos com igual eficácia.

---

[2] Lima, Hermes. *Introdução à Ciência do Direito*, Rio de Janeiro/São Paulo, Freitas Bastos, 1962, pp. 5 e ss.

[3] Lima, Hermes. Ob. cit., p. 38.

Este seu caráter instrumental – técnica aperfeiçoada que é de obtenção de comportamentos – tem levado os *juristas*, com desespero, a gritar que o *Direito* preexiste ao *Estado*, sua fonte, e que existe à margem e até mesmo contra a *lei*, seu veículo. E, por isso, "nem tudo que é legal justo é". Por certo, tiranias e injustiças do pretérito e do presente, a leste e a oeste, sustentam este grito. O Direito jamais foi sinônimo de justiça. A lei tem sido aqui e alhures, agora como antanho, mais um instrumento de reprimenda do que de libertação. As "ordens positivas" são feitas pelos "donos do poder", pouco importando a ideologia que professem. Tem sido necessário, pois, gritar a existência de um Direito natural, anterior e acima do Estado. Só que este Direito não é reconhecido pelos tribunais, não regula o dia a dia dos homens, nem jamais estancou a opressão e o arbítrio. É e tem sido sempre, literalmente, um grito de revolta destituído de positividade. Quando muito, serve de *padrão* para dizer como o "*Direito*-que-é" *deveria ser*. Temos a convicção de que a *justiça* é algo que se coloca para lá das "legalidades vigentes".[4]

Lewis H. Morgan,[5] sociólogo, antropólogo e historiador norte-americano, depois de dedicar toda a sua vida ao estudo da sociedade e do progresso humano, tanto que intitulou a sua obra-prima de *Investigações sobre o Progresso Humano desde o Estado Selvagem até a Civilização através da Barbárie*, à altura da página 497 do seu monumental livro, dá-nos o seu julgamento da história e da civilização: "Desde o advento da civilização, chegou a ser tão grande o aumento da riqueza, assumindo formas tão variadas, de aplicação tão extensa, e tão habilmente administrada no interesse dos seus possuidores, que ela, a riqueza, transformou-se numa força irredutível, oposta ao povo. A inteligência humana vê-se impotente e desnorteada diante de sua própria criação. Contudo, chegará um tempo em que a razão humana será suficientemente forte para dominar a riqueza e fixar as relações do Estado com a propriedade que ele protege e os limites aos direitos dos proprietários. Os interesses da sociedade são absolutamente superiores aos interesses individuais, e entre uns e outros deve estabelecer-se uma relação justa e harmônica. A simples caça à riqueza não é finalidade, o destino da humanidade, a menos que o progresso deixe de ser a lei no futuro, como tem sido no

---

[4] Não obstante, os *valores* que se formam no tecido social "penetram" o *Direito posto*, influenciando na aplicação das *normas*, conferindo-lhes *valências* novas.

[5] Morgan, Lewis H. *La Sociedad Primitiva*, trad. de Alfredo Palacios, México, Ediciones Pavlov, DF, 1977.

passado. O tempo que transcorreu desde o início da civilização não passa de uma fração ínfima da existência passada da humanidade, uma fração ínfima das épocas vindouras. A dissolução da sociedade ergue-se, diante de nós, como uma ameaça; é o fim de um período histórico – cuja única meta tem sido a propriedade da riqueza – porque esse período encerra os elementos de sua própria ruína. A democracia na administração, a fraternidade na sociedade, a igualdade de direitos e a instrução geral farão despontar a próxima etapa superior da sociedade, para a qual tendem constantemente a experiência, a ciência e o conhecimento. Será uma revivescência da liberdade, igualdade e fraternidade das antigas *gens*, mas sob uma forma superior."

1.5 A MODA, A MORAL, A RELIGIÃO E O DIREITO – OS SISTEMAS NORMATIVOS –

Liberdade e repressão – Direito e civilização

Que esta divagação filosófica sobre as atmosferas jurídicas que envolvem o mundo não obscureçam o objeto do Direito, na área do pragmático, como veremos daqui ao final do capítulo. Qual é, ao cabo, o *objeto do Direito*?

É a organização da sociedade e das condutas humanas. O Direito é a mais aperfeiçoada técnica de controle social, se considerarmos a Moda, a Religião e a Moral, que também são sistemas normativos, indutores e inibidores de comportamentos humanos. Linhas atrás vimos o Direito na história. Agora, cumpre compará-lo com outros sistemas normativos e mostrar como funciona e como se reparte para regrar a vida humana. Antes falemos de outros sistemas normativos.

A Moda uniformiza modos de fazer, dizer, vestir, comportar-se, acendrando o sentimento grupal. Atua mediante o juízo de depreciação. Aquele que estiver fora dos padrões da Moda é malvisto, depreciado. Mas a Moda como técnica comportamental é frágil, apenas um ensaio de norma sobre como nos comportarmos.

A Moral já é mais intensa de conteúdo e efetividade. A Moral, grave, não é fútil como a Moda. É já sistema, possui princípios, incorpora a experiência vivida pelo grupo, convence mais, reprime mais. O típico da Moral é entrar no imo do homem, introjetarse, atuar sobre a consciência, trabalhar a ideia do bem e do mal, elevar ou atormentar o espírito.

É, contudo, subjetivismo puro, relação do homem consigo mesmo, com a sua consciência (que não nasceu com o homem, foi-lhe imposta pelo grupo onde nasceu e foi educado). Varia como a Moda, a Religião e o Direito no tempo e no espaço.

O homem deve comportar-se como a Moral recomenda e sofrer quando transgride os seus ditames. Dostoievsky foi, talvez até mais do que Shakespeare – preocupado em expor as grandes paixões: o amor, o ciúme, o poder, a inveja –, o escritor que mais aprofundou os dramas da consciência humana, em obras densas como *Os irmãos Karamazov* e *Crime e castigo*. Mas a sanção moral é interior. Preocupa-se com as intenções e pune com o remorso. Suas cadeias são as da alma. O seu grau de normatividade é extremamente superior ao da Moda.

As religiões trabalham – supondo sempre o livre-arbítrio – para obter comportamentos desejáveis e coibir os indesejáveis, com um sistema de recompensas *post mortem*. Se me comporto bem, ganho o céu; se me comporto mal, destino-me ao inferno, embora exista a possibilidade de redenção no purgatório ou então pela repetição de vidas.

Descumprir os preceitos religiosos básicos significa condenar-me a sucessivas reencarnações ou não perceber, ou demorar a perceber a beleza do Todo em seu eterno vir a ser. A Religião é normativa, por isso que predetermina os comportamentos que deseja ou rejeita. O "de onde venho", "para onde vou" e "como me situarei depois da morte" – campo de eleição de toda metafísica – é o terreno onde fincam pés as religiões, fortes sistemas normativos, mormente no mundo da tradição judaico-cristã, ou seja, as civilizações do Oriente Médio e ocidentais. Nas sociedades mais antigas, os sumos sacerdotes, quase sempre, como ocorreu inclusive com os papas, empolgaram o poder político. Estado e Religião viviam amalgamados. Os preceitos morais estavam embutidos nos mandamentos da Religião, e esta, frequentemente, continha códigos jurídicos. Os Dez Mandamentos, com o "não matarás", "não roubarás", "não desejarás a mulher do próximo", já não são codificação jurídica? O "honrarás pai e mãe" já denota a indução da moral utilitária. Entre os humanos "prestantes" é preciso cuidar e venerar os velhos "imprestáveis". Onde falha o amor solidário reentra o dever moral. Confúcio fez da veneração aos idosos o pilar da moral chinesa clássica. Os historiadores do Direito ou os arqueólogos jurídicos dizem que em Roma houve um tempo em que não se distinguia a *Lex* (Lei dos homens) da *Fas* (Lei divina). Sófocles, na peça teatral *Antígona*, a seu turno, mostra o conflito entre preceitos religiosos e normas jurídicas antinaturais. A separação entre a Igreja e o

Estado (o Estado laico) é recente. É mais recente ainda a renúncia das igrejas em exercer o *poder temporal.* O catolicismo da Inquisição era *poder político* na real acepção do termo. E, até hoje, os aiatolás islâmicos pensam governar em nome de Deus, aplicando os mandamentos do Corão em lugar dos códigos laicos. De qualquer modo, a Religião atua a partir de sanções prometidas após a morte.

O Direito é mais prático. A sanção dá-se aqui, agora. Tira-se a vida, a liberdade, os direitos, o dinheiro dos infratores que desobedeceram as suas prescrições. O Direito tampouco se preocupa com os dramas de consciência. As intenções-em-si são irrelevantes, pois o que lhe interessa, verdadeiramente, são as *condutas humanas*, as prescritas e as proibidas. O Direito descreve condutas e prescreve os efeitos que delas podem advir. Faz isso o tempo todo, em todos os tempos. Planifica instituições e comportamentos humanos, regendo o convívio social. Freud, com a sua notável intuição em compreender o homem como *id* (o homem que busca prazer e satisfação a partir dos impulsos de sua estrutura biopsíquica) e como *ego* (o homem educado que concilia os impulsos com as conveniências comportamentais que lhe foram introjetadas pela educação familial, moral e religiosa – *superego*), penetrou profundamente na alma humana, tão machucada pelos quereres do corpo e pelas proibições sociais, morais e religiosas. Pode até ter desnudado a hipocrisia moral, iniciando a análise do inconsciente humano, e se apiedado do homem, colhido nas malhas das organizações sociais repressoras, mas não alterou em nada o Direito, impassível na sua eterna missão de planejar e punir comportamentos. De resto, foi um discípulo de Freud, ademais filósofo e sociólogo, quem mais aprofundou este antagonismo entre o homem-natural e o homem-social. Refiro-me a Marcuse e sua obra intitulada *Eros e Civilização*, onde demonstra que o processo civilizatório se faz às custas do sacrifício do homem, de todos os homens. Opõe o "princípio do prazer" (em si bom) ao "princípio da realidade" (em si necessário ao processo civilizatório). Civilizar é reprimir. Mas não é só reprimir. Pode ser também espiritualizar, como veremos. Ora, o processo educativo, civilizatório do homem, como ser-social, é feito a partir do quê? Da Moda, da Moral, da Religião e do Direito, este a mais alta e eficaz técnica de planificação de comportamentos humanos.

1.6 A inevitável ambiguidade dos sistemas normativos – A questão da justiça – O Direito progressivo

A ambiguidade dos sistemas normativos, por mais paradoxal que pareça, tem sido constante ao longo da história e nem poderia ter sido diferente.

De um lado explicam o conteúdo prático, organizacional, que encerram. De outro lado revelam o homem e seu idealismo, sua saga em busca do justo, do bem e do belo (que a beleza também é reprimida ou "usada").

Seria imprudente não ver que a Moral egoísta e utilitária ("não faças aos outros aquilo que não queres que te façam") deixa pouco a pouco de se basear no *dever* para se firmar no *amor*. Compte Sponville, autor do mais importante livro sobre a Ética neste fim de século, faz-nos ver maravilhados que a Moral, ao invés de constranger, pode nos tornar felizes, até mesmo sem religião. O seu livro se intitula *O Pequeno Tratado das Grandes Virtudes*, e o cerne da sua prédica escora-se em uma máxima, profunda e bela: "o que fazemos por dever não fazemos por amor, e o que fazemos por amor não fazemos por dever". O Amor é, então, a maior de todas as virtudes. Quanto à Religião, foi preciso esperar a teologia do amor e do perdão contra a da culpa e do castigo para entender o fenômeno religioso mais como alegria pessoal do que como estrutura implacável de poder normativo com base em ameaças. Teilhard de Chardin, que foi cientista e teólogo católico, jamais negou que nós somos o elo final e pensante da evolução das espécies e que nossos corpos e mentes resultam da primeira molécula surgida no planeta no dealbar da vida, depois de longo processo evolutivo. Nem por isso deixou de ver, na evolução, uma formidável epopeia; viu o mais complexo surgindo do mais simples e o espírito resultando da carne num plano majestoso, cuja razão humana, imersa em profunda vertigem, não explica, mas a alma pressente: a caminhada da consciência para o ponto ômega, para Ele que, fora do tempo, funda o homem e a história. Haverá um tempo em que igrejas e doutrinas morais e religiosas serão, talvez, desnecessárias, e o homem estará como o centro.

Mas o que estará reservado ao Direito? Qualquer olhar que lancemos ao passado, já vimos, deixa-nos lívidos de pavor: penas infamantes, torturas, arbítrio, medo, angústia, as galés. Grandes são as diferenças entre os direitos de antanho e os de hoje. A escravidão e a desigualdade eram comuns. O tributo, castigo e opressão, poder do governante. O processo, tosco; a justiça, parcial; o sistema de provas, irracional. Até mesmo em Roma, sede primeira da ciência jurídica, houve um tempo em que o credor podia lançar as mãos sobre o devedor, reduzi-lo à escravidão ou jogá-lo do alto da pedra terpeia para que morresse à vista de todos.

É verdade que, hoje em dia e por toda parte, injustiças sociais e leis injustas nos fazem descrer do homem. A condição feminina, para não nos alongarmos noutras injustiças, mormente no Oriente, em que pesem todos os avanços, é, ainda, profundamente discriminatória, para dizer o mínimo. Os direitos das minorias, quando não são objeto de desprezo ou mofa, sequer são reconhecidos. Racismo e misérias humanas parecem indiferentes ao Direito, que muita vez até os estimula. A África do Sul e o Sr. Mandela. E o que dizer dos direitos dos não heterossexuais? Tudo isto, no entanto, está em mutação. Como linhas longamente convergentes destinadas a se unirem em algum ponto do futuro, *Direito, Justiça e Igualdade* finalmente serão um plexo pleno e inextrincável.

Por isso os juristas, os operadores do Direito, que é ciência e arte, devem ser pessoas de fé, cientes de sua missão. Devemos servir aos valores humanos: liberdade, pluralismo, humanismo, a pessoa como centro de respeito (todas as pessoas), dignidade, igualdade, verdade e paz, acima de povos, raças, credos, religiões e pátrias. A missão do jurista, a par de conhecer o Direito, é introduzir nos sistemas jurídicos a axiologia do *justo* e do *igual* em escala planetária. Não estaremos fazendo nada sublime, apenas uma tarefa quotidiana. É hora de encerrar esta parte citando dois grandes juristas, à guisa de síntese de tudo quanto foi dito sobre a ambiguidade do Direito, a um só tempo opressão e caminho para a liberdade e a justiça.

> "A Ciência do Direito é a ciência do Direito positivo. O conhecimento jurídico dirige-se a estas normas que possuem o caráter de normas jurídicas e conferem a determinados fatos o caráter de atos jurídicos."[6]

A perspectiva aí é absolutamente positivista. O objeto da Ciência do Direito é a norma jurídica (qualquer norma de qualquer sistema jurídico, legítimo ou não em sua formação, justo ou não em seu conteúdo).

Expressivo, portanto, o título do livro: *Teoria Pura do Direito.*

Mas vimos que o Direito vem de envolta com a história e as suas tormentas, numa busca obstinada de *igualdade, segurança* e *justiça.*

> "O Direito é, essencialmente, um esforço humano no sentido de realizar o valor justiça. Essa dimensão ideal existe na norma jurídica. Pois a norma não se reduz a uma mera forma de relacionar atos, com total indiferença para o valor. Se a norma é dever-ser, é dever-ser de algo."[7]

1.7 O objeto do Direito – Crítica a Carlos Cossio – A perenidade do objeto do Direito

É chegada a hora de encarar o *objeto do Direito* em bases científicas.

---

[6] Kelsen, Hans. *Teoria Pura do Direito*, 4ª ed., Portugal, Ed. Coimbra, vol. I, p. 7.

[7] Vilanova, Lourival. *Sobre o Conceito de Direito*, Recife, Imprensa Oficial, pp. 85-6.

Carlos Cossio disse que:

> "En la conducta en tanto que ética ya hemos dicho que ella se especifica como derecho tomando por principium divisionis la interferencia de las acciones humanas: si consideramos la conducta en su interferencia subjetiva estamos frente a la moral; si consideramos en su interferencia intersubjetiva estamos frente al Derecho. Es claro, pues, que el Derecho es conducta y que, por lo tanto, en el está, porque él es, la libertad metafísica, aunque fenomenalizada desde la particular estructura de la interferencia intersubjetiva de las acciones humanas. El Derecho es asi, plenaria vida humana considerada desde este ángulo particular."[8]

Duas observações devem ser feitas:

a) a primeira é a de que Cossio diferencia o objeto do Direito e da Moral a partir da conduta humana (eis que dotado o homem de liberdade). Diferencia-os pelo dado da *interferência* das condutas ou das ações humanas. Se há intrico, interação, interferência, intersubjetividade, há Direito. Se a conduta refletir-se ou for valorada só na consciência, temos a Moral;

b) a segunda é a de que Cossio confunde o *objeto do Direito* com o *objeto da Ciência do Direito*, ou seja, do *Direito* já agora como objeto do conhecimento e não mais como técnica de planificação de comportamentos humanos. Emmanuel Matta,[9] com acerto, diz que o Direito é previsão de condutas e não a conduta em si.

"... se o Direito fosse realmente conduta humana, bastaria a proibição do homicídio para que não se praticasse nenhum homicídio."

Adverte Henkel:

> "... o direito não é meramente um plano ou proposta de comportamento, mas sim exigência de determinadas condutas."[10]

De resto, não se pode olvidar que:

> "... um direito desarmado, desprovido da possibilidade de dirigir e executar atos de força contra aqueles que não cumprem suas prescrições, só poderia ser um direito simplesmente pensado ou projetado,

---

[8] Cossio, Carlos. *Teoria Egológica del Derecho. El Concepto de Libertad*, 2ª ed., Buenos Aires, Abeledo-Perrot, 1964, pp. 658-9.

[9] Matta, Emmanuel. Realismo da Teoria Pura do Direito: Tópicos Capitais do Pensamento Kelseniano, Belo Horizonte, Nova Alvorada Edições, 1964, p. 103.

[10] Henkel. *Introducción a la Filosofía del Derecho*, Madri, Taurus, 1968, pp. 152 e 160.

ou melhor, um direito derrogado, ou seja, em todos esses casos, um não direito."[11]

Acrescentamos que é necessário distinguir a existência da norma e o seu atendimento pelo destinatário. O objeto do Direito é organizar as instituições e planificar os comportamentos humanos mediante *normas jurídicas*. A questão de a norma ser obedecida ou não é outra questão, corriqueira, normal, previsível. Por outro lado, o objeto do jurista não é, em consequência, conhecer ou estudar a conduta humana, mas sim o Direito regrador dessa conduta. O objeto do jurista é o conhecimento das normas jurídicas. Diversa, ainda, é a questão da valoração das normas e dos comportamentos envolvidos tendo em mira a sua aplicação. Esta é uma função a cargo dos aplicadores do Direito, os juízes,[12] que em nada interfere com a questão ora em análise, ou seja, o *objeto do Direito*, que é regrar os comportamentos humanos. Nem mais, nem menos. Veja-se a história. Alguém já viu sociedade ou governo, certo ou errado, totalitário ou democrático, sem ordem jurídica? O Direito-Sistema serve a todos os senhores e a todos os propósitos.

Por outro lado, não resta dúvida de que a *liberdade* do homem, a "liberdade metafísica" a que se refere Cossio, impulsiona as condutas, só que o Direito as classifica e lhes atribui as devidas consequências, segundo os padrões de cada época e de cada Estado, de acordo com os valores ou desvalores predominantes. O que não varia é a técnica jurídica e a fundamental diferença entre *leis, normas* e *proposições jurídicas* a respeito das normas.

2. O DIREITO COMO OBJETO

2.1 *O fenômeno jurídico como objeto de multivárias disciplinas – O Direito Positivo e a Ciência do Direito*

Vimos de ver que o objeto do Direito, o seu objetivo, é a obtenção de comportamentos humanos e a construção de instituições sociais. O Estado,

---

[11] *Derecho, Desobediencia y Justicia*, Valparaíso, Edeval, 1992, p. 113.

[12] O papel dos intérpretes e aplicadores do Direito no processo de aplicação das regras de Direito à vida ou às situações concretas – *fato e norma* – bem como a compreensão que se possa deles ter é assunto fascinante. Muita vez, ou melhor, frequentemente, o Direito segue mudando em razão da sua própria aplicação. Isto, todavia, é *Direito Positivo*, eis que Direito Positivo não é sinônimo nem de dogma nem de *imutabilidade*.

v.g., é uma criação jurídica, assim como uma sociedade anônima, ou uma letra de câmbio, ou um *tributo*.

Importa agora vislumbrá-lo como objeto do conhecimento humano (objeto-em-si). O Direito pode ser conhecido de diversas maneiras. Enquanto ente do mundo da cultura e fator de interação grupal, envolvendo questões relativas a sua eficácia social, é objeto da Sociologia. A Sociologia Jurídica, da qual não se aparta a Arqueologia Jurídica, é, hoje, um alentado setor de estudos, ligando o Direito às questões da legitimidade política e outras mais. Existe a Filosofia do Direito, a buscar os fundamentos do fenômeno jurídico de mãos dadas com a História do Direito, visualizando-o envolvido com o valor *justiça* no tempo e no espaço e relatando as escolas e os pensadores que a ele se dedicaram. A Lógica Jurídica ocupa-se das proposições deônticas. A Linguística Jurídica, ao lado da crítica da jurisprudência, estudam o Direito de modo específico. Temos ainda a Pedagogia Jurídica, com as técnicas de ensino e retransmissão das normas e das instituições dos sistemas jurídicos, destacando-se o Direito Comparado.

Finalmente temos a Ciência do Direito, cujo objeto é o próprio Direito Positivo. Será a Ciência do Direito universal e atemporal?

Universal é, pois inexistiu e inexiste sociedade politicamente organizada, mesmo as mais primitivas, que prescindisse do Direito como instrumento de organização social. Contudo, diversos são os Sistemas Jurídico-Positivos. Pouco importa. A Ciência do Direito ocupa-se, sempre, do Direito Positivo de cada época e de cada lugar. Variação, pois, no tempo e no espaço. Existirão institutos comuns, laços permanentes e diferenças, obviamente.

2.2 *As categorias do conhecimento jurídico*

À Ciência do Direito importa, tão somente, o Direito Positivo, os valores positivados, os princípios e as normas que dele fazem parte.

Aqui, o jurista é o *sujeito que conhece* (o sujeito cognoscente), e o Direito Positivo, o seu objeto (o "ser" a ser conhecido). É desse assunto que, doravante, vamos tratar, pois toda ciência está obrigada a ter método e a delimitar o seu objeto, caso contrário não funcionará. O jurista, o cientista do Direito, está equipado de umas tantas categorias invariáveis, sem as quais não teria instrumental analítico e ordenador. Estamos nos referindo a noções universais tais como: sujeito de direito, poder, dever, dano, o lícito e o ilícito, competência, norma, jurisdição, sanção etc. Estas categorias de conexão, contudo, não são apriorísticas. Formam a síntese jurídica a partir da *práxis*. Qualquer experiência jurídica projeta categorias de conexão. Os juristas, ao sistematizá-las, constroem a Gnosiologia Jurídica (a teoria do conhecimento do Direito).

2.3 Direito e linguagem – Ordens e normas jurídicas

Para começar, o Direito é feito de palavras: as palavras da lei, as palavras da sentença. Legisladores, juristas e juízes fazem o Direito. Se o Direito é feito de palavras e se o Direito é o objeto do cientista do Direito (o que faz a ciência do Direito), então poderemos chamar a linguagem do Direito de a linguagem-do-objeto.

A linguagem humana, utilizamo-la para vários fins. Muito frequentemente a usamos para transmitir informações a respeito do mundo por meio de *orações* cuja função é *descrever* um estado de coisas. Trata-se de um *uso informativo* (as proposições descritivas podem ser verdadeiras ou falsas). A linguagem, porém, como assinalado, comporta outros usos. Podemos com ela expressar emoções ou provocá-las (uso expressivo), ou buscar informações (uso interrogativo). Em dados momentos o uso da linguagem confunde-se com a própria ação. Quando, por exemplo, alguém diz "juro dizer a verdade" ou "batizo-te com o nome de João", esta pessoa está realizando as ações de jurar e batizar (uso operativo, realizativo). Dentre os usos da linguagem, o que mais interessa ao jurista é o *diretivo*. Ocorre quando a linguagem é utilizada para influir no comportamento de outrem, induzindo-o a adotar determinados comportamentos intencionalmente prescritos.

Como uso diretivo, ações linguísticas podem ocorrer: suplicar, sugerir, pedir, indicar, ordenar, impor etc. A oração "não faça isso" tanto pode expressar uma súplica quanto uma ordem. Importa, pois, assinalar os traços comuns que apresentam os diversos casos do uso diretivo da linguagem. As orações diretivas, como dito, são formuladas com a intenção de influir no comportamento alheio, pouco importando que para isso se lhes agregue um *prêmio* ou um *castigo*, ou sejam postas com imperatividade ou tom de súplica.

Distinguem-se das orações descritivas – asserções – e de outros tipos de orações porque a seu respeito não faz sentido predicar verdade ou falsidade. De uma diretiva se pode dizer que é *justa ou não*, *conveniente ou inconveniente*, *eficaz ou ineficaz*, nunca que é falsa ou verdadeira.

Isto porque os atributos de verdade ou falsidade implicam cotejar a asserção sobre um fato com o fato mesmo. As orações diretivas, não estando destinadas a dar *informações* sobre a realidade, descomportam juízos de verdade.

Que uma expressão diretiva seja tal independe de estar vazada com o verbo no imperativo. Isto pode ocorrer e ocorre, com frequência, mas não é necessário. Pode-se, por outro lado, expressar uma oração diretiva pela utilização dos chamados modais deônticos: "obrigatório", "permitido", "proibido". Sem embargo, a inexistência de tais palavras não retira da oração diretiva este caráter. A utilização dos operadores deônticos não é condição suficiente e necessária à *diretividade*.

Ordenando ou rogando, prometendo recompensa ou punição, o uso diretivo da linguagem está voltado para o outro. Destaquemos, contudo, as *ordens*, porque, entre as diretivas, as que mais se relacionam com as *normas* são elas. As orações diretivas que expressam *mandados*, *ordens*, são, frequentemente e generalizadamente, chamadas de *prescrições* e se caracterizam pela *superioridade do emissor* em relação ao destinatário: superioridade moral, bélica, física ou jurídica. É o caso do assaltante em relação ao assaltado: "A bolsa ou a vida", ou do delegado em face do seu subordinado: "Recolha o preso ao xadrez". Há que observar, no entanto, que uma coisa é a oração prescritiva, e outra, bem diversa, a *norma*. O assaltante que nos ordena a entrega do dinheiro à mão armada utiliza uma *oração prescritiva* para dar uma ordem, jamais uma *norma*. Esta se nos apresenta à razão como um *modo institucionalizado de dirigir comportamentos*. A norma não deixa de ser norma pelo simples fato de ser desrespeitada. Ela é, preexiste e sobreexiste à ação que preconiza. É um ser que se quer *permanente* como instrumento de regulação da conduta humana garantido por uma *estrutura de poder* (Estado). As normas não se confundem com as expressões linguísticas que as veiculam. É que, como entes lógicos, possuem vida autônoma. Ocorre, tão somente, que as *normas* são *expressadas* pelas formulações linguísticas, através das quais é possível a comunicação entre os homens, estes protagonistas do enredo social.

As normas, cuja função é ordenar o social, são viabilizadas pela linguagem, e, por isso, é lícito dizer que são uma *função* da linguagem ou que existem em razão dela. Com efeito, as formulações linguísticas contêm a intencionalidade deôntica do agente prescritor. Uma norma pode resultar de uma formulação linguística ou de várias devidamente conjugadas, como se terá oportunidade de constatar. Aliás, as *ordens* também são postas por meio da linguagem, embora não se confundam. A linguagem *é o veículo* através do qual as ordens são dadas e as normas são instituídas. Apenas isto.

O Direito, enquanto técnica de disciplinação e controle social, apresenta-se formalizado através da linguagem escrita ou oral (leis e costumes). A sociedade humana é o meio em que o Direito surge e desenvolve-se. "Em nossa espécie, a sociedade não é só de pessoas mas também de coisas produzidas pelo trabalho." A sociedade, di-lo Hermes Lima: "complexo de pessoas e coisas, exige necessariamente uma organização que, orientando a vida coletiva, discipline a atividade dos indivíduos e assegure distribuição dos bens".[13] Cultural na sociedade é, portanto, a sua própria organização, e essa organização é socialmente posta e comunicada pela palavra escrita ou oral. É assim, sempre foi; para o primitivo, o bárbaro, o grego, o romano, o medieval, o tipo da Renascença ou da sociedade industrial.

Apesar da profunda diferença entre uma oração prescritiva e uma norma, os esforços mais difundidos têm consistido em assemelhá-la às prescrições. Para Austin,[14] a norma jurídica seria uma *ordem* respaldada por ameaças. Segundo a sua concepção, as normas jurídicas especificariam os *destinatários da ordem, o ato que deveria ser realizado e a ocasião propícia para tanto.* Quanto à ameaça de causar dano ao destinatário, caso descumprisse a ordem, entendia que esta poderia constar tanto da própria norma prescritiva do dever quanto de outra, especialmente punitiva. O elemento distintivo que identificaria a norma jurídica, extremando-a de outros tipos de imperativos, residiria na *autoridade* do seu emissor. A especificidade estaria no fato de originar-se do *soberano* e destinar-se à sociedade civil.

2.4 As normas jurídicas e a teoria de Kelsen – Juízos ônticos e deônticos – Normas primárias e secundárias

Hans Kelsen formula uma concepção parecida com a de Austin, mas contendo importantes inovações e, pois, diferenças. No plano do sujeito cognoscente, Kelsen distingue dois tipos de juízos lógicos: juízos ônticos, que são enunciados descritivos do ser, suscetíveis de verdade e

---

13 Lima, Hermes. Ob. cit., pp. 8 e ss. Ver p. 5, *retro*.

14 Austin, John. *The Province of Jurisprudence Determined*, New York, The Noonday Press, 1954.

falsidade; e juízos deônticos (de dever-ser), que são descrições acerca de prescrições normativas e a respeito dos quais não tem sentido predicar verdade ou falsidade. Os juízos de dever-ser serviriam, pois, para interpretar os atos cuja intenção fosse a de dirigir a ação de outra pessoa. Consequentemente, serviriam para *descrever o Direito* enquanto sistema de normas vocacionado para a disciplinação da conduta humana. A função do jurista consistiria em descrever o seu objeto, a norma jurídica, através de juízos de dever-ser.

Ao descrever o Direito, todavia, Kelsen nega-se a ver, nas prescrições normativas a que chama de normas, a expressão de *uma vontade real e presente* em sentido psicológico. Argumenta com os costumes, onde não é possível ver-se, sustentando-os, uma vontade personalizada, e com as leis, que subsistem depois de mortos os seus autores. Diz, então, que a *norma* é uma *ordem*, mas uma "*ordem despsicologizada*". As normas expressariam, é certo, um ato de vontade, porém em *sentido objetivo*, enquanto a *ordem* seria mera expressão subjetiva de quem a tivesse formulado; para ser *válida*, a norma precisaria ter sido formulada *por quem estivesse autorizado a fazê-lo*.

Assim sendo, por suposto, toda norma extrairia a sua validade de outra norma que conteria o seu *fundamento* de validez, até se chegar a uma hipotética norma primeira, pressuposta, incriada, fundante de toda *ordem jurídica*, que por isso mesmo seria uma "estrutura escalonada de normas". Diferente, assim, da ordem do salteador que nos ameaça com um mal para obter-nos a bolsa, a *norma jurídica* decorreria de uma *autoridade* que nos ameaçaria com danos preestabelecidos caso não nos comportássemos, nós, os membros da comunidade, da maneira prescrita pelos interesses da *ordem social*. Kelsen dizia, nesta linha, que a Moral, também voltada para a obtenção de comportamentos humanos desejáveis, fundava-se numa "técnica de motivação direta". As normas morais indicariam diretamente o comportamento desejável: "deves obedecer a pai e mãe; não deves mentir". O Direito, ao contrário, empregaria uma "técnica indireta de motivação", porque a norma jurídica utilizar-se-ia de castigos para punir a *conduta inversa da desejável*: "*matar alguém: pena de X*".

Em verdade Kelsen minimizou, no particular, as chamadas normas técnicas que geram, desobedecidas, as nulidades, e o papel dos prêmios com que não raras normas jurídicas acenam para obter comportamentos, tendo sido obrigado, mais tarde, a ampliar de modo inaceitável o conceito de sanção para nele incluir o prêmio[15] e a nulidade. Em decorrência dessa "técnica indireta de motivação", que desempenha papel fundamental na construção kelseniana, as normas jurídicas seriam de dois tipos: primárias e secundárias. Seriam primárias no sentido de fundamentais, mais importantes, aquelas que prescrevem penas pelo emprego da força. Seriam ditas normas as genuinamente jurídicas, integrantes reais de ordem jurídica. As secundárias seriam meras derivações lógicas das normas primárias, e *sua enunciação só teria sentido para uma melhor explicação do Direito*.

Kelsen utilizou-se de um operador lógico para extrair da norma que chamou de primária uma regra secundária. De uma norma primária com o seguinte enunciado: "*matar: pena X*", entendia possível extrair por derivação o enunciado da norma secundária, que seria: "É proibido matar" ou "É obrigatório não matar". Esse posicionamento kelseniano implica que somente de normas primárias estruturadas hipoteticamente é possível derivar normas secundárias, como veremos à frente.

Além de primárias e secundárias, as normas, segundo Kelsen, seriam categóricas ou hipotéticas (sempre o dualismo), dependendo de o *ato previsto* no mandamento estar ou não condicionado a um evento preestabelecido. Dentro dessa ótica, seriam categóricas as sentenças judiciais (normas particularizadas), e hipotéticas as leis (normas genéricas). Em função dessa engenhosa construção, o mestre de Viena achava que o endereçamento das normas jurídicas primárias, por isso que continham a previsão de *atos coercitivos*, era para juízes e funcionários estatais, órgãos incumbidos de sua aplicação, delas. Sem embargo de se destinar aos órgãos do Estado, esse titular do monopólio da força, a *norma, por estar promulgada* e, pois, por ser conhecida, funcionaria como instrumento *diretivo* do comportamento humano. Do que acabamos de ver segue-se que uma norma cujo conteúdo não fosse uma sanção só seria possível se derivasse de uma *norma primária*, esta portadora da sanção.

O fundamento normativo do sistema residiria nas normas sancionantes, instituidoras de penas e privações, impostas pelas autoridades estatais aos agentes dos ilícitos (cuja definição mais coerente reside em ser o descumprimento de um dever legal). É que a norma primária funcionaria dentro de um tal sistema ou teoria como *premissa necessária.* Nesse sentido, as normas

---

[15] No campo do Direito Tributário e em épocas de forte intervenção ou dirigismo estatal, o espaço reservado às "premiais" cresce consideravelmente e cada vez mais. Todo esforço para atrair investimentos ou incentivar exportações é feito com *base em normas premiais*.

primárias Kelsenianas seriam as "*fontes*", "*os alicerces*" da ordem jurídica inteira. Ademais, as normas primárias teriam que possuir estrutura necessariamente hipotética, de modo a permitir o exercício de derivação. A assertiva radica na própria índole da concepção dualista do mestre de Viena.

O caráter de uma norma secundária, destarte, seria um caráter de *dever-ser*, e seu conteúdo seria o de uma *conduta oposta* à que figurasse como *condição* de aplicação da *norma primária*. Para Kelsen, de uma conduta primária prevendo que "se alguém mata a outrem, deve ser punido com prisão" sobressairia a norma secundária que proclamava proibido o ato de matar ou declarava devida a conduta de não matar, com o sentido de que *não se deveria matar*.

Sem embargo, se observarmos qualquer sistema jurídico, encontraremos leis e costumes de onde é possível extrair enunciados normativos cujo conteúdo não traduz atos de coerção, nem tampouco derivam de entes normativos que prescrevem sanções, como quer Kelsen. A maior parte dos dispositivos constitucionais, com efeito, não estabelecem sanções senão que instituem poderes, competências, princípios, garantias e procedimentos diversos. Em nível infraconstitucional, é possível encontrar disposições de igual jaez. Nos códigos civis, *v.g.*, deparamo-nos com regras sobre como contrair matrimônio, celebrar contratos ou fazer um testamento válido. Os digestos processuais estão repletos de regras técnicas de procedimento para juízes, partes, advogados e terceiros (as chamadas normas *in procedendo*). De notar, ainda, as enunciações que cunham conceitos, definições e atribuem qualidades às pessoas e instituições: quem é ou não capaz, o que é ser comerciante, noção de estabelecimento comercial, conceito de tributo etc.

A resposta de Kelsen às objeções desse tipo consistiu em dizer que tais "normas" não seriam "normas genuínas", mas enunciações do legislador e "partes" das normas genuínas. E, assim, pela técnica ou argumento da *subsunção*, a maioria das regras que comumente encontramos formando o sistema jurídico constituiriam "fragmentos" de normas autênticas, instituidoras de sanções. As normas teriam uma estrutura dual, logicamente falando: *antecedente* e *consequente* ou, noutra terminologia, *hipótese* e *consequência*. Para Kelsen, estas regras a que acabamos de nos referir, ou melhor, os enunciados que delas fosse possível extrair, seriam "partes" ou "componentes" dos antecedentes das normas verdadeiramente jurídicas, as primárias, em cujo consequente deveria *figurar* sempre *uma sanção*.

2.5 *Normas jurídicas e proposições sobre normas jurídicas – Prescrições jurídicas – O papel dos intérpretes*

Frise-se agora que Kelsen, embora no começo de suas elucubrações tenha entendido a norma como "juízo hipotético", isso renegou expressamente na maturidade. Para ele a norma é *prescrição* (que depende, em certas circunstâncias, de uma *condição* para que incida). A norma pode, assim, ser hipotética, mas não será jamais um *juízo hipotético* como muitos pensam que é, referindo-se a Kelsen.[16] O "juízo" é ato de sujeito ao conhecer o seu objeto. Se a norma jurídica é o objeto do conhecimento jurídico na gnosiologia[17] kelseniana, o "juízo hipotético" que o cientista do Direito constrói ao descrevê-la só poderá ser uma "*proposição*" a respeito da norma, nunca a "*norma-em-si*". Há uma passagem nas *Contribuições à Teoria Pura do Direito* em que Kelsen[18] mostra-se extremamente enfático a esse respeito, ao rejeitar com incontida amargura ao Prof. Stone. Sobre o papel da Ciência do Direito disse:

> "Assim como o caos das sensações só *através do conhecimento ordenador da ciência se transforma em cosmos*, isto é, em natureza como um sistema unitário, assim também a pluralidade das normas jurídicas gerais e individuais postas pelos órgãos jurídicos, isto é, o material dado à ciência do Direito, só através do conhecimento da ciência jurídica se transforma num sistema unitário isento de contradições, *ou seja, numa ordem jurídica*. Esta "produção", porém, *tem um puro caráter teorético ou gnosiológico*. Ela é algo completamente diferente da produção de objetos pelo trabalho humano ou da produção do Direito pela autoridade jurídica"[19] (grifos nossos).

A norma, pois, *não é a mesma coisa que a lei*, entendida esta como a fórmula verbal de um legislador anônimo (costume) ou como fórmula escrita de um legislador institucional (lei, estrito senso). A norma é a expressão objetiva de uma prescrição formulada pelo legislador que

---

16 Carvalho, Paulo de Barros. Teoria da Norma Tributária, São Paulo, Lael, 1974, p. 31 – "De outro modo, entendemos que conquanto se deva verdadeiramente distinguir o enunciado legal da sua descrição, empreendida pela ciência do Direito, o ato de vontade que Kelsen designa de 'norma jurídica' é veiculado também por meio de juízos hipotéticos sendo lícito chamá-lo de proposição já que esta palavra significa a expressão verbal de um juízo."

17 Gnosiologia (com i) = teoria do conhecimento, e não gnoseologia = teoria do conhecimento da divindade (*vide Novo Dicionário Aurélio* e o *Novíssimo*, de Laudelino Freire).

18 Kelsen, Hans. *Contribuciones a la Teoría Pura del Derecho*, pp. 58-9.

19 *Idem. Teoria Pura do Direito*, pp. 111-113.

não se confunde com aquilo a que comumente chamamos de *lei*. Isto quer dizer que a norma, posto já se *contenha* nas leis, delas é *extraída* pela dedução lógica, função do conhecimento. Kelsen reconheceu isto ao referir-se à necessidade de "conhecer" antes a norma para poder "aplicá-la". A norma estaria "dentro" do sistema jurídico de envolta com as formulações escritas ou costumeiras do legislador, por isso que seria a expressão objetiva de um ato de vontade. Careceria, todavia, de ser apreendida (porque a norma é, antes de tudo, *sentido*; pode até ter diferentes sentidos, diversas possibilidades de aplicação, nisto residindo o intenso e apaixonante dinamismo do Direito como fenômeno de adaptação social).

2.6 Tipologia jurídica – Normas de organização, de competência, técnicas, de conduta ou comportamentais e sancionantes

Uma classificação funcional das normas jurídicas, com a ressalva de que toda classificação é precária, começaria por conferir-lhes, a todas, caráter prescritivo. Em seguida as dividiria em cinco grandes grupos, sendo que os dois últimos seriam interligados funcionalmente:

Normas organizatórias;

Normas de competência;

Normas técnicas;

Normas de conduta;

Normas sancionantes.

A tipologia aventada persegue o desejo de ser funcional, adequada à prática do Direito. Busca escora teleológica. Efetivamente o que procuramos, ao ler as leis e demais entes legislativos, é algo extremamente prático. Em real verdade, estamos procurando saber se *alguém*, pessoa ou órgão, é *competente* para isso ou aquilo, ou como é ou deve ser a *organização* das instituições, órgãos e pessoas. Quando não é assim, estamos procurando saber como se deve *proceder* em certas circunstâncias para realizar a ordem jurídica, ou perquirindo se existe algum *dever* a ser imputado a alguém, ou se deve ser aplicada a alguém determinada sanção. Vale dizer, o Direito existe para *instituir e organizar* (normas organizatórias), *atribuir competências* (normas de potestade), *criar deveres* (normas de conduta ou de dever), *punir as transgressões à ordem jurídica* (normas sancionantes) e *prescrever técnicas de realização da ordem jurídica* (normas técnicas ou processuais).

Normas Organizatórias – Instituindo os órgãos do Estado, as instituições e as pessoas. Desse tipo são as normas que prescrevem como *deve ser* o Estado Federal ou as que declinam os requisitos que deve possuir o ato jurídico ou uma sociedade por cotas de responsabilidade limitada para serem válidos, ou ainda as que definem quais são os pressupostos para um cidadão ser elegível ou comerciante, ou, ainda, ser maior, senador, presidente da República ou prefeito municipal. Neste âmbito se encontram as normas ditas atributivas de qualidades e as de "*reconhecimento*", permitindo identificar se as outras normas pertencem ao "*sistema*".

Normas de Competência – Conferindo "potestades" aos sujeitos públicos e privados para produzir normas de comportamento, interpretá-las e aplicá-las voluntariamente, *ex officio* ou contenciosamente. Estabeleceriam como *deveriam* ser exercidas tais potestades, sua extensão e limites. Deste tipo são as normas que outorgam competência aos órgãos dos Poderes Legislativo, Executivo e Judiciário para a produção de atos funcionais legislativos, administrativos e jurisdicionais. De igual tipo as normas que investem os particulares de capacidade para praticar e para celebrar atos jurídicos constitutivos (testar, votar, contratar etc.).

Normas Técnicas – Prescrevendo como devem ser produzidos os atos adjetivos necessários à vida do Direito: como se deve votar, sentenciar, interpor um recurso extraordinário, fazer um testamento válido, celebrar contratos, contrair matrimônio, discutir e votar uma lei complementar da Constituição (todas as normas processuais são técnicas.)

Normas de Conduta – São as normas que obrigam comportamentos, campo de eleição da lógica jurídica. Destinam-se às autoridades e aos particulares. Desse tipo são as normas que estatuem comportamentos positivos e negativos, desde que ocorrentes certos pressupostos. São nucleares, no sentido de posicionar à sua volta o sistema jurídico. Se o Direito teleologicamente busca o controle do meio social, é claro que indica quais são os comportamentos desejáveis. Indica-os, tornando-os obrigatórios, como no caso do dever tributário. As leis preveem a obrigatoriedade do seu cumprimento. Todavia, dita obrigatoriedade comportamental pode não ser expressa na lei. No caso do tributo, é. No caso do homicídio, não. A lei expressa apenas uma punição, ou melhor, a previsão de uma pena para o comportamento homicida. *A norma* que impõe o *dever de não matar* é implícita no sistema e portanto inexpressa na lei (mais uma vez a *diferença* entre *norma e lei*). As normas de conduta ora impõem comportamentos positivos (é obrigatório pagar imposto à União), ora estatuem condutas negativas (é obrigatório não matar). Fácil deduzir que o caráter proibitivo é epifenômeno; se é obrigatório não matar, matar é proibido. Se é obrigatório pagar tributos, não pagá-los é proibido.

Normas Sancionantes ou Punitivas – São as normas que *estatuem sanções* para certas condutas. Toda ação não punível é livre. Vale dizer, o que não é punível pode ser praticado facultativamente. Tanto faz, de um ponto de vista sancionante, praticar ou não a ação impunível. Ela não é obrigatória nem proibida. Se fosse proibida, sua prática acarretaria uma punição. E se fosse obrigatória, a omissão em praticá-la acarretaria, igualmente, uma punição. Consequentemente, se uma ação, ou melhor, um comportamento humano, é punível, é porque a sua prática é vedada; é porque não praticá-lo é obrigatório. Não praticar um comportamento tem dois sinais: positivo e negativo. Quando um comportamento é punível, é porque o seu contrário é obrigatório. Se se age quando o dever é uma omissão (por exemplo: não matar), a ação de matar é que é a hipótese de punição. Se não se age quando o dever é agir (por exemplo: pagar tributo), o comportamento consistente em não pagar – comportamento omissivo – é que é a hipótese de punição.

Tanto as normas sancionantes quanto as de conduta exibem uma estrutura hipotética. Isto é, possuem uma *hipótese* e uma *consequência*. Para atuar a consequência, é mister que ocorra o *fato jurígeno* delineado na hipótese da norma. Uma consequência jurídica "*deve ser*" toda vez que ocorra a sua hipótese.

2.7 *Tipos de normas encontradiças no Direito Tributário*

No Direito Tributário encontramos normas *organizatórias*, construindo o *Estado Federal*, os *órgãos da administração fiscal*, as *prerrogativas* e *privilégios do crédito fiscal*, a *participação de umas pessoas políticas no produto da arrecadação de outras* etc. Encontramos normas de competência para instituir os tributos ou proibir o seu exercício, realizar a função fiscal, produzir atos administrativos, v.g. Encontramos, ainda, normas técnicas nos instruindo sobre como recolher tributos, como oferecer garantias, como apresentar defesas e embargos às pretensões fiscais e assim por diante. Deparamo-nos, no mais, com as *normas de conduta* que expressam as obrigações tributárias. O dever de pagar tributos decorre de leis que prescrevem dito dever desde que ocorrente o seu *fato jurígeno* no mundo fenomênico (a realização do fato gerador antes abstratamente previsto na norma hipotética). Finalmente, são encontradiças as normas sancionantes que punem o descumprimento das obrigações tributárias, e cuja hipótese de incidência é, precisamente, o descumprimento da obrigação.

2.8 Distinção entre normas, leis e proposições jurídicas

O objetivo dos "ordenamentos jurídicos" é, sempre foi, o de controlar o meio social. Enquanto tal, possui uma linguagem especial, encontradiça ao nível dos seus entes normativos: leis, costumes, sentenças, contratos etc. Esta linguagem, quando é posta sob análise pelo cientista do Direito, recebe a denominação de "*linguagem-do-objeto*", porque o objeto da Ciência do Direito é o Direito Positivo, com sua expressiva linguagem. Pois bem, ao estudar o Direito Positivo, é possível ao cientista concluir que, surgindo das inúmeras formulações verbais que expressam o Direito, projetam-se *normas*, facultando, obrigando e proibindo ações e omissões, assim como prescrições prevendo sanções para o não cumprimento de seus preceitos. Verificará, ainda, que há preceituações instituindo poderes, competências, processos e procedimentos, além de definições e conceitos legais. Ademais, perceberá que tudo isto forma uma *ordem jurídica,* garantida pelo *Estado*.

Perante o cientista do Direito, a normatividade (dever-ser) contida nos sistemas positivos se colocará numa relação de objeto-sujeito, sendo por este último descrita através de "proposições jurídicas", que são justamente os *instrumentos reveladores das normas*. Marco Aurélio Greco,[20] em página de grande acuidade, teve a percepção exata da questão:

> "Para a descrição de uma norma jurídica (que em si é um comando, uma permissão ou atribuição de poder) socorre-se o cientista de uma formulação a que se denomina "proposição jurídica". Esta, pois, situa-se no plano da Ciência do Direito, sendo uma categoria da razão (e não da vontade, como é a norma) estruturandose na forma de um juízo hipotético condicional. Observe-se, inicialmente, que a proposição jurídica não *prescreve* nenhuma conduta, mas *descreve* uma determinada norma jurídica que prevê essa conduta. Ela serve, assim, para proceder ao conhecimento do objeto da ciência jurídica mas não possui força imperativa. Quer dizer, a proposição não é um comando mas descreve um comando.
>
> (...)

[20] Greco, Marco Aurélio. *Norma Jurídica Tributária*, EDUC, Saraiva, 1974, pp. 20-21.

> Outra observação que cumpre fazer é que importa distinguir três qualidades:
>
> A) a norma jurídica em si que consiste num comando, ou imperativo, ou autorização;
>
> B) a formulação que à norma é dada pelo cientista que é proposição jurídica; e,
>
> C) a expressão linguística utilizada pelo legislador.
>
> As letras "b" e "c" são ambas formulações linguísticas, esta proveniente dos órgãos legislativos e aquela, do cientista, porém somente a do cientista *expressa integralmente a norma*, uma vez que muitos comandos só podem ser identificados e expressos numa *proposição jurídica*, mediante a congregação de vários dispositivos contidos em *múltiplos textos legais*" (grifos nossos).

Frise-se o seguinte: a distinção entre norma e lei ou costume é importante para a análise jurídica. Carlos Santiago Nino,[21] com sua autoridade de lente graduado da Universidade de Buenos Aires, diz que a *norma* é diversa da *formulação legislativa, escrita ou oral.*

> "*Es muy posible que la expresión "norma jurídica" sea un término teórico. Obviamente ella no denota un conjunto de oraciones escritas en un papel, puesto que una misma norma jurídica puede estar formulada por oraciones diferentes, ni tampoco denota un conjunto de conductas humanas, puesto que las normas jurídicas son usadas para evaluar conductas*" (grifos nossos).

A incompreensão da radical diferença entre *norma* e *legislação* tem gerado não pequenos equívocos e distorções na percepção do fenômeno jurídico. O assunto, sabe-se, tem levado juristas a momentos de extrema irritação ante a lógica deôntica e suas tentativas de formalização (lógica jurídica). Exemplo disso oferta-nos Michel Villey[22] que, em artigo posto contra Gardies, promove irada agressão aos lógicos, *verbis*:

> "Mas onde encontrar em tudo isso os imperativos, as ordens, as normas de conduta? Sei que a maior parte dos nossos lógicos têm o hábito de transpor este indicativo, em proposições normativas ou imperativas. Fariam melhor respeitando a letra dos textos.

---

[21] Nino, Carlos Santiago. *La Definición de Derecho y de Norma Jurídica, Notas de Introducción al Derecho*, Buenos Aires, Astrea de Rodolfo Depalma y Hnos., 1973, p. 85.

[22] Villey, Michel. *Sur les Essais d'Application de la Logique Deontique au Droit. Archives de Philosophie du Droit*, Paris, Sirey, 1972, nº 17, tome XVII, pp. 407 e ss.

> (...)
>
> Resta perguntar por que nossos lógicos *sofrem toda essa comichão de converter as proposições jurídicas em proposições diretivas das condutas humanas*. Acuso-os de saltar indevidamente do Direito (terreno que mal conhecem) a um outro tipo de discurso, que sua experiência de moralistas lhes tornou mais familiar" (grifos nossos).

É conveniente, pois, para obstar *equívocos dessa ordem*, vincar um pouco mais a distinção. Lourival Vilanova,[23] com propriedade, distingue:

> "A norma jurídica, *reduzida à proposição* em sentido lógico, tem uma forma. Gramaticalmente, a linguagem do direito positivo *exprime a norma em multiforme variedade*. E, nem sempre está a proposição normativa *em toda a sua integridade num só artigo de lei ou decreto*; nem sempre *toda uma norma* se encontra presente *num dispositivo da Constituição* ou de um *estatuto* de ente público ou privado."

Temos então, de um lado, o Direito Positivo com seus entes legais, leis e costumes, ordenando ações e omissões, facultando outras tantas, proibindo comportamentos, atribuindo qualidades às pessoas e às coisas, outorgando poderes e competências, prevendo atos procedimentais, cunhando conceitos e definições. Tudo isso dito na linguagem comum do povo (linguagem do objeto).

De outro lado, temos a Ciência do Direito, cujo objeto é justamente o Direito Positivo, seus entes.[24] A função da Ciência do Direito é descrever o seu objeto. Nesse momento aparece a *proposição jurídica,* sob a forma de juízo, mercê da qual é possível apreender a *normatividade* contida nos sistemas positivos. A proposição descreve a norma. É descritiva. A norma, porém, não se confunde com a sua descrição. É prescritiva. Isto se torna claro quando o juiz aplica a norma, após intuí-la do sistema jurídico.

As normas em si mesmas são "entes teóricos" derivados do sistema jurídico como um todo. Uma norma jurídica, diga-se por oportuno,

---

[23] Vilanova, Lourival. *Lógica Jurídica*, São Paulo, José Bushatsky, 1976, p. 113.

[24] Juan Manuel Teran, in Filosofía del Derecho, México, Porrua, 1971, p. 174, diz com claridade: "De onde se concluye que desde el punto de vista del Derecho como forma normativa toda actividad posible se encuentra juridicamente regulada." Aproveitamos a cita para realçar que o facultativo pode ser deduzido de duas formas: a) por ser ato livre (não é obrigatório nem proibido); b) por estar prescrito. Assim, toda norma pura de potestade ou competência é facultativa ao agente (competência para instituir tributo, v.g.). Com o poder-dever já não ocorre a facultatividade.

resulta da conjunção de significados normativos defluentes de diversas leis ou artigos de leis, editados em épocas diferentes por corpos legislativos. Consequentemente, o problema da *existência* e *validade* da norma só indiretamente lhe diz respeito, porquanto a questão de se saber se uma *norma* foi criada e posta a viger de acordo com os ditames específicos da ordem jurídica reguladores de sua produção se reporta ao *processo de criação das leis e do reconhecimento dos costumes*. Se uma lei, por exemplo, prevê que o fato de alguém ser proprietário é jurígeno do dever de pagar imposto sobre o patrimônio imobiliário, e uma outra isenta os proprietários de um único imóvel de valor não superior a R$ 10.000,00 de fazê-lo, ter-se-ia uma norma *prescritiva de dever* com o seguinte enunciado, descrito mediante uma proposição do *intérprete*:

Hipótese: alguém ser proprietário de imóveis, salvo se de um só de valor não superior a R$ 10.000,00.

Consequência: pagar imposto imobiliário ao Estado anualmente.

A questão de se saber se predita norma é *válida* se desloca para a análise do "processo de reconhecimento" das leis que a engendraram, isto é, da lei que previu a tributação e da lei que previu a isenção. Somente quanto a elas será possível indagar se foram postas pelo legislador da forma prescrita, ou se entraram em vigor antes do início do exercício financeiro (princípio da anterioridade da lei tributária inserto na Constituição brasileira).

Frise-se que a *norma* – produto do universo legislado – não se confunde com os seus veículos, os *entes positivos* (leis, Decretos-Lei etc.).

Tampouco se confunde com as *proposições jurídicas* que a Ciência do Direito produz ao *descrever* a norma, sob a forma, quase sempre, de *juízos hipotéticos*.

A norma, ainda que condicional, é sempre *prescritiva* (porque o Direito é, basicamente, prático, finalístico, teleológico).

As leis são *enunciados literais* buscando um *fim*.

As proposições normativas são *descrições* das *normas jurídicas,* que defluem do universo legislado, produzidas por um *sujeito* (jurista ou juiz).

Por isso mesmo, ou seja, por serem juízos, são descrições de um ser, a norma! (sem embargo de a norma constituir um dever-ser, por isso que prescritiva).

Consequentemente, as *proposições jurídicas* são *proféticas*, por isso que exprimem *o que deve ser*, do ponto de vista subjetivo de quem as produz (os sujeitos que analisam a norma, posta como *objeto do conhecimento*).

Com efeito, as *proposições normativas* são "profecias" a respeito do que deve ser (o "ser" da norma).

Mas somente a proposição normativa, proferida pelos órgãos supremos da jurisdição, tem o condão de *acertar* a norma, dizendo o que ela significa com obrigatoriedade indiscutível (norma individual, cf. Kelsen).

Nesse ponto fecha-se o ciclo. A *norma* é o que os juízes da irrecorrível instância fixam como o seu real significado, objetivamente, enquanto *prescrição*.

A conclusão ora lançada tem o abono de Kelsen. Dele a transcrição:

> "O Direito prescreve, permite, confere poder ou competência, não ensina nada. Na medida, porém, em que as normas jurídicas são expressas em linguagem, isto é, em palavras e proposições, podem elas aparecer sob a forma de enunciados do mesmo tipo daqueles através dos quais se constatam fatos."[25]

Claro que nem todas as normas passam por um teste de verdade legal. Muitas se aplicam sem contestação. Basta, porém, que durante dado processo aplicativo ao Direito surja uma controvérsia para apropositar-se a intervenção do Judiciário, com o fito de fixar a inteligência da norma em questão. Por outro lado, é comum, em épocas diversas, uma mesma norma possuir significados diferentes. Que as leis em cujo interior se abrigam as *normas* necessitem análise, para a extração do conteúdo prescritivo nelas represado, não causa espécie. É fenômeno corriqueiro. As ações declaratórias, especialmente, colimam sempre este desiderato. A seu turno, as partes no processo outra coisa não fazem do que formular "proposições jurídicas" a respeito da norma em torno da qual controvertem. O fenômeno torna-se bem mais transparente nas lides travadas a partir de questões puramente "de direito" (*quaestio juris*).

Sem esta visão não seria possível entender a assertiva de Kelsen de que a *norma é um sentido* que pode comportar diferentes alternativas de aplicação. Vale dizer, os juízos que descrevem normas são juízos de dever-ser. A estrutura da norma não é puramente esquemática. A sua descrição não pode ficar apenas em *dizer* que é formada de *hipótese e consequência*, ou *suposto* e *comando*, ou ainda *prótase* e *apódose*.

---

[25] Kelsen, Hans. *Teoria Pura do Direito*, pp. 111-113.

Um juízo sobre o dever-ser da norma é inevitável, pois, como já asseverado por Vilanova, se é *dever-ser, é dever-ser de algo.*

2.9 *Existência, validade e vigência das leis – Aplicabilidade, incidência e eficácia das normas jurídicas*

Chegado é o momento de encerrar a visualização panorâmica do tema normativo, aqui versado com intuito declaradamente propedêutico. Motivos de caráter metodológico exigiram esse tratamento. Em primeiro lugar, o *tributo* é norma. O dever de pagar tributo decorre de uma norma de comportamento. Em segundo lugar, a capacidade ativa para pôr e tirar dito dever decorre de normas de competência. Fez-se necessário, assim, este *bosquejo* sobre "normas", sua natureza e seus tipos. De tudo quanto vimos, sobraram-nos algumas verdades: as normas não são de um só tipo, e o esboço de uma tipologia servirá para situar a *norma tributária.* Além disso, as *normas jurídicas* não se confundem com as leis e os costumes que compõem o universo legislativo.

Agora o exato momento de repensar uma lição de José Souto Maior Borges,[26] aceita de pronto pela doutrina brasileira, sem contestação. Trata-se, segundo as próprias palavras do notável professor recifense, do tema da Teoria Geral do Direito que estuda os *planos de consideração da lei.* Souto Maior Borges distingue os planos de *existência, validade, vigência, incidência, aplicação* e *eficácia* da lei no seu livro *Lei Complementar Tributária.*

O autor desenvolve sobre o tema interessantes observações, especialmente a partir da página 36, sendo conveniente repassá-las.

Assim, o primeiro conceito a ser considerado seria o da existência da lei. Citando Pontes de Miranda,[27] Souto Maior Borges afiança-nos que os planos da *existência, validade e eficácia da lei* são inconfundíveis, porque "a lei pode ser, valer e não ter eficácia", sendo ademais contraditório "falar-se em validade ou eficácia do que juridicamente *não é*".

A lei, dessarte, pressupõe a sua própria existência até mesmo para que se possa submeter a um *teste de validade.* O conceito de validade apareceria num momento lógico posterior: "Somente depois de existente

---

[26] Borges, José Souto Maior. *Lei Complementar Tributária*, São Paulo, Revista dos Tribunais, 1975.

[27] Miranda, Pontes de. "Incidência e Aplicação da Lei", *in Revista da OAB*, Pernambuco, Revista da OAB, ano I, nº 1, p. 52.

a lei, pode ela revestir-se de validade ou invalidade, atributos que lhe são conferidos em função de sua *compatibilidade ou não* com o *ordenamento constitucional do País.*" A validade de uma lei estaria relacionada com a competência do órgão incumbido de sua criação e com as regras procedimentais ligadas a sua criação. Obedecidos os requisitos da *competência* e da *processualística legislativa*, tais como talhadas na Constituição, a "norma" teria condições de ingressar "no Direito positivo, sendo assim válida" (ob. cit., *passim*). Supondo-se *válida* determinada lei, o conceito de vigência surgiria em seguida: "lei existente pode ainda não incidir, como sucede no período da *vacatio legis*, intertempo entre 'A' a existência e 'B' a entrada em vigor (vigência) da lei."

E prossegue:

> "Existindo com validade e em vigor, está pronta a lei para *incidir*. A aplicação da lei deve coincidir com a sua incidência. Pode, contudo, a lei *incidir* sem que seja aplicada. A incidência é um *prius* com relação à eficácia do ato legislativo e um *posterius* com relação à sua existência" (*passim*).

A incidência da lei dar-se-ia em última análise com a ocorrência do seu suposto.

> "Dá-se a incidência da lei quando o suporte fático (hipótese de incidência) nela previsto abstratamente (hipoteticamente) ocorre concretamente no mundo dos fatos."

Mais:

> "A incidência da regra jurídica sempre que ocorre o suporte fático concreto é fenomenologicamente infalível e automática. *O que pode falhar é o atendimento à incidência (aplicação da lei), a sua respeitabilidade*" (grifos nossos).

Não nos parece correta, metodologicamente falando, a colocação do eminente professor pernambucano. Para nós, com supedâneo na teoria da norma jurídica, é absolutamente necessário distinguir, isto sim, o *plano da lei do plano da norma*.

A lei é um ente positivo. A norma é um ser lógico. Pode até haver coincidência entre lei e norma, caso raro. Normalmente a *norma decorre de um conjunto de leis*.

Feito esse corte metodológico, é possível verificar que os problemas concernentes à *existência, validade* e *vigência*, de fato dizem respeito à lei como ente positivo, como ato legislativo. Através das "normas de reconhecimento" referidas por Hart, são "testadas" as leis (ou os costumes nos países de Direito Consuetudinário). No plano da lei, basicamente, importa saber se ela *existe*, se *existe* com *validade* e se, existindo com *validade*, está em vigor e, pois, apta a *formar normas jurídicas* ou cooperar para a formação delas.

As questões de *aplicabilidade*, *incidência* e *eficácia* já se inserem noutra dimensão muito diversa. Inserem-se no plano da norma. Aplicável é a norma e não a lei. O que incide não é a lei. É o preceito da norma, se e quando ocorrente sua hipótese de incidência no mundo fático. Do mesmo modo há que se considerar a eficácia como tema normativo e não como questão legal. Para nós a eficácia é a qualidade intrínseca da norma que lhe permite produzir os efeitos jurídicos que lhe são próprios. Está dentro da norma e não fora dela, como parece querer Souto Maior e, em certa medida, Hans Kelsen. À página 42 do livro de Souto Maior já referido linhas atrás, lemos:

> "Para Kelsen, a eficácia do direito quer dizer que os homens se comportam na forma em que, de acordo com as normas jurídicas, devem comportar-se, ou seja, que as normas são realmente aplicadas e obedecidas. Enquanto a validade é uma qualidade do direito, a eficácia é uma qualidade da *conduta real dos homens* e não como parece sugerir o uso linguístico, uma qualidade do próprio direito."

Preferimos ficar com a tese da *eficácia como qualidade da norma* (da norma, nunca da lei), em companhia de Geraldo Ataliba, *verbis*:

> "Tem sido conceituada a eficácia dos atos jurídicos como a força ou poder que têm – e que lhes é atribuída pela ordem jurídica – para produzir os efeitos desejados pela própria ordem jurídica e que lhe são próprios; ou como aptidão para produzirem efeitos jurídicos."[28]

Tanto é a eficácia um atributo da *norma,* que existem leis *insuficientes* para gerar uma norma. Precisam de outras leis ou de outros artigos de lei que lhes complementem a *normatividade*. Somente então se terá *uma norma com eficácia cheia*, isto é, *apta* a produzir *todos os efeitos* que lhe são próprios (a norma de imunidade das Instituições de Educação e Assistência Social, v.g.). Se a sociedade não respeita uma norma, ela cai em desuso. A norma em si é sempre eficaz. Existe para ser observada

---

[28] Ataliba, Geraldo. *O Decreto-Lei na Constituição de 1967*, São Paulo, Revista dos Tribunais, 1967, p. 21.

necessariamente, provindo daí a sua *eficácia*. O desuso é tema da Sociologia Jurídica, não cabe na Ciência do Direito.

3. O OBJETO DO DIREITO TRIBUTÁRIO E O DIREITO TRIBUTÁRIO COMO OBJETO

3.1 A unidade do Direito – A falsa questão da autonomia dos ramos do Direito

O Direito é uno, todo interligado, a regrar a vida social. São tolices essas "autonomias científicas" dos diversos ramos do Direito. Muitos juristas se comprazem em dizer que o seu Direito é autônomo e importante, mais importante que os demais. Ora, essa divisão do Direito em ramos é, a um só tempo, funcional e didática e nada mais. Serve apenas ao pragmatismo, na regulação dos múltiplos aspectos da vida social, instituindo princípios e diretivas adequadas aos objetos regulados, e facilita no plano didático o ensino e a compreensão do Direito.

3.2 A relação fisco-contribuinte como objeto do Direito Tributário

Qual é, então, o objeto do Direito Tributário?

O de regular o relacionamento entre *Estado* e *contribuinte*, tendo em vista o pagamento e o recebimento do tributo. Certos autores dizem que o Direito Tributário regula uma parcela da atividade financeira do Estado, qual seja a de receber tributos. Esta é uma visão autoritária e estática. Em verdade, o Direito Tributário regula e restringe o poder do Estado de exigir tributos e regula os deveres e direitos dos contribuintes, *isonomicamente*.

Seu objeto é a relação jurídica travada entre o Estado e o contribuinte.

3.3 Direito Financeiro e Direito Tributário

O Direito Tributário, pela sua enorme importância, como que se desligou do Direito Financeiro, deixando de ser "atividade estatal", regrada juridicamente, para tornar-se "relação jurídica" entre sujeitos de direito em plano de igualdade. A sua inserção no Direito Financeiro vem do pretérito, até porque os primeiros tributaristas eram economistas ou administrativistas estreitamente ligados ao Estado.

O Direito Tributário cuida especificamente das receitas derivadas do patrimônio particular transferidas para o tesouro público mediante "obrigações tributárias" previstas em lei. A ênfase do Direito Tributário centra-se na *relação jurídica* e não na *atividade estatal* de obtenção de receitas. Não é *Direito do Estado*, é *relação jurídica* entre sujeitos de direito sob os auspícios da *legalidade* e da *igualdade*.

3.4 *A relação tributária – Cerne do Direito Tributário*

O objeto do Direito Tributário, portanto, é regrar relação jurídica que se estabelece entre o *Estado* e as *pessoas físicas* e *jurídicas*, tendo em vista o pagamento dos tributos por estas últimas e o recebimento dos mesmos pelas pessoas políticas ou, se se preferir, pelo Estado. Dito objeto é de grande abrangência, embora restrito ao *tributo* e à *tributação* (implicando direitos e deveres entre o Estado e os contribuintes). É esta parcela da realidade social que se constitui objeto do Direito Tributário. Gota de água? Um grande lago?

– Nada disso; um oceano e suas margens.

3.5 *O objeto no tempo e no espaço – O papel do sujeito cognoscente*

Importa, finalmente, e desde já, advertirmo-nos de um aspecto bastante delicado quanto ao objeto do Direito Tributário. Não é possível que esse objeto seja igual no *tempo* e no *espaço*. Mediante o Direito Comparado, podemos estudá-lo simultaneamente em diversos países e anotar as semelhanças e diversidades. Podemos estudá-lo no tempo fazendo a história do Direito Tributário (de grande riqueza).

Todavia, este curso é sobre *Direito Tributário brasileiro* e tem por objeto, aqui e agora, a relação tributária entre o *Estado* e o *contribuinte* e sua regulação pelas normas e princípios do *Direito Positivo*.

Ricardo Lôbo Torres[29] nos fornece um bom conceito do que seja relação jurídica tributária como objeto do Direito Tributário:

> "A relação jurídica tributária é complexa, pois abrange um conjunto de *direitos* e *deveres* do Fisco e do contribuinte. A Fazenda Pública tem o direito de exigir do contribuinte o pagamento do tributo e a prática de atos necessários a sua fiscalização e determinação; mas

---

[29] Tôrres, Ricardo Lobo. *Curso de Direito Financeiro e Tributário*, Rio de Janeiro, Renovar, 1993, p. 186.

tem o dever de proteger a confiança nela depositada pelo contribuinte. O sujeito passivo, por seu turno, tem o dever de pagar o tributo e de cumprir os encargos formais necessários à apuração de débito; mas tem o direito ao tratamento igualitário por parte da Administração e ao sigilo com relação aos atos praticados".

3.6 O Direito Tributário como objeto

Cabe agora nos referirmos ao Direito Tributário, mormente o brasileiro, como objeto da *Ciência do Direito Tributário*.

Decerto já se pode adivinhar que no caso o objeto é o Direito Tributário Positivo. É preciso, no entanto, licenciar o autor, na consideração do Direito-Objeto (e portanto da sua linguagem como vertida nas leis), a fazer considerações críticas não apenas de ordem técnica, senão também axiológicas. Isto se diz, já no pórtico, em razão de termos feito uma delimitação da Ciência do Direito como uma ciência que tem por objeto o Direito Positivo tão somente.

De fato assim é. Mas foi reivindicado para o jurista, igualmente, o clamor da indignação e a necessidade de inserir no *Direito-Sistema* os valores do *justo* e do *igual*, e isto só pode ser feito com postulados que estão no mundo dos valores. O jurista não pode se esconder no tecnicismo positivista. Insistimos com Vilanova em dizer que "se a norma é dever-ser, é dever-ser de algo". Se a lei natural descreve o mundo (a água congela a zero grau), e a lei jurídica prescreve condutas (ter renda, pagar imposto de renda), ao jurista interessa, de uma vez por todas, o *conteúdo mesmo* do dever-ser. Buscar a *justiça* ainda que contra o Direito Positivo, como está no dístico da Faculdade de Direito da Universidade Federal de Minas Gerais.

3.7 Opulência jurídica do Direito Tributário brasileiro – As primícias do intérprete

O Direito Positivo brasileiro é extremamente rico se comparado com o Direito de outros povos. A nossa Constituição é a que mais contém regras e princípios tributários em todo o orbe. Demais disso, entre os Estados Federais, o Brasil é o que mais regrou as competências e limitações das pessoas políticas que convivem na Federação. Elaboramos a teoria das normas gerais mais que qualquer povo.

Em decorrência dessas características, o Direito Tributário Positivo do Brasil, para ser descrito pelo cientista do Direito Tributário, exigirá extremo rigor na sistematização das matérias.

3.8 Direito Tributário e Estado

É preciso nos determos na consideração do Estado. Estado (poder) e Direito (norma) se entrelaçam. Há quem veja, aqui e alhures, mormente os jusnaturalistas, o Direito fora do Estado. Argumentam com os estatutos de um clube privado e regras outras não produzidas pelo Estado, até mesmo contratos inominados, para provar a tese. Ora, qualquer estatuto ou contrato só poderá obrigar as pessoas envolvidas porque uma norma de Direito terá dito: "É lícito, em tais e quais circunstâncias, aos particulares, celebrar convenções que devem ser obedecidas." De todo modo, se desobedecidas, não será sempre um órgão do Estado que as fará cumprir?

Hart já notara, dissemo-lo, as regras de transformação, no Direito Positivo, dando competência às pessoas e órgãos para a produção de normas jurídicas, inovando a ordem jurídica. O Estado está como que no centro do universo jurídico. No Direito Tributário, dominado pelo *princípio da legalidade*, só o Legislativo produz leis, e o Legislativo é um dos *Poderes* do Estado. O Direito Tributário é, necessariamente, aplicado por atos administrativos praticados por funcionários do Poder Executivo, que também é um *Poder do Estado*. Finalmente, o Judiciário resolve as pendências tributárias, outro *Poder do Estado* ante o qual nenhuma relação jurídica pode ser subtraída (art. 5º, XXXV, da Constituição).

Como, então, deixar de conhecer o Estado e suas funções, ainda que de passagem?

4. O ESTADO E SUAS FUNÇÕES

4.1 O Estado e o poder de tributar – A repartição de competência para tributar – O estatuto do contribuinte

Vamos deixar no olvido os *Estados pretéritos*, os *Estados Totalitários*. Vamos surpreender o *Estado Constitucional contemporâneo*, o *Estado de Direito*, o *Estado Democrático*.

O poder de tributar é exercido pelo Estado por delegação do povo. O Estado, ente constitucional, é produto da Assembleia Constituinte, expressão básica e fundamental da vontade coletiva. A Constituição, estatuto fundante, cria juridicamente o Estado, determina-lhe a estrutura básica, institui poderes, fixa competências, discrimina e estatui os direitos e as garantias das pessoas, protegendo a sociedade civil.

O poder de tributar, modernamente, é campo predileto de labor constituinte. A uma, porque o exercício da tributação é fundamental aos interesses do Estado, tanto para auferir as receitas necessárias à realização de seus fins, sempre crescentes, quanto para utilizar o tributo como instrumento extrafiscal, técnica em que o Estado intervencionista é pródigo. A duas, porque tamanho poder há de ser disciplinado e contido em prol da segurança dos cidadãos.

Assim, se por um lado o poder de tributar apresenta-se vital para o Estado, beneficiário da potestade, por outro a sua disciplinação e contenção são essenciais à sociedade civil ou, noutras palavras, à comunidade dos contribuintes.

Nos Estados politicamente organizados em repúblicas federativas, a Constituição não apenas institui o poder de tributar como também deve reparti-lo entre as pessoas políticas que convivem na federação.

Dá-se, assim, uma repartição de competências tributárias e também, sob uma outra ótica, uma repartição de fontes de receitas tributárias, processos constitucionais que se entrecruzam, embora um não se identifique com o outro, certo que a repartição de competência, temática mais rica, não se limita a uma simples repartição de receitas. Esta se contém naquela ou dela deriva.

4.2 As três funções do Estado: legislar, administrar e julgar – A caracterização jurídica dos atos funcionais do Estado sob os pontos de vista material e formal – O Estado e a tributação

O Estado, ente constitucional, uma vez constituído realiza os seus fins por meio de três funções em que se reparte a sua atividade: legislação, administração e jurisdição.[30]

A função legislativa liga-se aos procedimentos de elaboração do Direito. A função administrativa diz respeito aos procedimentos de aplicação do Direito à vida, de ofício. A função jurisdicional entronca, também, com o processo de aplicação do Direito aos casos concretos, porém contenciosamente. Por meio da função legislativa, o Estado cria o Direito. Mediante as funções administrativa e jurisdicional, realiza-o.

---

30 Fagundes, Miguel Seabra. *O Controle dos Atos Administrativos pelo Poder Judiciário*, 3ª ed., Rio de Janeiro, Forense, 1953, p. 27.

Legislar é editar o Direito Positivo.

Administrar é aplicar o Direito de ofício.

Julgar é aplicar o Direito contenciosamente. A palavra "jurisdição" advém da locução latina *juris dicere* (dizer o direito).

O exercício dessas funções é entregue a órgãos do Estado que correspondem a poderes perfeitamente delineados. Daí falar-se em Poder Legislativo, Poder Executivo e Poder Judiciário ("harmônicos e independentes", conforme a Constituição).

A repartição dos poderes estatais surgiu da evolução política e jurídica dos povos. É produto do progresso e da experiência social. Coube, contudo, ao filósofo francês Montesquieu, trabalhando sobre as ideias de Locke, o ter precisado a razão de ser dessa classificação de poderes e funções no seu famoso *Espírito das Leis*. O certo é que, hoje, é adotada pela maioria dos povos civilizados, apesar de certas críticas que lhe foram formuladas.

Dentre outros, lembremos as de Kelsen,[31] as de Althusser.[32]

A tripartição de funções não é absoluta dentro do aparelho do Estado. Ocorre tão somente que o Legislativo empolga a quase totalidade da função legiferante. O Executivo e o Judiciário, predominantemente, encarregam-se daqueloutras, a administrativa e a jurisdicional, respectivamente.

O Poder Legislativo faz leis. O Executivo as aplica de ofício, e o Judiciário as realiza, contenciosamente, assim que no processo de aplicação da lei surja alguma controvérsia a respeito de seu alcance ou significado.

A cada Poder, portanto, corresponde uma função, de maneira precípua e predominante, não implicando o fato uma segregação funcional absoluta.

O Senado Federal, quando julga ministro da Suprema Corte por crimes de responsabilidade, exerce função judicante.

O Presidente, quando edita medida provisória, exerce função legiferante.

O Presidente do Tribunal, quando baixa o regimento interno da corte, legisla, e, quando concede férias, licença-prêmio ou aplica sanção disciplinar a funcionário do Judiciário, exercita a função administrativa. Dá-se o lugar comum: as exceções confirmam a regra.

---

31 Kelsen, Hans. *Teoría General*..., pp. 318-35.

32 Althusser, Louis. Montesquieu, *A Política e a História,* trad. de Luiz Cary e outro, Lisboa, Presença, 1972.

Embora a separação de poderes não seja absoluta, mas relativa, a doutrina, em geral, encontra com facilidade uma oposição entre a natureza das funções exercidas pelo Poder Legislativo e aquelas afetas aos demais.

Basta considerar que, para Kelsen, em vez de se falar em tricotomia, dever-se-ia mencionar uma dicotomia de funções, pois, para ele, Poder Executivo e Poder Judiciário exercem funções praticamente idênticas e intimamente conexas. Legislar, para ele, é criar normas gerais. Se se fala de execução dessas normas, temos de concluir que tanto o Poder Executivo quanto o Judiciário as "executam", nesse sentido, exercendo papel semelhante.[33]

Realçando o papel tutelar da Constituição, pedra fundamental do Estado a legitimar os seus poderes, Seabra Fagundes tracejou o real significado das funções estatais:

> "Pela função legislativa, o Estado edita o direito positivo posterior à Constituição ou, em termos precisos, estabelece normas gerais, abstratas e obrigatórias, destinadas a reger a vida coletiva. O seu exercício constitui, cronologicamente, a primeira manifestação de vitalidade do organismo político estatal."

E prossegue:

> "A lei, como preceituação geral que é, tem em vista situações abstratamente consideradas, fazendo-se preciso acomodá-la às situações particulares compreendidas na generalidade do seu enunciado. Esses fenômenos que lhe sucedem, tendendo a concretizar a vontade nela expressa, são normalmente e primariamente o objeto da função administrativa. Atendendo à natureza e à repercussão de tais atos na ordem jurídica pode-se definir essa função como aquela pela qual o Estado determina situações jurídicas individuais, concorre para a sua formação, e pratica atos materiais."

Assim, a função legislativa é formadora do Direito pós-constitucional. A administração, executora. Ao Executivo cabe aplicar, executar o Direito posto. O Executivo é servo da lei, subalterna é a função administrativa. Não está acima da lei. É instrumento de sua realização sob a vigilância do Judiciário, que lhe fiscaliza o grau de fidelidade ao Direito legislado, em defesa da ordem jurídica e dos cidadãos jurisdicionados.

O contraste entre a função legislativa (criadora do Direito) e a função administrativa (executora do Direito *ex officio*) é de fácil apreensão.

---

[33] Kelsen, Hans. *Teoría General...*, cit., p. 203.

Contudo, a distinção entre as funções administrativa e jurisdicional, ambas executórias do Direito, já apresenta certo grau de dificuldade para a sua exata percepção.

De recorrer, mais uma vez, ao magistério de Seabra Fagundes, melhor que o de Roger Bonnard.

> "Quando qualquer um na coletividade se opõe ao cumprimento de regra jurídica, obstinando-se em lhe recusar obediência, cria, com isso, um embaraço ao regular funcionamento do organismo estatal. E o Estado vence essa anomalia restaurando a ordem através da coação, que exerce sobre a vontade insubmissa, impondo-lhe obediência ao cânone legislativo, cuja inteligência fixa definitivamente. Tais situações podem originar-se, seja da atitude do indivíduo recusando obedecer à lei, impugnando-a por injusta, por irregular ou por se entender não abrangido nas suas disposições, seja do procedimento dos próprios órgãos estatais (Legislativo e Executivo), violando os limites prefixados no direito positivo à sua atividade."[34]

A lição do publicista merece detida meditação. A uma, porque indica com muita clareza que a violação da ordem jurídica, a ser restaurada pelo Poder Judiciário, pode provir dos órgãos do Estado, inclusive do próprio Judiciário (hipótese de mandado de segurança contra ato de juiz, v.g.).

A duas, porque entremostra, de passagem, a jusfilosofia da tripartição das funções estatais, baseada no princípio de proteção da segurança da pessoa em face do poder do Estado e na teoria política da representação popular, legitimadora do Direito como ordem normativa (o povo legislando por meio de mandatários eleitos).

Resta, no entanto, fixar as notas de diferenciação que distinguem a ação executora do Executivo da empreendida pelo Judiciário, na trama de realização do Direito, fenômeno extraordinariamente dinâmico e intenso.

> "Seu exercício só tem lugar quando existe conflito a respeito da aplicação das normas de direito, tem por objeto específico removê-lo, e alcança sua finalidade pela fixação definitiva de exegese. São, assim, três os seus elementos específicos:
>
> a) como momento do seu exercício – uma situação contenciosa surgida no processo de realização do direito;
>
> b) como modo de alcançar sua finalidade – a interpretação definitiva do direito controvertido;

---

[34] Ob. cit.

c) como finalidade do seu exercício – o trancamento da situação contenciosa, consequência necessária da interpretação fixadora."[35]

Tais elementos diferenciam a função realizadora do Direito expendida pelo Poder Judiciário da função executora do Direito empreendida pelo Poder Executivo (a Administração Pública).

A função jurisdicional é, indubitavelmente, mais nobre que a função administrativa. Esta é meramente executora do determinado pelo Legislativo e está sujeita, sobremodo, ao controle do Judiciário. Sugestivo, por isso mesmo, o título da obra que imortalizou Seabra Fagundes como jurista: *O Controle dos Atos Administrativos pelo Poder Judiciário* (gloriando o Rio Grande do Norte).

Todavia, o Poder Judiciário não é soberano na interpretação das leis. Em certos setores do Direito, os critérios de interpretação, decisão e aplicação da norma já estão predeterminados na própria lei para maior garantia dos cidadãos. Não lhe compete substituir o legislador, mas apenas revelar o sentido objetivo da regra jurídica aplicável ao caso, fixando-lhe o alcance.

Tinha razão Austin quando dizia ser "performativa" a função do juiz, no sentido de que aperfeiçoava a ordem jurídica desvelando o direito contido nas normas no momento de sua aplicação à vida. Isto há de ser entendido, contudo, com a devida cautela. O juiz diz o Direito, não o cria, que essa função é do legislador, por delegação das pessoas que convivem nas sociedades politicamente organizadas, autoras e destinatárias do Direito, enquanto ordem normativa. O princípio *a priori* é de que o povo legisla para si próprio. Soberana deve ser apenas a vontade da coletividade organizando-se em nação, através de Constituição legitimamente representativa, alicerce dos regimes políticos e das ordens jurídicas verdadeiramente democráticas.

As funções legislativa, administrativa e jurisdicional, vimos de ver, são exercidas por órgãos pertencentes aos três Poderes do Estado: Legislativo, Executivo e Judiciário. Ditas funções são exteriorizadas por atos, por isso mesmo denominados funcionais.

O fato, já realçado, de que nem sempre os órgãos de um Poder exercem com exclusividade as funções típicas que lhe são próprias, praticando, às vezes, atos que pelo seu conteúdo e finalidade pertencem a outro Poder, obriga adentrar a teoria dos atos funcionais. Estes implicam dois

---

[35] Fagundes, Miguel Seabra. Ob. cit.

critérios de reconhecimento: o formal e o material. Pelo critério formal, um ato será legislativo, administrativo ou jurisdicional de conformidade com o órgão que o emite ou exara. Se o órgão for do Poder Executivo, será ato formalmente administrativo; se do Judiciário, o ato por ele praticado será formalmente jurisdicional e, se provier de órgão legiferante, será ato legislativo em sentido formal.

O critério formal denuncia a origem do ato, sua fonte ejetora. Por outras palavras, a classificação formal de um ato funcional indica apenas o Poder do Estado de onde dimana.

Segundo o critério material, o ato funcional é legislativo, administrativo ou jurisdicional quando, pela sua natureza própria ou peculiar, contém-se no âmbito e finalidade de cada uma das funções do Estado: editar o Direito, aplicá-lo de ofício aos casos concretos e decidir sobre os conflitos decorrentes de sua aplicação, interpretando-o.

a) Ato legislativo (lei em acepção lata) em sentido formal é o que promana de órgãos constitucionalmente investidos de função legiferante. Tem forma de lei. Em sentido material, é todo ato funcional emanado do Estado com caráter de regra geral, abstrata e obrigatória, ostentando a finalidade de ordenar a vida social, direta ou indiretamente, implicando modificações na ordem jurídica (*novità*, como dizem os italianos).
b) Ato administrativo em sentido formal é o que dimana de órgãos do Poder Executivo. Em sentido material (conteúdo e finalidade), é administrativo o ato por meio do qual o Estado determina situações jurídicas individuais ou, pelo menos, concorre para a sua formação.
c) Ato jurisdicional sob o ponto de vista formal é todo aquele exarado por órgão do Poder Judiciário. Em sentido material, é ato por meio do qual o Estado define situações jurídicas individuais com a finalidade de remover óbice à aplicação do Direito, interpretando-o (*juris dicere*, jurisdição, dizer o direito). Todo ato jurisdicional implica dois termos: a controvérsia a propósito da aplicação da norma jurídica e a solução da controvérsia. A constatação do conflito sem solução é fato inócuo, sem expressão. Por outro lado, para que haja solução, por suposto há que existir, antes, o conflito, sua composição na lide e seu desate na sentença.

A teoria dos atos funcionais, mais ainda a sua prática, diz de perto com o exercício da tributação. O poder de tributar do Estado, implicando contribuições dos cidadãos e justificado pela necessidade estatal, vem diretamente da Constituição (produto da vontade popular e reflexo das ideologias predominantes no meio social).

Entre nós, como de resto entre os povos civilizados, a Constituição atribui ao Legislativo editar as leis tributárias dentro das balizas fincadas no próprio Texto Maior. Comete ao Executivo o poder-dever de aplicar as leis tributárias e reserva ao Judiciário a resolução das controvérsias surgidas ao propósito de sua aplicação. Com efeito, não cabe ao Príncipe criar o tributo, impô-lo e, ainda, decidir sobre a legalidade de seu ato. Aqui, mais do que em qualquer outro setor da vida coletiva, impõe-se a estrutura de freios e contrapesos implícita no sistema da divisão de Poderes e funções do Estado, em favor de uma eficaz proteção ao cidadão/contribuinte.

No regime presidencial, a especialização das funções há de ser muito mais rígida do que no parlamentarismo. É que nas Repúblicas Parlamentaristas e nas Monarquias Parlamentares o *governo* é feito nos *parlamentos*. No presidencialismo, o chefe de Estado, ao revés, é eleito pelo povo. Ele é que forma o Governo, indicando e demitindo "ad nutum" os seus ministros e secretários de Estado. Não deveria legislar por Decreto-lei ou medida provisória a gerar crises entre os Poderes do Estado. O contraste entre os *Poderes* é, pois, muito maior.

24

A TRIBUTAÇÃO SOBRE HERANÇAS E DOAÇÕES E SUA JUSTIFICAÇÃO MORAL: PARÂMETROS INTRODUTÓRIOS PARA A SUA VALORAÇÃO E PARA MELHORAMENTOS NO SISTEMA JURÍDICO

Thomas da Rosa de Bustamante[1]
Franklin Vinícius Marques Dutra[2]

O presente artigo busca melhor entender e justificar o imposto sobre heranças no Brasil, o ITCD[3] (Imposto sobre a Transmissão *Causa Mortis* e Doação), enfrentando-o sob o aspecto teórico, fazendo uma análise comparada com o direito alemão e, por fim, ousando propor sugestões que revestiriam tal tributo mais adequada justiça tributária. Vale dizer que aqui se debaterá principalmente a incidência do imposto sobre o espólio, especialmente no âmbito teórico. Todavia, o que aqui se propuser

---

1 Professor Adjunto da Universidade Federal de Minas Gerais. Bolsista de Produtividade em Pesquisa do CNPq, Nível 2. Doutor em Direito pela PUC-Rio. Mestre em Direito pela UERJ.

2 Bolsista de Iniciação Científica do CNPq. Graduando em Direito pela Universidade Federal de Minas Gerais.

3 Também conhecido como ITCMD.

perfeitamente também se aplica ao caso das doações, até porque trata-se do mesmo tributo no atual ordenamento jurídico brasileiro (embora a lei que o instituir pode fixar alíquotas distintas entre herança e doação).

Na primeira seção, analisaremos os argumentos morais em favor da tributação sobre heranças e doações, tomando como base a teoria da justiça de Rawls. Buscamos demonstrar que os princípios da justiça de sua teoria, se aplicados de maneira consistente, inequivocamente levam a uma justificação moral para os impostos sobre a herança, em que pesem as ressalvas que o próprio Rawls tem contra esse tipo de tributação. Na segunda seção, menos extensa que a primeira, abordaremos, ainda que de forma superficial, algumas propostas que tornariam o ITCD brasileiro mais coerente com a sua justificação moral e com a sua função extrafiscal de contribuir para a redução das desigualdades sociais.

1. O IMPOSTO SOBRE HERANÇAS E DOAÇÕES NA CONSTITUIÇÃO E NA FILOSOFIA DA JUSTIÇA DE JOHN RAWLS

O inciso I do art. 155 da CF/1988 confere aos estados e ao Distrito Federal a competência para instituir imposto sobre a transmissão *causa mortis* e doação de quaisquer bens ou direitos. Portanto, encontra-se diante de espécie tributária a ser instituída por meio de lei estadual e que tem como fato gerador, grosso modo, a transmissão de direitos a título gratuito. Aliás, por curiosidade, vale citar que o atual Código Tributário Nacional, a Lei 5.172/1966, quando previu tal espécie tributária (arts. 35 a 42) miscigenava-a com o imposto sobre as transmissões a título oneroso, o atual ITBI (art. 156, II, CF).

Voltando ao art. 155, tem-se que o inciso VI de seu parágrafo 1º prevê que terá o ITCD um valor máximo de alíquotas fixado pelo Senado Federal, de modo que a lei estadual que o institua deve respeitar essa fração, sob pena de evidente inconstitucionalidade. A resolução vigente é a já não muito atual Resolução nº 9 de 1992 do Senado Federal, cujo art. 1º fixou em 8% tal alíquota máxima. Mais interessante é o art. 2º da mesma resolução, que traz a possibilidade de cobrança progressiva de tal imposto em função do valor do quinhão recebido. Tal artigo da resolução chegou a trazer bastante debate quanto a sua constitucionalidade, sendo que diversos estudiosos ainda continuam a fazê-lo, por exemplo Ricardo Alexandre (ALEXANDRE, 2014, p. 711), que sustenta que a progressividade de impostos dependeria de expressa autorização constitucional.

Importante, portanto, discutir um pouco a progressividade tributária de acordo com a Constituição da República. Atualmente, ela é vista como um princípio de direito tributário que permite a desproporcionalidade diante da assimetria de contribuintes, sendo que tradicionalmente entendida como apenas possível diante do comando ou permissivo constitucional. Ela possui dois aspectos. O extrafiscal tem como fins a regulação da função social da propriedade (art. 5º, XXIII, CF) e deve existir obrigatoriamente diante do imposto sobre a propriedade territorial rural (ITR do art. 153, VI, CF) e facultativamente diante do imposto sobre a propriedade predial e territorial urbana (IPTU do art. 156, I, CF). Seu outro aspecto tem, segundo entendimento da doutrina tradicional, função meramente fiscal, ou seja, arrecadatória para os cofres públicos, mas com boa intenção, pelo menos: cobrar mais de quem tem mais. Tal previsão vai de perfeito encontro do outro princípio de direito tributário: a capacidade econômica (art. 145, § 1º, CF). Neste aspecto, haverá progressividade fiscal necessariamente na cobrança do imposto sobre a renda e proventos de qualquer natureza (IR do art. 153, III, CF) e, sem prejuízo da progressividade extrafiscal, facultativa progressividade fiscal sobre o IPTU. Fácil perceber que o ITCD não está na lista acima. Contudo, o STF, em 2013, analisando, no RE nº 563.045/RG, o art. 18 da Lei 8.821/1989 do Estado do Rio Grande do Sul, entendeu acertadamente que a progressividade do ITCD é constitucional e vai de pleno acordo com a capacidade econômica, princípio geral de direito tributário cuja eficácia deve irradiar a todos os impostos. Aliás, vale citar que foi exatamente a capacidade (contributiva) econômica o fundamento para tal decisão do STF, que traz a possibilidade de aplicação mais expansiva do princípio da progressividade em matéria tributária. Tal decisão do STF é consoante com os clamores de autores de relevância mundial, que ressaltam a importância da progressividade para fins de justiça tributária (MURPHY & NAGEL, 2005, p. 176-179; PIKETTY, 2014, p. 480-485; RAWLS, 2008, p. 345-351).

O que chama a atenção na discussão desses e outros autores, no âmbito da filosofia política e das teorias justiças, são os argumentos morais aduzidos em defesa da tributação sobre heranças e doações. Interessante citar, inicialmente, as críticas a esse tipo de imposto aduzida pelos libertários, que advogam a extinção do imposto sobre a herança. Nesse sentido, por exemplo, o presidente dos Estados Unidos George W. Bush, em sua Lei de Reconciliação com do Crescimento Econômico e Alívio Fiscal, chegou a extinguir esse tipo de tributação em seu país[4].

4 Economic Growth and Tax Reconciliation Act of 2001. Acesso em 17/07/2015. Disponível em: https://www.govtrack.us/congress/bills/107/hr1836/text

Aliás, em um dos debates presidenciais, conforme relatam Liam Murphy e Thomas Nagel, o ainda candidato Bush chegou a afirmar que entendia que tributar heranças era tributar duas vezes o ativo de uma mesma pessoa, de modo que extinguir a cobrança de tal tributo não era mera questão de política, mas sim de princípios, de justiça (MURPHY, NAGEL, 2005, p. 195).

Esse argumento, no entanto, é deficiente do ponto de vista moral, pois seria válido para qualquer outro tipo de imposto, já que o mesmo dinheiro sobre a qual incide o imposto de renda pagará impostos sobre consumo, como o ICMS no Brasil e tantos outros impostos no exterior.

Contra os argumentos libertários segundo os quais a tributação é, em si, uma forma de expropriação ou de vulneração de um direito natural, parecem irrepreensíveis as réplicas de autores liberais como Murphy e Nagel, que sustentam que o próprio direito à propriedade é uma construção jurídica, um artefato criado pelo Estado e garantido por meio de suas instituições. A tributação não deve ser vista uma vulneração ou restrição do direito de propriedade, entendido como emanação direta da liberdade humana, mas sim uma das condições que definem o regime da propriedade e que devem ser cumpridas para a sua fruição. Se a propriedade, como acreditam os autores, é uma convenção jurídica, a medida da tributação há de ser definida pelo próprio Estado, com base no leque de princípios de justiça aceitos pela comunidade (MURPHY, NAGEL, 2005).

Mas rebater a essa pouco elaborada crítica não é suficiente para ilustrar a importância e necessidade do tributo em estudo. Buscando, portanto, forte substrato na filosofia ocidental, são válidos os ensinamentos de John Rawls na tentativa de justificar a necessidade de uma tributação sobre heranças. Para ele, a justiça distributiva se dá com a aplicação dos princípios de justiça à estrutura e instituições sociais básicas. Nesse sentido, se encontra uma forma de justiça procedimental "quase" pura, pois a justiça não depende de valoração do resultado alcançado, mas sim do respeito ao procedimento adotado (RAWLS, 2008, p. 342).

Antes de prosseguir, vale explanar um pouco sobre os princípios (preceitos) de justiça de John Rawls. O autor adota como sua ideia central de justiça que todos os bens sociais primários (a saber, liberdade, oportunidade, renda e riqueza e as bases do auto respeito) devem ser igualitariamente distribuídos, salvo se uma distribuição desigual de qualquer um deles seja vantajosa para os menos favorecidos (RAWLS, 2008, p. 75). É como se Rawls tivesse dado aos menos favorecidos na sociedade um poder de veto sobre desigualdades, de acordo com a metáfora criada pelo próprio autor.

Partindo da intuição acima, Rawls encontra dois princípios que, para ele, devem guiar toda a formação de uma sociedade, suas instituições e como ela lidará com seus indivíduos: seriam o que, no mundo do direito, costumeiramente se chamam de valores do ordenamento jurídico. Como bom liberal, será a liberdade igual o primeiro princípio de justiça (RAWLS, 2008, p. 73), de modo que o autor entende que somente se aceitam restrições à liberdade individual se forem no sentido de aumento da liberdade geral. Esta liberdade igual de que trata o autor muito lembra a liberdade universal kantiana (KANT, 2007, p. 70).

A liberdade, no entanto, é um valor bastante aceito na filosofia ocidental, não sendo por este princípio que se consagrou o autor em estudo. É com o segundo princípio que a filosofia da justiça de Rawls se torna relevante. O segundo princípio, chamado princípio da diferença, é que trata das desigualdades sociais. Parafraseando as palavras de Rawls, pode assim ser enunciado tal princípio: distribuições desiguais de bens sociais devem ser permitidas se em benefício dos menos favorecidos e de modo que estejam atreladas a cargos e posições acessíveis a todos em igualdade equitativa de oportunidades (RAWLS, 2008, p. 100). Rawls coloca estes dois princípios em um sistema lexical de prioridades, de modo que a liberdade igual é um princípio que está lexicalmente superior ao princípio da diferença, ou seja, liberdade do indivíduo não pode ser sacrificada para que ele tenha melhores condições de vida (RAWLS, 2008, p. 74).

Nessa lógica, Rawls buscou criar um sistema em que sucesso ou fracasso do indivíduo serão resultado das escolhas que cada um faz, tendo em vista um sistema que possibilite igualdade de oportunidades. Assim, haverá mérito após as instituições sociais mitigarem os motivos moralmente arbitrários para se atingir determinada posição social, sendo que Rawls entende como arbitrários tanto determinismos econômicos e sociais, como ter nascido em uma família rica, por exemplo, quanto naturais, os talentos (dons) naturais de cada um, como ter um QI elevado ou alta criatividade artística (RAWLS, 2008, p. 102-106). A ideia do autor, sumariamente, é de organização de uma estrutura social em que esses talentos trabalhem na sua máxima eficiência, até o momento em que permitir essa eficiência não mais crie vantagens para aqueles cujo "destino" não foi tão amigável. Nesse sistema, ninguém merece benefícios resultantes de seus dons naturais ou posição social em que nasceu. Entretanto, entende-se que é justo permitir que aqueles que os possuem deles se utilizem e obtenham benefícios sociais, desde que estes trabalhem para melhorar a posição daqueles que nasceram em posições sociais inferiores ou foram pouco favorecidos na loteria natural (KYMLICKA, 2002, p. 59).

Como é o seu segundo princípio que mais tem enfrentado críticas, Rawls apresenta dois argumentos a favor do mesmo (KYMLICKA, 2002, p. 57). O primeiro é que tal princípio vai a favor das nossas intuições, do nosso senso de justiça, já o segundo é o argumento do contrato social, pelo qual Rawls ficou amplamente famoso. Ao dizer que o princípio da diferença é intuitivo, a ideia aqui é que posições sociais distribuídas por motivos moralmente arbitrários não é justo: diferenças fundadas no que é devido a cada um e que funcionam no benefício de quem está na pior posição social é que devem ser aceitas. Parece de fato que se pode aceitar essa concepção, ou pelo menos perceber que ela vai de acordo com as intuições do que seja justo.

Finalmente, o contrato social de Rawls (BARRY, 1973, p. 10-19) não se pretende ser uma explicação de como foi a passagem do "estado de natureza" para o "estado social", muito menos em ser um dado histórico, verificado em algum momento na evolução humana. Ele é, nesta concepção, absolutamente hipotético. Na famosa expressão do autor, não é o que fizemos, mas sim o que faríamos em determinada situação. Tendo isto em mente, Rawls desenha a posição original, em que estipula uma série de requisitos para as pessoas que ali se encontram (RAWLS, 2008, p. 177-178), todas eles convergindo no sentido de não permitir que as pessoas saibam minimamente a posição que irão ocupar na sociedade, muito menos quais os seus dons naturais. Sobre o olhar de cada um na posição original, Rawls coloca o véu da ignorância (RAWLS, 2008, p. 165-173): é este véu que, a grosso modo, as impossibilita de saber informações sobre si mesmas. A ideia por trás do véu é fazer com que se discutam quais os princípios de justiça fundarão aquela sociedade não tendo em mente a posição pessoal que se ocupa, de modo que a preocupação será em criar um sistema favorável até mesmo para quem está na pior posição (já que, ao escolher os princípios que guiarão o sistema, quem escolhe pode eventualmente ocupar a mesma). Parece que a preocupação do autor aqui é apenas de criar um cenário em que motivos egoístas não interfiram na eleição dos princípios: cada um raciocina com o mais puro interesse público em mente para criar a sociedade mais justa possível. Rawls ainda diz que toda teoria moral busca contemplar um projeto do que se considera uma vida boa, que se realiza com a boa distribuição de bens primários (KYMLICKA, 2002, p. 64-65): sociais (aqueles distribuídos pelas instituições sociais) e naturais (os talentos, que são afetados pelas instituições sociais, mas não diretamente por elas distribuídas). Na posição original, cada um busca a melhor forma de distribuir os bens sociais. Nesse ponto, ele lança mão de outro recurso argumentativo para melhor explicar a forma de decisão, a racionalidade das partes na posição original: a estratégia *maximin* (RAWLS, 2008, p. 100-101). Basicamente, *maximin* é a forma de maximizar os bens sociais que a pessoa que se encontra na pior posição, ou seja, que receberá a mínima quantidade deles. Deste exercício mental, acredita Rawls que resulta o princípio da diferença. Isto é, a sua concepção de justiça é derivada de tal contrato hipotético.

Voltando para o problema abordado por este artigo, Rawls entende que a situação de justiça distributiva se completa com a aplicação dos dois princípios de justiça acima esclarecidos na estrutura básica da sociedade. Enfrentando a questão das instituições de fundo para a justiça distributiva, ele constrói o seguinte exemplo, que toma como premissas uma democracia organizada, entendida como aquela formada em um contexto de uma constituição que garanta igual cidadania e uma justa igualdade de oportunidade, ou seja, iguais chances de educação e cultura para todos, além de fiscalização e regulamentação das empresas e garantia do mínimo social (existencial) para os cidadãos.

Ele entende que, nesta situação, podem-se perceber, em teoria, 4 ramificações ou setores do Estado. Cada um desses setores é formado por agências ou atividade encarregadas da preservação de certas condições econômicas e sociais. Rawls toma emprestada essa divisão em setores de Richard Musgrave, no capítulo I de seu *The Theory of Public Finance* (RAWLS, 2008, p. 343). Pois bem, o primeiro setor seria o da alocação, cabendo ao mesmo garantir a competitividade do sistema de preços e evitar que haja a concorrência desleal ou criação de uma concentração de poder de mercado. Este setor se ocupa com o nível de acerto dos impostos e subsídios no sentido de verificar a função social do direito à propriedade e os desvios que ele pode sofrer, tentando os corrigir. O próximo setor não se distancia muito do primeiro e é o setor de estabilização, cuja preocupação primordial é a do emprego pleno, tendo este o sentido de que quem quer empreso consegue. São relacionados intrinsecamente os dois primeiros setores, pois ambos tratam da eficiência do mercado em geral.

A seguir, tem-se o setor de transferências, que é aquele que garante o mínimo social para cada cidadão, ou seja, levam-se aqui as necessidades de todos os cidadãos representativos[5] (RAWLS, 113-119) em consideração, sopesando as pretensões que cada um apresenta para chegar ao que seria este mínimo. Entende Rawls que a divisão do trabalho deve respeitar preceitos de justiça. Mesmo que mercados competitivos, ou seja, eficientes, garantam, em certo nível, a liberdade na escolha das ocupações, eles não se importam precipuamente com normas relativas a salários e rendimentos (ou se importam apenas até onde a margem de lucro do empregador permitir), sendo que, por outra via, garante o setor de transferências certo padrão mínimo de bem estar social, atendendo às necessidades dos indivíduos representativos. Na verdade, é comando derivado do próprio princípio da diferença que os rendimentos não sejam determinados apenas pela eficiência mercadológica.

Vale citar que haverá certa tensão entre esses setores já explanados, por garantirem cada um deles preceitos não raro conflitantes. Rawls sabiamente entende a sua impossibilidade de prever a priori todas as possibilidades de tensão entre eles e lega à concepção política adotada pela sociedade a busca pelo equilíbrio entre tais preceitos. Na busca de dar maiores esclarecimentos de como essa concepção política será encontrada, os conceitos rawlsianos mais relevantes estão no Liberalismo Político (RAWLS, 2000), podendo-se dizer, de forma muito grosseira, que haverá uso da razão pública como filtro institucional de debate entre representante de diversas doutrinas abrangentes até que se chegue a um consenso por sobreposição, aquele em se encontram os conceitos públicos adotados por aquela determinada sociedade, daí o valor que o autor dá ao debate político para a tomada de decisões públicas.

Por fim e mais importante para este artigo, há o setor da distribuição, que busca preservar a justiça (ou o que seja o mais próximo possível desta) nas parcelas distributivas (o complexo de bens sociais devidos a cada cidadão) através da tributação e também pelos necessários ajustes no direito à propriedade. Este setor, segundo Rawls, notadamente tem duas facetas, sendo a primeira delas a necessidade de impostos sobre heranças

---

5 A análise do sistema social dentro da justiça como equidade busca cidadãos que sejam expressões de grupos representativos do mesmo, de modo que cidadania igual e os diversos níveis de riqueza tenham igual voz na comunidade política, talvez a fonte de inspiração dos membros morais da comunidade política de Ronald Dworkin (DWORKIN, 1996)

e doações como uma forma de atender ao princípio da igual liberdade. *A finalidade deste tipo de tributação não é aumentar a receita do Estado, mas sim gradualmente corrigir a distribuição de riquezas na sociedade, aquilo que se chama na área jurídica de função extrafiscal dos tributos.* Nesta concepção, então, teria o ITCD como função precípua a *extrafiscal*. O que Rawls busca aqui é uma solução para a não acumulação de propriedade nas mãos de poucos, com fins de a melhor distribuir entre os diferentes cidadãos representativos.

Neste sentido, dentro do Liberalismo Igualitário, heranças são permitidas desde que gerem vantagens aos menos favorecidos em igualdade equitativa de oportunidades, assim como dita a máxima do princípio da diferença. Vale frisar que esta igualdade equitativa de oportunidades para Rawls é entendida como certo arranjo de instituições sociais que assegura similar chances de educação e cultura para os similarmente motivados e que mantém as posições e cargos amplamente abertos e baseados nas qualidades e esforço (mérito) razoavelmente relevantes aos deveres e tarefas dos mesmos (RAWLS, 2008, p. 346). Qualquer afronta à igualdade equitativa de oportunidades coloca em questão as próprias instituições sociais e, em consequência disso, tornam o governo representativo mera aparência, por não conseguir garantir os princípios de justiça social.

Já a segunda faceta do setor da distribuição, intimamente ligada ao princípio da diferença, é como uma cláusula geral que deve nortear o *quantum* deve o Estado arrecadar. Com efeito, a receita dos tributos deve gerar ativo suficiente para que o Estado possa cumprir às exigências de justiça, notadamente garantindo o princípio da diferença, ou seja, gerando benefícios para os menos afortunados das diferenças sociais existentes, abertas em igualdade equitativa de oportunidades.

Nesse ponto, no entanto, Rawls sustenta algumas ideias que não nos parecem inteiramente corretas. Ele entende que, de acordo com o senso comum que se tem dos dois princípios de justiça, é preferível que haja tributação sobre renda ou consumo do que sobre heranças (RAWLS, 2008, p. 347-348), já que, naquele caso, impõe-se cobrança fiscal de acordo com o que uma pessoa toma para si do "depósito comum" de bens existentes na sociedade e não apenas de acordo com o quanto cada um contribuiu para a própria existência daqueles bens. Contudo, parece que Rawls aqui não foi tão sensível a seu próprio argumento de mérito, já que o princípio da diferença, em seu primeiro nível, apenas aceita que haja *diferenças moralmente não arbitrárias*. Ora, foi totalmente o acaso ou o destino que influenciou para que cada um nascesse na família em que nasceu, não havendo mérito algum no quinhão que receberá a título de herança. Além do mais, há um excelente argumento prático para a existência do imposto sobre heranças, apresentada acima pelo próprio Rawls: a desconcentração da propriedade. Com uma notória base de dados, o celebrado economista Thomas Piketty também demonstra em seu livro que há uma tendência crescente no fluxo de patrimônio através de heranças na Europa (PIKETTY, 2014, p. 414), especialmente na Alemanha, França e Inglaterra, sendo portanto, uma excelente oportunidade para a tributação dos espólios, trazendo mais justiça para os arranjos sociais obtidos.

Tanto parece que Rawls não levou tão a sério seu próprio argumento no ponto acima, que ele mesmo reconhece a instituição da família, as relações especiais e geracionais que ali acontecem, como um grande obstáculo a se enfrentar para chegar à igualdade equitativa de oportunidades, chegando a dizer que "o princípio de oportunidades equitativas só pode ser realizado de maneira imperfeita, pelo menos enquanto existir algum tipo de estrutura familiar" (RAWLS, 2008, p. 89). Salta aos olhos a lembrança da República de Platão (PLATÃO, 1986) na passagem acima citada. Claro que a instituição familiar se reveste de características tão peculiares, que talvez a filosofia política, assim como o direito, deveria apenas a tangenciar, mantendo a máximo de liberdade e respeito aos membros da mesma em seu âmbito interno, como afirmaria Stefano Rodotà (RODOTÀ, 2006). Por outro lado, talvez o próprio Rawls tenha trazido um contorno que resolva este problema, pois entende que, na posição original, as partes concordam da necessidade da existência de um princípio de poupança (RAWLS, 2008, p. 356- 365), que seria a medida acordada entre elas para legitimar moralmente e dentro das restrições que os dois princípios de justiça trazem ao direito de herança. Com o princípio da poupança, Rawls coloca as partes da posição original como que vinculadas a suas gerações anteriores e posteriores, de modo que receberá cada geração a quota que considera devida da anterior na mesma proporção que entende dever poupar para a geração posterior. Este "quinhão" seria justo segundo Rawls, isto é, moralmente não arbitrário, desde que diante de uma sociedade formada por instituições dentro do possível que atendam aos dois princípios de justiça. Todo o valor que passasse disso, portanto, deveria ser, a contrário senso, tributado. O princípio da poupança não apenas legitima moralmente a herança dentro do sistema rawlsiano, como dá um parâmetro de como arquitetar o seu *quantum*, o qual, como sempre em Rawls, será decidido politicamente em cada sociedade em concreto. A poupança aqui funciona como verdadeiro balanceamento do quanto se está disposto a poupar para os descendentes imediatos e o quanto se sente no direito de reivindicar dos ancestrais imediatos.

2. O IMPOSTO SOBRE HERANÇAS NO MUNDO REAL: UMA COMPARAÇÃO ENTRE BRASIL E ALEMANHA

Além das considerações jurídicas e teóricas acima feitas, também parece ser válida uma análise de um modelo comparado, em que tal imposto tenha um caráter mais consentâneo com os princípios de justiça mencionados ao longo do texto. Opta-se pelo modelo alemão. Tal modelo não é apenas progressivo, mas também leva em conta aspectos pessoais do contribuinte para a definição da alíquota a se pagar. Inicialmente, há uma divisão entre classes de contribuintes que, em linhas gerais, classificam na primeira classe aqueles que tem um núcleo familiar com companheiro/cônjuge (incluindo-se união homoafetiva) ou se há descendentes em linha reta; na segunda classe, aqueles com colaterais próximos, afins ou enviuvados; e, por fim, na terceira classe, os solteiros. As alíquotas, portanto, serão mais altas conforme mais alta a classe cominada com o maior patrimônio do espólio em questão. Com isso, criam-se faixas isentas do pagamento do "ITCD" alemão (nas 3 classes acima), e alíquotas que começam em 7% para a classe 1 e 30% para a classe 3 e atingem seus valores máximos, conforme vai aumentando o patrimônio, em 30% para a classe 1 e 50% para a classe 3, ambas no caso de patrimônio acima de 26 milhões euros[6].

Diante deste quadro, fica mais claro quem está pagando a mais alta carga tributária no Brasil. Só para se ter uma ideia, em Minas Gerais há uma alíquota única do ITCD sobre heranças, que é de 5%, segundo o *caput* do art. 10 da Lei Estadual nº 14.941/2003, que não leva em conta nenhum dos aspectos que a lei alemã considera. Isso é desrespeito ao comando constitucional da capacidade econômica. Sem falar que, mesmo com previsão constitucional desde 1988 (art. 153, VII, CF), ainda não foi criado o imposto sobre grandes fortunas no Brasil e, a despeito de haver um projeto de lei com tal teor no Senado pronto para a pauta da

---

6 Acesso em 17/07/20115. Disponível em: http://www.steuerklassen.com/erbschaftssteuer/erbschaftsteuertabelle/

Comissão de Assuntos Especiais[7] e tramitação de mandado de injunção no STF[8], as chances de que esta lei saia do papel são muito baixas, ainda que haja estudos sérios a respeito do tema que apostam na viabilidade e eficiência de tal imposto no Brasil[9]. Além disso, importa ressaltar o papel ideológico que a mídia tem exercido neste contexto, chamando tanto o imposto sobre a herança quanto o grandes fortunas de, nas palavras de Rodrigo Constantino, "o imposto da inveja"[10].

Por outro lado, muito recentemente, no estado do Maranhão, o governador Flávio Dino do PCdoB sancionou uma lei estadual que traz alíquotas progressivas para o ITCD no estado[11], legislação que vai de acordo com a visão mais atual do STF sobre a matéria. A nova lei, que altera a anterior alíquota única de 4% para heranças, traz alíquota de 1% para espólios inferiores a R$ 100.000,00, passando por valores intermediários até atingir 7% para espólios cujo montante supere 1,2 milhão de reais. Conforme se pode comparar com os dados alemães, tais alíquotas ainda são bem pouco audaciosas e não mudam a realidade de cobrança regressiva dos tributos no Brasil, embora ressalta-se a boa intenção do projeto, sem contar que não deixa de ser um começo para a mudança.

O modelo do estado do Maranhão, no entanto, está ainda longe em termos de sofisticação do que seria necessário para assegurar o princípio da capacidade contributiva.

Tomando nota destas lições, entende-se que o já passou da hora do Senado Federal aumentar as alíquotas máximas do ITCD, pois, em análise de direito comparado, elas não servem nem para o começo da conversa.

Uma reforma mais profunda deveria também ser adotada para evitar a guerra fiscal entre os estados no âmbito do ITCS. Nesse sentido, seria recomendável uma reforma constitucional do sentido de que deveria caber ao Senado Federal a fixação não apenas da alíquota máxima, mas

---

7 Acesso em 17/07/20115. Disponível em: http://www.senado.gov.br/atividade/materia/detalhes.asp?p_cod_mate=101942

8 Acesso em 17/07/20115. Disponível em: http://www.stf.jus.br/portal/processo/verProcessoAndamento.asp?incidente=4598782

9 Acesso em 17/07/20115. Disponível em: http://www.ie.ufrj.br/aparte/pdfs/akhair190308_2.pdf

10 Acesso em 17/07/20115. Disponível em: http://veja.abril.com.br/blog/rodrigo-constantino/politica-fiscal/o-imposto-da-inveja-pt-quer-taxar-fortunas-e-herancas/

11 Acesso em 17/07/20115. Disponível em: http://portal.sefaz.ma.gov.br/portalsefaz/jsp/noticia/noticia.jsf?codigo=2755

também a alíquota mínima do imposto, assim como a constituição já preceitua em relação ao ICMS (art. 155, § 2º, IV, CF).

Propõe-se aqui ir um ainda um pouco mais além, com o fim de prever expressamente a progressividade e a pessoalidade do imposto, não apenas como faculdade do legislador estadual, mas como princípio deontológico a ser obrigatoriamente obedecido pelos estados. Do ponto de vista técnico jurídico, entendemos inclusive que a progressividade já é obrigatória para esse imposto, a teor do art, 145, § 1º, da Constituição Federal.

Por fim, entende-se que as alíquotas deveriam, no mínimo ter relação com as atualmente cobradas pelo imposto de renda, pois há uma relação direta entre os fatos geradores dos dois impostos e não faz sentido que se seja mais tributado pela renda, que, de alguma forma, via de regra, resulta de algum nível de mérito do cidadão e taxar bem mais levemente a aquisição de patrimônio a título gratuito, seja por herança ou doação, em que fica claro que a porção de mérito do contribuinte para este acréscimo patrimonial é bem menor. O Senado Federal deveria criar alíquotas mínimas e máximas, tomando como parâmetro a tributação sobre a renda.

Essas proposições, se levadas a sério, podem minimizar uma grande inconsistência no sistema tributário nacional, que tributa cada vez mais as atividades produtivas, o consumo e as classes menos favorecidas, e cada vez menos a riqueza aleatória gerada pela sorte e pelo status familiar. Do ponto de visa das teorias da justiça, a tributação brasileira tende a ser moralmente arbitrária e contribui significativamente para a concentração de renda e para as gritantes desigualdades sociais existentes, que não se justificam à luz de qualquer concepção política de justiça que mereça ser qualificada como tal.

REFERÊNCIAS BIBLIOGRÁFICAS

ALEXANDRE, Ricardo. **Direito Tributário Esquematizado**. Método. São Paulo, SP. 2014.

BARRY, Brian. **The Liberal Theory of Justice. A Critical Examination of the Principal Doctrines in *A Theory of Justice* by John Rawls.** Oxford University Press. Oxford. 1973.

DERZI, Misabel & BUSTAMANTE, Thomas. **O Princípio Federativo e a Igualdade: uma Perspectiva Crítica para o sistema jurídico brasileiro a partir da análise do modelo alemão**. 2015.

DWORKIN, Ronald. **Freedom's Law: the Moral Reading of the American Constitution**. Harvard University Press. Cambridge, MA. 1996.

KANT, Immanuel. **Fundamentação da Metafísica dos Costumes**. Edições 70. Lisboa. 2007.

KYMLICKA, Will. **Contemporary Political Philosophy: An Introduction**. Oxford University Press. New York, NY. 2002.

MURPHY, Liam & NAGEL, Thomas. **O Mito da Propriedade**. Martins Fontes. São Paulo, SP. 2005.

PIKETTY, Thomas. **O Capital no Século XXI**. Intrínseca. Rio de Janeiro, RJ. 2014.

PLATÃO. **A República.** Difusão Europeia do Livro. São Paulo, SP. 1986.

RAWLS, John. **A Theory of Justice**. Harvard University Press. Cambridge, MA. 1999.

RAWLS, John. **Liberalismo Político.** *Ática.* São Paulo, SP. 2000.

RAWLS, John. **Uma Teoria da Justiça**. Martins Fontes. São Paulo, SP. 2008.

RODOTÀ, Stefano. **La Vita e le Regole: tra diritto e non diritto**. Feltrinelli Editore. Milão. 2006.

25

CONTRIBUIÇÕES DESTINADAS AO CUSTEIO DA SEGURIDADE SOCIAL: DESTINAÇÃO ESPECÍFICA DAS RECEITAS E O DESVIO DE FINALIDADE NA JURISPRUDÊNCIA DO SUPREMO TRIBUNAL FEDERAL

Valter de Souza Lobato[1]

1. INTRODUÇÃO

A teoria geral da norma tributária no Brasil possui profundos e impressionantes estudos quanto aos princípios que limitam o poder de tributar, os requisitos e os parâmetros para a criação de tributos, a fenomenologia da incidência tributária e as formas de extinção do crédito correspondente. Contudo, em que pese isolados e profundos estudos, não se encontram, com a mesma intensidade, manifestações direcionadas ao estudo da despesa pública e, principalmente, direcionadas ao vínculo existente entre receita e despesa.

Contudo, não temos dúvida em afirmar que a ausência de vigilância dos ingressos atrelados aos respectivos desembolsos tem sido, nos

---

[1] Doutor e Mestre em Direito Tributário pela UFMG. Professor de Graduação e Pós-Graduação em Direito Tributário nas Faculdades Milton Campos. Coordenador-adjunto do curso de especialização em Direito Tributário das Faculdades Milton Campos. Vice-Presidente da Associação Brasileira de Direito Tributário (ABRADT). Advogado.

últimos tempos, um dos principais fatores de abuso pelo Poder Público na tributação.

E se, genericamente, essa relação é relevante, nas contribuições assume uma importância decisiva. Isso porque, a despesa pública nas contribuições, é, a um só tempo, causa para a instituição do tributo, limite quantitativo a ser observado e efetivo destino da receita tributária obtida.[2]

No presente artigo, pretende-se analisar a construção e evolução da jurisprudência do Supremo Tribunal Federal em relação as contribuições no sistema tributário nacional e a importância do vínculo existente entre as receitas advindas da arrecadação das contribuições especiais (aqui será dada mais ênfase às contribuições sociais destinadas à seguridade social) e a sua consequente destinação à finalidade, que no caso das contribuições securitárias encontra-se prevista no texto constitucional.

Para a construção do que aqui se pretende, importante traçar os caminhos a serem percorridos: *(i)* reconhecimento pelo Supremo Tribunal Federal do caráter tributário das contribuições especiais; *(ii)* caracterizada a natureza tributária das contribuições, necessário verificar se são tratadas pela Corte Constitucional como espécie tributária autônoma, e, caso positivo, os traços que as diferenciam das demais espécies tributárias, bem como o regime jurídico-constitucional aplicável; *(iii)* estabelecidas as duas premissas anteriores, cabe perquirir se houve o reconhecimento da finalidade do produto arrecadado como causa para instituição do tributo e também como traço distintivo da espécie e *(iv)* como conclusão do presente estudo, cabe verificar como, até o momento, foi tratado o desvio de finalidade dos recursos arrecadados na jurisprudência do Supremo Tribunal Federal.

Ao final, pretende-se responder ao seguinte questionamento: no caso do desvio de finalidade dos recursos arrecadados a título de contribuição social, tem o contribuinte o direito à repetição dos valores arrecadados?

2. A NATUREZA TRIBUTÁRIA DAS CONTRIBUIÇÕES SOCIAIS

Uma das principais razões para a dificuldade de se ter um entendimento mais uniforme sobre as contribuições no Direito Tributário brasileiro, seja em termos doutrinários, seja em relação às decisões de nossos

---

2 BARRETO, 2011, p. 176.

tribunais, é, a nosso ver, a ausência de uma clara sistematização da matéria no plano legislativo.[3]

As referências às contribuições foram surgindo no direito positivo sem a preocupação de uma visão sistemática do tema. Um exemplo disso foi o fato de que, com a promulgação da Emenda Constitucional n. 18/65,[4] que trouxe uma reforma do sistema tributário, momento em que a matéria ganhou maior relevo no cenário nacional, constou no Texto Constitucional e no próprio Código Tributário Nacional que o sistema tributário brasileiro era composto de impostos, taxas e contribuições de melhoria, omitindo-se, portanto, a existência das outras contribuições, que não a de melhoria, dentro do sistema tributário.[5]

Com a promulgação da Constituição de 1988, houve uma continuidade desta falta de sistematização do direito posto, uma vez que para identificar a natureza jurídica das contribuições sociais destinadas à seguridade social é necessário um trabalho interpretativo. O Texto Constitucional não é claro em afirmar o caráter tributário de todas as contribuições especiais. A construção de sentido, a harmonização e a atribuição de feição sistêmica às normas que fazem referência às contribuições exigem o labor do intérprete.[6]

Assim, na CRFB/88, embora a seguridade social conste do capítulo II do Título VII "Da Ordem Social" e o Sistema Tributário Nacional é o primeiro capítulo do Título VI "Da Tributação e o Orçamento", atualmente não pairam mais dúvidas sendo que a doutrina e jurisprudência são uníssonas no sentido de que – apesar de deter as suas peculiaridades – a norma de competência constante do art. 195 nasce da autorização do art. 149, o qual outorgou à União Federal a competência para instituir "contribuições sociais, de intervenção no domínio econômico e de interesse de categorias profissionais ou econômicas".[7]

O Supremo Tribunal Federal consolidou a sua posição no sentido de que:

---

3 BARRETO, 2011, p. 94.

4 Art. 1º O sistema tributário nacional compõe-se de impostos, taxas e contribuições de melhoria, e é regido pelo disposto nesta Emenda, em leis complementares, em resoluções do Senado Federal, e, nos limites das respectivas competências, em leis federal, estadual ou municipal.

5 LOBATO, 2014, p. 49.

6 BARRETO, 2011, p. 95.

7 LOBATO, 2014, p. 50

> "As contribuições parafiscais[8] *têm caráter tributário*". Sustento que constituem essas contribuições uma espécie de tributo ao lado dos impostos e das taxas, na linha, aliás, da lição de Rubens Gomes de Sousa ('Natureza Tributária da contribuição do FGTS', RDA 112/27, RDP 17/305). Quer dizer, as contribuições não são somente as de melhoria. Estas são uma espécie do gênero contribuição; ou uma subespécie da espécie contribuição. Para boa compreensão do meu pensamento, reporto-me ao voto que proferi, no antigo TFR, na AC 71.525 (RDTrib. 51/264).
>
> (BRASIL, STF. RE 138284/CE, Relator Ministro Carlos Velloso, Tribunal Pleno, julgado em 01/07/1992, publicado em 28/08/1992)

Em diversas oportunidades o STF reafirmou a sua posição,[9] reconhecendo, agora de forma pacífica, a natureza tributária das contribuições à

---

[8] O fenômeno da parafiscalidade configura-se a delegação da capacidade tributária ativa para outra pessoa jurídica, que reiteradamente ocorreu no Brasil para o recolhimento, fiscalização e administração da arrecadação das contribuições. Tamanho foi o emprego da parafiscalidade para as contribuições que estas passaram a ser denominadas, de forma genérica, como contribuições parafiscais, em que pese este não ser um traço obrigatório e típico de todas as contribuições instituídas. Até os dias atuais alguns doutrinadores e julgadores continuam utilizando esta denominação. No presente artigo, para uniformização e exata compreensão do sentido, vamos sempre nos referir às contribuições do art. 149 como contribuições especiais, em que pese nas citações doutrinárias e jurisprudenciais eventualmente ser utilizado o vocábulo contribuições parafiscais.
Apenas a título de curiosidade quanto a este aspecto, Misabel Derzi entende que as contribuições securitárias teriam uma parafiscalidade necessária, devendo ser arrecadadas e gerida por autarquia própria (INSS). O raciocínio é delineado considerando as normas constitucionais que exigem "a separação dos orçamentos" fiscal e da seguridade social, "a autonomia administrativa e gerencial dos recursos previdenciários, que impedem a utilização dos fundos previdenciários do trabalhados em outras despesas ou programas" e "vedam a desvinculação de tais recursos de suas finalidades primárias" (BALEEIRO; DERZI, 2010, p. 960).

[9] Neste sentido, confiram-se ainda os seguintes julgados do STF: AI 768.577-AgR-segundo, Rel. Min. Ricardo Lewandowski, julgamento em 19-10-2010, Primeira Turma, DJE de 16-11-2010; RE 556.664 e RE 559.882, Rel. Min. Gilmar Mendes, julgamento em 12-6-2008, Plenário, DJE de 14-11-2008, com repercussão geral; RE 560.626, Rel. Min. Gilmar Mendes, julgamento em 12-6-2008, Plenário, DJE de 5-12-2008, com repercussão geral; RE 559.943, Rel. Min. Cármen Lúcia, julgamento em 12-6-2008, Plenário, DJE de 26-9-2008, com repercussão geral; RE 543.997-AgR, voto da Rel. Min. Ellen Gracie, julgamento em 22-6-2010, Segunda Turma, DJE de 6-8-2010; ADI 3.105, Rel. p/ o ac. Min. Cezar Peluso, julgamento em 18-8-2008, Plenário, DJ de 18-2-2005; ADI 2.556-MC, Rel. Min. Moreira Alves, julgamento em 9-10-2002, Plenário, DJ de 8-8-2003; RE 168.457, Rel. Min. Moreira Alves, julgamento em 17-5-1994,

luz da CRFB/88. É o que se depreende do julgado de relatoria do Ministro Gilmar Mendes, no qual o Tribunal pleno concluiu, por unanimidade, que "as contribuições, inclusive as previdenciárias, têm natureza tributária e se submetem ao regime jurídico-tributário previsto na Constituição".[10]

Paulo Ayres Barreto[11] sistematiza bem a questão:

> (a) o vocábulo 'contribuição tem significação própria – seja no uso comum, seja no uso técnico – distinta de imposto e taxa;
>
> (b) o legislador constituinte fez menção às contribuições em várias oportunidades no Texto Constitucional;
>
> (c) o legislador constituinte poderia, se assim pretendesse, ter referido sempre impostos e taxas; se não o fez, tem-se um importante indício de que as contribuições deles (impostos e taxas) se distinguem;
>
> (d) o legislador constituinte poderia, também, ter trilhado o caminho adotado pela legislação portuguesa, que submete as contribuições ao regime jurídico dos impostos; porém não é essa a dicção constitucional;
>
> (e) há, no Texto Constitucional de 1988, diferentes mecanismos de outorga de competência tributária. Por força disso, o exercício dessa competência está jungido à observância de critérios diversos;
>
> (f) nos impostos, taxas e contribuição de melhoria, perquire-se sobre a amplitude da competência constitucionalmente referia, mediante a indicação das materialidades, delimitadoras dessa competência, bem como dos requisitos para o exercício da chamada competência residual pela União;
>
> (g) nas contribuições, o foco reside na causa para a instituição do tributo, no exame da necessidade e adequação do tributo para o custeio de uma atividade estatal específica. As materialidades, quando referidas, configuram limite adicional a ser respeitado;

Primeira Turma, DJ de 11-11-1994; ADI 447, Rel. Min. Octavio Gallotti, voto do Min. Carlos Velloso, julgamento em 5-6-1991, Plenário, DJ de 5-3-1993; RE 138.284, voto do Rel. Min. Carlos Velloso, julgamento em 1º-7-1992, Plenário, DJ de 28-8-1992; RE 138.284, Rel. Min. Carlos Velloso, julgamento em 1º-7-1992, Plenário, DJ de 28-8-1992; RE 129.930, Rel. Min. Carlos Velloso, julgamento em 7-5-1991, Segunda Turma, DJ de 16-8-1991.

[10] BRASIL. STF. Tribunal Pleno. RE 560.626, trecho do voto do Relator Ministro Gilmar Mendes, julgado em 12/06/2008, publicado em 05/12/2008. (Precedente da súmula vinculante 8).

[11] BARRETO, 2011, p. 95-96.

(h) as receitas públicas geradas com a arrecadação de impostos não podem ser vinculadas a órgão, fundo ou despesa, ao passo que, nas contribuições, tais vinculações são constitucionalmente exigidas;

(i) as receitas decorrentes de contribuições sujeitam-se a controle quantitativo. Devem ser dimensionadas em conformidade com os dispêndios gerados pela atividade estatal que fundamentou a sua instituição. As receitas advindas de impostos não se submetem a tal controle.

Desta forma, não há necessidade de maiores ilações: têm natureza tributária as exações instituídas com base nos arts. 149 e 195 do Texto Constitucional. O reconhecimento da premissa da natureza tributária das contribuições, ainda que básico, é importante para a correta localização, compreensão e enfrentamento do problema aqui posto quanto à destinação do produto de sua arrecadação.[12]

3. CONTRIBUIÇÕES E A CLASSIFICAÇÃO DAS ESPÉCIES TRIBUTÁRIAS À LUZ DA CONSTITUIÇÃO

3.1 A classificação na Ciência do Direito.

Para a Ciência do Direito o ato de classificar possui a singular importância de especificar o regime jurídico aplicável a cada espécie identificada em um determinado gênero, viabilizando o estudo aprofundado de fenômenos genéricos em qualquer ramo da ciência.

Esta é a lição de GERALDO ATALIBA, ao consignar a relevância da classificação dos tributos, pois "a Constituição prescreve regimes diferentes, conforme a espécie. Tais regimes caracterizam-se por princípios e regras especiais, constitucionalmente estabelecidos".[13] LUÍS EDUARDO SCHOUERI consignou essa importância ao frisar que "se classificam os tributos em espécies porque eles recebem um tratamento jurídico diferenciado".[14]

Portanto, o ato de classificar deve necessariamente passar por três pontos: *(i)* o estabelecimento dos critérios claros que serão adotados (premissas da classificação); *(ii)* os critérios escolhidos devem guardar coerência com a norma constitucional e pressupor que a cada espécie

---

[12] "A identificação da natureza jurídica somente faz algum sentido para o Direito se for para definir o regime jurídico aplicável; assim, o art. 149 é claro ao evidenciar que as contribuições seguem o regime jurídico dos tributos" (LOBATO, 2014, p. 52)

[13] ATALIBA, 2000, p. 123-124.

[14] SCHOUERI, 2011, p. 151.

corresponda um regime constitucional distinto a ser aplicado e *(iii)* os critérios escolhidos e a classificação em espécies devem possuir um compromisso sistêmico, ou seja, o ato de classificar é também um ato de interpretar o sistema, pelo que deve guardar coerência com princípios por ele fundados.[15]

Contudo, se quase não há divergência quanto à natureza tributária das contribuições, ponto que restou superado, quanto à definição das espécies tributárias a doutrina nacional efetivamente não consegue chegar a qualquer consenso, sendo que tal divisão é ponto crucial para o Sistema Tributário Nacional.

3.2 Os critérios e as classificações dos tributos

No que tange especificamente aos tributos, são inúmeras as propostas classificatórias apontadas na doutrina pátria, delineadas a partir da adoção de critérios, nem sempre identificados com clareza pelos juristas, que resultam na indicação de distintos números de espécies tributárias.

A seguir serão identificadas apenas as duas teorias de maior relevo na doutrina nacional e que também são os pontos principais para o correto desenvolvimento do presente estudo, no caso, as teorias tripartite e quinquipartite, esta última acolhida pelo Supremo Tribunal Federal conforme será detalhado. A escolha destas duas teorias se dá por um motivo simples: elas se contrapõem quanto à importância do caráter finalístico para a classificação da espécie tributária.

3.2.1 Teoria Tripartite

À luz da norma jurídica tributária, Geraldo Ataliba[16] propôs a adoção de um critério que, a seu ver, seria efetivamente passível de abranger todos os tributos,[17] qual seja: a vinculação do aspecto material da hipótese de incidência à atividade estatal. Sob esta perspectiva, os tributos foram segregados em dois grupos: *(i)* tributos vinculados, cuja hipótese consiste em uma atuação do Estado ou em uma repercussão desta; e *(ii)* tributos não vinculados, cuja hipótese consiste em um

---

[15] LOBATO, 2014, p. 82.

[16] ATALIBA, 2000, p. 132.

[17] Ibid., p. 130.

fato que não corresponda a uma atuação estatal, dotado de conteúdo econômico.[18]

Os únicos tributos não vinculados seriam os impostos, cujo critério material da hipótese tributária consiste em uma "situação independente de qualquer atividade estatal específica, relativa ao contribuinte" (art. 16, CTN). Por sua vez, os tributos vinculados possuiriam duas subespécies distintas, as taxas e as contribuições (dentre as quais as contribuições de melhoria),[19] distinguidas pelo critério da referibilidade, identificada pelo autor como o "modo de a atuação estatal referir-se ao obrigado".[20]

Assim, GERALDO ATALIBA, em posicionamento até hoje referendado por renomados juristas como SACHA CALMON NAVARRO COÊLHO[21], PAULO DE BARROS CARVALHO[22] e ROQUE ANTÔNIO CARRAZZA[23], delineou as bases da corrente denominada de tripartite, identificando como espécies tributárias: os impostos (tributos não vinculados); as taxas (tributos vinculados diretamente) e as contribuições (tributos vinculados indiretamente). Para os defensores dessa linha de pensamento, qualquer outro tributo identificado no ordenamento pode ser enquadrado nessas espécies, a depender do critério material da hipótese de incidência eleito para a incidência tributária.

Contudo, essa corrente passou a sofrer frontais críticas por outros expoentes da doutrina pátria, em razão da não abrangência no critério classificatório de outras figuras tributárias que, ainda que não indicadas

---

[18] Ibid, p. 138.

[19] Para Geraldo Ataliba (2000, p. 182-184), as únicas verdadeiras contribuições existentes no ordenamento jurídico, mesmo à luz da CF/88, são as contribuições de melhoria. Isso porque, em conformidade com o art. 81 do CTN, recepcionado pela CF/88, esta espécie tributária apenas será passível de ser instituída pelos entes federados em decorrência da realização "de obras públicas de que decorra valorização imobiliária". Desta forma, apenas com a existência da circunstância intermediária, qual seja, um benefício da atuação estatal que atingiu o sujeito (valorização do imóvel em função da realização da obra pública), será possível a instituição de contribuições de melhoria em relação àquele beneficiado. Apontando a necessidade do benefício para a contribuição de melhoria, Luís Eduardo Schoueri (2011, p. 185) evidencia que "nada justificaria a cobrança de um tributo para que eles suportassem a obra que os prejudicou. Seria jocosamente uma 'contribuição de pioria', inaceitável no ordenamento jurídico".

[20] Ibid., p. 147.

[21] COÊLHO, 2009, p. 391-427.

[22] CARVALHO, 2011, p. 59-78.

[23] CARRAZZA, 2010, p. 533-670.

no art. 145 da CRFB/88, possuem disciplina específica no texto constitucional,[24] quais sejam: o empréstimo compulsório e as demais contribuições, que não as de melhoria.

Isso porque, na linha da teoria tripartite, a natureza jurídica desses tributos é identificada a partir do critério material eleito para compor a hipótese tributária, podendo os empréstimos compulsórios ser impostos, taxas ou contribuições de melhoria restituíveis,[25] e as contribuições, impostos ou taxas com destinação específica.[26]

Entretanto, entendemos que à luz da CRFB/88, o empréstimo compulsório e as contribuições (que não as de melhorias) passaram a contar com uma disciplina específica e mais detalhada que as distinguiam das espécies identificadas pela teoria tripartite. Significa dizer: as regras constitucionais próprias de tais exações torna compulsório, ao nosso sentir, distingui-las como espécies autônomas.

3.2.2 Teoria quinquipartite

Para a teoria quinquipartite, são espécies tributárias distintas: os impostos, taxas, contribuições de melhoria, contribuições especiais e empréstimos compulsórios. E aqui aparece também um elemento diferenciador, para além do fato gerador: a destinação. Para tal corrente o empréstimo compulsório e a contribuição especial podem até utilizar do fato gerador dos impostos e taxas, mas deles se distinguem por conta da destinação legal do produto da arrecadação. A corrente tem entre os seus defensores, entre outros, José Eduardo Soares de Melo e Ives Gandra da Silva Martins.[27]

Previsto no art. 148 da CRFB/88, o empréstimo compulsório é um tributo de competência exclusiva da União, passível de ser instituído por

---

[24] "Ainda que essas figuras já constassem da Constituição de 1967, o tratamento jurídico tributário dessas figuras se apresentou como uma inovação da CF/88, momento em que a discussão acerca da classificação tributária ganhou maior ensejo na doutrina" (DELIGNE, 2015, p. 94).

[25] *Vide:* CARVALHO, 2011, p. 65. Na classificação proposta por Sacha Calmon Navarro Coêlho (2009, p. 398 e p. 426), os empréstimos compulsórios são impostos restituíveis, sendo que até podem possuir fato gerador de taxas, "mas sempre se apresentam como fato gerador de imposto", por entender que "somente os impostos, baseados na capacidade contributiva, possuem potencial arrecadatório, as taxas não".

[26] CARRAZZA, 2010, p. 598.

[27] LOBATO, 2014, p. 98-99.

lei complementar exclusivamente "para atender a despesas extraordinárias" ou "no caso de investimento público de caráter urgente e de relevante interesse nacional".

Como se depreende do texto constitucional, o legislador constituinte não especificou os fatos geradores passíveis de serem eleitos pelo legislador complementar para a instituição dos empréstimos compulsórios. Com efeito, apenas foram identificadas as finalidades específicas a serem atingidas por este tributo e, consequentemente, as destinações específicas do produto de sua arrecadação, cuja aplicação é estritamente vinculada àquela finalidade constitucional que fundamentou sua instituição, na forma expressa no art. 148, parágrafo único, da CRFB/88.

Outro traço peculiar dos empréstimos compulsórios, decorrente do próprio emprego do termo "empréstimo" para identificar este tributo, é a necessidade da previsão expressa na lei complementar instituidora da forma e dos prazos a serem observados pela Administração Pública Federal para proceder com a correspondente restituição integral dos valores despendidos pelos contribuintes, em moeda corrente.

Além dos empréstimos compulsórios, a CRFB/88 igualmente introduziu no art. 149 a previsão específica para a instituição de contribuições pela União Federal, com finalidades específicas de financiamento da atuação deste ente:

- No domínio econômico (tendo como exemplo a contribuição relativa às atividades de importação ou comercialização de petróleo e seus derivados, gás natural e seus derivados e álcool combustível, do art. 177, § 4º, CRFB/88);
- No interesse das categorias profissionais ou econômicas; e
- Nas áreas sociais, inclusive: *(i)* para o financiamento da Seguridade Social, disciplinada especificamente no art. 195 da CRFB/88 (ao qual faz expressa remissão o mencionado art. 149); e *(ii)* para o financiamento de outros fins sociais, como a educação básica pública (contribuição do salário-educação – art. 212, § 5º, CRFB/88).

A Constituição prevê ainda a possibilidade de instituição pelos Estados, Municípios e Distrito Federal das contribuições destinadas ao custeio do regime previdenciário dos seus servidores (art. 149, § 1º, CRFB/88). Por fim, foi introduzida pela EC 39/2002 a contribuição de competência dos Municípios e do Distrito Federal, "para o custeio do serviço de iluminação pública" (art. 149-A, CRFB/88).

Denota-se da disciplina constitucional que todas as contribuições foram expressamente qualificadas por finalidades específicas, consideradas relevantes pelo constituinte (atuação da União em áreas relevantes, previdência dos servidores públicos e serviço de iluminação), "para as quais foi expressamente assegurado o destino do produto da arrecadação destes tributos". Como salienta Estevão Horvath, "se a União pode criar uma contribuição para obter recursos para atuar em determinada (pela própria Constituição) área, isto somente pode significar que os recursos assim arrecadados devem ser destinados a essa atuação".[28]

Nesse sentido, as contribuições que não as de melhoria são destacadas na atual ordem constitucional "por suas finalidades específicas", identificadas expressamente no texto constitucional, para as quais o produto da arrecadação é direcionado, "sendo que a previsão de destinação compõe a própria norma de competência desses tributos".

Assim, em contraponto à corrente tripartite, foram buscados e apontados outros critérios de classificação para avaliar a pertinência da abrangência de outros tributos constantes do texto constitucional dotados de regimes jurídicos peculiares (contribuições e empréstimos compulsórios). Os critérios que se apresentaram de forma mais reiterada entre os doutrinadores foram os critérios da destinação e da restituição, entendendo alguns autores a necessidade de sua aplicação concomitante, e outros a necessidade de sua aplicação sucessiva.[29]

Schoueri,[30] após mencionar a antiga polêmica entre as correntes dicotômica e tricotômica e salientar a posição do professor Sacha Calmon neste debate, propõe, a partir das observações de Eurico de Santi, uma classificação que combina tanto o critério voltado à hipótese de incidência e sua vinculação existente (direta ou indireta) ou inexistente com a atuação estatal, quanto o critério da destinação da receita.[31]

---

[28] HORVATH, 2008, p. 123.

[29] DELIGNE, 2015, p. 103.

[30] SCHOUERI, 2011, p. 151-160.

[31] No regime instituído em 1988, com mais razão, percebe-se que há mais regimes jurídicos distintos que exigem que se ultrapasse o limite das três espécies tributárias originariamente arroladas no artigo 5º do Código Tributário Nacional. A destinação também é relevante para a determinação do regime jurídico.
Por exemplo, há o convívio do imposto sobre a renda das pessoas jurídicas e da contribuição social sobre o lucro. Têm regimes jurídicos próprios, mas as hipóteses legais para sua cobrança confundem-se. Não erraria quem, com base na classificação tripartite, dissesse que são ambos meros impostos (já que a destinação é irrelevante).

Regina Helena Costa, na edição de 2009 do seu Curso de Direito Tributário, fez, expressamente, uma revisão de seu pensamento: antes adotava a teoria tripartite (imposto, taxa e contribuição de melhoria, sendo o empréstimo compulsório e as demais contribuições apenas variações daquelas figuras), e desde então passou a entender que, do Texto Constitucional, devem ser extraídas 5 (cinco) espécies tributárias.[32]

Werther Spagnol, pioneiro no estudo aprofundado do caráter finalístico de alguns tributos, explicita que o Texto Constitucional de 1988 não enalteceu apenas as funções fiscais de todos os tributos, não constituindo apenas instrumento para a arrecadação de recursos tendentes ao financiamento e manutenção das atividades próprias do Estado, assim entendidas em uma perspectiva de Estado liberal, não interventor.

Na análise do autor, tanto a discussão da estrutura da norma jurídico-tributária quanto, por consequência, o debate sobre a classificação das espécies tributárias padeceram, ambos, da mesma limitação: o enfoque demasiado no campo da hipótese de incidência para configuração do dever jurídico de pagar e para a identificação dos tipos de tributo.[33]

Com efeito, os defensores da corrente tripartite enfrentam as novas propostas de classificação, afastando a possibilidade de utilizar-se do critério da destinação do produto da arrecadação em razão da expressão do art. 4º, II, do CTN, segundo o qual "a natureza jurídica específica do tributo é determinada pelo fato gerador da respectiva obrigação, sendo

---

Ocorre que, para a Constituição, a destinação não pode ser desprezada, já que, conforme esta, ter-se-á um "imposto" ou uma "contribuição social". Apenas a título exemplificativo, basta dizer [...] que enquanto impostos, de regra, apenas podem ser instituídos ou aumentados por lei promulgada até o último dia do exercício anterior a sua exigência, para as contribuições sociais destinadas à seguridade social esta restrição é mitigada, bastando um intervalo de 90 dias entre a promulgação da lei e o início da cobrança destas.

Daí ser necessária uma distinção que não se limite a investigar a hipótese legal para sua cobrança; no caso específico, o que distingue os impostos das contribuições sociais é que as últimas têm uma destinação prevista pela própria Constituição. (SCHOUERI, 2012 *apud* LOBATO, 2014, p. 107)

32 Assim, sem abandonarmos a classificação constitucionalmente contemplada, entre tributos vinculados e não vinculados a uma atuação estatal (arts. 145, I a III), podemos visualizar, no texto fundamental, cinco regimes jurídicos distintos, que apontam para as categorias do imposto, da taxa, da contribuição de melhoria, do empréstimo compulsório e das demais contribuições. (COSTA, 2009, p.109 *apud* LOBATO, 2014, p.112)

33 SPAGNOL, 2002, p. 62-78 *apud* LOBATO, 2014, p. 114.

irrelevante para qualificá-la [...] a destinação legal do produto da sua arrecadação".[34]

Enfrentando este argumento, para ESTEVÃO HORVATH,[35] a expressão do art. 4º, II do CTN ainda se mostra plenamente válida, tendo em vista que continua sendo irrelevante saber o destino do produto da arrecadação para afirmar se a figura é ou não um tributo. Contudo, na atual ordem constitucional "é imperativo aferir o destino da arrecadação para saber se o tributo foi instituído devidamente", sendo crucial verificar "se a destinação (quando assim requerida pela Constituição) foi prevista pela lei instituidora e se foi, efetivamente, parar nos cofres devidos, aqueles exigidos pela Lei das Leis".

O enfrentamento do art. 4º, II, do CTN igualmente foi feito pela jurisprudência do STF. No voto do Ministro Carlos Velloso exarado no julgamento da ADIN 2.925,[36] possível é depreender o entendimento no sentido de que este dispositivo apenas se aplica aos impostos, às taxas e às contribuições de melhoria, indicados no art. 145 da CRFB/88. Contudo, quanto às contribuições que não as de melhoria, "a sua característica está justamente na sua finalidade, ou na destinação do produto de sua arrecadação. É dizer, o elemento essencial para a identificação dessas espécies tributárias é a destinação do produto de sua arrecadação".

Mostra-se ainda intensa, especialmente na doutrina pátria, a discussão em torno das espécies de tributos identificados no ordenamento jurídico, contudo, a teoria quinquipartite vem ganhando força e conta com o entendimento exarado pelo Supremo Tribunal Federal de que o traço distintivo das contribuições especiais como espécie tributária autônoma é a destinação do produto de sua arrecadação.

4. A NORMA DE COMPETÊNCIA REFERENTE ÀS CONTRIBUIÇÕES SOCIAIS

Para a instituição de quaisquer contribuições especiais a CRFB/88 traz enunciados normativos que se dirigem à composição da norma

---

[34] Mesmo com o entendimento de que, em regra, a destinação do produto da arrecadação é irrelevante para caracterizar o tributo, na forma do art. 4º, II, CTN, Roque Antônio Carrazza (2010, p. 603) indica que "as 'contribuições', ainda que venham a assumir a roupagem de imposto, pressupõe, por comando expresso da Carta Magna, a vinculação da receita obtida a órgão, fundo ou despesa".

[35] HORVATH, 2008, p. 124.

[36] BRASIL, STF. ADIN 2.925, Relator para o Acórdão Ministro Marco Aurélio, Tribunal Pleno, julgado em 19/12/2003, publicado em 04/03/2005.

jurídica tributária e dentro deste conjunto de normas, é necessário considerar os enunciados prescritivos que exigem o atendimento à finalidade constitucional para a qual a contribuição está sendo criada e a indicação da destinação do produto da arrecadação.

A importância estrutural da norma de competência tributária é retratada por Tácio Lacerda Gama quando demonstra que a norma de competência vem acompanhada do enunciado necessário à criação do tributo e delimitada por uma reunião de outros enunciados que compõe o regime jurídico. Sem a correta construção da norma de competência, a própria construção do regime jurídico estará incompleta.[37]

E conclui, com razão, que a enunciação é a estrutura modular, elemento fundamental na composição da norma de competência tributária; uma vez ignorados quaisquer de seus aspectos o texto não terá sido explicitado ao mundo do Direito de maneira correta. Caso seguida a norma de competência, sem os cuidados com todos os seus aspectos, a construção da hipótese de incidência poderá se dar de maneira inválida.

Como frisa Estevão Horvath, a lei que cria as contribuições especiais "deve, obrigatoriamente, prever o destino de sua arrecadação – que deve ser aquele que justificou a sua instituição – sob pena de ser inválida (inconstitucional)".[38]

Sob esta perspectiva, Paulo Ayres afirma que a norma de competência tributária das contribuições especiais, dentre as quais as contribuições sociais, traz princípios e regras de estrutura que dirigem a edição de "duas regras de conduta",[39] quais sejam:

---

[37] O objeto da relação jurídica de competência é a permissão para criar determinado tributo, que coincide com os enunciados que dão substância ao regime jurídico. Mais especificamente, é possível identificar nesse objeto uma regra-matriz de incidência tributária possível, vista como o campo de possibilidades para escolha da hipótese de incidência, base de cálculo, alíquotas e sujeitos da relação jurídica. Não se pode ignorar também, naqueles tributos especialmente identificados pela sua finalidade, o destino prescrito para o produto da arrecadação como objeto da competência. Isso porque, nesse tipo de tributo, o desvio da finalidade poderá implicar a desqualificação da sua natureza específica, por força disso, do seu regime jurídico. Por isso, no confronto entre o tributo criado, sua destinação, e o consequente da relação jurídica de competência tributária, pode-se aferir sua validade material. (GAMA, 2005, p.1.187 *apud* LOBATO, 2014, p.123)

[38] HORVATH, 2008, p. 125.

[39] BARRETO, 2011.

- "A regra matriz de incidência tributária", a qual relaciona "um fato de possível ocorrência à consequência de pagar um certo valor a título de contribuição";[40] e
- "A regra de destinação", que obriga que "sejam os recursos recebidos a título de contribuição efetivamente destinados aos fins que ensejaram a sua criação"[41].

Deste modo, para a instituição das contribuições, a norma de competência depreendida da CRFB/88 exige que sejam veiculadas no diploma legal instituidor "duas normas de conduta: *(i)* a que determina o pagamento do tributo, em face da ocorrência do fato jurídico tributário; e *(ii)* a que vincula a destinação do montante arrecadado, uma vez pago o tributo".[42] Com isso, deve constar expressamente do instrumento legal próprio de instituição das contribuições especiais as duas regras de conduta, editadas em conformidade com as diretrizes da CRFB/88, sendo que a omissão de qualquer uma delas no âmbito abstrato ensejaria a inconstitucionalidade da exação.

Para o autor, após o sujeito passivo proceder com o pagamento, extinguindo a relação jurídica tributária com o direcionamento dos valores devidos aos cofres públicos do ente federado que consta do polo ativo, passa-se a observar a regra de destinação, segundo a qual este ente tem o dever de proceder com o direcionamento do valor recolhido para a finalidade constitucional e legal para a qual a contribuição foi criada. Em um breve esquema, MAYSA DELIGNE ilustrou didaticamente a questão:[43]

Todavia, entendemos que a inserção do caráter finalístico apenas na norma de competência, ainda que estudado com maestria, não conseguiu assegurar a efetivação dos direitos e garantias que estariam cobertos pela atuação estatal. Pelo contrário, calcada apenas na norma de competência, a União Federal justificou a criação, aumento, ampliação e tredestinações constantes no campo das contribuições especiais.[44] Vamos além, na mesma linha de WERTHER BOTELHO, e entendemos que somente a inserção do caráter finalístico na "norma de incidência" poderá trazer as garantias suficientes para os contribuintes e, em especial, para os cidadãos que desejam que os valores que se revelam atrás

40 BARRETO, 2011, p. 158.
41 *Ibid.*, p. 159.
42 *Ibid.*, p. 158.
43 DELIGNE, 2015, p. 163.
44 LOBATO, 2014, p. 153.

de tais contribuições sejam efetivamente concretizados. Assim, sintetiza a professora Misabel Derzi:

> Ao contrário, no Direito Tributário, a teoria causal, ou de motivação e justificação, ou o finalismo, colocaram questões da mais alta relevância em campo estranho à norma tributária. Nas contribuições, as ações do Estado a serem por elas custeadas ou são identificadas a "motivações", prévia fundamentação política que leva o legislador às decisões contidas na norma tributária, ou são identificadas à "destinação legal do produto arrecadado", um posteriori financeiro, superveniente à aplicação da norma tributária. Enfim, os direitos e garantias dos contribuintes e do cidadão de modo geral fogem a todo o controle dogmático do Direito Tributário: ou se colocam em posição prévia ou posterior à atuação da norma tributária.[45]

Na própria teoria de Paulo Ayres, para quem o caráter finalístico é causa ou motivação da contribuição, a professora Misabel Derzi questiona que este caráter finalístico ou motivação, depois de extinta a obrigação tributária não poderia transformar *a posteriori* o valor então devido em indevido, gerando a possibilidade de repetição do indébito. Concordamos, portanto, que a inserção da finalidade apenas na norma de competência não trouxe a segurança jurídica necessária à matéria tributária.[46]

Werther Botelho Spagnol[47] reconstrói o modelo teórico da classificação, observando os referenciais contidos na Constituição, analisando-os, ainda, na perspectiva da Teoria Geral do Direito Tributário. A inovação trazida pelo autor inicia demonstrando a mudança estrutural do Texto Constitucional, quando a tributação deixou de prever apenas

---

45 DERZI, 2007 *apud* LOBATO, 2014, p.153.

46 Nos dizeres de Misabel Derzi: "Após o advento da Constituição de 1988, afirmamos que, no caso das contribuições, a destinação passou a fundar o exercício da competência da União e que, sem afetar o tributo às despesas expressamente previstas na Constituição, faleceria competência à União para criá-las. Sempre defendemos que, diferentemente da solidariedade difusa ao pagamento de impostos, a Constituição prevê a solidariedade do contribuinte no pagamento de contribuições e empréstimos compulsórios e a consequente faculdade outorgada à União de instituí-los, de forma direcionada e vinculada a certos gastos. Inexistente o gasto ou desviado o produto arrecadado para outras finalidades não autorizadas na Constituição, cai a competência do ente tributante ou a legitimidade para legislar e arrecadar. Entendemos, hoje, que esse modelo teórico não é suficiente, pois as ações do Estado, a serem financiadas por meio das contribuições mantêm-se estranhas à estrutura da norma tributária". (DERZI, 2007 *apud* LOBATO, 2014)

47 SPAGNOL, 2002.

funções fiscais no capítulo tributário, mas também passou a trazer preocupações específicas com algumas funções interventivas.[48]

Ponto de extremo relevo nesta teoria é a inclusão do aspecto finalístico nos aspectos do mandamento, o que faz pela necessidade de correlacionar a norma de competência com a norma de incidência tributária. O ponto é importante porque o autor demonstra a necessidade de o aspecto finalístico sair da norma de competência para também residir na norma de incidência, e o faz ao colocar um aspecto finalístico na consequência da norma.[49]

Alguns pontos ainda nos perturbam na referida tese, como, por exemplo, a dificuldade de criar ou inserir na consequência uma obrigação ao Estado, mesmo após a incidência.[50]

---

[48] Assumindo, pois, a tributação a função de financiar uma atuação direta do Poder Público nos campos social e econômico, permite a Constituição a criação de tributos específicos para este mister, que não se impõem em razão da existência de um gasto público genérico, e sim de gastos públicos específicos, e somente em virtude da existência destes irão se legitimar. Neste caso, o MANDAMENTO não mais se torna neutro para efeitos de identificação da espécie, pois vai explicitar em seu comando o destino do dinheiro arrecadado. Assim, nos tributos finalísticos, a identificação da espécie tributária deverá mesclar a análise tanto da HIPÓTESE quando do MANDAMENTO. No caso das taxas e contribuições de melhoria, em razão de o gasto público condicionar o surgimento do fato gerador, sua interferência se dará pela análise a HIPÓTESE, devendo esta ser descritiva de uma atuação estatal. Quanto às contribuições especiais e aos empréstimos compulsórios, em razão de a HIPÓTESE descrever um fato ou situação do contribuinte, tal qual nos impostos, será pelo destino da arrecadação explicitado no MANDAMENTO que identificaremos sua natureza específica. Havendo explicitação de destinação específica, teremos uma contribuição ou um empréstimo compulsório. Por último, quanto aos impostos, a destinação do produto de sua arrecadação é afeta ao gasto genérico, sendo especificada, a posteriori, dentro do orçamento.
[...] Nos tributos finalísticos, sendo os fins especialmente relevantes, a espécie de tributo será identificada por meio da análise ora da HIPÓTESE (taxa e contribuição de melhoria) ora do MANDAMENTO (empréstimos compulsórios e contribuições especiais). Para tanto, cumpre acrescer aos aspectos do MANDAMENTO da norma tributária também o aspecto finalístico. Por meio deste, pode o intérprete colher da norma tributária qual será o destino do produto da arrecadação do tributo instituído e, assim, verificar a legitimidade da exação e o regime jurídico a ela aplicado, ou seja, os limites formais e materiais para a incidência válida da tributação. (SPAGNOL, 2002 *apud* LOBATO, 2014, p. 156)

[49] LOBATO, 2014, p. 157.

[50] LOBATO, 2014, p. 160.

De fato, é preciso sim fazer uma conexão entre a norma de competência e a norma de incidência para trazer maior segurança jurídica ao contribuinte que pagará tributo e ao cidadão que receberá a prestação positiva do Estado. Mas, não conseguimos vislumbrar como um evento posterior pode iluminar a construção da hipótese anterior. Por esta razão, entendemos que um modelo no qual a finalidade é colocada de maneira ainda mais contundente, como pressuposto cogente e inarredável da própria incidência tributária se impõe como mais adequado à realização constitucional e tributária.

Portanto, a ordem constitucional deve estar posta na hipótese de incidência, ou seja, ela somente é permitida de ocorrer no mundo real dos fatos se, e somente se, houver a destinação correta ou a finalidade adequada ao Texto Constitucional. O que se está a dizer é que a finalidade, nas contribuições especiais, determina que sequer existirá incidência tributária caso a prescrição de destinação do gasto não seja realizado no plano fático, com a efetiva prestação estatal.[51]

'Contudo, por ora, o que importa observar é que, estando o caráter finalístico na norma de competência ou na norma de incidência, para a validade da contribuição, necessário é o cumprimento da regra de destinação para a finalidade que originou a contribuição'.

4.1 Regra de destinação do produto da arrecadação para a Seguridade Social

Diante de todo o exposto, a válida instituição das contribuições sociais destinadas ao financiamento da seguridade social depende da observância de regra de estrutura depreendida da CRFB/88 que exige que o produto da arrecadação destes tributos seja destinado à finalidade constitucional para a qual estas contribuições foram criadas: o financiamento da Seguridade Social (saúde, assistência social e/ou previdência).

No plano geral e abstrato, as receitas decorrentes da arrecadação das contribuições de seguridade social deverão ser afetadas ao orçamento da Seguridade Social, na forma do art. 165, §5°, III, da CRFB/88,[52] sendo

---

[51] *Ibid.*, p. 187.

[52] "Art. 165. [...] § 5° – A lei orçamentária anual compreenderá: [...] III – o orçamento da seguridade social, abrangendo todas as entidades e órgãos a ela vinculados, da administração direta ou indireta, bem como os fundos e fundações instituídos e mantidos pelo Poder Público."

direcionadas para as despesas relacionadas à Seguridade Social nas leis orçamentárias elaboradas.

Como salienta PAULO AYRES,[53] a regra de estrutura da destinação exige que seja previamente avaliada a efetiva necessidade da instituição de contribuição para alcançar o fim desejado pela CRFB/88. Com a instituição da contribuição, necessário é que a regra de conduta de destinação seja adequada em relação a esse fim constitucional, sendo testada a "compatibilidade entre os fins colimados e os meios escolhidos para alcançar tais fins", para afastar eventuais excessos dos meios escolhidos pelo legislador.[54]

Essa adequação é exigida de forma expressa pelo art. 195, § 5º da CRFB/88, segundo o qual "nenhum benefício ou serviço da seguridade social poderá ser criado, majorado ou estendido sem a correspondente fonte de custeio total". Desta forma, o legislador não pode perder o parâmetro do custo da finalidade constitucional almejada (realização das ações de seguridade social) na instituição e cobrança das contribuições securitárias, a ser observado no momento da edição da regra de conduta de destinação.

É importante frisar que a inobservância dessa regra de destinação no plano legal ou no próprio plano constitucional possui distintos efeitos, que devem ser devidamente analisados.

Atentando-se primeiramente para o plano constitucional, é possível apontar a previsão atualmente vigente do art. 76 do Ato das Disposições Constitucionais Transitórias (ADCT), denominada de Desvinculação de Recursos da União (DRU),[55] que, na atual redação dada pela EC 68/2011, prevê a desvinculação "de órgão, fundo ou despesa, até 31 de dezembro de 2015, 20% (vinte por cento) da arrecadação da União de impostos, "contribuições sociais" e de intervenção no domínio econômico".

Ocorre que, considerando a própria disciplina constitucional das contribuições especiais, essa previsão se mostra inconstitucional, devendo ser extirpada do ordenamento jurídico pátrio. Como frisa ESTEVÃO HORVATH, a DRU se trata de verdadeira "burla ao *consentimento à tributação,* que somente foi outorgado, com relação às contribuições, *desde que*

---

[53] BARRETO, 2005, p. 521.

[54] Ibid., p. 521.

[55] Previsão incluída pela EC 27/2000 com prazo determinado, posteriormente prorrogado pelas Emendas Constitucionais 42/2003, 56/2007, 59/2009 e, atualmente, pela EC 68/2011.

estas tivessem o produto da arrecadação destinado às respectivas finalidades (pela Constituição ordinária estabelecidas)".[56]

Ademais, a desvinculação acaba por ferir garantias individuais dos contribuintes, em frontal violação ao limite de poder de reforma constitucional previsto no art. 60, §4º, da CF/88, quais sejam:

> (i) a garantia de que o montante dele (contribuinte) cobrado a título de contribuição seja exclusivamente aplicado nos fins que deram causa à instituição da contribuição; e (ii) a garantia de que novos impostos sejam não cumulativos e que não tenham fato gerador ou base de cálculo próprios dos demais tributos discriminados na Constituição[57].

Com isso, qualquer previsão de desvinculação das contribuições no plano constitucional mostra-se fatalmente inconstitucional, devendo "ser retirada do sistema normativo pelos órgãos autorizados pelo próprio sistema".[58]

Adentrando-se na desvinculação no âmbito legal,[59] são diversos os efeitos a depender das circunstâncias que envolvem a tredestinação do produto da arrecadação.

Primeiramente, quando da instituição da contribuição, é possível identificar duas situações que acabam por efetivamente desnaturar essa espécie tributária: as hipóteses de ausência de previsão na lei instituidora da destinação da contribuição e da expressa previsão de não destinação da contribuição para fundo ou despesa neste diploma instituidor. Nesses casos, em função da ausência do requisito essencial da destinação, não se está diante de uma contribuição especial, mas de tributo pertencente à outra classe tributária que seja não destinada (imposto, por exemplo), cuja validade deve ser avaliada de acordo com o regime jurídico aplicável.

Por sua vez, após a válida instituição da contribuição securitária, é possível que uma lei posterior modifique, por alguma razão, a finalidade para a qual a contribuição foi criada, passando a indicar finalidade constitucional distinta do financiamento da Seguridade Social para a qual o produto da arrecadação deve ser destinado. Nesta hipótese, a modificação da finalidade implica a instituição de uma nova contribuição, revogando aquela anteriormente vigente, cuja validade depende da análise do regime jurídico aplicável e de todos os princípios constitucionais aplicáveis.

---

[56] HORVATH, 2008, p. 127-128.
[57] BARRETO, 2011, p. 165.
[58] BARRETO, 2011, p. 166.
[59] *Vide*: BARRETO, 2011, p. 167-170.

Por fim, é possível identificar situações nas quais a desvinculação da contribuição validamente instituída decorre de previsões constantes de lei orçamentária ou mesmo de lei não orçamentária, que direcionem o produto da arrecadação para finalidade diversa daquela prevista na lei instituidora.

Em tais casos, como a contribuição não estará sendo destinada para a finalidade constitucional para a qual foi instituída, ela será inconstitucional e passível de repetição de indébito pelo contribuinte.

Isso porque, ao deixar de ser cumprida a regra de conduta da destinação imposta especificamente ao ente tributante de direcionamento do produto da arrecadação, deixa de existir o requisito essencial de validade das contribuições especiais. No raciocínio de Paulo Ayres Barreto:

> [...] a norma que estabelece a vinculação do pagamento de contribuição a órgão, fundo ou despesa tem, para fins tributários, o mesmo relevo da regra-matriz de incidência. Contribuição, como espécie tributária autônoma, pressupõe o cumprimento de duas condutas distintas: (i) o dever jurídico do contribuinte de pagar o tributo; (ii) o dever jurídico de o ente tributante aplicar o crédito tributário recebido no respectivo órgão, fundo ou despesa. Cumpridas ambas as condutas, estará, de um lado, extinto o crédito tributário e, de outro, restará desonerado o ente tributante da devolução do montante recebido. Pago o tributo, mas desviado o montante arrecadado, tem o contribuinte assegurado o direito subjetivo de repetir o indébito tributário. Se o tributo não for pago pelo contribuinte, assegura-se ao ente tributante o direito subjetivo de exigir, de forma coativa, o adimplemento da obrigação.[60]

Com efeito, como delineado, para o autor, as duas regras de conduta das contribuições estão interligadas pelo pagamento. Uma vez descumprido o dever da União Federal de destinar o produto da arrecadação, mostrou-se indevido o recebimento por este ente dos valores de contribuições pagas, surgindo o direito subjetivo do contribuinte de pleitear a restituição.

Nas palavras de Estevão Horvath, a destinação para outra finalidade desnatura, "*a posteriori*", a contribuição, "implicando na impossibilidade da sua exigência e posterior restituição do que foi indevidamente recolhido aos cofres públicos".[61]

---

60 BARRETO, 2011a, p. 168.

61 HORVATH, 2008, p. 126.

Importante consignar que, além do plano constitucional e legal, a destinação deve ser observada igualmente no plano fático, concreto, com a verificação do cumprimento das normas gerais e abstratas de destinação do produto da arrecadação no âmbito administrativo (Poder Executivo).

Com efeito, a previsão geral e abstrata da destinação não é suficiente para comprovar a validade dos tributos destinados, tais quais as contribuições de seguridade social, sendo fundamental avaliar sua concretização nos atos expedidos pelo Poder Executivo (normas individuais e concretas).

Sob esta perspectiva, ocorrendo a desvinculação do produto da arrecadação no plano fático ou em razão de previsão de diploma infralegal, de forma contrária à lei que garantiu a destinação, o dispositivo infralegal ou o ato executivo devem ser anulados com eficácia retroativa. De fato, se os recursos forem direcionados em cumprimento do ato administrativo para finalidade diversa do financiamento da Seguridade Social, a União Federal não possuirá competência para a exigência da contribuição securitária, que passa a ser passível de restituição pelo contribuinte.[62]

5. A DESTINAÇÃO DO PRODUTO DE ARRECADAÇÃO NO SUPREMO TRIBUNAL FEDERAL

Ressaltamos, até o momento, a incompatibilidade entre a desvinculação do produto da arrecadação e a espécie tributária contribuição. O montante cobrado a título de contribuição só pode ser aplicado na finalidade que deu causa à sua instituição. A causa, na contribuição, afirma a sua finalidade e estipula o destino da arrecadação.

Assim, o que importa efetivamente perquirir é se, ao arrecadar recursos por meio de contribuição, foi observada a efetiva afetação do montante arrecadado e quais as consequências que a desvinculação normativa ou o desvio ensejam.

Uma das primeiras manifestações do Supremo Tribunal Federal sobre o tema, ainda que em voto vencido, foi do Ministro Carlo Velloso. Disse o Ministro: "uma ressalva é preciso ser feita. É que caso há no sistema tributário brasileiro, em que a destinação do tributo diz com a legitimidade deste e, por isso, não ocorrendo a destinação constitucional do mesmo, surge para o contribuinte o direito de não pagá-lo. Refiro-me às contribuições parafiscais – sociais, de intervenção no domínio econômico

---

62 BARRETO, 2011, p. 171-172.

e de interesse de categorias profissionais ou econômicas, C.F., art. 149 – e aos empréstimos compulsórios (C. F., art. 148)".[63]

Posteriormente, examinando dispositivo de lei orçamentária que autorizava o Poder Executivo a não aplicar, integralmente, a destinação do produto da arrecadação da contribuição de intervenção no domínio econômico, o Supremo Tribunal Federal abriu uma perspectiva para o tema.

Decidiu a Corte Suprema que é inconstitucional a interpretação de lei orçamentária que implique a abertura de crédito suplementar em rubrica estranha à destinação do produto da arrecadação.[64]

Ressalte-se que para enfrentar o tema, o Supremo Tribunal Federal afastou precedentes nos quais, analisando problemas da destinação do montante arrecadado por força de disposição constante em lei orçamentária, havia firmado entendimento no sentido de que não se buscava a declaração final de inconstitucionalidade de uma norma, mas de uma destinação de recursos prevista em lei formal (orçamentária), de efeitos concretos, descabendo, assim, o controle concentrado.[65] Vale dizer, não se disse que a destinação era irrelevante. Entendeu-se, apenas, que não cabia discutir a matéria pela via do controle concentrado de constitucionalidade.

Nos debates travados em torno da ADIn n. 2.925/DF, essa posição foi revista. Argumentou-se no sentido de que os efeitos de lei orçamentária não são exclusivamente concretos e, fundamentalmente, que não pode tal lei servir de instrumento para o governo deixar de cumprir a Constituição.

Em suas manifestações, diversos ministros ressaltam a necessária aplicação dos recursos obtidos de forma vinculada. Nesse sentido, propugnaram, de forma incisiva, os Ministros Cezar Peluso, Gilmar Mendes, Carlos Velloso e Carlos Ayres Brito.

O Ministro Sepúlveda Pertence chega a lamentar o posicionamento por ele adotado anteriormente, ao analisar a CPMF, e reconhece que é da essência das contribuições a vinculação de todo o montante arrecadado. A vinculação não obriga a despender tudo o que se arrecada. O efetivo dispêndio, na finalidade, depende de dotação orçamentária. Mas, o

---

[63] BRASIL, STF, RE n. 183.906/SP, Tribunal Pleno, Rel. Min. Marco Aurélio, publicado no DJ de 30.04.1998.

[64] BRASIL, STF, ADIn n. 2925-8/DF, Tribunal Pleno, Rel. Min. Ellen Gracie, publicado no DJ de 04.03.2005.

[65] BRASIL, STF, ADIn n. 1640/DF, Tribunal Pleno, Rel. Min. Sydney Sanches, publicado no DJ de 03.04.1998.

orçamento só pode destinar verbas vinculadas ao correspectivo órgão, fundo ou despesa.

Percebe-se, com clareza, que a discussão se centra na possibilidade de efetivo desvio do montante arrecadado, em se tratando de tributo vinculado. O Supremo Tribunal Federal manifestou firme oposição a essa possibilidade.

Por fim, importante trazer um último precedente analisado recentemente pelo Supremo Tribunal Federal e, na nossa opinião, o que traz a maior preocupação em torno do assunto que até então estava ganhando contornos importantes. Em julgamento realizado no dia 13.11.2014, o Supremo Tribunal Federal analisou Recurso Extraordinário em Mandado de Segurança impetrado por empresa de transporte rodoviário que contestava decisão do TRF da 4ª Região que manteve a validade de obrigação tributária independente das Desvinculação de Receitas da União (DRU) quanto à arrecadação de contribuições relativas a PIS, COFINS e CSLL.[66]

A empresa alegava que as alterações efetuadas ao artigo 76 do Ato das Disposições Constitucionais Transitórias (ADCT) para permitir a desvinculação das receitas teria criado, como consequência, imposto inominado, em afronta à própria Constituição Federal. Dessa forma, sustenta que estaria livre do recolhimento do tributo na parte que teve destinação desvinculada.

Neste caso, não foi analisada a constitucionalidade da desvinculação em função de entraves de cunho processuais, sendo apenas consignado que a única consequência cabível da eventual inconstitucionalidade seria o retorno à situação anterior, ou seja, a vinculação das receitas.

A relatora do RE, Ministra Carmen Lúcia, assinalou que o pleito original da empresa ocorreu em mandado de segurança, cuja impetração se dá apenas no sentido de reparar ato de autoridade que seja contrário ao direito do interessado. Segundo ela, esse fato descaracteriza a legitimidade da parte, pois, ainda que o Tribunal considerasse inconstitucional a desvinculação de receitas, a consequência seria a vinculação do produto da arrecadação, e não sua devolução ao contribuinte.

Argumentou, ainda, que não há no caso situação de insegurança para o patrimônio jurídico da recorrente que devesse ser restabelecido por

---

[66] BRASIL, STF, RE 566007/RS, Relatora Min. Cármen Lúcia, Tribunal Pleno, DJ de 11.02.2015.

mandado de segurança, pois não é detentora de direito a ver reposto em seu patrimônio algo que não lhe é devido, mas sim da própria União.

Entendeu o STF que não seria cabível, portanto, a repetição de indébito pelo contribuinte em nenhuma hipótese de tredestinação.

Para chegar a esta conclusão foi utilizado como precedente o RE 537.610/RS, no qual, analisando a norma constitucional que permite a desvinculação de receitas das contribuições sociais e de intervenção no domínio, o Supremo Tribunal Federal entendeu que esta não seria inconstitucional, tendo em vista que *(i)* em que pese a destinação do produto ser um elemento essencial para a definição das contribuições sociais, não há, a partir dessa premissa como se chegar à conclusão de que a desvinculação parcial do produto da arrecadação teria importado criação de um imposto e *(ii)* a norma que determina a vinculação da destinação do produto da arrecadação das contribuições sociais não assume caráter de cláusula pétrea, uma vez que não contemplada pelo art. 60, §4º da CRFB.

Quanto aos dois últimos precedentes aqui informados não houve uma rica discussão como nos dois primeiros e a Corte Suprema partiu de premissas que confrontam antigos posicionamentos anteriormente consolidados, como é o caso da importância da destinação do recurso como elemento essencial para a caracterização das contribuições.

Quanto ao fundamento de que "a norma que determina a vinculação da destinação do produto da arrecadação das contribuições sociais não assume caráter de cláusula pétrea" este é um ponto que precisa, ao nosso sentir, urgentemente ser revisto por aquela Corte.

Como já informado acima, a Emenda Constitucional que desvincula o produto da arrecadação de contribuição suprime a garantia individual do contribuinte de só se sujeitar ao pagamento de contribuição se, e somente se, o destino do montante exigido for integralmente utilizado nos fins que justificaram a criação do tributo. Além disso, rompe-se o imprescindível liame que deve existir entre a causa autorizativa do tributo e a sua destinação. Se o produto da arrecadação é desvinculado, ainda que parcialmente, não há como alcançar os fins almejados.[67]

Importante aqui ressaltar que não estamos falando meramente da presença, em lei tributária, da causa ou fundamento que autoriza a instituição da contribuição. <u>Cuida-se da efetiva aplicação do produto da arrecadação na finalidade que deu ensejo a instituição do tributo</u> e esta

---

[67] BARRETO, 2011, p. 201.

questão, em que pese todos os casos acima citados, ainda não foi enfrentado de forma direta e objetiva pela Corte Suprema.

Resta, assim, o passo decisivo, que consistiria na transformação do voto vencido do Ministro Carlos Velloso, acima referido, em voto vencedor, consagrando-se o entendimento de que, não ocorrendo a destinação constitucional da contribuição, surge para o contribuinte o direito de não pagá-la; se o pagamento já tiver ocorrido, nasce o direito subjetivo à repetição do indébito.

6. CONCLUSÃO

A conclusão neste caso deve ser simples e objetiva. A causa para a instituição da contribuição afirma a sua finalidade e estipula o destino da arrecadação. O débito do contribuinte está atrelado à finalidade. Se há desvinculação, seja por norma orçamentária, seja por previsão infralegal, seja por emenda constitucional, o débito, trona-se, *ipso facto*, um indébito. Não temos dúvidas em afirmar que se a finalidade legitima a instituição do tributo, ela é um elemento cogente que impera para a permanência deste tributo na Ordem Jurídica. A preservação da finalidade somente não é mais importante que o respeito à norma constitucional, ou seja, se não é finalidade, não há legitimidade na cobrança do tributo e somente este o caminho para que o Sistema Tributário retome um pouco da confiança do contribuinte na norma que o rege.

REFERÊNCIAS BIBLIOGRÁFICAS

ATALIBA, Geraldo. *Hipótese de incidência tributária.* 6. ed. São Paulo: Malheiros Editores, 2000.

BALEEIRO, Aliomar; DERZI, Misabel Abreu Machado (Atual.). *Limitações constitucionais ao poder de tributar.* 8 ed. Rio de Janeiro: Forense, 2010.

BARRETO, Paulo Ayres. *Contribuições: regime jurídico, destinação e controle.* São Paulo: Noeses, 2011.

______. Contribuições: delimitação da competência impositiva. In: BARRETO, Aires Fernandino et al. *Segurança jurídica na tributação e estado de direito.* São Paulo: Noeses, 2005. p. 509-530.

CARRAZZA, Roque Antônio. *Curso de direito constitucional tributário.* 26. ed. São Paulo: Malheiros, 2010.

CARVALHO, Paulo de Barros. *Curso de Direito Tributário.* 23. ed. São Paulo: Saraiva, 2011.

COÊLHO, Sacha Calmon Navarro. *Curso de direito tributário brasileiro.* 10. ed. Rio de Janeiro: Forense, 2009.

DELIGNE, Maysa de Sá Pittondo. *Competência tributária residual e as contribuições destinadas à seguridade social.* Belo Horizonte: Editora D'Plácido, 2015.

HORVATH, Estevão. As contribuições na Constituição brasileira: ainda sobre a relevância da destinação do produto da sua arrecadação. *Revista de Direito Tributário*, São Paulo, n. 100, p. 122-129, 2008.

LOBATO, Valter de Souza. *O regime jurídico-constitucional das contribuições destinadas ao custeio da seguridade social: a importância basilar e estruturante da finalidade e os demais limites ao poder de tributar.* 353 f. Tese – Doutorado, Programa de Pós-Graduação em Direito – Universidade Federal de Minas Gerais. Belo Horizonte, 2014.

SCHOUERI, Luís Eduardo. *Direito Tributário.* São Paulo: Saraiva, 2011.

SPAGNOL, Werther Botelho. *As contribuições sociais no Direito Brasileiro.* Rio de Janeiro: Forense, 2002.

Impresso em outubro de 2015, na Psi7.